Pierre Péan:
Eine französische Jugend –
François Mitterrand
1934–1947

Aus dem Französischen von
Stefan Barmann, A. H. Johansen,
Christiane Landgrebe, Inka Schneider
und Christoph Vormweg

Deutscher
Taschenbuch
Verlag

Mit einem Glossar und Register versehen von A. H. Johansen.

Deutsche Erstausgabe
April 1995
Deutscher Taschenbuch Verlag GmbH & Co. KG, München
© 1994 Librairie Arthème Fayard, Paris
Titel der französischen Originalausgabe: Une jeunesse française
François Mitterrand, 1934–1947
ISBN 2-213-59300-0
© der deutschsprachigen Ausgabe:
1995 Deutscher Taschenbuch Verlag GmbH & Co. KG, München
Umschlaggestaltung: Costanza Puglisi, Klaus Meyer,
unter Verwendung von Fotos von dpa (großes Bild), Keystone (Oben),
Studio Harcourt (Mitte), Librairie Arthème Fayard (Unten)
Satz: Design-Typo-Print, Ismaning
Druck und Bindung: C. H. Beck'sche Buchdruckerei, Nördlingen
Printed in Germany · ISBN 3-423-30490-1

# Inhalt

# Danksagung

Mein Dank gilt zuerst François Mitterrand, der im Verlauf zahlreicher Gespräche bereitwillig auf einige von mir recherchierte Informationen einging, sie bestätigte oder bestritt. Außerdem danke ich all jenen, die oft lange Gespräche mit mir geführt und ihre Aussagen gelegentlich mit Zeitdokumenten veranschaulicht haben (Tagebüchern, Notizen, Briefauszügen, etc.) und so die Dokumente ergänzten, die ich anderswo hatte einsehen oder sammeln können. Ich danke Danielle Mitterrand, die in ihrem Büro bei *France Libertés* die Figur »ihres« Widerstandskämpfers wiederaufleben ließ; Jean Védrine, der geduldig und in großer Offenheit versucht hat, mir seine Erlebnisse begreiflich zu machen; Jacques Bénet, dem ungestümen ehemaligen Schüler der École des chartes, der es verstand, jene Jahre wiederaufleben zu lassen; Marie-Claire Sarrazin, die wie ein junges Mädchen über den François jener Zeit berichtete, in der er noch seinen Weg im Umfeld von Vichy suchte. Sie charakterisierte ihn treffender als jeder andere Zeitzeuge. Ich danke der treuen Ginette Munier sowie Jean Munier, dem Freund schlechthin; Michel Cailliau, der seinen Intimfeind nach wie vor in inniger Verbundenheit bekämpft; Cathérine Langeais, für ihre nostalgische Aufrichtigkeit; Edgar Morin, der es so gut versteht, einem das Komplexe und Widersprüchliche verständlich zu machen; Marcel Haedrich, der für Jesus eine größere Leidenschaft hegt als für »Gott«; Colette Mitterrand für die Stärke ihres Gedächtnisses; Geneviève Mitterrand, die ihren Bruder so gern hat; François Dalle, der darüber viel weiß; Bernard Dalle, für seine Erinnerungen an die Jahre 1934–36; André Bettencourt, dem Freund, der seinen Freund nicht verletzen möchte; Pol Pilven, dem diskreten Kameraden; Jacques Marot, dem Freund mit dem Lachen in der Stimme; Marie Herpin, so sanft und so verletzt durch die *Cagoule*-Affäre; dem sympathischen Etienne Bouvyer, der die Dinge immer noch zu begreifen versucht; Edith Cahier-Mitterrand, die ungern in den Überresten der Vergangenheit herumstochert; Henriette Cahier, ihrer Mutter, die noch so lebhaft ist mit ihren vierundneunzig Jahren; Robert Mitterrand, dem Bruder einer großen Persönlichkeit, der darüber in seiner schönen Erzählung schon so viel gesagt hat; »Chou« Bouvyer, voller Erinnerungen, die sie nicht ohne Schalk verbreitet; Georges Beauchamp, dem stetigen Freund; Jacques Baudet, der die Erinnerung an Saint-Paul zuverlässig hütet; Paul Charvet, aus dessen wertvollem Tagebuch ich zitiert habe; Pierre Chiron und Jacques Biget, den alten Freunden aus Angoulême; Madame Ménétrel, der treuen Hüterin des Andenkens von Doktor Martin; Paul Racine, dem sympathischen Verteidiger Marschall Pétains; Danielle Martin und Pierre de Villemarest, die diesen Mann überhaupt nicht mögen; Jacques de Place, dem zuverlässigen Mitarbeiter von Doktor Martin; Marie-Josèphe, die sich nicht mit mir treffen wollte; »Louquette«, die vor Aufregung zitterte, als sie das Vergangene heraufbeschwor; Raoul Idrac, der sich in die Vergangenheit zurückbegleiten ließ; Jean Roussel, der mir geholfen hat, das Frühjahr 1942 besser zu verstehen; Louis Devaux, der mir das Drama der Kriegsgefangenen erläutert hat; Voltaire Ponchel, stets bereit, die Dinge zu entwirren; Pierre Verrier, der die Affäre um den *Francisque*-Orden auslöste; François Moreau, der es versteht, von alten Wunden zu reden; Henri Thieullent, der immer noch nicht »anti-Lop« ist [gemeint ist Ferdinand Lop, Anm. d. Ü.]; Chantal de Tourtier-Bonazzi, Jean Pouëssel und Jean-Pierre Azéma für ihre Nachsicht und die Ratschläge, die sie dem Nicht-Historiker in reichem Maße zuteil werden ließen; Pierre Merli, dessen Miene anzusehen war, daß er es genießt, manche Erinnerung für sich zu behalten; Dionys Mascolo, der turbulente Erinnerungen mit Talent darzustellen vermag; Paulette Delval, die die Feindschaft überwunden hat; Yves Cazaux, dem Freund von Bousquet; dem stets zuverlässigen Jacques Saunier; dem schmerzerfüllten Savy; Philippe Dechartre; dem tapferen Pierre Coursol, der verstarb, bevor er mein Buch lesen konnte; Bourgeois, den ich stark beansprucht habe; François Chateau, der sich so lebhaft erinnert; Gilles Dautun, der das wechselvolle Schicksal mit Würde trägt; Bérengère, die keinerlei Bitterkeit mehr hegt; Jean Casati, der die Kämpfe der Jura-Fachschaft so gut dargestellt hat; der Nüchternheit von Chévigné; Madame

Barrois, die keine guten Erinnerungen an jene Zeit hat; Abbé Pierre Dentin, der so gut über seinen Glauben spricht; Madame Baron, für ihre Traurigkeit; Léopold Moreau, Marcel Marivin, Claude Roy, Oberst Fourcaud, Claude Bourdet, General de Bénouville; Marie-Claire Papegay, von der ich viel verlangte; Christophe Nick, der Tausende von Ideen ausbrütet und mir einige davon mitgeteilt hat; Bernard Jegat und vielen anderen: P.S., G.C., P.C., F.T., C.D., J.R., J.-C.M., S.D., Dr. B., R.C., B.L., G.G.-A., M.C., M.B., C.F., G.D.L.R., R.D.P.B., J.L., J.M., G.D. ...

Besonderer Dank gilt Grégori Péan, der mir viel geholfen und einiges spannende Material entdeckt hat.

# Einleitung

Es war einmal...

Es wäre verführerisch, mit diesen Worten die Schilderung einer Phase aus dem Leben eines Mannes zu beginnen, von dem jedermann weiß, daß er seit 1981 das höchste Amt Frankreichs bekleidet. Verführerisch, seinen Werdegang als Verkettung zwangsläufiger Ereignisse zu beschreiben, ganz so, als hätte aus diesem Mann nur der werden können, der er heute ist.

Doch das hieße, die Geschichte zu verfälschen. Der Leser wird selbst feststellen, daß dieser Mann mehrfach an einem Scheideweg stand und sich dort vor eine Wahl gestellt sah, die keineswegs auf der Hand lag. Als junger Mann hätte er gut und gerne Schriftsteller, Rechtsanwalt, Diplomat, ja sogar Abenteurer werden können; genausogut hätte er 1942 oder 1943 auf Abwege geraten können. Er hätte...

Ich habe versucht zu vergessen, daß der ehrgeizige Mann, dem ich hier vom Ende seiner Gymnasialzeit bis ins dreißigste Lebensjahr gefolgt bin, Präsident der Republik geworden ist. Ebenso glaube ich, dieses Buch ohne Voreingenommenheit geschrieben zu haben: Ich habe keine persönlichen Rechnungen mit François Mitterrand zu begleichen; ich gehöre nicht zu den »vom Sozialismus Enttäuschten«, da ich kein Sozialist bin; ich bedaure nichts, auch wenn ich bei jeder Präsidentschaftswahl seit 1965 für Mitterrand gestimmt habe und mit der während seiner beiden siebenjährigen Amtszeiten geführten Politik oft nicht einverstanden und öfter sogar entrüstet über die Freiheiten war, die sich einige Angehörige seiner Umgebung gegenüber der öffentlichen oder individuellen Moral herausgenommen haben.

Was die Zeit vom Aufstand im Februar 1934 über die Volksfront, das Erstarken des Faschismus, die Verschwörung der *Cagoule*[1], die Niederlage von 1940, die Besatzungsherrschaft der Nationalsozialisten, Vichy, die antisemitischen Gesetze, die *Libération* und ihre Auswüchse bis hin zur ersten Regierung der

Vierten Republik betrifft, so sind die Wunden der Geschichte noch spürbar. Vor allem in der Frage der Chronik und Analyse des Vichy-Regimes ist noch nicht das letzte Wort gesprochen. Wird es jemals dazu kommen? Nachdem die Vichy-Regierung zunächst allzu wohlwollend beurteilt wurde, scheint sich heute, zumal seit den Veröffentlichungen von Paxtons, die Serge Klarsfeld bestätigte, eine neue Lesart abzuzeichnen. Allerdings räumt sie den Wahrheiten und Gefühlen vieler Franzosen, die gleichzeitig Pétain vertrauten und doch gegen die Deutschen waren, ja, früher oder später sogar Widerstandskämpfer wurden, zu wenig Platz ein. Denn eine große Mehrheit der Widerstandskämpfer, die 1944 für die Befreiung Frankreichs kämpften, hatte zunächst zu den Anhängern des Marschalls gehört…

Ich habe mich mit sehr vielen Zeitzeugen getroffen und wieder einmal festgestellt, wie unzuverlässig und selektiv unser Gedächtnis arbeitet. Deshalb habe ich der Recherche von Zeitdokumenten gegenüber den Zeitzeugenaussagen Vorrang eingeräumt. Unter den Dokumenten habe ich vor allem etliche von François Mitterrand damals selbst verfaßte Texte sowie Schriften anderer über ihn berücksichtigt, die mir eine bessere Annäherung an seine so vielschichtige Existenz zu ermöglichen schienen.

Wie alle Menschen, und ganz besonders jene, die höchste Ämter anstreben, ist die in diesem Buch porträtierte Persönlichkeit von Widersprüchen gezeichnet. Folglich habe ich gar nicht erst versucht, sie auf ein oder zwei einfache Erklärungsmuster zu reduzieren. Zwar wäre es gewiß eine interessante Schulübung gewesen, ihr nachträglich eine innere Kohärenz anzudichten. Doch der Wirklichkeit wäre man so in keiner Weise gerecht geworden.

Wenn einer meiner ehemaligen Chefredakteure dieses Buch lesen sollte, wird er wahrscheinlich sagen: »Da fehlt das Fleisch.« Ich bin mir dessen wohl bewußt und akzeptiere diese Kritik im voraus. Ich hatte nie die Absicht gehabt, eine Epoche im nachhinein künstlich zu rekonstruieren; hätte ich es gewollt, so hätten mir die Mittel dazu gefehlt. Ich stelle hier lediglich Fragmente vor, mit deren Hilfe sich der Leser – gemäß seinen Analysekriterien, seinen Überzeugungen, ja, seinen Vorurteilen – selbst sein Mosaik zusammensetzen kann.

Meine Nachforschungen stehen zuweilen im Widerspruch zu den Aussagen François Mitterrands oder seiner Biographen. Von wenigen Ausnahmen abgesehen, habe ich zur Erleichterung der Lektüre darauf verzichtet, auf diesen Widersprüchen herumzureiten. Da das Buch die Jugend eines Mannes schildert, habe ich mich vielmehr bemüht, es so zu schreiben, als wäre es das erste...

Die Idee dazu ist mir beim Schreiben der Biographie von Doktor Martin[2] gekommen, einem der Gründer der *Cagoule*. Während meiner Recherchen fiel oft der Name François Mitterrands. Es wurde mir sogar unter Anführung zahlreicher Details berichtet, er habe im September 1937 zusammen mit François Méténier, einem bedeutenden Cagoularden, am Attentat auf den Sitz des französischen Unternehmerverbandes in der Rue de Presbourg teilgenommen. So stieß ich selbst auf das berühmte, seit langem kursierende Gerücht, demzufolge der gegenwärtige Präsident ein Mitglied jener Geheimorganisation gewesen sein sollte, die 1936/37 fast die *Gueuse* gestürzt hätte. Zu diesem Gerücht gesellten sich weitere hinzu...

Es gibt sie in der Tat schon sehr lange, sie sind so ausführlich und zahlreich, daß man den Eindruck hat, François Mitterrand ziehe sie an wie der Magnet die Eisenspäne! Seine Persönlichkeit, sein Leben und sein Verhalten sind so geartet, daß er sie nicht nur anzuziehen, sondern seinerseits zu vertiefen scheint. Vielleicht sind sie für ihn aber auch ein willkommener Anlaß, sich voller Verachtung über »Gerüchte« zu erheben, die nur auf ein paar schwer erklärbaren Körnchen Wahrheit beruhen. Unsere Gesellschaft ist dermaßen mediatisiert, daß sie keinen Raum mehr für die Nuancen und Zwischentöne des Lebens läßt. Diese Tatsache ist um so weniger zu leugnen, als sich François Mitterrand zur Durchsetzung seiner Ambitionen – wie viele andere auch – beharrlich und über einen sehr langen Zeitraum hinweg ein selektives Curriculum vitae zugelegt hat, das mit der historischen Wahrheit nicht immer in Einklang zu bringen ist.

Anfang der fünfziger Jahre riefen seine vom rechten Lager als antikolonialistisch beurteilten Stellungnahmen, seine Attacken gegen antikommunistische Organisationen und sein offensichtlicher Ehrgeiz bei der Rechten und der extremen Rechten scharfe Kritik hervor. Am 30. September 1953 stellte ihn der Redakteur des nur zur internen Lektüre bestimmten Blattes einer gaullistischen Splittergruppe mit folgenden Worten als ehemaliges Mitglied der *Cagoule* vor:

»Wir wollen an dieser Stelle nicht versuchen, die Beziehungen von Monsieur Mitterrand und der *Cagoule* genau zu bestimmen: Jeder weiß, daß dieses Monstrum (wir sprechen natürlich von der Cagoule) mehrere Köpfe und Tausende Füße hatte. Halten wir nur fest, wie befremdend es ist, daß ein wichtiges Mitglied der UDSR, jener zur Zeit der *Libération* gegründeten Partei der linken Mitte, in die Intrigen eines Méténier oder eines Doktor Martin verwickelt ist, zweier schwieriger Persönlichkeiten, die die Fäden ihres Lebens derart verwirren, daß sie sich selber nicht mehr zurechtfinden, und denen es unter der Besatzungsherrschaft gelang, eine Synthese aus Vichyisten, Gaullisten, Kollaborateuren und Widerstandskämpfern zu bilden, angesichts derer die besten Spürhunde den Mut verlieren müssen.«[3]

Diese Zeilen gelangen an die Öffentlichkeit. Der französische Nachrichtendienst sorgt für weite Verbreitung des Gerüchts (wenn er es nicht gar lanciert hat?). In einer Aktennotiz zu Doktor Martin vom 6. Oktober 1953 erscheint der Name François Mitterrands:

»Was die Politik angeht, so glauben wir zu wissen, daß der Betreffende wieder Kontakt zu ehemaligen Mitgliedern der *Cagoule* aufgenommen hat, so zu Méténier, Bouvyer, Empis, Vallet und Gabriel Jeantet.

Diese Gruppe soll, wie es heißt, Beziehungen zu den Abgeordneten Mitterrand und Loustaunau-Lacau sowie zu Monsieur Bertaux, dem ehemaligen Generaldirektor der nationalen Sicherheitspolizei, unterhalten.

Darüber hinaus heißt es, Madame Blumel und Monsieur Roger Stéphane vom *Observateur* wüßten über diese Verbindung Bescheid.«

Die *Lettre à un cousin* – eine andere nur für den internen Gebrauch bestimmte Zeitschrift, von der die Welt der Politik schwärmt, da sie darin Klatsch und Indiskretionen findet, und das Blatt ihr das Lancieren bestimmter Botschaften ermöglicht – greift das Thema am 27. Juli des folgenden Jahres in ihrer 203. Ausgabe auf und gibt dem Gerücht weitere Nahrung:

»Gestern hielt François Mitterrand im Hof des Innenministeriums eine Gedenkfeier für den in Montluçon von der *Cagoule* ermordeten Minister Marx Dormoy[4] ab. Diejenigen, welche wie ich selbst in den vergangenen Jahren zufällig von den Polizisten ins Vertrauen gezogen worden sind, die die Corre-Liste[5] auswerteten und gleichzeitig Gelegenheit hatten, einige der Angeklagten im Prozeß gegen die *Cagoule* – wie Jacubiez oder Roger Mouraille – näher kennenzulernen, dürfen lachen. Alles geht so schnell in Frankreich...

Und diejenigen, die wissen, über welche politischen Kanäle Mitterrand seinen Freund Schueller[6], den Industriellen und Schwiegervater des gegenwärtigen Ministers Bettencourt, kennenlernte; diejenigen, die wissen, daß sich der Cagoulard Méténier noch ziemlich oft mit François Mitterrand trifft und bei Schueller arbeitet; diejenigen, die wissen, daß der Cagoulard Jacques Corrèze seine Stellung in Madrid Schueller verdankt; diejenigen, die wissen, daß der mehrfach zum Tode verurteilte Cagoulard Jean Filliol dank der Gelder in Spanien lebt, die er sich 1946 bei seinem heimlichen Besuch in Paris durch die Erpressung einiger – Deloncle wohlgesonnener – Industrieller beschafft hatte, dürfen sich auf die Schenkel klatschen...

Der Untersuchungsrichter Robert Lévy, der in der heutigen Ausgabe der *Humanité* einen Aufruf gegen die CED unterzeichnet hat, könnte uns gewiß sagen, welcher Intervention von oben es der Cagoularde Bouvyer verdankte, daß er nicht das Schicksal seiner Mitangeklagten teilen mußte. Wer hat mir damals noch verraten, daß es Bouvyers Schwester gelungen war, überzeugende Argumente zu finden?

Marx Dormoy wird sich im Grab herumdrehen, und die Reste seines graumelierten Bartes werden wohl vor Empörung zittern...«

Der Artikel ist mit »Cousin Jean« unterzeichnet. Dahinter verbirgt sich kein anderer als Jean-André Faucher, ein Vertrauter von Roland Dumas, der sich brüstet, mit François Mitterrand entfernt verwandt zu sein. Sein Artikel ist von einer teuflischen Gewandtheit, da er sich auf unbestreitbare Quellen beruft wie die Corre-Liste – das einzige anerkannte Dokument, das die Namen zahlreicher Mitglieder der *Cagoule* preisgibt – sowie auf eingeweihte »Zeugen«. Seither ist das Gerücht fest etabliert und gedeiht unangefochten bis zum heutigen Tag. In den achtziger Jahren bildet es die Grundlage für die Attacken, die Jean-Edern Hallier in seiner Zeitschrift *L'Idiot international* oder in seinen polemischen Flugblättern gegen den Präsidenten veröffentlicht.

Der bilderstürmerische Autor behauptet, auch er habe die berüchtigte Corre-Liste eingesehen und darin den verabscheuungswürdigen Namen mit dem Buchstaben »M« gelesen.

Von den Abendgesellschaften in der Hauptstadt bahnt sich das Gerücht seinen Weg in die Dossiers des französischen Nachrichtendienstes oder in vertrauliche Briefe – oder umgekehrt – und gelangt so auf die Abgeordnetenbänke des Palais-Bourbon. 1954, als die Debatte über undichte Stellen im Beamtenapparat[7] in vollem Gange ist, steht François Mitterrand als Innenminister einmal mehr im Kreuzfeuer der Kritik. Er verhält sich betont offensiv, vermutet eine regelrechte Verschwörung gegen den Staat, angezettelt von rechtsextremen Elementen unter dem Banner des Antikommunismus. Die extreme und die konservative Rechte reagieren entrüstet, so daß er wenig später selbst in der Rolle des Angeklagten dasteht. Am 3. Dezember 1954 äußert der unabhängige Abgeordnete des Département Oise, Jean Legendre:

»… Ihre These, daß es sich um eine Verschwörung gegen die Regierung handelt… Für *L'Express* war es eine neue *Cagoule*… Ich glaube, Herr Minister, daß diese Bezeichnung bei Ihnen persönliche Erinnerungen geweckt haben müßte…«

Der Parlamentsstenograph, der die Schmährede festhält, vermerkt in Klammern: »Lachen bei der Rechten«. Wenn die gesamte Rechte in schallendes Gelächter ausbricht, dann nur, weil die ganze Rechte glaubt, Bescheid zu wissen. Das Gerücht hat sich so gut gehalten, daß es fortan unter »gut informierten« Leuten wie eine Tatsache betrachtet wird.

Auf dieser soliden Grundlage erhöht der gaullistische Abgeordnete der Sarthe, Raymond Dronne, das Gebäude um ein weiteres Stockwerk. Er ist der Mann, der im August 1944 als erster mit der Zweiten Panzerdivision in Paris einfuhr:

»… Herr Innenminister, Sie wissen sehr wohl, daß ich keinerlei Vertrauen in Sie habe. Ich sage Ihnen das noch einmal, damit Sie sich dessen bewußt sind, für den Fall, daß Sie es vergessen haben sollten…

Der große Republikaner, der Sie zu sein vorgeben, hat eine zu wechselhafte Vergangenheit, als daß er jenes Gefühl vermitteln könnte, das sich nicht erzwingen läßt, das in gewisser Weise ein intuitives Element ist und sich Vertrauen nennt. Ich werfe Ihnen nicht vor, nacheinander die Lilie und die *Francisque d'honneur* getragen zu haben…«

François Mitterrand unterbricht ihn: »All das ist erlogen!« Raymond Dronne erwidert nicht weniger bestimmt:

»All das ist wahr, und Sie wissen das sehr wohl. Wie ich feststellen muß, haben Sie Ihre Richtungwechsel stets mit Geschick und Opportunismus betrieben. Sie haben es bestens verstanden, Ihr Segel nach den vorherrschenden Winden zu richten. Ich bin überzeugt, daß Sie sich viel weniger für Frankreich als für die Karriere von Monsieur Mitterrand interessieren!«

François Mitterrand erwidert, er sei einer der fünfzehn Männer gewesen, die von General de Gaulle und Alexandre Parodi damit betraut worden seien, der ersten Versammlung der Regierung im befreiten Paris vorzusitzen. Raymond Dronne läßt sich durch die Erwähnung des Generals nicht einschüchtern:

»Als er Sie ernannte, hat sich General de Gaulle vielleicht geirrt. Sie hatten sich noch rechtzeitig von Ihrer *Francisque* getrennt!«

Emmanuel d'Astier de La Vigerie, Abgeordneter der Fortschrittspartei und bedeutender Widerstandskämpfer, eilt dem Minister zu Hilfe, indem er Legendre als »Verleumder und Provokateur, das heißt verachtenswerten Mann« bezeichnet. Danach nimmt der Premierminister Pierre Mendès France seinen Mitarbeiter energisch als »Patrioten« und »Mann von Ehre« in Schutz, »der zu denen gehört, die ein Anrecht auf die höchsten Ämter in der französischen Regierung haben«.

In seinen Notizen für *L'Express* schreibt François Mauriac: »Er hat mit Ruhe, mit außerordentlicher Ruhe, einem, wie mir scheint, Spezialisten für Tiefschläge die Stirn geboten… Der nicht zu sühnende Haß seiner Gegner bestimmt ihn zu einem der Führer – wir brauchen derer mehrere – der französischen Linken, die sich bald bilden wird.«

Diese Einschätzung hindert das Gerücht in keiner Weise, seinen Weg fortzusetzen und sich im Laufe der Jahre immer weiter zu verbreiten. Periodika der Rechten und extremen Rechten schüren es mit Nachdruck. So behauptet die Zeitschrift *Rivarol* am 4. Oktober 1956, François Mitterrand sei von einem gewichtigen Kollaborateur und Doriot-Anhänger, seinem entfernten Cousin Yves Dautun, aus deutscher Kriegsgefangenschaft befreit worden; und er habe ihm diesen Dienst nach dem Krieg vergolten und ihn – nach einer zweifachen Verurteilung zu zwanzig Jahren Zwangsarbeit durch den Gerichtshof des Département Seine – aus dem Gefängnis geholt.

François Mitterrand kann noch so oft gerichtlich gegen die Verleumdungen vorgehen, es hilft nichts. Ein Cocktail, der geschickt Gerüchte und Bruchstücke von Wahrheit vermengt, wird im Oktober 1958 von Henry Coston lanciert, einem Journalisten der extremen Rechten. Seine Polemik, die in *Lectures françaises* erscheint, trägt den Titel »Dieser Mann ist gefährlich«...

Über zwanzig Jahre lang schüren Mitterrands antigaullistische Positionen und sein Streben nach dem höchsten Staatsamt immer wieder die Glut. Besonders seit dem 10. Mai 1981 erfreut sich das Gerücht neuer Beliebtheit. *Minute, Le Crapouillot* – mit einer Sondernummer unter dem Titel »Mitterrand geheim« – und *L'Idiot international* greifen es auf und geben ihm neue Nahrung. Dreißig Jahre nach der Attacke der Abgeordneten Legendre und Dronne im Palais-Bourbon kreuzen nun die neuen Musketiere der Opposition – François d'Aubert, Jacques Toubon und Alain Madelin – die Klingen und zwar anläßlich einer Debatte über Methoden zum Schutz der Pressefreiheit am 1. und 2. Februar 1984. Offenbar haben sich die drei Abgeordneten abgesprochen, um einen Zwischenfall zu provozieren. Sie ergreifen jeden erdenklichen Vorwand, um an ihr Ziel zu gelangen. Sie wollen die weit zurückliegende Vergangenheit François Mitterrands wieder ans Licht bringen.

Seither werden immer wieder Anspielungen auf diese Vergangenheit laut, sei es anläßlich der Niederlegung eines Ehrenkranzes des Präsidenten auf dem Grab von Marschall Pétain, anläßlich der strafrechtlichen Voruntersuchung im Prozeß gegen René Bousquet, der Streitsache zwischen Jean Frydman und *L'Oréal*, des Prozesses gegen Touvier...

Was steckt nun hinter dieser berüchtigten Vergangenheit? Entsprechen die Gerüchte ganz oder teilweise der Wahrheit? Warum und wie sind sie entstanden?

Als ich François Mitterrand im Frühling 1993 unterbreitete, daß ich Nachforschungen über dreizehn Jahre seines Lebens anstellen wolle, fragte er mich als erstes:

»Ist das von Nutzen?« Ich sagte ihm, diese wichtigen Kapitel seiner Biographie seien meiner Auffassung nach noch nicht eingehend untersucht worden.

»Wenn Sie das meinen… Ich habe nichts zu verbergen. Ich werde Ihnen dabei behilflich sein.«

Der Präsident hat Wort gehalten: Er hat mich bei meinen Recherchen unterstützt, auch dann, wenn er wußte, daß sie kein günstiges Licht auf ihn warfen.

Nachdem er mir seine Hilfe zugesagt hatte, legte François Mitterrand Wert darauf, mir – in leicht überdrüssigem Tonfall – die Überlegung eines Politikers anzuvertrauen, der seit langem immer wieder Gegenstand von kritischen Interpretationen und Beurteilungen gewesen ist. Da ich seine Worte nicht mitgeschnitten habe, zitiere ich sie aus dem Gedächtnis:

»In so wirren Zeiten ist es, vor allem wenn man noch jung ist, sehr schwierig, seine Wahl zu treffen. Mir ist dies recht gut gelungen. Es ist ungerecht, Leute nach Fehlern zu beurteilen, die sich aus dem Geist einer Epoche erklären. Politikern verzeiht man nichts!«

Anmerkungen:

1   Vgl. Pierre Péan: *Le mystérieux Docteur Martin*. Paris 1993.
2   François Méténier und Doktor Martin waren zwei herausragende Persönlichkeiten der *Cagoule*. Vgl. Pierre Péan, a.a.O.
3   Vgl. Nr. 39 der Correspondance documentaire des ARS.
4   Innenminister im Kabinett Chautemps (1937-38) und im zweiten Kabinett Blum. Ermordet am 26. Juli 1941 von ehemaligen Mitgliedern der *Cagoule*.
5   Fünf Tage nach den Attentaten in der Rue de Presbourg am 16. September 1937 nimmt die Polizei beim Cagoularden Aristide Corre, dem Archivar des zweiten Büros des Geheimbunds, eine Hausdurchsuchung vor und findet die Namen und Adressen aller Angehörigen der Bewegung. Seitdem werden diese Unterlagen Corre-Liste genannt.
6   François Mitterrand hat 1945-46 für *Votre Beauté* gearbeitet, ein Frauenmagazin, das zu der von Eugène Schueller gegründeten und geleiteten *L'Oréal*-Gruppe gehörte. Dessen Tochter hat André Bettencourt geheiratet, einen alten Freund Mitterrands. Die Anspielungen beziehen sich hier auf Schuellers politische Aktivitäten. Er war zunächst Finanzier der *Cagoule*, später, von 1940-42, des kollaborationsbereiten MSR (Mouvement social révolutionnaire), das von Eugène Deloncle, dem ehemaligen Chef der *Cagoule*, geleitet wurde.

7 Die Verbreitung von Geheimnissen über die Landesverteidigung zwingt die Regierung Mendès France 1954, eine Untersuchung durch die Militärjustiz anzuberaumen. Zwei Beamte im *Secrétariat général permanent de la défense nationale* hatten Informationen an André Baranès von der Polizeipräfektur weitergegeben, der sich ihrer bediente, um die KP anzuschwärzen. Léon Martinaud-Déplat, der Vorgänger Mitterrands an der Place Beauvau, vergaß jedoch, ihm mitzuteilen, daß er über die Affäre auf dem laufenden sei. Wenig später wird Mitterrand zur Zielscheibe der Rechten.

# 1. Kapitel
## Lasten (1)

Mitte Oktober 1934, am Ende seines siebzehnten Lebensjahres (er wurde am 27. Oktober 1916 geboren), besteigt Mitterrand in Angoulême den Zug nach Paris. Nur ein Teil seines Gepäcks steht auf dem Bahnsteig; die schwerste Fracht befindet sich in seinem Kopf und wird ihn für immer begleiten.

Der junge Provinz-Bourgeois François Mitterrand stammt aus einer wohlhabenden katholisch-konservativen Familie, in der es verboten war, »schlecht über andere zu sprechen« und »über Geld zu reden«. Sein Vater war Essig-Fabrikant in der Region um Jarnac, wo die Cognac-Händler die Oberschicht, eine Art Aristokratie bildeten. Die Cognac-Hersteller blickten auf die Essig-Fabrikanten herab und luden sie nur selten ein. Der zartbesaitete François Mitterrand litt in seiner Jugend unter dieser Ausgrenzung. Er wird zeitlebens ein »Essig-Fabrikant« bleiben und sich deshalb unbewußt immer eher auf die Seite der »Kleinen« als die der »Großen« stellen und einen gewissen Groll gegen die »Cognac-Hersteller« Frankreichs und der übrigen Welt hegen...

Bei den Mitterrands »war man patriotisch bis zum heiligen Zorn, zum Glück mit einem Schuß Barrès und Colline inspirée«.[1] Wegen Barrès fühlte sich die Familie eher zu Poincaré als zu Briand hingezogen. Später wurde Oberst de La Rocque für sie zum Inbegriff der Tugend. Kommunisten galten als Marsmenschen. Die Russen wurden mit Abneigung, die Engländer mit Reserviertheit betrachtet. Der Bruder der Mutter François Mitterrands hatte diese Überzeugungen mit einem sozialen Anstrich versehen: Robert Lorrain wurde an der Seite von Marc Sangnier, der nach dem Krieg auch die Gründung des MRP *(Mouvement républicain populaire)* anregte, eines der ersten Mitglieder der christlich-demokratischen Bewegung Sillon. Im

Gymnasium und später im »104« gehörte Lorrain zu den Mitschülern François Mauriacs.

In das nach der Hausnummer 104 der Rue de Vaugirard benannte katholische »Pensionat« zieht nun auch François Mitterrand ein.

Die Ereignisse des Februar 1934 waren in Jarnac deutlich zu spüren gewesen. François' Mutter – und mit ihr die ganze Familie – litt unter dem Verfall der politischen Sitten und den Affären wie der um Stavisky, jenem Betrüger, der die Konfrontation auf der Place de la Concorde verursacht zu haben schien. Sie verurteilt die Kämpfe zwischen »Kommunisten und Action française« und schreibt in einem Brief vom 22. April: »Wer hört die besonnene Stimme von Monsieur Doumergue?«

François hat am Kolleg von Saint-Paul in Angoulême einen guten Abschluß gemacht. Jeder sieht in ihm einen tüchtigen jungen Katholiken, dazu ausersehen, ein rechtschaffenes Leben zu führen und die Vorschriften der Kirche zu respektieren. Er ist Mitglied der JEC (*Jeunesse étudiante chrétienne*), einer Organisation der *Action catholique* für Studenten. Nach Paris begleitet ihn die Erinnerung an zwei Persönlichkeiten, die ihn stark geprägt haben: an seinen Beichtvater und Philosophielehrer Abbé Jobit und an seinen Geschichtslehrer Irigoyen.

Noch heute spricht François Mitterrand mit tiefem Respekt von Abbé Jobit. Man dürfe ihn, so sagt er, nicht danach beurteilen, daß er sich wie ein »Hofabt« gab und »wie die eleganten Priester gekleidet« war: »Ich habe seine Doktorarbeit über den deutschen Philosophen Kraus und den Krausismus getippt. Ich hatte dabei das Gefühl, in eine außergewöhnliche, geheimnisvolle Welt vorzudringen...« Mit Irigoyen, der »einen sehr starken Einfluß auf ihn« hatte und nach seiner Lehrtätigkeit am Kolleg von Saint-Paul Archäologe wurde, stand François Mitterrand noch viele Jahre in Briefkontakt. Voll Respekt zitiert er sein Buch *La Pierre et la Pensée*.[2]

Der einstige Gymnasiast scheint ein »tüchtiger junger Mann« zu sein. Doch seine Selbstsicherheit und Scharfzüngigkeit gehen manchem auf die Nerven. Er trägt seine Aufsässigkeit nie zur Schau, doch wirkt er oft unruhig, ist kompliziert und widersprüchlich. Er hat eine sehr hohe Meinung von sich selbst und seinem Schicksal, mag sich aber gleichzeitig nicht leiden; er hat

Schwierigkeiten, auf andere zuzugehen. Oft rebelliert er gegen seine religiöse Erziehung, die ihn hindert, wirklich er selbst zu sein. »Ich hasse das Harmonium…«, schreibt er viele Jahre später, als ob der klagende Ton dieses Kircheninstruments in ihm immer noch die Entrüstung eines gefangenen Kindes hervorriefe.

Er mag das Harmonium noch so sehr verabscheuen, letztlich macht er die Traditionen und die meisten Wertvorstellungen seines Milieus doch zu den eigenen. Ich habe nicht genügend Material zusammentragen können, um den Einfluß seiner Mutter über lange Zeit nachzuzeichnen, aber es ist sicher, daß sie sehr wichtig für ihn war. Er selbst hat sich übrigens von frühester Jugend an bis heute der Familie stets verbunden gefühlt, vor allem der erweiterten, so daß man hier fast von einem Clan sprechen könnte.

Verbunden ist er zunächst seinen Brüdern und Schwestern: Robert, Jacques, Philippe, Antoinette, Marie-Josèphe, Colette und Geneviève, dazu kamen deren Gefährtinnen und Gefährten, selbst wenn ihm einige nicht sehr behagten. Als François in Angoulême in den Zug steigt, ist Antoinette bereits mit Ivaldi verheiratet, dem Sohn eines reichen italienischen Händlers aus der Region; Marie-Josèphe ist Marquise von Corlieu; Colette hat Pierre Landry geheiratet, der die Militärschule in Saumur absolviert hat und mit seiner Frau nach Marokko gegangen ist, gemeinsam mit einigen Offizieren, von denen noch die Rede sein wird…

Er ist auch der Familie Sarrazin verbunden: Antoinette, die Schwester von François' Mutter, hat einen Sarrazin, einen Arzt aus der Franche-Comté, geheiratet; Vetter Pierre und Cousine Charlotte sind gemeinsam mit den acht Mitterrand-Kindern aufgewachsen.

Er hängt auch sehr an »Tante Pauline«: François' Großmutter hatte eine Cousine ersten Grades, Pauline Faure-Labourdrie, die einen Witwer mit Namen Étienne Dautun geheiratet hatte. Eines schönen Tages in den zwanziger Jahren ließ sich »Tante Pauline« in Jarnac häuslich nieder und blieb.[3] »Sie war ein sehr gütiger Mensch«, erinnert sich Geneviève. »Sehr alt, sehr fromm, äußerst gutherzig, wenn auch streng…« Tante Pauline hatte in Bordeaux einen Sohn mit Namen Paul, dessen Frau keinerlei Affinitäten zum Clan in Jarnac verspürte. Paul wiederum hatte einen Sohn namens Yves Dautun. Wir werden ihm später noch begegnen…

Eng befreundet ist er mit den Familien Bénouville, Moreau und Bouvyer; von außerhalb des engeren Kreises gesellen sich noch einige Mitschüler vom Gymnasium hinzu, allein oder mit ihren Verwandten; außerdem erweitert sich der Kreis der Familie Mitterrand um immer neue Bekanntschaften. Ich werde mich bei ihrer Aufzählung auf jene beschränken, die für unsere Geschichte wichtig sind.

So schlossen sich François Moreau und Pierre de Bénouville dem Mitterrand-Clan an, als sie für kurze Zeit das Gymnasium von Saint-Paul besuchten.

Oberst Moreau und die Seinen bewohnten etwa fünfzehn Kilometer von Jarnac entfernt einen schönen Patriziersitz in Rouillac, dem Geburtsort der beiden großelterlichen Familien von François' Mutter. Im Sommer fuhren die Mitterrand-Kinder gerne auf ihren Fahrrädern – später dann mit dem Auto – dorthin, um sich mit einer großen Schar anderer Kinder und Jugendlicher im gleichen Alter zu treffen. Der untersetzte, schnauzbärtige Oberst war ein unwirscher Mann; er ließ keine Widerworte zu, bekräftigte lauthals seine royalistischen Überzeugungen, liebte es, von seinen Feldzügen zu erzählen, doch war er beliebt, und François fand Vergnügen daran, ihm – als einziger – die Stirn zu bieten. Die beiden Wörter, die er am häufigsten von sich gab, waren »Ehre« und »Disziplin«, und er glaubte, daß nur die militärischen Tugenden das Wohl Frankreichs sichern könnten. Er war ein »Nationaler«, ein »Patriot«.

Die Rauheit des Oberst konnte indessen die gute Stimmung nicht trüben, die im Haus und auf dem Besitz von Rouillac herrschte. Trotz seiner kraftvollen Sprüche war nicht er die dominierende Persönlichkeit, sondern seine Frau. Die Strenge von Madame Moreau konnte ihre Güte und Sanftmut nicht verbergen. Für François empfand sie große Zuneigung. Henri Moreau, einer ihrer Söhne, war in Saint-Paul Mitschüler von Robert, François und Jacques. Die drei Mitterrand-Brüder waren gern mit Henris beiden Schwestern zusammen, Odile und besonders Zabeth, der Älteren, die alle sehr schön fanden. Der Jüngste hingegen, François Moreau, war einfach nur da. François Mitterrands Schwestern und die Sarrazin-Kinder kamen ebenfalls nach Rouillac…

Während des Sommers 1933 fand sich noch eine andere Familie, die Bouvyers, in Rouillac ein. Die Mutter, Antoinette Bouvyer, gebürtig aus der Charente, lebte damals in Angers, wo ihr Mann als Steuerbeamter arbeitete. Antoinette gab zu Hause den Ton an: Ihr eher unscheinbarer Ehemann spielte lieber Tennis, als sich auf die politischen Interessen seiner Frau einzulassen. Es gab fünf Kinder im Haus: Henri, Jean, ein schwieriger Charakter, Philippe, Étienne und ein charmantes kleines Mädchen namens Marie. Antoinette war eine fanatische Royalistin, die große Reden schwang und der man nur schwer Paroli bieten konnte. Wie die Frau von Oberst Moreau mochte auch sie François, den brillanten Jungen, den sie vielleicht gern als Sohn gehabt hätte…

Die Bouvyers kamen im folgenden Jahr erneut nach Rouillac. Sie wohnten nicht mehr in Angers, sondern in Paris. Sie waren bereits in den erweiterten Kreis der Familie Mitterrand-Sarrazin-Moreau integriert. Während dieses Sommers muß François der Fanatismus des siebzehnjährigen Jean aufgefallen sein, der sich seiner Teilnahme an den Demonstrationen vom 6. Februar auf der Place de la Concorde brüstete. An jenem Tag war er spät nach Hause gekommen, weil er niedergeknüppelt worden war. Die familiäre Atmosphäre bei den Bouvyers war deshalb extrem gespannt, und es kam zu erregten Wortgefechten. Die Mutter träumte davon, mit Bolschewisten, Sozialisten und anderen Republikanern, denen sie die Schuld an der beklagenswerten Lage Frankreichs gab, aufzuräumen, der Vater war konservativ und über die politischen Arrivisten empört und doch durch und durch republikanisch. Jean hatte sein Lager gewählt, das seiner Mutter: Er gehörte den *Camelots du Roi*, militanten Royalisten, an und investierte mehr Zeit in seine politischen Aktivitäten als in die Hausaufgaben für das Gymnasium Buffon. Seine guten Noten im Französischen konnten die schwachen Leistungen in den anderen Fächern nicht wettmachen: Er fiel durchs Abitur. Er fühlte sich unwohl in seiner Haut, war aggressiv, hatte ein wenig gefälliges Jungengesicht und ging den anderen auf die Nerven. François Mitterrand merkt heute an, daß er ihn nie gemocht habe und »krankhaft« fand. »Krankhaft« oder nicht, er und die anderen Bouvyers gehörten zum Clan. Auch sechzig Jahre danach scheinen sich diese Bindungen noch nicht gelockert zu haben: So fuhr Geneviève Mitterrand im Frühjahr 1994 zur Beerdigung eines Enkels von Marie Bouvyer...

»Die Bouvyers gehörten zu unserem Leben«, resümiert Colette, eine von François' Schwestern. »Wir kannten die Familie gut. Aber Jean habe ich nicht gemocht. Ich erinnere mich an ihn, als er noch ganz klein war. Er war heuchlerisch, furchtsam. Er wollte auf sich aufmerksam machen... Wahrscheinlich war er eifersüchtig auf François, den seine Mutter Antoinette in übertriebener Weise bewunderte. Er hatte von Anfang an Pech, und es stand ihm auf der Stirn geschrieben, daß er immer das tun würde, was er nicht tun sollte...«

Anmerkungen:

1   In: François Mitterrand: *Ma Part de vérité*. Paris 1969.
2   Gespräch mit dem Autor, 21. März 1994.
3   Sie ist im Familiengrab der Mitterrands in Jarnac beigesetzt.

# 2. Kapitel
# Nationaler Freiwilliger

Als der junge Mann aus dem Département Charente ins »104«
einzieht, ist das Internat für ihn keine Terra incognita mehr. Einige Monate zuvor war seine Mutter in der Rue de Vaugirard
vorstellig geworden, um ein Zimmer für ihn zu reservieren. Wie
groß war ihre Überraschung, als sie auf dem Schreibtisch von
Pater Plazenet, dem Direktor der katholischen Einrichtung, das
Foto ihres Bruders Robert Lorrain sah, der als Zwanzigjähriger
an der Schwindsucht gestorben war. Der junge François konnte
in einem Haus, das seinen Onkel so in Ehren hielt und mit
François Mauriac, dem Freund seiner Mutter, in engem Kontakt
stand, nur gut aufgenommen werden.

Die *Réunion des étudiants*, so der offizielle Name der 1898
vom Maristenpater Plazenet gegründeten Einrichtung, hatte es
sich zur Aufgabe gemacht, den katholischen Studenten in Ergänzung zu ihren weltlichen Studien eine geistliche Ausbildung an-
gedeihen zu lassen. Die Bewohner des Internats waren gehalten,
bestimmte Vorschriften zu beachten: spätestens um 22 Uhr nach
Hause zu kommen, jeden Abend nach dem Essen an einer kurzen Andacht teilzunehmen, nach 22 Uhr keine Freunde mehr
aufs Zimmer zu lassen und mindestens einmal in der Woche einen Vortrag über Philosophie oder Theologie zu besuchen. Es
wurde den Studenten nahegelegt, ihre Mahlzeiten gemeinsam in
den beiden Speisesälen einzunehmen.

François Mitterrand stellt sich rasch auf dieses neue Leben ein,
das weniger beengend ist als das im Gymnasium von Saint-Paul.
Er versteht sich gut mit den Maristen, die das »104« leiten, und
gewinnt bald gute Freunde. Nennen wir gleich jene, die in der
Zeit von 1934 bis 1938 zu seinem engsten Kreis gehören werden:
Bernard Dalle, Sohn eines Industriellen aus dem Département
du Nord, Pol Pilven, Jacques Bénet, Jacques Marot, François

Dalle, Louis-Gabriel Clayeux, Bernard Offner, Féréol de Ferry und später André Bettencourt.

Im ersten Jahr ist er auch für die Licence an der juristischen Fakultät und an der *École libre des sciences politiques*, der Hochschule für politische Wissenschaften, im Bereich Diplomatie eingeschrieben. Neugierig auf alles, nutzt er seine neuen Freiheiten ausgiebig, um seine Kommilitonen zu besuchen, um ins Kino und ins Theater zu gehen und sich mit Politik zu befassen. In den »roten« Vorstädten engagiert er sich für wohltätige Zwecke und weiß diese missionarische Aufgabe bald zu schätzen.

Er kommt also mit großen Plänen nach Paris. Der 6. Februar 1934 ist ihm noch in frischer Erinnerung. Die *Action française*, eine patriotische Bewegung zur Wiederherstellung der Monarchie, versucht weiterhin Druck zu machen, um einen Volksaufstand auszulösen, doch die konservativen Kreise wollen die bestehende Ordnung um keinen Preis aufs Spiel setzen. Oberst de La Rocque gilt als der große Gewinner der Februar-Tage, weil er sich mit seinen Gruppen abseits gehalten und so eine Eskalation der Demonstrationen verhindert hat. Seine Besonnenheit und seine Achtung vor dem Gesetz erklären den wachsenden Erfolg der Feuerkreuzler, die den Wunsch der Bourgeoisie nach Zucht und Ordnung verkörpern. Die *Croix-de-Feu* werden für seriös, diszipliniert und tüchtig gehalten. Doch auch die guten Beziehungen des Oberst zum nach den Unruhen vom 6. Februar eingesetzten Premierminister Gaston Doumergue, den die Mutter von François Mitterrand so sehr schätzt, können nach dem Rücktritt der radikalen Minister im Oktober 1934 den Sturz des Kabinetts nicht verhindern.

Nach Doumergues' Rücktritt versucht die *Action française*, den Führer der mächtigsten Liga zu überreden, anläßlich der Feiern zum Waffenstillstand am 11. November eine gemeinsame Großdemonstration zu veranstalten. Nur die Gegenwart der *Croix-de-Feu* kann gewährleisten, daß eine Bewegung beim Volk Anklang findet, die für Leute wie Maurras und Daudet eine erfolgreiche Neuauflage der Ereignisse vom 6. Februar werden könnte…

Dank der Briefe Mitterrands an Abbé Jobit ist es möglich, sich eine Vorstellung von seiner Gemütslage in den ersten Wochen nach seiner Ankunft in Paris zu machen. In seinem ersten Brief[1] berichtet er über seine Erfahrungen als Student der Politischen Wissenschaften. Der junge Provinzler, der geprägt ist von den im Gymnasium und in der Familie geltenden Wertvorstellungen, macht sich über das neue Milieu, in dem er sich bewegt, lustig:

»Der Student der Politischen Wissenschaften definiert sich nicht; er läßt sich nicht durch das beschreiben, was er ist, sondern nur durch das, was er nicht ist. Er möchte der Wahrheit wieder auf die Beine helfen.

Der Lehrkörper ist höchst erlesen... Alle Probleme der Diplomatie, der Ökonomie und des Rechts werden erörtert, und durch sie auch jene, die in der Realität gelöst werden müssen. Der Unterricht der Schule ist nach fünf Fachrichtungen untergliedert: Diplomatie, Verwaltung, öffentliche Finanzen, private Finanzen, Allgemeines. Die diplomatische und die allgemeine Abteilung zeichnen sich durch einen gewissen Snobismus aus... Die Politischen Wissenschaften sind ein Abbild der Gesellschaft.

Der diplomatische Bereich gibt im allgemeinen den Ton in der Schule an: In den Hörsälen wird nicht geschrien; in der Eingangshalle geht man gemessenen Schritts; in den Arbeitsräumen unterhält man sich mit gedämpfter Stimme. Man darf sich nicht zu originell geben. Man muß wissen, wie man Konversation treibt. Es ist nützlich, Referenzen vorweisen zu können und zu wissen, an welchem Tag Frau von X empfängt. Man begegnet an der Schule für Politische Wissenschaften reizenden Kommilitonen, doch es ist schwierig, dort Freunde zu finden: Jede längere Bekanntschaft sollte mit einer persönlichen Vorstellung beginnen, sonst läuft man nach Jahren gemeinsamer Arbeit Gefahr, nicht einmal die Namen seiner Tischnachbarn zu kennen. Doch sind nicht alle so. Es genügt, irgendeinen zu kennen, und man begegnet vielen. Während der Wahlen bemühen sich die Kandidaten oder Kandidatinnen, ganz so wie im abgelegensten Dorf Frankreichs, eifrig darum, einem die Hand zu schütteln, und manchmal ist der hochnäsigste und distanzierteste Student der Politischen Wissenschaften der erste, der an der Juristischen Fakultät ein Papierkügelchen nach einem wirft... ›Argipe‹, schreibt La Bruyère, ›zieht ihren Handschuh aus, um eine schöne Hand vorzuführen, und sie versäumt es nicht, einen kleinen Schuh vorzuzeigen, der vermuten läßt, daß sie einen kleinen Fuß hat; sie lacht über lustige und ernsthafte Dinge, um ihre schönen Zähne sehen zu lassen...‹ Letztlich genügt es, eine schöne Hand schätzen und lustige wie ernsthafte Dinge sagen zu können, um in diesem Milieu als eine echte Perle zu gelten...«

Mitterrand interessiert sich bereits sehr für Politik. Nachdem er sich über den Snobismus seiner neuen Kommilitonen an der Schule für Politische Wissenschaften mokiert hat, beschreibt François Mitterrand das vorherrschende Klima. Sie sei, so sagt er, eine rechte Schule:

»... Der *Front national* [NDLA; die Rechte] ist stark vertreten, etliche seiner Jugendgruppenführer studieren hier. Zudem wird oft politisiert...«

Dank eines weiteren Briefes von François Mitterrand, den er 1934 am Ende des Herbstes an Abbé Jobit geschickt hat, wissen wir, daß er an besagtem 11. November zum erstenmal an einer politischen Demonstration teilnimmt. Das Kabinett Doumergue ist gerade gescheitert. Sein Sturz sei, so die Führer des *Front national*, von den Gegnern Frankreichs provoziert worden. Die gesamte Rechte, einschließlich Oberst de La Rocque, besteht darauf, Doumergue Beifall zu spenden. »Sie haben sich um das Vaterland sehr verdient gemacht«, sagte ihm der Anführer der *Croix-de-Feu*. Die Rechte hat sich entschlossen, das offizielle Gedenken an den Waffenstillstand zu nutzen, um auf der Straße ihrem Zorn Ausdruck zu geben. La Rocque kann sich jedoch mit den anderen Chefs des *Front national*, insbesondere mit denen der *Action française*, nicht auf ein gemeinsames Vorgehen verständigen. Jene haben ihre Mitglieder für 14 Uhr 30 am Rond-point des Champs-Élysées zusammengerufen; die *Croix-de-Feu* und ihre Jugendorganisation, die *Volontaires nationaux*, sind von dem Oberst aufgefordert worden, sich in der Avenue du Bois vor dem Wohnsitz Doumergues zu versammeln. Die antifaschistischen Veteranen wiederum sind ersucht worden, sich am Boulevard Richard-Lenoir zu einem Marsch »für Frieden und Freiheit« zwischen der Place de la Bastille und der Place de la Nation einzufinden.

Pierre Taittingers *Jeunesses patriotes* eröffnen den Marsch zum Triumphbogen, gefolgt von den Demonstranten der *Solidarité française*, den *Camelots du Roi* und anderen Mitgliedern der *Action française*. Dreißigtausend *Croix-de-Feu* und *Volontaires nationaux* marschieren unter Führung des Oberst die Avenue

Foch hinauf und biegen in die Champs-Élysées ein. La Rocque legt ein Blumenbukett am Grabmal des unbekannten Soldaten nieder und führt seine Gruppen erneut Richtung Avenue Foch und zum Wohnsitz von Gaston Doumergue. Dort angelangt, steigt der Oberst auf einen Stuhl und fordert seine militärische Blaskapelle auf, die Trompetensignale »Aux morts...« und »Aux champs...« anzustimmen; als die Trompeten wieder schweigen, redet er zu den *Croix-de-Feu* und *Jeunes Volontaires*:

»Verhaltet euch ruhig und diszipliniert, vermeidet Provokationen und sinnlose Agitation. Ihr repräsentiert eine unvergleichliche Macht. Unruhige Stunden bedrohen unser Land; ihr werdet die Kräfte der Revolution zerschlagen. Ihr werdet es retten!«

Doumergue erscheint auf dem Balkon: Ihm wird lautstark applaudiert. Der Oberst und die Mitglieder des leitenden Ausschusses seiner Bewegung werden vom ehemaligen Premierminister empfangen. Vor seinem Wohnsitz demonstrieren die Gruppen La Rocques mehrere Stunden lang.

Um sich eine Vorstellung vom Antagonismus zwischen links und rechts zu machen, der sich Ende 1934 zuspitzt, braucht man nur am Tag nach der Demonstration die Ausgabe von *Le Populaire*, dem Organ der SFIO, der sozialistischen Partei Frankreichs, zu lesen. Hier ist die Rede von einem »Aufmarsch faschistischer Banden; Banden, die nur an einen neuen Krieg denken, die einen Bürgerkrieg herbeisehnen... Das Volk von Paris ist nicht zur Place de l'Étoile gegangen... Es hat nicht den französischen Hitler-Anhängern und den *Camelots du Roi* zugejubelt, die die Straße mit dem Lärm ihres Gleichschritts erfüllten...«

Zu welchem Lager gehört François Mitterrand? Zum »Volk von Paris« gewiß nicht, denn er ist »vielen Studenten seiner Schule« begegnet, die – wie er Abbé Jobit schreibt – der Rechten angehören. Er erklärt seinem ehemaligen geistlichen Lehrer, warum er, ein Angehöriger der JEC (Jeunesse étudiant chrétienne), es nunmehr für »notwendig« erachte, sich in einer »politischen Gruppierung« zu engagieren:

»Der Student der Politischen Wissenschaften ist im allgemeinen katholisch, doch politisch nicht aktiv. Er hat noch nicht begriffen, daß die gegenwärtige Krise keine Frage der politischen

Ordnung ist, sondern aufs tiefste von der moralischen Ordnung abhängt. Er hat nicht begriffen, daß nicht die Institutionen eine Gesellschaft lenken, sondern die Moral derjenigen, die dank ihrer Führungskraft die Institutionen beherrschen...

Deshalb bleibt an der Schule für Politische Wissenschaften noch viel zu tun. Es gilt, eine Mentalität zu verändern. Gewiß, man findet dort viele Abgänger der freien Konfessionsschulen, die ihren Glauben unbeschadet beibehalten haben und ihren religiösen Pflichten gewissenhaft nachgehen. Doch wie viele verstehen es, ihn wirklich zu leben? Ich weiß, daß es sie gibt – aber ich weiß auch, daß es nur wenige sind. Ich kenne nur wenige meiner Kommilitonen, aber ich kann zweifelsfrei den Wert des Ganzen beurteilen. Es gibt Zeichen, die nicht trügen.

Wie läßt sich dieser Zustand beheben? Das ist eine schwer zu beantwortende Frage. Es ist viel leichter, etwas Neues aufzubauen, wenn noch nichts vorhanden ist, als sich gegen bestehende Strukturen zu behaupten. Man müßte die gegenwärtigen Bestrebungen unserer Jugend durch anspruchsvollere, wahrhaftigere oder vielmehr ihre Ideale durch höhere ersetzen. Das christliche Wirken schließt das politische nicht aus: Es vervollständigt es. Allein, das politische Wirken darf das christliche nicht in den Schatten stellen, es würde seine Rolle überreizen. Leider passiert das; weshalb den Kräften der Erneuerung das Gleichgewicht fehlt: Nicht die Form einer Handlung kann ihr Wesen retten...«

Mit diesem recht orthodoxen Exposé rechtfertigt er sein Engagement gegenüber Abbé Jobit, vor dem er immer noch tiefen Respekt hat. Er glaubt, daß es in den Rahmen hineinpaßt, der einige Jahre zuvor von Pius XI. abgesteckt worden ist. Damals hatte der Pontifex maximus die *Action française* und Maurras wegen ihrer Devise »zuerst die Politik« verurteilt. Allerdings gibt François Mitterrand diesem offiziellen Text ein anderes Gewicht:

»Bei den Politischen Wissenschaften begegnet man nicht denselben Schwierigkeiten wie anderswo. An der Philosophischen Fakultät kann man offen über religiöse Fragen diskutieren. An der Hochschule für Bildende Kunst kann man gegen eine ungewöhnliche Auffassung angehen. Bei den Politischen Wissenschaften kann man kein Beispiel geben: Man befindet sich unter seinesgleichen. Eine Wertvorstellung kämpft gegen die andere.

Doch aufgrund der geistigen Verwirrung, von der ich oben sprach, wird die Ungleichheit nicht wahrgenommen. Wenn man als Vorkämpfer der *Action catholique* auftritt, erntet man zwar keinen Sarkasmus, doch bringt man diejenigen, die glauben, ein christliches Leben zu führen, auch nicht auf seine Seite.«

Man kann sich den jungen François gut vorstellen, wie er gegenüber seinen Kommilitonen mit gewohnter Beredsamkeit das Prinzip des Vorrangs christlichen Handelns gegenüber der politischen Aktion erörtert. Doch seine Redekunst hat nicht dieselbe Wirkung wie am Gymnasium: Offenbar kommt er nicht an.

»Was für eine Rolle soll man unter solchen Bedingungen spielen?« fährt der junge Student in seinem Brief an Abbé Jobit fort. »Ich glaube, es gibt nur eine: mit Duldung der Kirche die Weisungen und Grundsätze unseres Glaubens in die politischen Gruppierungen zu tragen, denen man zwangsläufig beitreten muß. Haben das nicht die Päpste Leo XIII. und Pius XI. gelehrt?«

Die Unterscheidung zwischen »zwangsläufig beitreten« und »Duldung der Kirche« ist bemerkenswert. »Zwangsläufig« ist die Schlußfolgerung seiner eigenen Überlegungen. Und es stimmt auch, daß Ende 1934 in *Messages*, dem Sprachrohr der JEC, Pater Drujon, der geistige Führer dieser Bewegung, die individuelle Zugehörigkeit zu einer politischen Gruppierung »zuläßt«. Auch wenn man hier nicht von einem Bruch mit seiner früheren Haltung sprechen kann, spürt man, daß François Mitterrand in manchen Punkten auf Distanz geht: Er verspürt von nun an die »Notwendigkeit«, einer politischen Gruppierung anzugehören.

»Über ein soziales Engagement, das zum politischen Wirken hinzukommt und sich mit diesem immer enger verquickt, muß unseren Zeitgenossen klargemacht werden, daß allein das Christentum in der Lage ist, eine völlige Erneuerung zu schaffen. Vorbilder christlichen Lebenswandels sind unerläßlich. Doch sie werden nutzlos sein, solange die Beispiele christlichen Handelns nicht nachgeahmt werden.«

Nach der Lektüre dieses Briefes ist es an der Zeit, eine Legende aus der Welt zu schaffen, der zufolge François Mitterrand gleich nach seinem Aufbruch aus der Charente Angehöriger der *Action française* wurde. Heute fällt es schwer, die Wirkung der 1926, 1927 und 1928 von Papst Pius XI. verkündeten Urteile in katholischen Kreisen richtig einzuschätzen: die Indexierung der Zeitung *L'Action française*, die Aberkennung der Buße und des Sakraments der Eucharistie für Katholiken, die der den Gehorsam verweigernden *Action française* angehören, und schließlich das Verbot für ihre Mitglieder, kirchlich zu heiraten und beerdigt zu werden. In diesem Kontext waren einige Bewegungen der *Action catholique* gegründet worden, namentlich die JEC. »Ich bin dazu erzogen worden, die *Action française* zu verabscheuen, nicht weil sie rechts, sondern weil sie exkommuniziert war.«[2] Das Wort »verabscheuen« ist in diesem Zusammenhang wahrscheinlich ein wenig übertrieben, denn François Mitterrand kann eine gewisse Bewunderung für den Schriftsteller Charles Maurras nicht leugnen und interessiert sich damals bereits für alles, eingeschlossen die Ideen der *Action française*. Jean Bruel, der gegenwärtige Chef der *Bateaux-Mouches*, erinnert sich noch genau, »François Mitterrand in Begleitung junger Männer aus dem »104« ungefähr 1934–1935 im Institut der *Action française* [gesehen zu haben]. Dort wurden Vorträge gehalten. Ich erinnere mich an die von Henri Massis. François Mitterrand war ein tüchtiger, sehr ruhiger junger Mann, der, wenn ich mich recht erinnere, mitschrieb.«

Einen anderen Grund für seine Distanz gegenüber der *Action française* nennt Bernard Dalle: »François war gegen die *Camelots du Roi*, denn er war Monarchist. Er sagte, daß die Angehörigen der *Action française* Royalisten ohne König seien. Wir fühlten uns der französischen Königsfamilie verbunden.«

Im Hinblick auf den Herbst 1934 verwirft Mitterrand diese Feststellung: »Ich war kein Royalist, darum habe ich mich nicht geschert. Die Monarchie ist mir immer als etwas Unwirkliches erschienen.«[3] François Mitterrand gehört also zur Jugendbewegung von Oberst de La Rocque: Er wird *Volontaire national* im dritten Sektor, dessen Sitz sich im Café *La Petite Source* am Boulevard Saint-Germain Nr. 130 befindet. Montags und freitags zwischen 21 und 23 Uhr finden die Versammlungen statt. Das wissen die ehemaligen Kameraden des »104« heute noch genau, auch wenn sie nicht in der Lage sind, sein Engagement zeitlich und von der Dauer her zu bestimmen.

»Er war *Volontaire national*, ich bin mit ihm auf ein oder zwei Versammlungen gewesen«, erinnert sich Henri Thieullent, der heute als Rentner in Le Havre lebt. Jacques Bénet versichert, François habe ihm gegenüber sehr oft über sein Engagement in der Bewegung von Oberst de La Rocque gesprochen. Pierre Chiron aus Angoulême bekundet: »François Mitterrand war am Kolleg Saint-Paul mein bester Freund. Ich war *Croix-de-Feu* und er auch. Ich glaube, er war es schon auf der Schule. Wir nahmen an den Treffen in der Charente, wenn ich mich recht erinnere, bereits teil, bevor wir nach Paris gingen.«

Mit einigem Zögern erkennt François Mitterrand schließlich an, wirklich *Volontaire national* gewesen zu sein. Dieses Zögern ist verständlich, denn er weiß, daß Oberst de La Rocque lange als »Faschist« galt oder zumindest als ein Mann der extremen Rechten. Wenn er das heikle Thema seiner Vorkriegsüberzeugungen anspricht, zieht der Präsident es vor, seinen Onkel, den Sozialkatholiken Robert Lorrain, ins Spiel zu bringen und auf seine eigene Jugend und sein damals noch unausgegorenes Denken zu verweisen: »In erster Linie war ich neugierig. Ich hörte mir sowohl Doriot als auch die Führer der Volksfront an... Ich fand, daß diese Persönlichkeit [Oberst La Rocque] ungerecht behandelt wurde. Seine Worte hatten nichts mit dem Ruf gemein, der ihm anhing. Er war weder ein Faschist noch ein Antisemit... Er hatte mich in seinen Bann geschlagen. Ich war auf ein paar Versammlungen der *Volontaires nationaux* im Café *La Petite Source* auf dem Boulevard Saint-Germain, das ein Mann aus der Auverge führte... Ich war von der offenen Art des Oberst de La Rocque angetan.«[4]

Um seine Äußerungen zu untermauern, erinnert er an den Widerstand und die Deportation La Rocques. Sich selbst bezeichnet er als »weder rechts noch links«, stuft aber La Rocque ohne wenn und aber als Rechten ein. In leicht herablassendem Ton schildert der Präsident die noch unausgereifte Vorstellungswelt des jungen François...

Seine Entscheidung erklärt sich aus seinem Respekt für die Moral der Veteranen des Ersten Weltkriegs. Schließlich hatte er im Jahr zuvor am 27. Januar 1933 den von Abbé Jobit organisierten »DRAC-Wettbewerb«[5] für Redekunst gewonnen und dabei nicht gezögert, die Toten von 1914–1918 anzurufen:

»Ein neuer Tag ist angebrochen. Eine blasse Sonne scheint über unsere Ebenen, und man sieht die lange Reihe der Gräber, aus denen das tiefe Klagen der Toten heraufsteigt, deren Opfer so mißverstanden worden ist. Hört sie stöhnen: Oh! Was hat man aus unseren Leiden gemacht? Zu welchem Nutzen sind wir gestorben? Die Ungerechtigkeit beherrscht nach wie vor die Gemüter. Und wenn ihr euch über dieses Grab beugt, werdet ihr auf dem grauen Kreuz lesen: ›Ein gläubiger Mensch, gestorben für Frankreich‹, und dort und dort und dort noch einmal...«

Sein Engagement als *Volontaire national* deckt sich also völlig mit den Ansichten, die er am Kolleg Saint-Paul in Angoulême bekundete. Und auch mit denen, die in Jarnac kursieren. Doch wäre es wahrscheinlich ein Irrtum, dieses Engagement zu überschätzen, da es sein Leben – und zwar bei weitem – nicht ausfüllt. Vergessen wir nicht, daß er ernsthaft Jura und Politische Wissenschaften studiert, regelmäßig bei den Aktivitäten im »104« zugegen ist, viele Bücher verschlingt, daß er oft seiner Familie und den ehemaligen Mitschülern vom Kolleg Saint-Paul schreibt und sich außerdem die Zeit nimmt, ausgiebig am gesellschaftlichen Leben teilzunehmen...

François Mitterrand ist jedoch vom Glanz der Hauptstadt nicht so geblendet, daß er seine eigenen Wurzeln vergißt. Am Ende des ersten Trimesters nimmt er den Zug nach Jarnac, verbringt das Weihnachtsfest im Kreis der Familie und findet sich am 27. Dezember zusammen mit knapp zwanzig ehemaligen Schulkameraden zur Feier der Messe in der Hauskapelle von Saint-Paul ein. Nachdem sie einige Lehrer begrüßt haben, versammeln sich François und seine Freunde im *Hôtel de France* zu einem guten Mittagessen. Unter den Ehemaligen sind auch Abbé Jobit, der Schulleiter und zwei weitere Geistliche. Die Unterhaltung ist lebhaft. Alle wünschen sich sehnlichst, die Verbindung zu ihrer Schule aufrechtzuerhalten und an der Redaktion der Zeitschrift *Notre École* mitzuwirken; auf Initiative von François Mitterrand und Abbé Jobit beschließen sie, Untersuchungen über das fesselnde Thema »Jugend und Politik« durchzuführen und darüber bei ihrem Ostertreffen am 16. April zu debattieren.

Zurück in Paris, bekräftigt François Mitterrand sein Interesse für die Bewegung von Oberst de La Rocque, da er am 18. und 25. Januar 1935 zwei Vorträge über die *Croix-de-Feu* hält. Jacques Marot, ein neuer Freund, berichtet über sie in der *Revue Montalembert*, dem Sprachrohr des »104«:

»Fr. Mitterrand bietet eine Lösung für andere ebenfalls gravierende Probleme an. Die Lösung lautet *Croix-de-Feu*. Er führt uns ein Ideal vor, ein gemäßigtes Ideal, ein in erster Linie sehr humanes, da soziales Ideal; zugänglich, da gut verständlich; sehr bedeutend, da französisch. Beglückwünschen wir besonders Mitterrand, der es verstanden hat, in einer Diskussion den Ton eines vollkommenen Ehrenmannes zu wahren, die leicht ins rein Politische hätte abgleiten können, eine Domäne, in der die vernünftigsten Leute, ohne zu wissen warum, dumpf und zornig werden. Das rührt gewiß von seiner wirklich bewundernswerten Ruhe her, die bei ihm mit einer besonnenen, philosophischen Langsamkeit einhergeht.«

Weniger als vier Monate nach seiner Ankunft in Paris erscheint François auf den Titelseiten der wichtigsten Pariser Zeitungen. In *Paris-Midi* vom 2. Februar 1935 kann man ihn deutlich mit zwei Büchern in der Hand erkennen, das Gesicht von einem strahlenden Lachen gezeichnet und – wie die anderen jungen Leute auf dem Foto – den Blick auf etwas gerichtet, das sich zu seiner Rechten befindet.

»Während des Nachmittags und bis in die späten Abendstunden hinein hallte die Umgebung der Medizinischen Fakultät von den Rufen, Gesängen und Protesten der Streikenden wider«, heißt es in der Bildunterschrift. *L'Écho de Paris* zeigt François Mitterrand, wie er, umringt von Polizeimützen, aus dem Zentrum des Geschehens heraussticht. Bildunterschrift: »Eine Demonstration von Studenten wird von der Polizei aufgelöst.«

Die Bildlegende des Organs der SFIO *(Section française de l'internationale ouvrière)*, *Le Populaire,* ist weit weniger verständnisvoll:

»Lächelnde Polizisten verhandeln mit den ›Streikenden‹, der JP *(Jeunesse patriote)* und anderen *Camelots.* So viel gute Laune legen sie nicht an den Tag, wenn sie Arbeitern gegenüberstehen, die für höhere Löhne demonstrieren!«

Für das Blatt von Léon Blum besteht kein Zweifel, daß diese Studenten-Demonstration eine »Provokation« der »großen faschistischen Vereinigungen« ist, um den Jahrestag des 6. Februar 1934 zu begehen:

»Fünf Tage vor dem schicksalhaften Datum entdeckt man gerade rechtzeitig, daß die Universität von ausländischen Studenten überschwemmt ist, die alle Studienplätze, Posten und Privilegien in Beschlag nehmen, und unter diesem trügerischen Vorwand appelliert man an faschistische und fremdenfeindliche Instinkte in der Umgebung des Boulevard Saint-Michel.

Die großen faschistischen Vereinigungen haben eine nach der anderen ›Dampf abgelassen‹, in der Hoffnung, das jugendliche, aufsässige Ungestüm dieser großen Kinder nutzen zu können – viele gehören keiner Organisation an und wissen nicht genau, was sie wollen –, um nächsten Mittwoch auf der Place de la Concorde einen neuen Aufruhr anzuzetteln, einen neuen Gewaltstreich gegen das demokratische System und die parlamentarischen Einrichtungen.«

Es gab Schlägereien, Beschimpfungen, Faust- und Stockhiebe. Die Lilie zeigte sich aggressiv, wie *L'Oeuvre* vermerkt, und die samtene Tellermütze glich eher einer Baskenmütze. Die Studenten der *Camelots du Roi* und die *Jeunesse patriotes* waren in der Mehrheit und brüllten nationalistische Slogans: »Gegen die Ausländer-Invasion!«, »Nieder mit den Ausländern!«, »Frankreich den Franzosen!« Die Aufruhrstimmung ging von der Medizinischen Fakultät aus. Die Jura-Fachschaft solidarisierte sich mit den Medizinstudenten. Vierhundert Jurastudenten stießen in den Innenhof der Fakultät vor, wobei Befürworter und Gegner des Solidaritätsstreiks handgreiflich wurden.

Ausgelöst wurde die Unruhe von der *Action française,* die ein paar Tage vor dem 6. Februar 1935 eine Krisenstimmung heraufbeschwören wollte. Am 29. Januar war von Léon Daudet ein Streik angekündigt worden, doch dank der Zugeständnisse, die Flandin, der Nachfolger Doumergues als Premierminister, den »Nationalen« gemacht hatte, beschränkte er sich auf das Quartier Latin. Angestiftet von der *Action française,* war er von den *Camelots du Roi* in die Juristische Fakultät hineingetragen[6] und dort von ihnen gesteuert worden, und schließlich hatten sich ihm alle Jurastudenten, einschließlich der *Volontaires nationaux,* angeschlossen.

Die Analyse der Fotos, die während dieser Demonstration gegen »die Ausländer-Invasion« aufgenommen worden sind, zeigt, daß die Zeitungen sich nicht geirrt haben:[7] Die Studenten, die man unter dem Spruchband »Gegen die Ausländer-Invasion, streikt!« sehen kann, befinden sich zu einem anderen Zeitpunkt auch an der Seite François Mitterrands. Ein weiterer Beleg findet sich in der Zeitschrift *Notre École* vom März 1935, in der Abbé Jobit mit einem feinen Gespür für das Kommende über das zukünftige Schicksal seines ehemaligen Schülers schreibt:

»François Mitterrand berichtet uns aus seinem intensiven Leben als Pariser Student (ein schöner Titel für eine Biographie in etwa achtzig Jahren: ›Das intensive, andächtige Leben François Mitterrands‹ – doch der Urheber dieser Zeilen wird sie nicht mehr schreiben können). ... Virtuos wechselt er vom Politischen zum Wirtschaftlichen und vom Sozialen zum Religiösen – er hat Paul Reynaud über die Geldentwertung reden hören und heiße Suppe an Arbeitslose ausgeteilt: ›eine wirklich großartige Arbeit‹, sagt er. Überdies ist er – und zwar nicht nur als Zuschauer – an den jüngsten Vorfällen an der Fakultät beteiligt gewesen, und seine Familie war nicht wenig erstaunt, in einer großen Zeitung in der erste Reihe der brüllenden Studenten... das Gesicht von Freund François zu sehen... Dennoch bleibt er der Devise der JEC stets treu, wie er uns gegenüber eigens betont. Wir danken ihm im Namen derer, die nachrücken. In der Rue d'Assas hat er Pater Drujon, den obersten Geistlichen der JEC, getroffen, und oft sieht er Dion, Duponnais und Pilot, doch es gelingt ihm nicht, den Einzelgänger Bourinet an die Hand zu nehmen...«

Kein Text könnte deutlicher zeigen, daß François Mitterrand bemüht ist, Abbé Jobit und seinen Vorgesetzten zu versichern, daß er seinem politischen Engagement klare Grenzen setzt: Nein, er verstößt nicht gegen die Verordnungen von Pius XI.! Mehr noch: Er legt Wert darauf zu signalisieren, daß er mit dem Verantwortlichen der JEC, Pater Drujon, Kontakt hat.

François' Mitteilungen an den Abbé stehen im Zusammenhang mit den Untersuchungen über »Jugend und Politik«, die die Ehemaligen von Saint-Paul am 27. Dezember beschlossen hatten. Er ist der erste, der dem Abbé davon in einem Brief berichtet hat.

Trotzdem hat er sich offensichtlich bereits ins politische Spiel gestürzt. Stolz trägt er an seinem Revers das Zeichen der *Volontaires nationaux:* eine Raute auf blauem Grund mit einer Fackel in der Mitte, die von den roten Buchstaben »V« und »N« eingerahmt ist. Im März 1935 ist ihm wegen dieser offen zur Schau gestellten Zugehörigkeit sogar ein Mißgeschick widerfahren. In der Rue de Rennes wurde er im Geschäft Lanomat von ein paar jungen linken Studenten angegriffen. Pierre Chiron, ein Freund vom Gymnasium in Angoulême, war dabei:

»Ich habe den Monat März im ›104‹ mit meinem Freund François verbracht. Vor dem Geschäft Lanomat habe ich eine Gruppe diskutierender Kommunisten belauscht, die François verprügeln wollten, da sie ihn für einen gefährlichen Gegner hielten. Ich ging schnell weg, um ihn zu warnen…«

Einer Schwester Mitterrands zufolge hat der Kampf tatsächlich stattgefunden, und der junge Mann hat einige heftige Schläge abbekommen. Eine Feuertaufe… Deswegen sollte man sich ihn aber nicht als jemanden vorstellen, der die meiste Zeit auf Demonstrationen oder in politischen Versammlungen zubrachte. »François war kein Hitzkopf, sondern bei Demonstrationen eher zurückhaltend«, erinnert sich Bernard Dalle.

Neben seinen Vorlesungen an der Schule für Politische Wissenschaften und der Juristischen Fakultät und der geschilderten aktiven Teilnahme an den Veranstaltungen im »104« besucht er seit seiner Ankunft in Paris auch einen der von Léon Bailbys Zeitung *Le Jour* veranstalteten Rhetorikkurse. Er geht ins Kino, hört Musik, geht oft mit Freunden und Verwandten aus und liest viel. Pierre Chiron erinnert sich, mit ihm häufig in die Abgeordnetenkammer gegangen zu sein, als das Kabinett Flandin gefährdet war (vor allem wegen der Angriffe von Franklin Bouillon): »Die Eintrittskarten hatten wir von dem Kanoniker Polimann, dem Abgeordneten des Départements Meuse, der bei seinen Aufenthalten in Paris im ›104‹ wohnte.«

Dieser Priester stand den *Croix-de-Feu* nahe. François nahm die Politik noch nicht völlig ernst, oder er verstand zumindest, sich zu ihr auf Distanz zu halten. Damals verkehrte er häufig mit dem vielzitierten Ferdinand Lop. Allseits talentiert, gehörte dieser zu den originellen Figuren des Quartier Latin und lebte auf Kosten der Studenten. Er bewarb sich um den Posten des Staatspräsidenten und verlangte die Verlängerung des Boulevard Saint-Michel bis zum Meer. Außerdem forderte er zum Schutz der Clochards den Bau einer dreihundert Meter breiten Brücke über die Seine. Nachts wollte er in allen Wohnungen das Wasser abstellen lassen, um die Geburtenrate zu steigern.

Sein Programm stellte er mal an einem Tisch des *Café De Flore* (mit dem wohlwollenden Einverständnis des Wirts Boubal), mal auf offener Straße, mal in einem Kino unweit von Montparnasse vor. François Mitterrand ist eine Zeitlang sein »Polizeipräfekt« gewesen, dann sein »Ratspräsident«… Er trifft ihn oft in seinem Hauptquartier, dem *Café de la Petite Chaise*, nur ein paar Schritte von der Schule für Politische Wissenschaften entfernt. Henri Thieullent, ein Freund aus dem »104«, erinnert sich, daß François Mitterrand ihn eines Tages bei Ferdinand Lop eingeführt habe, indem er förmlich erklärte: »Ich stelle Ihnen meinen Außenminister vor!«

Das aktive Pariser Leben läßt ihn die Charente nicht vergessen. In den Osterferien fährt er nach Jarnac, wo ihn seine Familie, seine Freunde und seine geliebten Bücher erwarten… Am 16. April kommt er, wie vorgesehen, mit den alten Schulkameraden und seinen ehemaligen Lehrern am Saint-Paul-Gymnasium zusammen. Dem von Abbé Jobit organisierten Treffen geht, wie es sich gehört, eine vom Schulleiter zelebrierte Messe voraus. Die ebenfalls geladenen Oberprimaner sind froh, sich unter die Älteren mischen zu dürfen. Nach dem Gebet stellt Malescot, ein Ehemaliger, die Antworten vor, die der Fragebogen zum Thema »Jugend und Politik« erbracht hat. Gleich anschließend entwickelt sich eine lebhafte Diskussion über das Thema »Politische Aktion und Ausbildung«. Es scheint logisch, daß die Ausbildung der Aktion vorangeht, doch François Mitterrand bekräftigt, daß man sich nicht – unter dem Vorwand unzureichender Ausbildung – einer endlosen Inaktivität schuldig machen dürfe. Man einigt sich auf die Feststellung, daß für Jugendliche, die sich Gruppierungen wie den JP oder den *Volontaires nationaux* anschließen wollen, keine Ausbildung notwendig sei, da sich deren Programm auf ein paar einfache, »national« orientierte Ideen beschränke. Der Diskussionsleiter, Abbé Jobit, fordert danach jeden auf, das politische Klima des Milieus zu beschreiben, in dem er verkehre. Wie gewohnt tut sich François Mitterrand dabei besonders hervor. Seine beiden Vorträge im »104« sind eine gute Übung gewesen:

»In Paris gruppieren sich die verschiedenen Parteien nach zwei Richtungen: *Front national* und *Front commun*. Im Studentenmilieu bilden die JP, die *Camelots du Roi* und die Francisten den *Front national.* Die *Volontaires nationaux,* die sich abseits halten wollen, sind am zahlreichsten (380 000). Sie bilden keine politische Partei im eigentlichen Sinn, und es wäre schwierig, sie als »Rechte« oder »Linke« zu bezeichnen. Wie die *Croix-de-Feu* wollen sie ein sauberes und starkes Frankreich und bemühen sich deshalb, die Mystik der Front wiederzubeleben, die auf Mut, gegenseitigem Beistand und Ehre gründet.

Die kommunistische und sozialistische Jugend sowie die jungen Radikalen bilden die Elemente des *Front commun.* Der *Front social,* an dessen Spitze Bergery steht (ein Mann von Wert, wie es scheint) und dessen Programm die Prinzipien der Autorität und des Vaterlandes anerkennt, spielt auf dieser Seite der Barrikade ein wenig die Rolle, die auf der anderen die *Volontaires nationaux* übernehmen...«

Diese parteiische Erklärung bestätigt, wenn das noch nötig wäre, sein Engagement auf seiten der *Volontaires nationaux.*

Natürlich beschließt Abbé Jobit das Treffen. Er ruft seinen ungestümen Schützlingen noch einmal die Grundsätze der *Action catholique* ins Gedächtnis:

»1. eine eindeutige Haltung gegenüber der *Action catholique* einnehmen;

2. die Unterordnung der *Action catholique* unter die politische Aktion verhindern. Politik, die von unserer Kirche verdammt ist, meiden; unter Berücksichtigung der jeweiligen Umstände aber mutig seine ganze Bürgerpflicht erfüllen;

3. die katholischen Zeitungen lesen, *Sept* oder *Chantiers* abonnieren;

4. in uns den apostolischen Geist durch das Feiern der Sakramente und das Gebet aufrechterhalten.«

Damit erteilt Abbé Jobit dem Engagement François Mitterrands, der dem Geist der JEC nach wie vor gehorcht, seinen Segen; er hätte ihn ihm zweifellos versagt, wäre er ein *Camelot du Roi* geworden...

Am Ende der Osterferien kehrt François in sein Zimmer im »104« zurück. Er nimmt seine vielseitigen Aktivitäten wieder auf. Vom 8. bis zum 11. Mai 1935 fährt er zu den jährlichen Exerzitien des »104« nach Clamart. Seine neuen Freunde Jacques Bénet, Jacques Marot und Henri Thieullent meditieren mit ihm über die Botschaft Christi.

Am Donnerstag, dem 16. Mai, Rückkehr zur Politik mit einer Rede von Oberst de La Rocque in den beiden zu einem Vortragssaal umgewandelten Refektorien des »104«. Der Chef der *Croix-de-Feu* erklärt, warum und wie seine Bewegung im Veteranen-Milieu entstanden ist, wie sie sich abseits aller diktatorischen Bestrebungen fortentwickelt hat, daß sie für Wohltätigkeit und Einigung eintritt, daß sich in ihren Sektionen bereits zahlreiche Mitglieder befinden, die nie im Krieg gekämpft haben, wie sie in soziale Bereiche vordringt, die sich angeblich jeder Ordnung widersetzen, etcetera. Ein Bewohner des »104« berichtet über diesen Vortrag in der *Revue Montalembert*. Zu dieser Zeit liest François die im Dezember 1934 vom Grafen von Paris gegründete Zeitung *Courrier royal*, die sich im Ton von den Entgleisungen der *Action française* abhebt, den Feuerkreuzlern nahesteht und nicht dem Antisemitismus anhängt.

Er widmet sich neuen Freizeitbeschäftigungen, nimmt am Tennisturnier der »104« teil. Seinen »Krokodil«-Stil beschreibt sein Freund Jacques Marot wie folgt:

»...Perney, der beschlossen hat, das Spiel in zwei Sätzen zu gewinnen, erlebt einen François Mitterrand, der seinem Stil gemäß im Finale jeden Ball zurückbringt. Mitterrand, der beste Lob-Spieler des ›104‹, legt sich ins Zeug und schafft es, drängend, jammernd, leidend, mit schnellen Bewegungen den begehrten Titel eines Meisters des ›104‹ (1935) zu gewinnen. Unseren Glückwunsch!«

Ein ungewohnter Mitterrand, der nicht mit Leichtigkeit gewinnt, aber, um zu siegen und Erster zu sein, bereit ist zu leiden. Und der es vor allem verabscheut zu verlieren. Selbst seine damaligen Freunde sagen, er sei ein »schlechter Verlierer« gewesen.

Am 30. Mai 1935 wird Flandin gestürzt. Pierre Laval ist sein Nachfolger im *Hôtel Matignon*. Seit einigen Monaten bereiten die Kräfte der Linken ihre Vereinigung vor, und die Auseinandersetzungen zwischen Linken und Rechten werden immer heftiger.

François Mitterrand fährt in die Charente, um Ferien zu machen.

# Anmerkungen:

1  Wahrscheinlich vom November 1934, da er sich in der Dezemberausgabe von *Notre École* abgedruckt findet.

2  Interview von Roger Priouret mit François Mitterrand, in: *L'Expansion* (Juli-August 1972).

3  Gespräch mit dem Autor, 3. August 1994.

4  Gespräch mit dem Autor, 21. März 1993.

5  *Défense des Droits des Religieux Anciens Combattants* (etwa: Eintreten für die Ansprüche gläubiger Veteranen): vom Katholischen Institut in Angers ausgeschriebener Wettbewerb für die besten Schüler der Konfessionsschulen.

6  Bei den Wahlen zum Universitätsparlament im März 1934 hatte sich die von den Royalisten Thielland, Antonini, Merry, Casati, de Crécy und Laurent geleitete Liste *d'Union et d'Action corporative* durchgesetzt, indem sie sich »gegen die internationalistischen Agitatoren« und gegen eine Beteiligung ausländischer Studenten an den Wahlen ausgesprochen hatte.

7  Eine Élysée-Version behauptete, daß die Bilder während eines Auflaufs um Ferdinand Lop – einen sonderbaren, im Quartier Latin berühmten Agitator, der vierzig Jahre lang bei allen Wahlen kandidierte – aufgenommen worden seien.

# 3. Kapitel
## Die Jèze-Affäre

François kehrt im Oktober 1935 ins »104« zurück. Er macht sich Sorgen um seine schwerkranke Mutter in Jarnac. Die persönlichen Dokumente geben keinen genauen Aufschluß darüber, was er zu jener Zeit treibt. Vermutlich ist er nach wie vor VN, liest – wie Bernard Dalle beteuert – immer noch den *Courrier royal* und sicher auch die Flugblätter, die die *Volontaires* an der Juristischen Fakultät verteilen. Am 17. November 1935 erscheint eines, das »gegen die faschistische Tyrannei und den marxistischen Staatssozialismus« gerichtet ist:

»Werdet ihr widerstandslos die Unstimmigkeiten, den Haß, die Schande, die faulen Kompromisse und den Verzicht hinnehmen und somit zulassen, daß die Franzosen in den Ruin getrieben werden und sich die Politiker und ihre Verbündeten, die internationalen Geschäftemacher, bereichern?«

In der *Revue Montalembert* finde ich seine Spur erst im Dezember wieder. Er hat eine Kritik über das Buch *Service inutile* von Henry de Montherlant verfaßt. Die Bewunderung für den Autor läßt bei ihm einen leidenschaftlichen Individualismus durchscheinen, einen Hang zu Unabhängigkeit und Einsamkeit, ein Mißtrauen gegenüber dem gemeinen Volk und den Massen, ein gewisses Elitedenken und eine Neigung zum Beruf des Schriftstellers, den in seinen Augen Maurice Barrès glänzend verkörpert:

»Stolz auf ein freies Leben, von nichts abhängig, nicht einmal von Ehrgeiz und Ruhm, bekräftigt Montherlant seinen kompromißlosen Individualismus. Wie Barrès in seinem Buch *Le Culte du moi* hat Montherlant nur ›die Idee, die er sich von sich selbst macht, um sich auf den Meeren des Nichts zu halten‹, denn die ›einzigen Kronen, die etwas wert sind, sind diejenigen, die man sich selbst aufsetzt‹.

Der Intellektuelle, wie Julien Benda ihn sieht, interessiert sich überhaupt nicht für das Volk. Auch Montherlant sucht die Einsamkeit und mischt sich nicht in die Kämpfe der ›Barbaren‹ ein. Jeder Dienst ist unnütz: Wenn – abgesehen von der ›Substanz, die der Künstler seinem Werk verleiht‹ – alles vergänglich ist, warum soll man dann Taten vollbringen, die sich nicht rechtfertigen lassen? Wozu soll es gut sein, ›wie der Stein entgeistert schreit‹, sich in den Kopf anderer Menschen zu versetzen und sie auf ein Ideal hinzulenken? Diese ›hochtrabenden Beteuerungen von Stärke und Glauben sind auf die Leere gesetzt wie ein Schiff auf das Meer‹. Warum also Zwänge schaffen, die sich so schnell wie die vergehende Zeit selbst wieder beseitigen?

Doch bedeutet die Nutzlosigkeit des Dienstes nicht, daß ihn auch die gestählten Seelen preisgeben; der Künstler versagt sich nicht den Aufgaben, die auf ihn warten, da seine erste Tugend die Hochherzigkeit sein muß. Die Hochherzigkeit ist das Qualitätsmerkmal eines Menschen (Montherlant versteht unter Hochherzigkeit: Bürgersinn, Stolz, Rechtschaffenheit, Selbstlosigkeit). Ein wohlgeborenes Wesen ist ›eine Rarität auf der Welt‹, und der wahre Künstler muß, ohne sich von der Meinung des gemeinen Volks beirren zu lassen, in erster Linie gemäß der Ehre leben. So läßt sich die Rolle des Schriftstellers skizzieren. Trotz der Schwächen, der Feigheiten und der Dummheit wird er sich, ohne freilich seine Interessen ins Spiel zu bringen, dem gemeinen Volk zuwenden, das nicht weiß, wohin es geht und wohin man es führt. Nutzloser Dienst. Ehrenwerter und hochherziger Dienst. Erhabenheit des Künstlers, der – die niederen Banalitäten verachtend, da er schließlich um den Wert eines Menschen weiß – in vollem Umfang das erfüllt, was er diesem Wesen gegenüber für gebührend erachtet, indem er sich von der Gewöhnlichkeit, die er verachtet, und vom Opportunismus, den er geringschätzt, distanziert.

Stark genug, um in den Wirren des modernen Lebens völlig sich selbst zu gehören, wird der ›Intellektuelle‹ seinen unnützen Dienst versehen. ›Die Zukunft läßt uns die große Hoffnung, daß wir nach all den Umwälzungen das Heil noch erleben können.‹

Nutzloser Dienst. Handeln und Nicht-Handeln. Aufbauen oder zerstören. Dem ›Mönchssoldaten‹ bleibt, wenn er aufrichtet und untergräbt, zumindest die Sorge um sein Handeln, ›bange, daß ein falscher Schritt unmerklich [die Vorstellung] rissig werden lassen könnte‹, die er sich von sich selbst macht.«

Handeln oder Nicht-Handeln. Aufbauen oder zerstören... Unterschwellig mit diesen Fragen beschäftigt, wird sich François Mitterrand, der sich seit einigen Monaten politisch engagiert, bald mitten im Wirbel um die juristische Fachschaft wiederfinden.

Vor den Weihnachtsferien hört er an der Sorbonne eine Vorlesung über Victor Hugo. Beschränken wir uns darauf, aus der *Revue Montalembert* die folgende Betrachtung über seinen Nachbarn festzuhalten, der ihn daran gehindert hat, eine literarisch großartige Passage ganz mitzuschreiben:

»Es ist die Schuld meines Nachbarn, der nichts begriffen und im pathetischsten Moment gemurmelt hat: ›Man kann sich also der Leere hingeben...!‹ Weiß dieser Barbar denn nicht, daß die meisten großen Prinzipien ihren Ursprung in der Leere haben und daß die Dichter, Philosophen und Professoren – bei ihren Versuchen, in ihr etwas aufzuspüren – sich das vorgestellt haben, was sie in ihr nicht fanden?«

Da er sich selbst nie über persönliche Verletzungen oder Risse verbreitet hat, werden wir sein Schweigen über ein in seinem Leben gewiß einschneidendes Ereignis respektieren: den Tod seiner Mutter im Januar 1936.

Seit Beginn des Studienjahres hat das »Jèze-Problem« an der Juristischen Fakultät weit über die Place du Panthéon hinaus Staub aufgewirbelt. Gaston Jèze, Professor für Steuerrecht, wird von den Studenten wegen seiner Strenge verabscheut. Er hat sich bereit erklärt, den Negus zu beraten, der beim Völkerbund Beschwerde gegen die italienische Aggression in Äthiopien eingereicht hat. Die Rechte und die extreme Rechte, die Mussolini mit wohlwollenden Augen betrachten, unterstützen den Duce und lehnen jede französische Hilfe für den Negus ab. Laval seinerseits will um jeden Preis einen Konflikt mit Italien vermeiden...

Die *Action française* attackiert Jèze am heftigsten und nennt ihn einen Verräter und »Anti-Nationalen«. Die von Robert Castille geführten Studenten der *Action française*, die die juristische Fachschaft im Griff haben, ziehen die national gesinnten Studenten, unter ihnen die VN, auf ihre Seite. Der »Jude Jèze« wird ihre Zielscheibe. In der royalistischen Zeitung *L'Étudiant français* trägt ein Artikel vom 25. November 1935 die Überschrift: »Jèze, der Anglo-Äthiopier, oder die Käuflichkeit der Intelligenz«.

Die Affäre eskaliert am 10. Januar 1936, als Jèze nach den Weihnachtsferien seine Optionsvorlesung fortsetzen will. Die Presse in Rom stellt damals heraus, daß gleichzeitig französische und englische Marinemanöver stattfinden… Als Jèze morgens in seine Vorlesung kommt, wird er von Studenten der *Action française* und der *Jeunesses patriotes* erwartet, die ihn niederschreien: »Jèze raus! Jèze soll zurücktreten!« Nach einer Wartezeit von fünf Minuten bricht er die Vorlesung ab.

Am nächsten Tag entscheidet der Dekan Allix, die Fakultät um 17 Uhr zu schließen. Das ist der Beginn einer langen Belagerung. Die Studenten beklagen lautstark die Ungerechtigkeit und versuchen, Kommilitonen anderer Fakultäten hinzuzuziehen. Am 13. Januar werden Flugblätter verteilt, die die Wiedereröffnung der Fakultät und den Rücktritt von Jèze fordern.

Am Vormittag des 17. Januar lösen Studenten einen Streik aus. Am ersten Streiktag kommt es zu Schlägereien zwischen Studenten, die die Vorlesungen verhindern, und solchen, die ihnen folgen wollen. Anhänger und Gegner von Jèze formieren sich. Unter den Studienanfängern an der Medizinischen Fakultät kommt es zu Zwischenfällen. Am 19. Januar gibt es verschiedene Zusammenstöße; vierzehn Studenten werden für einige Stunden festgenommen. Es dauert bis zum 28. Januar, bis die Juristische Fakultät nach Wiederherstellung der Ruhe den achtzehn Tage lang unterbrochenen Lehrbetrieb wiederaufnimmt.

Zwischenzeitlich hat ein neues Kabinett unter Leitung von Albert Sarraut die Regierung übernommen. Das Ministerium für nationale Erziehung fällt Guernut zu. Es dauert nicht lange, bis dieser Mann der Linken zur Zielscheibe der nationalistischen Studenten wird: Noch am Tag seiner Ankunft im Ministerium wird entschieden, die Vorlesung von Jèze beizubehalten. Am 1. Februar stellt Jean Delage in *L'Echo de Paris* die Frage: »Will Monsieur Guernut Schlägereien provozieren?« *L'Étudiant français* beschäftigt sich mit seiner Vergangenheit: Der Minister habe das Pech, schon einmal wegen Schwäche entlassen worden zu sein…! »Er ist ein Feigling, der den jungen patriotischen Studenten keine Lektionen zu erteilen hat.«

Am 1. Februar wird Jèze erneut daran gehindert, seine Vorlesung abzuhalten. Am nächsten Tag schreibt Delage: »Trotz eines beträchtlichen Polizeiaufgebots und der wiederholten Androhung schwerster Sanktionen haben die großen Worte des neuen Ministers offenbar nichts als einem Berg geglichen, der eine Maus gebiert…« Weiter unten fügt er hinzu: »Alles macht sich über ihn lustig…« Zur gleichen Zeit protestieren die *Humanité* und der *Populaire* gegen die »Agenten Mussolinis«, die die Arbeit an der Fakultät behindern. Léon Blum schreibt:

»Der Jèze-Skandal ist kein spontaner ›Krawall‹ von Studenten. Er ist eine politische Operation. Er hat sich nicht von selbst im Quartier Latin entzündet; er ist außerhalb ausgebrütet, entfacht und von dort gesteuert worden. Die Juristische Fakultät ist in diesem Fall der Austragungsort der Manöver, die die umstürzlerischen Ligen organisieren.

Es ist unmöglich, darin nicht die Handschrift des italienischen Faschismus zu erkennen. Mussolini hat das Geheimnis in seinem unerhörten Brief an die Studenten Frankreichs und Belgiens gelüftet, den die Nachrichtenagentur Havas aus Anstand zensiert hat…«

Die Geschichte wird zu einem handfesten Schlagabtausch zwischen der extremen Rechten und Guernut und weitet sich so zu einem Konflikt aus, der die Zerrissenheit des Landes symbolisiert: auf der einen Seite die extreme Rechte, die Angehörigen der Ligen und die Veteranen; auf der anderen die Linke, die Volksfront und die Masse der Arbeiter, die versuchen, ein Gegengewicht zum aufkommenden Faschismus zu bilden…

Am 6. Februar verkündet man die Beschlüsse des Universitätsrates: Die Vorlesungen werden außerhalb der Fakultät stattfinden. Gleich am nächsten Tag erklärt Blum, daß er nicht zulassen werde, daß die Faschisten Jèze am Unterricht hindern… Nach einer lebhaften Debatte verweigert die Regierung dem Vorschlag des Universitätsrates ihre Zustimmung. So werden die Vorlesungen am Montag, dem 10. Februar, doch im Fakultätsgebäude abgehalten…

An diesem Tag findet sich auf Geheiß des Dekans Allix, der von den Studenten wegen seiner Redlichkeit geschätzt wird und sich nicht in den politischen Konflikt einmischen will, ein gewaltiges Polizeiaufgebot ein. Jèze hält vor fünfzehn Studenten von

8.05 bis 8.25 Uhr eine »Scheinvorlesung« ab. Die Ehre ist gewahrt, doch die Jèze-Gegner sehen das nicht so. Am nächsten Tag verbarrikadieren sich zweihundert von ihnen im Fakultätsgebäude. Die erneut hinzugezogene Polizei überprüft in hundertundfünf Fällen die Personalien und geht handgreiflich gegen Robert Thielland vor, einen der Delegierten des Komitees der Jura-Studenten (er ist das Sprachrohr der Jèze-Gegner). Während der Aktion kommt es zu einem Mißgriff: Der Dekan Allix wird verletzt. Am nächsten Tag gibt er seinen Rücktritt bekannt.

Erneut tritt der Rat der Universität zusammen. Die Professoren verlangen eine Entschuldigung und Sanktionen gegen die Polizei. Die Studenten lassen Petitionen zugunsten des Dekans zirkulieren und sammeln zwölfhundert Unterschriften. Am 14. Februar spricht Allix vor den Studenten: Er rechtfertigt sein Vorgehen und ruft zur Ruhe auf. Er wird bejubelt und dient den Jèze-Gegnern fortan als Märtyrer. Am 18. Februar hält Jèze seine Vorlesung »heimlich« ab, wie Delage es im *Écho de Paris* beschreibt.

Die Affäre bleibt ein paar Tage in der Schwebe. In einigen Zeitungen erscheinen polizeifeindliche Karikaturen. Es wird keine Entscheidung getroffen, die den Zorn der nationalistischen Studenten zügeln könnte. Am 4. März werden sie aufgerufen, sich am nächsten Morgen ab 10.30 Uhr erneut zu versammeln, um die Vorlesung von Jèze zu verhindern. Am 5. gelingt es einigen hundert Jura-Studenten – unter Rufen wie »Jèze Rücktritt!«, »Jèze an den Galgen!« oder »Jèze, pack die Sachen!« – die Vorlesung, die im Hörsaal Nr. 4 stattfinden sollte, zu unterbinden. Delage beschwört »die ganze Wut einer Jugend, die entschlossen gewesen ist, den Verteidiger des Negus nicht zu hören«. Die Nationalisten mit ihrem Gespür für das Zeremonielle stimmen die Marseillaise an und defilieren in engen Reihen über den Boulevard Saint-Michel. Am nächsten Tag kommt es erneut zu Schlägereien in der Rue Saint-Jacques. Delage spricht vom »negroiden Jèze gegen die Patrioten«.

Eine dritte und letzte Versammlung des Universitätsrats findet am 10. März unter Vorsitz des amtierenden Dekans Ripert statt. Der Vorschlag, daß Jèze anderswo lehren solle, wird von der Regierung gutgeheißen. Die Gründe, die der Rat für seine Entscheidung angibt, sind schwerwiegend: Nach zwei Monaten sei es an der Zeit, den Konflikt beizulegen. Der Rat appelliert an den Patriotismus der Studenten, erinnert an die schwierige internationale Lage und ermahnt die Widersacher, sich zusammenzuschließen. Daraufhin geben die jungen Leute Ruhe. *Jeunesses patriotes* und *Volontaires nationaux* drängen darauf, die Affäre damit zu beenden und die Vorlesungen wiederaufzunehmen. Erwähnt werden muß, daß seit ein paar Tagen mehr von Hitler als von Mussolini die Rede ist. Am 7. März 1936 sind deutsche Truppen unter Mißachtung des Versailler Vertrags ins Rheinland einmarschiert...

François Mitterrand hat auf der Seite der Jèze-Gegner an den Demonstrationen teilgenommen. In seinem ersten Artikel für *L'Écho de Paris*, der am 4. Juli 1936 auf der Seite von Jean Delage erscheint, erinnert er an »die glorreichen Tage im März«:

»Das Quartier Latin hat seine aufrührerische Stimmung wieder abgelegt; in dem allwöchentlichen Theater, wenn die modernen Cowboys heroisch wie gewohnt zur Jagd nach den Zeitungen aufbrechen, wundert sich die Place Saint-Michel, daß sie kein Kampfgetöse mehr hört.

Dieselbe Sorge eint die Kriegführenden wieder gegenüber dem gemeinsamen Feind, dem Examen, diesem Zerberus mit vielen Mäulern.

Vor der Juristischen Fakultät, wo die seit den glorreichen Tagen des März verlorengegangene Betriebsamkeit wieder Einzug hält, verteilen zuvorkommende Personen Schreibunterlagen mit einer freundlichen Notiz über die sichersten Mittel, die Prüfungen im November zu bestehen. Die Sorglosigkeit der Kandidaten, die nichts darum geben, läßt sich an der Lässigkeit ihres Gangs ablesen, unerklärlicherweise perlt auf ihrer Stirn kalter Schweiß...

Sieh an, ich glaube, ich habe den neben mir schon mal gesehen... Hm! mir scheint, das war während einer Polizeiaktion, die frischen Hiebwunden zeugen davon...

Auf der Suche nach unserer verlorenen Zeit haben wir – oh Schande! – unsere unzugängliche Wissenschaft zur gemeinsamen Sache erhoben...

Es ist gut, den anderen, den besonnenen Männern, die Zeit zu geben, ihre Revolution zur Reife zu bringen.

Uns bleibt nur, unsere Träume und Vorhaben in dem Brutofen einzuschließen, den uns die Ferien eröffnen…«

François Mitterrand läßt also durchblicken, daß er bei einem Polizeieinsatz zusammen mit einem im Gesicht verletzten Kommilitonen aufgegriffen wurde. Dieser Text ist nicht der einzige Beleg für seine Teilnahme an den »glorreichen März-Tagen«. Ein am 5. März aufgenommenes Foto der Sammlung Roger-Viollet enthüllt eindeutig die Teilnahme des jungen Jura-Studenten an einer Demonstration in Begleitung von Bernard Dalle. Dieser erinnert sich: »Ja, wir demonstrierten gegen Jèze wie die meisten Jura-Studenten. Man muß sich daran erinnern, daß der Kolonialismus in gutem Ansehen stand und wir nicht begriffen, warum Mussolini daran gehindert werden sollte, sich Äthiopien einzuverleiben… Wir hielten zu Mussolini, der damals noch kein Teufel war…«[1]

Wahrscheinlich angeregt durch die Jèze-Affäre faßt François Mitterrand einen Vortrag über Äthiopien zusammen, den Marcel Griaule am 18. März 1936 im »104« gehalten hat. Nur einmal spielt er auf die aktuellen Ereignisse an:

»Der Religion und der Kunst in ihren wesentlichen Vollendungen war unterschiedlicher Erfolg beschieden. Das Christentum verbreitete sich in Äthiopien, bis zur Zeit der Abspaltung Alexandrias sein Niedergang einsetzte. Seine treuesten und einflußreichsten Vertreter sind Eremiten, die sich mangels Heuschrecken mit Wurzeln und anderen natürlichen Gaben der Wüste ernähren. Die Einsiedler sind sehr gefährliche Leute. Wenn sie eines Tages den Aufstand der Einheimischen gegen den italienischen Eroberer ausrufen, könnte dieser übel dran sein und sich die italienische Lira umsonst vervielfachen.«

Er beschließt seinen Beitrag mit einer persönlichen Überlegung:

»Es ist stets von Nutzen, die Geschichte so eigentümlicher Völker zu kennen, die gleichzeitig den anderen so ähnlich sind, denn im Grunde genommen ist es nicht die Farbe oder der Schnitt der Haare, die den Seelen ihren Wert gegeben haben.«[2]

Auch wenn er wegen seines Engagements in den Reihen der *Volontaires nationaux* von allen Antifaschisten als Rechter eingestuft wird, so beweist dieser Satz, daß er sich selbst als Anti-Rassist fühlt und versteht. Selbiges nimmt auch Oberst de La

Rocque in einem Interview für sich in Anspruch, das Ende Februar von den *Volontaires* der Juristischen Fachschaft, das heißt möglicherweise auch von François Mitterrand selbst, in gedruckter Form verteilt worden ist.

La Rocque geht zum italienischen Faschismus in der Tat auf Distanz: »Wir haben es nicht nötig, Nachahmer zu sein.« Doch spricht er sich für »einen Staat der Vormundschaft [aus], einen Staat, der dient, kontrolliert, sanktioniert«.

Der Führer der *Volontaires nationaux* ist Verfechter des »organisierten Bekennens«. Er verwirft den Antisemitismus: »Eine Welle des Antisemitismus wäre für unser Land genauso verheerend wie früher die Glaubenskriege. Sowohl bei den *Croix-de-Feu* als auch bei den *Volontaires nationaux* habe ich israelitische Sektionsführer...« Die Lehre von Oberst La Rocque basiert auf drei Worten: Arbeit, Familie, Vaterland. Sein Grundsatz: »Dienen und nicht sich selbst bedienen«...

Zur Zeit der Jèze-Affäre verfaßt François Mitterrand einen langen Artikel über *Les Anges noirs,* den neuesten Roman von François Mauriac, dem Freund seiner Mutter, den er mehrfach getroffen hat, seit er in Paris lebt. Darin nimmt er sich zunächst genüßlich die »Konformisten« vor, denen das Buch, das gewisse menschliche Niedrigkeiten und »Seelen voller Schande« beschreibt, nicht gefällt. Der Roman *Les Anges noirs* erzählt die Geschichte eines gefallenen Mannes, der, niedergedrückt von einer schweren Bürde, das Dunkel der Seele durchschreitet; es schildert das Abenteuer eines Menschen, der von jenem »obskuren Wahnsinn [ergriffen ist], der aus den Tiefen des Menschengeschlechts aufsteigt und sich [in einem einzigen Lebewesen] ausbreitet«, ein Wahnsinn, der manchmal jedoch unterschwellig den Wunsch weckt, »eine Tat [zu begehen], die das Schicksal nicht vorsieht«.

Hier läßt François Mitterrand erkennen, daß er sich mit metaphysischen Fragen befaßt, antikonformistisch denkt und das Leben, sein Leben, auf ganz bestimmte Weise sieht:

»Es ist schwierig, den Wert einer Tat zu bestimmen. Ein Leben orientiert sich an einer Geste, einem Wunsch. Über totale und endgültige Opferung eines Wesens entscheidet nur ein kleiner Augenblick.

Aus einer einfachen Bindung läßt sich alles im Leben Gradères herleiten... von der ständigen Gegenwart des Teufels, dem er sich ein einziges Mal ausgeliefert hat und der ihn führt, wohin er will, bis zu dem Tag nach dem letzten Verbrechen, an dem er sich davonmacht, um seinen Triumph zu unterstreichen...

Befremdende Geistigkeit des Bösen: in einer Gotteslästerung zeigt sich der ungestillte Durst nach der wahren Freude...

›Der Verdammte ist ein gescheiterter Heiliger‹, schreibt Jouhandeau. Das stimmt. Sie sind von derselben Natur. Auf der Suche nach dem Unendlichen haben sie ihre Kräfte verausgabt. Sie haben nicht auf Gott und Mammon gesetzt; sie haben nicht teilen wollen. Doch verzeiht Gott jenen, die Er liebt? Eine schreckliche Verantwortung fällt den Trägern eines göttlichen Geheimnisses zu...

Mauriac antwortet uns: ›solange ein Wesen nicht verzweifelt ist‹. Wir wollen es glauben...

Der Roman *Les Anges noirs* ist nicht nur die Geschichte vom erlösten Gradère und die von Alain, der ›mit niemandem geteilt hat‹, sondern auch die all jener, die an einem Sommerabend ›dieses Geräusch einer Quelle [gehört haben], das vom Gesang zweier Nachtigallen unter den Erlen unterbrochen wird‹, und die – wie Mathilde – ihrer Rettung vielleicht näher sind, weil sie keinerlei Antwort erhalten haben...

Was uns angeht, so wissen wir, was wir Mauriac verdanken. Wie immer man es auch lösen mag, ein zutiefst menschliches Problem ist aufgeworfen.

Bleiben wir ängstlich auf diese Verwandtschaft bedacht – von der das Gesetzbuch nicht spricht – und die ›nach den Schwingungsgesetzen der Seele‹ zustande kommt.«

Claude Roy, ein Freund François' aus der Charente, mit dem er in engem Kontakt geblieben ist, erinnert sich[3] noch genau an diesen Artikel, denn er hatte zu jener Zeit in *L'Étudiant français* seinerseits über Mauriacs Roman geschrieben: »Man verzeihe mir... Sein Artikel war kaum besser als der meine. Das waren solide Topoi auf Abitur-Niveau...«

François Mitterrand schreibt viel. Im selben Monat März des Jahres 1936 verfaßt er einen Beitrag mit dem Titel »La chasse au Grand Homme« (Die Jagd nach dem großen Mann), den die

*Revue Montalembert* im Monat darauf veröffentlicht. Interessante Zeilen eines jungen Studenten, geprägt von einer Eopche der politischen Kämpfe und Spaltungen. Der *Front populaire* hat sich mittlerweile formiert und gute Chancen, bei den nächsten Wahlen an die Macht zu kommen. Für die Rechte würde damit alles verwirklicht, was sie haßt: Kollektivismus, Kommunismus, Bolschewismus… Mitterrand nimmt dazu Stellung, daß die Politik um ihrer eigenen Interessen willen bekannte Schriftsteller umwirbt. Die Rechte mit dem »Manifest zur Verteidigung des Abendlandes«, die Linke mit dem »Manifest zur Verteidigung der Kultur«. Ersteres stammt von Henri Massis, einem Anführer der *Action française*; letzteres ging auf die Initiative von Julien Benda zurück.

Für den jungen Studenten ist das eine gute Gelegenheit, sich die »großen Männer« einmal »vorzunehmen«, seine Verachtung für die Traditionsparteien zu bekunden, sein »weder rechts noch links« erneut zu bekräftigen (wobei er die Linke, gemäß seiner damaligen Vorstellungen und Meinungen, weitaus härter attackiert) und seine Geringschätzung der Politikerklasse und ihrer Inszenierungen zum Ausdruck zu bringen. Letztlich relativiert dieser Text sein eigenes Engagement merklich:

»Der große Mann ist ein seltenes Wild und daher natürlich begehrt… Der große Mann ist, ob echt oder nicht, eine Notwendigkeit. Eine Doktrin kann sich allein nicht durchsetzen, der große Mann setzt sie durch. Über jedem Geschäft steht sein Name: Je deutlicher dieser zu erkennen ist, desto mehr wird das Geschäft besucht. Man braucht seine großen Männer, und wenn man keine auftreiben kann, erfindet man sie…

Eine Haltung einzunehmen und sie anzupreisen heißt, sich selbst eine Frage zu stellen, die noch nicht beantwortet ist. Mit Marionetten läßt sich keine Idee beleben. Diejenigen, die sich ihr verschreiben, vielleicht aus Sympathie, stets jedoch aus Schwäche, sind nur Etiketten, die man gleichgültig irgendwohin klebt: Jede Partei will ihre großen Männer, Magnetiseure der Massen, die sich über Floskeln freuen.

Im Dunstkreis der Buchdruckereien, in dem die Alleskönner gedeihen, ist man erstaunt, nur auf leere Panzer zu stoßen. Und gerade aus diesen hohlen Nüssen wollen manche Substanz gewinnen. Eine Substanz, hergestellt auf Grundlage der Alchimie für Ladenhüter!

Doch wessen bedarf es noch? Die Werbeplakate machen doch den schönsten Eindruck.

Sie sind Anlaß, um über die verschiedenen Methoden nachzudenken, wie man die Narren nach seiner Pfeife tanzen lassen kann. Die Parteien, unsere Gebieter, sind der Sache auf den Grund gegangen; und ihr Verkaufsstand stellt Kopf-Attrappen aus, mit hängender Zunge, da sie nichts zu sagen haben: Man hat nur die Hörner vergoldet – um reicher zu wirken.

Bei der Linken finden wir unter vielen anderen Romain Rolland, völlig überrascht, sich plötzlich so geschätzt zu sehen, besonders von denen, die nie in seinen Schriften geblättert haben; André Gide, der – weil er wußte, wie eng die Tür ist – den Weg gewählt hat, der nach Moskau führt. Oh, Nathanael, jetzt bist auch du naturalisiert! ›Genosse, Genosse, all meine Wünsche sind gestillt!‹; Jules Romains auf der Suche nach Männern, die endlich guten Willens sind.

Es kommt vor, daß sich die Amsel für eine Drossel hält. (Das Sprichwort zeigt zumindest, daß man sich in Ermangelung letzterer mit ersterer zufriedengibt.) So haben die Amseln Chamson, Cassou, Guéhenno und Aragon ihr Federkleid im Teich ihrer Illusionen betrachtet und gesagt, sie seien zufrieden. Julien Benda ist wohl der einzige von ihnen, der nicht glaubt, daß dies wahr ist.

Doch Karl Marx gibt ihnen seinen Segen, obwohl sie ihn vielleicht nie gelesen haben!

Was die Rechte betrifft, so stopft man sich besser die Ohren zu, wenn man ihre Programme anhören muß, denn alle reden gleichzeitig. Und wenn man auf den Häuserwänden die albernen Klecksereien von Namen wie Jean Renaud oder Jean Hennessy sieht, kann man zu dem Schluß kommen, daß es sinnlos ist, sich weiter damit zu befassen…«

Durch Erwähnung nur dieser beiden Namen unterstreicht Mitterrand seine Ablehnung der Faschisten. Jean Renaud ist ein Anführer der *Solidarité française*, der gesagt hat: »Die Zukunft gehört der Bewegung, der es gelingt, das Soziale und das Nationale zusammenzufügen«; Jean Hennessy hat mit Alfred Fabre-

Luce die rechtsradikale Partei *Parti social national* gegründet. Beide sind von den Erfolgen Hitlers begeistert.

»Sie werden mir sagen: So ist es bei der Jagd nach dem großen Mann! Wer Adler jagen geht, ist glücklich, wenn er Raben mit heimbringt.

Die großen Männer haben sich nicht damit begnügt, sich in persönlichen Erklärungen zu ergehen. Heute reihen sie sich in disziplinierte Heerscharen ein. ›Manifest zur Verteidigung des Abendlandes‹, ›Manifest zur Verteidigung der Kultur‹: von Monsieur Massis über Monsieur Bidault bis hin zu Monsieur Benda sind alle zu Parteisoldaten geworden. Nur die angerufenen Heiligen sind verschieden.

Die bedrohte Latinität hat den Massenaufstand der alten Schutzschilde proklamiert, und das Abendland hat sich hinter zerfallenen antiken Stücken verschanzt.

Aber was ist eigentlich das Abendland? Wie es scheint, die Zivilisation. Beweis: dreiundsechzig große Männer bescheinigen es.

Gegen das Abendland, oder vielmehr seine Verteidiger, hat sich das ›Manifest zur Verteidigung der Kultur‹ gewandt, besser gesagt, gegen ihre angeblichen Verteidiger. Die intellektuellen Verräter haben alles verraten, indem sie keinen Verrat begingen. Die Kultur ist eine gut bewachte Festung.

Legionen großer Männer sind dem Aufruf der Parteien gefolgt, die renommierte Namen brauchen.

Die Weihe ist die Unterschrift wert. Wer weiß, ob nicht jeder von ihnen mit unauffällig bewegter Stimme seine hingebungsvolle eigene Lobpreisung lesen wird, wenn Émile Zola und Victor Hugo nicht mehr an den Straßenecken stehen.

Im übrigen sind sie Kassenschlager und Aushängeschilder gerechter Sachen. Einen Unterschied gibt es nur in der Farbgebung.

Die Seiten der pietätvollen Bücher und die Agitationsbücher sind voll von dem Wort ›Elite‹. Als wären sie entlang einer Mauer ihrem Schatten begegnet! Es genügt, sich solchen Bekundungen zu nähern, um ihre Unredlichkeit zu entlarven: Die Elite ist oft das Talent im Dienste der Feigheit und der Dummheit. All die Anatole France, die auf den politischen Veranstaltungen mit der Faust auf den Tisch hauen und sich abends Wollsocken anziehen, sagen uns nichts von Wert!

Nicht einer von ihnen (außer Maurras vielleicht), der irgendeiner gespannten Erwartung gerecht wurde. Den Erwartungen zu entsprechen bedeutet, Austausch zu pflegen. Welche Elite – Vollendung der gewaltigen, tiefgründigen Erschaffung eines gemeinsamen Denkens – vertraut uns im Austausch den Beitrag ihres eigenen Denkens an? Wir kennen nur ›Skulpturen aus Rauch‹, die blindlings den Fabrikanten der Doktrinen folgen.«

Der Einschub »außer vielleicht Maurras« ist interessant. »Wir standen der *Action française* sehr feindlich gegenüber, während wir die Schriften von Maurras bewunderten«, erinnert sich François Dalle[4]. François Mitterrand leugnet ebensowenig seine Bewunderung für den Schriftsteller: »Maurras hatte etwas in den Augen von einem zwanzigjährigen Jungen. Er war ein großer, strenger Intellektueller. *La Musique intérieure* war ein magisches Buch, und seine Sicht der griechischen Zivilisation war verführerisch. Er war ein kompromißloser Patriot…«[5]

Seine Freude über die Niederlage von 1940[6] hat François Mitterrand jedoch nicht akzeptiert:

»… Sollen wir uns also wie die Parteien auf die Suche nach großen Männern begeben? Was für ein grundlegender Unterschied! Diejenigen, die man gejagt hat, um sie auszustopfen und uns zu schenken, werden wir unseren Hunden vorwerfen.

Der Mythos der großen Männer! Werden wir ihn den ›erleuchteten Massen‹ als neuen Glauben anbieten? Freuen wir uns!

Wir sind zum prunkvollen Mahl geladen, zu dem, wo man uns unter der Rubrik Große Männer bedienen wird!

Auf zur Jagd! Wer hat noch nicht seine großen Männer oder sucht sie noch nicht?

Vielleicht nur die Akademie…«

Eine Befragung, die die *Revue Montalembert* im Frühjahr 1936 über das Leseverhalten der Bewohner des »104« durchführen ließ, ermöglicht es, die damaligen literarischen Vorlieben von François einzugrenzen:

*1. Frage:* Wer ist für Sie der Spitzenautor, wer sind die Schriftsteller, die sich am meisten auszeichnen?

*F.M.:* Valéry, Baudelaire, Mauriac, Claudel.
2. *Frage:* Wo liegt für Sie die Bedeutung der Lektüre?
   *F.M.:* Sie ist unerläßlich und gefährlich; sie bringt die Gefahr mit sich, nur noch »literarisch« zu denken und zu fühlen.
3. *Frage:* Wenn sie nichtig ist, was ersetzt sie?
   *F.M.:* Es gibt nicht nur Bücher zu lesen.
4. *Frage:* Wenn Sie in den Krieg ziehen müßten, welches Buch nähmen Sie in Ihrem Proviantbeutel mit?
   *F.M.:* Die *Gedanken* von Pascal, *Die Abtei von Télème* von Rabelais.
5. *Frage:* Wenn es nur für eine Reise wäre (lange Reise, Expedition)?
   *F.M.: Eupalinos oder der Architekt* von Valéry, *Gott und Mammon* von François Mauriac, *An den Quellen des Glücks* von Montherlant, *Der seidene Schuh* von Paul Claudel.

Am 3. April 1936 gewinnt François das Tischtennisturnier des »104«. Vom 30. April bis Sonntag, dem 3. Mai, nimmt er an den jährlichen Exerzitien des »104« in Clamart teil. Am 10. Mai soll er zur Parade der *Action française* zu Ehren der Heiligen Jeanne d'Arc gegangen sein.

Unsichere Auskünfte... Die Berichte von François Mitterrands Freunden sind schwer zu datieren. Einige von ihnen ordne ich willkürlich am Ende dieses Studienjahres 1935–1936 ein, obwohl ich nur weiß, daß sie in den Zeitraum seines Aufenthalts im »104« fallen, der sich von 1934 bis 1938 erstreckt.

»Dalle und Mitterrand waren eng befreundet. François Mitterrand nahm ihn mit nach Hause. François war ebenfalls mit Jacques Marot befreundet, der aus derselben Region stammt wie er. Die beiden hatten gemeinsame Bekannte. Jacques war es, der ihn auf die Ile de Ré aufmerksam machte«, erinnert sich Pol Pilven[7]. Er fügt hinzu: »Einige Freunde, die er nach Jarnac eingeladen hatte, waren manchmal überrascht, wenn François für einige Stunden verschwand und sie ihn dann in seinem Zimmer beim Lesen eines Buchs fanden.« Pilven zählt Louis Clayeux und Bernard Offner zu den engen Freunden von François.

Bénet zufolge machte François einen »etwas verschwommenen Eindruck«: »Wir waren unbedeutende junge Leute, die aus der Provinz kamen... Wir trafen uns oft, aber ich fühlte mich

Dalle näher. François' Hauptanliegen war die Literatur. Er hat sehr schnell den Kontakt zu Mauriac und zu Schriftstellerkreisen aufgenommen.«

Jacques Bénet ist mit Marie-Claire Sarrazin verheiratet, einer Verwandten von François Mitterrand, die ihm nach seiner Rückkehr aus der Kriegsgefangenschaft sehr nahe stand. In ihrer Wohnung in der Rue Vavin stellen sie aus ihrer heutigen Erinnerung eine Liste der Schriftsteller zusammen, die François Mitterrand damals bevorzugte: Mauriac, Montherlant, Giraudoux, Gide, Proust, Valéry, Bernanos, Radiguet, Aragon... Dann erinnert sich Bénet an einen Satz von Marot, Clayeux und Mitterrand: »Man muß sich von den drei Bs – Bourget, Barrès und Bordeaux – abwenden, um die drei Ms – Mauriac, Maurois und Montherlant – liebzugewinnen.« »Clo«, wie François Marie-Claire nannte, stimmt zu und spricht von seiner Begeisterung für »diese jungen Autoren«. Sie erinnert sich auch daran, daß der junge François sie aufforderte, Brasillach zu lesen... Jacques Bénet fügt hinzu: »Die Lektüre dieser Autoren schien ihn nach außen hin kaum zu berühren. François machte im Gegensatz zu uns [Dalle und mir] nicht den Eindruck, sich mit metaphysischen Problemen zu quälen. Er verehrte die Heilige Theresia vom Kinde Jesu, ging zur Messe und hatte sich politisch engagiert, was zu begreifen mir schwerfiel...«

Louis Clayeux: »François gehörte zur Rechten und ich eher zur anderen Seite. Er verabscheute *Le Petit Démocrate;* ich verabscheute *L'Action française.*[8] Er stand der *Action française* nahe. Später habe ich ihn im Département Nièvre wiedergesehen, wo er immer noch als Rechter auftrat...«[9]

Anfang 1936, wahrscheinlich während der Jèze-Affäre, begegnet François Mitterrand Jean Delage, der in der von Henri de Kerillis herausgegebenen, nationalistischen und an Barrès orientierten Zeitung *L'Écho de Paris* für Studenten schreibt. Jeden Mittwoch räumt die Zeitung der Rubrik »Das Leben der Studenten« einen wichtigen Platz ein. Delage, etwa vierzig Jahre alt, Epikureer und Lebemann mit hochrotem Kopf, ist im Quartier Latin allseits bekannt; jeder weiß, daß er den jungen Leuten sehr zugetan ist. Um seine Spalten zu beleben, hat er bereits Jacques Isorni, Louis-Gabriel Robinet und Jean-Jacques Gautier Artikel schreiben lassen. Ende Juni zieht er François Mitterrand hinzu und schlägt ihm einen »Probelauf« vor. Der erste Artikel des zukünftigen sozialistischen Staatspräsidenten in dieser bedeutenden Zeitung der Bourgeoisie, von der die Linke sagt, daß sie »die Filiale des Erzbistums, des Generalstabs und der Banque de France« sei, erscheint am 4. Juli 1936. Der humorvolle Text trägt den Titel »Zwischenspiel«... Er ist voll von interessanten Informationen zum Autor, der von seinem Studentenleben berichtet: von seiner Teilnahme an den »glorreichen Tagen im März«, das heißt an den Krawallen gegen Professor Jèze, und von seiner Überprüfung durch die Polizei.[10]

Unmittelbar vor den Ferien löst die Regierung Blum die Ligen auf, unter ihnen die *Croix-de-Feu* und die *Volontaires nationaux*. Gehörte François Mitterrand noch zu ihnen? Wir wissen es nicht...

In den ersten Juli-Tagen kehrt er nach Hause in die Charente zurück. Der provinzielle Kleinbürger ist ihm bereits sehr fremd, doch trifft er in Jarnac seine Brüder und Schwestern wieder, seine Freunde, seine Bücher, die NRF *(Nouvelle Revue Française)*, die er zusammen mit seiner Schwester Geneviève abonniert hat, das Tischtennis, das Tischfußballspiel und seine gewohnten Spaziergänge...

Anmerkungen:

1  Gespräch mit dem Autor, Anfang Juli 1994.
2  Archiv des »104«.
3  Gespräch mit dem Autor, Mitte Juni 1994.
4  Gespräch mit dem Autor, 16. Februar 1994.
5  Gespräch mit dem Autor, 21. März 1994.
6  François Mitterrand spielt auf einen Artikel von Charles Maurras mit dem Titel *»La Divine surprise«* (Die göttliche Überraschung) an, der am 9. Februar 1941 im *Petit Marseillais* erschien und falsch gedeutet worden ist. Maurras bekundete darin nicht seine Freude über die Niederlage Frankreichs, sondern seine »Überraschung« angesichts der »wundertätigen [politischen] Fähigkeiten« des alten Marschalls.
7  Gespräch mit dem Autor, 19. Januar 1994.
8  Wir haben gesehen, wie es darum stand. Vgl. 2. Kapitel, S. 36.
9  Vergleiche 28. Kapitel, S. 488.
10 Siehe unten, S. 53.

# 4. Kapitel
## Journalist bei *L'Écho de Paris*

In der ersten Oktoberhälfte kehrt François ins »104« zurück. Es herrscht eine solche politische Aufruhrstimmung, daß der Direktor der *Réunion*, Pater O'Reilly, die Studenten zu Vernunft und Mäßigung aufruft: »...Keine Kompromisse mit den Ligen, in keiner Weise! Keine Kopflosigkeit...« Er lehnt es ab, daß das Studentenheim Frauen und Kindern, die vorgeben, sich bedroht zu fühlen, als Zuflucht dienen soll. Er verbietet außerdem die Anlage von Lebensmitteldepots. Gegenüber dem von Léon Blum geführten *Front populaire*, der Volksfrontregierung, gibt er sich gelassen.

Mitterrand setzt sein Studium fort, liest viel, geht häufig aus. Darüber hinaus wird er auf zwei ganz verschiedenen Gebieten aktiv, im »104« im sozialen Bereich, zugleich arbeitet er als Journalist bei *L'Écho de Paris*. Es scheint so, als hätte er diese beiden Aktivitäten auf Kosten seines politischen Engagements in Angriff genommen...

Die soziale Dimension seines Handelns ist für den jungen Studenten von großer Bedeutung. Es ist offenkundig, daß »Gutes tun« für ihn als gläubigen Katholiken eine wesentliche Aufgabe ist. Im Herbst 1937 wird er zum Vorsitzenden des Rates von Saint-Vincent de Paul gewählt, der im »104« zugunsten bedürftiger Familien tätig ist. Seine Beflissenheit hindert ihn nicht daran, nach einigen Monaten als Vorsitzender am Sonntag, dem 13. Juni 1937, im »104« einen kleinen Vortrag zu halten, in dem er dem Rat »ein paar Paradoxa vor Augen führt«, die Pater O'Reilly einigermaßen schockieren. Überlassen wir François Mitterrand das Wort, um diese Organisation zu beschreiben und seine persönliche Bilanz als Vorsitzender zu ziehen. Der Leser wird feststellen, daß er vom Rat mit Distanz und Humor spricht, als lege er Wert darauf, ein wichtiges Engagement nicht allzu ernst zu nehmen. Seine Rede über die Armen und die Armut läßt sich nur begreifen, wenn man sich in das Klima hineinversetzt, das zu jener Zeit in katholischen Kreisen vorherrschte. Ich habe selbst achtzehn Jahre meines Lebens in katholischen Schulen und Fakultäten verbracht, doch die Ästhetik des »Verspottens der Armen« ist mir immer fremd geblieben…

»Der Rat von Saint-Vincent de Paul ist eine jener alten Damen, über die man ohne Respekt, aber mit Ehrfurcht spricht. Über ihr Alter ist nichts bekannt. Man neigt stets zu dem Glauben, daß sie nie jung gewesen ist. Doch das Gesetz der Welt lehrt uns, daß das nicht stimmen kann. Sie hat die Steifheit derer, die alle Facetten des Lebens kennen und wissen, daß man sich vor seinen Grillen schützen muß. Aber gerade diese Grillen wollen es, daß ich Ihnen heute von Ereignissen und Taten berichte, die auf einer Versammlung von Saint-Vincent de Paul geschehen sind und die in Anbetracht der Tatsache, daß das gemeine Recht durch eine Altersgrenze bestimmt ist, einen Sonderfall darstellen.

In dem Exekutivorgan des Rates von Saint-Vincent de Paul des ›104‹, der sich außerdem Rat des Seligen Chanel nennt, sitzen ein Geistlicher, der ehrwürdige Pater O'Reilly, ein Vorsitzender, eben der, der jetzt zu Ihnen spricht, ein Sekretär, dessen Stimme und Tonfall dem Geist beinahe den Vorrang streitig machen, und ein Schatzmeister, dessen Eignung ebenso unbeweisbar ist wie das Selbstverständliche.

Aufgabe des Gremiums ist es, sich während der wöchentlichen Sitzungen am Sonntagmorgen die Herzensergüsse der Besucher anzuhören; eine Kleiderkammer und eine Kasse zu verwalten; Gelegenheiten für finanzielle Einkünfte zu schaffen, dessen glanzvollste und einträglichste immer die Predigt des ehrwürdigen Paters Giraudet in Nortre-Dame-des-Anges ist; schließlich Zusammenkünfte abzuhalten. Bei einer von diesen geht es um den Weihnachtsbaum, um den man Familien und Gäste schart und Mickey-Maus-Hefte, Perlendosen und Plüschbären verteilt.

Das aus vierzig Kollegen, die zwanzig Familien besuchen, zusammengesetzte Beschlußorgan diskutiert jede Woche Vorkommnisse, die ›unsere Familien‹ betreffen – dieses ›unsere Familien‹ erregt in mir immer das leicht mit Grauen durchsetzte

Befremden, das ich empfand, wenn ich den Leiter meines Internats zu dem für die Disziplin zuständigen Lehrer sagen hörte: ›unsere Kinder‹.

Und doch ist dieses ›unsere Familien‹ wirklich beinahe angebracht. Wenn ein Medikament gebraucht wird, schenkt es ein Kollege, der Arzt ist; wenn ein Paar Schuhe gesucht werden, findet sich immer eines an, das, je länger es seinen Dienst getan hat, desto bereitwilliger gespendet wird. So behauptet sich unsere Gemeinschaft; so verläuft unser Leben mit seinen ernsten Problemen und seinen Sorgen.

Doch, sagen Sie mir, was ist der Sinn dieser wohltätigen Anwandlungen, dieses Bemühens um gute Werke? Es gibt Grund zur Auseinandersetzung...

Es glauben immer alle, daß die Gäste von Saint-Vincent de Paul zu jenen guten Seelen gehören, die wohltätig sind – als ob sich Wohltätigkeit in der Opfergabe in die Almosenschale, im Kirchgeld und dem Sou pro Woche für die Armen erschöpfen könnte! Als ob wir gegenüber den Armen, die nach dem Evangelium Privilegierte sind, Barmherzigkeit üben könnten...

Sicher wäre es leicht nachzuweisen, daß es nichts Unterschiedlicheres gibt als einen Armen im allgemeinen und einen Armen im besonderen – und daß sich die Heiligkeit der Not schlecht verträgt mit diesen unerzogenen, oft schmutzigen Leuten, die keine Ausgabe scheuen, wenn sie nur ihrem Vergnügen dient. Für wohltätige Menschen gibt es keinen größeren Skandal, als den Luxus zu sehen, mit dem sich die Not schmückt, die Ansprüche, die Hungrige an den Tag legen, den Leichtsinn, den Mittellose zur Schau stellen...

Ich weiß nicht, wer gesagt hat: ›Es ist einfach zu weinen, aber so schwer zu lachen.‹ Findet die Wohltätigkeit ihre Erklärung nicht in diesem Lachen der Armen – in dieser Möglichkeit des Überflusses – und, mehr noch, in dieser Aufdeckung des Wesentlichen? Doch das Thema dieses Berichts war, wie mir scheint, der Rat von Saint-Vincent de Paul... Was kann man noch mehr über ihn sagen?

Wenn ich als Pharisäer zu Ihnen spräche, würde ich Ihnen unsere Verdienste, unsere kühnen Taten und Erfolge aufzählen. Wenn ich als Zöllner zu Ihnen spräche, würde ich Ihnen unsere Fehler, Schwierigkeiten und Nachlässigkeiten beschreiben.

Doch der Zöllner hätte unrecht. Übrigens sollte man nie Zöllner sein... das ist ein schwieriges Amt. Dem Zöllner, der das Evangelium gelesen hat, muß es schwerfallen, auf den Knien zu bleiben. Ich werde also mit Danksagungen schließen. Ein Tätigkeitsbericht ist dazu da, Dank zu sagen: dem Almosengeber, dem Büro, den Kollegen, den Zuhörern, ich überschütte Sie damit.

Was die Hauptbetroffenen angeht..., so sind sie leider abwesend: Es sind die, die uns im Austausch für unsere Gaben das Schauspiel ihrer Armut bieten. Sie haben uns, die gekommen sind, um ihnen zu helfen, mit der Vorstellung, jede Woche ein anständiges Opfer darbringen zu müssen, uns haben sie gezeigt, daß das Opfer nichts ist als das Gegenteil der Buße.

Auch wenn sie die einzige wäre, hätte diese Lehre doch einigen Wert.«[1]

François Mitterrands politische Vorstellungen haben sich nicht gewandelt, doch seit die *Volontaires nationaux* aufgelöst wurden, engagiert er sich nicht mehr ausdrücklich, selbst wenn die politische Richtung des *Écho de Paris* seinen Überzeugungen weitgehend entspricht. Delage steht Oberst de La Rocque nahe: Ende Dezember 1936 wird er sogar Mitglied des Exekutivkomitees des *Parti social français* (PSF), der neuen Gruppierung, die *Croix-de-Feu* und VN ersetzt. In den Spalten seiner neuen Zeitung werden Léon Blum, Moskau, die Bolschewisten, die Kommunisten und die spanischen Republikaner heftig attackiert... Man findet Karikaturen (Léon Blum als Besen, der »alles hinwegfegen« wird); am 29. April 1936, kurz vor dem zweiten Wahlgang der Parlamentswahlen, macht die Zeitung mit »DIE KOMMUNISTISCHE GEFAHR« auf; am nächsten Tag folgt auf der ersten Seite ein Aufruf der *Croix-de-Feu*. Die Verbindung zwischen der Zeitung, den *Croix-de-Feu* und dem PSF stellt Henri de Kerillis her, der in seinen Leitartikeln nicht zögert, die Verdienste der Organisation gegen die Unaufrichtigkeit des »Moskauer Lagers« ins Feld zu führen. 1936 und 1937 gibt es kaum einen Tag, an dem sich in der Zeitung nicht ein Bericht, wenn nicht gar eine ganze Seite, über die Aktivitäten des PSF findet. Jacques Doriot wird ebenfalls oft erwähnt; La Rocque und er werden zu Märtyrern der »Roten« hochstilisiert: Diese, so heißt es, provozierten Schlägereien an der Basis und verböten dann von höchster Stelle aus gewisse Kundgebungen. So werden Zehntausende von Sympathisanten aufgehetzt, die durch die instabilen Verhältnisse im Inneren und Äußeren verängstigt sind.

Die Rubrik »Das Leben der Studenten« soll sich nach dem Willen Delages aus der Parteipolitik heraushalten. Die Politik sei beim *Écho de Paris* allein Domäne von Henri de Kerillis; Studenten, die sich dafür interessierten, könnten ihn ja lesen oder sein von Raymond Cartier geleitetes Propaganda-Zentrum bei den *Républicains nationaux* aufsuchen. Für Delage »ging es nicht darum, den Studenten, die wir ansprechen wollten, unsere Vorstellungen aufzuzwingen, sondern sich nach den ihrigen zu erkundigen, wobei wir uns natürlich vorbehielten, diese in Frage zu stellen«[2]. Er möchte den Studenten zu Hilfe kommen und ihnen das Leben erleichtern. Er fordert sie auf, zum Tanzen in den *Cercle interallié* zu kommen, um die emigrierten russischen Studenten zu unterstützen; seine Äußerungen sind oft von Optimismus geprägt; in seinen Leitartikeln sorgt er sich um den Platz der Jugend, spornt sie an, in der Zeitung zu schreiben und sich dem Kreis anzuschließen, der für die Rubrik »Das Leben der Studenten« verantwortlich ist... In seinen Memoiren erinnert er sich an seinen Mitarbeiter von damals:

»Wie könnte ich diesen vor Leben sprühenden, freundlichen Studenten vergessen, immer den Anflug von Ironie auf den Lippen, der sich für Literatur interessierte! Sein Name war François Mitterrand. Wieviele Male haben wir mit anderen Studenten nach unseren Versammlungen in einem Bistro an der Ecke der Rue Saint-Honoré und der Rue Saint-Roch spannende Partien Russisch-Billard gespielt?«[3]

Am 28. November 1936 erscheint in der Zeitung ein Foto dieses Studenten. In der Unterzeile heißt es, daß er zum Vorsitzenden der »literarischen Abteilung« gewählt worden sei und am Donnerstag zuvor seine erste Sitzung bei *L'Écho de Paris* geleitet habe. Gleich über dem Bild begrüßt Jean Delage mit Emphase die jungen Leute, die ihn umringen: »... eine Generation von Schaffenden, die sich erhebt!« In einem Artikel vom 5. Dezember mit dem Titel »Student 1936« beschreibt François Mitterrand mit schwungvoller Feder den in seinen Augen für dieses Jahr typischen Studenten. Nachdem er ausführlich sein Äußeres beschrieben hat, widmet er sich dem Inneren:

»… Was man Prinzipien nennt, weiche man auf; er [der Student von 1936] weiß sie weiterhin zu schätzen, aber während er sie achtet, tut er alles, um sie nicht zu befolgen.

Man füge einen Mischmasch aus Ideen oder nachgemachten Ideen bei, er wird sie liebevoll pflegen und nach einer Logik zusammenfügen, die auf etwas beruht, was er Vernunftüberlegungen nennt…

Dem füge man ein bißchen Phantasie oder Phantasterei hinzu: Brillanz, Schwung und einen Anschein von Denken. Denn man soll ja jenes ›denkende Schilfrohr‹ erhalten, von dem Pascal spricht.«

Er beschließt seine Beschreibung, indem er zur Diskussion einlädt: »Wenn Sie nicht einverstanden sind, können Sie mir jederzeit widersprechen…«

Am 19. Dezember berichtet François von einer Debatte, die die Literaturabteilung veranstaltet hat, und erklärt, die Wahrheit habe man nicht gefunden: »Vielleicht haben wir Recht auf die Illusion, ihr ein paar winzige Stücke entrissen zu haben?« Abschließend fordert er die Studenten auf, sich zur Teilnahme an »diesem Gespräch« zu melden.

In der folgenden Woche ist er auf einem Foto gut zu erkennen: Er scheint im Haus bestens integriert zu sein.

Die Generalversammlung der Abteilung *Vie des étudiants* wählt François Mitterrand, der bereits Vorsitzender der Literaturabteilung ist, einstimmig zum Vorsitzenden. Er ist erst zwanzig Jahre alt und häuft bereits Präsidenten-Titel an (wir werden später sehen, daß er im »104« noch zwei weitere an sich reißt).

In *L'Écho de Paris* vom 2. Januar 1937 schreibt der neue Vorsitzende einen Leitartikel, der seine Absichten offenbart. Der Redakteur läßt bereits den Politiker durchscheinen:

»Es ist zur Gewohnheit geworden, über die Gleichgültigkeit und Schwäche unserer Zeit zu jammern. Und je erbärmlicher die Klagen sind, desto anspruchsvoller erscheinen die Vorwürfe: ›Die Jugend muß konstruktiv sein, die Gesellschaft, das Land braucht sie; die Jungen, und besonders die Studenten, haben eine moralische Aufgabe, die sie unbedingt erfüllen müssen…‹

So hatte ich mich als Chef der Abteilung *Vie des étudiants* darauf vorbereitet, mit gesenkter Stirn die Anprangerungen der

Leute hinzunehmen. Doch mir kam in den Sinn, daß Fordern leichter ist als Handeln und daß sie alle Programme fordern, von denen sie nicht das leiseste Prinzip kennen.

Wenn ich mich auf die Suche nach Formeln begäbe, würden sich etliche finden, die scheinbar mannigfaltig und keß sind. Doch ich fürchte, daß es sich um Leerformeln handelt und kann nicht umhin zu glauben, daß es wichtiger ist, die Dinge zu verstehen als sie zu klassifizieren und mit Etiketten zu versehen.

Unter welchem Zeichen gehen wir also an unsere Aufgabe heran? Aus allen Ecken steigt der Lärm der Diskussionen auf, und die Programme – von denen jedes das Privileg fordert, die einzige Wahrheit zu besitzen! – prallen aufeinander. Das Quartier Latin bietet uns das armselige Spektakel eines riesigen Mißverständnisses. Hauptanliegen unseres Kreises ist, junge Leute zusammenzubringen, die sich im Zusammenhang mit den wichtigsten Kulturveranstaltungen kennenlernen möchten. Ein gemeinsamer Geist muß entstehen, ein Geist des Verständnisses.

Der bereits so aktive Kreis *Vie des étudiants* muß, ohne nachzulassen, weiter auf die Verständigung und die Zusammenführung der Jugend hinarbeiten. Für uns geht es darum, ein Gefühl der Solidarität zu fördern… Wir wollen um uns jene Studenten scharen, die darauf aus sind, etwas zu schaffen, und einander verstehen und schätzen wollen. Wir bieten ihnen dazu die unterschiedlichsten Aktivitäten an. Und wir stellen dieses gerade beginnende Jahr unter das Zeichen des Willens.«

Ebenfalls zu Beginn des Januar 1937 veröffentlicht François Mitterrand in der *Revue Montalembert* einen Artikel mit dem Titel »Die anfälligen Riesen«, in dem er die meisten großen Autoren einem regelrechten Preisschießen ausliefert: Gide, Valéry, Maurras, Giraudoux, und selbst Mauriac. Nur Claudel und Francis Carco finden Gnade vor seinen Augen. Er wirft den »Riesen« vor, zu hochmütig zu sein: »In der Absicht, das Leben zu erforschen, tötet man es.« Eine frühe Entgegnung auf seine zukünftigen Biographen? Bei Mitterrand findet sich stets Ablehnung oder Angst vor persönlichen Auseinandersetzungen und Analysen. Die »Riesen« verlassen in seinen Augen ihre Domäne. Man müßte das Feld der Kunst einschränken: »Wenn die Literatur vernünftig wäre, würde sie ihr Reich begrenzen«:

»David muß enttäuscht gewesen sein, Goliath mit einem Stein besiegt zu haben, denn ein Riese, der sich mit einem Schleuderschuß töten läßt, kann kein richtiger Riese sein. Nichts ist grotesker als ein anfälliger Riese: Warum die Beteuerung seiner Größe, wenn er leicht stürzt? Warum die Erhöhung seines Körpers, wenn ein von unten kommender Stein ihn zerstört? Warum ist seine Stirn so weit oben, wenn er doch mitten auf die Stirn getroffen wird? Er täte besser daran zu kriechen, er, den schon ein bißchen Erdreich unterwirft; er fände ein seiner Größe angemessenes Schicksal; denn es gibt kein lachhafteres Bestreben als den Einsatz einer Kraft ohne Objekt, als einen Sieg ohne Kampf. Doch wer ist lächerlicher: der, der diesen Sieg erringt, oder der, der ihn lobt?

Die literarische Domäne ist ebenso reich an anfälligen Riesen: Sie tragen die Stirn hoch, denn ihr heiliges Amt ist es, die Wahrheit zur Schau zu stellen, und sie ahnen nicht, daß schon ein Splitter dieser Wahrheit sie töten kann. Die berühmten und überschwenglich gelobten zeitgenössischen Schriftsteller geben sich der törichten Schwäche Goliaths erneut hin: Der Ehrgeiz prägt ihre Größe, und der Ruhm dient ihnen als Sockel. Doch nichts als Ohnmacht und Unfruchtbarkeit in ihrer Position! Daß der Stein nicht aufgehoben wird, tut nichts zur Sache, es genügt, daß er da ist. Und wer widerstände dieser stets aufmerksamen Gegenwärtigkeit, die man Wahrheitssinn nennt? Die Lüge und die Anfälligkeit der Literatur liegen in ihrer Vergötterung; das Übel der Literatur ist, daß es anziehend ist und man es als solches würdigt. So entsteht Hochmut: Der Riese, der sieht, wie klein die Lebewesen sind, urteilt gemäß seinem Standort und denkt: ›Wie könnte Gott größer sein als ich selbst?‹

Das Ziel eines literarischen Werks ist es, ein wenig von der Wahrheit des Menschen und der Welt zum Ausdruck zu bringen: Seine Ausdruckskraft macht eine Form nötig, die ihren eigenen Regeln unterliegt, und sein Wahrheitsgehalt erfordert eine grundlegende Kenntnis der menschlichen Gegebenheiten. Es gilt also, zwei Notwendigkeiten zusammenzufügen, die oft widersprüchlich sind, denn wenn die Wahrheit außerordentliche künstlerische Qualitäten bindet, so können sich diese Qualitäten nur in ausgeklügelten Formen ausdrücken. Hier liegt der Ursprung des Kampfes zwischen Wort und Gedanken, denn um dem Gedanken Ausdruck zu verleihen, muß er auf Worte reduziert werden, die wiederum in Sätzen koordiniert werden. Über diese Reduktion straucheln die meisten Autoren, die keine schöpferischen Fähigkeiten haben. Auf einen Schriftsteller, der das Wort dem Gedanken unterordnet, kommen wieviele, die den Gedanken auf das Wort zurückführen! Auf einen, der das Wort in Entsprechung zu seiner Überlegung setzt, kommen viele, die glauben, daß sie den Gedanken erschaffen, indem sie das Wort wählen! ›Genie, tiefes Geheimnis…, Merkmale, die dem Nichts entsprechen, die weniger über den Gegenstand aussagen als über die Person, die darüber spricht‹, schreibt Valéry in *Diverses I*…

Wenn man die Werke der berühmtesten Autoren unserer Zeit betrachtet, wird man gewahr, welche Anfälligkeit sich unter der Maske der Macht oder der Schönheit verbirgt: Diese Anfälligkeit rührt vom Mangel an Leben her, der wiederum seinen Ursprung im Fehlen eines reinen Gefühls, einer wahren Leidenschaft hat…

Hat Gide jemals etwas anderes geschrieben als *Le voyage d'Urien*? Valéry hat seine Nutzlosigkeit mit Glanz versehen. Maurras hat seine Bemühungen des Glaubens beraubt. Und wenn Giraudoux den Wahnsinn der Menschen zu liebkosen und manchmal in ihn einzudringen versteht, wenn Mauriac sie mit einem Problem konfrontiert, dessen Lösung schmerzlich gewährt wird, wenn Romains und Martin du Gard die Entwicklung einer Generation oder einer Familie nachzeichnen, wer genügt dann dem Verlangen nach einer Realität, die vom Traum durchdrungen ist, wer antwortet dann ernstlich vom Zentrum des Lebens aus? Was bedeuten Kommentare, wenn wir eine Begründung fordern? Es findet sich mehr Gewißheit in einem hingestammelten Gedicht als in der Erläuterung von Ideen und Leidenschaften.

In der Absicht, das Leben zu erforschen, tötet man es, die Zergliederung seiner Bewegung hält an, das Gerede über seinen Geltungsbereich untergräbt seinen Zweck…

Hier liegt die Anfälligkeit des Riesen. Das literarische Werk richtet sich hoch auf, stark durch seinen Zusammenhang und seine Harmonie: Es stellt das Leben dar, so wie es es für wahr hält. Doch der Stein, der seine Stirn verletzen wird, liegt zum Wurf bereit: Ein Schmerzensschrei, ein Freudengebrüll, und das von seiner eigenen Wahrheit beseelte Leben streckt den Riesen nieder.

Dabei wollte der Riese gerade sagen: ›Wie könnte das Leben lebendiger sein als ich selbst?‹

Wenn die Literatur vernünftig wäre, würde sie ihr Reich begrenzen. Sie würde sich auf die Devise des *L'art pour l'art* beschränken und inoffensiv bleiben. Was für ein Vergnügen, einen Schnitt zu stilisieren, einen Stein auszuhöhlen, einen Juwel zu fassen! Die Harmonie lohnt die Arbeit und verdient die Aufmerksamkeit des Handwerkers. Wenn Kinder schaukeln, setzen sie ihren ganzen Ehrgeiz daran, so hoch wie möglich zu kommen; doch fällt es ihnen nicht ein, von der Schaukel zu springen, um noch höher hinaus zu gelangen. Kurz, sie spielen so, wie es zweckmäßig ist. So soll die Kunst ihre Regeln bestimmen, sie anwenden, jedes Jahrhundert ein wenig mehr aufpolieren und damit das Spiel nach seiner Zweckmäßigkeit ausrichten. Aber sie soll nicht danach streben auszubrechen…

Durch welchen Zauber sollte ein literarisches Werk also denjenigen bewegen, der ihm mißtraut? Die Magie ist nichts Geheimes, Zauber ist einfach. Der, der den Ton und den Atem findet, wer erschafft, weil er lebt, braucht keine Regeln, um für sich einzunehmen. Als Widerspiegelung des Lebens ist sich ein Werk, das seinen eigenen Anteil ohne Hilfe des Menschen herausarbeitet, der Größe seiner Rolle bewußt. Der Riese, der den Stein aufgehoben hat und ihn wie eine Stadt in seinen Händen hält, kann nicht anfällig sein. Eine Szene aus dem *Seidenen Schuh,* und die Literatur lebt; ein Gedicht wie *L'Ombre* von Carco, und die Anfälligkeit verschwindet.

Daß man kreativ sein muß, um seine Rolle zu rechtfertigen, liegt auf der Hand. Manche zerbrechen daran, daß sie das Unmögliche versuchen… Nur den kreativen Schriftstellern gelingt es, durch Arbeit Schöpfungen hervorzubringen…

Die bewegliche Masse des Lebens kann durch die Schöpfung eingedämmt werden. Dem Menschen, der seine Freiheit an sein Werk gekettet hat, stehen die wildesten Freiheitsträume offen. Wer Werke schafft, um sich nicht leben zu sehen, dem entsprudelt das Leben wie einer unerschöpflichen Quelle…

Daß man aus einer Epoche nur ein winziges Stück Schöpfung, aber einen Berg von Zerbrechlichem herausfiltern kann, daß sich die Menschen von dem Spiel der Erscheinungen, das die Literatur ist, blenden lassen, nennen manche ein Drama.

Es ist wahr, daß Drama ein Wort ist, in das man hineinlegen kann, was man will.«

Der Vorsitzende des literarischen Kreises des *Écho de Paris* glaubt also, daß »sich in einem hingestammelten Gedicht mehr Gewißheit findet als in der Erläuterung von Ideen und Leidenschaften«. Es spricht für seine Einstellung, wenn er im *Écho* vom 16. Januar 1937 eine große Publikumsbefragung unternimmt. »Gibt es noch Dichter? Wenn ja, welche bevorzugen Sie?«

Am 29. zeichnet sein Freund Jean Delage einen Artikel mit dem Titel: »Monsieur Jacques Doriot hat gestern abend zu den Studenten gesprochen«. Der ehemalige Kommunist und Bürgermeister von Saint-Denis und Führer der faschistischen Splitterpartei PPF hat den Studenten zur Freude von Delage geraten, die Politik nicht mit ihren Forderungen zu vermischen und sich, ganz gleich welcher Einstellungen sie seien, in einer einzigen Organisation zusammenzuschließen. »Anderswo sollen sie, und das ist ihre Pflicht, in der Partei ihrer Wahl aktiv sein, doch in ihren Verbänden sollen sie sich nur um deren Belange kümmern.« Da wir von Mitterrands damaligen Freunden wissen, daß er Doriot gehört hat, ist es mehr als wahrscheinlich, daß der Vorsitzende des Kreises diesem Treffen beigewohnt hat.

Ebenfalls im Januar 1937 verteidigt *L'Écho de Paris* Mussolini und den Faschismus:

»…Wenn Sie wissen wollen, was man mit einem Volk und seiner Jugend anfangen kann und wie die Angewohnheit, Risiken einzugehen und über die schlimmsten Hindernisse hinweg zum Sieg zu schreiten, 40 Millionen Menschen den Stolz ihrer Rasse und den leidenschaftlichen Hang zu großen Taten eingeflößt hat…«

Henri de Kerillis prangert die Regierung Léon Blum wegen ihrer Unterstützung der spanischen Republikaner an. Er beschuldigt insbesondere den Luftfahrtminister Pierre Cot, Flugzeuge nach Barcelona geliefert zu haben.

Bis zum 6. März faßt François Mitterrand jede Woche die Antworten auf seine Befragung zusammen: Er kommentiert sie und offenbart dabei sein literarisches Wissen ebenso wie seine

Fähigkeit, seine Bildung in Szene zu setzen. Man spürt, wie zufrieden er ist, soviel Post zu erhalten: »Es lohnt sich, die Debatte noch weiterzuführen. Auch wenn die Meinungen sehr verschieden sind, so ist es für uns doch ein großes Vergnügen festzustellen, daß die Dichtung immer noch über ein ebenso vielfältiges wie passioniertes Publikum verfügt...« Da er als Verantwortlicher freie Hand hat, zitiert er lange Auszüge aus dem Brief seines Freundes Jacques Marot, des zukünftigen Chefredakteurs der AFP, der seinen Hang zur Poesie weitgehend geprägt hat:

»Monsieur Jacques Marot ist der Ansicht, wenn der Roman Dichter wie Mauriac und Montherlant ›allmählich ausgezehrt‹ habe, so hätten diese dem Roman eine bestimmte Sicht- und Ausdrucksweise vermittelt – ihr Stil sei lyrisch. Ebenso verhalte es sich mit ›poetischen Romanen‹, Büchern wie *Der große Kamerad, Die enge Pforte, Staub oder Ernte*... Muß man den Autor als Poeten bezeichnen, der Verse dichtet oder zumindest lyrisch ist, ohne auf Roman oder Drama zurückzugreifen? Ich glaube nicht, denn das hieße, das ganze Werk von Claudel zu verdammen, das mir letztlich nichts als eine meisterliche poetische Explosion zu sein scheint.

Was Monsieur Talvart auch davon halten mag, ich finde nicht, daß die moderne Poesie ›unverständlich, hochgestochen [und] gekünstelt‹ ist. Sehen wir einmal von der fatalen surrealistischen Erfahrung ab. Daneben: Valéry, Francis, Jammes, Claudel! Nein, nein, die Lyrik ist nicht tot! Denn schließlich läßt sie sich nicht an der Zahl der Versfüße oder dem Alexandriner messen. Besteht die Poesie nicht vor allem in der Übereinstimmung des stilistischen und gedanklichen Rhythmus, mehr und eher als in einem Rhythmus an sich? Daher scheint mir die reine Poesie ein Scherz zu sein. In diesem Bereich sollte man die Musik ihrem Genie überlassen. Der Dichter benutzt Worte, und diese Worte haben einen Sinn. Man kann nicht irgendwelche Worte zusammenfügen, so hübsch die Komposition ihrer Silben auch sein mag.

Moderne Dichter? Viele sind sicher wunderbar: Carco, La Tour du Pin und andere junge wie Chabaneix, Estang und Noël Ruet. Auch Marie Noël: Wer denkt an diese Dichterin, deren erste Werke Bremond heute für so wichtig hält wie 1820 die *Méditations* von Lamartine?... Um die Dichter zu kennen, muß man sie kennenlernen wollen...«

Am 6. März 1937 veröffentlicht François Mitterrand die Ergebnisse seiner Befragung, die im wesentlichen den Standpunkt von Marot wiederaufgreifen. Sein Urteil über die Surrealisten ist vernichtend: »Gibt es ein klareres Scheitern als das einer Gruppe, in der die erfolgversprechendsten Kräfte vereint waren?« Das Trio, das in seinen Augen zu den Großen gehört, sind Valéry, Claudel und Jammes. Er scheint vergessen zu haben, daß er einige Wochen zuvor geschrieben hatte, daß »Valéry seine Nutzlosigkeit mit Glanz versehen hat«... Er liest aus den Antworten heraus, daß »viele Jüngere, sowohl Schriftsteller als auch Leser und alle Dichter einen gewissen Wunsch nach innerer unf formaler Ordnung haben, nach substantieller Kost, die von rein intellektuellen Spielen ebensoweit entfernt ist wie von einfacher Hingabe, bei der allzu oft Formloses und Unreines dargeboten wird«.

Während die Befragung läuft, hat »seine« Zeitung eine nationale Spendenaktion in die Wege geleitet, mit der der antikommunistische und gegen Blum gerichtete Kreuzzug von Oberst de La Rocques' *Parti social français* finanziert werden soll... Mitterrands Gegner werden entdecken, daß ein gewisser »F.M.« freigebig 500 Francs gespendet hat (im Schnitt liegen die Spenden zwischen fünf und 200 Francs).

Am 13. und 20. März erscheint François Mitterrand auf zwei Fotos, bei einem Abendessen mit Vertretern der Region in Begleitung von Pierre Nivert sowie bei einem Abendessen mit Künstlern unter Vorsitz von Paul Landowski, Mitglied des Instituts und Direktor der Hochschule für Bildende Kunst.

Am 10. April veröffentlicht François Mitterrand einen Artikel unter dem Titel »Gibt es noch ein Quartier Latin?« In bitterem Ton trauert er einer Zeit nach, in der das »Äußere« noch nicht so wichtig und das »Quartier« kein Turm zu Babel war. Er läßt sich zu einer dumpfen Schmährede hinreißen, die dieselbe Haltung offenbart wie im Februar 1935, als er gegen die Ausländer demonstrierte:

»In seinem kürzlich erschienenen Buch *Étudiants, Étudiantes* hat Fortunat Strowski das Quartier Latin auf seinen geschichtsträchtigen Straßen durchstreift. Er verweilt ergriffen bei den munteren Spielen der Scholare und in der fröhlichen Zeit der Grisetten, denn das klassische Bild, auf dem man Villon im Morgengrauen umherschlendern sieht, ist von Murgers Lithographie und den Studenten mit ihren romantischen Bärten nicht zu trennen.

Alle besingen das Quartier Latin. Sein Name allein erstaunt und entzückt. Man glaubt, am Mittelpunkt der Welt zu sein. Denn es versteht sich von selbst, daß die Welt ihren Mittelpunkt und ihre Quelle in dem hat, was man Geist nennt.

Und da man sich um den Geist sorgt und hartnäckig darauf beharrt, ihn am Abhang der Montagne Sainte-Geneviève anheften zu wollen, begreift man nicht, daß er seit langem entfleucht ist und von ihm nur Karikaturen übriggeblieben sind.

Der Virus hat sich von den Lehrenden auf die Lernenden, von den Lehrern auf die Schüler übertragen. Sein Äußeres ist geblieben, sein Sinn verlorengegangen. Das Quartier Latin weiß nicht mehr, was einst seine Seele war.

Der Schein trügt übrigens nicht. Wo sind die Gruppen von Studenten, die man uns so gerne zeigt, den breiten Hut im Wind und die gediegene Pfeife im Mund, im Hinterkopf eine ganze ›Buchhandlung‹ mit oft gelesenen und nun ganz abgenutzten Büchern? Den Zuschauern des Jahres 1937 bleibt nur die geschneiderte Uniform mit den breiten Schultern und einer so engen Jacke, daß man den Eindruck hat, sie enthielte nur Leere…

Das Quartier Latin ist das Opfer des Äußerlichen – und ich nenne das äußerlich, was aus dem Bereich des Geistigen oder nur Nationalen die genaue Kenntnis des Selbst und den Wunsch nach ein wenig über die der Allmacht des Herzens hinausweisende Vernunft vertrieben hat.

Inzwischen ist das Quartier Latin ein Zusammenspiel derart mißstimmiger Farben und Töne, daß man den Eindruck hat, jenen Turm zu Babel wiederzufinden, an den wir nicht glauben wollten – denn daß man sich kennen und dasselbe Haus bauen könnte, ohne sich zu verstehen, lag jenseits unserer Vorstellungskraft.

Durch das Innere oder durch das Äußere ist das, was den Vorzug des Studentenviertels ausmachte, entwichen – und ich glaube, daß es gut daran getan hat, denn es wäre dort in sehr schlechter Gesellschaft…

Wir halten jetzt hier eine Schmährede und werden griesgrämig genannt werden – von all denen, die nicht sehen können…«

Am 29. Mai schreibt ein Journalist in seinem Bericht über das siebte Jahresbankett der Redaktion *Vie des étudiants*, daß »lebhafter Applaus der sehr geistreichen Rede [von François Mitterrand] Nachdruck verlieh«. Am 5. Juli veröffentlicht *L'Écho de Paris* die Examensergebnisse für Politikwissenschaft: Der Student aus Jarnac erhält das Diplom der Allgemeinen Abteilung mit der Note gut; er ist der fünftbeste seines Fachs. Sein Name taucht am 2. Juli 1937 zum letzten Mal in der Zeitung auf.

François Dalle kennt François seit 1936. »Wir sahen uns jeden Tag. Wir gingen morgens zur Juristischen Fakultät und besuchten die Fakultätsbibliothek, die von den *Camelots du Roi* beherrscht wurde... Ich erinnere mich an Biaggi[4]. Die Atmosphäre in der Bibliothek der Sorbonne war völlig anders: Dort gab es keine 5 % Nicht-Marxisten, und nicht ein Mädchen hob die Augen... Während der Sommer 37 und 38 war ich zweimal in Jarnac in Ferien. Es waren echte Familienferien. Sie waren dort alle überaus brillant. Der Vater war ein strenger, kultivierter und liebenswürdiger Mann. Sie alle waren den Leuten ihrer Umgebung, namentlich den Cognac-Herstellern intellektuell weit überlegen...

In dieser Zeit hat er seine Einstellung zum Geld – an dem es ihm nie mangelte – entwickelt. Er verachtete jene, die Geld hatten und dies zeigten. Aber all das ging nicht so weit, daß er sich die Thesen Blums zueigen gemacht hätte. Kurz, er war katholisch-sozial. Und das ist er geblieben. Seine sozialen Aktivitäten haben ihn geprägt, auch wenn sie nicht immer aus ehrlicher Überzeugung geschahen. Er hat sich auf eine Karriere als Linker eingelassen... Ich erinnere mich an große Diskussionen über die Volksfront, die alle verabscheuten. Die Familie Mitterrand war sehr katholisch, alle lasen die NRF, alle liebten Chardonne, den Nachbarn, der *Le Bonheur à Barbezieux* geschrieben hatte, Claudel, Gide, Montherlant, Céline, Drieu La Rochelle, Bernanos, Jules Romains ... Ich erinnere mich an diese angenehmen Ferien, die Spaziergänge im Angoumois, die Bootsfahrten...«[5]

# Anmerkungen:

1   Veröffentlicht in der *Revue Montalembert* vom Oktober 1937.
2   In: Jean Delage: *Ma Vie à coeur ouvert.* Édition Pneumathèque 1981.
3   Ebd.
4   Jean-Baptiste Biaggi, geboren am 27. August 1918, studierte Jura in Paris. Freikorps, Rechtsanwalt, Verteidiger der französischen Gestapo-Angehörigen in der Rue de la Pompe, dann Anwalt von Labrusse in der Affaire des fuites etc. Während des Algerienkrieges in Kontakt mit der O.A.S.
5   Gespräch mit dem Autor, 16. Februar 1994.

## 5. Kapitel
## Gott und Béatrice

Die Spuren, die François Mitterrand seinen Biographen hinterlassen hat, um seinem Weg zu folgen, sind in dem Studienjahr
1937–1938 weit weniger zahlreich, und die meisten Erinnerungen seiner Freunde aus dem »104« sind nicht präzise genug, um
sie der einen oder anderen Phase zuordnen zu können. Manche
beteuern, daß sich der junge Diplom-Politologe damals eher auf
Seiten der extremen Rechten engagiert und sogar mit der Zeitung
*Combat* geliebäugelt hätte: »Wir standen dem *Combat* nahe, der
unsere politische Meinung prägte«, erklärt François Dalle.

Die Zeitung *Combat* war Anfang 1936 von Thierry Maulnier
und Jean de Fabrègues, zwei ehemaligen Mitgliedern der *Action
française*, gegründet worden. Die beiden warfen Maurras vor,
nur ein Schönredner zu sein: »Der *Combat* war antiparlamenta-
ristisch und antidemokratisch, aber nicht faschistisch im Hitler-
schen Sinne. Er stand dem Münchner Abkommen positiv gegenüber. Maulnier war polemischer als Fabrègues. Er gab gleichzeitig die Zeitung *L'Insurgé* heraus, die der *Cagoule* nahestand,
während Fabrègues die intellektuelle Zeitschrift *Civilisations* gegründet hat«, präzisiert Madame Chavagnac[1], die Biographin
von Jean de Fabrègues.

Der *Combat* steht gewiß weit rechts. Brasillach ist regelmäßi-
ger Mitarbeiter und schreibt etwa: »Ein Léon Blum, ein Herriot
sind für uns einige der widerwärtigsten Exemplare der Mensch-
heit…« Nachdem die Verschwörung der *Cagoule*[2] aufgedeckt
ist, spricht sich Thierry Maulnier »für eine Verschwörung gegen
die staatliche Sicherheitspolizei [aus], die diesen Namen verdient«. Mitte 1938 tritt er für einen »vernünftigen« Antisemitismus ein. Im Mai 1938 erscheint der Name von Claude Roy unter
einem Artikel mit dem Titel »Der französische Geist, Achse der
Zivilisation«.

Die Witwe von Jean de Fabrègues[3] beteuert, ihr Mann habe François Mitterrand in den Jahren 1937-38 beim *Combat* zusammen mit Claude Roy kennengelernt. Sie schickt mich zu Madame Chavagnac, die eine Doktorarbeit über ihren verstorbenen Gatten geschrieben hat. Diese bestätigt, daß Fabrègues 1971 in einem Interview mit Professor Loubet erklärt hat, daß François Mitterrand »den *Combat* im ›104‹ bekannt machte…; er war eine Art Verbindungsmann zu den Kreisen, in denen er verkehrte. Die politische Einstellung François Mitterrands stimmte mit der des *Combat* überein.«

Heute bestreitet[4] François Mitterrand diese Feststellung völlig: »Nein, nein, ich habe dem *Combat* in keiner Weise nahegestanden. Ich erinnere mich an lange Diskussionen mit Claude Roy in der Rue du Dragon. Wir stritten uns immer über Politik. Er hätte gerne gesehen, daß ich zum *Combat* käme. Ich wollte nicht. Jean de Fabrègues war ein stürmischer Charakter, fähig, die unmöglichsten Dinge zu sagen. Seine Intoleranz und Bösartigkeit haben mich sehr bald von ihm entfernt.« Tatsächlich stand Mitterrand während seiner Zeit in Vichy Jean de Fabrègues nahe, doch nach dem Krieg haben sich ihre Wege getrennt.

Der Schriftsteller Claude Roy bestätigt[5] die Feststellungen von François Mitterrand: »Wir führten lange Diskussionen. Er war von den Vorstellungen des *Combat* weder begeistert, noch stand er ihnen nah. Wir waren dabei, uns zu finden, wie man so sagt. Unsere gemeinsame Leidenschaft galt der Literatur… François war wie wir alle auf der Suche nach der Wahrheit…, die wir übrigens weiterhin suchen…«

In den Weihnachtsferien 1937 findet François die ganze Familie in Rouillac zur Hochzeit von Vetter Pierre Sarrazin und Odile, der jüngsten Tochter von Oberst Moreau, versammelt. Diesem ungestümen Oberst und Maurras-Verehrer hatte François immer gerne widersprochen. Wie bei allen großen Familientreffen erwartete man ungeduldig die Rede des Diplom-Politologen. Niemand war enttäuscht, auch wenn der Ton für eine Hochzeit unüblich war:

»Liebe Odile, lieber Pierre,
Als ich euch mit dem Segen des Priesters die drei Stufen zum Chor hochsteigen sah, sagte ich mir, daß ihr uns gerade auf einen

Bruch aufmerksam machtet. Ihr ginget im Gleichschritt und habt damit euren Weggang in ein abgeschlossenes Universum ausgedrückt... Ich führte mir all das vor Augen, was in diesem Augenblick zu Ende ging, in dem für euch beide alles begann...

...Als wir Kinder waren, gab es unter uns nie Mitterrands oder Sarrazins: Man sagte die Jungen und die Mädchen...

Und heute findet sich dieser neue Partner in unserer Mitte. Sicher hat er unter den Mädchen einige Opfer hinterlassen. Doch uns hat er verschont, uns, die Jungen, die Stärkeren, die wir nicht glauben wollen, daß wir die Schwächeren sind... Und so gibst du uns, Pierre, als erster unter den Jungen den Weg vor. Es geht nicht mehr darum, die Erntearbeiterinnen in die Grand-Combe oder die Bouèges zu fahren... Du erinnerst dich sicher an die Rinder mit den Bremsen an den Augen..., an die Wachteln, die wir unter dem gemähten Getreide entdeckten..., an die Ausflüge auf dem Eselskarren oder dem Fahrrad... Es gibt so viele Erinnerungen...

Dir mag das an diesem Tag ein wenig gleichgültig sein. Da bist du nun gebunden, gefesselt, abhängig! Du bist mit einem Schritt auf die andere Seite der Welt hinübergetreten, und von nun an wird keine Äußerung von dir ohne Echo bleiben, kein Blick ohne Erwiderung. Die Sache ist beschlossen: So wie der Schatten ständig an unseren Füßen haftet, so wirst du von heute an diesen anderen Teil deiner selbst ständig an deiner Seite haben.

Und dir, Odile, was sollen wir zu deiner Begrüßung sagen?... Was wir schenken, nehmen wir nicht wieder zurück, und wir schenken dir unsere Zuneigung. An dir ist es, Pierre, den wir dir überlassen, Liebe oder Glück, vielleicht auch beides, zu schenken. Vergiß nicht, daß die Liebe selten das Glück ist und daß, wenn man wählen muß, die Liebe Vorrang haben muß.

Denk vor allem daran, was dieser Ehemann – welch würdevoller Name! –, den du uns entführt hast, für uns bedeutet hat. Wir haben dieselben Zärtlichkeiten erfahren, dieselben Küsse erhalten. Drei von denen, die für uns gesorgt und die wir mehr als alles auf der Welt geliebt haben, sind tot... Papa Joseph und Großmutter, sie garantieren unseren unschätzbar wertvollen Zusammenhalt. Doch sprechen wir von der Zukunft. Stellen wir uns vor, daß die Hölle das Paradies wäre, wenn das Paradies nicht existierte... Und da der ›Krieg im Kleinen‹ mit neuen

Kämpfern weitergeht, wünsche ich euch, meine Lieben, daß es ein hundertjähriger Krieg werden möge.«[6]

Auf dieser Hochzeit lernen François und Robert Mitterrand ihre entfernte Cousine Marie-Claire Sarrazin kennen... Nach dem Fest hat Marie-Claire die beiden Brüder oft wiedergesehen; François »schnupperte im Wind, er suchte die Richtung, in die er sich wenden sollte«, erinnert sie sich. »Die Leute interessierten ihn, doch er provozierte sie immer. Er war wirklich ein Provokateur... Er roch ins rechte und linke Lager hinein. Er interessierte sich in erster Linie für Literatur, dieses Thema verband uns.«[7]

Nach den Weihnachtsferien beginnt François Mitterrand einen langen Briefwechsel mit der jungen Lehrerin, die vier Jahre älter ist als er und die er »Clairette« oder »Clo« nennt...

Inzwischen hat er erfahren, daß er bei der Aufnahmeprüfung in die Handelsmarine Fünfter geworden ist, und begeht den Dreikönigstag zusammen mit seinem Bruder Robert bei den Katholiken der Juristischen Fakultät.

Zu unserem großen Bedauern führte François Mitterrand kein Tagebuch, das uns helfen könnte, den jungen Mann von damals besser zu beschreiben. Glücklicherweise hat er viel für Zeitungen und Zeitschriften und zahlreiche Briefe geschrieben.

Im Januar 1938 veröffentlichte die *Revue Montalembert* seine Antwort auf eine Umfrage über Tagebücher. Er erklärt darin, warum er »die Archive seines Geistes und seines Herzens« nicht auf Papier festhält. In seiner Begründung finden sich einige Brocken über seine Privatsphäre:

»Man führt ein Tagebuch aus Vergnügen oder in dem Bedürfnis nach intellektueller und moralischer Bereicherung. Das Vergnügen kann im Schreiben liegen: es ist angenehm, eine Wahrnehmung festzuhalten und sie in eine Formulierung zu fassen, so wie es wertvoll ist, ein Gefühl zu übertragen: es ist das Vergnügen an der schwierigen Suche, an der Erhellung des Dunklen... Auch kann es in späteren Jahren interessant und bewegend sein, sich so zu sehen, wie man früher einmal war. So ist das Tagebuch auch eine Form des Überlebens, denn indem man das Gegenwärtige festhält, häuft man Erinnerungen an. Wenn man also aus Vergnügen ein Tagebuch führt und nicht, weil man etwas anderes damit bezweckt, so ist das Spiel amüsant und langweilt niemanden. Doch wenn man beteuert, daß sich das Aufgeschriebene aus moralischen oder intellektuellen Gründen rechtfertige, wird das Spiel für mich schon wegen der Bedeutung, die es annimmt, gefährlich.

In der Tat, das Kriterium für einen eventuellen moralischen Gewinn ist die absolute Aufrichtigkeit des Autors; nun stellen sich dieser Aufrichtigkeit aber viele Hindernisse in den Weg, und diese setzen sich meistens durch.

Zunächst, zu welcher Zeit soll man schreiben? Die einen sagen: im Augenblick des Erlebens; andere sagen: nach dem Ereignis, zum Beispiel am Ende des Tages. Die Meinung der ersten erscheint logischer. Nie werde ich meine Wut besser ausdrücken können als im Moment der Wut selbst; wenn sie sich gelegt hat und ich sie beschreiben oder Erkenntnisse aus ihr ziehen will, muß ich sie nachbilden, rekonstruieren: von Viollet-le-Duc auf eine Kathedrale schließen, von Zement auf das Pantheon! Aber während des Erlebens Dinge aufzuschreiben ist unmöglich und absurd… Lächerliche Situation, jedesmal sein Notizbuch zu ziehen, wenn man etwas Originelles fühlt oder denkt. Und selbst wenn man es täte, würde sich der Gegenstand entziehen, denn das beste Mittel, ein lebendiges Gefühl zu töten oder auszutrocknen, ist seine Analyse und Erforschung.

Das kommt der Methode des Weisen gleich, der jedes Wort auf die Goldwaage legt. Der Schmerz läßt nach, wenn er aufgeschrieben wird, so wie er sich durch seine Weiterleitung vermindert. Es stellt sich die Frage, welchen Eindruck man auf welche Weise vermitteln soll… Das Bild setzt sich an die Stelle der Realität und beginnt eine unabhängige Existenz… Der reine Schrei der Liebe, der Angst oder der Wut bleibt immer unartikuliert.

Da sich der Gegenstand der Beschreibung also verflüchtigt, muß man ihn erfinden und sich, ob bewußt oder nicht, mit seinem Bild begnügen: Und so gelangt man schließlich zur Literatur. Wenn man sein Tagebuch am Ende des Tages mit klarem Kopf führt, so ensteht derselbe Nachteil in abgeschwächter Form ein, denn man unterscheidet jetzt besser zwischen dem Gefühl und seiner Darstellung. Doch wird Genauigkeit von Grund auf verfälscht, weil die ursprüngliche Einfachheit verschwunden ist…

Was soll man schließlich mit seinem Tagebuch anfangen, wenn es einmal geschrieben ist? Manche nehmen sich fest vor, es zu vernichten, andere, es aufzubewahren, um es wiederzulesen und Nutzen aus dieser Lektüre zu ziehen. In beiden Fällen ist das Tagebuch entweder schädlich oder nutzlos. Wenn es gleich wieder verschwinden soll, warum hat man es dann geführt? Die wichtigen Ereignisse eines Lebens sind in ausreichendem Maß Teil desselben; das Gedächtnis braucht nicht wiederzubeleben, was noch lebendig ist. Was aber tot ist, kann nicht wiederbelebt werden. Und die Umschreibung ändert nichts daran. Wenn es wiedergelesen werden soll, brechen alle Gefahren der Literatur über das Tagebuch herein: das Bemühen um Klarheit, Spannung, Originalität, Aufrichtigkeit, und dieses Bemühen reicht aus, um alles gekünstelt erscheinen zu lassen. Überdies: Diejenigen, die jedes innere oder äußere Ereignis ihres Daseins festhalten, vergessen, daß uns unsere Vergangenheit genauso fremd ist wie die Vergangenheit der anderen und daß das Graben in unserer Vergangenheit ein archäologisches Vergnügen ist. Und so kommen wir auf denselben Punkt zurück: Vergnügen, und nicht lebendige, wahre Erkenntnis.

Man könnte noch auf die Verzerrungen und Abweichungen zu sprechen kommen, die beim Analysieren all dessen entstehen, was geschrieben werden soll und deshalb eine literarische Form annimmt (Narzismus, Egozentrismus etc.). Doch das sind Themen, die während dieser Umfrage wahrscheinlich schon gründlich untersucht worden sind und über die nicht mehr viel zu sagen ist.

Aus dem Gesagten lassen sich folgende Antworten auf die Umfrage ableiten:

1. Ein Tagebuch bringt mehr Deformationen als Vorteile mit sich.

2. Ich halte ›die Archive meines Geistes oder meines Herzens‹ nicht auf Papier fest. Es genügt mir festzuhalten, welches Theaterstück ich gesehen, welchen Freund ich getroffen, wieviel ich ausgegeben und was für eine außergewöhnlich originelle Idee ich gehabt habe: summa summarum alles das, was nicht von Bedeutung ist.

3. Aus Neugier interessieren mich die ›subjektiven Reaktionen auf den Schock von Ereignissen, aber gegenüber der geheimen

Entwicklung einer Persönlichkeit, ihrer Gefühle und Ideen bleibe ich skeptisch‹...

4. Wenn ich Gides oder Stendhals *Journal* mit Interesse und die *Cahiers* von Barrès mit Vergnügen lese, so sehe ich andere Männer in ihrer Entwicklung und beobachte sie mit ihren Ticks und winzigen Sorgen; ich sehe aber auch, daß laut Thomas Mann ›die Gleichgültigkeit gegenüber dem Innenleben anderer und unsere Unkenntnis darüber unser Verhältnis zur Realität entstellen und moralische Blindheit erzeugen‹...«

Sein Bruder Robert, der solche Vorbehalte glücklicherweise nicht hegte, führte ein Tagebuch, aus dem er einige Passagen in seinem Buch[8] veröffentlichte. So können wir ein paar zusätzliche Spuren des jungen François im Verlauf des Jahres 1938 verfolgen. Man sieht ihn, wie er in Molitor mit einer Freundin von der Fakultät Schlittschuh läuft, auch Robert ist dabei; danach geht er ins Theater und schaut sich *L'Habit vert* an.

Am 14. Januar 1938 schreibt er an Marie-Claire Sarrazin. Er spricht von einer »fortwährenden inneren Krise«, die ihn bewege, und bestätigt so, daß er arg von Widersprüchen geplagt wird. Die »äußeren Dinge«, die ich hier und da auffangen konnte, genügen bei weitem nicht, um seinem ungestümen Temperament gerecht zu werden. Im selben Brief an Marie-Claire bekräftigt er, er »liebe die Gefahr, sonst langweile er sich«. Das ist ein wesentlicher Zug seines Charakters, der viel über sein Verhalten aussagt. Doch dieser Zug verbirgt sich hinter der Maske einer außergewöhnlichen Selbstbeherrschung. »Die Gefahr bestünde im Fehlen von Gefahr«, sagt er abschließend zu diesem Thema. »Mein großer Kummer, mich nicht in alles einmischen zu können. Ich würde das Schicksal all jener, denen ich begegne, gerne wie eine Beute nach meinem Willen beeinflussen. Wie hat Gott nur die Welt erschaffen können, ohne daß ich ihr Urheber bin?« Auch wenn diese außergewöhnliche Formulierung humorvoll ist, so zeugt sie im Alter von dreiundzwanzig Jahren von einer wilden Lust, andere zu beherrschen, zu »vampirisieren«, Anteil zu nehmen an der Veränderung der Welt...

Es gibt nur sehr wenige, denen er so vertrauliche Mitteilungen macht. Nur in wenigen Augenblicken gibt der verschlossene Mitterrand seinen unersättlichen Hunger nach Einfluß zu erkennen. Zugleich legt er eine beißende Ironie an den Tag, eine gewisse Leichtigkeit, eine ausdrückliche Vorliebe für belanglose Dinge, für Tanz, aber auch für Museen, und er vergißt auch seine Familie und Gott nicht… Kurz, er steckt voller Gegensätze.

Der 28. Januar 1938 ist ein wichtiger Tag in seinem Leben. Überlassen wir es Jacques Biget, einem Gefährten aus der Kriegsgefangenschaft, den wir später kennenlernen werden, von diesem Abend zu erzählen:

»›Wissen Sie, was Liebe auf den ersten Blick ist?‹ fragt mich eines Tages François Mitterrand im Stalag IX A.

›Ich weiß es nicht, aber beschreiben Sie es mir, dann kann ich Ihnen antworten.‹

›An einem Samstag kehre ich schlechter Laune in mein Zimmer zurück. Da liegt eine Karte, die ich auf meinem Tisch vergessen hatte. Es war eine Einladung zum Ball der *Normale sup’*. Ich gehe hin. Ich sehe eine Blondine, die mir den Rücken zuwendet. Sie dreht sich zu mir um. Ich bleibe wie angewurzelt stehen… Dann fordere ich sie zum Tanz auf… Ich war verrückt nach ihr.‹«

»Es wird Sie überraschen, aber François tanzte sehr gut«, erinnert[9] sich heute Catherine Langeais, die schöne Blonde, die fünfzehn Jahre alt war und damals Marie-Louise Terrasse hieß. Die Liebe auf den ersten Blick beruhte nicht auf Gegenseitigkeit: »Ich habe ihm meinen Namen nicht gesagt, weil mir das meine Mutter verboten hatte.« François nannte sie daher, in Anspielung auf Dante Alighieri, Béatrice.

François Dalle wird gleich ins Vertrauen gezogen. Béatrice ist beinahe der einzige Gesprächsstoff zwischen den beiden. François findet bald die Spur des jungen Mädchens und überwacht ihr Kommen und Gehen zwischen dem Gymnasium Fénelon und der Wohnung ihrer Eltern in der Nähe der Place Denfert-Rochereau. Nachdem er sie endlich aufgespürt hat, fangen die Schwierigkeiten erst an. Die Vorschriften der Mutter von Béatrice sind äußerst streng. Sie hat ihrer Tochter verboten, auf der Straße mit Jungen zu sprechen und ihnen ins Café oder an irgendeinen anderen Ort zu folgen.

Am 30. Januar schaut sich François Mitterrand, um auf andere Gedanken zu kommen, die Goya-Ausstellung in der Orangerie an…

Am 8. Februar 1938 schreibt er an Marie-Claire Sarrazin. Ein sonderbarer Brief: »Um unbehindert zu leben, muß man seinen Nachbarn verachten«, postuliert er mit einem Zynismus, der sich von seiner damals allen bekannten Verliebtheit deutlich abhebt. Er erklärt, daß er »nur an wenigen Dingen hänge« und stets über ihnen stehe. Gleichwohl liest er weiterhin viel und schätzt zu Beginn dieses Jahres besonders Mauriacs *Jorunal 2* und Stendhals *Journal,* wahrscheinlich weil er auf die Umfrage des »104« über Tagebücher anworten mußte... Er liest auch Tardieu und Bergson. Schließlich äußert er auch Zweifel an Gott... Turbulenzen.

In jenem Februar geht er oft mit seinen Geschwistern und seinem Vater aus, der ein paar Tage in Paris verbringt. François ist wahrlich sehr mondän: Er geht auf den Ball im Élysée, der am 23. Februar unter der Präsidentschaft Albert Lebruns stattfindet. Camille Chautemps und Albert Sarraut sind auch dort. Es ist das erste Mal, daß er die Rue du Faubourg Saint-Honoré Nr. 55 betritt.

Wie soll man jemandes Persönlichkeit beschreiben, den man heftig verliebt weiß, den man mal skeptisch und zynisch, mal oberflächlich und glücklich im Kreis der Familie sieht und der am 25. Februar erst den Sonderling Ferdinand Lop und dann die Abgeordnetenkammer aufsucht, wo sich eine wichtige Debatte über die französische Außenpolitik abspielt?

François Mitterrand erlebt hier eine politische Diskussion, wie sie für diese Zeit typisch ist. Eine aufgeregte Debatte, in deren Verlauf jedes Lager das andere beschuldigt und ihm die Verantwortung für eine Situation zuschiebt, in der sich Frankreich von den faschistischen Ländern, die es einzwängen, bedroht sieht. Der Abgeordnete Marcel Boucher spricht von der gescheiterten Finanz- und Außenpolitik der Volksfront, er spielt auf »diesen Krieg an, von dem manche mit soviel Leichtfertigkeit reden...« Worauf ein Abgeordneter der Linken entgegnet: »Das ist genau unsere Meinung, da sehen Sie ja, daß wir einverstanden sind...« Bei der Rechten schreit man: »Der Krieg ist die Strafe für die, die sich ständig auf Konzessionen einlassen!« Auf den Bänken der Linken wirft eine Stimme ironisch ein: »Laval!« Die Linke: »Sie haben den Völkerbund sabotiert!« Die Rechte: »Sie haben den Frieden sabotiert!« Die Rechte: »Diejenigen, die sich hartnäckig geweigert haben, einen französischen Botschafter nach Rom zu entsenden, weil sie den eindeutigen Sieg der italienischen Armee nicht anerkennen wollten...« Die Linke: »Lassen Sie sich als Italiener einbürgern, das wäre besser!« Die Rechte: »Machen Sie nur gemeinsame Sache mit Ihren Freunden auf der anderen Rheinseite... Die Achse Rom-Berlin haben Sie geschaffen!« Joseph Massé: »Wir haben genug davon, von Juden regiert zu werden!...«

An Fastnachtsdienstag, dem 1. März, geht François Mitterrand als Rüsselschwein verkleidet den Boulevard Saint-Michel hinunter. »Clo« befindet sich auf dem Bürgersteig: »Ich kann mich noch erinnern, wie er bei einem Aufmarsch der Royalisten an Fastnacht mit einer Schweinsmaske dastand«, erzählt Marie-Claire Sarrazin.

Am folgenden Sonntag, dem 6. März, geht er mit seinen Brüdern Jacques und Robert auf einen Hausball zu ihren Freunden Chaix.

Anmerkungen:

1 Gespräch mit dem Autor, Anfang Februar 1994.
2 Vgl. Pierre Péan: *Le mystérieux Docteur Martin*. 1993.
3 Gespräche mit dem Autor, Anfang Februar 1994.
4 Gespräch mit dem Autor, 21. März 1994.
5 Gespräche mit dem Autor, Mitte Juni 1994.
6 In: Robert Mitterrand: *Frère de quelqu'un*. 1988.
7 Gespräch mit dem Autor, 11. November 1993.
8 Robert Mitterrand: *Frère de quelqu'un*. 1988.
9 Gespräche mit dem Autor, Januar-Februar 1994.

## 6. Kapitel
## Der Anschluß, die Kaserne und
## der Graf von Paris

In der Nacht vom 11. auf den 12. März 1938 dringen die deutschen Truppen nach Österreich ein. Damit ist der »Anschluß« vollzogen. Auf Einladung seines Bruders Robert, der Absolvent der *École polytechnique* ist, geht François Mitterrand mit François Dalle und einigen Freunden auf den Ball der »X«. Béatrice ist nicht mit von der Partie. Über die seelische Verfassung des gutaussehenden François ist nichts bekannt. Der »Anschluß« jedenfalls läßt ihn nicht gleichgültig. Am nächsten Tag, einem Sonntag, diskutiert er mit Robert über die neuen Verhältnisse und den unaufhaltsamen Aufstieg des Nazismus. An den folgenden Tagen verfaßt François in seinem Zimmer im »104« seinen ersten politischen Aufsatz, ›Jusqu'ici et pas plus loin‹ (›Bis hier und nicht weiter‹). Dieser vieldeutige realpolitische, auf fundierten historischen Kenntnissen basierende Text läßt Mitterrands feines Gespür für Weltpolitik erkennen. Nur am Schluß finden sich einige Zeilen, in denen der Verfasser moralische Bedenken äußert:[1]

»Man kann den Alliierten nicht vorwerfen, schlechte Verträge aufgesetzt zu haben, jeder Vertrag birgt in sich den Nachteil, einen Sieg zu verkünden oder eine Niederlage zu besiegeln. Gewiß, sie haben die Grenzen eher aufgrund ihrer Vorurteile als um der Gerechtigkeit willen verschoben und die Staaten erschüttert (weil gewisse Nationen eine lästige Religion, Kultur oder Vergangenheit besaßen, wurden sie zerschlagen); gewiß, sie haben die Nationen zwischen unpassenden Grenzlinien untergebracht und Minoritäten in fremden, ihnen manchmal feindlich gesinnten Staaten angesiedelt. Doch das will die Geschichte so: Ein Vertrag schafft ein Bauwerk; zum Nachteil der Steine, die das

Gewicht der anderen tragen. Daß das Europa von 1919 schlecht zugeschnitten ist, hat wenig zu bedeuten: Der Irrtum seiner Gründer war es, in Versailles, Trianon, Neuilly und Saint-Germain zu vergessen, daß sie nur einen Fetzen Papier unterschrieben.

In Wirklichkeit führen alle Kriege zum selben Ergebnis: Der Besiegte bringt seine Erniedrigung mit und der Sieger seinen Triumph. Wenn sich die Einsätze entsprechen, nimmt man eine Waage, balanciert die Waagschalen aus und erzielt das sogenannte europäische Gleichgewicht. Schließlich wird angeordnet, daß von diesem Tag an die Herrschaft Justitias beginnt und sich die Verletzung der festgelegten Rechte gegen sie wendet. Auf dieser Grundlage gibt man der Geschichte einen neuen Anfang.

Dabei macht sich niemand Illusionen. Man weiß, daß sich die Rechtsprechung stark am Vorteil orientiert: Die Spielregel will es, daß jeder von Gerechtigkeit redet und seinen Vorteil meint und daß sich die Gesprächspartner immer verstehen.

Darüber hat man sich nicht zu empören: Ein Vertrag ist der erste Akt eines neuen Krieges; das einzige Verbrechen liegt in der Schwäche derjenigen, die sich nicht anschicken, ihre Waffen zu reinigen.

In der Politik sind nur zwei Haltungen vorstellbar: entweder der totale Verzicht oder die absolute Stärke. Ein durch Opfer bestimmter Verzicht wäre für ein Volk das schönste Zeugnis seiner Größe. Individuen verstehen es manchmal, sich zu opfern, warum sollten Nationen dazu nicht in der Lage sein? Sollte diese Form des Heroismus einer sich ständig wandelnden, lebendigen Masse von Individuen, die einen Staat bilden, verboten bleiben?

Doch die freiwillige Entsagung, dieses Hinhalten der rechten Backe nach dem Schlag auf die linke, ist den Völkern unbekannt und wird es sehr wahrscheinlich noch lange bleiben. Da sich aber die Menschen, selbst wenn sie nicht an sie glauben, mit Prinzipien brüsten, haben sie die Entsagung durch die Mäßigung ersetzt, das Absolute durch den goldenen Mittelweg. Der goldene Mittelweg! Als wenn man eine Trennlinie zwischen dem Guten und dem Schlechten, dem Richtigen und Falschen, ziehen und auf diesem Drahtseil tanzen könnte! Der goldene Mittelweg wurde das Leitmotiv der schwachen Völker. Das Gleichgewicht, das wohlerworbene Recht und die Natur der Dinge versprechen komfortablen Schutz. Warum nicht dort schlummern? Da das

Axiom, daß der Gerechte stärker sein muß als der Starke, wenn er sich um die Weltgeschäfte kümmern will, bei den Siegermächten des Ersten Weltkriegs in Vergessenheit geriet, haben sie sich mit dem Erfolg ihrer Waffen zufrieden gegeben; anschließend sind sie hinter der durch die Verträge errichteten Papp-Festung eingeschlafen. Und jedesmal wenn der zuletzt Besiegte – unter Berufung auf die Lebensnotwendigkeiten und seine eigentlich guten Absichten – einen Turm niederriß, zerschlug oder verbrannte, wurde geschrien: ›Bis hierher, aber nicht weiter!‹

Als Kanzler Schuschnigg Hitler antwortete: ›Bis hierher und nicht weiter‹, hatten die deutschen Truppen bereits den Befehl erhalten, Österreich zu besetzen. Da die Macht ins Land gedrungen war, konnte sie nicht mehr gebremst werden: Wer würde es wagen zu behaupten, daß der Starke sich zu beschränken weiß? Der Schwache macht sich Mut, indem er redet, und in dem Glauben, der Macht des Starken eine Grenze zu setzen, läßt er sich auf Zugeständnisse ein: ›Bis hierher und nicht weiter.‹ Doch warum sollte der Starke nur bis zu einer bestimmten Stelle gehen, wenn er die Absicht hat, sie zu überschreiten? Man neigt dazu, die historische und wissenschaftliche Wahrheit zu mißachten, daß eine erfolgreiche Erfahrung nach einer zweiten verlangt. Im Leben der Völker wie im Leben der Individuen ist jedes Zurückweichen eine verlorene Schlacht. Ein strategischer Rückzug verbirgt immer eine Niederlage, und alle Erklärungen, die diesen zu verringern, die Ursachen zu bestimmen und die Verantwortung zurückzuweisen suchen, ändern nichts an der Tatsache, daß der Mensch von seinem ersten Fall an seine eigene Verurteilung verkündet. Was ist Reinheit, wenn sie einmal schwach wird? Was ist Wille, wenn er sich beugt? Was ist Freiheit, wenn sie nachgibt? Gewiß, es gibt die Möglichkeit des Rückkaufs oder der Revanche, doch als Zahlungsmittel dienen Blut und Angst. Wenn Kardinal Innitzer[2] mit ›Heil Hitler‹ unterschreibt, rettet er die Angelegenheit für ein paar Tage: Es steht nichts zu befürchten, solange man ihn braucht. Auch er erklärt, daß er bis zu einer bestimmten Stelle verhandeln kann, aber nicht weiter. Wird man ihn das nächste Mal nach seiner Meinung fragen, wenn es gilt, noch weiter zu gehen?

Frankreich, England und Italien registrieren den Anschluß. Mehr oder weniger schroff bekunden sie ihre Billigung. ›Es ist genug. – Laßt uns Europa nicht mehr anrühren. – Genug der Erpressung. – Unsere Armeen rüsten auf, und unsere Völker werden nervös. – Vorsicht. – Bis hierher, aber nicht weiter.‹ Das nennt man schlechte Laune. Doch die schlechte Laune hat nie den Zorn ersetzt.

Mäßigung ist eine Tugend, wenn sie sich auf das Recht stützt; und man verwechselt gern die Gerechtigkeit mit dem Volkswillen: Das ist der Sinn eines Plebiszits. Österreich ist deutsch; es ist das andere Deutschland, das der Walzer, des Witzes, der Donau, Wiens und Mozarts – jedenfalls in der klassischen Einschätzung. Man hat das österreichisch-ungarische Kaiserreich zerrissen, und mit dem Kaiserreich hat sich die Seele davongemacht. Das ehrgeizige und leichtlebige Österreich brauchte den Günstling eines Kaisers und die Girlanden der Erzherzoginnen und, darum herum, den grollenden Slaven und den streitlustigen Tschechen. Es gab ein Parlament: eine gute Gelegenheit für jeden, seinen Willen zu beteuern, aber auch ein guter Grund, nichts zu tun, denn die, welche reden, handeln nicht gerne. Doch all das ist tot, zerrissen. Und der Schatten des Nachbarn, vielleicht zu dunkel, aber mysteriös (die Anziehungskraft des Geheimnisvollen), hat sich ausgebreitet. Die Ökonomie, das Geld, die Absatzmärkte, die Macht und das Recht, seine Stärke und seine Geschlossenheit hinauszuschreien, welch ungeheure Magneten! Gewiß, Preußen lauert mit seinen schwerfälligen Krautjunkern, aber Wien ist lebendig und herrscht im Zentrum Europas: Alle werden sich vor ihm verneigen, wenn es die Stärke offenbart, die hinter seinem Charme verborgenliegt. Wenn der Germane schlecht tanzt und die Tänzerin schlecht behandelt, wird man ihn dennoch feiern, denn er ist der Sieger. Und der Mensch hat, wenn er triumphiert, das Recht, häßlich zu sein. So entsteht Großdeutschland aus einer Niederlage. Was Österreich zur Zeit seiner Größe nicht verwirklichen konnte, was Preußen während seiner Hegemonie nicht erreichen konnte oder wollte, ein verlorener Krieg besiegelt es. Der alte Schwarzenberg und der gemäßigte Bismarck haben ihren Meister gefunden. Und das Deutsche Reich hat seinen treuen Adler mit dem nach Osten und Westen ausgerichteten Doppelkopf wiedergefunden.

Österreich ist nicht mehr als eine Provinz. Wilsons Werk ist zerstört. Die Menge, die sich gestern entlang den Straßen Wiens drängte, um Schuschnigg zuzujubeln, brüllt jetzt einem neuen Gebieter zu Ehren. Panzer und Geschütze dröhnen durch die Straßen. Doktoren und Professoren erklären, daß das längst Offenkundige jetzt anerkannt wird.

Und das ist vielleicht wahr. Der Starke siegt, er kann sich einen Anschein des Rechtmäßigen zulegen. Österreich ist deutsch! Österreich, das ist die deutsche Kultur! Österreich ist die notwendige Ergänzung eines germanischen Imperiums!

Es ist vielleicht wahr, daß Frankreich verrückt wäre, wenn es einen Krieg wagte, um einen verlorenen Frieden zu retten; der Tod eines Menschen ist gewiß schlimmer als die Auflösung eines Staates. Alles weist für mich darauf hin, daß es keine Rechtfertigung gibt, gegen das Geschehene aufzubegehren. Doch jenseits dieser Gründe verspüre ich noch Unruhe. In der begeisterten Menge am Inn und in Wien sehe ich die Angst in einem einzigen Gesicht, das sich über die blaue Donau beugt, und kann nicht umhin, in ihm das Tosen des Flusses zu erkennen. Der Gott aus Bayreuth hat siegreich im Land Mozarts Einzug gehalten, und ich weiß, welcher Frevel sich anbahnt, und empfinde unwillkürlich eine Art Schmach, als fühlte ich mich dessen schuldig.«

Um sich abzulenken, geht François am Palmsonntag zur Demonstration der Volksfront. An diesem Tag wird die Regierung Daladier gebildet. Ihr Ziel ist es, die Streiks und, allgemeiner, den Konflikt zwischen den Arbeitgebern und der Arbeiterklasse zu beenden. Daladier will Stärke zeigen. Er will auf der Stelle die »unerwünschten Ausländer«[3] ausweisen und billigt den Sozialisten gleichzeitig fünf Ministerämter zu, darunter das Außenministerium am Quai d'Orsay für Léon Blum. Die zunächst verbotene, dann genehmigte Demonstration zieht von der Place de la Bastille zur Place de la Nation. Thorez und Duclos sind zugegen. Slogans ertönen: »Tod den Feinden des Volkes!«, »Öffnet die Grenzen des roten Spanien!« All das hat laut dem *Petit Parisien* einen Beigeschmack von Harmlosigkeit. Wie denkt François Mitterrand darüber? Man kann sich nur vorstellen, daß die vorbeiziehenden Leute mit ihm wenig gemein haben; doch wer weiß? Zwei Tage später fährt er nach Jarnac. Am Karfreitag sind Robert und er bei den Cognac-Herstellern Laporte-Bisquit eingeladen, wo sie den Hines begegnen…

Rückkehr nach Paris am 20. April. Mit der Verehrung für Oberst de La Rocque ist es zu Ende. François hört sich eine Rede des PSF-Führers an, die er »bedauerlich« findet.

Einige Zeit nach dem Ball der *Normale Sup'* steht François Mitterrand mit ein paar Freunden, darunter François Dalle, auf dem Boul'Mich' vor dem *Café Le Biarritz*. Er erklärt ihnen: »Ich wette mit euch, daß ich das erste Mädchen, das ihr mir zeigt, anspreche und einlade, und daß sie ein Glas mit mir trinkt.« Da er den Tagesablauf von Béatrice genau kennt, wußte er, daß sie bald auftauchen wird und seine Freunde sie wegen ihrer Schönheit auswählen. Tatsächlich zeigt jemand mit dem Finger auf die schöne Béatrice: François spricht sie an, und nach einigem Zögern setzt sie sich über die Anweisungen ihrer Mutter hinweg und folgt ihm, um eine Crêpe essen zu gehen...

François bereitet seine Mitte Mai beginnende Doktor-Prüfung in Öffentlichem Recht vor. Er besteht sie mit der Note gut. Überdies gewinnt er das Tennisdoppel des »104«. Er ist nach wie vor ein eifriger Kirchgänger und wohnt am 5. Juni der Messe in Notre-Dame-des-Champs bei. Am Tag darauf beteiligt er sich mit Pater O'Reilly an der Wallfahrt nach Chartres. Zurück in Paris, sieht er im Théâtre des Ambassadeurs den *Menschenfeind* von Molière mit Jean-Louis Barrault und Alice Cocéa. Er geht auch zur Fronleichnamsprozession des »104«. Schließlich wird er noch zum Auswahlverfahren für den Posten eines Redakteurs in der Polizeipräfektur zugelassen...

Der Umgang mit Béatrice öffnet ihm eine neue Welt. Das junge Mädchen bringt ihn mit Studenten der *École normale supérieure*[4] in Kontakt, die auch sein Vater und sein Bruder absolviert haben. François fühlt sich von jener Welt angezogen, die offener ist als die, welche er bisher kannte. Er fährt nach Valmondois zum Zweitwohnsitz der Familie Terrasse: Hier trifft er brillante Köpfe aus Literatur (Georges Duhamel gehört zu den Stammgästen) und Politik (der Vater von Béatrice ist Sekretär Flandins). François ärgert sich, daß seine Familie ihn nicht auf die *Normale Sup'* geschickt hat. Seine Brüder und Schwestern üben Kritik an der Familie von Béatrice. Eine der Schwestern findet die Mutter von Béatrice sogar »vulgär«, und wie die anderen hat sie nur wenig Sympathie dafür, daß sich François durch seine Leidenschaft vom Familienclan entfernt.

Trotz allem hält er Jarnac die Treue und kehrt, nachdem er seine Prüfungen abgelegt hat (er hat auch eine Licence in Literatur erworben), ins familiäre Nest zurück und genießt das angenehme Leben dort. Die Schar der Brüder, Schwestern, Vettern, Cousinen und Freunde fährt Kajak, angelt, spielt Tennis und geht zu den Tanzabenden des *Casino du Sporting* in Royan. Ausflüge mit dem Auto, Abendgesellschaften, Strandleben. In diesem Sommer besucht François oft einen neuen Nachbarn, der in der Villa der Schwiegereltern seiner Schwester Colette wohnt, den Sohn des Generals Henri Giraud. Die nähere Bekanntschaft der Familien Giraud und Mitterrand bleibt nicht ohne politische Folgen.

Am Ende des Sommers 1938 nimmt François Unterricht in Stenographie. François Dalle, der ein paar Ferientage in Jarnac verbringt, und einigen Freunden erklärt er, er mache sich Sorgen wegen der internationalen Lage. Die Rede, die Hitler in Nürnberg hält, ist in der Tat alles andere als beruhigend. Daladier jedoch kehrt triumphierend nach Paris zurück, nachdem er mit Chamberlain das Münchner Abkommen unterzeichnet hat...

François reist am 29. September wieder nach Paris. Er wird zum Militärdienst einberufen. Sein Bruder Robert schreibt:[5]

»Da er sich entschieden hat, keinen Aufschub zu beantragen, um sich als Offiziersschüler in die Provinz schicken zu lassen, scheint er einen guten Grund zu haben, Paris nicht verlassen zu wollen. Bald erfahre ich, daß er starke Gefühle für ein Mädchen hegt, das ich noch nicht kenne und das er von Zeit zu Zeit in einem Park der Hauptstadt, in einem Teesalon oder in einer Kirche trifft... François wird für seine Entscheidung teuer bezahlen, denn der Status eines Infanteristen hat wenig mit dem eines Offiziersschülers gemein.«

Während er auf den Einberufungsbefehl wartet, denkt François an Béatrice, trifft sie in der Öffentlichkeit, liest weiterhin viel, spielt Bridge und Tennis und beantragt die Zulassung zu einem Universitätsabschluß in Ethik und Soziologie, auf den er sich während seines Militärdienstes vorbereiten möchte. Mit seinem Bruder Robert begibt er sich aufs Rathaus, »da er später eine Berufslaufbahn in der Verwaltung anstrebt«.[6] Schließlich wird er ins 23. Regiment der Kolonial-Infanterie im Fort von Ivry aufgenommen.

François Dalle, der ihn damals häufig sah und die Rolle des »zuverlässigen Postboten« spielte, leiht ihm oft sein Moped, damit er seine Freundin treffen kann: »Wir haben über nichts anderes geredet, als über seine Liebe zu Béatrice; ich konnte es bald nicht mehr hören!« erinnert er sich.

Das Leben des jungen Soldaten ist nicht allzu hart: Er geht häufig aus, mit oder ohne Erlaubnis, verkehrt weiterhin im »104«, ißt in der Stadt zu Mittag, wohnt Aufführungen bei, trifft Béatrice und macht ihr eifrig den Hof. Doch an die Dummheit der Militärs gewöhnt er sich nicht. François Dalle glaubt sogar, daß der Militärdienst für seine Entwicklung sehr wichtig war:

»Sein ideologischer Bruch mit der bürgerlichen Gesellschaft rührt von der Armee her. Weil er auf einfältige Vorgesetzte gestoßen ist, aber vor allem, weil er Béatrice nicht so oft sehen konnte, wie er wollte. Seine Erfahrungen in der Armee waren schrecklich. Das Leben in der Kaserne Lourcine hat in ihm große Wut auf die Armee entfacht. Er ertrug die absurde und künstliche Autorität nicht... Er langweilte sich entsetzlich, dabei war er doch über beide Ohren in seine ›göttliche‹ Béatrice verliebt...«

François Mitterrand hat in einem Artikel[7] einige Erinnerungen an sein Leben als einfacher Soldat festgehalten:

»Um sich mit Sachkenntnis über die Armee zu äußern, muß man zur zweiten Klasse gehört haben. In dieser Situation sind wir, was uns vielleicht sogar zur Ehre gereicht. Die Armee vom unteren Ende der Rangordnung aus erlebt zu haben, hat uns die Möglichkeit verschafft, einige Bemerkungen zu machen, die wir ohne jeden Skrupel verallgemeinern.

Wir haben unseren Militärdienst widerwillig absolviert. Unter die Fuchtel von Unteroffizieren zu geraten, die über die Intelligenz eines Schafbocks verfügen, erregt keinen sonderlichen Enthusiasmus. Wir haben die Kasernen von innen kennengelernt und entdeckt, daß das Hauptinteresse unserer friedliebenden Militärs weit mehr den Bistros galt als dem Studium von Clausewitz oder, einfacher noch, dem Auseinandernehmen eines Hotchkiss-Maschinengewehrs. Soldat zu sein, bedeutete für uns, die 1938 einberufen wurden, zu lernen, wie sich ein aufrichtiger Bürger in seiner Mittelmäßigkeit schnellstmöglich an Unanständigkeit, Faulheit, Trinken, Freudenhäuser und Schlaf gewöhnen konnte. Ein *Marschall de France* hatte zwar früher, als er Leutnant war, einen Artikel mit dem Titel *Le Rôle social de l'officier* (Die soziale Aufgabe des Offiziers) geschrieben. Doch der Offizier unserer Zwischenkriegszeit bemühte sich kaum darum, die ziemlich klischeehaften Vorstellungen zu verändern, die er vom Menschen im allgemeinen und vom Franzosen im besonderen haben konnte. Seine Philosophie lief auf die bekannte Devise hinaus: Man soll nicht versuchen, die Dinge zu begreifen.«

In der Kaserne freundet er sich mit Georges Dayan an; er ist der erste Linke, den er genauer kennenlernt. Da sie nicht zum selben Lager gehörten, waren sich die beiden Männer bislang nur flüchtig in der Juristischen Fakultät begegnet. Am 5. Dezember wird er in den Unteroffiziers-Zug aufgenommen; dennoch fährt er am 22. auf Urlaub nach Jarnac. Er verbringt Weihnachten nach wie vor mit der Familie, er ist zweiundzwanzig Jahre alt.

Er übt auch starken Druck auf Béatrice aus, damit sie in die Verlobung einwilligt. Marie, die mit ihr eng befreundete Schwester Jean Bouvyers, erinnert sich, wie sie beide in Valmondois eine ganze Nacht über die Probleme mit ihren Verehrern sprachen. Sie fanden deren Leidenschaft allzu erdrückend…

François Dalle bestätigt: »Das ist nicht reibungslos verlaufen. Béatrice hat lange gebraucht, um in die Verlobung mit François einzuwilligen. Er erschlug sie mit seinen Liebesbriefen! Seine Liebe war von einer solchen Heftigkeit… Ich hatte das Gefühl, daß sich diese Liebe nicht entfalten würde… Er redete ständig davon, und wenn meine Aufmerksamkeit nachließ, fuhr er mich an: ›Du interessierst dich nicht für mich!‹«

Manche haben vergessen, daß seine Leidenschaft François in keiner Weise daran hinderte, viel auszugehen. So ging er am 5. Februar 1939 mit zwei Freunden erneut zum Ball der »X«.

Ironie der Geschichte: Der gerade zum Unteroffizier beförderte François Mitterrand stellt die Wache am Eingang jenes Saals in Versailles, in dem 1939 der Kongreß zur Wiederwahl von Albert Lebrun zum Präsidenten der Republik stattfindet!

Die Osterferien verbringt er diesmal nicht in Jarnac, sondern reist mit seinen Freunden Pol Pilven, François Dalle, André Bettencourt und Bernard Duprez durch Belgien. Bettencourt ist jünger und kennt Mitterrand erst seit kurzem. Dalle hat sie miteinander bekanntgemacht. Er erinnert sich[8] noch, wie er den zukünftigen Präsidenten zum ersten Mal sah: »Auf dem Bürgersteig vor dem ›104‹, ein Soldat in Wickelgamaschen.« Über die Belgien-Reise erschien ein Bericht in der *Revue Montalembert*:

»Während der Osterferien fuhren Pol Pilven, Bernard Duprez, François Dalle und André Bettencourt durch Belgien und Luxemburg. Sie kamen an einem Arbeitslager vorbei, in dem junge Deutsche, den Anweisungen einer Pfeife gehorchend, in Reih und Glied badeten und romantische Lieder sangen. Sie reisten bis nach Holland, wo sie erstaunt feststellten, daß sich an der Küste überall auf englische Flieger ausgerichtete Maschinengewehre befanden und daß die Straßen Limburgs von Minen durchzogen waren.«

Seltsam. Sollte der Verfasser den Namen François Mitterrands und das Hauptziel dieses Ausflugs vergessen haben? Nein! Da der Unteroffizier wahrscheinlich nicht um Erlaubnis gefragt hatte, das französische Territorium zu verlassen, war es heikel, seinen Namen zu erwähnen. Das eigentliche Ziel der Reise bestand darin, dem Grafen von Paris im Manoir d'Anjou in einem Brüsseler Vorort einen Besuch abzustatten.

»Ich habe auf Vermittlung meines Schwagers das Treffen mit dem Grafen von Paris arrangiert«, erklärt François Dalle heute. »Ich habe meine Freunde mitgenommen. Wir waren sehr beeindruckt, als wir im Manoir d'Anjou ankamen. Er war schön, und an den Wänden hingen zahlreiche Erinnerungsstücke. Der Graf wirkte viel jünger als auf den Fotos, die wir aus dem *Courier royal* kannten. Keiner von uns hatte royalistische Neigungen, doch wir waren sehr froh, dem Grafen von Paris zu begegnen. Er trug einen dunkelblauen Anzug und war ausgesprochen freundlich. Er fragte nach unserer Lektüre, nach unserem Leben, unseren Meinungen… François sprach ausführlich über die französische und die internationale politische Lage.

Am Ufer der Sauer fuhren wir bis zur Grenze zwischen Luxemburg und Deutschland. Auf der anderen Seite des Flusses war eine riesige Bühne errichtet worden, auf der ein Chor Ludwig van Beethoven sang; die jungen Deutschen waren bis zur Taille nackt… Dann sprangen alle Deutschen auf einmal in den Fluß…

Damals haben wir uns viele Gedanken über den Faschismus gemacht. Die Spielarten von Mussolini und Salazar waren recht attraktiv. Wir glaubten, daß Mussolini Hitler nicht folgen würde. Wir waren bürgerliche katholische Studenten ohne viel Geld... Wir wußten bereits, daß der Krieg verloren war, weil unsere Bewaffnung genauso nichtig war wie die Führung... Wir waren Kanonenfutter... Wir standen unter dem Einfluß von *Gringoire* und *Je suis partout*, waren keine Antisemiten, aber von rechten Ideen so sehr infiziert, daß wir soziale Ausgrenzung befürworteten...«

Pol Pilvens Erinnerungen an die Reise zum Manoir d'Anjou bestätigen die Schilderung von Dalle: »François hat die ganze Zeit auf höchst brillante Weise geredet. Der Graf von Paris hat es wahrscheinlich nicht vergessen, denn während einer Audienz, die er mir 1987 gewährte, sagte er: ›François Mitterrand ist der letzte Kapetinger.‹«

Mitterrand selbst erinnert sich ebenfalls: »Der Mann war sympathisch, charmant, er war ein wirklicher Aristokrat. Ich habe mit ihm eine Beziehung geknüpft, die bis heute andauert...« Seine frühere Neigung zum monarchischen Prinzip weist er allerdings weit von sich.

Für André Bettencourt »hatte dieser Besuch keine politische Bedeutung, aber wir waren glücklich und stolz, dem Grafen von Paris zu begegnen. Als ich das Goldene Buch am Eingang des Herrenhauses durchblätterte, war ich beeindruckt von all den Unterschriften bedeutender Politiker, darunter auch Leuten der Linken. Mich beeindruckte auch die Lebensweise des Hauses Frankreich. Mitterrand war nicht auf der ganzen Reise dabei. Was haben wir auf dieser Reise gelacht!«

Diese Zeit vor dem Krieg und seine damaligen Vorstellungen faßt Mitterrand heute folgendermaßen zusammen: »Solange ich kein Privatleben habe, bin ich nur ein Spiegelbild der Gesellschaft, die mich umgibt. Ich reagierte eher instinktiv als verstandesmäßig. Man kann nicht von geistiger Schöpfung sprechen, sondern von gefühlsmäßigen und gefühlsbetonten Reaktionen. Die Attacken gegen die Juden im Quartier Latin brachten mich auf... Eigenständig zu denken habe ich erst später gelernt, während der Kriegsgefangenschaft. Ich habe nie zu einer Studentengruppierung gehört. Wir waren nicht anpassungsfähig...

Ich hatte damals noch keine Wahl getroffen; zwei Drittel meines Denkens waren das Abbild meiner Umgebung, die rechts eingestellt war. Ich hüpfte also auf einem Bein, entweder auf dem der Konformität mit meinem Milieu oder auf dem meines Antikonformismus, der von einer Art widerspenstigem Instinkt hervorgerufen wurde. Man sagte zu dieser Zeit, daß man ›bestimmten Pisten folge‹, man sprach von ›Beziehung zu...‹. An dieser Art zu reden nahm ich Anstoß. So ärgerte es mich zum Beispiel, wenn ich von ›guten Seelen‹ sprechen hörte, aber so redete man eben in den ›besseren Familien‹ von Angoulême...«[9]

## Anmerkungen:

1 Erschienen im April 1938 in der *Revue Montalembert;* wiederveröffentlicht in: *Politique* 1, Fayard, Paris 1977.
2 Theodor Innitzer, das Oberhaupt der österreichischen Kirche, wurde am 14. August 1938 von Hitler aufgesucht, der ihm die völlige Unabhängigkeit der Kirche in seinem Land versprach.
3 Die Formulierung stammt vom April 1938 und war dazu bestimmt, das Wohlwollen der parlamentarischen Rechten zu gewinnen.
4 Elitehochschule in der Rue d'Ulm.
5 In: Robert Mitterrand: *Frère de quelqu'un.* 1988.
6 Ebd.
7 In der Zeitung *Libres,* am 22.6.1945.
8 Gespräch mit dem Autor, 28. März 1994.
9 Gespräch mit dem Autor, 21. März 1994.

# 7. Kapitel
## Lasten (2)

Als François im Oktober 1934 wieder in Paris ist, besucht er sonntags zum Mittagessen regelmäßig die Familie Bouvyer in der Rue Gustave-Zédé im XVI. Arrondissement. Anfangs kommt François mit einem seiner Brüder dorthin oder auch mit beiden, doch Antoinette Bouvyer lädt sie lieber nicht zusammen ein, weil sie sich immer darum streiten, wer reden darf. François hat auf diese Familie großen Eindruck gemacht und vielleicht auch Unruhe in sie hineingetragen. Antoinette begegnet ihm bald mit Bewunderung und Zuneigung. Vielleicht ist er der Sohn, von dem sie immer geträumt hat, brillant, gebildet, gutaussehend. Ihre eigenen Kinder fragen sich noch heute, was für Gefühle ihre Mutter wohl für ihn hegte. Eines ist gewiß: Sie waren eifersüchtig auf ihn. Sie beneideten ihn um die Intelligenz, Schlagfertigkeit und Scharfzüngigkeit, die Antoinette so sehr begeisterten, daß sie sich vernachlässigt und ungeliebt fühlten.

Die Bouvyer-Kinder waren in Ehrfurcht vor dem Grafen von Paris erzogen worden. Zu Neujahr mußten sie ihm schreiben und ihm alles Gute wünschen. In der Rue Gustave-Zédé hatte man den *Courrier royal* abonniert. Nach den Erinnerungen von Étienne und Marie fiel François Mitterrand nicht aus dem Rahmen: In ihren Augen war er Royalist. »Sehr royalistisch sogar«, bekräftigt Marie, die bis heute von François fasziniert ist, dessen bissige Ironie sie einst fürchtete. Vergegenwärtigen wir uns, daß sich auch Bernard Dalle an einen François Mitterrand erinnert, der gegen die *Action française* war, sich aber der königlichen Familie verbunden fühlte und den *Courrier royal* las. François Mitterrand bestreitet es.

Étienne und Marie erinnern sich[1] an einen François, der »wie ein Sohn, wie ein Bruder« zu ihnen kam. Er sei stark antikommunistisch eingestellt gewesen und habe die Volksfront sehr gefürchtet. Étienne räumt ein, er habe sich damals schon verändert: »Er war vom *Contrat social* hingerissen.« Er erinnert sich, daß François von Zeit zu Zeit in Begleitung von François Dalle erschien, der ihm, damals noch ein kleiner Junge, sehr freundlich begegnete und ihn wie einen »Großen« behandelte.

Jean Bouvyer, der zweite Sohn, verläßt damals die *Action française*, um der *Cagoule* beizutreten. Tat er das, um die Worte seiner Mutter in die Praxis umzusetzen oder um ihr zu beweisen, daß er genauso »gut« war wie François? Zumindest in diesem Punkt muß das Gerede ein Ende haben! Bei den »Zehn« von La Muette lernt Jean, mit Sprengstoff umzugehen, um Türen von Ministerien und Eisenbahnbrücken zu zerstören. Er ist begeistert von der Vorstellung, seinen Teil zum Kampf gegen die *Gueuse* beizusteuern. Er bringt die Waffen mit nach Hause und führt sie seinen verängstigten Brüdern vor. In Étiennes Erinnerung war Jean ein Raufbold. Folgender Satz seines Bruders ist ihm im Gedächtnis geblieben: »Mit einem Revolver ist man immer der Stärkere.«

Niemandem – nicht einmal seiner Mutter – sagt Jean auch nur ein Wort über seine Mitgliedschaft in der Organisation, die jeden Geheimnisverrat mit dem Tod bestraft. Nach dem Wechsel des Gymnasiums geht Jean bis Juli 1936 in Jeanson-de-Sailly zur Schule; er wird zum Abitur zugelassen, fällt jedoch in der mündlichen Prüfung durch. Er ist mit dem Kopf woanders. Da es Streitigkeiten in der Familie gibt, kann er unbemerkt von seinen Eltern seine Aktivitäten im Untergrund fortsetzen.

Er ist vor allem für Beschattungen zuständig. Anfang Januar 1937 befiehlt ihm Tenaille[2], den Bankier Dimitri Navachine zu überwachen, der in der Nähe der Porte d'Auteuil wohnt. Navachine ist ein Sowjetbürger und für die extremistischen Cagoularden der Feind par excellence: 1922 von der Tscheka rekrutiert, hat er Ende der zwanziger Jahre die Leitung der *Banque commerciale de l'Europe du Nord* übernommen; dank seiner Stellung als Würdenträger der Freimaurer ist er in der Pariser Prominenz aus Finanz und Politik rasch zu hohem Ansehen gelangt. Man sieht ihn in der Umgebung von Charles Spinasse und Pierre Cot. Er ist Angehöriger des Brain-Trust von Spinasse, dem Wirtschaftsminister der Volksfrontregierung. Er hat auch Einfluß auf die Presse: Er finanziert und berät die radikalsozialistische Zeitung *La République*, aber auch *Vu*. Man begegnet ihm in den Räumlichkeiten des *Courrier royal*, dessen Herausgeber der Graf von Paris ist. Er steht Paul Reynaud sehr nahe, doch es gelingt ihm durch Vermittlung weißrussischer Kreise, auch Zugang zur extremen Rechten zu finden. Stalin mißtraut ihm, da er ihn für einen Trotzkisten hält. Kurz, als Jude, Freimaurer und Kommunist gehört Navachine der »großen jüdisch-bolschewistischen Verschwörung« an, die in den Augen der Cagoularden dabei ist, Frankreich zu vergiften…

Französische Militärs – wahrscheinlich von Moskau aus manipuliert – fordern vom Obersten Rat der *Cagoule* einen »Blutbeweis« ihrer Entschlossenheit und Effektivität. Man faßt den Beschluß, Navachine zu beseitigen.[3] Der Killer der *Cagoule*, Filliol, wird mit der Exekution, Tenaille mit der Vorbereitung des Verbrechens betraut. Um sie perfekt auszuführen, zieht Tenaille seine Freunde Bouvyer und Derville hinzu. Sie fragen gründlich die Concierge von Navachine aus. Dieser lebt auf großem Fuß mit drei Dienstboten und zwei Sekretären. Unsere beiden »Beschatter« haben bemerkt, daß der sowjetische Agent in Begleitung seiner beiden Hunde jeden Morgen einen langen Spaziergang durch den Bois de Boulogne unternimmt und stets über die Avenue du Parc-des-Princes zurückkommt.

Am 25. Januar 1937, einem eisig kalten Wintermorgen, ist Monsieur Leveuf, ein arbeitsloser Buchhalter, gegen zehn Uhr auf dem Nachhauseweg in die Rue Le Marois. Er nimmt die Avenue du Parc-des-Princes am Waldrand. Vor der Leiche eines Mannes, der in einer Blutlache liegt, hält er inne. An seiner Seite ein Hund, ebenfalls tot. Jean Filliol, der Navachine gerade mit Bajonettstichen ermordet hat, ist geflüchtet.

Einige Wochen später nimmt François Méténier, einer der Anführer der *Cagoule*, Kontakt zum Geheimdienst der italienischen Faschisten auf. Er stellt ihnen das Programm der *Cagoule* vor, das darauf abzielt, in Frankreich ein faschistisches, antibritisch ausgerichtetes Regime zu errichten. Um den Duce treffen zu können, läßt er ihm ausrichten, daß er das Vorbild der *Cagoule* sei und weiterhin sein werde. Mussolinis Geheimdienst profitiert von Méténier und seiner Organisation, soviel er kann. Gegen das Versprechen von Waffenlieferungen führt die *Cagoule* in seinem Auftrag zahlreiche Missionen durch, namentlich das

Ausspionieren und Sabotieren von Operationen, die die spanischen Republikaner im Kampf gegen Franco von Frankreich aus vorbereiten. Am 22. März verpflichtet sich François Méténier feierlich, den diesseits der Alpen lebenden antifaschistischen Führer Carlo Rosselli zu liquidieren. Mussolinis Außenminister und Schwiegersohn, Graf Ciano, fordert seinen Tod. Major Navale vom SIM *(Service des informations militaires)* erzählt:

»Er [Méténier] bat mich im Gegenzug, ihm den Ankauf von hundert halbautomatischen Beretta-Gewehren zu erleichtern; um unseren guten Willen zu bekunden, versprach ich ihm nicht die Gewehre, denn so etwas fiel nicht in meine Kompetenz, sondern sagte zu, sein Ersuchen mit Nachdruck zu unterstützen. Nach diesen gegenseitigen Versprechen gingen wir auseinander... Ich schlug vor, daß ein von mir bestimmter Mittelsmann die Lieferung ausführen sollte. Ich würde die Waffen diesseits der Grenze besorgen, sie ›Dd‹ [Kodename der *Cagoule*] zeigen und ihm – nach der Ausführung der Operation Rosselli – die Exporterlaubnis aushändigen, wobei Risiken und Gefahren bei ›Dd‹ lägen.«[4]

Am 10. Juni 1937 wird in der Nähe von Bagnoles-de-l'Orne das verlassene Auto der Brüder Rosselli entdeckt, unter der Motorhaube eine nicht gezündete Bombe. Das Trittbrett ist voller Blutspuren. Unter einem Kissen findet sich eine Patronenhülse, auf dem Boden ein blutiger Handschuh. Am nächsten Tag, dem 11. Juni, entdeckt man in einem Gebüsch unweit des Weges zwei Leichen: die von Carlo mit den Spuren von vier Messerstichen und die seines siebzehnjährigen Bruders.

Ende 1936, Anfang 1937 trifft man in der Rue Gustave-Zédé Leute, deren Namen bald von sich reden machen werden: Méténier, Derville, Tenaille, Puireux, Jacubiez, Fauran... Antoinette ist auf der Seite der Cagoularden, auch wenn sie von der Existenz der *Cagoule* noch nichts weiß. »Die Namen von Corrèze und Deloncle wurden bei Tisch oft erwähnt«, erinnert sich Étienne. Man diskutiert in dem großen Eßzimmer mit den rot und grün verzierten Fensterscheiben, das zum Hof hinaus liegt. Ist François Mitterrand dieser Runde und insbesondere François Méténier und seiner Frau damals begegnet? Er streitet es ab. Hingegen kennt er Jean Herpin, der auf der Corré-Liste genannt ist und später Marie Bouvyer heiratet.

Antoinette stellt kaum Fragen. Sie möchte nicht wissen, was Jean in Bagnoles-de-l'Orne gemacht hat, als sie im Juni von ihm eine in l'Orne abgestempelte Postkarte erhält. Um so mehr beunruhigt sie sich, als ein neugieriger Journalist ihren Sohn wegen der Exekution der Brüder Rosselli befragt. Der Reporter hat erfahren, daß ein gewisser Bouvyer ein paar Tage vor dem Attentat in einem Hotel in Bagnoles gewohnt hat. Doch die Affäre schlägt keine weiteren Wellen, und Jean kennt keine Angst.

Wann hat Antoinette erfahren, daß ihr Sohn der Organisation angehört? Ich weiß es nicht. Étienne erzählt heute folgende Anekdote: »Antoinette erfährt eines Tages, daß ihr Sohn Mitglied der *Cagoule* ist. Sie ist beunruhigt und hat Angst um ihren Sohn. Sie will wissen, was der Graf von Paris darüber denkt, geht zum *Courrier royal* und spricht mit dem Sekretär des Grafen, der ihr sagt: ›Überlassen Sie ihn uns...‹ Was genau hat sie gesagt? Was hat der Sekretär verstanden? Hat Antoinette nur verstanden, was sie verstehen wollte, da doch allseits bekannt war, daß der Graf von Paris der *Cagoule* nicht wohlgesonnen ist? Jedenfalls kommt sie begeistert nach Hause, weil das Haus Frankreich hinter der *Cagoule* steht und ihr Sohn mithin für das Haus Frankreich arbeitet: ›Ich habe meinen Sohn Frankreich geschenkt!‹«

Nach dem Besuch des Journalisten zu Beginn des Sommers verläßt Jean in aller Eile Paris. Die Sache ist zu brenzlig. Er versucht, sich in der Armee zu verpflichten, aber ohne Erfolg, da er zu wenig wiegt. Zwei Monate verbringt er mit seinen Eltern in Tharon in der Vendée, dann wird er im Oktober 1937 dem 2. Regiment der berittenen Jäger von Afrika in Mascara eingegliedert. Anschließend kommt er nach Constantine, wo er in den Zug der Offiziersschüler aufgenommen wird. Alles läuft bestens, und niemand hätte in Nordafrika nach Jean Bouvyer geforscht, wenn er sich nicht vor seinen Kameraden gebrüstet hätte, an der Ermordung der Brüder Rosselli beteiligt gewesen zu sein. Sein Gerede gibt seinem Leben und dem seiner Familie eine andere Wendung und wird, Jahre später, nicht ohne Folgen für seinen Freund François bleiben...

Einer der Freunde Jean Bouvyers erzählt die Geschichte dem Oberinspektor Bascou weiter, der am 2. Dezember 1937 einen Bericht darüber verfaßt:

»Jean-Marie Bouvyer, 1917 in Loches (Indre-et-Loire) geboren, seit zwei Monaten zum 3. Regiment der Jäger von Afrika in Constantine beordert, wohnhaft bei seinen Eltern, Rue Gustave-Zédé, in Paris, soll sich gebrüstet haben, an der Ermordung der Brüder Rosselli beteiligt gewesen zu sein. Einer der Mörder soll ein ehemaliger Boxer sein, der möglicherweise der 1902 in Paris geborene Charles Huguet ist, wohnhaft im *Hôtel Lebon*, Rue Lebon, wohin er seit dem 30. November 1937 unter Hinterlassung seiner persönlichen Sachen nicht mehr zurückgekehrt ist.«

Bascou eilt sogleich nach Bagnoles, findet problemlos die Spur von Bouvyer bei einem Hotelier und reist nach Constantine, um Jean zu verhören. Der macht keine Anstalten, alles zu erzählen:

»Auf Ersuchen Tenailles habe ich in der Region von Bagnoles-sur-l'Orne zusammen mit Huguet die Brüder Rosselli beschattet. Tenaille hat alle Unkosten bezahlt. Am 9. Juni 1937 habe ich Paris mit dem Zug verlassen. Am Bahnhof von Bagnoles traf ich den Kameraden Jacques Fauran, mit dem ich 1932 oder 1933 das Gymnasium von Angers besucht habe. Er wartete mit einem schnellen amerikanischen Auto auf mich, einem offenen Kabriolett mit zwei Sitzen. Wir sind zum Hôtel Cordier gefahren, wo ich ihm die Brüder Rosselli gezeigt habe.

Noch am selben Tag hat sich Jacques Fauran mit den vier Individuen getroffen, die die beiden Italiener getötet haben. Die Mörder fuhren einen schwarzen Peugeot 402. Am Nachmittag sind wir nach Alençon gefahren, um die Brüder Rosselli zu beschatten; ich war mit Fauran in seinem Auto. Die vier Mörder nahmen den 402. Auf der Rückfahrt verübten sie den Mord. Fauran und ich haben ihn aus einiger Entfernung verfolgt. Ich habe deutlich zwei Schüsse gehört. Die Benutzer des Peugeot sind: Filliol, Jacubiez, Puireux und ein Unbekannter, ein Dunkelhaariger im Alter von ungefähr dreißig Jahren.«

Bouvyer wird nach Paris überführt. Alle Zeitungen berichten über seine tragische Odyssee. Fauran wird sofort verhaftet und bestätigt Jeans Aussagen.

Am 14. Januar 1938 schreibt François Mitterrand an Marie-Claire Sarrazin, die die Bouvyers kennt. Nachdem er lange von sich selbst, den Widersprüchen in seiner Persönlichkeit und seiner Liebe für Gefahren erzählt hat, berichtet er, was Jean widerfahren ist. »Clo« hat mir aus diesem Brief vorgelesen:

»...Ein gewisser Jean Bouvyer, Bruder von Marie, der ersten Brautjungfer auf der Hochzeit von Pierre Sarrazin am 23. 12. und Tischdame von Jacques, ist einer meiner besten Freunde. Tief betroffen habe ich den gestrigen Tag bei Jeans Eltern verbracht, seine Mutter zur *Sûreté générale* begleitet und furchtbare Augenblicke mit seinem Bruder durchlebt. Die ganze Anklage beruht auf den Geständnissen von Jean Bouvyer! Ich bin von seiner Unschuld überzeugt, aber ich fürchte, die Justiz wird wegen des politischen Charakters der Affäre sehr unnachgiebig sein. Sie können sich vorstellen, wie tief die Familie getroffen wurde, bürgerlich und völlig ahnungslos, wie sie ist...«

Am 22. Januar wird ein Haftbefehl gegen Jean Bouvyer erlassen; er wird des Mordes, der Mitgliedschaft in einer kriminellen Vereinigung und der Verschwörung angeklagt.

François Mitterrand steht Jean und seiner tiefbekümmerten Mutter hilfreich zur Seite. Er besucht Jean regelmäßig im Gefängnis der *Santé*. Catherine Langeais erinnert sich, ihn 1938 und 1939 begleitet zu haben. François' Brüder und Schwestern stehen dem Freund der Familie ebenfalls bei. Es gelingt den Bouvyers auch, Fürsprecher für Jean zu mobilisieren. Antoinette setzt ihre ganze Kraft für die Rettung ihres Sohns ein. In der *Santé* lernt sie Madame Méténier kennen, die auch regelmäßig in die *Santé* fährt, wo verschiedene andere Cagoularden einsitzen, darunter ihr Chef Eugène Deloncle und François Méténier.

Méténier, Industrieller aus Chamalières, ist ein großer Abenteurer, den alle faszinierend finden. Im Unterschied zu Jean, der nur eine Nebenrolle bei der *Cagoule* spielte, war Méténier eines der wichtigsten Mitglieder des Geheimbundes von Eugène Deloncle. Er durfte die meisten Dienste des Führungsstabs der Organisation kontrollieren, namentlich ihre militärische Abteilung. Er beschaffte Hilfsgelder und unterhielt enge Verbindungen zu Mitgliedern des Generalstabs. Nach einer aktiven Offizierslaufbahn als Offizier hatte er Urlaub erhalten, um in die Industrie zu gehen; 1937 wurde er Hauptmann der Reserve-Artillerie. Méténier galt als Hauptverantwortlicher für die beiden Attentate, die im September 1937 auf den Sitz des Arbeitgeberverbandes in der Rue de Presbourg verübt worden waren. Er hatte sie deshalb geplant, um sie den Kommunisten anzulasten und so die Armee für den geplanten Putsch auf die Seite der

*Cagoule* zu ziehen. Wie schon erwähnt, hatte mir die Familie von Doktor Martin während meiner Nachforschungen zu seiner Biographie bis ins Detail von der Rolle berichtet, die François Mitterrand bei diesen Attentaten gespielt haben soll. Für diese Behauptungen gibt es keinerlei Beweise, und ich bin überzeugt, daß der junge François keine Bomben in die Rue de Presbourg transportiert hat, genausowenig wie er Mitglied der *Cagoule* war, wie der folgende Auszug aus der Corre-Liste unter dem Buchstaben »M« belegt:

MIALET, 32 rue de la Salle, Bayonne
MICHEL Fernand, 12 rue Latreille, Clermont-Ferrand
MICHELS Gustave des, 208.A, 16° R, 25 rue Campagne Première, Paris (14°)
MIGNOT Anatole, 436, 15° R, 6 Pge des Thermopyles, Paris (14°)
MILLEIRO Robert, 413, 2° R, 10 avenue Matignon, Paris (8°)
MINARD Jacques, 764, 1° R, 4 rue de l'École de médecine, Paris (6°)
MINGOT Louis, 191.A, 15° R, 14 rue du Général Hubert, Paris (14°)
MINTEGUIAGA Fernand de, 14.A, 15° R, 9 place de la Sablière, Paris (14°)
MIOUX Lucien, 458, 17° R, 52 bd Murat, Paris (16°)
MIRIBEL Aymard de, 1° Br, 9 rue Robert Lecoin, Paris (16°)
MITJAVILLE, Perpignan
MOHRENSCHILDT, 673, 1° R, 83 rue N.D. des Champs, Paris (6°)
MOISSENET Paul, 155, G, 6 rue St Gilles, Paris (3°)
MOITET Jean, 105, 2° R, 70 Fg St Denis, Paris (10°)

Antoinette und ihr Ehemann beauftragen den Anwalt Xavier Vallat, einen Abgeordneten der äußersten Rechten, ihren Sohn zu vertreten. Dieser war früher Mitglied der *Croix-de-Feux* und trat dann dem *Parti républican national* von Pierre Taittinger bei.

François hat durch seine Bekanntschaft mit den Bouvyers recht sonderbare, mitunter sicher auch faszinierende, doch für die Republik äußerst gefährliche Personen kennengelernt. Durch seinen Schwager, den Soldaten Pierre Landry, hat er, wie wir wissen, bereits die Bekanntschaft von Henri Giraud, den Sohn des Generals, gemacht.

Vor dem Krieg macht er noch mehr solcher Bekanntschaften. Am 5. Februar 1939 begegnet sein Bruder Robert Édith Cahier; einige Tage später gehen Robert, Édith, François und Marie-Louise[6] auf den Ball des »X«. Édith und Marie-Louise werden enge Freundinnen. Am 2. Juli feiern Édith und Robert Verlobung. Am 6. Dezember erhält Robert Heiratsurlaub, an und für sich nichts Ungewöhnliches, außer daß Édith die Tochter von Major Cahier ist, dem Vorgesetzten seines zukünftigen Schwiegersohns bei der Leichten Artillerie. Dessen Schwester Mercedes wiederum ist die Ehefrau von Eugène Deloncle, dem ersten Mann der *Cagoule* und Chef von Jean Bouvyer und François Méténier! Diese sitzen gerade in der *Santé* hinter Gittern... Über seinen Bruder knüpft François Mitterrand somit eine weitere Verbindung zu den Kreisen der *Cagoule*. Die Beziehugen sind allerdings gespannt, denn die Cahiers haben wegen der politischen Betätigung Eugènes seit einigen Jahren den Kontakt zu den Deloncles abgebrochen.

»Eugène Deloncle war intelligent und hochgebildet, seine Intelligenz war jedoch fehlgeleitet. Das war eine schreckliche Zeit für die Familien«, erinnert sich Henriette Cahier[7], die Witwe des Majors, heute im Alter von vierundneunzig Jahren.

Anmerkungen:

1  Gespräch mit dem Autor (undatiert).
2  André Tenaille, Mitarbeiter von Filliol, dem »Killer« der *Cagoule*.
3  Siehe zu diesem Thema: Pierre Péan: *Le Mystérieux Docteur Martin*.
5  In: J.R. Tournoux: *L'Histoire secrète*. Plon, Paris 1962.
6  »Béatrice« heißt in Wirklichkeit Marie-Louise Terrasse.
7  Gespräch mit dem Autor, 16. Juni 1994.

# 8. Kapitel
## Mitterrand als Unteroffizier an der Front

Den Briefen, die er an seine Familie, seine Freundinnen und Freunde geschickt hat – die Adressaten oder ihre Erben haben mir freundlicherweise einige Auszüge überlassen –, läßt sich entnehmen, in welcher seelischen Verfassung der junge Unteroffizier des 23. Regiments der *Infanterie coloniale* war und welche Entwicklung er im Verlauf der harten Kriegsmonate nahm. Ungefähr zwei Wochen nach seiner Abberufung an die Front im September 1939 hatte er gegenüber Menschen und Dingen noch eine ironisch-distanzierte Haltung. So spricht er von einer »vom Staat bezahlten Reise«, die ihn mit den »Nachbarn von gegenüber« zusammenbringen soll, oder schreibt: »Ich lebe wie ein Wilder«, ohne daß es ihn sonderlich zu bewegen scheint. Allerdings fehlt die Musik von Mozart und Beethoven. Er findet sich jedoch recht gut mit dem neuen Dasein ab, das seinem bisherigen diametral entgegengesetzt ist. Den Kanonendonner empfindet er als monotones Lied.

Mitte Oktober, während der *»drôle de guerre«,* befindet er sich im Elsaß und hält sich die meiste Zeit in der vordersten Linie im Schützengraben auf. Er schläft bekleidet im Heu, findet nach dem Aufwachen Nacktschnecken in seinem Helm und läßt sich über den Heroismus aus, den es natürlich »gar nicht gibt«. Er glaubt nur an »den Selbsterhaltungstrieb«. Mitunter vergnügt er sich damit, die sprachlichen Marotten der ihn umgebenden Männer aus dem Volk aufzuschreiben. Dann aber wird sein Ton ernster:

»Der Krieg ist eine stupide, eine furchtbare Sache, er bedeutet Zerstörung, Negation des Lebens, des Fortschritts, des Glücks... Er verstärkt nur die Eigenschaften, die bereits vorhanden sind oder die es auch ohne ihn gäbe...

Mein Freund Dayan wirft mir jeden Tag vor, daß ich mich noch mit schönen Dingen beschäftige; mit der Feinheit von Linien, Formen, Tönen: mit Kultur. Muß man sich angesichts des Todes noch die Reaktionen eines ›letzten Zivilisierten‹ bewahren? Ich möchte als letzten Willen einzig diesen Wunsch bekunden: daß die Barbaren zerstört werden, daß die Zivilisierten leben mögen.

Doch dies ist kein Testament: Ich habe die feste Absicht, zurückzukommen und werde dafür alles tun.«

Eine Woche später, Ende Oktober 1939, ist er mit seinen zwölf Männern immer noch am selben Ort; er empfindet ein Machtgefühl, weil er sie kommandiert, und hält sich selbst für weniger verwundbar als sie:

»Mir geht es nicht schlecht, aber ich verfüge über ein dichterisches Potential, über eine Vernunft, die durch Lektüre und Vorbilder geprägt ist. Die anderen sind einsam... Wie kann ich vergessen, daß das Schauspiel, das mir hier geboten wird, auf dem Leid der Menschen gründet?«

In all seinen Briefen zeigt er dieselbe Gleichgültigkeit gegenüber der Gefahr, der Angst, dem Tod.

»... Ich kenne noch nicht alle Schrecken des Krieges..., aber diese Unglücksgeschütze sind solide gebaut... Ich kenne ein Pfeifen, das keine Trompeten der Welt mich vergessen lassen werden; es dringt einem durch die ganze Seele; keine Bange, das ist nicht für uns bestimmt...«

In die Schützengräben hat er zwei Bücher mitgenommen: die *Gedanken* von Blaise Pascal und *Christus Tag für Tag – Gedanken zur Nachfolge* von Thomas von Kempen.

Zur selben Zeit schreibt er ans »104«. Man findet in seinen Briefen dieselbe Stimmungslage:

»An der Front ist das Risiko von seinem intellektuellen Aspekt befreit. Es bleibt nur die Wirklichkeit, schwierig und schön nur durch die Deutungen, die sie zuläßt.«

François Dalle, der nach Rouen abkommandiert ist, erhält ebenfalls ausgiebig Post von seinem Freund, der, wie er schreibt, »auf Vorposten« ist.

Ein Brief vom 5. November 1939 an seine zukünftige Schwägerin Édith[1] gibt Einblick in seine Herbststimmung:

»...Wenn Männer kämpfen, so ist es zu ihrem Schaden; sie sollen lieber lernen zu leben, ihre Dummheit bis in den letzten Winkel zu verfolgen; sie sollen sich wegen ihrer Barbarei an die Brust klopfen; aus Vergnügen oder Ehrgeiz sind sie auf dem besten Wege, ihre Freiheiten, ihre Kultur, ihre Kunst, ihre Fähigkeiten zu verlieren. Was mich verdrießen würde, wäre, für irgendwelche Werte (Unwerte) zu sterben, an die ich nicht glaube. Deshalb versuche ich, mit mir selbst ins reine zu kommen. Ich habe beschlossen zu leben, wenn Gott es so will; ich habe beschlossen, daß Kälte ertragen werden muß, daß der Schlamm ertragen werden muß und das übrige so, wie es gerade kommt. Ich bin zu der Meinung gelangt, daß wir eine Schuld bezahlen müssen. Welche? Die der Torheit. Und um die Kultur ein wenig zu reinigen, sage ich mir, daß sich das Sterben vielleicht lohnt... Es geht mir gut, aber nicht wirklich, denn eine Uniform verletzt den, der das Leben liebt...«

Ein wichtiger Brief, der auch in die Entwicklung seines politischen Engagements während der Vorkriegszeit paßt. Er haßt diesen Krieg, sogar ein gewisser Antimilitarismus spricht aus seinen Worten. Der Krieg ist für ihn die unmittelbare Folge einer Politik von Dilettanten. Der Ton seiner Stimme verändert sich heute noch, wenn er an die Demütigung denkt, die die Niederlage bedeutete: »Ich war ein besiegter Soldat einer entehrten Armee und böse auf die, welche das bewirkt hatten, die Politiker der III. Republik...« Noch bevor Pétain an die Spitze des Staates tritt, ist Mitterrand davon überzeugt, daß das Land für seine Torheit und sein Fehlverhalten eine Schuld abtragen muß.

Am 14. November hat er *Schwarzes Unheil* von Evelyn Waugh ausgelesen, das ihm seine Freundin Marie-Claire Sarrazin geschickt hatte; nun vertieft er sich in das von seiner Schwester zugesandte Buch *Wind, Sand und Sterne* von Antoine de Saint-Exupéry. Er ist hingerissen von Saint-Ex: »Ich glaube ihm«, schreibt er. »Nur Anstrengung und Schwierigkeiten können den Menschen groß machen.« Er fragt sich schließlich: Wie reißt man die Menschen aus ihrem Schlaf, ohne daß es ihnen schadet?

Anfang Dezember hat er das Elsaß verlassen; er ist in den Ardennen an der belgischen Grenze nahe Stenay stationiert, am westlichen Ende der Maginot-Linie. Dort, so stellt er fest, »haben die Leute eine heroische Ader«.

»Ich langweile mich hier ein wenig. Man gewöhnt sich daran, auf zwei Beinen zu leben, die sich bewegen, mit einem Körper, der zittert, aber schließlich Geschmack findet an der Angst, der Kälte und dem köstlichen Gespür für Gefahr, und dann steckt man dich auf einmal in ein Loch, um Löcher zu graben.«

Er sagt, er breche in Entzücken aus »vor den Mädchen mit stämmigen Beinen, die aufreizendere Festtagskleidung tragen als nackte Kongolesinnen«.

Er kommt auf das Thema der Werte (Antiwerte) zurück:

»Man muß vor allem die Werte neu überprüfen. Ich glaube, ich werde hier als *handlungsbereiter Revolutionär* herauskommen, wenn nicht der Körper dabei verfault. Zurück zu Auguste Comte. Es lebe die Revolution, es lebe das Ideal, das Stück für Stück von der vom Willen geprägten Intelligenz erobert worden ist! Aber man soll uns nichts mehr vom Krebsgang erzählen, von der nachlässigen, materialistischen Politik. Wir brauchen, wie Chesterton sagt, einen Mann, der kein Praktiker ist.«

François Mitterrand macht eine grundlegende Veränderung durch. Vorstellungen wie die vom handlungsbereiten Revolutionär sind in den Schützengräben entstanden und haben mit den Vorträgen von Abbé Jobit oder Pater O'Reilly kaum noch etwas gemein. Doch um was für eine Revolution handelt es sich? Mit der von 1789 hat sie jedenfalls nichts zu tun!

»Rußland, Finnland, Deutschland, England, Frankreich... und dann die Welt, das wird eine hübsche Keilerei geben! Wird auch nur ein Stein von dem übrigbleiben, was es im August 39 gab, wird ein Mensch unverändert sein? Viele glauben, daß sich der Drahtseilakt fortsetzen wird, unentschieden, doch werden wir mit derselben Liebe wie gestern lieben können? Ein heftiger Windstoß wird Gipfel und Grundfesten erschüttern, das Zerbrechliche und Nutzlose töten und auch ein wenig vom Soliden und Nützlichen.«

Wenn er den großen Sturm heraufbeschwört, der die alte Ordnung umstürzen wird, geschieht dies nicht ohne romantische Schwärmerei:

»Ein Wunsch: das zu erleben. Doch was hat die Ewigkeit für mich vorgesehen? Vielleicht nur eine kleine, unwichtige Rolle, die sang- und klanglos aus irgendeinem törichten Grund zu Ende geht. Ich weiß wirklich nicht, welcher der immer genannten Gründe es verdiente, daß man seinetwegen stirbt. Und doch muß es ihn geben.«

Er weiß noch nicht recht, in welcher Weise sein Geschick mit der angekündigten großen Revolution in Einklang zu bringen ist, doch er ist davon überzeugt, daß er dabei eine wichtige Rolle spielen wird.

Solch ungestüme Gedankengänge entstehen im Kopf des jungen Unteroffiziers, während er mit seinen Kameraden einen Panzergraben zwischen der Chiers und der belgischen Grenze aushebt. Später wird er durch andere Befehle auf das linke Ufer der Chiers beordert werden, um dort einen anderen Graben anzulegen...

Der junge Unteroffizier des 23. Regiments der *Infanterie coloniale* kommt Ende Dezember 1939 in den Genuß eines kurzen Urlaubs. Er verbringt ihn in Paris, wo er Béatrice wiedersieht, aber auch Édith, die Frau seines Bruder Robert.

Am 14. Februar 1940 schreibt er an seinen Freund Dayan, der inzwischen im Feldlager von Auvours in der Nähe von Mans die militärische Grundausbildung durchläuft. Der Chef-Sergent fühlt sich von seiner Arbeit in der Kaserne überlastet. Er hat weder Zeit, sich zu waschen noch sich zu rasieren. Er ist traurig über die Versetzung des Freundes: »Meine guten Erinnerungen sind mit dir verbunden.« Er fragt sich, was die Zukunft für ihn vorgesehen hat, denn er mag das Kasernendasein überhaupt nicht. Er zieht die Front vor: Sobald er auf dem Land ist, lebt er auf.

Ende Februar, Anfang März erhält er nochmals Urlaub, um seine Verlobung mit Marie-Louise Terrasse zu feiern. Dayan ist zugegen. François Mitterrand stattet dem »104« ebenfalls einen Besuch ab und erzählt Pater O'Reilly und seinen Schülern vom »harten Leben eines Gruppenführers auf den kleinen Posten, seinen Erlebnissen«. Ausführlich stellt er »seine Überlegungen zum Menschen [dar], der aus dem Krieg hervorgeht«.[2]

Ein paar Tage nach der Rückkehr in sein Quartier erhält er den Besuch seines Bruders, der Leutnant ist. Wenn man Roberts Bericht über ihr Gespräch glauben will,[3] so sprachen sie nicht ohne Wehmut über ihre Erlebnisse. François erzählt ihm von den »Gamelin-Löchern«[4], kleineren Gräben in »T«-Form, die sie ausheben müssen. Am 6. April schreibt er ihm, er fühle sich ziemlich frei, da er von der Hierarchie her »nur von weitgehend unsichtbaren Leuten« abhängt.

Am 11. Mai ist die »drôle de guerre« vorbei. Zwischen zwei Bombardements schreibt er seinem Vater. »Wenn ich verletzt werde, benachrichtige Marie-Louise«, beginnt er. Er bestimmt seine geographische Position: eine Eisenbahnlinie in achthundert Metern Entfernung, ein Hügel, der die Gegend überragt; von seinem Beobachtungsposten aus sieht er Franzosen und Belgier auf der Flucht. Seine Männer und er verfügen nur über einen schmalen Verbindungsgraben, um sich zu schützen:

»Ein oder zwei Flugzeuge nähern sich. Ich höre auf. Das Flugzeug ist eine furchterregende Waffe. Ich baue mir gerade einen kleinen Unterschlupf.«

Am Ende dieses Briefs bittet er seinen Vater, ihm sieben oder acht Jutesäcke in einer Größe von achtzig mal zwanzig Zentimetern zu schicken, damit er sie mit Erde füllen und sich einen soliden Unterschlupf einrichten kann; ein wenig Rum oder Cognac; fünfzig Briefumschläge. Und er schließt mit einem: »Bis morgen, wie ich hoffe.«

Am 29. Mai schreibt er an seinen Freund Dayan. Er erzählt von der Heftigkeit der Angriffe, den blutigen Kämpfen. Er hat viele Kameraden verloren und fragt sich, wie er diese neunzehn letzten Tage ohne den geringsten Kratzer überstehen konnte. In der Schlacht sind alle seine Briefe und Fotos verlorengegangen. »Was für ein Verbrechen ist doch der Krieg!« empört er sich. Die Zeit, in der er die Frontkämpfer beim DRAC-Wettbewerb für ihre Redekunst rühmte, liegt weit zurück: »Ich kann die Zähigkeit der [Soldaten] von 14–18 nicht begreifen.« Bevor er Dayan seine Freundschaft bekundet, bemüht er sich um Distanz: »Sich die Sache nicht über den Kopf wachsen lassen: Laß uns an die Zeit nach dem Krieg denken…«

Am 17. Juli 1940, also nach dem Waffenstillstand, schreibt er an »Clo«:

»Während des Rückzugs, der uns – mich vom 10. bis zum 14. Juni, meine Kameraden bis zum 24. Juni – von Stenay nach Verdun (und darüber hinaus) führte, habe ich erschütternde Erlebnisse gehabt. Nach meiner Verletzung am 14. an der berüchtigten Kote 304 vor Verdun durch einen Granatsplitter, der mich unter den Rippen meiner rechten Seite traf, bin ich erst in Toul, dann in Bruyères ins Krankenhaus eingeliefert und anschließend am 21. von den Deutschen aus dem Krankenhaus von Bruyères herausgeholt worden. Sie haben mich in das von Lunéville transportiert; soeben habe ich es verlassen. Nach einem Monat Krankenhaus befinde ich mich jetzt in einem Kriegsgefangenenlager in Lunéville. Ich werde Ihnen nicht unser Dasein schildern, Sie können es sich vorstellen. Ich habe keinerlei Neuigkeiten aus Jarnac. Was ist dort los?«

Der Krieg hat für den Unteroffizier Mitterrand kein gutes Ende genommen. Erst verletzt, dann zum Gefangenen gemacht, zeigt er sich wie gewohnt nüchtern, ja distanziert gegenüber dem, was ihm widerfährt. Etwas mehr als ein Jahr später schilderte er dem mit ihm im Stalag einsitzenden Schriftsteller Robert Gaillard seine Eindrücke, als er verwundet wurde. Gaillard[5] hat die Episode in einem 1942 veröffentlichten Buch erzählt:

»Ich lese ihm vor, was ich über den Tod aufgeschrieben habe, und der unverbesserliche Pessimist, der er ist, tadelt mich gar nicht. Er ist durch einen Granatsplitter schwer verwundet worden und schildert mir seine Eindrücke: ›Das Opfer‹, gesteht er, ›schauspielert für sich oder für die anderen. Als ich hingefallen bin, verwundet, blutig und geschockt, war ich mit meinem Latein noch nicht ganz am Ende. Ich blieb ein Schauspieler. Es gab einen intakten, unversehrten Mitterrand, der einen anderen, verletzten Mitterrand betrübt und verzweifelt betrachtete. Ich konnte nicht verstehen, daß mir so etwas hatte passieren können! Mir! Das raubte mir den Atem und kränkte mich.‹«

Sechsundvierzig Jahre später schildert der Präsident Pierre Jouve und Ali Magoudi[6] jene schmerzhaften Ereignisse mit derselben Distanziertheit:

»Es war wie im Kino. Wir sahen die Deutschen kommen, prächtig, in kurzen Hosen, singend, die Maschinenpistole im Arm. Es war prächtiges Wetter. Wir pflückten Walderdbeeren. Plötzlich wurde einer von uns von Kugeln durchbohrt. Ich wurde verletzt; einen Zentimeter weiter, und mein Rückgrat wäre zerschmettert worden. Das war Schicksal. Die Situation hatte sich zugespitzt. In den Tagen zuvor hatten wir etliche Tote gehabt. Ich hatte in einem kleinen Fort eine ganze Abteilung meiner Kompanie hochgehen sehen. Ich fing an, mich ein wenig daran zu gewöhnen. Ich hatte den Tod schon gesehen…«

Als er auf die Verletzung zurückkommt, erklärt er:
»Ein kleiner Peitschenhieb. Das Fleisch wurde zerfetzt. Trotzdem hat man mir das Bein nicht abgenommen. Meinen Arm konnte ich ein Jahr lang nicht bewegen. Der Splitter war gleich neben der Wirbelsäule eingedrungen, hatte sich unter dem Schulterblatt hindurchgebohrt, dann das Brustfell ein wenig zerrissen und sich am Schultergelenk festgesetzt. Lästig, aber nicht schmerzhaft. Ich habe ihn immer noch; aber ich hatte ihn völlig vergessen...«

Mitterrand kann seinen Arm nicht bewegen und hat dennoch ein Gefühl der Unverletzbarkeit, er ist Gefangener. Ein Wort, dessen bloße Nennung ihn, der unbehelligt und vollkommen frei sein will, erzürnt.

Anmerkungen:

1   Vgl. Robert Mitterrand: *Frère de quelqu'un.* 1988.
2   In: *Revue Montalembert.*
3   Vgl. Robert Mitterrand: *Frère de quelqu'un.* 1988.
4   Benannt nach General Gamelin, der 1942 von der Vichy-Regierung für die Niederlage Frankreichs verantwortlich gemacht wird.
5   Robert Gaillard: *Mes Évasions.*
6   Pierre Jouve, Ali Magoudi: *Mitterrand. Portrait total.* Carrère, Paris 1986.

# 9. Kapitel
# Hinter Stacheldraht

In der Kriegsgefangenschaft machte François Mitterrand eine entscheidende Entwicklung durch. Sie ist in mehreren Büchern geschildert worden. Ich räume den unveröffentlichten Texten, Dokumenten und Zeitzeugnissen, vor allem jenen, die vom Gefangenen selbst stammen, den Vorrang ein. In Deutschland schrieb Mitterrand in der Lagerzeitung *L'Éphémère*, deren Herausgeber er war. Er verfaßte einige Briefe und veröffentlichte, als er wieder in Freiheit und seine Erinnerungen noch frisch waren, immer wieder Artikel in den Zeitungen von Vichy. Sie ermöglichen es uns, die innere Verfassung Mitterrands nachzuzeichnen. Sein Selbstwertgefühl hatte im Lager in keiner Weise gelitten; die Zeitung des Stalag IX A zeigt ihn in einer Karikatur als römischen Kaiser…

Die Fahrt, die ihn von Lunéville bis nach Hessen führt, ist in dem Aufsatz *Le Pèlerinage à Thuringe*, Die Wallfahrt nach Thüringen, der im Dezember 1942 von *France, revue de l'État nouveau*[1] veröffentlicht wird, ein wenig romanhaft beschrieben:

»Ein Zug wartete auf uns, dessen Waggons mit Aufschriften in verschiedenen Sprachen versehen waren. In jedem Waggon sollten vierzig Männer unterkommen, was erstaunlicherweise gelang. Wir haben gelernt, wie man die Beine über Kreuz legt, in welchem Winkel man die Knie beugen muß, wie man eng aneinanderrückt, wie man die Proviantbeutel stapeln, aufhängen und sich als Sitz, Rückenlehne oder Kopfkissen zunutze machen kann. Unsere jeweiligen Quartiere wurden von außen abgeschlossen. Damit niemand in Versuchung geriet, wurden die Schiebetüren mit einer Kette blockiert, doch durften wir die rechteckigen Fensterklappen öffnen, damit die Luft zirkulieren konnte und ein wenig Tageslicht eindrang. Wir drängten uns ohne Streit eng zusammen, die Anordnungen, das Hin und Her, die Belästigungen erregten kaum noch unsern Ärger, unser Zustand hatte uns gleichgültig gemacht. Dennoch war ich überrascht, wie leicht sich die Männer an das Herdendasein gewöhnten. Schließlich waren es dieselben, die, den Kopf voller Freiheits- und Fortschrittsideen, ihre Vorzüge als Individuen mit Nachdruck und Stolz zur Schau gestellt hatten. ›Zu unserer Zeit…‹, sagten sie, und diese Worte meinten alle Tugenden der Intelligenz als Gebieterin der Welt und der Vernunft als Schlichterin von Kämpfen. ›Wir, die Menschen des 20. Jahrhunderts…‹, dieses 20. Jahrhundert setzte für sie einfach den breiten, geraden Weg fort, der 1789 eröffnet worden war, gestützt durch die Wissenschaft und die Maschine und geweiht durch Versailles. Wie die Bauern der Saintonge, die ihre Höfe mit hohen Mauern umgeben, um ihre Unabhängigkeit stärker zu betonen, hatten sie in finsteren Gegenden gelebt, die in ihrer Vorstellung lichterhellt und von Mauern eingegrenzt waren, die sie ihre Rechte nannten. Sie waren zurückgeblieben und hielten sich für fortschrittlich; sie waren ein gutes halbes Jahrhundert im Rückstand. Aber jetzt nahm der Anachronismus, der so lange Zeit nur komisch gewesen war, dramatische Züge an.

Ich rechnete mit einem Aufstand oder wenigstens mit sprachlosem Erstaunen; doch einmal mehr stellte ich fest, daß das Drama selten seine Akteure berührt: Der Mensch ist im Angesicht des Unglücks oder des Glücks schwach; das größte Glück bereitet ihm Kopfschmerzen, und das größte Unglück erreicht ihn nur über kleine Unannehmlichkeiten wie fehlenden Tabak oder hartes Brot. Und indem jeder, scheinbar ohne Verzweiflung, seine Privilegien aus einem anderen Jahrhundert aufgab und auf einmal wieder der leidenden, umherirrenden Menge folgte, gehorchte er dem antiken, undurchschaubaren Schicksalsglauben der Massen, die mit ihrem Los sogleich vertraut sind. Sie begannen, ihre dünnen Scheiben Schwarzbrot zu schneiden, und teilten sich, mit der feierlichen Aufmerksamkeit der Leute aus unserem Land, eine Dose Pastete zu sechst. Nur selten klang Bitternis aus ihrem Gespräch, in soldatischen Redensarten im Pariser Slang: ›Wenn wir geahnt hätten, daß wir im Viehwagen futtern würden‹; ›Was würde deine Frau sagen, wenn sie wüßte, wie du picknickst‹; ›Auf mich braucht ihr nicht mehr zu zählen, wenn ihr campen fahren wollt…‹ Ich gebe zu, es war beinahe ein Trost, diese kurzen, phrasenhaften Scherze zu hören, es war, als spüre man die Wärme der Schulter des Nachbarn: Man war fast froh darüber, wenn auch ein wenig irritiert.

Es war eine seltsame Reise, eine seltsame Wallfahrt. Unser träger Zug benötigte zehn Stunden für zweihundert Kilometer. Ich habe zuerst gedöst, dann rasch das bißchen Verpflegung verschlungen. Mit geschickten Bewegungen war es einigen Kameraden gelungen, sich zu viert zu gruppieren und Belote[2] zu spielen. ›Drei Damen, mehr als fünfzig‹ wurden geboten, dabei nahmen die Spieler instinktiv wieder die Satzmelodie von früher an, schüchtern oder triumphierend, gewitzt oder grob, immer im Akzent der jeweiligen Region.

Das kreischende Rollen der Waggons, deren Räder wie in einer endlos wiederholten Litanei gegen die Schienenbrüche stießen, war ohrenbetäubend. Als ich mich, der immergleichen Haltung müde, erhob, war unser Konvoi gerade in einem Bahnhof zum Stehen gekommen: Es war Gotha. Die mit dem Bahnhof durch einen von Apfel- und Pflaumenbäumen gesäumten Weg verbundene Stadt war durch das Augustblattwerk der Bäume kaum sichtbar, die Landschaft ringsherum glich dem Angoumois, der Gegend, aus der ich stamme. Alles war ruhig und verschlafen. Ich dachte, unsere Irrfahrt durch diese Landschaft habe kaum mehr Bedeutung als der Flug der Zugvögel im Herbst.

Die Bahnhofsangestellten warfen einen kurzen Blick auf diesen ungewohnten Zug. Von den Türschwellen aus betrachteten Leute ruhig unsere hungrigen Gesichter. Sie zeigten weder Freude noch Mitleid.

Der Halt wurde verlängert. Wachposten kamen, um unsere Waggons zu öffnen, und wir durften für ein paar Minuten aussteigen. Nahe der Station lag ein kleiner, gutgepflegter Garten mit Blumen und Gemüse. Einer von uns holte drei schöne grüne Salatgurken, ein anderer brachte von einem benachbarten Feld fünf Futterrüben mit. Wir haben die Beute geteilt; die Rübe war von einer ekelhaften Süße und die Gurken ein wenig fad, aber wir hatten Hunger.

Hinter Gotha blieb ich nahe dem Türverschluß stehen und betrachtete die Thüringer Landschaft. Wir fuhren über Eisenach, wo Luther die Bibel in die Volkssprache übersetzte; und über

Erfurt, wo Napoleon vor dem Fürstentag, das Herz erfüllt von Furcht vor seiner einsamen Macht, seine lehnsherrlichen Wünsche diktierte; dann kamen wir in Weimar an, wo wir einige Stunden blieben. Gotha, Eisenach, Erfurt, Weimar. Der deutschfranzösische Zweikampf durch die Jahrhunderte war in diesen vier Namen komprimiert: Deutschland, zerstückelt durch Ambitionen der Fürsten, das sich zum ersten Mal im Aufstand gegen die lateinische Ordnung versammelte, Deutschland, durch die Suche nach einem von Rom und Jerusalem unabhängigen Gott geeint, Deutschland, dem – das Heilige Römische Reich war kaum zerschlagen – der Kaiser der Franzosen die Einheit brachte, indem er die inneren Grenzen entfernte, Könige ernannte, Fürsten verjagte und der nationalen Idee den Boden bereitete; schließlich Weimar, wo Goethe die Erhabenheit der Französischen Revolution begrüßte, ahnend, daß aus der Souveränität eines Volkes die Souveränität der Nationen hervorgehen würde.

Unser kläglicher Konvoi schien mir symbolisch: Er war tragische Wirklichkeit, eine Folge fortschreitender Entfernung von der Realität. Frankreich hatte Europa mit seinen brüderlichen Ambitionen genährt, dabei eine kriegerische Begeisterung gezeigt und sein Blut jenseits seiner Grenzen und für unmögliche Grenzen vergossen. Dadurch hatte es sich verausgabt; und ich fand, daß wir, die Erben von hundertfünfzig Jahre währenden Irrtümern, kaum verantwortlich waren. Ich ärgerte mich über die siegreiche Geschichte, die diesem langsamen Marsch einer ganzen Generation in Viehwaggons vorausgegangen war. Ich erkannte die Logik der Ereignisse und fragte mich, ob wir zu Recht mit unserem Elend für falsch verstandenen Ruhm bezahlten oder, genauer, ob man uns unseren Niedergang zu Recht anlastete. Wir hatten zwar die Waffen gestreckt, aber alles übrige war uns vorher genommen worden. Ich dachte an die Urteile, die unser Debakel mißbilligen würden; man würde die zusammengebrochene Staatsordnung beanstanden, die Versager, die kraftlosen Institutionen, und man würde recht haben. Ob man die ruhmreichen Fehler verurteilen würde?

Ich sah in dieser Begegnung von Glanz und Elend Frankreichs mitten in Deutschland zwei Rundungen, die dazu bestimmt waren, einen Kreis zu bilden.«

»Hundertfünfzig Jahre während Irrtümer«: Eine rasche Substraktion führt zur Französischen Revolution. Muß man daraus schließen, daß er den Sturz des Ancien Régime verurteilt? Der Text legt eher die Einschätzung nahe, daß er die Zerstörung des Heiligen Römischen Reichs durch Diplomatie und Waffen Frankreichs seit dem Ende des 18. Jahrhunderts mißbilligt.

Er kam in das Stalag IX A, auf einem kleinen Hügel 60 Kilometer südwestlich von Kassel unweit eines Waldes gelegen. Seine Ankunft im Stalag hat er in einem Text beschrieben, der am 15. August 1941 in *L'Éphémère*, der Lagerzeitung[3], erschienen ist:

»Wir waren in der Nacht zuvor angekommen. Steif, benommen von den endlosen Stunden in einem Holzwaggon, dem letzten Zeugen unserer teuren, humanen und egalitären Zivilisation (acht Pferde, vierzig Männer), hatten wir stumm und mechanisch die vier Kilometer bis zum Lager zurückgelegt. Als wir aus unserem Tierkäfig stiegen, waren wir verblüfft über die reine Luft und hatten nur ein einziges Ziel: schlafen, ohne störende fremde Beine und schlechte Luft, ohne die hartnäckige Brüderlichkeit vom Geruch eines feuchten Regenmantels. Wir hatten zudem so viele Schmerzen, so viele Hoffnungen, so viele Strapazen zu vergessen; soviel von uns selbst zu verbergen in dieser ersten Nacht in Deutschland, diesem Beginn einer sehr langen Nacht!

Als wir aufwachten, schien die Sonne schräg auf die Spitze der Zelte. Rasch belebt von der morgendlichen Frische, sahen wir uns neugierig um. Das Lager, eine sonderbare, ungewohnte Stadt, regte sich schon; im Osten und Norden sahen wir Baumreihen. Gerade, saubere Wege, der Inbegriff von Geradheit und Sauberkeit; im Westen Hügel, die vom Dunst noch in weißes Licht getaucht waren, und weiter unten das Dorf, dessen kantige Dächer die ersten Anzeichen des Tages empfingen; im Süden weite Ebenen. Auf den Feldern die Garben, zu fünft angeordnet, die Arbeit der Männer. Den ganzen Tag über hin- und hergerissen zwischen der Angst, geschoren, und der, durchsucht zu werden, bedrängt von Bekundungen unangebrachter Neugier, irrten wir in unserer weder menschlichen noch göttlichen Komödie von einem Akt zum nächsten. Hinter dem Stacheldraht setzte die Sonne ihren gewohnten Weg fort, und mit ihr nahmen die Felder, Wälder und Dörfer wieder ihren gestrigen und immergleichen Rhythmus auf. Wir ernteten, banden die Ähren zusammen, schichteten die Garben übereinander. Das Leben hielt sich an die Regeln eines Spiels, von dem wir – so begriffen wir zum ersten Mal – ausgeschlossen waren.«

Die »zweite bemerkenswerte Erfahrung« seines Lebens, die Mitterrand nahezu dreißig Jahre später in *Ma Part de vérité*, Mein Teil der Wahrheit, geschildert hat, ist wahrscheinlich in den folgenden Tagen anzusiedeln. Es scheint, als sei die Realität objektiv weniger hart gewesen, doch der Erzähler hat sie als schlimm empfunden, und das ist es, was hier zählt:

»Am Hang eines Hügels in Hessen, an dem 30 000 Männer bunt durcheinandergewürfelt waren, fing alles wieder bei Null an. Mittags ließen die Deutschen Schüsseln mit Kohlrübensuppe oder Brotlaibe heranschaffen. Schauen Sie, wie Sie den Tag über damit zu Rande kommen. Sogleich herrschte das Gesetz des Stärkeren, die Herrschaft des Messers. Die, welche die Schüsseln an sich rissen, bedienten sich als erste, und es blieb einem nichts anderes übrig, als von ihrer äußersten Güte ein wenig schmutziges Wasser zum Überleben zu erwarten. Aufgrund welcher Bewußtwerdung hat die Masse diese absolute Macht beseitigt? Alles in allem ist das Messer das Messer, ein einfaches Prinzip herrschender Ordnung. Doch ging es so keine drei Monate weiter. Die neuen Sprecher – keiner wußte, wie sie ernannt worden waren – schnitten das Schwarzbrot unter scharfer Kontrolle durch die Allgemeinheit in sechs millimetergleiche Scheiben. Ein seltenes und lehrreiches Schauspiel! Ich habe der Entstehung des Gesellschaftsvertrages beigewohnt. Niemand wird sich wundern, wenn ich sage, daß die natürliche Hierarchie des Mutes und der Redlichkeit, die sich auf diese Weise als machtvoller erwies als das Messer, der Hierarchie und der sozialen und moralischen Ordnung aus der Vor-Lager-Zeit nur entfernt entsprach. Lachhaft! Die alte Ordnung hatte der Prüfung durch die Kohlrübensuppe nicht standgehalten!«

Bereits im Oktober 1940 wurde François Mitterrand ins Stalag IX C des Kommandos 1515 nach Schaala in Thüringen überführt und zusammen mit zweihundertsechzig Gefangenen in einer ehemaligen Steingutfabrik untergebracht. Man hatte sie als

»Intellektuelle« eingestuft, denn unter ihnen befanden sich sechsundsiebzig Lehrer, einundzwanzig Priester, einige Rechtsanwälte, ein Beratungsanwalt, zwei Notare und Studenten... Das Kommando umfaßte überdies zahlreiche Gefangene aus anderen Ländern – Juden aus Mitteleuropa, Polen, Spanier, Slowaken –, die über die Fremdenlegion dorthin gelangt waren. Der aus dem Angoumois stammende Gefangene soll – so will es die Legende – entweder die Arbeit verweigert oder, im Gegenteil, bei Schnee und Kälte die Straßen gepflastert haben[4]. Wie immer stellt sich vieles in der Erinnerung vereinfacht dar. Im »1515« gab es vier Arten von Diensten oder Arbeiten:

1. die Dienste als Gärtner, Heizer, Mädchen für alles... in der Fahrschule der Luftwaffe unweit von Schaala an der Straße, die zur hübschen kleinen Nachbarstadt Rudolstadt an der Saale führt. Dieser Posten ist der beliebteste, denn es ist möglich, »sich vor der Arbeit zu drücken«;

2. die Intendanz. Das Dreschen und Verladen des Heus war bereits viel schwerer;

3. die »Terrasse«. Abgesehen von den jeweils sieben Kilometern Hin- und Rückweg bestanden die Arbeiten im Ausbau eines Rangierbahnhofs;

4. die kleinen Tätigkeiten in den Unternehmen oder bei den Handwerkern der nahen Umgebung sowie verschiedene Gelegenheitsarbeiten.

Anfang Oktober war François Mitterrand zunächst Gärtner in der Kasernen-Schule. »Von meinem Posten als Asche-Sammler sehe ich François abseits der Kolonne, wie er über die abgestorbenen Blätter eher streicht, als sie abzureißen«, berichtet Charvet in seinem Tagebuch, das er während der gesamten Gefangenschaft geführt hat. In den folgenden zwei Wochen nimmt er mit seinem Freund Alphonse Delobre, einem großen, bärtigen Jesuiten, an den Ausbesserungsarbeiten einer Straße teil. Alle, die mit ihm in Berührung gekommen sind, bezeugen, daß er sich bei der Arbeit nie ein Bein ausgerissen hat. Am 11. November wurde er zum Heudienst eingeteilt und lernt dabei zwei Männer kennen, die in seinem Leben große Bedeutung erhalten sollen: Jean Munier und Bernard Finifter.

»Das Heu kam in Wagen an«, erinnert sich Jean Munier. »Es wurde in einer Maschine zusammengepreßt und auf einer Weide in großen, etwa zehn Meter hohen Schobern untergebracht. Um zu verhindern, daß das Heu faulte, wurden die Schober mit großen Platten aus Holz und Teerpappe geschützt. Es war nicht einfach, diese Heuabdeckungen anzubringen, da die Platten schwer waren. Die Gefangenen mußten auf den Schober klettern und die Platten mit Seilen hochziehen, während andere Gefangene sie lenkten und hochdrückten. Eines Tages wetterte ich gegen die von oben, da sie nicht zogen, als einer von ihnen ruhig sagte: ›Wenn du es wie ich machtest, wäre alles noch am Boden.‹ Entwaffnet von dieser Erkenntnis, konnte ich nur sagen: ›Du hast völlig recht.‹ So entstand eine Freundschaft, die nie aufgehört hat.«[5]

Munier war ein schroffer, unzugänglicher Mann. Er machte nicht den Eindruck eines Kraftmenschen; dennoch war er von besonderer Widerstandsfähigkeit und ungewöhnlichem Temperament. In Schaala formierte sich eine kleine Gruppe, zu der auch Bernard Finifter gehörte, ein weißrussischer Jude, der Dolmetscher des Kommandos, sympathisch, stets bereit, den einen oder anderen zu helfen, indem er ihnen Süßigkeiten oder zusätzliche Nahrung besorgte, die er den Deutschen irgendwie abnötigte. Gleich bei seiner Ankunft im Lager hatte er sich als Jude zu erkennen gegeben. Er sprach Russisch, Polnisch, Deutsch und Französisch. Er war in Berlin Boxer gewesen und wollte an Bord eines Schiffes von Hamburg aus heimlich nach New York; er wurde erwischt, doch gelang es ihm schließlich, nach Frankreich durchzukommen; 1939 trat er in die Fremdenlegion ein, wo er sich gut geschlagen hat; er wurde ausgezeichnet und fand sich schließlich in Schaala wieder…

»Mitterrand war ein Mann, der durch die Klarheit seiner Vorstellungen auf sich aufmerksam machte; wie wir alle war er vom Krieg und der Niederlage gezeichnet, doch er war überzeugt, daß die Niederlage nur vorläufig war… Er hatte es nicht nötig, autoritär zu sein, um sich durchzusetzen. Ich erinnere mich, an meine Mutter geschrieben zu haben, daß ich jemandem begegnet sei, der das Format eines Staatschefs hätte«, erinnert sich Jean Munier heute.

François Mitterrand soll auch als Zimmermann gearbeitet haben. Seine Kameraden erinnern sich nicht daran. In der Zeitschrift seines Freundes, des ehemaligen Cagoularden Gabriel

Jeantet, *France, revue de l'État nouveau,* hat er selbst aber geschrieben, dieses schöne Handwerk sechs Monate lang ausgeübt zu haben. Der Artikel trägt den Titel *Le charpentier de l'Orlathal,* Der Zimmermann von Orlathal[6]. In einem an eine Freundin aus dem Var gegen Ende seiner Kriegsgefangenschaft geschriebenen Brief, in dem er seine verschiedenen Tätigkeiten aufzählt (Gärtner, Lastenträger, Fahrer, Mädchen für alles), erwähnt er das Handwerk des Zimmermanns nicht. Ich habe ihn danach gefragt. Er beteuert, es wirklich ausgeübt zu haben. Überlassen wir also dem »Zimmermann von Orlathal« das Wort:

»Wir hatten uns in der Mitte des Platzes in einer Reihe aufgestellt, da näherten sich die Bewohner des Dorfes, um uns zu begutachten. Dann wurden wir ausgewählt. Jemand sagte: ›Der da!‹, und ich folgte fügsam meinem neuen Gebieter.

Er führte mich durch gewundene Gassen und üppige Gärten ans andere Ende des Marktfleckens. Wir passierten eine Brücke und kamen zu einem ebenso wackeligen wie bauchigen Bretterhaus. Dort zeigte mir mein Meister wortlos die Werkzeugkammer, stellte einen Sägebock auf und gab mir ein Metermaß und eine Säge in die Hand. Ich wußte, daß ich von nun an Zimmermann war.

Der Vormittag verging, ohne daß ein Wort gewechselt wurde. Mittags verschwand mein Kollege und ließ mich mit einem rasch verzehrten Gurken-Imbiß allein. Ich blieb lange mit den Ellbogen auf die kleine Mauer gestützt, die den Hof einfaßte, und betrachtete die Landschaft. Ich überließ mich der träumerischen Entspannung, die auf große Anstrengungen und bitteres Leiden hin folgt.

Es muß wohl drei Uhr gewesen sein, als mich ein tönendes ›Komm her!‹ an meine Lage erinnerte. Der Zimmermann erwartete mich mit einer Mappe unter dem Arm. Ich ging zu ihm. Dann nahm er ein großes Brett, das er auf zwei Böcke legte, zog einen riesigen Rotstift mit abgeflachten Seiten hinter dem Ohr hervor und schrieb. Zuerst zwei Daten, dann die Namen zweier Städte: 1806 und 1813, Saalfeld und Leipzig, und gegenüberstehend das folgende Wort in Großbuchstaben: NAPOLEON. Danach zeigte er mit kreisender Geste auf den Horizont und sagte: ›Über alles, Napoleon.‹ Am Vortag war ich in Saalfeld vorbeigekommen, einer kleinen Stadt, unweit der unsrigen gelegen, und ich erinnerte mich in der Tat an das Vorhutgefecht, in dem die königlich-preußischen Truppen auf die des Kaisers getroffen waren. Als der Zimmermann sah, daß ich verstanden hatte, erging er sich in Erklärungen, denen ich folgendes entnehmen konnte: Napoleon hatte in dem Dorf gewohnt, und man hatte sein Andenken dort treu in Ehren gehalten. Als er dann in Leipzig sein Mißgeschick erfuhr, herrschte unter den Patrioten Deutschlands gleichzeitig Freude und Traurigkeit, man hatte diesen mächtigen Kriegsherrn trotz allem gemocht.

Als er seine Rede beendet hatte, blieb der Deutsche eine Weile in Gedanken versunken, dann öffnete er seine Mappe und entnahm ihr den wunderlichsten Trödel an Erinnerungsstücken, den ich je gesehen habe: Porträts von Bonaparte und Joséphine, eine reizende Miniatur von Napoleon II., eine Nachbildung der Hände von Rodin, zwei Ausgaben der Zeitschrift *Marie-Claire*, in denen die Liebschaften von Marie-Louise mit Neipperg und Bombelles erzählt worden waren, eine Ausgabe von *L'Illustration*, die Kupferstiche des Grabes von Longwood und einige Landschaftsbilder aus Sankt Helena enthielt, sowie einen Wust von Zeitungsausschnitten.

Alles, was er in französischen und deutschen Zeitungen und Zeitschriften entdeckt hatte, hatte er aufgehoben. Und doch war er nie nach Frankreich gereist und kannte kein Wort unserer Sprache. Ich war natürlich sehr bewegt, als ich diese Reliquien sah, und ich wunderte mich über so viel anhaltende Ehrfurcht bei eben jenem Volk, auf das unsere Waffen gerichtet war.

Aber ich sagte nichts weiter, und der Zimmermann räumte seine Bilder weg.

Ich habe seither oft an dieses Erlebnis gedacht. Sechs Monate lang habe ich weiter Dachsparren zurechtgeschnitten, Latten vermessen und Bretter gesägt. Nie wieder haben wir von diesen Dingen gesprochen.«

Welche Arbeiten François Mitterrand am Tag auch verrichten mußte, er kehrte jeden Abend zum Kommando in der ehemaligen Steingutfabrik zurück. Dank des Tagebuchs von Paul Charvet ist es möglich, sich eine Vorstellung von der Atmosphäre und den materiellen Bedingungen zu machen, die dort herrschten:

»Die Nahrung besteht aus einem kompakten Laib Brot für sechs Personen sowie 40 Gramm Margarine, Melasse oder Fischpüree. Mittags klare Suppe aus Hirse, Kartoffeln, Futterrüben und kleinen aufgeweichten Fleischwürfeln. Nach dem Aufstehen: eine Tasse Kräutertee, die den Kaffee ersetzt. Sonntags Rotkohlsuppe.«

Sein Kamerad imponiert ihm:

»…Dann, ernst und würdevoll, François Mitterrand, mit mattem, von Entschlossenheit gezeichnetem Gesicht. Der Blick scheint nach innen gerichtet. Ich erfahre bald, daß auch er jenen Sinn für die Realität besitzt, der ihm erlaubt, über den Ereignissen zu stehen. Als Unteroffizier der *Infanterie coloniale* trägt er keine Uniform, nur die braune Baskenmütze der Maginot-Linie. Er grüßt jeden, aber distanziert.«

Die Personen, die François – laut Charvet – nahestehen, sind der Gymnasiallehrer Vermeil; der große bärtige Jesuit Alphonse Delobre, ein Brillenträger mit einem weiten Umhang, unter dem er seine gestohlenen Sachen verbirgt; der durch seine extreme Kurzsichtigkeit behinderte Charles Monier, ein hochgebildeter Jesuit; Xavier Leclerc, Vikar in Moulins, trotz seiner Magerkeit ein Genießer; Nebout, Pfarrer aus Louchy; und Moullec… Diese sieben Personen – Charvet inbegriffen – finden sich jeden Abend und jeden Sonntag am selben Tisch ein. Zumindest anfangs, denn Mitterrand wird, da er zu verschiedenen Diensten herangezogen wird, bald neue Freunde kennenlernen.

In diesem Kommando begegnet er auch Roger Pelat. Dessen Vater, ein ehemaliger Arbeiter, gehörte zu den Schwerkriegsbeschädigten von 1914–18. Die Mutter, eine Wäscherin, verdiente nicht genug Geld, um den Sohn aufzuziehen; so übernahm der Staat die Fürsorge für den Dreizehnjährigen. Als junger Mann begann er als Arbeiter bei Renault, trat der kommunistischen Jugend bei und meldete sich, die Blume im Gewehr, freiwillig zu den Internationalen Brigaden, um das Franco-Regime zu bekämpfen. Robert hat ein bretonisch klingendes Wort kreiert, das gleichzeitig Kriegsschrei und Befehl zum Sammeln ist: »Auskeneguenewol!« Er übt das Amt des Chef-Entlausers aus. Es besteht darin, die Heizkessel zum Bullern zu bringen, die Gefangenen zu zwingen, sich auszuziehen, und – während die Kleider desinfiziert werden – darauf zu achten, daß sich jeder einseift.

Roger ist ein erfahrener Mann der Tat, der aus dem Volk stammt und Mitterrand so Einblick in eine Welt verschafft, die er bisher kaum kannte.[7]

Das Tagebuch von Chavret offenbart auch einen verkannten Mitterrand, der komödiantische Talente besitzt und die Stubengemeinschaft zum Lachen bringt. So erzählt Chavret eine Szene, in der er das Aufteilen gestohlenen Brotes durch einen Dolmetscher nachahmt, der sich nebenbei kräftig bedient:

»Am Abend im Kommando erlebe ich erneut das Schauspiel vom Morgen. François Mitterrand stellt es genau nach. Die Worte, die Betonungen, die kurzen Gesten und der Glanz der Augen verdichten sich zu einer Schilderung aus Komik und verächtlicher Ironie: ›Die schmerzende, unverschämte Erhabenheit des Opfers, das den Profit verschleiert.‹ Mit seiner ein wenig abgehackten Stimme fragt er: ›Findet ihr das nicht lustig?‹

Dabei lachen wir schon. François versteht es, die Dinge bunt und unterhaltsam darzustellen. So öffnet er sich, wahrt aber durch die Nüchternheit seines Verhaltens eine gewisse Distanz…«

Am Sonntag vor Weihnachten lesen die Angehörigen des Kommandos die Zeitungen, die von den Deutschen zur Verfügung gestellt worden sind. Da ereignet sich etwas, worüber der Chronist Charvet berichtet:

»Ich empöre mich, daß bei der Überführung der sterblichen Überreste des Aiglon in den Invalidendom der hohe französische Klerus an der Seite von Abetz und anderen betreßten ›Feldgraus‹ zu sehen ist.[8] Ein Priester, keiner von unseren, ist auch da, ein Professor, glaube ich.

›Junger Mann, Sie sind ein Sektierer wie Kardinal Verdier, als er die Amtsenthebung des Priesters verkündet hat, der dem Historiker Bainville die Absolution erteilte.‹

Mitterrand schneidet ihm das Wort ab:

›Wo liegt da der Zusammenhang?‹

Delobre insistiert ironisch:

›Bainville hat über den Aiglon geschrieben. Ansonsten sehe ich auch keinen.‹

Es folgte eine Ansprache an die widerspenstigen Gemüter, die nicht verstünden, daß Frankreich endlich in der Zeit des großen Mea culpa angelangt sei. Dank des Marschalls spiele sich alles unter französischer Souveränität ab.

›Was für eine Souveränität?‹ fragt François, ›Frankreich ist zu zwei Dritteln besetzt, und es gibt zwei Millionen Kriegsgefangene? Das ist nur Gerede.‹

Michel, ein Kamerad aus Clermont-Ferrand, der ein paar Bankreihen weiter alles mitangehört hat, steigt von seinem Sitzbrett und fährt heftig dazwischen:

›Pétain ist nur ein alter Haudegen, den die Revanchisten gegen die Volksfront einsetzen. Ihnen ist Hitler lieber als Blum.‹

Der Freund von Bainville gibt auf…«

Fern von Jarnac, von Marie-Louise/Béatrice und den Freunden ist es nicht leicht, den Heiligen Abend zu begehen. François Mitterrand hat ihn zwei Jahre später – im Dezember 1942 – in der Zeitschrift der *Chantiers de jeunesse* unter dem Titel *Une grande Paix était descendue sur les prisonniers*, Tiefer Friede war über die Gefangenen gekommen, beschrieben:

»Nun beginnt der unlängst noch so freudige und friedliche und jetzt, da wir alles verloren haben, so bittere Heilige Abend. Den ganzen Tag haben wir über denselben Gedanken gebrütet und immer wieder dieselben Bilder an uns vorüberziehen lassen: die Mitternachtsmesse in der Pfarrkirche, die Rückkehr nach Hause in kleinen, belebten Gruppen, die Kinder, die ungeduldig auf wunderbare Gaben warten und all die geliebten Gesichter.

Heute abend ist Weihnachten. Die vor zweitausend Jahren ausgesandte Botschaft des Friedens, sie begegnet uns hier als Gefangenen und Verlassenen in einem Bergdorf dieses fremden Landes; wir sind zweihundertfünfzig Männer aus Frankreich unter vielen Tausend, die an die alten Worte denken und sich wundern, daß es um sie herum nur Leid und Verzweiflung gibt statt der wunderbaren Verkündigungen.

Alle haben die Proviantbeutel und das Eßgeschirr weggeräumt, den khakibraunen Soldatenmantel gefaltet, sich auf den Rand der Betten aus Holzplanken gesetzt, es ist dunkel geworden. Man hört nicht die gewohnten Scherze, niemand spielt Belote oder Bridge; manche achten am Ofen auf das gegrillte Brot, aus dem wir gleich – mit den seit drei Monaten zurückgelegten Leckereien – Schnitten zubereiten werden. Wir wollen versuchen, den Kreis des Kummers und der Sehnsucht zu durchbrechen, aber bislang herrscht Schweigen, alle tragen das Gewicht ihrer Erinnerungen. Einer hat aus einem alten Lederetui eine Mundharmonika gezogen und begonnen, leise, langsam und nur für sich zu spielen.

Die näselnde Melodie ist erklungen, wieder verstummt und hat schließlich jeden Winkel erobert. Anfangs war uns diese ungebetene und unpassende Begleitung peinlich: Was sollte diese Kaffeehausdarbietung? Und dann haben wir sie angenommen. Alle Melodien zogen vorbei: *Marie-Lou, Sur le Plancher des vaches* und all die Lieder aus dem *Temps des cerises*. Es war keine schöne Musik, und sie paßte gewiß nicht zur Feier dieses Abends, aber sie sollte ja auch nur an ferne, vergessene Reichtümer erinnern. Dann spielte der Mundharmonikaspieler all die ewigen Schlager von *P'tit Quinquin* bis *La Paimpolaise*, und auf unerklärliche Weise nahm die schrille Folge schiefer Töne eine plötzliche, wundersame Erhabenheit an.

Seltsamer Heiligabend! Wie lange verharrten wir so und hingen unseren Erinnerungen nach? Ein paar Männer standen auf und zogen in aller Ruhe die Bänke hervor; einer von ihnen nahm zwei Kerzen aus seinem Beutel heraus, die er an jeder Seite seines Tisches aufstellte; dann faltete er einen weißen Stoff auseinander, schlug ein rotes Buch auf, und als der Älteste in seine Hände klatschte und sagte: ›Meine Freunde, wir werden die Mitternachtsmesse feiern‹, verstummte die Mundharmonika.

Der Priester, bekleidet mit dem Ornat, stand schon unten am improvisierten Altar und rezitierte die ersten Fürbitten, alle knieten nieder. Es war ein altes Ritual, eine bekannte, nur für kurze Zeit unterbrochene Gewohnheit, die die Männer wiederaufnahmen; sie blickten auf die beiden kleinen, lodernden Flammen, als suchten sie noch den Stern der ersten Nacht.

Ausgebleichte Uniformen, schlecht genähte Jacken, ausgetretene Schnürstiefel, all das gab diesem Trupp das Aussehen einer von langen Umwegen erschöpften Karawane, unterwegs zu dem geheimnisvollen Dorf, in dem man die frohe Botschaft vernehmen sollte.

Die Messe war einfach; wir haben ein Credo und ein *Minuit chrétien* gesungen. Wir haben das Responsorium auf die Fürbitten des Priesters gemurmelt. Nachdem dieser dann die Hände gehoben und die schmale Scheibe des geweihten Brotes in den Händen gehalten hatte, haben alle das Gotteskind empfangen.

Nach Ende der Messe bildeten sich Gruppen; die Unterhaltung wurde lebhaft. Feiern aus glücklichen Jahren wurden in Erinnerung gerufen, die vorzüglichen Festessen am Heiligen Abend; bald wurden Eßgeschirr und Besteck zwischen den Bettgestellen angeordnet; Lebkuchenscheiben türmten sich zu Pyramiden; kunstvolle Arrangements aus Sardinen und Wurstscheiben bildeten appetitanregende Figuren. Einige hatten abgeschnittenes Laubwerk mitgebracht, befestigten es an den Wänden und flochten es zu Girlanden. Und ein malerisches Fest begann...

Der Unteroffizier, der das Kommando befehligte, hatte gestattet, daß wir die Feier bis drei Uhr fortsetzen konnten. Wir fühlten uns eng verbunden und verbrachten den Heiligen Abend um die abgeräumten Tische herum und erzählten reihum mit lauter Stimme von unseren Erinnerungen, die sich alle glichen. Als der Wachposten kam, um uns darauf hinzuweisen, daß die Zeit überschritten war, setzten wir die Erzählungen im Dunkeln noch lange fort. Ich blieb, nachdem ich die Läden meines Fensters geöffnet hatte, auf meinem harten Lager sitzen. Draußen bildeten die hellen Sterne Streifen am Himmel, der Schnee auf den Dächern ließ Dorf und Berge verschmelzen. Und ich vernahm das regelmäßige Klatschen des tobenden Bachs gegen die Schaufeln der zerbrochenen Räder unserer Mühle. Es schien mir, als sei um mich herum tiefer Friede eingezogen.«

Das Leben nimmt seinen Lauf. Mitterrand äußert sich ebenso beflissen über Politik wie über Literatur. Die Wiederwahl Roosevelts ist in seinen Augen eine gute Sache. Er ist überzeugt, daß die Konfrontation von Hitler und Stalin unmittelbar bevorstehe. Er reißt alle mit, wenn er von Paris spricht, vom Geist seiner Bewohner, den Debatten in der Abgeordnetenkammer, und wenn er mit seinem Darstellungstalent ein Wortgefecht zwischen Blum und Flandin nachahmt.[9]

»Die Eloquenz von Pierre Cot ist für ihn große Kunst. Daladier, der sich die Tremolos für das Satzende aufspart, ist vor allem der Mann, der genötigt war, vor Hitler in München kleinbeizugeben, er ist für lange Zeit der Verantwortliche für den Verlust unserer Glaubwürdigkeit.

Er kommt oft auf dieses, ihn quälende Thema zurück. Er kennt die Verträge von Versailles und Saint-Germain sehr genau. Ich und viele andere hören ihm aufmerksam zu.

Er ist ein brillanter Kopf und geht gerne auf die Meinung der anderen ein. Er bezieht sie in seine Überlegungen ein, analysiert sie und zieht Nutzen daraus.

In seinen Augen gibt es nur zwei unverzeihliche Eigenschaften: Willensschwäche und die Grobheit.

Wir alle schätzen seine Eleganz, die Art, wie er Paris, Jarnac und Touvent zu beschreiben versteht, und seinen Geschmack (vornehmes 18. Jahrhundert!)… François kennt Mauriac und auch Jacques Chardonne. Wir sind alle ziemlich beeindruckt. Zu meiner Freude mag er Lamartine. Zu dieser Zeit kennt er Cluny noch nicht.

Wir fühlen uns als geborene Erdbewohner und lassen die zuweilen ein wenig larmoyante Seite des Dichters von der Saône außer acht.

Beide lieben wir das Land unserer Herkunft und stammen aus einer vielköpfigen Familie. Bei uns zu Hause ›spricht man bei Tisch nicht über Geld‹.«

François Mitterrand arbeitet bis zu dem Tag als Zimmermann, an dem sein Kommando nach Hessen zurückkehren muß, wo er vor sechs Monaten herkam. Überlassen wir es ihm, seinen letzten Tag bei dem deutschen Zimmermann zu schildern:[10]

»Erst am letzten Tag, als entschieden wurde, daß mein Kommando von Thüringen nach Hessen überführt würde, hatte mein Meister erneut ein wenig Aufmerksamkeit für mich übrig. Diesmal fuhren wir über einen ungewohnten Weg zur Werkstatt. So konnte ich das bürgerliche Viertel der kleinen Stadt kennenlernen. Die modernen, geräumigen Wohnhäuser wechselten sich mit Gebäuden ab, die ein Jahrhundert alt waren. Doch das schaffte keinerlei Ungleichgewicht. Die Gärten, Höfe und freien

Flächen mit ihrem reichen Grün und ihren gerade erst aufgegangenen Blumen gaben den Gebäuden etwas von der Vielfalt und der Pracht ländlicher Farbtöne. Mir fiel auf, welche enormen architektonischen Anstrengungen hier unternommen worden waren. Die Harmonie der Formen wirkt oft auf die Harmonie der Seele und der Sinne. Man hatte sie nicht vernachlässigt. Der Zimmermann schien glücklich, mir seine kleine Stadt zu zeigen. Er wies auf die Kühle der Alleen hin, erklärte mir, wie man das Laubdach der Bäume beschneiden müsse, er stellte die Sauberkeit der Straßen heraus, indem er mir die Kosten für den Straßenreinigungsdienst auflistete. In der Nähe eines niedrigen Hauses mit grünen Fensterläden und regelmäßigen Dachsparrenverzierungen hielt er an und ließ mich den Text auf einer Marmorplatte vorlesen, die in die Mauer eingelassen war. Goethe hatte dort gelebt, und Schiller hatte ihn besucht.

Mit meiner naiven Vorliebe für historische Zeugnisse blieb ich stumm und fasziniert stehen. Der Zimmermann bemerkte mein Stillschweigen. Er zeigte mit dem Finger die Namen. ›Das waren zwei Männer wie du, die studiert hatten, aber sie waren sehr bedeutend und sind jetzt überall auf der Welt berühmt.‹ Goethe! Goethe! So besuchte ich dich also. Erinnerungen an meine schwärmerische Jugend wurden lebendig. Wie ich von Athen geträumt, mir die Festlichkeiten von Weimar vorgestellt und die Gespräche mit Eckermann vor Augen geführt hatte, und erneut hörte ich die immer wieder vergegenwärtigten Sätze des Dichters: ›Alle Versuche, irgendeine ausländische Neuerung einzuführen, wozu das Bedürfnis nicht im tiefen Kern der eigenen Nation wurzelt, sind daher töricht, und alle beabsichtigten Revolutionen solcher Art ohne Erfolg.‹[11] Wie oft hatte ich über diese Worte nachgedacht, die im Unglück einer Nation entstanden waren, die jetzt die meine beherrschte!

Wir setzten den Spaziergang fort; am Ende des Tages strahlte die Sonne in ihrer ganzen Herrlichkeit. Auf dem Rückweg gingen wir an der Saale entlang. Ihre Mäander sind nicht durch ihre Trägheit entstanden wie die der Charente, die zwischen flachen Weiden fließt, sondern durch die Härte ihrer Ufer, die sie abweisen, sie zurückdrängen und den Strom in seinem Lauf nach Süden anzuspornen scheinen. Alles um mich herum bestätigte den *Triumph der stillen Kraft*[12]. Doch sah man in der Ferne die halbzerstörten Mauerreste einer stolzen Burg, und ich wußte, daß die Zeit von einem Jahrhundert zum nächsten für menschliche Leidenschaften nur kurz ist; so hatten die Geächteten von 1918 die siegreiche Welt erneut herausgefordert, indem sie die Heldenepen der Menschen dieses Landes wiederaufgriffen, das sich seit tausend Jahren beharrlich geweigert hatte zu sterben.

Vor dem Abschied zog der Zimmermann den Ärmel seines rechten Arms hoch und entblößte eine Narbe. ›Verdun‹, sagte er. Auch ich trug auf meinem Körper die Zeichen des Krieges, und wie er hatte ich sie in Verdun erhalten. ›Verdun‹, wiederholte er und machte eine müde Handbewegung. Mit schweren Schritten ging er fort, und ich blickte seiner vom Alter gebeugten Gestalt nach, bis sie hinter der Straßenbiegung verschwand. Ich war sprachlos bei dem Gedanken, daß alles, was uns in sechs Monaten Arbeit und Schweigen verbunden hatte, nicht die Sehnsucht nach Frieden oder die Hoffnung auf heitere, brüderliche Tage war, sondern die Erinnerungen an Krieg und Gefecht. Napoleon und Verdun zogen zwischen uns die blutige Spur, die die Völker zusammenführt, statt sie zu trennen.«

Munier bemerkt eines Tages, wie Mitterrand eine Deutschland-Karte studiert. Er hat begriffen, daß sein Freund fliehen will, doch er bleibt diskret: »Wenn du willst, fertige ich dir eine Kopie an…«

Einige Tage später bittet Mitterrand ihn, ihm zu helfen, seine Sachen bis zu einer Holzbaracke im Gelände zu bringen. Von dort aus wird er mit Abbé Leclerc fliehen. Dafür müßte Munier die Bewachung der Baracke übernehmen. Als er am Tag vor dem Tag »J« vom Arbeitsdienst zurückkehrt, verkündet Munier in den Raum, er werde Wache stehen. Niemand wagt zu widersprechen. Am nächsten Morgen kommt Mitterrand in seinem mit einem roten »K.G.« gekennzeichneten Militärmantel wie geplant zu der Baracke. Er legt ihn ab, zieht eine Golfhose und einen beigen Regenmantel über, holt aus seiner Tasche eine karierte Mütze und setzt sie auf. Er hat Marschverpflegung vorbereitet. Munier begleitet ihn bis zum Holzschuppen, der ein Bahngleis und weiter unten einen Weg in der Nähe des feinen Stacheldrahtzauns überragt. »Warum brichst du bei so schlechtem Wetter auf?« erkundigt sich Munier.

»Niemand wird denken, daß einer bei so einem Wetter flüchten könnte...«

Van Elstraete hilft Abbé Leclerc bei den Vorbereitungen.

Am 5. März 1941 brechen die beiden auf. Ohne Mühe überwinden sie den Zaun. Doch wenig später hört Munier einen schwachen Pfiff. Es ist Abbé Leclerc, der sagt, er habe seine Papiere in dem Mantel vergessen, der im Innern der Holzbaracke liegt! Munier durchsucht den Mantel, findet aber nichts. Schließlich findet der Abbé seine Papiere in seiner Tasche wieder. Er macht sich erneut auf den Weg und folgt seinem Fluchtgefährten...

Am Ende des Nachmittags sammeln sich die Gefangenen in Dreierreihen, um in das ungefähr fünf Kilometer entfernte Schaala zurückzukehren. Finifter versichert den deutschen Aufsehern, daß alle da seien. Dank einem von einem gewissen Taveneau provozierten Zwischenfall – ein Beinstellen und ein paar Lacher – bemerken die Deutschen nicht, daß bei der Ankunft in Schaala zwei Männer fehlen. Am Abend beim Appell vor den Bettgestellen läßt sich das Fehlen von Mitterrand und Leclerc nicht mehr verbergen. Die Deutschen werden jedoch einige Zeit brauchen, bis sie erkennen, von wo aus sich die beiden Flüchtigen davongemacht haben. Erst rund zwanzig Tage später werden in einem Heuschober die Sachen der beiden Männer gefunden, die Munier dort versteckt hatte...

Alles ist gut kalkuliert: Mitterrand und Leclerc ernähren sich von zwölf Kriegskeksen und einer Tafel Schokolade am Tag. Sie durchqueren den verschneiten Thüringer Wald, essen, was sie in den für die Rehe aufgestellten Futtertrögen finden, folgen den Spuren der Wildschweine und finden Unterschlupf in den Hütten der Holzfäller. Am zwölften Tag werden sie von einem Schupo angehalten, doch gelingt es ihnen, ihm weiszumachen, daß sie freiwillige italienische Arbeiter sind. Nach zweiundzwanzig Tagen und etwa 550 Kilometern Marsch sind sie noch rund dreißig Kilometer von der Schweizer Grenze entfernt. Leclerc war zwischendurch ernstlich krank gewesen. Sein Gefährte hat ihn, so gut er konnte, gepflegt, und er hat sogar ohne Deutschkenntnisse Schnaps gekauft. Erschöpft und ausgehungert begehen die beiden Ausgebrochenen den Fehler, ihren Weg tagsüber fortzusetzen. In Egesheim werden sie verhaftet und im Gefängnis von

Spaichingen interniert, um sich schließlich hinter Schloß und Riegel des Stalag IX C wiederzufinden.

Einige Zeit später werden sie ins Stalag IX A nach Hessen überführt, wo sie den letzten Sommer zuvor verbracht hatten. Abbé Pierre Dentin[13], der stellvertretende Vertrauensmann des Lagers, erinnert sich an den »abgezehrten jungen Mann, der aus der Baracke heraustrat, in der die Straffälligen, namentlich die wiedereingefangenen Ausbrecher, eingesperrt waren, und an die Tür meines Büros klopfte:

– Wie heißt du?
– Mitterrand.
– Wie buchstabierst du das?
– M…
– Dein Ausbruch ist mißlungen?
– Ja.
– Willst du noch mal ausbrechen?
– Ja, aber vorher muß ich mich erholen.«

Von diesem Tag an wird der Abbé, der sich um die Streitsachen der sechsunddreißigtausend Männer des neunten Militärbezirks sowie um die Verteilung der Pakete des Roten Kreuzes kümmert, François' Freund. Sehr beliebt im Lager, schlägt er ihm vor, der ZUT (Ziegenhain, *Université temporaire*) beizutreten, um dort Vorträge zu halten. Mitterrand willigt ein und wird einer der zehn Kanzler der »Akademie«, unter der Devise: »François überall, nirgends ein Fremder.«

Noch heute sprechen die Überlebenden von den außerordentlich glanzvollen Vorträgen ihres Freundes François. Seine intellektuelle Wendigkeit verblüfft sie alle. Abbé Pierre Dentin: »Jeden Abend nach dem Essen hatten wir zwei Vorträge von je einer Stunde. Eines Abends finde ich François in der Bibliothek mitten in der Lektüre:

›Du sprichst gleich…‹
›Ach ja! Ich hatte es vergessen…‹
›Doch, wir sind beide dran.‹

Er läßt sein Buch fallen und stürzt zu den Regalen, um sich andere zu suchen. Eine Stunde später hielt er ohne Notizen einen glänzenden Vortrag über die königlichen geheimen Haftbefehle unter dem Ancien Régime…«

François Chateau, ein Notar aus Vichy, erinnert sich[14] an seine Vorträge über Voltaire: »Ohne Notizen, die Hände auf den Tisch gelegt«.

Léopold Moreau[15]: »Ich erinnere mich noch, daß er zu uns über *Lady Chatterley's Lover* gesprochen hat; die Neugier hat mich hingetrieben, denn eine Stunde vor seinem Vortrag hatte er mir angekündigt: ›Ich habe nichts vorbereitet, nichts nochmal gelesen, ich kann nur mein Gedächtnis benutzen.‹ Er besaß ein hervorragendes Gedächtnis.[16]

Das Adjektiv »mutig« benutzen die Ehemaligen des Stalag IX A häufig in Zusammenhang mit François Mitterrand. Es bezieht sich auf seine Ausbrüche, seine gleichgültige Haltung gegenüber den Härten des Lebens. Von 1941 bis 1944 fälschte er ungefähr fünfzehn Sätze Papiere für sich und andere. Für Léopold Moreau fertigte er einen Studentenausweis für das vierte Jahr Medizin an der Fakultät von Lyon an.[17]

Das Stalag IX A gleicht den anderen Gefangenenlagern kaum. An der ZUT kann man zahlreiche Fächer belegen, darunter Metallurgie und andere technische Disziplinen. Es gibt eine bedeutende, von Dom Auguste Richard geleitete Bibliothek, die rund fünfunddreißigtausend Bände umfaßt, von denen ein Teil in einer Buchhandlung in Metz »requiriert« worden ist. Siebentausend Bücher gehören zum festen Bestand des Lagers, die anderen zirkulieren unter den Kommandos des IX. Militärbezirks. Es gibt eine Theatergruppe, ein Orchester und Veranstaltungen verschiedenster Art. Baron ist der unermüdliche Spielleiter einer Gruppe von Imitatoren, Sängern und Tänzern. Es werden zahlreiche Bridge-Turniere veranstaltet. Man spielt auch Schach. Etliche Sportarten werden praktiziert.

»Die Stimmung war gut«, erinnert sich François Chateau. »Das war in erster Linie der Haltung der Gefangenen zu verdanken, einer besonderen Haltung. Man fuhr sich nicht gegenseitig in die Parade, sagte über niemanden etwas Abfälliges und wollte die Deutschen nicht provozieren. Es gab viele Geistliche und Lehrer. François Mitterrand verkehrte viel mit den Geistlichen. Er saß am Tisch des Vertrauensmanns, Abbé Florin, und war oft mit den Abbés Dentin und Caillaux zusammen.«

In seinem Buch *Mes Évasions* hat der Schriftsteller und damalige oberste Krankenpfleger Robert Gaillard, über das »IX A«

geschrieben, es sei »das Paradies im Vergleich zu dem [gewesen], was er [anderswo] kennengelernt« habe: »Es gibt hier Schriftsteller, Denker, Geistliche voller Feingefühl. Mitterrand gibt mit Abbé Delattre die kleine Lagerzeitung *L'Éphémère* heraus.«

Die Lektüre von *L'Éphémère* liefert eine gewisse Anzahl von Informationen über das Leben in Ziegenhain. Die Gefangenen scheinen auf dem laufenden über das, was in Frankreich vor sich geht, da sie *Paris-Soir*, Aufsätze und Bücher lesen können. Diverse Verbände und Hilfswerke verstärken die Verbindungen zwischen dem Vaterland und seinen Gefangenen.

Aber am aufschlußreichsten ist die Lektüre der Leitartikel dieses Blatts: Mitterrand zeichnet hier als Autor lediglich mit »François«. Am 1. Juli 1941 stellt er die Lage Frankreichs dar:

»Die letzte Stunde hat geschlagen... Hier sind wir nun, abgetrennt und angeschlagen, und zermartern uns den Kopf bei der Suche nach den Gründen.«

Ständig beschäftigt er sich mit diesem Thema. Tief in den Schützengräben, bei der Ausbildung seiner »nationalen« Perspektiven, erwähnte er eine »Schuld«, die es zu begleichen gebe, die verhängnisvolle Rolle der Politiker; im Juli 1941 lehnt er es ab, auf das Spiel einzugehen, das in Vichy auf Hochtouren läuft und die Volksfront, die Kommunisten und den Parlamentarismus pauschal geißelt.

»Diesem Sport fehlt das Unvorhergesehene, das darin besteht, die Vergangenheit zu durchforschen, um unsere Irrtümer und Fehler zu finden... Anstatt sich an die Brust zu klopfen (oder auf die des Nachbarn), anstatt ein *mea culpa* herunterzubeten (oder ein *tua culpa*), sollte sich jeder auf seine Stärken besinnen. Wir sind nicht so mittellos, daß uns keine klaren Geister und kräftigen Muskeln mehr blieben. Es geht darum, die Gegenwart unbehelligt von einer Vergangenheit zu leben, die man uns vor Augen hält... Für uns wird es keine Schöpfung geben ohne diese höchste Kühnheit: den Glauben an uns.«[18]

In der Rubrik »Das Lagerleben« erfährt man, daß die Gefangenen beim Lesen der Zeitschrift *Le GAZ...part*, die Albert Baron von den Folies-Bergères gegründet hat, etwas zu lachen haben; es finden sich darin Chansons von Baron und Henri Lebon sowie bezaubernde Ansichten und Gemälde – »stark achtzehntes [Jahrhundert], mein Lieber« – von Jacques Biget, einem Notar aus Angoulême, der von der klassischen Literatur begeistert ist und Kleiner Marquis genannt wird. Die Gefangenen sehen im Theater *L'Annonce faite à Marie* in einer Inszenierung des Rouleau-Schülers Yves Brainville. Mitte Juli lesen wir: »Das Lager lebt in der Sonne: Freikörperkultur, schwere und leichte sportliche Betätigung und lange, schlaflose Nächte.

Die Universität setzt ihre Kurse fort, dieses Jahr gibt es keine Ferien. Die Baracke 29 ist für kulturelle Aktivitäten reserviert.«

Auch wenn Mitterrand seine Aversion gegen den *Front populaire* beibehalten hat, so definiert er in der Ausgabe vom 15. Juli den »Geist der Gefangenen« als eine Welt der Brüderlichkeit, in der alle Klassen und sozialen Unterschiede beseitigt sind:

»Wir sind an andere Festlichkeiten gewöhnt, an diesem Fest der Freiheit! Der 14. Juli der Paraden und Rundtänze: Wir empfanden die Trunkenheit eines Volkes, das von seiner Vergangenheit nur den Anlaß zurückbehalten hatte, in den Straßen zu tanzen oder Uniformen zu bewundern. Man berauschte sich an dieser Freude an schönen Sommertagen, man maß unsere Macht an der Zahl der Stunden, die die Paraden dauerten, und vielleicht hatte man Grund zu lachen und stolz zu sein. Doch in der Zeit von Talleyrand, der die Feier des ersten 14. Juli zelebrierte, bis zu den Umzügen von 1936 hätte man besser mehr daran gedacht, daß sich die Freiheit nicht von sich aus entwickelt, sondern die Hilfe und Freundschaft eines jeden Bürgers braucht.

Jetzt, da wir diese früher so vernachlässigten Errungenschaften einer Zeit nicht mehr besitzen, in der der 14. Juli für alle ein Arbeits- oder ein Ruhetag war, verspüren wir alle die bittere Sehnsucht nach dieser verschwundenen Zeit. Französische Kriegsgefangene aller Klassen, alle vereint im Unglück und alle gleichgestellt durch die Arbeit auf den Feldern, alle demselben Rhythmus von Tag und Nacht unterworfen, wir haben jetzt die Möglichkeit, gemeinsam neu anzufangen.

Möge dieser 14. Juli 1941 der erste in einer langen Reihe sein, an dem wir ohne Gepränge die Brüderlichkeit feiern. Man eignet sich diese nicht an, indem man ›Es lebe die Freiheit!‹ schreit, sondern indem man seine Kraft und seine Intelligenz mit Hingabe einer Ordnung zur Verfügung stellt, in der jeder seine eigene Aufgabe der seines Nachbarn vorzieht.«

Wahrscheinlich vollzieht sich in ihm eine Wandlung, die seine Schicksalsgenossen jedoch nicht einhellig beurteilen, ganz als hätte er einmal mehr jedem nur einen Spiegel vorgehalten.

Abbé Dentin ist überzeugt, daß er sich vom Rechten zum Linken wandelte: »Ich habe viel mit ihm diskutiert und seinen Übergang von Schwarz nach Rot bemerkt. ›Weißt du, nicht die Kirche wird die Welt verändern. Sie schafft bestenfalls individuelle Heiligkeiten. Was wir brauchen, ist konkrete Politik‹, sagte mir François Mitterrand. Er suchte auf der Seite der Linken… Ich war mit seiner Analyse der Kirche weitgehend einverstanden, aber ich war der Meinung, man müsse sich wieder mehr auf die Person Christi konzentrieren. ›Er, und zwar er allein, ist es, der zählt‹, sagte ich… Ich mochte Mitterrand sehr. Er ging wie die meisten Gefangenen zur Messe, aber er steckte in einer religiösen Krise.«

Biget, der »Kleine Marquis«, hat ganz andere Erinnerungen:
»Mitterrand war rechtsextrem. Er hat mir seine Begegnung mit dem Grafen von Paris geschildert. Er versicherte, am 21. Januar[19] zur Gedenkmesse zu gehen. Wir waren alle Pétainisten. Wir verehrten den Marschall. Für uns war er wie ein Großvater. De Gaulle und der Marschall dienten Frankreich, der eine wie der andere…«

Um seine Einschätzung zu unterstreichen, zitiert Biget die Autoren, die Mitterrand gerne mochte: Drieu La Rochelle und Chardonne.

Als ich Abbé Dentin von den Äußerungen des Notars aus Angoulême erzähle, nimmt er daran keinerlei Anstoß. »Wenn Biget so sagt…« Er schien der Ansicht, daß die Äußerungen des »Kleinen Marquis« den seinen in keiner Weise widersprachen.

Marcel Marivin ist ebenfalls überzeugt, daß Mitterrand damals Anhänger des Marschalls war. Das ist auch der Eindruck von François Chateau, obwohl er François nie über Politik hat sprechen hören: »Er interessierte sich vor allem für Literatur.«

Der Nationalfeiertag von 1941 wird besonders aufwendig begangen: Die Messe zelebriert Pater Boulay auf dem Sportplatz. In einer bewegenden Ansprache sagt er, es gebe Anlaß zur Hoffnung: den Zusammenschluß der Franzosen für ein gleiches brüderliches Ideal. Am Nachmittag wird bei einem gemeinsamen Appell durch den Lagerkommandanten eine Tagesordnung verlesen; danach finden verschiedene sportliche, künstlerische (darunter ein Wettbewerb für Sänger) und humoristische Darbietungen (Sackhüpfen und verschiedene Spiele) statt, die von einem Orchester unter der Leitung von Paul Renaux begleitet werden. Abends wird in den Baracken die Marseillaise gesungen.

Am 1. August stellt der Chefredakteur des *Éphémère* unter Beweis, daß er sich in seiner politischen Einstellung kaum gewandelt hat, wie von einigen Hagiographen behauptet wurde. Er ist immer noch genauso individualistisch und mißtraut allen Ismen – eine Formel, die er rund dreißig Jahre später in *Ma Part de vérité* wiederaufgreifen wird –, doch er übt ungewöhnlich heftige Kritik an der Autorität und ihren Grundlagen, von der er sich allerdings einige Monate später wieder distanziert: Die Anführer sind nur das wert, was wir wert sind, und nicht sie werden die Gesellschaft verbessern, sondern jeder, indem er gemäß seiner eigenen Vorzüge tätig ist:

»Es ist Mode, sozial zu denken. Artikel, Studien, Bücher, keiner spart mit Ermahnungen; jeder umschreibt auf seine Weise die Worte des Evangeliums: Liebet einander. Doch im allgemeinen geht es nicht über leere Worte hinaus.

Wer hat nicht bis zum Überdruß feierliche, zuweilen zweideutige Begriffe wie Etatismus, Kollektivismus, Sozialismus gelesen, die in Wirklichkeit nur verschiedene Weisen sind, dasselbe Problem anzugehen: wie den Menschen daran hindern, seinen Nächsten zu beißen (oder vielleicht wie ihn dazu ermuntern)?

Die Geschichte ist alt: Es ist schwer für den Menschen, allein zu leben, aber auch nicht einfach, mit anderen zusammen zu leben. Zwecklos, auf Rousseau oder Sorel zurückzugreifen, um lange Kommentare abzugeben. Das ist eine alltägliche Erfahrung, die jeder macht. Wenn schon ein freier Mensch meint, die beste Art, seine Freiheit zu nutzen, sei es, die der anderen zu beschneiden, dann ist offensichtlich, daß ein gefangener Mensch, der eine beschränkte Freiheit besitzt, bei der Suche nach den rationellsten Methoden, ein Maximum an Nachschlag zu erhalten und sich ein Minimum an Arbeit aufzubürden, noch weniger Scham verspüren wird, seine Rechte mit denen der anderen zu verwechseln – und das natürlich in dem Maße, in dem sein persönlicher Lebensraum sich eher ausdehnt als verkleinert.

Und dies ist eine ewig neue Geschichte, es ist die Geschichte unseres heutigen Lebens.

Wenn eine Fußballmannschaft die gegnerische Mannschaft besiegen will, muß sie verhindern, daß ihr Mittelstürmer dem Rechtsaußen den Ball wegnimmt oder sich der linke Verteidiger als Halbstürmer fühlt. Wenn eine Theatergruppe *Britannicus* von Racine spielt, ist es besser, wenn Agrippina Junie nicht die Unschuld streitig macht. Das wird den Mittelstürmer nicht daran hindern, seine Rolle in den gesteckten Grenzen glänzend zu erfüllen, oder Agrippina, so strahlend schön zu sein, wie sie es sich schuldig ist.

So spielt sich in unseren Kommandos alles im Geiste derer ab, die sich dort befinden. Gewiß, da, wo der Dolmetscher eine Art persönlicher Macht ausübt und die Vorteile nur wenigen zugute kommen (was ich bereits beobachtet habe), läuft alles schlecht, und jeder beklagt sich; und dort, wo es dem Vertrauensmann, der seine Aufgabe ernst nimmt, gelingt, die Forderungen und Möglichkeiten gerecht auszuloten, läuft alles gut, und jeder erträgt seine Lage besser. Aber woraus schöpft der Vertreter der Gefangenen seine Autorität, wenn nicht aus dem guten Einvernehmen derjenigen, die ihn gewählt haben? Seid gewiß, daß unsere Anführer nur das wert sind, was wir wert sind.

Die ›Ismen‹ lösen kein Problem. Sein Schicksal einer Person anzuvertrauen, deren Moral man nicht kennt und die ohne Lebendigkeit ist, führt nicht viel weiter. Wir müssen begreifen, daß wir die Gesellschaft nur verbessern können, wenn wir an unserer eigenen Verbesserung arbeiten. Das ist immer noch die beste Art, Gruppengeist zu praktizieren.«[20]

In derselben Ausgabe des *Éphémère* vom 1. August 1941 erfährt man, daß die Gefangenen dieses ungewöhnlichen Stalags am 17. Juli zuvor ein Kammerkonzert unter Leitung von Lucien King anhören konnten, einem später renommierten Orchesterleiter.

Im Verlauf dieses Sommers hat Mitterrand nicht aufgehört, von seiner großen Liebe zu träumen, wird jedoch immer unruhiger. Er erhält keine Post mehr von Béatrice und fühlt sich wie ein Löwe im Käfig. Biget erinnert sich[21]: »François lief in einer leeren Baracke auf und ab. Es machte ihn verrückt, nichts mehr von Marie-Louise Terrasse zu hören.«

Am 15. August widmet er seinen Leitartikel im *Éphémère* der vergehenden Zeit: Schon ein Jahr sind sie, ist er, jetzt hier. Er bringt seine Verzweiflung zum Ausdruck und denkt dabei wahrscheinlich an die, die ihn vergißt...

»Herbst, Winter, Frühling, Sommer, schon wieder sind Weizen, Roggen und Hafer reif; und mit ihnen alle Dinge, die dem Gesetz der Jahreszeiten und der vergehenden Zeit unterliegen. Ein Jahr schon sind die geliebten Menschen, Wesen in der Ferne, älter geworden; ein Jahr schon wird die tägliche Arbeit ohne uns gemacht; ein Jahr schon legt sich Vergessen über unsere Freuden und Lieben. Aber welche Hoffnung entsteht, wenn es uns gelingt, aus der Tiefe unserer Verlorenheit jene Zeit vorzubereiten, in der wir endlich nicht mehr Ernten zuschauen, die nicht die unsrigen sind!«

In einem Brief, den François einige Zeit später an eine im Var lebende Freundin schickt, greift er dieselben Themen wieder auf. Er empfindet ein befremdliches Gefühl von Vergessen: »Aus all dem kommt man verhärtet heraus... Wo sind die Träume?« Er gibt zu, daß er und seine Gefährten »Privilegierte« sind, und er bittet seine Briefpartnerin, »sich nicht von einer gewissen Propaganda blenden zu lassen«. Er erwähnt einen kleinen Freundeskreis, der sich aus einem Journalisten und Romancier zusammensetze, einem polnischen Abenteurer (es handelt sich um Dobrowolsky, von dem später noch die Rede sein wird), einem ehemaligen Kommilitonen von der Schule für Politische Wissenschaften, zwei Jura-Studenten und einem ehemaligen russischen Prinzen.

Am 28. August schreibt er mit Bleistift einen langen Brief an seinen Bruder Robert. François läßt ihn wissen, daß er innerhalb der nächsten drei Monate heimkehre, denn er sorge sich mehr und mehr um seine Verlobte. Er dankt ihm für die Schritte, die er ihr gegenüber bereits unternommen habe; er beauftragt ihn, sie noch einmal zu treffen und zu versuchen, jede endgültige Entscheidung im Einvernehmen mit Marie-Louises Vater, der »ein sehr gerechter und guter Mann ist«, hinauszuzögern.

Robert ist nicht der einzige, den er in dieser heiklen Angelegenheit um Hilfe gebeten hat. Auch Antoinette Bouvyer, die die ganze Zeit über als »Briefkasten« für die beiden gedient hat, scheint eine entscheidende Rolle gespielt zu haben. Sie hat vor allen anderen gewußt, daß Marie-Louise ihren Verehrer nicht mehr liebte, doch hat sie »ihren« François schützen wollen. Im Verlauf des Jahres 1941 haben sich Antoinette, Jacques Bénet, François Dalle und Marie-Louise in der Rue Chernovicz getroffen, um zu überlegen, wie man dem Gefangenen den größten Kummer ersparen könne. Sie entscheiden sich dafür, »so zu tun als ob«. Bénet erinnert sich auch, den Vater von Marie-Louise ein oder zweimal in dieser Sache besucht zu haben.

»Du glaubst vielleicht, es wäre besser für mich, daß alles aus sei, aber ich habe volles Vertrauen zu Dir und bitte Dich, selbst gegen Deine Überzeugung, das zu tun, was ich gerade gesagt habe«, schreibt François an Robert[22]. Er beteuert, trotz allem an seiner Liebe und Wertschätzung für das junge Mädchen festzuhalten: »Ich will sie nicht zurückhalten, will nicht, daß sie meinetwegen leidet... Wenn sie Euch schwach vorkommt und sich keine Sorgen um die Qual, die sie mir bereitet, zu machen scheint, so seid vor allem gewiß, daß sie sehr leidet, mit einer Heftigkeit, die ihr nicht ahnen könnt. Sie verdient viel Verständnis und Zuneigung...«

Es ist wahrscheinlich, daß er am Ende dieser Phase mehr von seinem Liebesschmerz gezeichnet ist als von seinem Kriegserlebnis oder seiner Gefangenschaft. Er hat sich in der Nähe von Verdun und an den anderen Fronten vergewissert, daß er körperlichen Ängsten gegenüber gleichgültig war und sogar eine gewisse Vorliebe für Gefahren hegte. In Hessen und Thüringen hat er bestätigt gefunden, was er bereits seit einigen Jahren wußte: daß er gerne einen gewissen Einfluß auf Leute hatte und ihn auch ausübte. Seine verlorene Liebe wird ihn gegenüber den anderen zynischer und härter machen...

Am 30. August besucht die Delegation Scapini unter der Leitung des Capitaine de La Chapelle das Stalag IX A. Georges Scapini, Abgeordneter und ehemaliger Vorsitzender des Komitees Frankreich-Deutschland, ist von Marschall Pétain im Juli 1940 beauftragt worden, mit den deutschen Stellen Verhandlungen zugunsten der Kriegsgefangenen aufzunehmen. Um diese Mission erfüllen zu können, ist er zum Botschafter Frankreichs und Leiter des diplomatischen Dienstes für Kriegsgefangene ernannt worden. Die Delegation Scapini hat eine Außenstelle in Berlin, die sogenannte *Délégation française de Berlin*.

Der Bericht über diesen Besuch, der im *Éphémère* erscheint, ist nicht unterzeichnet, aber er ist wahrscheinlich von François Mitterrand verfaßt oder zumindest von ihm gebilligt worden:

»Monsieur de La Chapelle hat uns in den Grenzen, die ihm durch seine Pflichten als Diplomat gesteckt sind, einige Neuigkeiten über Frankreich berichtet. Er hat uns gesagt, daß in der politisch und sozial verworrenen Lage allein Marschall Pétain die Einheit des Landes und den Fortbestand seiner Größe über Not und Chaos der Niederlage hinaus symbolisieren könne; und daß das Interesse der Franzosen mit ihrer Pflicht verschmelzen muß, wenn sie es verstehen, sich sowohl im Denken als auch im Handeln den Forderungen einer notwendigen Disziplin zu beugen.

Denen, die ihn nicht haben hören können, übermitteln wir den herzlichen Gruß unseres Besuchers, der all jene repräsentiert, die in Frankreich nicht vergessen.

Unser Dank soll auch dem gelten, der uns mit seiner Erfahrung, seiner Freundschaft und seiner Höflichkeit jene Qualitäten Frankreichs entgegengebracht hat, die nie gleichgültig lassen.«

Ich habe die Gefährten François Mitterrands aus der Gefangenschaft befragt, um zu versuchen, ein Porträt von ihm in dieser Zeit zu skizzieren oder zumindest den Eindruck wiederzugeben, den er in der Erinnerung der anderen hinterlassen hat. Man braucht nicht zu betonen, wie sehr diese jeweils variieren kann und daß sich dennoch einige gemeinsame Punkte herausbilden. Ein Wort kehrt ständig wieder: Treue. Die Mehrzahl der alten Herrn, die ich befragt habe, legen Wert auf die Feststellung, daß sie keine Sozialisten sind, daß sie mit der Politik des Élysée-Chefs nicht einverstanden sind, daß er sie enttäuscht habe, aber alle sagen immer wieder, daß er ein treuer Freund sei. »Sagen Sie ihm, daß wir ihn gern haben«, habe ich mehrfach vernommen. Alle merken an, daß er eine gewisse Distanz gegenüber seinen Kameraden wahrte. »Er gehörte nicht zu denen, die man duzte«, resümiert der »Kleine Marquis«. »Einige nannten ihn ›den Professor‹. François sprach alle mit ihrem Nachnamen an und siezte jeden… Ich bin stets erstaunt gewesen über den tiefen Respekt, den er anderen einflößte, und die Erhabenheit, die von ihm ausging. Es war für ihn stets eine Ehrensache, die anderen zu respektieren und auch respektiert zu werden«, erinnert sich Ernest Prodhomme.[23] »François Mitterrand war freundlich zu jedermann, wurde aber selten vertraulich. Er brachte Leben ins Lager«, sagt François Chateau. »Er war ehrgeizig, hochmütig. Er fühlte sich bereits von der Masse abgehoben«, unterstreicht Marcel Marivin. Raoul Idrac hat eine andere Erinnerung: »Er war charmant, er sprach oft mit mir, viel über Politik. Er wollte Außenminister werden…«

Niemand kann sich rühmen, ihn wirklich zu kennen. Er verwirrte alle mit seinem Verhalten, seiner Bildung. Er war nicht greifbar. Der Gefangene, der sich »Asmodée« nennt, zeichnet am 1. September 1941 in *L'Éphémère* ein interessantes Porträt:

»So wie [Balzacs] Vautrin ist auch Mitterrand ein Mann, der verschiedene Gestalten annehmen kann. Er besitzt die Gabe der Allgegenwart, und ich habe ihn stark in Verdacht, im Besitz des gefürchteten Geheimnisses der Persönlichkeitsspaltung zu sein. Wir erleben diesen neuen Janus hier als eleganten Zeitungsredakteur, hochgebildet, als scharfsinnigen und differenzierten Philosophen und dort als pünktlichen, emsigen Sanitäter, der sich der Sache des Hippokrates verschrieben hat. Die Griechen lehren, daß es eines Weisen nicht würdig sei, sich einer unwesentlichen, gemeinen Kunst zu widmen; doch Mitterrand, der weiß, daß ein Gentleman überall richtig am Platz ist, erfüllt die eine wie die andere Aufgabe sehr gut und stets mit größter Freundlichkeit. Ob man nun dem scharfsinnigen Denker begegnet oder dem von seinem morgendlichen Einsatz in Anspruch genommenen Sanitäter, man darf nicht vergessen, daß François Mitterrand eine heimliche Verehrung für die Aristokratie hat, das heißt, daß er unaufhörlich von den verheerenden Flammen der Lyrik, der Schönheit und der Erhabenheit des Denkens verzehrt wird. Körperlich gesehen ist er ein einfaches und ruhiges Geschöpf, das wie Marianne den Eindruck vermittelt, in Honig konserviert zu sein. Man soll sich nicht täuschen, er hat wie die Biene den Nektar und den Stachel; er besitzt eine ironische Ader und ein liebevolles Herz. Er hat Geist, mehr noch: Er hat Herz; und das ist gut so, denn das Herz bringt Geist mit, während der Geist von sich aus kein Herz hat. Das macht es Mitterrand möglich – so könnte man sagen –, mit einer rosa Brille durchs Leben zu gehen. Man stellt ihn sich wirklich so vor, daß er um sich herum nur Goldpokale, Kronen, Wurzelhaare der Hyazinthe, Veilchenblüten, Lilien, Nymphen, Dryaden und Faune sieht... Doch Mitterrand ist ein Weiser voller Skeptizismus, der nie die entwürdigende Selbstverleugnung des Sklaven Epiktet an den Tag legen könnte, und durch seine rosa Brillengläser sehen seine braunen Pupillen alles in Schwarz. Und doch, wenn er mit der wehmütigen Weisheit des lateinischen Verses sagt: ›Ich werde leidlich zusammengehalten durch blondes Haar und zarte Arme‹, läßt er mich unweigerlich an Babooz denken, der in der Gosse eingeschlafen und von den Passanten mit Füßen getreten war und trotz allem auf seinen Lippen die parfümierten Lippen einer Königin spürte...«

Auch »Asmodée« kennt François' großes Geheimnis. Er unterstreicht dessen Vorliebe für die Aristokratie, wie es auch Robert Gaillard in seinem Buch *Mes Évasions* getan hat:
»Mein Freund Mitterrand, der zukünftige Diplomat, verehrt heimlich die Aristokratie, doch erklärt er, er verstehe unter Aristokratie jene Erhabenheit des Denkens, die die Elite auszeichne.«
In einer Sondernummer des *Éphémère* mit dem Titel *Douce France* haben der Karikaturist Bernard Monsour, der kultivierte Biget und Ernest Prodhomme ihre Kameraden gezeichnet. François Mitterrand ist als römischer Kaiser dargestellt, mit einem Lorbeerkranz auf dem Haupt und mit einer Toga bekleidet. Der vom »Kleinen Marquis« ausgebrütete Text lautet so:
Stolz, empfindsam und keinen Widerspruch duldend
Unbestrittener Tempel des Geistes
Hat er die Stirn mit einem Glorienschein umgeben
Man könnte meinen Dante Alighieri.
Wußte Biget von Mitterrands inniger Verbundenheit mit dem Autor der Göttlichen Komödie?
Mitterrand tut jedenfalls so, als habe er sie vergessen. Gekränkt von Marie-Louises Schweigen, hat er begriffen, daß Béatrice fern ist. Auf dem Exemplar von *Douce France*, das dem Dichter aus der Charente gehört, hat er unter seiner eigenen Karikatur Biget wie folgt geantwortet:
»Aus derselben Gegend stammend, genährt von denselben Substanzen, sind wir nunmehr Opfer derselben Katastrophe,

wie hätten wir uns da nicht begegnen sollen? Und doch haben die Charente, die Rechtswissenschaft, die Literatur und Ziegenhain zusammen gewiß keine verschiedeneren Früchte als uns hervorgebracht! Übrigens bin ich es, der Sie beneidet: Sie haben eine Frau und ein Kind, die Sie lieben. Außerdem sind Sie Dichter, während Dante Alighieri in meinen Augen nur für den Reim da ist.«

Am Ende dieses Jahres 1941 gelingt es ihm noch nicht, sich mit dem Verlust seiner großen Liebe abzufinden. Sein Bruder Robert beteuert, daß dies der Grund für seinen Entschluß zur Flucht gewesen sei, und macht dadurch den Reden über das Heldentum von François ein Ende.

Am 15. November schreibt Mitterrand einen langen Leitartikel[24], der sich ausschließlich mit der Lage der Gefangenen beschäftigt. Darin ist der Schatten von Marie-Louise immer noch zu erkennen:

»Wir sind anderthalb Millionen Mann, gefangen in deutschen Lagern und leben in Ungewißheit. Die, welche von September bis Mai die Vorposten gehalten haben (man nannte diesen Krieg ›drôle de guerre‹, ›petite guerre‹: Doch wer weiß schon, was es bedeutet, elend lange zu warten, vor Siered oder Bitche, inmitten von Schlamm, Schnee und Kälte?), die, welche zum Albert-Kanal vorgedrungen sind, um anschließend in entgegengesetzter Richtung den grauenhaften Wettlauf zum Meer aufzunehmen, die, welche mehr als einen Monat im Schutz unvollendeter Hütten und in fünfundzwanzig Kilometer langen Verbindungsgräben die Chiers gehalten haben, die, welche in den Zwischenräumen der Maginot-Linie den Beschuß an Pfingsten durchgestanden und den Vormarsch der feindlichen Armeen gebremst haben, sie sind immer noch da. Es sind dieselben, und sie leiden immer noch in den vorderen Linien und vertreten ihr Land. Die Monate vergehen, die Enttäuschungen werden größer, von Monat zu Monat häufen sie sich, die Lasten der Trennung werden von Mal zu Mal schwerer, jeder einzelne ist auf das harte Gleis der Einsamkeit zurückgeworfen…«

Daß die, welche wie er »in den vorderen Linien gelitten« haben – zuerst im Krieg und dann in deutscher Gefangenschaft – nicht anerkannt und von Frankreich vergessen werden, wird für viele Jahre im Reden und Handeln von François Mitterrand eine zentrale Rolle spielen:

»Warum es verschweigen? Wem würden billige Reden nützen, die die schmerzenden Probleme verharmlosen? Auch wenn (warum sollte man es leugnen?) sich die materiellen Lebensbedingungen an den internationalen Konventionen orientieren, auch wenn den französischen Gefangenen eine weniger harte Behandlung zuteil wird, welche Macht, welches Wohlwollen wird in uns je die Erinnrung an diese Tage auslöschen, in denen wir dahinsiechen und unsere Jugend verblüht, eine Jugend, die uns nur den Geschmack der Bitternis spüren läßt?

Gewiß, man kümmert sich um uns. In seiner Chronik in *L'Éphémère* hat unser Kamerad Jean Nicolas berichtet, ›was man für uns getan hat‹: Komitees, Verbände, Hilfswerke, Bücher, die die Physiognomie der Lager nachzeichnen, Gruppierungen, die sich bemühen, die Verbindungen zwischen Vaterland und Gefangenen zu vermehren. Gewiß, man kümmert sich um uns! Aber für die bewundernswerten Briefe einer Mutter, einer Frau oder eines treuen Freundes, für die Bekundungen eines Arbeitskollegen oder des Arbeitgebers, der den seit zwei Jahren verlassenen Platz freihält, wieviel Vernachlässigung, Schweigen und Verlassen, wieviel verlorene Zärtlichkeit! Die Ernennung eines Beamten, der betraut ist mit dem Empfangsservice der Gefangenen, die Verteilung von Schokolade und belegten Broten in den Bahnhöfen und das Lächeln der Frauen vom Roten Kreuz, das kann, so glauben wir, nicht genügen, um uns der Sorgen zu beheben und unseren Mut zu stärken. Ein befreiter Gefangener, der sogleich von aufmerksamen Steuereinnehmern vorgeladen wird, der von Büro zu Büro läuft und um Arbeit bittet, den man in den Krankenhäusern festhält, um erkältete Soldaten zu pflegen, dessen Kinder fern der Sonne gelebt haben und ganz blaß geworden sind – solche bedrohlichen Vorstellungen sind in jedem von uns. Und ich fürchte, daß man von den Gefangenen so spricht wie von den Toten: Man rühmt ihre Verdienste, man stimmt ihr Loblied an, aber deshalb, weil ihr größter Vorzug der ist, die Lebenden nicht mehr zu stören. Und deshalb appellieren wir an die Freundschaft der Menschen unseres Landes.«

Welche Bitterkeit, in der Tat, welches Leiden! Anschließend kommt er auf den Gedanken der Schuld zurück, die angeblich seine Generation zahlen muß. Auch er hat sich diese Opferhaltung, die von Marschall Pétain gepredigt wird, zu eigen gemacht. Und er lehnt die Revolte noch mehr ab als die Revolution. Seit zwei Jahren ist er in seiner Beurteilung der politischen Lage ständigen Schwankungen unterworfen.

»Man soll nicht glauben, wir seien aufrührerisch, bereit, unsere Forderungen geltend zu machen. Wir kennen die verhängnisvollen Folgen der Beschwerde-Methode nur zu gut. Wenn wir die bittere Aufgabe erhalten haben, vor der Geschichte die Generation zu repräsentieren, die mit den Gütern und Schätzen vergangener Jahrhunderte verschwenderisch umgeht, dann soll wenigstens unser verwundetes, leidendes Vaterland, das trotz seiner Not und seiner Angst den Tod verweigert, wenigstens auf die Unterstützung seiner exilierten Söhne zählen. Als sich im Juni 40 der Riß vollzog, der uns im Osten und Norden von Frankreich trennte, wer von uns hat da nicht das Gewicht seiner persönlichen Verantwortung verspürt? Nein, wir sind keine Aufrührer, denn wir warteten irgendwie darauf, die alte Schuld begleichen zu müssen. Wir wußten, daß das Leben eines Volkes etwas anderes ist als ein Bündel von Gewohnheiten und Gleichgültigkeit…«

Zum Schluß wendet er sich an das Land:

»Aber jetzt geht es darum wiederaufzuerstehen! Unsere Stimme und unsere Arbeit mögen daran teilhaben gemäß dem Recht, das wir erworben haben. Wenn nur Frankreich unsere Forderung verstünde! Wenn Frankreich verstünde, daß seine Größe und seine Bürde vor allem darin besteht, von seinen Söhnen geliebt zu werden!«

François Mitterrand wird bald dafür sorgen, daß Frankreich die Stimme der Kriegsgefangenen hört.

Es ist offensichtlich, daß die Gefangenschaft für die Entwicklung seiner Persönlichkeit ausschlaggebend gewesen ist. Eine eminent vielschichtige Persönlichkeit: man spricht noch nicht vom »Florentiner«, aber bereits von Janus, von Vautrin, von seiner Gabe der Allgegenwärtigkeit; einige ordnen ihn als rechts, ja sogar rechtsextrem ein, andere bereits als links… Es scheint also nötig, ihm in diesem Punkt das letzte Wort zu geben, auch wenn die folgende Einschätzung aus jüngerer Zeit stammt. Die Beharrlichkeit, mit der er sagt, daß sich sein selbständiges Denken hinter dem Stacheldraht entwickelt hat, enthält sicherlich einen Teil der Wahrheit:

»Meine große Offenbarung ist die Gefangenschaft gewesen. Ich wurde zum Unteroffizier befördert. Wir, ein Leutnant und ich, waren die einzigen in einem Arbeitskommando, die einen Rang besaßen. Es war ein sehr, sehr hartes Kommando. Ich bin glücklicherweise auf viel Zuneigung gestoßen. Ich habe Not und Solidarität kennengelernt. Ich habe im übrigen entdeckt, daß ich, obwohl ich eine sehr angenehme Kindheit und Jugend erlebte, die Sie weichlich nennen – und nicht ohne Grund –, große Ausdauer und Zähigkeit besitze.

Die Gefahr dieser Erfahrung ist die Gefahr der klassenlosen Gesellschaft. Wir trugen alle eine Uniform, verrichteten alle die gleiche Arbeit und waren der gleichen deutschen Disziplin unterworfen. Also konnten wir von Utopie träumen: Warum sollte es im Alltagsleben nicht genauso sein? Einige meiner Kameraden sind darauf hereingefallen.

Dieses gemeinschaftliche Leben hat mich tief gezeichnet. Ich, der ich so durch und durch individualistisch bin, habe Gefallen daran gefunden. Was mich jedoch erschreckte, war die plötzliche Erkenntnis, daß die natürliche, das heißt die moralische und körperliche Hierarchie der Gesellschaft, in der ich mich befand – die der Gefangenenlager –, überhaupt nicht der Hierarchie entsprach, die ich während meiner ganzen Jugend gekannt hatte. Der Notar und der Lehrer warfen sich flach auf den Bauch, um die Kippen aufzuheben, die ihnen die Deutschen lachend hinwarfen. Ich habe Unteroffiziere gesehen, die es genauso machten. Da ist in mir Zweifel an einer Gesellschaft erwacht, die nicht in Frage gestellt wird. Die Hierarchie der Orden, der Diplome und des Geldes ist nichts wert. Die Rangordnung der wahren Werte ist woanders. Die ganze französische Gesellschaft von heute ist so angelegt, daß die Hierarchie der aus der Vergangenheit übernommenen Werte niemals in Frage gestellt werden soll, also ist sie falsch. Ja, da habe ich begonnen, grundlegend über unsere Gesellschaft nachzudenken...«[25]

Mit neun anderen Leidensgefährten kommt François Mitterrand auf die Idee, einen Kriminalroman zu schreiben, zu dem jeder ein Kapitel beisteuern soll. Er beginnt seines zu der Zeit, als er in größter Heimlichkeit seinen zweiten Ausbruch vorbereitet. Mit der Hilfe von Mannissier – wiederum ein Geistlicher – beschafft er sich falsche Nazi-Stempel, Drucktypen und Druckfarbe…

Am 28. November 1941 unternimmt er mit zwei Gefährten einen zweiten Ausbruchsversuch.

Der Kriminalroman wird nie zu Ende geschrieben. Bevor er flieht, vertraut er Raoul Idrac seine Papiere und Fotos an …

Einer der drei Flüchtigen wird auf der Stelle gefaßt; die beiden anderen werden nicht gefunden. Levrard schafft es bis Paris, Mitterrand bis Metz, damals eine deutsche Stadt. Als er sich in einem Hotel in der Nähe des Bahnhofs ausruht, denunziert ihn die Inhaberin. Er wird vom Militär in ein Durchgangslager für Ausgebrochene in Boulay-en-Moselle gebracht.

## Anmerkungen:

1 Wiederveröffentlicht in: *Politique 1*. Fayard, Paris 1977.
2 Französisches Kartenspiel.
3 Siehe Anm. 1.
4 In: François Mitterrand: *Ma part de vérité*. Paris 1969.
5 Gespräche mit dem Autor, März 1994.
6 Siehe Anm. 1.
7 Einzelheiten aus: Michel Picar/Julie Montagard: *Danielle Mitterrand, Portrait*. Paris 1982.
8 Die Nachrichten verbreiten sich rasch, denn diese Episode, die am 13. Dezember einen Mini-Staatsstreich in Vichy auslöste, hat sich um den 10. Dezember 1940 ereignet. Mit dem Aiglon ist Napoleon II. gemeint.
9 Auszug aus dem Tagebuch von Paul Charvet.
10 Fortsetzung des bereits zitierten Aufsatzes »Zimmermann von Orlathal«.
11 In: Johann Peter Eckermann: *Gespräche mit Goethe* (4. Januar 1824).
12 Hervorhebung des Autors. Man erinnert sich an den Gebrauch, der von den letzten beiden Worten, *force tranquille*, während des Präsidentschaftswahlkampfs 1981 gemacht wurde. Zufall?
13 Gespräch mit dem Autor, Anfang Februar 1994.
14 Gespräch mit dem Sohn des Autors, Anfang Februar 1994.
15 Vater von Paulette Decraene, Privatsekretärin des Präsidenten der Republik.
16 In: *Le Contact*, Juni 1981.
17 Gespräch mit dem Autor, 3. März 1994.

18  Wiederveröffentlicht in: *Politique 1*. Paris 1977.
19  Todestag Ludwigs XVI.
20  Nachgedruckt in: *Politique 1*. Paris 1977.
21  Gespräch mit dem Autor, 21. Januar 1994.
22  In: Robert Mitterrand: *Frère de quelqu'un*. Paris 1988.
23  In: *France-Soir Magazine*, 23. Mai 1981.
24  Nachgedruckt in: *Politique 1*. Paris 1977.
25  Interview von Roger Priouret. In: *L'Expansion, Nr.54*, Juli-August 1972.

## 10. Kapitel
## Dritter und letzter Ausbruch

In Boulay ist François Mitterrand in einer bösen Klemme. Aus diesem Sammellager für Ausbrecher werden die »Unbelehrbaren« ohne Hoffnung auf Rückkehr abtransportiert. Er hat alle Aussicht, in ein polnisches Lager geschickt zu werden. Das weiß er und entschließt sich zu einem neuen Ausbruchsversuch – diesmal soll es gelingen.

Über diesen Ausbruch sind verschiedene Versionen im Umlauf. Ich habe mich für diejenige entschieden, die der junge Minister für Kriegsveteranen, François Mitterrand, am 27. Februar 1947 anläßlich eines Inkognito-Besuchs in Boulay gab, wo er seinen Wohltäterinnen danken wollte[1]; eine der beiden, Marie Baron, korrigierte diese Version leicht.

Am 10. Dezember 1941 überwindet er den Stacheldraht und versteckt sich im benachbarten Hospital, wo ihn freundliche Krankenschwestern aufnehmen. Dort kann er aber keinesfalls lange bleiben, denn der deutsche Chefarzt des Krankenhauses ist kein guter Mensch. Die Krankenschwestern wissen, daß eine gewisse Marie Baron im Dorf schon Ausbrechern geholfen hat, und vertrauen ihr François Mitterrand an. Marie Baron versteckt ihn und versorgt ihn mit Nahrungsmitteln, schickt ihn aber bald weiter zu den Schwestern Stenger, weil sie weiß, daß die Gestapo sie beobachtet. Der Flüchtling bleibt achtundvierzig Stunden bei der Familie Stenger, dann, am dritten Tag, es ist der 15. Dezember 1941, holt Marie Baron ihn ab, um ihn mit dem Zug nach Metz zu bringen.

Marie Baron begibt sich auf direktem Wege zu den Grünewalds in der Rue de Verdun. Dann nimmt sie Kontakt mit Schwester Hélène auf, die an der Spitze einer Widerstandsgruppe steht. Man verabredet sich für denselben Abend in der Kirche Saint-Martin. Kurz vor 17 Uhr bringt Marie Baron, begleitet von

Madame Grünewald und ihren beiden Töchtern, François Mitterrand zu der Kirche, in der schon drei andere Flüchtlinge warten. Mademoiselle Thiam, Mitglied der Gruppe, bringt alle zum Bahnhof von Metz. Dort erwartet sie ein Fluchthelfer. Marie Baron erinnert sich noch an die Worte, mit denen François Mitterrand in den Zug steigt: »Die Lothringerinnen sind wunderbar!«[2]

Flüchtlinge und Fluchthelfer nehmen also den Zug Richtung Grenze. Als das Tempo etwa fünfzehn Kilometer von Metz entfernt, wie der Fluchthelfer angekündigt hat, wegen Bauarbeiten verlangsamt wird, springen alle vier ab. Zu Fuß überschreiten sie nachts bei Sturm die Grenze und trennen sich.

François Mitterrand kommt nach Nancy, von dort schickt er Marie Baron eine Postkarte: »Päckchen gut angekommen.« Er trifft einen Mönch von den *Écoles chrétiennes*, der ebenfalls Mitglied der Widerstandsgruppe der Schwester Hélène ist und ihm einen gefälschten Ausweis mit seinem Paßbild gibt. Der Mönch beschreibt ihm eine Route über Besançon und Mouchard. Am 16. Dezember überschreitet François Mitterrand die Demarkationslinie bei Chamblay.

Nach anderthalb Jahren Abwesenheit ist er wieder in Frankreich. Durchaus poetisch hat er diese Rückkehr in die Heimat sechzehn Monate später, im April 1943, in der Zeitung *Métier de chef* der Jugendorganisation *Compagnons de France* beschrieben:

»Frankreich war hell an jenem Morgen. Die Sonne hatte den Nebel vertrieben. Das Tal war noch nicht von der blendenden Mittagssonne erfaßt. Die Anstrengungen der letzten Tage schienen mir leichter geworden durch diesen letzten Fußmarsch, durch diese acht Kilometer geraden Weges, die mich zur Herberge bringen sollten. Vögel flatterten, sausten knapp über den Boden und ließen sich mit gereckten Köpfen nieder; ein hechelnder Hund lief von einem Straßenrand zum anderen einer unklaren Spur nach. Dörfer, weiß und grau, lagen zwischen den Wegen, und die Leute sägten sorglos Holz vor ihren Türen, befragten einander nach den Neuigkeiten der letzten Nacht, traten gemächlich in die Pedale ihrer Fahrräder.

Ich war nicht verärgert, mein beinahe vergessenes Frankreich so wiederzufinden. Ich hatte mir wer weiß was für Stürme vorgestellt, bis hin zur Farbe der Wolken – alles anders. Doch die

Rauchfahnen, die Dächer, die Fensterkreuze, die in Vierecke aufgeteilte Erde, die Hecken und klaren Horizonte, die indifferenten und kühlen Menschen – das war alles, wie ich es verlassen hatte. Ich sah mir alles genau an, stolperte über jede Einzelheit: die Straße, die Bäume, die Dörfer, das Tal, Schilf, das auf verirrte Wasserläufe hinwies – sie alle zeigten gegenüber dieser feierlichen Begegnung nur eine prachtvolle Gleichgültigkeit. Aber ich hatte mir keinen schöneren Freundschaftsbeweis erhofft, als von den Meinen so unbekümmert empfangen zu werden. War das übertrieben schamhaft? Gesten, Worte, die ja stets zurückstoßen, statt zu empfangen, hätte ich verabscheut: Meine Freunde brauchen nichts als das Schweigen, das ich ihnen gestatte…

Und so war es mir trotz meines ›literarischen Instinkts‹, trotz meiner Vorliebe für das Spektakuläre lieber, daß meine Rückkehr so wenig ruhmvoll, so wenig bewegend war. Alles war zu einfach, um die Kulisse für ein Drama abzugeben – zu einfach die feuchte Morgenluft, aufgesogen von den folgenden Stunden, zu einfach der leicht verschleierte Himmel, zu einfach die Zusammenstellung der Töne zur Korrektur der winterlichen Strenge.

Ich hatte weder Verwandte noch Freunde zusammengerufen – später, wenn sie nur mehr Anhaltspunkte für mich wären, meine Gewohnheiten wieder aufzunehmen, später würde man sehen. Zunächst mußte ich die Luft meines Landes atmen, die Sprache der Leute meines Landes hören und – einfach durch das Spiel von Augen und Ohren – die Gegenwart meines Landes wiederfinden. Der Rest würde folgen; der Rest folgt immer diesen Offenbarungen, diesen unmittelbaren Entdeckungen.

Ich ging mit zügigem Schritt weitere acht Kilometer nach so vielen anderen, acht Kilometer harter, blauer Straße, und während ich das tat, erinnerte ich mich der Wege, die ich gelaufen war, bevor ich auf die erste Straße meiner Freiheit kam. Mit dem Verlangen eines Kindes, das die Wahrheit hinter dem Horizont versteckt glaubt, das die unbewegliche Himmelslinie beobachtet und sich fragt, welche verzauberten Landschaften sich dort wohl erstrecken mögen; mit der Halsstarrigkeit eines Erwachsenen, der seine Abhängigkeit von sich weist und nur in sich selbst die Erklärung aller Dinge sucht, hatte ich Vergangenheit, Tradition, die Gesetze der Liebe selbst verleugnet, all diese Netze, die zwischen Raum und Zeit gespannt sind.

Es hatte einer langen Lehrzeit bedurft, bis ich das von Träumen, Hoffnungen, Enttäuschungen, von all der durch befremdliche Illusionen geschaffenen Exotik verdunkelte Antlitz meiner Heimat geklärt hatte. Der aus meinen Geschichtsbüchern geschöpfte Irrtum, der mich gelehrt hatte, die Heimat unter die Ideale zu ordnen, hatte mich nach und nach in die Abstraktion geführt. Und alsbald hatten die einst so kräftigen, stolzen Züge an Farbe verloren und waren mumifiziert. Unsere Generation wird hundert Umwege gegangen sein, bevor sie versteht, daß Frankreich eine Person war.

Dann erinnerte ich mich an die in den Lagern verbrachten Tage und an die zunächst unbewußte, dann erst absichtliche Wiedererlangung einfacher Wahrheiten. Dort sprachen wir gern von Zuhause, und wir nahmen uns das eitle Verlangen übel, das uns zuvor in die Ferne getrieben hatte, dahin, die Orte zu verlassen, die für uns gemacht waren und die uns so sehr glichen, daß wir uns ohne sie heimlich elend fühlten. Wir dachten an all die geschichtslosen Dinge, die uns von einem Ende des Lebens zum anderen trieben, an all die unbelasteten Dinge, mit denen die täglichen Aufgaben verwoben waren. Wir beichteten uns Vergessen und Sehnsucht wie einen Verrat. Wenn wir die Horizonte des fremden Landes absuchten, sahen wir nichts von ihnen – in unseren endlosen Träumereien kreisten leicht die gegenwärtigen Bilder und verwehten gegenüber den Bildern der Vergangenheit. Und jenseits unserer Worte ließen die Formen, die sich erhoben, dieselben Konturen aufleben. Hinter dem Stacheldraht suchten wir begierig nach Zeichen, nach Markierungspunkten; wir empfanden ein plötzliches Wohlbefinden.

Die Farbe des Himmels, der Ton der Dächer, die Art und Weise, die Furchen zu pflügen, die Essenszeit, die Kinderstimmen, der Geruch des Hauses – das war es, was wir uns vorstellten, während wir verbannt und unbekannten Winden ausgesetzt waren. In den ersten Tagen hatten wir genug damit zu tun, den unmittelbar drängenden Bedürfnissen zu gehorchen: dem Hunger, der in den Eingeweiden zieht, der Kälte, die sich im Körper ausbreitet. Aber schon bald waren wir wieder bei den erlernten Gesten angelangt, bei den doch nicht ganz eingeschlafenen Gefühlen, bei der Brüderlichkeit, die sich in gemeinsamen Gewohnheiten ausdrückte; schnell hatte sich jeder denen genähert, die dieselben Ortsnamen kannten, die wußten, in welche Richtung der Weg zum Hof führte, die dieselben Vorzeichen für Gewitter aus den Flammen der Sonnenuntergänge herauslasen, die dieselben Silben länger oder kürzer sprachen.

So hatte sich zwischen den Gruppen von Männern und der Erde, die sie besaßen, eine mystische Bindung entwickelt, wie zur Frühzeit, als der Boden der Gemeinschaft der Lebenden und der Toten gehörte; damals standen die Früchte der Erde für die Seelen der Verstorbenen, und jedermann war sich bewußt, Teil einer unerklärlichen Welt zu sein, für die das Individuum nur ein flüchtiger Ausdruck war. Wer hätte diese Einheit trennen können? Wie nichtig erschienen mir die vergangenen Erschütterungen, als ich an diesem Wintermorgen, im tiefsten Herzen ruhig und friedlich, die erste Strecke des wiedergefundenen Weges zurücklegte! Nun kehrte ich in mein Gärtlein zurück, in mein Haus aus weißem Stein, zu den einfachen, ursprünglichen Menschen. Aber die Grenzen waren nicht mehr dort, wo ich geglaubt hatte. Die gewellten Hänge meines Heimatlandes säumten nicht mehr meine Welt. Weit weg von ihnen hatte ich gelernt, die Reichtümer zu erkennen, die in ihren klaren Linien verborgen waren...

Am Ende meines langen Weges als Pilger vor dem unbeweglichen Zug, als Vorläufer Tausender von Männern in Khaki-Uniformen, wußte ich, daß ich in den Tälern des Exils die Räume und Grenzen des Landes meiner Vorfahren entdeckt hatte.

Es gibt Freundschaften, die an einem Sommertag entstehen, weil die Sonne da ist und den Dingen Farben verleiht, deren Unbeständigkeit ihrem Glanz eingemeißelt ist; und um diese Minute zu retten, liebt man das Wesen, das sie mit einem geteilt hat. Alles, was vergehen wird, lädt zum Teilen ein, so wie man die Angst teilt, indem man sich gegenseitig festhält. So hat der Reisende auf dem Bahnsteig das Bedürfnis, den Zurückbleibenden zu umarmen, und der Zurückbleibende fühlt sich seltsam bedrückt ums Herz wegen der Abreise eines Menschen, mit dem ihn bisher vielleicht kaum etwas verband. Aber plötzlich verschwindet die Fremdheit, weil das Leben beide darauf hingewiesen hat, daß es aus Tod und Vergessen besteht.

Es gibt langjährige Beziehungen, die bei einem Spaziergang vorgezeichnet werden oder vor einem meisterhaften Gemälde in der gemeinsamen Bewunderung. In diesem einzigartigen Augenblick erschauerte die Seele, und die Sinne waren bewegt, und niemals wird das Antlitz des anderen, der diese Schauder miterlebte, von ihnen zu trennen sein. Und dann vergeht die Zeit. Wenn man versucht, aus seiner Linie herauszuspringen, um einem dieser Flüchtigen, die so viele Träume mit sich tragen, zu begegnen – welche Enttäuschung, wie unmöglich die Verbindung! In *La Porte étroite* [von André Gide] löst sich die Hand Jérômes bei seiner Rückkehr von der Italienreise aus der Alissas, weil es zu warm ist, ihre Körper zu schwer sind – und sich vom einen zum anderen nichts mehr vermittelt.

Solche Freundschaften kann man nur erhalten, indem man sie in der Erinnerung leben läßt, aus der frisches Wasser entspringt, aber man sollte nicht versuchen, mit dem Stab von neuem auf den Stein zu schlagen...

Meine Freundschaft für mein Land, das verstand ich plötzlich, war nicht von dieser Art... Es war eine Bindung, von der ich nichts gewußt hatte, allmächtig, frei von Angst und Zerrissenheit, die nur die Leichtigkeit neuer Begegnungen braucht, um sich zu enthüllen. Wenn man in sein Land zurückkehrt, stößt man keine Freudenschreie aus. Die Freude ist da, man braucht sie nicht hinauszuschreien, sie ist eine Art zu gehen, zu atmen, sich schnell und harmonisch im Einklang zu befinden mit den Dingen der Umgebung. Dort, auf dieser Landstraße, auf dieser ebenen, blauen, grüngesäumten Straße begriff ich, daß meine Freude aus Sicherheit und Leichtigkeit bestand. Einst hatte ich mich nach Raum und unendlichen Aussichten gesehnt. Wie schwierig war das gewesen! Wie hatte ich mir Geist und Herz zerfleischt! Die Unendlichkeit, der Raum, die Freiheit – diese Freude von heute war das alles, diese so selbstsichere Freude, die so sehr diesem Stück Wegs glich, auf dem meine Schnürstiefel fest auftraten.

Meine Befreiung hatte erst in dem Moment begonnen, als ich, entledigt von offiziellen Gesten, mit meinem bißchen Gepäck die letzte Etappe angehen konnte. Die legitime Bewegtheit der Empfänge mit Trompetengeschmetter gehörte noch zum Zeremoniell der Abwesenheit. Sobald ich mir selbst überlassen war, hatte ich mich zu diesem Marsch entschlossen, dieser direkten Begegnung mit den Dingen zu Hause. Eine große Freude bleibt still, um die Erinnerung zu nähren: Wie der Schwimmer im Wasser und der Vogel in der Luft fühlte ich mich leicht und frisch.

Übrigens waren mir Förmlichkeiten aller Art gnädig erlassen worden. Der Frühling verzichtet nicht auf Knospen, der Sommer nicht auf Hitze, der Herbst nicht auf fallendes Laub und richtig, der Winter dieses Tages war klar und heiter.

So marschierte ich mit schnellem Schritt. Wäre mir mein Land weniger lebhaft als mein Appetit, weniger groß als mein Ehrgeiz, weniger reich als meine Wünsche, weniger unerbittlich als meine Forderungen, weniger groß als meine Hoffnung erschienen – was für eine lächerliche Befreiung wäre das gewesen! Aber diese Abhänge, dieses Licht versprachen anderes als ›halbschattige Töne‹, ›kraftlose Verfeinerung‹. Jedes der braunen, beackerten Vierecke, jedes Feld, jedes der geschickt vor dem Wind geschützten Häuser berichtete von einem Sieg.

Kraft entsteht aus Gleichgewicht. Nicht aus Mittelmaß, der falschen Klugheit der goldenen Mitte, sondern aus rauher Gewalt, brutaler Eroberung, erzwungener Unterwerfung. Die Erde liebt diese Vergewaltigung und gibt dem Menschen mehr, als er erhofft. Doch indem sie ihn als Herrn anerkennt, bindet sie ihn. Das spielte sich vor meinen Augen ab. Kein Quadratmeter, den nicht ein Bauer betreten hätte, kein Kubikmeter, der nicht mit seinen Werkzeugen umgepflügt worden wäre – Menschenwerk bestimmte sogar die Farben, befahl der Sonne, hier das Rot der zerfurchten Scholle, da das Grau der Brachen, dort das Blau der Straße, dort das Grün der immergrünen Pflanzen. Jeder meiner Schritte brachte mich dem Ruhm der Meinen näher, dem einzig ewigen, den die Erde in ihrem Stolz einer Besiegten preist. Zu diesem Volk, das den Boden beherrscht, auf dem es lebt, und das im Gegenzug von den geheimen Kräften, die sein Leib enthält, getragen wird, konnte ich ohne Furcht zurückkehren. In der Ferne hatte ich gelernt, mich nach Größe zu sehnen, und ich ahnte, beinah bestürzt, daß ich sie hier finden würde…

Als ich Toulouse erkannte, dessen Mauerrund stehengeblieben war, wie um zu bezeugen, daß die Jahrhunderte nur in den Werken der Menschen sterben, als ich das bescheidene Baudin suchte und plötzlich Montchauvier entdeckte, seinen viereckigen Turm und seine friedfertig unter dem Himmel liegenden Häuser, war ich wie ein Mensch in Kleidern aus Licht.

Als ich in der Herberge ankam, empfing mich ein Mann von der Jugendorganisation *Compagnons de France*. Er führte mich in ein flaches, kühles Haus. In dem linken Zimmer mit seinen rissigen Wänden stand ein langer, schon für das Mittagessen gedeckter Tisch, in dem rechten ein runder Tisch mit Listen. Wir begannen mit den Papieren. Wieder einmal füllte ich Spalten aus, gab meine Identität an und unterschrieb. Frankreich war wohlumschlossen von diesen vier Wänden und in diesem Geruch nach Tinte und Brot. Wir sprachen. Der *Compagnon* war höflich und gepflegt – welche Überraschung! – und hatte genug Taktgefühl, um nicht mitleidig zu werden, mich nicht aufzumuntern. Er tat seine Arbeit, und er nannte diese Arbeit nicht Pflicht. Er unterhielt sich mit mir über die Zeit, das Land und all die üblichen Dinge. Er fragte mich, woher ich käme, nicht, wohin ich ginge – er wußte wohl, daß ich an irgendeinen Ort gehen würde, an dem ich ausruhen konnte. Ich lauschte seiner Stimme und seinem Akzent, der unauffällig und klar war wie seine Rede, bereit, sich jeder Färbung oder Idee anzupassen. Ja, dieser *Compagnon de France*, dieser erste Franzose, dem ich in meiner Freiheit begegnete, erschien mir wie jemand, der bereit war zu handeln. Dann setzten wir uns zu Tisch, und als ich begann, mein Brot zu brechen, bemerkte ich den Sonnenstrahl, der durch das weit geöffnete Fenster drang und auf den Boden ein makelloses Rechteck zeichnete.

Draußen zeigte Frankreich sein friedliches Gesicht.«

Die acht Kilometer, die François Mitterrand zu Fuß geht, sind die von Monay nach Mantry, jeweils rechts oder links liegen Baudin, Toulouse und Montchauvier. Nach diesem Text befindet sich das Auffangzentrum der *Compagnons de France* am Ende seines Weges, während der ehemalige Gefangene in Mantry tatsächlich bei Marie-Claire Sarrazin ankommt.

Ich habe François Mitterrand befragt: Er hat die Demarkationslinie bei Chamblay überschritten. Anschließend schlief er im Heu und erlebte am frühen Morgen das euphorische Gefühl, frei zu sein. Man wies ihm den Weg zu einem Haus der *Compagnons de France* in Chamblay. »Ich habe den Passierschein unterschrieben … Ich bin dann gelaufen, bis ich einen Bus fand, der mich bis Lons-le-Saunier mitnehmen konnte.« In Dôle nahm er einen

Bus, der über die Landstraße 83 fuhr; die Nase ans Fenster gepreßt, bemerkte er den Namen Mantry, wo seine Freundin Marie-Claire Sarrazin lebte, die er seit 1939 nicht mehr gesehen hatte. Er verließ den Bus und fragte nach den Sarrazins; ihr Besitz lag einige hundert Meter von der Landstraße entfernt. Um die Entlassungsformalitäten wollte er sich später kümmern.

Mit anderen Worten: Der Text, den er im *Métier de chef* veröffentlicht hat, ist »im großen und ganzen« richtig, denn er hat in der Tat bei Chamblay die Grenze überschritten, ist auch in einem Auffangzentrum untergekommen, doch ist dessen Ortsangabe im Text nicht richtig, und den Weg von acht Kilometern, den er beschreibt, hat er vermutlich in Gesellschaft von Marie-Claire Sarrazin anläßlich eines seiner Besuche in Mantry in den Jahren 1942/43 zurückgelegt …

Als der Krieg erklärt wurde, hatte Marie-Claire Sarrazin eine Fahrkarte nach Beirut in der Tasche, wo sie Physik und Mathematik unterrichten wollte. Sie beschloß schließlich, sich zusammen mit ihrer Schwester Marguerite auf dem Familienbesitz in Mantry im Jura, 15 Kilometer von Lons-le-Saunier entfernt, niederzulassen. Dort eröffnete sie ohne Genehmigung eine kleine höhere Schule, und zu den fünf oder sechs Schülern der Anfangszeit kamen bald einige jüdische Kinder hinzu. »Clo« unterrichtete Französisch, Latein und Mathematik, ihre Schwester Zeichnen, Geschichte, Erdkunde und Naturwissenschaften.

Eines Tages im Dezember 1941 sehen die beiden Schwestern einen völlig abgemagerten Franzosen ankommen. »Der Unglückliche war bleich, erschöpft, sah schrecklich aus und hatte eine Heidenangst, wieder aufgegriffen zu werden«, erinnert sich Marie-Claire.[3] »Wir haben ihn gepflegt, ernährt und zu Kräften kommen lassen, wir haben ihm Schuhe besorgt und einen roten Schal. Er ist einige Tage geblieben, um wieder auf die Beine zu kommen. Wir hatten einen Garten, deshalb konnten wir ihm Mais, Steckrüben und Soja geben, wir zogen auch eine kleine Ziege auf, so daß wir Käse machen konnten, und wir hatten auch Honig … Schließlich ist er nach Lons gefahren, um die Entlassung aus dem Heer zu beantragen … Zwischen uns entwickelte sich eine zarte Freundschaft. Er hat mir oft geschrieben und ist regelmäßig gekommen, um mich zu besuchen, zumeist ganz auf die Schnelle, zwischen 1942 und 1943… Er interessierte sich sehr für mich, vor allem nachdem er festgestellt hatte, daß seine große Liebe, Marie-Louise Terrasse, nicht auf ihn gewartet hatte ...«

Die wenigen Tage, die er in diesem Winkel der *Douce France* verbracht hat, wird er nicht vergessen. Später unternimmt er stets alles, seinen Zeitplan so einzurichten, daß er auf einen Sprung in Mantry vorbeischauen kann, oder er versucht mit allen Mitteln, »Clo« nach Vichy, Lyon oder Paris einzuladen. In allem beweist er viel Zärtlichkeit, »Clo« findet ihn oft zu romantisch, ein bißchen verrückt. Nach dem x-ten Versuch, ein schwieriges Rendezvous auszumachen, schickt sie ihm ein Telegramm: »Rendezvous auf dem Polarstern«, doch im Lauf der Monate fühlt sie sich dennoch von dem Wirbel erfaßt ...

Gelegentlich glaubt der junge Mitterrand in den schön geschriebenen Zeilen von Clairette einen gewissen »Spott« über das zu erkennen, was sie als übertrieben und extravagant empfinden mag ... Die junge Lehrerin zensiert sogar manchmal die Schreiben ihres Briefpartners, vermutlich, um eine gewisse Distanz zu wahren, und man darf wohl sagen, daß sie mit seinem Stil nicht immer nachsichtig ist («Ein ganz von sich selbst eingenommener Schreiber ...«). Obwohl sie sich hütet, allen seinen Erklärungen Glauben zu schenken, bezaubert sie dieser brillante junge Mann, der vier Jahre jünger ist als sie. Fünfzig Jahre später könnte man schwören, daß sie ihn noch immer mit denselben Augen betrachtet ...

Anmerkungen:

1 Einen Bericht über diesen Besuch druckte der *Courrier de Metz* am 28. Februar 1947.
2 Gespräch vom 17. Juli 1994.
3 Gespräch mit dem Autor, 10. November 1993.

## 11. Kapitel
## Bei der *Légion Française des Combattants*

»Nachdem ich nach Frankreich zurückgekehrt war, wurde ich ohne weitere Probleme Mitglied der *Résistance*«, schreibt François Mitterrand in *Ma Part de vérité*. Diese Kurzfassung ist in diesem Fall nicht der kürzeste Weg zur historischen Wahrheit.

Als Robert von der Ankunft seines Bruders erfahren hat, trifft er ihn in Mantry. Er findet ihn »so mager und so erschöpft«, daß er ihm zuredet, sich bei vertrauenswürdigen Freunden, den Lévy-Despas in Saint-Tropez, zu erholen.

François läßt sich dort ein wenig verwöhnen; er versucht, die in den Stalags verlorenen Monate zu vergessen. Den Vorabend des Neujahrstages 1942 verbringt er an der Côte d'Azur, aber am 1. Januar verläßt er das Seebad überstürzt. Diese plötzliche Abreise erklärt sich vermutlich durch einen Anruf von Oberst Cahier, der ihn gebeten hat, zügig nach Vichy zurückzukehren. Er nimmt den Zug, fährt über Bordeaux, springt, als der Zug langsamer fährt, ab und überquert unter Führung eines Fluchthelfers bei Langon in Gesellschaft einiger Reisender die Demarkationslinie; zuvor hat er noch einige kompromittierende Briefe zerrissen, darunter einen nicht abgeschickten Brief an Marie-Claire Sarrazin. In Jarnac, das er seit Kriegsbeginn nicht wiedergesehen hat, trifft er seinen Vater, Geneviève, die sich soeben verlobt hat, Philippe, Colette und ihre Kinder und auch Marie-Josèphe, die aus Paris gekommen ist, um ihre Tochter zu Weihnachten zu besuchen. Auch andere Familienmitglieder, die an dem Neujahrstreffen teilgenommen haben, sind noch da: seine Schwester Antoinette, das Ehepaar Thirion, die Cousins und Cousinen Sarrazin.[1]

Dann fährt er nach Paris. »Eines Abends«, erzählt eine seiner Schwestern, »klopft es an der Tür. Es ist François, abgemagert, schlecht angezogen, erbarmungswürdig. Wir hatten seit Monaten nichts von ihm gehört. Er sagt zu mir, als hätte er mich am Abend zuvor erst verlassen: ›Was ist, kann ich hier schlafen?‹ Kein Ausruf, kein Heben der Stimme. Nur in seinen Augen erkennt man seine Freude. Er ist unbeugsam wie das Gesetz. So ist François – er läßt sich niemals gehen, verliert nie die Selbstkontrolle. Er kann sich beherrschen wie sonst niemand auf der Welt.«[2]

Er sieht Marie-Louise wieder. Der Bruch ist nun offiziell, hinterläßt aber Narben für lange Zeit.

Mitterrand hält sich nicht lange in Paris auf und fährt wieder nach Vichy. Zunächst trifft er zwei seiner Familie nahestehende Offiziere: Major Jacques Le Corbeiller und Oberst Cahier.

Le Corbeiller ist Mitglied des Kabinetts von Admiral Darlan, dem Verteidigungsminister. Er war Ältester im Jahrgang von Pierre Landry an der *École de cavalerie* in Saumur; Landry wiederum ist der Mann von Colette Mitterrand, François' Schwester. Le Corbeiller hatte zusammen mit seinem Freund Pierre Landry und mit Henri Giraud, dem Sohn des Generals, bei Tlemcem bei den *Spahis* gedient.

Die Cahiers wohnen in einem kleinen Hotel. Nach seiner Gefangenschaft, die ihn viel Kräfte gekostet hat, ist der Oberst zur Oberaufsicht der Armee zurückgekehrt und seit kurzem in dem Badeort stationiert. »Ich erinnere mich an den Tag, als er [François Mitterrand] in meinem Zimmer erschien«, sagt Henriette Cahier. »Er war auffällig gekleidet, vor allem mit Frauensachen.[3] Ich gab ihm einige Kleidungsstücke meines Mannes …«

Cahier – und wahrscheinlich Le Corbeiller – finden für François Mitterrand eine kleine Stelle bei der Dokumentationsabteilung der Führung der *Légion des combattants et des volontaires de la Révolution nationale*.

Was ist die *Légion*? Sie entstand am 29. August 1940 nach einer Idee des Staatssekretärs der Kriegsveteranen, Xavier Vallat, einem ehemaligen Cagoularden und Anwalt von Jean Bouvyer. Man will die große Menge der Veteranen mobilisieren, um eine Sammlungsbewegung aller Franzosen um die Person Marschall Pétains zu begünstigen. Die zivile Zielsetzung der *Légion* ist es, »zwischen Oberhaupt und Volk das unverzichtbare Band« zu knüpfen. Vallat hat die Führung mit einer Reihe ehemaliger Cagoularden, vor allem Colonel Heurteaux und Loustaunau-

Lacau, Gegnern der Deutschen, und anderen Nationalisten wie François Valentin besetzt, die fast alle früher oder später in die *Résistance* überwechseln. Vallat selbst ist im Frühjahr 1941 von seinem Posten entfernt und zum *Commissaire général aux questions juives*, einer Behörde für Judenfragen, ernannt worden.

Am 31. August 1941 beschließt Pétain die Umwandlung der *Légion française des combattants* in die *Légion des combattants et des volontaires de la Révolution nationale*. Diese Entscheidung wird durch ein Gesetz vom 18. November 1941 verwirklicht, das darauf abzielt, die *Légion* in eine einheitliche zivile Bewegung des nicht besetzten Frankreichs umzuwandeln. Vom Frühjahr 1941 an ist die Schlüsselfigur in der *Légion* ihr Generaldirektor François Valentin, einstiger nationalistischer Deputierter aus Nancy, der vor dem Krieg im »104« sehr geschätzt wurde. An der Spitze von eineinhalb Millionen Kriegsveteranen will Valentin Propagandachef der *Révolution nationale* und maßgeblicher Gestalter des »Neuen Frankreich« werden. In seiner Neujahrsbotschaft für das Jahr 1942 erklärt er: »Der Marschall vertraut uns Studium, Verbreitung und Verteidigung der Prinzipien der *Révolution nationale* an, womit die Bedingungen unserer Erneuerung umrissen sind.« Er möchte »dem öffentlichen Leben eine Seele verleihen und, auf persönlicher und lebendiger Ebene, das Band zwischen dem Oberhaupt, das die neuen Prinzipien des Staates entwickelt, und einem Volk, das von diesen Prinzipien bisher nicht geprägt war, sicherstellen«.

Der unbeugsame Verteidiger des Marschalls und Deutschengegner François Valentin kämpft an mehreren Fronten. Er möchte seinen Einfluß auf die besetzte Zone ausdehnen, stößt aber auf den Widerstand der Pariser Kollaborateure, darunter Marcel Déat und Jacques Doriot. Er streitet ebenso gegen jeden Mißbrauch der *Légion* für von ihr nicht legitimierte Aktionen, insbesondere gegen die des ehemaligen Cagoularden und Helden des Ersten Weltkriegs Joseph Darnand, dem Chef der *Légion* im Département Alpes-Maritimes und Vertrauten Pétains.

Darnand hat einen Stab ehemaliger Cagoularden um sich geschart, er veranstaltet in Nizza patriotische Zusammenkünfte, baut aber auch im Verborgenen mit Hilfe des geheimdienstlich tätigen *Deuxième Bureau* ein Waffenlager auf ... Valentin, der es für seine Berufung hält, in der *Légion* alle Kriegsveteranen zu

versammeln und sich also auch um die in die Heimat zurückgekehrten Gefangenen zu kümmern, die per definitionem dazu-
gehören, kämpft schließlich auch gegen Maurice Pinot, den zur
Vichy-Regierung gehörenden *Commissaire au Reclassement des
prisonniers de guerre rapatriés*, Kommissar für die Wiedereingliederung der Kriegsgefangenen und Heimkehrer.

Im Herbst 1941, nach dem deutschen Angriff auf die Sowjet-
union, gründen die Pariser Kollaborateure und der ehemalige
Chef der *Cagoule*, Eugène Deloncle, die Nazideutschland helfen
wollen, die »Moskauer Hydra« zu besiegen, in der besetzten Zone die *Légion des volontaires français* (LVF, auch bekannt als
»französische Antibolschewistenlegion«). Als Gegengewicht
hebt Darnand den *Service d'ordre légionnaire* (SOL, ein paramilitärischer Ordnungsdienst) aus der Taufe, der sich bald weit
über die Grenzen der Alpes-Maritimes ausdehnt. Valentin hält
den SOL für zu faschistisch, zu unruhig, und versucht, sich ihm
entgegenzustellen, aber diese Aufgabe ist nicht einfach, weil
Darnand unter der Protektion Pétains und der *Révolution nationale* agiert.

Im Dezember 1941 muß Valentin nachgeben: Von nun an ist
der SOL offiziell Teil der *Légion*. Wenn auch Valentin formell
ihr Chef ist, so hat doch sein Gegner Darnand das Sagen. Der
SOL ist ein Stoßtrupp, der überall die Gegner der *Révolution
nationale* verfolgen will – seien es Gaullisten, Kommunisten, Republikaner oder, natürlich, Juden. Ein Jahr später wird der SOL
in die berüchtigte *Milice* verwandelt. Bei dem Versuch, den
wachsenden Einfluß Darnands und seiner Freunde einzudämmen, die immer mehr Aktionen durchführen und zunehmend
mächtiger werden, schließt Valentin Ende 1941 ein Abkommen
mit Oberst de La Rocque, um die *Légion* mit der *Parti social
français*, PSF, zusammenzuschließen.

Als François Mitterrand also Mitte Januar 1942 bei der *Légion*
anfängt, ist sie in einer Krise, und ihr Leiter, François Valentin,
ist im Begriff, sich mit einem Mann zu verbünden, der schon
acht Jahre zuvor Mitterrands Bewunderung hervorgerufen hat:
mit dem Führer der *Croix-de-Feux*.

Ohne seine politische Einstellung zum Zeitpunkt seines Eintritts in die *Légion* genau zu kennen, glaube ich sagen zu können, daß das ideologische Programm, das diese propagiert, ihn

nicht abstößt. Der junge François, geprägt zunächst durch die Niederlage, dann durch die Schrecken der Gefangenschaft, die zu seinen persönlichen Enttäuschungen hinzukommen, außerdem deutlich beeinflußt von rechter Ideologie, lehnt mehr denn je alles ab, was an die III. Republik erinnern könnte. In den Texten, die er während seiner Gefangenschaft veröffentlicht hat, finden sich im übrigen einige der von Anhängern der *Révolution nationale* entwickelten Hauptthemen wieder.

Der *Service de documentation*, in den François Mitterrand eintritt, ist in Wirklichkeit ein kleiner, von Jacques Favre de Thierrens geleiteter Nachrichtendienst. Favre ist eine beeindruckende Persönlichkeit – er war Fliegerpionier im Ersten Weltkrieg, ist inzwischen Reserveoffizier und steht in enger Verbindung mit den Kreisen der Kriegsveteranen. »Ich war ein kleiner Schreiberling. Ich legte Karteikarten über Kommunisten, Gaullisten und diejenigen an, die als antinationalistisch eingestuft wurden. Favre de Thierrens hat mich ins Bild gesetzt. Vor allem ging es darum, nichts weiterzusagen. Ich frage mich, wozu die Akten und Karteikarten dienten, die er verschickte. Das Amüsante war, daß mit allem gehandelt wurde. Favre verbrachte seine Zeit damit, gegen Vichy zu wettern. Er war der Armee verbunden, ein Verführer, ein sympathischer Verrückter.«[4]

Was François nicht wußte: Er arbeitete für die *Travaux ruraux*, mit anderen Worten für den Geheimdienst der *Résistance* in der Armee, geleitet von Hauptmann Paillole.

Bei der Gegenspionage der Armee sind kurz nach dem Waffenstillstand die ersten militärischen *Résistance*-Gruppen entstanden, die *Groupes d'autodéfence*, GAD. Capitaine Lambert wurde ausersehen, diese Gruppen zusammen mit Paillole zu organisieren. Lambert rekrutierte damals Lejeune, Du Passage (der Leser sollte sich beide Namen merken) und einige andere, die die GAD aufbauten, wobei sie von den *Traveaux ruraux* Pailloles diskret geschützt wurden. Favre de Thierrens, schon vor dem Krieg ein Vertrauter Pailloles, hat zugestimmt, bei seinem Freund, dem Chef der Gegenspionage, den Dienst wieder aufzunehmen.

Heute spart Paillole bei Erwähnung seines Kameraden nicht mit Elogen: »Ein großer Bücherwurm, ein reizender Mensch, ungewöhnlich beredsam; dieser leicht arrogante protestantische

Gentleman war ein großer *Résistance*-Kämpfer.« Favre de Thierrens ist auf seinen Wunsch in die *Légion* eingetreten – Paillole, der Valentin kannte, konnte ihn als »Maulwurf« in einer bedeutenden Organisation unterbringen. »Er hielt mich über alles, was er tat und was in der *Légion* geschah, auf dem laufenden. Durch ihn wurde François Valentin seinerseits einer meiner ›ehrenwerten Korrespondenten‹, und so war es ganz natürlich, daß er später offiziell in die *Résistance* aufgenommen wurde.«[5] Paillole legt auch Wert darauf, in Erinnerung zu rufen, daß Favre de Thierrens im Herbst 1942 bereit war, auf seinem Besitz in Ledenon (Gard) etwa zwanzig Tonnen Archivunterlagen der französischen Gegenspionage zu verstecken, Material, das später von der Gestapo konfisziert, nach Berlin gebracht und schließlich vom russischen Geheimdienst erbeutet wurde. Die Rückgabe war vor kurzem Gegenstand eines Abkommens zwischen Paris und Moskau. Das Nationalarchiv und das Außenministerium werden so in Kürze Mikrofilme von Archivunterlagen erhalten, die durch die Keller des Besitzes von Favre de Thierrens gegangen sind … Im April 1942 war Favre de Thierrens (Mitterrand arbeitete damals bei ihm) auch an der Flucht des Generals Giraud beteiligt, den er in seiner Bürofiliale in der Rue des Pyrénées in Vichy aufnahm.

Zu Anfang des Jahres 1942 gewöhnt sich François Mitterrand gerade wieder an das Leben als Zivilist, nimmt seine Gewohnheiten wieder auf, hört zu, liest. Er ist »nicht allzu überarbeitet und beabsichtigt, für sich selbst zu arbeiten«, schreibt er am 20. Januar an eine seiner Bekannten. Der junge Mann findet die Stadt recht trübselig, ist aber glücklich, dort einige ehemalige Kommilitonen und eine ganze Clique vom »104« wiederzutreffen: Jacques Marot von der Direktion der *Compagnons de France*, André Bettencourt, den Diplomaten Michel Rosaz, Jean d'Yvoire, den Literaturprofessor Marcel Villoutreix, den Musikwissenschaftler und Beamten des Innenministeriums Jean Roy und andere. Vichy ist eine Kleinstadt. Jeder kennt jeden, jeder besucht dieselben Restaurants, dieselben Cafés. François Mitterrand lernt hier viele Leute kennen, hat sich alsbald in dieser neuen Existenz zurechtgefunden, an der nichts allzu Unangenehmes ist. »Meine Anstellung ermöglicht es mir, ohne materielle Sorgen zu leben. Aber ich kann sie nicht als dauerhaften Zustand betrachten«, stellt er am 11. Februar fest. Kaum drei Wochen, nachdem er angefangen hat, nimmt er ein langes Wochenende frei, um vier Tage, vom 6. bis zum 10. Februar, in Paris zu verbringen. Er trifft viele »interessante Leute, und viele Nullen«.

Er ist von seiner Arbeit keineswegs überlastet und kümmert sich um die Vervollständigung seiner Bildung. Er will begreifen, was geschehen ist, seit er das Leben als Zivilist hinter sich gelassen hat. Er beginnt wieder, viel zu lesen, doch diesmal beschäftigt er sich mehr mit Werken zu Geschichte und Wirtschaft. Ohne selbst zu verstehen warum, hat er keine Lust mehr, sich in Romane zu vertiefen. Ebensowenig erklärt er sich, warum ihm soviel an der Lektüre der *Histoire de l'armée allemande*, Geschichte der deutschen Armee, von Benoist-Méchin liegt, der inzwischen Staatssekretär beim stellvertretenden Vorsitzenden des Präsidialrats ist. Mit einem klaren Ziel nimmt er das Studium wieder auf – am 13. März schreibt er darüber an einen meiner Zeitzeugen, der mir folgende Passage aus seinem Brief vorliest:

»Ich bin wirklich ehrgeizig, aber nicht methodisch genug, diesen Ehrgeiz zu befriedigen...

Ich habe mir ein sehr ausgefülltes Leben zusammengestellt – nicht ausgefüllt durch meine berufliche Arbeit, die nicht anstrengend ist, sondern durch das, was ich zusätzlich tue. Ich nehme Unterricht in Englisch und Deutsch. Ich beschäftige mich mit Jura und Geschichte. Ich möchte so vieles kennenlernen, von dem ich nichts weiß, aber glauben Sie nicht, daß ich diese Kenntnisse aus Büchern zu gewinnen hoffe. Ich versuche nur, eine solide Basis zu schaffen, mir Methoden anzugewöhnen; ich bin nicht sorgfältig genug, in meinen Bemühungen nicht konsequent genug. All das hilft mir, sie zu verbinden.«

Das, worauf es ihm ankommt, passiert nicht in seinem kleinen Büro im *Hôtel de Séville* am Boulevard de Russie, sondern anderswo, bei seinen unterschiedlichen Begegnungen. Doch darf er sich in völliger Übereinstimmung mit den vom Leiter der *Légion*, François Valentin, entwickelten Ideen fühlen. Er gehört nun zu den Leuten, die annehmen, daß der Marschall ein einsamer Mann ist, daß er verraten wird und daß seine Ideen »unglücklicherweise« nicht umgesetzt werden. Während der Gefangenschaft hat er sich mehrfach über die Notwendigkeit einer Revolution ausgelassen. Es war klar, daß diese nichts mit der

Französischen Revolution von 1789 gemein hatte. Ebenso ist nunmehr klar, daß er auf eine echte nationale Revolution abzielt:

»Ich habe sehr sympathische Leute getroffen, aber alle, die ich sehe, die ich kenne, scheinen mir in keiner Weise gewandelt durch die harten Lektionen dieser Zeit. Die *Révolution nationale* ist unglücklicherweise aus zwei sinnentleerten Wörtern zusammengesetzt. Es gibt keine nationalen Revolutionäre. Es sind zumeist beschränkte Menschen, die im Grunde aus Bequemlichkeit auf dieser Seite sind. Das ist ein Erfolg der einstigen Rechten und nicht die Machtübernahme durch Leute, die entschlossen sind, die Ereignisse zu bestimmen und die ihr Leben aufs Spiel setzen. Wir leben noch in der Zeit der Politik, von der Péguy spricht. Der Marschall ist fast allein, und diejenigen, die an seine Ideen glauben, sind weit weg von ihm.«

In diesem März 1942 ist François Mitterrand ein »nationaler Revolutionär« im ursprünglichen Wortsinn. In Teilen führt er dieselbe Rede wie die Cagoularden in Vichy – vor allem Gabriel Jeantet, mit dem er verkehrt oder verkehren wird –, die sich seit fast zwei Jahren darüber erregen, daß die Politik des Marschall von den »Synarchen«, den Führern der großen Konzerne und der Hochfinanz, und von der alten Rechten, die sich feige und schlaff mit der *Gueuse* und dem fruchtlosen Spiel der Parteien eingerichtet hat, auf Umwege geleitet und verdreht werde.[6] In demselben Brief vom 13. März schreibt er:

»Wenn ich über mein Schicksal nachdenke, entdecke ich nichts als Unsicherheiten. Ich verstehe mich nur auf eins: außerhalb der Gewohnheit leben und die Intensität des Lebens so weit wie möglich forcieren. Ich würde in Länder gehen, die mir die Illusion des Entdeckens erlaubten, wo ich im Willen und in der Machtausübung den Geschmack am Risiko spürte – aber ich möchte nicht unnötig oder unwichtig sein.

Ja, einmal habe ich den Marschall im Theater gesehen. Ich saß genau vor seiner Loge und konnte ihn bequem und aus der Nähe betrachten. Er hat eine großartige Haltung, sein Gesicht ist das einer Marmorstatue.«

François Mitterrand ist offensichtlich beeindruckt von dieser Begegnung mit dem Marschall, die vermutlich am 2. März 1942 im Kino in der Rue Sornin bei einer spätnachmittäglichen Vorstellung stattfand.

Er, dem einige entscheidende Jahre gestohlen wurden, setzt alles daran, die verlorene Zeit aufzuholen. Er ist noch immer so romantisch, daß er darauf brennt, jenseits der Normen zu leben und seinen Machthunger zu stillen. Er ist fasziniert von jenem Symbol gelassener Macht, das der Marschall in seinen Augen darstellt. Jacques Bénet, der Freund aus dem »104«, hat ihn in dieser Zeit in Paris getroffen. Er erinnert sich nicht mehr, daß sein Freund bei der *Légion* arbeitete, ruft sich aber die Diskussionen ins Gedächtnis, in deren Verlauf François seine Sympathie für den Marschall nicht verbarg:

»Wir sprachen über die düstere Zukunft Frankreichs. Wenn man aus der Gefangenschaft kommt, ist man niedergeknüppelt, man kommt aus einer langen Nacht, man versucht, die Situation zu verstehen. Der Staatschef gibt nicht ohne weiteres Anlaß zu Kritik. Alles in allem ist seine Gegenwart vielleicht günstig. Wir wußten nicht um die gravierenden Dinge, die sich zwischen dem Marschall und Deutschland abgespielt hatten … Ich war Marschallist, und ich glaube, daß François seinerseits Pétainist war. Heute vergißt man, daß damals alle Welt dem Marschall Pétain mehr oder weniger positiv gesonnen war. Wir argwöhnten, daß man uns vergessen hatte und daß die Verantwortlichen dieses Landes die Katastrophe nicht richtig eingeschätzt hatten und dazu neigten, die zwei Millionen Gefangenen lediglich als eine Masse armer Kerle zu betrachten, die Pech gehabt hatten. Wir hatten die grundlegende Pflicht der Solidarität gegenüber den Gefangenen. Unsere Aufgabe war geprägt von dieser Pflicht. Das ist der Grund, warum wir nicht vorhatten, Frankreich zu verlassen, um uns den Deutschen entgegenzustellen.«[7]

Der Begriff »Pétainist«[8] kann sicherlich gebraucht werden, um Mitterrand zu dieser Zeit zu charakterisieren, allerdings nur, wenn man ihn abschwächt; denn meines Wissens war er zu keinem Zeitpunkt Antisemit und zeigte sich auch nie der Kollaboration zugeneigt. Sein »Pétainismus« hindert ihn jedenfalls nicht, an die Gefangenen zu denken, die er im Stalag IX A zurückgelassen hat, sich mit Repatriierten und Geflohenen wie ihm selbst solidarisch zu fühlen und antideutsch eingestellt zu sein – ebenso wie viele seiner Freunde in der *Légion* oder anderswo.

In Vichy hat er seinen royalistischen Freund aus Angoulême, Claude Roy, wiedergefunden, der von Nizza aus eine literarische Sendung des nationalen Rundfunks leitet. Roy schlägt ihm vor, sich zuzuschalten und über Gefangene, ein ihm wichtiges Thema, zu sprechen.

Unter dem Namen François Lorrain äußert François Mitterrand sich mehrfach über den Äther. Lorrain ist der Mädchenname seiner Mutter: »Ich ziehe es vor, nicht allzu viel Aufmerksamkeit auf mich zu ziehen, denn ich möchte problemlos in die besetzte Zone gelangen können, und zuviel Leichtsinn würde mich schnell was weiß ich wohin bringen«, schreibt er in seinem Brief vom 13. März. Seine Zusammenarbeit mit Claude Roy endet am 18. April, denn François' Freund nimmt am Tag, an dem Laval das Amt des Ministerpräsidenten übernimmt, seinen Hut.

Ebenfalls im März 1942 nimmt François Mitterrand an einer Versammlung von Geflohenen teil, die um neun Uhr abends in der »Küche« des Vizepräsidiums in der Rue Sornin bei Monsieur und Madame Groube stattfindet.

Es gibt dort etwa vierzig ehemalige Gefangene, denen gemeinsam ist, daß sie allesamt aus den Lagern geflohen sind, darunter Picart-Ledoux vom Aufklärungsdienst der Armee, Serge Miller, »Max« Varenne, einst beim Kommando 1515, Marcel Barrois, Vazeille, der Sohn des Besitzers des größten Cafés von Vichy, und Jean-Albert Roussel, der dieses Treffen initiiert hat. »Max« ist es, der seinen Kameraden François dorthin mitbringt. Die Versammlung geht ihrem Ende zu. Mitterrand, der bisher den Mund nicht aufgemacht hat, erhebt sich und bringt einen Einwurf, der die Zuhörer versteinern läßt. Roussel ist heute noch bewegt, wenn er diese Geschichte erzählt.[9] Ein Satz blieb ihm in Erinnerung: »Kameraden, man darf niemals Politik machen!«

Leutnant Jean-Albert Roussel war am Allerheiligentag des Jahres 1941 geflohen und am folgenden 3. Januar 1942 in Vichy angekommen, einige Tage vor François Mitterrand, aber er konnte nicht dessen gute Beziehungen nutzen, um sich in der Hauptstadt des *État français* niederzulassen – im Prinzip waren Geflohene dort nicht zugelassen. So war Roussel mit vielen anderen im Château des Épigeards in Saint-Germain-des-Fossés, unweit von Vichy, gelandet. Dort gab es ein zum Arbeitsministerium gehörendes Aufnahmeheim für Geflohene, geleitet von

Marcel Barrois, dessen erster Stellvertreter Duntz war. Barrois, Duntz und Vanhaeghe (der in Vichy am Boulevard Gambetta saß) kümmerten sich nicht nur um die Aufnahme der Geflohenen, sondern versuchten auch, in Zusammenarbeit mit dem von Maurice Pinot geleiteten *Commissariat*, ihnen Arbeit zu beschaffen.

Etwa zwei Wochen nach der Ankunft Roussels bietet ihm Vanhaeghe, der eine Kur antreten muß, seine Stelle im *Bureau de reclassement des rapatrié*, einer Behörde zur Wiedereingliederung im Arbeitsministerium, an. Roussel nimmt die Stelle, die ihn zugleich mit der Verwaltung wie mit Repatriierten, seien sie Geflohene oder nicht, in Kontakt bringt, freudig an. Außerhalb seiner Bürostunden versucht er, älteren Geflohenen zu helfen, und so besucht auch er die Versammlung bei dem Ehepaar Groube in der Rue Sornin.

Roussel ist beeindruckt von diesem jungen Mann, der vier Jahre jünger ist als er selbst. Er möchte Mitterrand genauer kennenlernen. Sie diskutieren viel, auf der Straße oder im Zimmer, das Mitterrand bewohnt; Roussel erinnert sich noch an das gut sichtbare Photo von Catherine Langeais. Sie sehen sich alle zwei bis drei Tage und beschäftigen sich mit Überlegungen, wie am besten eine Gruppe zusammenzustellen sei, die nur aus Geflohenen bestehen und regelmäßig zusammentreffen soll. François Mitterrand nimmt so, ohne eine Miene zu verziehen, eine Nebentätigkeit auf.

Seine erste gemeinsame Aktion mit Roussel – Anfang April 1942 – ist die Organisation einer »Expedition« gegen Georges Claude in Clermont-Ferrand, einen geschickten Ultra-Kollaborateur, der in Constantinis *L'Appel* und in *La Gerbe* geschrieben hat und Mitglied der Akademie der Wissenschaften sowie des *Conseil national* Pétains ist. Am 30. März hielt Georges Claude in Vichy einen Vortrag, den zahlreiche Zuhörer besuchten. Vielleicht war auch François Mitterrand unter ihnen. Jedenfalls kannte er den Inhalt. Hier die Zusammenfassung aus *Le Progrès de l'Allier*:

»Nachdem er sich mit der Lage Frankreichs im Europa von morgen beschäftigt hatte, rief Georges Claude den Zustand der französisch-deutschen Beziehungen seit Anfang des Jahrhunderts in Erinnerung und unterstrich in diesem Zusammenhang die seiner Ansicht nach beständige Aktivität, die England – im Einklang mit seinem traditionellen politischen Egoismus – ununterbrochen entfalte, um diese Beziehungen zu vergiften. Der Vortragende betonte nachdrücklich die Verantwortlichkeit Englands für die Entfesselung des gegenwärtigen Krieges. Anschließend bemühte er sich, die Vorurteile zu zerstreuen, die bei einigen Franzosen in bezug auf die Politik der Kollaboration bestehen.«

Was in diesem zensierten Artikel nicht gesagt wird, ist, daß Georges Claude sich auf die Gefangenen beruft, um die Kollaboration zu predigen.

»Mitterrand, der ein hundertprozentiger Marschallist und sehr antideutsch eingestellt war, sollte sich in die erste Reihe des Auditoriums begeben, um ihm das Wort abzuschneiden«, erzählt Roussel. »Unglücklicherweise hatten andere ehemalige Gefangene aus Clermont dieselbe Idee gehabt und beschlossen, den Vortrag zu stören. Die Polizei war vermutlich alarmiert, denn Georges Claude erwähnte die Gefangenen nicht. Und wir gaben uns damit zufrieden, ein bißchen Radau zu machen.«

An diesem Tag stellt Roussel Mitterrand dem Dr. Fric vor, der schon im Untergrund tätig ist.

In einem vom 26. März 1942 datierten Brief gibt sich François Mitterrand, dessen »Béatrice-Wunde« noch nicht recht verheilt ist, als Zyniker, der nicht mehr leiden will. Er spricht von »Gefühlskälte«: »Ich muß zu viele Dinge von neuem lernen.« Und als gäbe es einen Zusammenhang, erklärt er, er habe »mehr und mehr Grauen vor Ideen«. Von Vichy geprägter Anti-Intellektualismus? Die Historiker sollten vielleicht vor allem die Folgen des Bruchs mit Marie-Louise Terrasse auf Verhalten und Aktivitäten François Mitterrands im Laufe dieses Jahres 1942 untersuchen …

Einem engen Bekannten, der ihm vermutlich im Zusammenhang mit der *Révolution nationale* von wenig ehrenwerten Leuten erzählt hat, antwortet er in demselben Brief vom 26. März:

»Darf ich gestehen, daß ich von dieser finsteren Unterwelt, über die Sie mich unterrichten, absolut nichts weiß? Ich kenne nur achtbare Leute, wenn nicht Ehrenmänner, hohe Funktionäre, akkreditierte Journalisten, Leute vom staatlichen Rundfunk, vom Nachrichtendienst, und wenn ich mich über Unzulänglichkeiten beunruhige, dann beurteile ich sie nicht nach

Gerüchten, sondern direkt. Niemand hat wirklich festen Glauben – viele arbeiten gewissenhaft, und diese Arbeit wird Früchte tragen, das ist sicher –, aber der Mangel an Fanatismus und der Mangel an Kompetenz führen uns zwangsläufig zum Mißerfolg oder wenigstens zu einem halben Mißerfolg, denn wie Sie glaube ich, daß die Ernte reift, nur sollten wir uns nicht an das hängen, was zugrunde gehen wird.«

Dieses erklärte Bedauern über den Mangel an »Fanatismus« bei den Urhebern der *Révolution nationale* und das Gefühl, daß dennoch die Ernte reife, bestätigen die Geisteshaltung François Mitterrands, die wir für diese Zeit Anfang 1942 umrissen haben.

Wer sind nun die hohen Funktionäre, die akkreditierten Journalisten, die Leute vom staatlichen Rundfunk, vom Nachrichtendienst, mit denen er verkehrt?

Ich habe nur einige wiedergefunden. Genannt seien Paul Creyssel, der Propagandachef; Fabre-Luce, ein extrem pétainistischer Publizist; Simon Arbellot de Vacqueur, Chef des französischen Pressedienstes, das heißt der Mann, der die »schönen Worte« aus Vichy von dem Badeort aus an alle französischen und ausländischen Korrespondenten weiterleitet. Arbellot stammt aus der Charente, François Mitterrand kennt seine Familie. Er sieht auch Jean Delage wieder, seinen einstigen Mentor beim *Écho de Paris*, der inzwischen Presseattaché bei General de La Porte du Theil geworden ist, dem Herrn der *Chantiers de jeunesse*...

Von diesem Frühjahr 1942 an bewegt sich François Mitterrand viel in den Kreisen der Presse, der Zensur und der Propaganda, die sich in der Bar des *Cintra* treffen. Zu einem Zeitpunkt, den ich im Verlauf dieses Jahres nicht genau bestimmen kann, spätestens aber im Oktober, knüpft er eine Verbindung mit einer in Vichy bedeutenden Persönlichkeit mit beachtlicher Vergangenheit: Gabriel Jeantet. Der ehemalige Cagoularde steht Dr. Ménétrel, dem engsten Mitarbeiter Pétains, sehr nahe. Er ist Sonderbeauftragter im Kabinett des Marschall und hat einen Verlag namens *Éditions de l'État nouveau* aufgebaut, der die Zeitschrift *France, revue de l'État nouveau* veröffentlicht. Jeantet, ewiger Intrigant, ist zugleich ein militanter Propagandist und ein Mann des Untergrunds; er empfängt und unterstützt *Résistance*-Mitglieder (ehemalige Cagoularden), die aus London gekommen sind, und fördert andere antideutsche Umtriebe. Die Beziehung zwischen François Mitterrand und Jeantet hat großen Anteil daran, die berühmten Gerüchte über eine Mitgliedschaft Mitterrands in dieser Vereinigung glaubhafter zu machen.

Der heutige Präsident macht keinen Hehl daraus, daß er Jeantet kannte:[10] »Ja, ich habe ihn in Vichy kennengelernt. Wahrscheinlich traf ich ihn über Simon Arbellot de Vacqueur, der aus der Charente stammte und dessen Familie ich kannte. Er war sympathisch. Er hat mich bei meiner Schwäche gepackt, seien wir offen: bei einer gewissen Eitelkeit. Ich wollte unbedingt für eine Zeitschrift schreiben. Jeantet verlegte *France, revue de l'État nouveau*. Ich habe mir keine Fragen über die Ideen gestellt, die diese Zeitschrift verbreitete, noch über die Leute, die dafür verantwortlich zeichneten. Jedenfalls gab es dort Leute, die bekannt geworden sind. Ich empfand es nicht als Verbrechen, Artikel für diese Zeitschrift zu schreiben. Ich hätte vielleicht aufpassen müssen ...« Dieses Bedauern ist erkennbar eine Floskel. Er übernimmt die volle Verantwortung für zwei dort im Dezember 1942 und im März 1943 erschienene Artikel.[11]

Am 8. April veröffentlicht François Mitterrand in *Le Figaro* einen umfangreichen Artikel[12] über das Buch von Robert Gaillard[13], seinem einstigen Mitgefangenen, das den Titel *Mes Évasions* trägt, einen Preis der *Académie française* erhalten hat und dessen Vorwort von Propagandaminister Paul Marion stammt. Mitterrand erklärt insbesondere, daß dieses Buch dank ihm entstanden sei, denn er habe dem Autor nicht nur »Interesse und Nutzen, die eine große Öffentlichkeit in so wahrhaftigen Seiten finden würde«, versichert, sondern er sei es auch gewesen, der das Manuskript zur Zensur des Stalags gebracht habe, »von wo es ohne Beanstandung zurückkam«.

In einem Bericht vom 11. April erklärt François Mitterrand, wie tiefgreifend ihn die Erfahrungen des Krieges und der Gefangenschaft verändert haben. Er will Putz, Masken und trügerischem Schein nichts mehr abgewinnen können. Er schreibt, er skizziere seine Texte nicht vor, denn er werfe seine augenblickliche Wahrheit aufs Papier. »Ich bin ein außerordentlich natürlicher Mensch ...« Er könne heute keine »geschminkte Frau« mehr lieben. Diese bedeutende Veränderung erklärt er mit der

Tatsache, daß er »das Elend, die Leichen« gesehen habe, was die »Verkleidung unmöglich« mache. Doch indem er es sich übelnimmt, sich so preisgegeben zu haben, »löscht« er alles wieder aus und leitet auf einen Widerspruch über, der in Wirklichkeit keiner ist: »Wenn Sie meine Schriften lesen, verkleide ich mich darin, der offenkundigen Preisgabe zum Trotz. Die Kälte, die ich Ihnen gegenüber offenbare, ist mehr nach meinem Bild.«

Am 18. April 1942 ruft der Marschall auf heftigen Druck seitens Otto Abetz' Laval zurück, der am 13. Dezember mittels eines Mini-Staatsstreiches vor allem durch die ehemaligen Cagoularden Méténier, Groussard und Martin gestürzt wurde, weil sie ihn für eine Kollaborateur hielten und befanden, er ziehe den Marschall in eine Politik hinein, die ihrer Vorstellung von einer *Révolution nationale* zuwiderlief. Laval übernimmt die Position Admiral Darlans und reißt die Macht fast vollständig an sich.

Am Vorabend ist General Giraud aus der deutschen Festung ausgebrochen, in der er gefangengehalten wurde – die Operation haben Offiziere der Waffenstillstandsarmee, darunter Paillole, organisiert, die auch vor Kampf nicht zurückschreckten. Die Rückkehr Girauds auf die französische Bühne soll für das Schicksal des jungen Helden dieses Buches von Bedeutung sein.

Vier Tage nach Lavals Rückkehr an die Macht hat François Mitterrand, der sehr viel an seine Freunde und Freundinnen und an seine Familie schreibt, das Bedürfnis, sich ausführlich über die Politik Frankreichs zu äußern. Er hat gerade bei der *Légion* gekündigt, nicht weil er mit der von ihr verfolgten politischen Linie in ideologischem Zwist stünde, auch nicht, weil Laval ins Ministerpräsidium zurückgekehrt ist, noch weil sein Direktor, François Valentin, gerade aufgrund dieser Rückkehr Lavals seinen Posten aufgegeben hat – nein, dies alles nicht: Er hat gekündigt, weil es ihm mißfällt, »für nichts zu dienen«. Dennoch will er in Vichy bleiben. Was er tun wird, ist noch offen, er weiß allerdings, daß er in dieser Regierung niemals ein Amt innehaben wird. Der Brief vom 22. April markiert den Höhepunkt seines »Pétainismus«:

»... Ich habe mir ein von Beschäftigungen aller Art überhäuftes Leben eingerichtet. In erster Linie bin ich eindeutig fasziniert von der Politik. Wie können wir es schaffen, Frankreich wieder auf die Füße zu stellen? Was mich betrifft, glaube ich nur an dies: an den Zusammenschluß von Menschen, die derselbe Glaube eint. Es ist der Fehler der *Légion*, daß sie Massen aufgenommen hat, deren einzige Verbindung ein Zufall ist: Die Tatsache, gekämpft zu haben, schafft noch keine Solidarität. Ich verstehe eher die SOL, deren Mitglieder sorgfältig ausgewählt und durch einen auf gemeinsamen Herzensüberzeugungen basierenden Schwur geeint sind. Man müßte in Frankreich Milizen aufstellen können, die es uns gestatten, ohne Angst vor den Folgen das Ende dieses deutsch-russischen Kampfes abzuwarten – ob Deutschland oder Rußland den Sieg davonträgt: Wenn wir willensstark sind, wird man uns rücksichtsvoll behandeln. Deshalb teile ich diese Unruhe wegen des Regierungswechsels nicht. Laval ist sicher entschlossen, uns aus der Affäre zu ziehen. Erscheint uns seine Methode falsch? Wissen wir wirklich, wie sie aussieht? Wenn sie uns gestattet zu überdauern, ist sie richtig…«

»Überdauern« ist wichtig für die Leute in Vichy, die keine Kollaborateure sind. Ihrer Ansicht nach erlaubt nur diese Frist die *Révolution nationale,* den Wiederaufbau der Nation auf neuen Grundlagen, die Errichtung eines starken Frankreich, das sich dann vom Joch der Besatzer befreien kann.

»… Ich habe gerade bei der *Légion* meine Kündigung eingereicht. Ich werde noch solange arbeiten, wie es für die ›Machtübergabe‹ sinnvoll ist, aber mein Entschluß steht fest. Es mißfällt mir, für nichts zu dienen. Ich habe dennoch vor, in Vichy zu bleiben. Weiß noch nicht, wie. Jedenfalls weiß ich, daß ich niemals ein Amt übernehmen werde …

Es ist besser, in der Bewegung zu sterben, in Aktion und schnell, unter Hinnahme aller Risiken, als darauf zu warten, daß das Ende kommt wie gewöhnlich, das heißt geschmückt mit dem Bedauern der Herren Chefs und Kollegen.

Die *Légion* ist jetzt bürokratisiert. Ich bin von einem anderen Schlag, trotz meiner Schwächen und Zögerlichkeiten. Unsere Zeit ist wunderbar. Ich möchte sie nicht durch mein Fenster betrachten (das wäre vermutlich das Klügste, aber dann müßte man Pascal sein).

Vichy ist eine scheußliche Stadt (nicht unangenehm, nicht langweilig, sondern häßlich), nichts zieht den Blick an, überall nur pausbäckige oder lächerlich lineare Häuser, protzige Villen sind dahingepflanzt im zweifelhaften Geschmack fetter Frauen. Man müßte die Badeorte abreißen. Unsere Schwachköpfe von Enkelkindern werden sie nur schön finden, weil sie so alt sind.«

François Mitterrand bestätigt, was bereits offensichtlich war: Er ist fasziniert von der Politik und hat mit sechsundzwanzig Jahren durchaus vor, am Wiederaufbau Frankreichs mitzuwirken. Ein unzweideutiger Text, der mit dem Bild übereinstimmt, das sich bisher aus seinen Artikeln und Briefen erahnen ließ ...

Es ist sicherlich schwierig, sich in die damalige Zeit hineinzuversetzen: Von heute aus gesehen, im Rahmen einer Geschichte, die, nach langem Schweigen über diese Periode, Vichy auf eine dichte Masse von Verrätern, Feiglingen und Antisemiten reduziert, läßt das sich bisher abzeichnende Porträt des jungen Mitterrand für die Zukunft nichts Gutes ahnen. Dennoch haben junge und weniger junge Leute, die sich mit denselben Ideen tragen wie er, schon den sicher oft verschlungenen Weg eingeschlagen, der zu dem Schlachtfeld führt, auf dem eines Tages die Medaillen der *Résistance* und die »Genossen«-Titel eingesammelt werden...

Anfang Mai 1942 ist François Mitterrand in Vichy also arbeitslos. Er sucht eine neue Anstellung »außerhalb der Normen« und entwickelt unterdessen Aktivitäten mit Roussel, »Max« Varenne, Barrois und einigen anderen Geflohenen. Dieses Frühjahr erlebt eine Unzahl von Unternehmungen einzelner oder kleiner Gruppen, die darauf abzielen, den in der Gefangenschaft Verbliebenen beim Ausbruch zu helfen und diejenigen zu unterstützen, die zurückgekehrt sind. Man kann nicht von einer organisierten Bewegung sprechen, noch weniger von Widerstand im Zusammenhang mit diesem noch eher marginalen Verhalten. Diese Randerscheinung ist nicht gegen den Marschall gerichtet, denn diejenigen, die auf gut Glück »etwas zu tun« versuchen, sind alle Marschallisten. Ein Teil dieser sozialen Aktivitäten findet übrigens in aller Öffentlichkeit statt: Barrois, Roussel, Vanhaeghe und andere gehören zum *Bureau de reclassement des prisonniers.*

Der andere Teil spielt sich im Untergrund ab und besteht im wesentlichen darin, falsche Stempel herzustellen, Papiere zu fälschen, sie an die Gefangenen zu schicken, damit sie ausbrechen können, ihnen Fluchtwege ausfindig zu machen, sie mit Karten zu versorgen, mit Korrespondenzadressen, mit Rastmöglichkeiten und so weiter. Der Verantwortliche der Fälscherwerkstatt für Papiere ist Roussel, um ihn wirken bereits genannte Leute, aber auch Henri Philippe, Spezialist für Stempel (er verfügt über mehr als zweihundert Stempel deutscher Kommandanturen, Polizeistationen, Städte, Gesellschaften, Arbeitsorganisationen), d'Albarranc, ein Papierfabrikant, und die Brüder Ribaud, Drucker in Vichy. Dr. Fric aus Clermont-Ferrand gehört ebenfalls zu der Gruppe, wie auch zwei Generalstabsoffiziere der Waffenstillstandsarmee. François Mitterrand reiht sich ein: Er ist derjenige, der reden kann und auf diese Weise großen Einfluß gewinnt; er braucht auch die meisten gefälschten Papiere, die er, in Bürsten oder hinter Pétain-Portraits versteckt, in den Päckchen für die Gefangenen unterbringt.

Über Sauvan, einen anderen Geflohenen, lernt Roussel in Vichy Antoine Mauduit kennen. »Das war für mich ein enormes Erlebnis«, erzählt er heute. »Er war eine ungewöhnliche Persönlichkeit. Er hat mich sofort ins Herz geschlossen.«

In der Tat ist Antoine Vandersteen-Mauduit-Larive eine Persönlichkeit. Er stammt aus einer wohlhabenden Familie:

»Er besaß, was man gewöhnlich für unerläßlich hält: Vermögen, Komfort, Umfeld. Doch eines Tages wird ihm das alles unerträglich. Er läßt alles zurück und geht aufs Land, um auf Bauernhöfen härteste Feldarbeit zu leisten. Zur gleichen Zeit erweist sich sein Geist als begierig, das Unbekannte, Unfaßbare kennenzulernen. Er liest. Er bildet sich in Theologie. Nach und nach bereitet er sich auf die Offenbarung vor. Und er tritt zum Christentum über. Dann engagiert er sich in der Fremdenlegion, wo er alsbald Offizier wird. Der Krieg sollte ihn überraschen. Sein Mut, seine Begeisterung sind bald so beliebt, daß man ihn überall im Umkreis kennt. Mauduit ist für seine Männer und für seine Kameraden bereits der Held, dessen Abenteuer mitreißen und dem man instinktiv folgen möchte. Er wird gefangengenommen und kommt ins Offizierlager, von wo er achtzehn Monate später zurückkehrt und zum Zeitpunkt der ersten Konflikte mit Syrien als Kolonialsoldat eingesetzt wird …«[14]

Zurück in Frankreich, geht Mauduit zunächst nach Fréjus und versucht ebenfalls, etwas für die Geflohenen und die Verfolgten zu tun. Eines Tages im April 1942 lernt er in einem Zug Marcel Bouchard kennen – sein richtiger Name ist Bouchara –, einen Juden, der es vorgezogen hat, Paris zu verlassen, Identität und Beruf zu wechseln und sich in Lyon niederzulassen, um dort ein Brauhaus zu führen. Die beiden Männer kommen überein, eine antideutsche Bewegung ins Leben zu rufen, deren Rahmen noch unbestimmt bleibt, die aber dennoch schon alsbald über sichere Orte verfügen soll, wo sie Geflohene aufnehmen kann. Dafür ist Geld nötig. Bouchard und Mauduit wenden sich an ihre Freunde. Mauduit trifft bei einigen Militärs auf ein offenes Ohr, insbesondere bei General Mennerat und Colonel de Linarès (er gehört zu den Offizieren, die seit dem Waffenstillstand im Untergrund dafür arbeiten, daß die Armee im passenden Moment den Kampf gegen die Besatzer wiederaufnehmen kann). De Linarès ist einer der drei Generalstabsoffiziere, die die Flucht Girauds organisiert haben, und ist seither sein Kabinettschef.

Er garantiert die Verbindung mit den geheimen Aktivitäten innerhalb der Waffenstillstandsarmee, mit Capitaine Lejeune und den *Groupes d'autodéfense*, mit den Geheimdiensten der Armee. De Linarès verbürgt sich für die von Mauduit geleitete Aktion und die Serie von Ausbrüchen, die er auslösen will. Er stellt ihm eine stillgelegte Fabrik zur Verfügung. Mauduit und Bouchard erhalten einige Mittel von Unternehmern wie Freyssinet in Marseille und Visseau in Lyon.

Zu jener Zeit trifft Mauduit auf der Suche nach Orten, Geld und Unterstützung aller Art in Vichy auf Roussel. Dieser, ein Mann der Tat und unlängst der Brillanz und Intelligenz Mitterrands erlegen, schließt sich dem Vorhaben des mystisch veranlagten Mauduit an, der seine Projekte mit einem religiösen Nimbus umgibt. »Er ist kräftig, kantig, mit eckigem Gesicht und fester Stimme – nichts an ihm erinnert an den Mystiker, den man sich gewöhnlich vorstellt. Dennoch ist er im Grunde ein Mystiker. Das Werk, das er schaffen wird, ist auf das Verborgene ausgerichtet: Er träumt von einem christlichen, starken, gesunden, großzügigen Frankreich«, schreibt François Mitterrand über ihn.[15]

Roussel beteiligt sich an der endgültigen Auswahl eines »Schlupfwinkels«, des Château de Montmaur, das im Département Hautes-Alpes in der Nähe von Notre-Dame-de-la-Salette liegt. Offiziell wird Montmaur dazu dasein, Geflohene aufzunehmen, die arbeiten, Land roden, Holzkohle herstellen. Die Gründer wissen schon jetzt, daß das Zentrum mehr als ein landwirtschaftlicher Betrieb sein wird. Als der Entschluß, eine Niederlassung in Montmaur zu gründen, einmal gefaßt ist, weitet Mauduit seine Aktivitäten aus, vor allem in Lyon und in Vichy. In Lyon trifft er insbesondere die Führer des *Centre d'action des prisonniers*, CAP.

Das CAP wurde Anfang 1942 von Jean de Fabrègues und Henri Guitton unter der Ägide von Maurice Pinots Kommissariat gegründet. Er macht daraus eine Art Studienstelle für intellektuelle, künstlerische, soziale und moralische Fragen. Ziel ist es, das während der Gefangenschaft angesammelte menschliche Vermögen zu bewahren, alle Zeugnisse aus dieser Gefangenschaft zu sammeln und fruchtbar werden zu lassen und vor allem, sie der wiedergefundenen *Communauté française*, der Gemeinschaft der Franzosen, zugute kommen zu lassen.

*Communauté française* ist einer jener magischen Begriffe der *Révolution nationale*, der die Hoffnung bezeugt, in Frankreich eine klassenlose, brüderliche und solidarische Gesellschaft zu errichten. Die Vorstellung der Vordenker der Bewegung geht dahin, daß der »Geist des Gefangenen«, bestehend aus Brüderlichkeit und Solidarität, der die bürgerliche Hierarchie außer Kraft gesetzt hat, dieser Gemeinschaft als Grundlage dienen könnte. Das CAP der nicht besetzten Südzone hat seinen Sitz in Lyon.

Die Prinzipien, die die Tätigkeit des Zentrums von Montmaur bestimmen, wurden bei Versammlungen in Crépieu-la-Pape im Sitz der *Compagnons de France* ausgearbeitet, doch stützen sie sich wesentlich auf das Buch von Jean Guitton, der in seinem »Oflag« gerade die *Fondements de la communauté française*, Grundlagen der französischen Gemeinschaft, geschrieben hat, eine Abwandlung der Prinzipien der *Révolution nationale*. Guittons Buch ist eine Art Bibel innerhalb der Bewegung der Kriegsgefangenen. Die Gründer des CAP sind fast alle aus der *Action française* oder extrem rechten Gruppierungen hervorgegangen. Jean de Fabrègues war zunächst bei der *Action française*, dann stand er dem Grafen von Paris nahe; vor dem Krieg hat er die rechtsextreme Zeitschrift *Combat* ins Leben gerufen. Zu Fabrègues stößt in der Leitung des CAP Jacques de Montjoie hinzu, ein weiterer Royalist. Wie aus einer vom Kabinett des Staatssekretärs im Kriegsministerium ausgearbeiteten Note vom 29. Juni 1942 hervorgeht, verfolgt das Zentrum »ein Propagandaziel zugunsten der *Révolution nationale*. Die Tätigkeit dieses Zentrums soll diejenige der in den Lagern arbeitenden Pétain-Kreise fortsetzen«.

Fabrègues, Mitte 1942 der Chefideologe des CAP, ist zugleich Gründer und Herausgeber der Zeitung *Demain*, die wie ein Schwesterblatt der vor dem Krieg unter Thierry Maulnier erschienenen *Combat* wirkt. Dieselben Autoren zeichnen verantwortlich: Gustave Thibon, Jacques Madaule, Jean und Henri Guitton, François Perroux und – Henri Massis! *Demain* ist erzkatholisch und spielt eine wichtige Rolle für Definition und Verbreitung der Ideologie der *Révolution nationale*. Eine ganze Seite ist zum Beispiel der »Jugend Frankreichs« gewidmet, auf der lange Artikel über die *Compagnons de France* und die *Chantiers de jeunesse* sowie allgemein über alle petainistischen Jugendbewegungen zu lesen sind. Männer und Gedankengut des CAP, der *Compagnons* und der *Chantiers* stehen einander im übrigen sehr nahe.

Der Mai ist für François Mitterrand ein ausgesprochen unruhiger Monat. Zwar ist er offiziell arbeitslos, doch ist er wegen seiner geflohenen Kameraden sehr geschäftig. Gegen Ende des Monats bietet Roussel, der in seinem *Bureau de reclassement des prisonniers* genau an der richtigen Stelle sitzt, um den Kameraden gute Schlupfwinkel zu verschaffen, seinem Freund François zwei Posten an: einen im *Commissariat aux questions juives*, den anderen im *Commissariat au reclassement des prisonniers*. Mitterrand entscheidet sich ohne Zögern für den zweiten, obwohl dieser deutlich schlechter bezahlt wird.

Bevor er seine neue Aufgabe übernimmt, verbringt François Mitterrand Anfang Juni acht Tage zur Erholung in Mantry bei den beiden Schwestern Sarrazin. Die »Béatrice-Wunde« beginnt zu vernarben. »Ich liebe sie, weil ich sie geliebt habe ... Ich leide nicht, und ich bin fähig, eine andere außer ihr zu lieben«, schreibt er wenig später. »Sie ist eine dieser allegorischen Göttinnen, von denen Proust spricht ...« Er findet mehr und mehr Vergnügen daran, seine entfernte Cousine Marie-Claire zu sehen, die er »Clo« nennt. In der reinen Frauenwelt in Mantry übt er seinen Einfluß aus und läßt seinem düsteren Humor freien Lauf. Die Frauen nennen ihn den »Tyrannen«.

Am 10. Juni 1942 fährt François nach Vichy zurück. Er nimmt wieder Kontakt mit Roussel auf, der ihn bittet, ihn über Pfingsten nach Montmaur zu begleiten. Dort wollen sich ehemalige Gefangene um Antoine Mauduit treffen, um etwas in Gang zu bringen ...

In einem Bericht, der vom 11. Juni datiert, erklärt er, in welcher Absicht er an dieser Versammlung teilnimmt. Der Egalitarismus, von dem er im Gefangenenlager Stalag angehaucht war, scheint ihn verlassen zu haben:

»Freitag abend, ich habe vor, nach Montmaur in die Hautes-Alpes zu fahren, wo ein Treffen ehemaliger Gefangener stattfinden soll. Ich wünsche mir, daß daraus Aufbau und Organisation einer stabilen Bewegung entstehen. Auch werde ich nicht versäumen, meine Leitmotive zu bestätigen:

1. Eine Masse läßt sich ausschließlich von einigen Männern lenken, die 2. dieser Masse keinerlei Rechenschaft abzulegen verpflichtet sind und sie 3. ganz nach eigenem Gutdünken lenken, welches, was uns betrifft, aus unserem Gewissen und unserem Willen zum Erfolg bestehen muß.«

François Mitterrand trifft dort viele Leute: die Führer des CAP, Colonel de Linarès, General Mennerat, der sein Colonel war, als er einberufen wurde, und andere. Am 16. Juni, als er gerade aus Montmaur zurückgekehrt ist, erzählt er einem seiner Briefpartner:

»Ich habe dort drei interessante Tage voller überraschender Erlebnisse verbracht. Ich lernte einen Mann kennen, der eine Bewegung zur gegenseitigen Hilfe für Gefangene ins Leben rufen will, eine ungewöhnliche Persönlichkeit, anziehend und nachahmenswert. In einem komfortablen Schloß aus dem 15. Jahrhundert wurde eine Bewegung ins Leben gerufen, der ich eine bedeutende Zukunft voraussage ...«

Die ungewöhnliche Persönlichkeit ist kein anderer als Antoine Mauduit. Wir haben schon in dem Porträt, das er ihm 1945 gewidmet hat, gesehen, wie sehr François Mitterrand von diesem Mann beeindruckt war, der von einem »christlichen, starken, gesunden, großzügigen Frankreich«[17] träumte. Die Begegnung der beiden Männer läßt indes noch Fragen offen. Mauduit mißtraut allen, die aus Vichy kommen, und vor Mitterrands Eintreffen scheint es einige unangenehme Andeutungen in dieser Richtung gegeben zu haben. Diese Schatten werden erst einige Wochen später in Vichy beseitigt. Mauduit nennt seine Bewegung *La Chaîne*, Die Kette, »Handlungsnetz für die Wiederaufrichtung Frankreichs und die Verteidigung der christlichen Zivilisation«. Hier ist anzumerken, daß die in Montmaur entwickelten Ideen in Vichy nicht als Bilderstürmerei betrachtet wurden ...

Roussel, der »Mitterrands Mann« geworden ist, tritt dem Leitungskomitee der *Chaîne* bei, diesem Rohbau einer Bewegung, die in Zukunft unterschiedliche informelle Gruppierungen verbindet, darunter auch die von Roussel und Mitterrand selbst.


Anmerkungen:

1 Vgl. Robert Mitterrand: *Frère de quelqu'un.*
2 Vgl. *Paris Match*, 27. April 1974.
3 Anspielung auf die von Marie-Claire Sarrazin in Mantry erhaltenen Sachen oder Gedächtnisfehler?
4 Nicht wörtliche Übertragung eines Gesprächs des Autors mit François Mitterrand am 26. Mai 1994.
5 Gespräch mit dem Autor, Juni 1994.
6 Fast ebenso argumentieren zu jener Zeit auch Männer aus ganz anderen Lagern: Sozialisten, Anarcho-Syndikalisten, Proudhon-Anhänger, Pazifisten und andere.
7 Gespräch mit dem Autor vom 12. November 1993.
8 Wir stimmen hier mit der Unterscheidung der Begriffe des »Pétainismus« und des »Marschallismus« durch Historiker des IHTP überein: Der erste bezieht sich auf Zustimmung für die Ideologie der *Révolution nationale,* der zweite beschränkt sich auf die Zustimmung gegenüber der Person des Marschall.
9 Gespräch mit dem Autor vom 24. Mai 1994.
10 Gespräch mit dem Autor vom 26. Mai 1994.
11 Vgl. 9. Kapitel, S. 119 ff.
12 Er erhielt den Zensurvermerk DSPG n. 50.64.
13 Gaillard verläßt das Stalag IX A unter wenig ehrenhaften Bedingungen und führt Mitte 1942 die Rubrik »Gefangene« der Zeitschrift *Révolution nationale*, Organ von Deloncles MSR, die der L'Oréal-Chef Eugène Schueller finanziert. François Mitterrand trifft ihn weiterhin von Zeit zu Zeit.

14 Text von François Mitterrand, veröffentlicht im P.G. Nr. 2 vom 1. Juli 1945, einige Wochen, nachdem Mauduit bei der Deportation gestorben ist.

15 Ebd.

16 Quelle: Jean-Albert Roussel, der Mitterrand die Ämter anbot.

17 Bei der Enthüllung des Mauduit gewidmeten Denkmals am 20. August 1986 wird der Präsident sagen: »Ich habe in meinem Leben keine fünf Leute mit einer solchen Ausstrahlung getroffen.«

## 12. Kapitel
## Funktionär des Marschall

Am Tag nach Pfingsten übernimmt François Mitterrand seine Stelle beim *Commissariat au reclassement des prisonniers*, zugleich geht er intensiv seinen halb illegalen Tätigkeiten nach. Er zieht folgende Bilanz:[1]

»Ich richte mich also wieder in Vichy ein und habe meine Position als Arbeitsloser aufgegeben. Von nun an bin ich – bis auf weiteren Befehl – anspruchsvoll, und meine Laune ist wechselhaft. Ich werde mich um die Beziehungen des *Commissariat* zur Presse kümmern. Die Arbeit muß interessant sein, wenn man mir die Freiheit läßt, mich soviel wie möglich ohne bürokratische Fußfesseln zu bewegen. Wahrscheinlich wird man mich in der freien Zone umherreisen lassen, um Kontakt mit lokalen oder regionalen Zeitungen aufzunehmen. Ich gaube, daß diese Propagandaarbeit nützlich und wichtig ist. Die Atmosphäre im *Commissariat* erscheint mir gut. Es gibt einige intelligente und tatkräftige Männer, vor allem die, welche für die freie Zone verantwortlich sind. Mit ihnen dürfte man zu guten Ergebnissen kommen...

Vichy macht mich verrückt. Diese Waschschüssel, in der die Luft, schwer beladen mit übler Feuchtigkeit, zur Apathie verleitet, wo die Menschen fern von frischem Wind und Ekstase leben – ich fühle mich hier nicht zu Hause ...

Ich bin mehr und mehr einsatzbereit. Hätte ich einen festen Glauben, nichts wäre für mich ein Opfer. Was tun ohne den Boden, auf den man den Fuß zum Absprung aufsetzen kann? Jedenfalls kann ich mich nicht mit einem Dasein zufriedengeben, in dem das Leben Schlaf und Abbild des Todes ist. Empfindungen oder Sieg des Geistes – ich weiß noch nicht, was mich mehr anziehen wird. Was ich weiß, ist, daß ich – sei es mit Körper oder Seele – eine stolze Gangart einlegen werde ...

Ich werde menschlicher und damit weiblicher.«

Auch wenn François Mitterrand noch immer keine endgültige Wahl für sein Leben, keine endgültige politische Wahl getroffen hat, noch nicht weiß, wo er »den Fuß zum Absprung aufsetzen« soll, so übernimmt er doch im *Commissariat au reclassement des prisonniers* die Aufgabe des Propagandachefs für die nicht besetzte Zone. Die Atmosphäre, die dort herrscht, empfindet er als »gut«.

Es ist sinnvoll, an dieser Stelle an die Bedeutung des Traumas zu erinnern, das durch die Gefangennahme der französischen Armee entstanden ist. Seit Beginn des Sommers 1940 befindet sich ein beachtlicher Teil der Streitkräfte des Landes hinter Stacheldraht. Fast eineinhalb Millionen junger Männer sind Ende 1941 noch in Stalags oder Oflags interniert. Die Probleme, die sich aus dieser Gefangenschaft ergeben, sind vielfältig: psychologische für die Gefangenen und ihre Ehefrauen, materielle und soziale für ihre Familien. Die gesamte französische Gesellschaft ist davon betroffen. Hinzu kommt das mehr oder weniger eingestandene Gefühl derer, die in Frankreich geblieben sind, daß diese Gefangenen einen Teil der Verantwortung für die Niederlage und damit für die katastrophale Situation des Landes tragen. Die Gefangenen ihrerseits haben das Gefühl, vergessen, verlassen worden zu sein. Außer von Marschall Pétain. Das nehmen sie den Politikern übel. Groll, Enttäuschung, Scham, Schuldgefühle auf beiden Seiten bestimmen den Umgang mit dem Makel der Niederlage.

Ende 1941 steht Vichy vor einem äußerst heiklen Problem: der gesellschaftlichen Wiedereingliederung von 349 000 Heimgekehrten oder Geflohenen. Nach mehr als zwei Jahren Abwesenheit erhalten die ehemaligen Gefangenen ihre alten Arbeitsplätze meist nicht wieder. Im Herbst 1941 beschließt die Regierung daher die Gründung eines *Commissariat au reclassement des* »P.G.« *rapatriés*, zuständig für heimgekehrte Kriegsgefangene. Mit der Leitung betraut sie lieber Maurice Pinot als den Präfekten René Bousquet, der von Innenminister Pierre Pucheu unterstützt wird.

Maurice Pinot – sein richtiger Name ist Pinot de Vellechenon – ist ein Großbürger und ein *grand homme*, ein bedeutender Mann, um einen Ausdruck von François Mitterrand zu übernehmen. Er ist der Sohn von Robert, dem Gründer des berühmten *Comité des forges*, eines einflußreichen Kartells von Konzernen der Schwerindustrie. Er wird Wirtschaftsjournalist, später Attaché bei C.-J. Gignoux, dem »Schutzpatron der Fabrikanten«, danach Gefangener im Oflag. Gleich nach seiner Berufung holt er Kameraden aus der Zeit der Gefangenschaft und einige *Syndicalistes du Livre* (Autoren-Gewerkschafter) zu sich, die mit ihm das Amt leiten sollen, das sich zunächst mit der Wiedereingliederung der Heimgekehrten in den Arbeitsprozeß und in die Gesellschaft beschäftigen soll. Es umfaßt alle öffentlichen und privaten Einrichtungen, die sich bisher um die ehemaligen Kriegsgefangenen gekümmert haben. Um diese ausgesprochen soziale Aufgabe erfüllen zu können, richtet Pinot in jedem Département *Maisons du prisonnier* (Gefangenenhäuser) ein, die unter einem dem Amt unterstellten Direktor Vertreter aller Einrichtungen versammeln, die sich der Heimgekehrten annehmen. Hierbei handelt es sich um eine bedeutende Neuerung, denn bisher mußten sich die ohnehin schon leidgeprüften ehemaligen Kriegsgefangenen einem regelrechten Spießrutenlauf unterziehen, um ihre Rechte durchzusetzen. Später wird Pinot in jedem Bezirk die CEA, Zentren für gegenseitige Hilfe, einrichten, in denen sich die ehemaligen Gefangenen treffen, einander Beistand leisten und Veranstaltungen organisieren, kurz: nach ihrer Heimkehr jene besondere Geisteshaltung pflegen können, die sie in den Lagern ausgebildet haben. Dieser Geist steht in keiner Weise im Widerspruch zur *Révolution nationale*; der Marschall wird in diesen Kreisen sogar besonders geschätzt.

Das Amt, dessen Tätigkeitsbereich sich im Lauf des Jahres 1942 so weit ausdehnt, daß er die gesamte Gefangenengemeinschaft einschließlich der Heimgekehrten und ihrer Familien umfaßt, ordnet sich ganz selbstverständlich den Vorstellungen der Vichy-Regierung unter. Am 8. November 1941 schreibt Maurice Pinot in seinem ersten Leitartikel in der Gefangenenzeitung *Toute la France*:

»Der Marschall zählt auf die heimgekehrten Gefangenen als die treibende Kraft der Bewegung zum Wiederaufbau Frankreichs, als den eigentlichen Zement der französischen Einheit ... Wenn ihr wieder in das Leben der Nation integriert seid, müßt ihr euch am Wiederaufbau des Vaterlandes beteiligen ...«

Im Verlauf des März gibt das *Commissariat* grünes Licht für die Propaganda zugunsten des Marschalls in den Lagern. Pétain schreibt am 21. März 1942 an Pinot:

»Ich habe die Arbeit, die Ihr Amt leistet, mit Aufmerksamkeit verfolgt; ich schätze Ihre Ergebnisse und spreche Ihnen von neuem mein Vertrauen aus.

Ihre heimgekehrten Kameraden, die dem Geist der Lager treu sind, müssen gemeinsam dem Wiederaufbau Frankreichs dienen.

Es ist Ihre Aufgabe, die Bewegung zu führen und im Rahmen der geltenden Gesetze ihre Gruppierungen zu kontrollieren. Um jede Zweideutigkeit auszuräumen, erinnere ich daran, daß ich keiner Gruppierung von heimgekehrten Gefangenen meine Schirmherrschaft zugestanden habe.

Führen Sie Ihre Aufgabe fort, damit die Rückkehr derer, die noch fort sind, in die Wege geleitet wird.«

Am 27. Juni 1942, also einige Tage, nachdem François Mitterrand seine Arbeit in dem Amt aufgenommen hat, empfängt der Marschall Pinot und spricht ihm erneut das Vertrauen aus.

Pinot und seine Leute sind keine Kollaborateure. Sie sind im Gegenteil eindeutig antideutsch eingestellt und kämpfen dafür, daß das Amt nicht in politische Tätigkeiten eingebunden wird. Trotz vielfältigen Drucks von außen hält Pinot den Kurs und versteht es, die Aufgaben des Amtes auf die soziale Arbeit zu beschränken.

Die Leitung des Amtes hat ihren Sitz in Paris in der Rue Meyerbeer, verfügt aber in Vichy über eine Nebenstelle, die sich um die nicht besetzte Zone kümmern und die Verbindung mit dem Arbeitsstab des Marschall sicherstellen soll. Zum Zeitpunkt als Mitterrand seine Arbeit im Amt in der Rue Hubert-Colombier in Vichy beginnt, ist der Zuständige für die freie Zone ein Industrieller namens Ruillier, dem einige Wochen später Georges Baud nachfolgt. Mitterrand steht also unter dessen Befehl.

Baud ist ein waschechter Marschall-Anhänger, ebenso wie das gesamte Personal des Amtes. Ein abgehörtes Telefonat Bauds[2] vom 8. Januar 1942, 9.10 Uhr, vermittelt klar und deutlich, welche Meinung er wenige Monate vor Übernahme seines Direktionspostens im Amt von Vichy vertrat:

»In allen Lagern sind Pétain-Zirkel gegründet worden … Ich bin nicht für einen Sou Kollaborateur, aber was sein muß, muß sein. Den Anweisungen des Marschall muß man ohne Wenn und Aber folgen. Wenn sich Engländer und Deutsche auf unsere Kosten einigen, sind wir geliefert. Andererseits, wenn die Engländer gewinnen, würde uns das die Juden zurückbringen.

Ich bin in Berlin, wo ich eine bestimmte Arbeit habe;[3] ich kann mich dem nicht entziehen, aber gleich anschließend muß ich nach Paris zurück, zum *Commissariat aux prisonniers de guerre*. Das wird eine sehr wichtige Sache … Man will aus den Reihen der Gefangenen die neuen Kader der Nation aufstellen. Zu diesem Zeitpunkt werde ich in Paris sein …«

Das Nationalarchiv hat Unterlagen über François Mitterrands Wechsel ins *Commissariat* aufbewahrt. Er hat den Titel eines Pressechefs für die nicht besetzte Zone. Dieser Titel wird am 24. November 1942 durch die Dienstanweisung Nr. 1. »Serie B« des *Commissariat*[4] bestätigt; unterzeichnet hat sie Bernard Ariès, der die Propaganda- und Pressedienste des Amtes neu organisiert. Diese Dienste haben die »Präsentation aller Erzeugnisse der Bereiche Verlag, Radio, Kino und Presse des Amtes in der besetzten Zone«, mit anderen Worten die Zensur, in der Hand. Die Anweisung betont die Diskretionspflicht der Mitarbeiter dieser Dienste, die »mit einer großen Zahl Informationen in Berührung kommen«: »Die Abteilungsleiter und ihre Mitarbeiter müssen in dieser Hinsicht äußerste Diskretion wahren und dabei insbesondere die Tatsache beachten, daß sie einem öffentlichen Betrieb angehören.« Der Leiter der Presse- und Propagandaabteilung ist Marcano, er ist François Mitterrands direkter Vorgesetzter. Im Falle seiner Abwesenheit, so die Anweisung weiter, übernimmt Mitterrand die Funktion des Abteilungsleiters.

In einem Schreiben vom 21. Juni 1942 schildert François Mitterrand seine neue Beschäftigung:

»Ich habe eine Menge zu tun. Ich bin vom *Commissariat* beauftragt, die Beziehungen zur Presse zu pflegen, die Presse aufmerksam zu lesen, Artikel über die Heimgekehrten zu zensieren und ein monatlich erscheinendes Heft herauszugeben. Hinzu kommen die halben Propaganda-Artikel, die an den Rundfunk und die Zeitungen geliefert werden müssen. Zum Beispiel zwei Entwürfe für Crécel[5] bis Donnerstag und eine ganze Zeitungsseite über die Arbeit des Amtes. Es gefällt mir im übrigen recht gut. Ich muß entweder viel Arbeit haben, die meine Tage auffrißt, oder überhaupt nichts und das absolute ›far niente‹; sonst fühle ich mich nicht im Gleichgewicht.«

Ende Juni hilft er weiterhin heimlich den Geflohenen und vergißt seine Kameraden aus der Gefangenschaft nicht. Er kümmert sich darum, ihnen gefälschte Papiere zu beschaffen. So schreibt er am 29. an den Vater von Paul Chervet, um ihn dringend um zwei Fotos seines Sohnes zu bitten: »Die Möglichkeit, die mir zur Verfügung steht, bietet alle Garantie für Erfolg und Sicherheit. Deshalb müssen wir sie unbedingt nutzen ...«

Dennoch ist er mit diesen Aufgaben nicht übermäßig belastet. Er ist trübsinnig und würde lieber aus Vichy fortgehen ... Im Zusammenhang mit Valéry nimmt er ein Thema wieder auf, das er vor dem Krieg häufig entwickelt hat, läßt Kritik und Urteile nicht gelten, als wolle er sich selbst davor schützen: »Jede Kritik ist Zeichen von Ohnmacht«, schreibt er.

Die Lektionen, die er im Krieg und in der Gefangenschaft gelernt hat, haben seine bourgeoisen und hochmütigen Regungen nicht ausgelöscht. In einem Brief vom 6. Juli 1942 erzählt er von seinem letzten Wochenende bei einem Freund in einem Dörfchen im Herzen der Auvergne, zwischen Ambert und Thiers. Er zeigt sich befremdet über »die Einheimischen, klein, bedürftig, häßlich ...«, mit einem »mit Französisch durchsetzten Dialekt«, die er bei der sonntäglichen Messe gesehen hat: »Zum Teufel mit den kommunalen Schulen!« ruft er aus, wobei die Stimme von Jules Ferry nicht mehr zu erkennen ist und noch weniger die von Jaurès. Er fährt fort mit folgenden Sätzen, die ihn in die Nähe des Messianismus der extremen Rechten zu bringen scheinen:

»Wie soll man diesem Volk das Feuer wiedergeben? Was unterscheidet sie von den Schweinen, wenn nicht die Tatsache, daß sie versagen? Ich denke an jenen Satz meines Freundes aus Montmaur: ›Wir sind es, die mit unserem Blut und unserem Heldentum alles bezahlen werden. Das ist notwendig, es müssen Opfer für die Masse gebracht werden. Also los.‹ Aber ich bin noch schlecht vorbereitet, erst am Anfang des Weges ...«

Vermutlich in diesen Tagen sieht er seinen »Freund aus Montmaur«, Antoine Mauduit, wieder. Roussel hat in einem kleinen Restaurant gegenüber dem *Club de l'Aviron* am Allier-Ufer ein Treffen zwischen Mauduit und einigen Leuten des Amtes arrangiert. Roussel bemerkt, daß etwas nicht in Ordnung ist: Mauduit wendet sich an alle, außer an Mitterrand. »Mitterrands Kollegen waren eifersüchtig auf ihn. Er war zu stark. Sie hatten Angst vor ihm. Sie hatten ihn unter eine Art Quarantäne gestellt und Mauduit eingewickelt. Ich habe für den nächsten Morgen ein Frühstück verabredet, und zwischen Mauduit und Mitterrand und den Leuten vom Amt renkte sich alles wieder ein«, erinnert sich Roussel.

Am 5. Juli macht der kaltblütige junge Mann, der sich nur selten für andere begeistert, eine wichtige neue Bekanntschaft: die des ehemaligen Chefs der *Légion française des Combattants*, François Valentin.

»Ich erhielt gestern in Vichy Besuch eines mächtigen, eigenartigen Mannes, dessen Schicksal eines wohl nicht fernen Tages zu einem Teil das unsere bestimmen wird. Ich lernte ihn durch einen Zufall kennen. Ich weiß nicht, was daraus werden wird. Ich bemerke an mir eine seltsame Mischung aus Mut und Vorsicht, ich fürchte, daraus könnte so etwas wie Schwäche entstehen. Aber es fällt mir immer schwer, mich zu binden. Jedenfalls hatte ich Gelegenheit zu interessanten Unterhaltungen, zu Bemerkungen über die Führungspersonen. Was mich betrifft, so glaube ich, daß die kommenden drei Monate meine Wahl bestimmen werden … Manchmal befürchte ich, meinen Ehrgeiz und meine Wahrheit zu vermischen (oder eher, sie nicht vermischen zu können): ein schlimmer Fehler. Früher sagte man mir, ich sei starrköpfig; heute bemerke ich es und erkenne die Ursache: Meine Starrköpfigkeit ist eine Form der Treue. Ich bin treu, und das ist tödlich, vor allem, wenn man in der Politik mitwirken will, also bin ich vorsichtig und binde mich nur, wenn ich dazu gezwungen bin, denn ich weiß, daß ich anschließend nicht mehr davon abweiche, selbst wenn ich sehe, daß ich falsch liege. Ich bin überzeugt, daß viele Staatsmänner, die in der Geschichte die Spuren von Einfaltspinseln oder Schlächtern oder Dummköpfen hinterlassen haben, diese Fehler bewußt gemacht haben. Aber die Geschichte beurteilt nur die Taten.«[6]

Am 7. Juli versammelt das *Commissariat* einige Herausgeber von Provinzzeitungen, denn Pinot hält eine Ansprache. Da Mitterrand damit betraut ist, die Verbindung mit den Zeitungen im Süden aufrechtzuhalten, hat er wohl mit Sicherheit an dieser Versammlung teilgenommen. Pinot erläutert die Aufgaben seines Amtes und bekräftigt von neuem seine unbedingte Unterstützung der Politik des Marschall. Die folgende Erklärung spiegelt den Geist des Amtes im Sommer des Jahres 1942 wider:

»Sie wissen, daß das *Commissariat* mit allen Fragen, die die Gefangenen betreffen, betraut ist. Bei der letzten Ministerratssitzung wurde es von Premierminister Laval damit beauftragt, sich auch um die Familien der Gefangenen zu kümmern. Was die Heimkehrer betrifft, so gilt es vor allem, neue Formen ihrer Rückkehr zu sichern. Das ›Gefangenenproblem‹ ist eines der schwierigsten im heutigen Frankreich und dem Frankreich von morgen. Zunächst wegen der Anzahl der Gefangenen: 1 200 000 sind in Gefangenschaft – 1 200 000, etwa die Hälfte der jungen Männer Frankreichs, die 1939 im waffenfähigen Alter waren. Diese Männer sind von ihrem Vaterland getrennt. Sie stehen noch unter dem Schock der Niederlage und unter dem vorwiegenden Eindruck jener Niederlage, die – es muß gesagt werden – Verrat darstellt; 1 200 000 Männer, die mit ihren Kommandos nach Deutschland gegangen sind, haben den Eindruck, verraten worden zu sein, um so mehr, als die meisten von ihnen kaum haben kämpfen müssen. Nichts konnte ihnen die Ursache dieser Niederlage verständlich machen. Es ist daher der in den Lagern vorherrschende Eindruck, daß sie selbst, die Gefangenen, verraten worden sind.

Von wem? Vom Oberkommando, ihren Offizieren, verraten von den politischen Parteien, vom Staat. Zu diesem Eindruck gesellt sich ein zweiter hinzu, nämlich der, von der Nation im Stich gelassen worden zu sein. Das ist ein Eindruck, den wir selbst ziemlich schmerzhaft empfunden haben und der mit der Rückkehr verflogen ist. Der Kriegsgefangene hat den Eindruck, die Nation habe sich ohne ihn wieder erholt, manchmal gar gegen ihn. Er hat den Eindruck, es gebe Franzosen, Parias, arme Kerle, nämlich die Kriegsgefangenen, und andere, die das Glück hatten, keine Gefangenen zu sein; und dieser Eindruck hat sich noch verstärkt durch den französischen Werktätigen, der zum Arbeiten nach Deutschland gegangen ist.[7] Man hat den deutlichen Eindruck, daß sie, die Kriegsgefangenen, die sehr harte, unbezahlte Arbeit leisten und abends zwischen Stacheldraht eingesperrt werden, in der Tat Parias sind im Vergleich zu ihren

Arbeiterkameraden, die früher bei Spezialeinsätzen mitgewirkt haben und die zum Arbeiten nach Deutschland kommen, reichlich entlohnt werden und obendrein frei sind ...

Diese Männer werden zu Revolutionären. Wobei nicht ganz klar ist, was das für eine Revolution sein wird. Sicherlich, in den Oflags und in einigen der Stalags ist die Revolution des Marschall bekannt. Man folgt ihr mit Feuereifer, und diese Männer gehören sicher zu den glühendsten Vorkämpfern der *Révolution nationale*, aber sie sind nur eine Minderheit. Es sind ungefähr 100 000 von 1 200 000 (...). Diejenigen, die kaum wissen, daß der Marschall an der Spitze dieses Landes steht, die zur Revolutionären werden, wenn man sie nicht angemessen aufnimmt, werden unter für dieses Land möglicherweise katastrophalen Bedingungen zu der Masse der Kommunisten und all jener stoßen, die eine nationale Erneuerung, wie sie der Marschall anstrebt, ablehnen.

Es ist von grundlegender Bedeutung für die Zukunft, daß die Gefangenen nicht eine besondere Klasse innerhalb der Nation bilden und daß sie nicht für ihr ganzes Leben zu Bittstellern gemacht werden ...

Wir wollen daher allen zurückgekehrten Gefangenen Gelegenheit geben, sich nützlich zu machen. Außerdem hat sich in der besetzten Zone eine Vereinigung gebildet, die APG 1939–40[8], deren Ziel es ist, die Heimgekehrten politisch zusammenzufassen. Es handelt sich um eine von der französischen Regierung kontrollierte Vereinigung, die in ihren Zielen stark von dem abweicht, was ich gerade erläutert habe. Der Kriegsgefangene wird bei seiner Rückkehr entweder von der sozialen Organisation des Amtes oder von der Kriegsgefangenenvereinigung 39–40 aufgenommen. Das ist eine ausschließlich politische Gruppierung. Sie ist soeben vom Marschall bestätigt worden. Ich habe ihren Leiter vor ein paar Tagen vorgestellt. Er vereint die Gefangenen zu einer politischen Organisation. Es ist klar, daß diese Vereinigung eine wichtige Rolle spielt, daß wir sie ermutigen, daß sie aber nicht direkt von unserem Amt geleitet wird.«[9]

Drei Tage nach dieser Versammlung ist François Mitterrand, wie wir aus einem Brief erfahren, mit der Erstellung des monatlichen *Bulletin de liaison* beschäftigt, mit der Zensur der Artikel über

Kriegsgefangene, mit dem Pressespiegel, den er nach dem Willen seiner Vorgesetzten erstellen muß, und den Mitteilungen, die er an die offizielle Agentur, die OFI, schickt.

Das *Bulletin de liaison*[10] der für die Südzone zuständigen Abteilung des *Commissariats* ist für den internen Gebrauch bestimmt. Ein gerahmter Hinweis unten auf der ersten Seite erläutert:

»Unter uns! Dieses Bulletin soll dazu dienen, Sie über allgemeine Fragen bezüglich der Gefangenen und über besondere Fragen bezüglich der Tätigkeit des Amtes zu informieren. In keinem Falle dürfen diese Informationen der Presse übermittelt werden.«

In den Leitartikeln der Nummer 4 vom Juni 1942, dem Monat des Eintritts von François Mitterrand in das Amt, werden dessen Ziele deutlich in Erinnerung gebracht:

»Teamgeist, Disziplin – besteht darin nicht das wahre Gesicht Frankreichs, wie es der Marschall will?«

So endet der eine; der zweite zieht die Bilanz aus achtmonatiger Tätigkeit, und sein Autor schließt:

»Mit dem Ziel, die Heimgekehrten in den Dienst des Marschall und der *Révolution nationale* zu stellen, regt das *Commissariat* die Gründung von *Centres d'études* und *Centres d'entraide*, CAP, Studienzentren und Hilfszentren für Gefangene, an. Es kontrolliert und koordiniert die Tätigkeit der Gefangenen-Gruppierungen.«

François Mitterrand ist der Chefredakteur der Juli-Nummer. Der marschallistische Tonfall bleibt unverändert. Das Ziel des Amtes ist weiterhin, »für das Frankreich des Marschall zu arbeiten durch die Arbeit für unsere Kameraden hinter Stacheldraht und für ihre Familien, die seit zwei Jahren auf sie warten«. Man erkennt seine Feder in einem Artikel, der eines seiner Leitmotive jener Zeit aufnimmt – »um aufzubauen, bedarf es des Glaubens« – und in dem man fast Wort für Wort Sätze wiederfindet, die er erst kürzlich in *L'Éphémère* geschrieben hat.

Dieses erste *Bulletin* fällt zur Befriedigung des Beraterstabs von Pétain aus. In den Unterlagen des Marschall habe ich ein Exemplar der Nummer vom Juli 1942 gefunden, auf das Paul Racine, der Mitarbeiter Ménétrels, mit Rotstift geschrieben hatte: »Hier hat François gute Arbeit geleistet, Doktor!«

François Mitterrand gibt sich nicht zufrieden mit den vielen wichtigen Aufgaben im Amt, mit seiner nebenher weitergeführten Arbeit zur Unterstützung der Geflohenen mit der durch Roussel, Barrois, Varenne und Vazeille gegründeten Gruppe, mit seinen Verbindungen zur *Chaîne*; er gründet zusammen mit Marcel Barrois und Jean-Albert Roussel das *Centre d'entraide de l'Allier*, Zentrum für gegenseitige Hilfe im Département Allier, das die Untergrundarbeit ihrer Gruppe decken soll. Es hat seinen Sitz am Boulevard Gambetta 22, wo Roussel und Barrois arbeiten. Diese Tätigkeit verschafft François Mitterrand beim *Commissariat* ein Gewicht, das er sonst wohl nicht gehabt hätte: »Ich halte die Verbindung zwischen der Gruppe Barrois-Roussel und dem *Commissariat*.« Er erzählt heute von einer Rivalität zwischen Pinots und seiner Organisation und spricht sogar von Konflikten: »Es hat Spannungen gegeben zwischen mir und dem Védrine-Pinot-Stab[11]. Dort herrschte sicherlich der Geist des Widerstands, man war aber in der Arbeit uns gegenüber sehr zurückhaltend. Sie blickten ein wenig auf die CEA herab ...«[12]

Ich bin nicht ganz sicher, ob die Erinnerung hier die Realität nicht ein wenig verzerrt hat: Die Unterschiede in der Auffassung zwischen Pinot und Mitterrand entstanden im Laufe des Jahres 1943, als letzterer befand, er könne sich von der Vormundschaft Pinots befreien, da ihm seine eigene Basis bei den Kriegsgefangenen für die Zukunft ausreichend erschien.

Anfang Juli baut Mitterrand auch ein *Centre d'études* auf, über das ich nichts Genaues erfahren konnte: An mehr kann sich der Präsident heute nicht erinnern.

Er erhält einen Besuch von Jacques Bénet, mit dem er ein Wochenende in Riom, der früheren Hauptstadt der Auvergne, verbringt. Mit dem ehemaligen Kameraden vom »104« bespricht er tausend Projekte. Bénet bestätigt heute, er habe seinen Kameraden gedrängt, sich mehr zu engagieren. Das Mittagessen am Sonntag wird durch die Anwesenheit von Danielle Darrieux und ihrem neuen Ehemann Porfirio Rubirosa, einem Diplomaten der Dominikanischen Republik, belebt.

Zur selben Zeit – am 2. Juli 1942 – trifft der Generalsekretär der Polizei, René Bousquet, sich mit hohen deutschen Funktionären. Es geht um Sicherheitsfragen im Zusammenhang mit der Auslieferung von zehntausend Juden aus der freien Zone und zwanzigtausend aus der besetzten Zone an Deutschland. Bousquet erklärt, Laval habe in Übereinstimmung mit den Weisungen Pétains vorgeschlagen, daß 1. die Verhaftungen in der besetzten Zone nicht von der französischen Polizei vorzunehmen seien und daß 2. ausschließlich Juden fremder Staatsangehörigkeit ergriffen und den Deutschen ausgeliefert werden sollten. Nachdem Nazi-Sicherheitschef Knochen betont hatte, es sei absolut vorrangig, gemäß dem Wunsche Hitlers einer endgültigen Lösung der Judenfrage zuzustimmen, erklärt sich Bousquet »bereit, im gesamten Frankreich in einer einheitlich durchgeführten Aktion Juden ausländischer Staatsangehörigkeit in der von den deutschen Behörden gewünschten Höhe festnehmen zu lassen«[13]. Schließlich schlägt Bousquet vor, die in beiden Zonen lebenden Juden von der französischen Polizei verhaften zu lassen. Am 3. Juli gibt Laval im Ministerrat grünes Licht für die am Vortag getroffenen Entscheidungen.

Am Tag darauf trifft sich Knochen mit Bousquet und Darquier de Pellepoix, dem *Commissaire général aux questions juives*, um die große Razzia in Paris zu organisieren. Bousquet wälzt die Verantwortung auf Darquier ab. Am 15. Juli erteilt Bousquet dem Polizeipräfekten seine Instruktionen. Überall in der besetzten Zone sollen weitere Razzien stattfinden. Am 16. und 17. Juli werden 12 884 Verhaftungen durchgeführt. Die Verantwortlichen der französischen Polizei bestehen in Übereinstimmung mit den Regierungsbeschlüssen darauf, auch Kinder zu deportieren. Am 19. Juli fährt der erste Zug mit Deportierten nach Auschwitz …

Der Bericht über dieses dramatische Geschehen, der die Darstellung des Lebens eines jungen Franzosen unter der Vichy-Regierung unterbricht, ist ein Kunstgriff und verstößt gegen die Regel, die ich zu Anfang aufgestellt hatte: so zu tun, als wüßte ich nicht, bis wohin der Ehrgeiz den jungen Mann bringen würde. Das ändert nichts daran, daß dieses Drama vom Vichy-Regime, in dessen Nähe François Mitterrand zu jener Zeit lebte und arbeitete, gewollt oder zumindest akzeptiert wurde. Ist er darüber informiert worden, hat er sich deswegen Sorgen gemacht? Allgemeiner: Wie waren seine Reaktionen auf die Maßnahmen gegen die Juden und die Deportationen, die von Vichy angeordnet wurden? Ich habe ihm diese Frage gestellt.

Seine Antwort war sehr nüchtern: »Ich dachte nicht an den Antisemitismus von Vichy. Ich wußte, daß es leider Antisemiten gab, die bedeutende Positionen in der Umgebung des Marschalls hatten, aber ich hielt mich nicht an die Gesetzgebung und die dadurch veranlaßten Maßnahmen. Wir waren Abweichler. Ich hatte in meiner Umgebung vier oder fünf Juden.[14] Wir kümmerten uns nicht um diese Dinge ... Wir interessierten uns nur für das Schicksal der Gefangenen und Geflohenen und dann, später, für den Kampf gegen die Besatzer.«[15]

Ich habe den Präsidenten nochmals getroffen und bin erneut auf dieses Thema zu sprechen gekommen. Er ärgert sich darüber, daß man ihn des Antisemitismus verdächtigen könnte: »Das ist ein Problem, mit dem ich niemals in Berührung gekommen bin.« Er legt Wert darauf, mir ein Geheimnis zu verraten: »Meine Mutter hat Tagebücher hinterlassen. Ich werde sie Ihnen zeigen. Zur Zeit der Jahrhundertwende reiste sie nach Spanien, um Déroulède zu besuchen, der in San Sebastian im Exil war. Sie kam mit dem Zug zurück und saß zusammen mit einigen Führern der *Ligue des Patriotes* im Abteil, die sich laut über die Dreyfus-Affäre unterhielten. Das antisemitische Gerede ging los. Sie war achtzehn Jahre alt, sie hatte noch nie Juden gesehen. Sie schrieb naiv in ihr Tagebuch: ›Christus und die Jungfrau waren Juden ...‹. Von diesem Moment an wollte sie mit diesem Milieu nichts mehr zu tun haben. Es hat niemals auch nur einen Schatten von Antisemitismus in der Familie gegeben.«[16]

Durch die Brille der heutigen Zeit könnte der Leser die Antwort trotz allem etwas knapp finden. Bevor er sich an die Interpretation macht, möchte ich ihm dennoch einige zusätzliche Schlüssel an die Hand geben.

Ich bin zu der Überzeugung gekommen, daß François Mitterrand nie Antisemit war. Seine Freundschaft mit Georges Dayan seit 1938 ist nicht der einzige Beweis für diese Behauptung.

Georges Beauchamp, ebenfalls Jude, der vom Herbst 1943 an seiner Seite gearbeitet hat, erklärt: »Manchmal tat er aus taktischen Gründen Dinge, die der Rechten gefielen, aber er hatte eine Neigung zur Gerechtigkeit und zum Sozialen ... Er war allergisch gegen den Antisemitismus.«

Im Verlauf meiner Befragung von über hundert Zeugen überraschte mich die Tatsache, daß keiner meiner Gesprächspartner von sich aus auf dieses Thema zu sprechen kam, auch nicht die, welche die besten Zeugnisse für ihre Arbeit in der *Résistance* vorzuweisen haben.

Nachdem ich die Hauptperson selbst befragt hatte, hatte ich daher das Gefühl, dieselben Fragen an Edgar Morin richten zu müssen, der als Jude und Kommunist während des Krieges in der *Résistance*-Organisation *Prisonniers* von Michel Cailliau kämpfte und von März 1944 an mit François Mitterrand in einer Gruppe war.

Erste Reaktion: Edgar Morin, der 1942 in der Südzone in Toulouse war, erinnert sich nicht mehr an das genaue Datum der Großen Razzia vom »Vél' d'hiv«[17]: »Wenn ich die Nachricht bekommen habe, dann verspätet.« Bevor der Soziologe den Faden seiner Antwort wieder aufnimmt, erinnert er sich an die Erlebnisse seiner Verwandten:

»Mein Vater ließ sich in der Südzone demobilisieren und fuhr nach Paris, wo sich ein Großteil der Familie meiner Mutter aufhielt. Mein Vater, meine Tante Corinne – die Schwester meiner Mutter – und ihr Mann haben eines Tages, ich weiß nicht genau, an welchem Tag, die Nordzone verlassen, wahrscheinlich vor der Massenverhaftung, weil sie das Gefühl hatten, daß es schlimm werden würde. Meine Tante und ihr Mann gingen nach Nizza, wo sie unter der italienischen Besatzung eine Weile Ruhe hatten.

Ich erinnere mich, daß ich in Paris im Jahr 1943 eine Tante getroffen habe, die in der Rue de la Roquette wohnte. Wenn sie nach draußen ging, hielt sie ihre Handtasche über den Judenstern; sie trug den Stern, versteckte ihn aber. Sie erzählte mir, daß sie und ihr Mann nachts in der Wohnung schliefen, die unter ihrer eigenen lag. Die Concierge wußte davon. Sie lebten in dauernder Angst. Mein Onkel Jo wurde am Bahnhof in Nizza festgenommen; er wurde deportiert und ist verschwunden, wahrscheinlich in Auschwitz. Mein anderer Onkel, Benjamin, wurde kurz vor der Befreiung von Paris verhaftet und ist in Compiègne gestorben ...

Die Gesetze von Vichy, die die französischen Juden aus dem öffentlichen Leben ausschlossen, haben mich nicht getroffen. Ich war Student in Toulouse, und der von Vichy eingerichtete Numerus Clausus wurde an der Universität, an der ich eingeschrieben war, nicht angewandt. Trotzdem traf mich die Abberufung zweier jüdischer Professoren, Jankélévitch und Meyerson, im Herbst 1940, und zweier Professoren, die Freimaurer waren, darunter Albert Bayet. Ich erinnere mich noch genau an die letzte Vorlesung von Jankélévitch; ich war dort und eine Menge anderer Studenten, darunter meine spätere Frau; wir haben demonstriert, um den Professor zu unterstützen und unseren Zorn gegen diese Maßnahme zum Ausdruck zu bringen.

Was in der Nordzone geschah, war etwas ganz anderes. Es gab den gelben Stern, später die großen Razzien ... Ich war gefährdet, weil ich im Widerstand war, aber als Jude hatte ich Papiere, die eine ›arische‹ Identität dokumentierten. Ich lebte in einer anderen Welt, in der der *Résistance,* der ich mich völlig zugehörig fühlte. Als ich Anfang 1944 in die Nordzone fuhr, glaubte ich mich mit meiner Identität als ›Gaston Poncet‹ fast unverwundbar.

Ich erfuhr Ende 43, Anfang 44, welches Grauen in Auschwitz geschah – durch ein umfangreiches Dokument der von Martinet geleiteten Untergrundpresse, das auf Aussagen einiger aus Auschwitz geflohener Zeugen basierte. Ich gehörte zu den wenigen, die davon wußten. Die Bevölkerung wußte praktisch nichts. Deshalb kann man aus heutiger Sicht, wo man über diese Dinge weiß, nicht behaupten, alle Franzosen, ob Marschall-Anhänger, *Résistance*-Kämpfer oder Angehörige der Opfer, hätten gewußt, daß alle deportierten Juden umgebracht wurden.

Vichy hat von sich aus – nicht auf Befehl der Deutschen – antijüdische Gesetze in der Tradition eines Maurras'schen oder nationalistischen Antisemitismus erlassen ... Diese Maßnahmen wurden nicht in der Absicht ergriffen, Massenmorde zu begehen.

Erst durch die von Hitler 1942 beschlossene Vernichtung der Juden wurde daraus im nachhinein der erste Schritt dazu, denn die Juden konnten ohne weitere Umstände verhaftet werden. Mit dem Touvier-Prozeß wird Vichy auf die Miliz und auf das ›Vél' d'hiv‹ reduziert. Dabei ging das ›Vél d'hiv‹ nicht auf Vichy zurück, sondern auf die französische Polizei, die auf Befehl der Deutschen in der nördlichen Zone handelte. Die Miliz ist Ausdruck des späten Vichy, das mehr und mehr mit Nazideutschland verbunden war.

Der Antisemitismus ist ein Aspekt von Vichy, aber es gibt viele andere. Vichy hat sich mit der Zeit verändert. Wenn die Parlamentarier Pétain alle Macht übertrugen, so geschah dies nicht wegen der Kollaboration, die kam erst später ... Das Land war heruntergekommen. Alesia war eine Bagatelle gegen das Debakel, das eine der größten Armeen der Welt im Juni 1940 erlebte. Die Franzosen hatten das Gefühl, daß alles zusammenbrach. Vichy war zu Anfang nur der Strohhalm, an den sich der Ertrinkende klammert. Dort waren Leute verschiedenster Couleur, Leute wie Berl, reformerische Sozialisten, Pazifisten, alte Reaktionäre und Maurras-Anhänger, dann allmählich klärte sich das Ganze. Die Wende des Krieges brachte einen Aderlaß der lebenswichtigen Substanzen, die Vichy stützen. In vier Jahren fand eine extrem schnelle Entwicklung statt, dabei stellt man Vichy immer so dar, als habe es sich nie gewandelt. Das aber ist falsch![18]

Man darf auch nicht vergessen, daß von 1941 bis Anfang 1944 ein großer Teil der Bevölkerung zugleich für Pétain und für de Gaulle war. Pétain war der Schild, de Gaulle das Schwert. Diese Haltung war nach außenhin nicht zu erkennen, weil weder die Presse der Besatzer noch die der *Résistance* darauf Bezug nahm. Sie ist mit Beginn der Invasion der Südzone und der Landung der Alliierten in Nordafrika zerbröckelt und dann ganz verschwunden.

Schließlich darf man nicht vergessen, daß die französische Niederlage eine geistige Verwirrung, die schon vorher da war, noch gesteigert hat. Die Linke war vor 1933 pazifistisch und opponierte gegen den Vertrag von Versailles, der Deutschland amputierte; aus Gründen des Antifaschismus mußte sie sich gegen die Forderungen Deutschlands stellen. Die Rechte, die antideutsch war, begann die ›Ordnung‹ des Hitlerfaschismus zu bewundern. Es gab eigenartige Wandlungen vom Kommunismus zum Faschismus, vom Nationalismus zur Kollaboration, vom Pazifismus zur *Résistance*.

Im ersten Jahr waren in Vichy Pazifisten, Kollaborateure, Nationalisten und Reformer um einen Kern versammelt, der sich nach und nach verhärtete – das Regiment Marschall Pétains. Dann, ab Herbst 1941, klären sich die Dinge. Die *Résistance* erlebte ihren ersten Aufschwung, der Kommunismus erwachte zu neuem Leben, weil die UdSSR die Hoffnung auf eine neue Welt verkörperte.

Dieselben Überlegungen, die mich zum Kommunismus brachten, haben andere in die deutsche Richtung getrieben, um Europa zu schaffen. Sie dachten, Deutschland würde sich, ähnlich wie das römische Imperium, nach seinen Eroberungen stark verändern. Ich argumentierte in der gleichen Weise bezüglich Stalins und der UdSSR: Wenn sie erst gesiegt hätten, würde es Tauwetter und den Aufbau einer sozialistischen Gesellschaft geben ... Wenn man die Verwirrung in den Köpfen angesichts der ungeheuren, unvorhergesehenen, schwindelerregenden Ereignisse der Zeit von 1934 bis 1944 nicht berücksichtigt, wenn man die Irrtümer und die Abweichungen außer acht läßt und alles zu einer einzigen Masse gerinnen lassen will, dann kann man diese Zeit in ihrer Komplexität, ihren Entwicklungen, ihren Widersprüchen nicht erfassen ...«

Aus einem Brief vom 22. Juli 1942 erfahren wir, daß François Mitterrand Urlaub zu bekommen hofft. Einmal mehr ist er besorgt wegen seines »Mangels an Leben, Mangels an mitfühlendem Talent«. Deshalb spricht er »lieber über Dinge als über Lebewesen«. Er betont seine mangelnde Sensibilität gegenüber Menschen:

»Ich habe eine enorme Fähigkeit zur Gleichgültigkeit, die zur Schwäche wird, wenn ich jemanden liebe. Es ist banal, aber es gibt viele, die mich nicht erreichen können. Aber das macht mir nicht viel aus. Wie soll ich diese Schüchternheit, dieses Zurückgezogensein, die mich wie ein verschlossenes Geheimnis von denen entfernen, für die ich etwas empfinde, überwinden? ... Was ich heute von Menschen erwarte, ist, mich abzulenken. Ich warte auf die, welche mich durch Fröhlichkeit beschwingen. Sie sind gekommen und gegangen ... Werde ich sie wiedersehen?«

François Mitterrand macht sein Temperament für seine innere Verfassung verantwortlich, aber auch die zahlreichen Hemmnisse, die seine Erziehung hinterlassen hat. Das Wort »Hemmnis« taucht häufig in seiner Rede auf. Um das Thema zu veranschaulichen, wiederholt er immer wieder, wie sehr er das Harmonium verabscheut ... Auch wenn er häufig betont, wie schwer es ihm falle, sich mitzuteilen, so wird doch deutlich, daß er trotz seiner Distanz gegenüber jenen, die sich ihm nähern möchten, Freunde gewinnt. Im Laufe meiner Untersuchungen war dies einer der

Züge, die mir am meisten an ihm aufgefallen sind: François Mitterrand hat in seiner Umgebung eine große Zahl Menschen, die sich ihm bedingungslos anschließen.

Auf die Wallfahrt zur Jungfrau von Le Puy am 15. August 1942 verzichtet er. Er fürchtet sich vor der Menge. Er befindet sich in einer Phase des Zweifelns, sagt, daß sich bei ihm »zu viele Ideen in zu viele Richtungen« bewegen. Dennoch ist er überzeugt, daß er »nach tausend Umwegen und Mühen zum Glauben zurückkehren« wird. Er ist weiterhin auf der Suche nach sich selbst, ärgert sich, nur auf Widersprüche zu stoßen: »So lange schon kenne ich meine Wahrheit nicht ...«

Zu dieser Zeit, Mitte August 1942, sieht er zu seiner Freude einen der beiden Männer wieder, die ihn am meisten angezogen haben: François Valentin. Der ehemalige Herr der *Légion* ist zu ihm in die Rue Nationale gekommen, um ihn zu besuchen: »Er rauchte drei Zigaretten und erzählte mir lange von seinen Vorhaben. Was für eine strahlende Intelligenz!« In einem seiner Briefe zieht er eine Parallele zwischen Valentin und »diesem armseligen Kerl Fabre-Luce«. Die Tatsache, daß Valentin Mitterrand über seine Vorhaben unterrichtet, ist von Bedeutung: Er ist nämlich im Begriff, sich mehr und mehr von den bösen Geistern von Vichy zu entfernen, und hält Kontakt mit Offizieren, die ebenfalls nicht untätig waren. Am Ende dieses langen Gesprächs begleitet Mitterrand Valentin nach Hause und trifft in einem Restaurant den Kollaborateur Fabre-Luce. Er ist mit diesem »armseligen Kerl« recht vertraut, denn er hat ihm seine geliebte Cousine Clairette vorgestellt und mit ihm zu Abend gegessen.

»Als Fabre-Luce mich beschwört, keinen Augenblick zu verlieren, mich auffordert, mich mit seiner Aristokratie zu verbünden, empfinde ich wie er, aber seine Vorschläge sind nur Dunst, nur unausgegorene Gedanken, nur Pläne, die nicht aufgehen ... Wollen Sie das Ferment, das Körper und Geist aufsteigen läßt? Bereiten Sie sich vor, es wird reichlich Gelegenheit geben, sich selbst zu übertreffen, aber der Moment ist noch nicht gekommen. ... Fabre-Luce verursacht mir körperlichen Ekel. Jenen Ekel, der dem Abscheu der Seele vorausgeht. Und schließlich liebe ich die Klarheit zu sehr, um an düsteren Themen hängenzubleiben. Ich werde mit Valentin Kontakt halten. Eines Tages werde ich ihn Ihnen vorstellen, er besitzt ein seltenes Format ...«

Am 27. August schreibt er von neuem:
»Dieser Brief erreicht mich, während ein Riesenstapel Arbeit vor mir liegt. Das *Bulletin de liaison* muß geschrieben, eine Zeitungsseite entworfen werden, und dann all die Arbeit für das *Centre*, das ich hier gegründet habe. Eine Vollversammlung, auf der ich glanzvoll das Wort ergreifen werde. Dann der Besuch der Dörfer des Départements, um die Bevölkerung zu begeistern, die Vorbereitung der Konferenz für das *Centre d'action*[19] ...«

Mitterrand setzt nun all seine Kräfte ein. Seine Arbeit wird so sehr geschätzt, daß sie noch weiter ausgebaut werden soll. Er arbeitet auch beim Radio: Ihm stehen Sendezeiten von jeweils fünf Minuten zur Verfügung, um über die Gefangenen und die Aktivitäten zu ihrer Unterstützung zu sprechen. Neben diesen vielfältigen Tätigkeiten unterhält er enge Kontakte mit dem CAP und seinen Leitern, die, wie wir gesehen haben, der *Révolution nationale* nahestehen. Er hat den Kopf voller Pläne, die noch nicht ganz ausgereift sind, wirft aber seine Netze in viele Richtungen aus.

Am 8. September 1942 um 20.30 Uhr hält er seinen ersten Vortrag in Lyon in der *Salle Béal* vor Leuten von den *Chantiers de jeunesse*. Fabrègues, Montjoie und Gagnaire ergreifen ebenfalls das Wort. François' Vater sitzt im Publikum.

Bei einer seiner häufigen Reisen nach Lyon trifft François Mitterrand Michel Cailliau, der einst im Stalag XI-B gesessen, inzwischen einige ehemalige Mitgefangene um sich geschart hat und versucht, ebenfalls für die Geflohenen und die Gefangenen »etwas zu tun«. Er fischt in denselben Gewässern und verkehrt insbesondere mit den Leitern des CAP, Montjoie und Fabrègues. Cailliau ist außerdem der Neffe General de Gaulles ...

Jeder, der einen differenzierten Einblick in das Schicksal von François Mitterrand nehmen möchte, sollte einen Zwischenstop in Prat-Meur einlegen. An der äußersten Westspitze der Bretagne, noch hinter Brest, einige Kilometer von der Stelle entfernt, wo die *Amoco Cadiz* gekentert ist, lebt Michel Cailliau im Schutz der dicken Mauern eines Herrensitzes aus dem 15. Jahrhundert. Nur wenige Minuten waren seit meiner Ankunft vergangen, als ich den Namen François Mitterrand nannte – gegen elf Uhr morgens. Sogleich begann mein Gesprächspartner in jugendlichem Eifer mit dem Säbel zu rasseln. Er, der mir erklärt hatte, in gesundheitlich schlechtem Zustand zu sein und den Großteil seiner Tage im Bett zu verbringen, steckte seinen Säbel erst um Punkt 18 Uhr 30 wieder in die Scheide, ohne zwischendurch Luft zu holen. Nur einmal wurde er etwas ruhiger, als er im Zusammenhang mit seinem Onkel, dem General, eine Gedankenpause einlegte.

Offensichtlich betrachtet Michel Cailliau, auch wenn er es nicht mit diesen Worten sagt, den gegenwärtigen Präsidenten der Republik als unrechtmäßig. Für ihn ist er ein Betrüger. Er sagt, er ertrage es nicht, daß Mitterrand in den Anzug seines Onkels geschlüpft sei, nachdem er seinen – den von Michel Cailliau – getragen habe, vor recht langer Zeit ...

Wenn man Cailliau glauben will, so war ihr erstes Treffen nicht besonders erfolgreich: »Ich habe François Mitterrand im August/September 1942 in Lyon auf der Straße getroffen. Er stand der *Résistance* feindlich gegenüber. Er war hochmütig, fühlte, daß ich für ihn ein Feind war. Er war ein Wolf ... Ich verachtete ihn. Ich habe ihn Ende 1942 wiedergesehen, weil ich zum CAP gehörte. Ich versuchte, diese Organisation zu unterwandern. Ohne Erfolg ...«

Wir werden Michel Cailliau auf dem weiteren Lebensweg von François Mitterrand noch oft begegnen.

Trotz seiner nach außen demonstrierten Vitalität durchlebt Mitterrand gegen Ende September eine Phase heftiger Zweifel und Widersprüche. »Ich habe über die Eitelkeit meiner Hoffnungen, meiner Kämpfe nachgedacht ...«, schreibt er. Er erlebt eine Anwandlung höchster Melancholie und läßt sich unendlich über das Leben und den Tod aus: »Die Weisheit der Skeptiker kommt der Verzweiflung so nahe, daß sie in mir eine Leere schafft, die nur die Unendlichkeit zufriedenstellen kann.« Er nimmt sogar an, »einen guten Teil seines Lebens hinter sich zu haben«. In Vichy in der Rue Georges-Clemenceau überraschte ihn sein Anblick in einem Spiegel: »Nasenflügel an den Mundwinkeln – ein Zeichen, daß auch mein Körper für die letzte Aussaat gefurcht ist ...«

Im Lauf des Herbstes steht Mitterrand weiter in Verbindung mit Montmaur und der *Chaîne*, ebenso mit einer Reihe von Persönlichkeiten, die seine Überzeugung teilen. Er ist in zahlreiche

Diskussionen mit ehemaligen Gefangenen verwickelt, aber auch mit den Leuten von den *Chantiers* und den *Compagnons*, die eine antideutsche Bewegung gründen wollen, ohne dabei mit dem Marschall zu brechen.

In einer Notiz[20] vom 26. November 1943, die für Kommandant Revez in London bestimmt ist, bestätigt François Mitterrand, daß seine Widerstandsbewegung für Gefangene im Oktober 1942 entstanden ist. Er erläutert, das *Mouvement de résistance des prisonniers de guerre* sei auf die Initiative von Dr. Fric, Montjoie, Louis Augis, Mauduit, René Poirier und ihm selbst gegründet worden – sie hätten »beschlossen, ihre Gruppierungen zusammenzuschließen«, mit Unterstützung durch Major Pinot.

Ihre Ziele:

»1. sich gegen die Untersuchungen der deutschen Polizei zu schützen;

2. sich gegenseitig bei der Arbeitssuche zu helfen;

3. den Ausbruch von Kameraden zu erleichtern, die noch in Gefangenschaft sind;

4. mit aller Kraft am Kampf gegen die Besatzer teilzunehmen.«

Nichts bestätigt diese Aussage. François Mitterrand schickt diesen Brief nach London, um den Angriffen des Neffen von General de Gaulle, Michel Cailliau, zu begegnen, der erklärt, seine eigene Bewegung sei bedeutend wichtiger als die Mitterrands. Ich glaube nicht, daß die Männer, die einander trafen und sicherlich über die ersten drei ihrer Ziele im Einklang waren, bereits im Oktober 1942 vom »Kampf gegen die Besatzer« sprachen. Drei Persönlichkeiten ragen heraus bei dieser Versammlung, die drei »M«: Mauduit, Montjoie und Mitterrand. Aber man kann noch nicht von einer richtigen Organisation sprechen, deren Ziel der Kampf gegen die Deutschen wäre. Bis dahin wird man noch um die vier Monate warten müssen …

Am Donnerstag, dem 15. Oktober 1942 gegen 17 Uhr, tritt ein für das Leben von François Mitterrand bedeutsames Ereignis ein: Er wird im *Hôtel du Parc* gemeinsam mit drei Kameraden vom CEA des Département Allier, Marcel Barrois, Albert Vazeille und Blanchet, von Marschall Pétain empfangen. General Campet, Chef des Militärkabinetts von Philippe Pétain, nimmt an dieser Audienz teil. Mitterrand berichtet dem Patriarchen des französischen Staates »von den Ergebnissen der Sammlung warmer Kleidung, die das Zenrum veranlaßt hat.«[21] Er mußte wahrscheinlich seine Treue und Ergebenheit gegenüber dem Marschall, die er damals hatte, zum Ausdruck bringen. Alles, was man sonst noch darüber sagen will, bewegt sich im Bereich der Spekulation...

François Mitterrand gibt im übrigen zu, mit dem Marschall zusammengetroffen zu sein, er datiert diese Audienz aber seltsamerweise in das Jahr 1943, was ihn im Grunde mehr kompromittieren würde. Nachdem ich auf das Datum dieses Treffens gestoßen war, habe ich darüber nochmals mit dem Präsidenten gesprochen, und er antwortete mir: »Das wirkliche Ziel dieser Audienz war nicht, über die Kleidersammlungen zu sprechen. Der Marschall wollte bei den sozialen Bewegungen Eindruck machen.«[22]

Heute geht der Präsident, wenn er von dieser Zeit spricht, auf Distanz – sowohl zu Major Pinot als auch zu dem jungen Mann, der er selbst war und dessen Ehrgeiz und Begeisterung er vielleicht vergessen hat:

»Meine Beziehungen zu Pinot sind als der Beweis für meine Verbindungen zu Vichy angesehen worden. Ich habe immer meine Unabhängigkeit bewahrt. Ich hatte niemals eine Befehlsgewalt in dem *Commissariat*.«[23]

Das ist absolut richtig. Er hatte keine Position mit Befehlsgewalt in dem Amt inne, aber seine gesamte Tätigkeit, eingeschlossen die Untergrundarbeit, war in keiner Weise gegen die Politik des Marschall gerichtet. Sie befand sich im Einklang mit dem Geist des Amtes. Wie er in einem Interview betont hat, war er, als er aus der Gefangenschaft kam, überzeugt – und das scheint auch im Herbst 1942 noch so zu sein –, daß Pétain und de Gaulle jeder auf seine Weise Frankreich dienten.[24]

Heute betont François Mitterrand immer wieder, daß er an der Gründung des *Mouvement d'autodéfense des prisonniers évadés*, einer Organisation zur Selbstverteidigung geflohener Gefangener, beteiligt war, die diese schützen sollte. »Wir machten illegale Arbeit, fälschten Papiere und benutzten dabei vor allem Stempel aus Kartoffeln. Wir brachten die gefälschten Ausweise zu den Gefangenen, indem wir sie in den hölzernen Rückenteilen von Bürsten versteckten, die wir in die Päckchen legten. Die Papiere sollten ihren Ausbruch erleichtern. Wir wurden Spezialisten für die Untergrundarbeit und hatten ganz selbstverständlich Kontakt zu Leuten, die dasselbe taten wie wir und die sich später als *Résistance*-Kämpfer erwiesen ... Wir haben erst ziemlich spät erfahren, daß es andere Bewegungen gab, die dasselbe taten wie wir.«[25]

Er beschreibt hier die Aktivitäten, die er mit Roussel und Mauduit unternahm. Roussel selbst allerdings, der die tiefe Bewunderung, die er für Pétain damals hegte, beibehalten hat und heute bedauert, daß er am 15. Oktober 1942 nicht selbst an der berühmten Audienz beim Marschall teilnehmen konnte, unterstreicht: »Ich hatte die volle Unterstützung des Majors Alart wegen meiner Tätigkeit im Zusammenhang mit der Herstellung gefälschter Papiere. Major Alart, der zum Beratungsstab des Marschall gehörte, hatte mir selbst einen Erlaubnisschein gegeben, damit ich in ganz Frankreich reisen konnte.« Roussel liefert den Beweis für diese Behauptung: einen Brief des erwähnten Majors Alart, in dem er ihn fragt, ob »die genannten Wünsche[26], die in meinem Schreiben vom 26. 11. 42 erwähnt werden, zufriedenstellend erfüllt wurden ...«

Anmerkungen:

1 Brief vom 16. Juni 1942 an einen seiner Bekannten.
2 A.N., AJ/41/453.
3 Baud gehörte der französischen Delegation in Berlin an, der Antenne der *Mission Scapini*. Er war in erster Linie mit Propaganda zugunsten des Marschall in den Lagern beauftragt.
4 A.N., F9 2998.
5 Es handelt sich um Paul Creyssel, Propagandachef von Darlan und Laval und einer der Führer des PSF.
6 Schreiben an einen seiner Bekannten vom 6. Juli 1942.
7 Im Rahmen der *Relève*, vgl. oben S. 239, Anm. 8
8 Die APG 1939-40 ist eine Schöpfung der Bewegung der Kollaborateure in Paris für die besetzte Zone, die von Deutschland unterstützt wird. Maurice Pinot kämpfte darum, ihren Einfluß zu begrenzen. Im Mai 1942 werden einige ihrer Gründer ausgeschlossen, und die APG verspricht, sich künftig auf zivile Tätigkeiten zu beschränken. Dennoch unterstützt sie weiterhin Laval und kämpft im geheimen gegen Pinot.
9 SHAT, 2 P 68.

10 Für die Ausarbeitung dieses Kapitels wurden die Dossiers F9 2996 bis 3094 benutzt.

11 Jean Védrine kam erst im November 1942 in das *Commissariat*.

12 Gespräch mit dem Autor vom 26. Mai 1994.

13 Auszug aus dem Bericht über die Besprechung vom 2. Juli 1942, an der in Paris neben René Bousquet SS-Brigadeführer Oberg, Knochen, Lischka, Schmidt, von Schweinichen und Runkowski teilnahmen. Vgl. *Dossier Bousquet*, Beilage der *Libération* Nr. 3776.

14 Serge Miller, Bernard Finifter, zu denen 1943 Georges Beauchamp stieß. François Mitterrand zählt auch Georges Dayan hinzu, den er vor dem Krieg kennengelernt hat, und dessen Bruder, der sein Arzt wurde.

15 Gespräch mit dem Autor vom 26. Mai 1994.

16 Gespräch mit dem Autor vom 1. Juli 1994. Das »Geheimnis« war auch in *Verbatim 1* von Jacques Attali, S. 81-82, nachzulesen. Am 3. August 1994 erinnert sich der Präsident an den Widerstand seines Vaters, der »sehr aufrecht, ein Christ im wahren Sinne des Wortes« war, gegen die antisemitischen Maßnahmen von Vichy.

17 Abk. von »Vélodrome d'Hiver«, Radrennbahn und größte Sporthalle von Paris, in die die festgenommenen Juden vor ihrer Deportation gebracht wurden. Fast 15 000 Opfer waren dort eine Woche lang unter unwürdigsten Bedingungen eingepfercht.

18 Auf seine Weise sagt François Mitterrand nichts anderes: »Vichy, das war ein Schlampladen. Ein Nazi-Regime war es nicht. Es war nicht so, wie es heute immer beschrieben wird.«

19 Es handelt sich um das *Centre d'action des prisonniers* in Lyon, geleitet von Jean de Fabrègues und Jacques de Montjoie.

20 Sie ist im Archiv des BCRA zu finden.

21 A.N. Papiers Pétain (2 AG).

22 Gespräch mit dem Autor vom 1. Juli 1994.

23 Gespräch mit dem Autor vom 12. Oktober 1993

24 Vgl. *L'Expansion* Nr. 54.

25 Gespräch mit dem Autor vom 12. Oktober 1993.

26 Es handelt sich um Anfragen nach gefälschten Papieren, die von Major Alart kamen und die Roussel liefern sollte!

# 13. Kapitel
## Lasten (3)

Jean Bouvyer hat das ganze Jahr 1939 im *Santé*-Gefängnis in Untersuchungshaft verbracht. Er schreibt regelmäßig an seine Mutter. In seinen Briefen erkundigt er sich recht häufig nach François und dem »Clan«. So etwa am 9. November 1939: »Haben Sie Neuigkeiten von François Mitterrand? Ist er von der Front weggekommen?« Am 19. Dezember schreibt er an seine Schwester Marie: »Erinnere die Freunde aus Angoulême an mich … Josette Mitterrand, Geneviève und Pierre Sarrazin …«

Im April 1940 wird Jean Bouvyer schließlich freigelassen. Er schließt sich in Mascara dem 2. Regiment der Afrikajäger an. Anfang Juli schreibt er seiner Mutter; um ihr den Brief zukommen zu lassen, adressiert er ihn an die Mitterrands, denn er glaubt Antoinette in Jarnac. Um sicherzugehen, daß seine Mutter den Brief in jedem Falle erhält, schickt er eine Kopie an Geneviève Mitterrand. All seine Post zeigt, daß Jeans Welt zu dieser Zeit ganz auf seine Familie, die Mitterrands und die Météniers beschränkt ist. So schreibt er am 8. Juli 1940: »Sag mir, wo Papa ist, was für eine Arbeit übt er seit der Besetzung aus … Und sag mir auch, was aus den Leuten aus der Charente oder aus Paris geworden ist, vor allem aus den Météniers.«

Im selben Brief spricht er von seiner Begegnung mit einem Flieger, Dubrocque, der Jacques Mitterrand kennt und auch ein Freund von Dalle, Henri (Bouvyer) und von François (Mitterrand) ist. Dubrocque ist Kunstkritiker bei *Gringoire*, bei *Marianne* und beim *Crapouillot*.

Am 13. Juli schreibt Jean erneut: »Vergiß nicht, mir Neuigkeiten von Méténier und allen Freunden, vor allem den Mitterrands, zu schicken.«

Zu dieser Zeit sind alle bedeutenden Cagoularden in Vichy. Sie kümmern sich um das Verschwinden der *Gueuse,* von dem sie so lange träumten. Eugène Deloncle, François Méténier und Colonel Groussard sind dabei, als am 9. und 10. Juli ein Text verabschiedet wird, der Marschall Pétain Sondervollmachten erteilt mit der Maßgabe, Frankreich zu einer neuen Verfassung zu verhelfen, die »die Rechte der Arbeit, der Familie und des Vaterlandes« garantieren soll. Nur achtzig Parlamentarier bringen den Mut auf, sich der Gründung des »État français« zu widersetzen. Deloncle schreibt an diesem 10. Juli an seine Frau:[1]

»Ich schreibe Dir heute voller Freude in meinem Schmerz. Die Republik ist nicht mehr. Heute habe ich erlebt, wie ihre Hampelmänner sich umbrachten. Ich habe ihrem Todeskampf zugesehen, ich, den sie verfolgt hatten. Mein Traum ist zur Hälfte erfüllt, der Traum, um dessentwillen Du und ich so viel gelitten haben. Hättest Du ihre angstverzerrten, Schändlichkeit ausschwitzenden Gesichter gesehen, wie hättest Du Dich gefreut! Ich kann Dir nichts über meine Rolle bei der Geschichte sagen, das mußt Du zwischen den Zeilen lesen. Sie war nicht unbedeutend, das sage ich Dir; die Zukunft wird zeigen, ob ich recht hatte.«

Deloncle, Méténier, Groussard und ihr Freund, der Cagoulard Alibert, der Justizminister geworden ist, haben zum Todesstoß gegen die Republik beigetragen und sind bereit, den Marschall zu schützen und seine Gedanken zu verbreiten. Oberst Groussard und François Méténier beteiligen sich zunächst an der Gründung einer politischen Super-Polizei, des *Centre d'information et d'études*, CIE, für den Kampf gegen die Gegner der *Révolution nationale*: Gaullisten, Kommunisten, Freimaurer und Juden. François Méténier, der immer ein Tatmensch war, beschäftigt sich mit der Gründung von Schutztruppen für Pétain, der *Groupes de protection du Marschall*, GP. In der besetzten Zone stellt Deloncle mit Hilfe zahlreicher Cagoularden das rechtsradikale *Mouvement social révolutionnaire*, MSR, auf die Beine. Die Cagoularden sind auch an der Gründung der *Légion française des combattants* beteiligt, einer Organisation ehemaliger Kriegsteilnehmer, die für die *Révolution nationale* eintritt. Initiator ist der zum Generalsekretär für Kriegsveteranen ernannte Xavier Vallat. Gabriel Jeantet schließlich, ein weiterer ehemaliger Cagoulard, gründet die *Amicale de France*, die in Verbindung mit dem Kabinett des Marschall, besonders mit Dr.

Ménétrel, nur eine Aufgabe hat: Propaganda für die Ideen des *Front national* zu machen. So finden sich all diese Cagoularden, sei es in der besetzten, sei es in der freien Zone, im Zentrum jener Einrichtungen wieder, die das Frankreich Pétains aufteilen, kontrollieren und lenken sollen ...

In einem Brief, den er am 22. Juli 1940 aus Mascara abgeschickt hat, drückt Jean Bouvyer die Hoffnung aus, daß sein Freund und Anwalt Xavier Vallat, ebenso wie Méténier, ihm zu Hilfe kommen werde:

»... Ich hatte vor, meine Demobilisierung zu beschleunigen und mit meiner Klasse 37 entlassen zu werden und nicht mit der 39. Und dies mit Hilfe einer Urteilsaussetzung durch Minister Xavier Vallat, der, wie ich hoffe, sich um die armen Kerle aus der *Santé* kümmert. Welche Schande! Wenn meine siebenundzwanzig Monate auf Bewährung nicht auf den Dienst angerechnet werden – nach dem Freispruch oder der Aussetzung zählen sie bestimmt... Ich bin froh zu hören, daß Méténier gesund und wohlauf ist; er wird uns in dieser Sache nützen können.«

Jeans Chancen stehen nicht schlecht, da seine Freunde Vallat und Méténier zu wichtigen Persönlichkeiten in Vichy geworden sind. Im Frühjahr 1941 kommt er schließlich nach Paris zurück. Im Mai findet er dank Xavier Vallat, der auf Verlangen der Deutschen gebeten wurde, auf seinen Posten bei den Kriegsveteranen zu verzichten und zum Leiter des *Commissariat aux questions juives* ernannt worden ist, eine Stelle als Sonderbeauftragter (Kategorie E) in diesem Amt an der Place des Petits-Pères in Paris.

Obwohl es nicht möglich war, genaue Informationen darüber zu finden, wie er zu jener Zeit dachte, kann man ohne Risiko behaupten, daß Jean Bouvyer sich zumindest dem von Vichy betriebenen staatlichen Antisemitismus nicht entgegenstellt, das Amt hat ja den Auftrag, die von dem Cagoularden Alibert erarbeiteten verbrecherischen Gesetze aus den Monaten Juli bis Oktober 1940 über die Stellung der Juden zur Anwendung zu bringen.

Sein Mentor Xavier Vallat, der als zu lasch beurteilt wird, verläßt das Amt im Mai 1942. Seinen Posten übernimmt der in düsterer Erinnerung gebliebene Darquier de Pellepoix, der Galien als Büroleiter zu sich holt, einen seiner Kumpane aus dem *Rassemblement antijuif*. Der Industrielle Galien weiß sich seines

Postens bestens zu bedienen, um sich zu bereichern; insbesondere, indem er dafür sorgt, daß im Zuge der »ökonomischen Arisierung« bestimmte Firmen und Unternehmen zu Spottpreisen an seine Freunde verkauft werden. Um diese recht unorthodoxen Übergriffe bei der »ökonomischen Arisierung« durchzuführen, bedient sich Galien zweier Vertrauensleute in seinem Amt: Grognot und Jean Bouvyer. Offiziell soll Bouvyer in dem Amt die Verbindung zur SEC[2] halten, jener Behörde, die mit Verfolgungsmaßnahmen gegen Juden befaßt ist, sowie zur antijüdischen Abteilung des SD, also mit der Gestapo in der Avenue Foche. Diese Hinweise fanden sich in dem vom *Centre de documentation juive contemporaine*, CDJC, aufbewahrten Teil des Archivs des Amtes.

Im Laufe des Jahres 1941 hat Jean Bouvyer, der bei seiner Rückkehr aus Mascara die Mitterrands wiedergesehen hat, eine enge Beziehung mit Marie-Josèphe de Corlieu geknüpft, die unglücklich verheiratet ist. Die von den Familienmitgliedern Josette oder einfach »Jo« genannte »Marquise« ist Porträtmalerin und lebt in der Rue de la Paix 17. Jean ist ein häufiger Gast in ihrer Wohnung. Nach siebenundzwanzig Monaten Untersuchungshaft und zwei langen Aufenthalten in Mascara ist er wieder in den Mitterrand-Clan integriert.

Mit seinem Freund und Beschützer François Méténier hingegen hat Jean Bouvyer kein Glück: Dieser ist, obgleich er in der zweiten Hälfte des Jahres 1940 in Vichy so hohe Gunst genoß, wegen Beteiligung an dem von ehemaligen Cagoularden der GP gegen Laval angestifteten Komplott vom 13. Dezember drei Tage später, am 16. Dezember, von den Deutschen verhaftet worden. Er kommt ins *Cherche-Midi*-Gefängnis und wird erst im Oktober 1941 auf Betreiben Doriots freigelassen, mit dem er vor dem Krieg eng befreundet war. Dank einer Empfehlung Doriots hat ihn nach seiner Freilassung das Unternehmen *Le Can* eingestellt, das für die Organisation Todt arbeitet und vor allem in Toulon Werften besitzt, die für die deutsche Kriegsmarine produzieren.[3] Zwar fährt er hin und wieder nach Toulon, doch ist Méténier häufig in Paris, wo er wieder umtriebig wird und neue Ideen entwickelt. Offenbar sieht er seine Freunde wieder.

Ende 1941, Anfang 1942 trifft Méténier Jean Bouvyer und »Jo« bei einer Vernissage in einer Galerie. »Jo« hat ihre Schwester Colette Landry mitgebracht, die mit ihrer kleinen Tochter auf der Durchreise in Paris ist. Jo stellt ihre Schwester François Méténier vor. Colette erinnert sich noch genau an den Eindruck, den dieser lange Lulatsch mit der kräftigen, warmherzigen Stimme auf sie machte: »Ich sah ihn nicht sehr oft, aber ich hatte das Gefühl, daß er mir mit väterlicher, beschützender Freundschaft begegnete. Er war geradeheraus, ganz französischer Offizier, sehr sympathisch. Er führte sehr interessante Gespräche. Er war sehr gebildet, ein Musikliebhaber – er komponierte klassische Musik –, in seiner Freizeit schrieb er Krimis … Ein Mensch mit guten Eigenschaften, der in meinem Leben einen wichtigen Platz behalten hat …«[4]

Colettes Begeisterung ist um so verständlicher, als diese Persönlichkeit für sie wohl nicht nur ein Herzensfreund war, sondern ihr auch das Leben gerettet hat:

Während ihres Aufenthaltes in Paris bei ihrer Schwester ist Colette eines Nachts in der Wohnung von Marie-Josèphe in der Rue de la Paix allein mit ihrer Tochter und den beiden Kindern der »Marquise«, als sie plötzlich heftige Leibschmerzen bekommt. Schon um fünf Uhr morgens schickt sie zwei der Kinder zum Kohlenhändler in der Rue Daunou, um ihr Eis zu holen, mit dem sie ihre Schmerzen zu lindern hofft. Gegen zehn Uhr morgens klopft ein langer Kerl an die Wohnungstür. »Tante Colette ist sehr, sehr krank«, sagt eines der Mädchen. Gelassen und ganz Gentleman beschließt Méténier, die Sache in die Hand zu nehmen: »Ich schicke Ihnen innerhalb der nächsten halben Stunde einen guten Arzt.« Und tatsächlich erscheint bald ein Doktor und diagnostiziert eine akute Bauchfellentzündung. Colette muß dringend operiert werden, doch um damals unverzüglich in ein Krankenhaus aufgenommen und operiert zu werden, bedarf es guter Beziehungen. Méténier hat einen langen Arm. Er bittet du Moulin de La Barthète, den Direktor des Kabinetts des Marschall, zu intervenieren, und Colette kommt in eine Klinik in der Rue Saint-Dominique, die einem wichtigen ehemaligen Cagoule-Mitglied gehört.

»Méténier hat mir das Leben gerettet«, sagt die Schwester des Präsidenten heute dankbar.

Méténier kommt jeden Tag in die Klinik in der Rue Saint-Dominique, um seinen Schützling zu besuchen, bis Colette zu »Jo«

zurückkehrt... Dann, als sie wieder auf den Beinen ist, fährt sie zurück nach Jarnac. Im Laufe des Jahres 1942 kommt sie noch mehrfach nach Paris und sieht Méténier wieder. Colette erinnert sich, daß sie Méténier gefragt hat, ob er etwas tun könne, um die Rückkehr ihres Mannes, Pierre Landry, aus der Gefangenschaft zu beschleunigen. In der Tat gab es bei den Deutschen eine Vergünstigung für gefangene Offiziere, die drei oder mehr Kinder hatten.

»Méténier hat mir dringend abgeraten, diesen Weg zu gehen. Er hatte recht, er war ein kluger Mann.«

Colette hat sich auch mit Madame Méténier angefreundet. Sie erklärt, daß sie nicht wußte, wo Méténier arbeitete, und ganz und gar nicht über seine Vergangenheit als Cagoulard informiert war:

»Ich verstand nichts von Politik. Ich wußte nur, daß man vorsichtig sein mußte, vor allem in jener Zeit. Einmal, im Jahre 1942, hat er mir durch die Blume seine lange Abwesenheit erklärt und warum er nichts von sich hatte hören lassen. Ein anderes Mal sagte er mir, er habe sich mit einer ›wichtigen Sache‹ beschäftigt, und später hat er mir erzählt: ›Da Sie ihn kennen, kann ich es Ihnen sagen. Ich war am Ausbruch von General Giraud und seiner Abreise nach Nordafrika beteiligt. Viele wichtige Ereignisse der Geschichte sind nicht bekannt. Damit ein Held entstehen kann, müssen Männer im Schatten arbeiten, von denen man niemals etwas erfährt.‹«

In der Tat wird der Name Méténier nirgends in den Schriften über diese Heldentat erwähnt. Dennoch ist sein Bericht glaubhaft, da eine Reihe von Leuten, deren Beteiligung an der Aktion bekannt ist, Vertraute Météniers waren: Lemaigre-Dubreuil, der bekannte Finanzier der *Cagoule* und alte Bekannte von François, sowie einige Offiziere aus der geheimdienstlichen Organisation *Deuxième Bureau,* die ebenfalls der *Cagoule* nahestanden.

Colette Landry kannte die Familie Giraud gut. Henri, einer der Söhne des Generals, war zehn Jahre lang Adjutant ihres Mannes Pierre Landry, als dieser Hauptmann bei den Spahis war. Henri Giraud sagte Colette im August 1940, ihr seit dem 16. Juni verschwundener Mann sei noch am Leben ... Pierre Landry war auch Offizier in der von General Giraud kommandierten 82. Division.

Hat Méténier, der »Jo« und Colette so nahestand, im Laufe des Jahres 1942 François Mitterrand getroffen? Es ist möglich, denn François kam regelmäßig nach Paris und sah jedesmal seine Brüder und Schwestern, die in der besetzten Hauptstadt lebten, und besuchte auch immer wieder Antoinette Bouvyer, die inzwischen in der Rue Chernovicz 7 wohnte.

Jean Bouvyer setzt seine wenig ruhmreiche Tätigkeit im Büro von Galien an der Place des Petits-Pères 1 fort. Doch wird sein Vorgesetzter im November entlassen und durch Antignac ersetzt, den ehemaligen Leiter der SEC für die südliche Zone, der bisher in Vichy war. Wenn schon der bisherige Amtschef in seinem finsteren »Job« nichts als ein Mittel gesehen hat, sich zu bereichern, so ist sein Nachfolger eine noch abscheulichere Figur:

»Die Persönlichkeit Antignacs läßt sich in einer einfachen und klaren Linie zeichnen: Er war Frankreichs Mann für die ›Endlösung der Judenfrage‹. Die komplizierte Politik von Vichy stellte ihm oft Hindernisse in den Weg. Er verfolgte sein Ziel gegenüber allen und gegen alle. Er stand mit Roethke in Verbindung und ergriff begierig jede Gelegenheit, die der SD ihm lieferte, so viele Juden wie möglich auszuliefern. Auf Betreiben von Antignac weitete die SEC ihre Aktivitäten zum Aufspüren von Juden aus, und bei der geringsten Gelegenheit schikanierte sie sie mit eigenen Mitteln und überstellte sie der Polizei.«[5]

Bouvyer behält seinen Posten nach der Amtsübernahme von Antignac. Jean und »Jo« verkehren wirklich in übler Gesellschaft: Neben den Kollegen vom Amt treffen sie mancherlei kaum empfehlenswerte Figuren, vor allem die Kollaborateure von *Radio-Paris*. Für François Mitterrand und einige andere Mitglieder des »Clans« hält die Vorkriegszeit die ersten Jahre des Krieges hindurch an.

Anmerkungen:

1   *Archives départementales* von Paris. *Versement* 212/79/3.
2   Die von Bousquet nach Auflösung der *Police aux Questions juives*, Polizei für Judenfragen, gegründete *Section d'enquête et contrôle*, Abteilung für Untersuchung und Kontrolle, hat den Auftrag, unter Führung des Generalkommissars für Judenfragen Untersuchungen im Bereich von Wirtschaft und

Finanzen durchzuführen. In Wirklichkeit wird die SEC das wichtigste Instrument des Kommissariats bei der Verfolgung der Juden.

3 *Archives départementales* von Paris. *Versement* 212/79/3.
4 Gespräch mit dem Autor vom 4. November 1993.
5 Vgl. *Le Commissariat général aux questions juives* von Joseph Billig. 1955.

## 14. Kapitel
## Pinot geht

Anfang November 1942 unternimmt François Mitterrand im Rahmen seiner Tätigkeit im *Commissariat* eine Rundreise im Département Loiret. Zu dieser Zeit macht er sich Sorgen um die Gesundheit seines Vaters. Er kehrt nach Vichy zurück und ist an dem Tag, an dem die Alliierten in Nordafrika landen, in Lyon.

Die Amerikaner haben diese Befreiung eines Teils des französischen Empire mit Hilfe des *Comité des Cinq* durchgeführt, das aus Angehörigen der Rechten zusammengesetzt ist, darunter der ehemalige Cagoularde Lemaigre-Dubreuil. Dieser hat den Plan, General Giraud an die Spitze des militärischen und zivilen Kommandos für Nordafrika zu setzen. Ein weiteres Ziel der Operation besteht darin, General de Gaulle auszustechen, der den Amerikanern ebenso Probleme bereitet wie der antideutschen französischen Rechten.

Die Operation verläuft nicht wie geplant: Admiral Darlan ist Giraud nach Algier vorausgeeilt und hat die Amerikaner überredet, ihm selbst den für den General vorgesehenen Posten zu geben. Darlan, eine ambivalente Persönlichkeit, stellt ebenso Vichy wie London vor Probleme. Er wird am Weihnachtsabend ermordet und durch Giraud ersetzt.

Am 11. November besetzt die Wehrmacht die freie Zone. Hitler begründet diese Entscheidung mit dem Verrat General Girauds und der Landung von Engländern und Amerikanern. Alles, was einige Offiziere seit zwei Jahren auf die Beine gestellt haben – heimliche Mobilisierungsvorbereitungen, Tarnung für Material und Waffen –, geht innerhalb weniger Stunden in Rauch auf. Am 8. November schickt General Verneau ein Telegramm an die Militärdivisionen, um den vorgesehenen Plan des Widerstands gegen die Deutschen zur Ausführung zu bringen. Am Tag darauf verlangt General Bridoux im Namen der Vichy-Regierung von der Waffenstillstandsarmee, sich nicht zu rühren. Diese gehorcht. Nur General de Lattre de Tassigny versucht Widerstand zu leisten und wird auf der Stelle verhaftet ... Ende November wird die Waffenstillstandsarmee entwaffnet, und die Flotte versenkt sich vor Toulon selbst.

Diese Ereignisse bedeuten für viele Franzosen eine Wende. Wie reagiert François Mitterrand?

Ich habe keine Spur von Briefen oder anderen Dokumenten finden können, die es ermöglichen, etwas über seine Gedanken während dieser entscheidenden Wochen in Erfahrung zu bringen. Wie seine Freunde legt er eine verstärkte Entschlossenheit an den Tag, etwas gegen die Besatzer zu unternehmen, wobei die Form solcher Aktionen noch keine klaren Umrisse angenommen hat und auch keinen Bruch mit dem Marschall und seinem Umfeld nach sich zieht. Am 8. November tauchen seine Freunde vom CAP, die in Montpellier versammelt sind, unter, als sie von der Landung der Amerikaner in Nordafrika hören. Sie beschließen, von nun an im Untergrund zu arbeiten. Ebenfalls im November – spätestens aber Anfang Dezember – nimmt François Mitterrand in Montmaur an einer Versammlung teil, bei der auch etwa zwanzig Mitglieder der *Chaîne* um Mauduit und einige Abgesandte des Aktionszentrums für die Gefangenen, darunter Montjoie, Fabrègues und Gagnaire[1], anwesend sind, um die Ausarbeitung einer größeren Aktion im Umfeld der Gefangenen zu beschließen. Heute sehen manche darin die Entstehung der Sammlungsbewegung für Gefangene RNPG. Sagen wir, daß die Mitglieder der *Chaîne* hier einen weiteren Schritt unternehmen, der *später* zur Entstehung einer Widerstandsbewegung werden sollte ...

Um François Mitterrands geistige Verfassung zu dieser Zeit skizzieren zu können, ist das Zeugnis von Jean Védrine[2] von Bedeutung. Védrine kommt im November 1942 ins *Commissariat au reclassement des prisonniers* und freundet sich sogleich mit François Mitterrand an. Er ist Katholik und ehemaliger Pfadfinder, war als Gefangener im Stalag VIII C und ist wegen seiner Opferbereitschaft allseits geschätzt. Der eingeschworene Anhänger Pétains schrieb im März 1942 in der Zeitung seines Lagers, *Le Soleil saganais*:

»Wir haben die Entscheidungen und Handlungen des Marschalls nicht zu beurteilen, zu kritisieren oder zu billigen.

Die einen wollen den Bruch mit den Vereinigten Staaten, die anderen kritisieren Montoire. Einige sind erstaunt, daß Blum und Konsorten nicht schon erschossen wurden, andere fordern ihre Freilassung.

Die einen sagen: Darlan ist ein Schwächling, der zu jedem Schachzug ja sagt; die anderen sagen: Du Moulin de La Barthète ist ein Handlanger Londons ...

All das sind alte Gewohnheiten, fruchtloses Geschwätz, systematische Verleumdungen, Kaffeehauspolitik ... Die Lektion scheint nicht ausreichend gewesen zu sein.

WIR, wir vertrauen dem Marschall. Wir wissen, daß ER gut informiert ist und verantwortlich handelt, daß er stets unsere Interessen vertritt, daß er nur das sagt, was er sagen will, daß er mit großen Schwierigkeiten zu kämpfen hat. Seine engen Mitarbeiter sind sicherlich Getreue, sonst würde er niemanden von ihnen um seine Meinung fragen und sie einfach hinauswerfen. Sie sind Werkzeuge des Chefs. Wenn er sie behält, so heißt das, daß er sie im Moment für gut hält. Wenn wir über gewisse Entscheidungen ein wenig überrascht sind, so haben wir dennoch volles Vertrauen in ihn. Er weiß, wohin er geht. Und wir, wir wissen nichts. Unsere Treue und unsere Intelligenz müssen einfache Argumente finden, die den Skeptikern und den Gegnern die Gedanken des Chefs erhellen ...«

Als er zum Ende des Sommers 1942 nach Frankreich zurückgekehrt ist, möchte Jean Védrine gern seine Kräfte zur Verfügung stellen. Er ist der Meinung, denen, die in der Gefangenschaft geblieben sind, etwas schuldig zu sein. Er schreibt an Georges Baud, zu jener Zeit Leiter des Kommissariats für die Südzone. Er hat ihn in einem Lager in Schlesien kennengelernt. Baud ruft ihn nach Vichy und vertraut ihm die Leitung der CEA an – er kennt seine Opferbereitschaft und seine treue Haltung dem Marschall gegenüber. In den Tagen nach Beginn seiner Arbeit im *Commissariat* im November lernt er François Mitterrand kennen:

»Innerhalb von achtundvierzig Stunden waren wir Freunde und bereits so etwas wie Komplizen. Als ich ihn zum zweiten oder dritten Mal traf, bat er mich, ihn zu begleiten, und erzählte mir, er stelle im Untergrund falsche Papiere her. Wenig später nahm er mich zu einem heimlichen Treffen mit. François war rechts und, um es klar zu sagen, Marschallist. Pinot stand von uns allen am wenigsten hinter dem Marschall, er war zögernder als François und ich. Heute ist es schwer zu verstehen, daß man gleichzeitig für den Marschall sein und gegen die Besatzer kämpfen konnte.«[3]

François Mitterrand hat eine andere Spur hinterlassen, über die bereits viel geschrieben wurde. Es ist nichts Besonderes daran, denn sie stimmt mit dem überein, was er Ende 1942 denkt. Er verfaßt jenen Artikel mit dem Titel *Pèlerinage en Thuringe*, Wallfahrt nach Thüringen, für die von seinem Kameraden, dem ehemaligen Cagoularden Gabriel Jeantet, herausgegebene Zeitschrift *France, revue de l'État nouveau*. Dieser Text wird in der Nummer 5 vom Dezember veröffentlicht. Interessant ist, daß die Autoren zu dem Zeitpunkt, als sie ihre Artikel abliefern, bereits wissen, daß die Alliierten in Nordafrika gelandet sind, die Deutschen die Südzone besetzt haben und die Waffenstillstandsarmee entwaffnet worden ist.

Hauptziel der Zeitschrift Jeantets ist es, die Ideologie der Nationalen Revolution zu verbreiten. Jeantet ist in Vichy einer der offiziellen Propagandaleute des Marschall; er erhält Gelder von Dr. Ménétrel, dem persönlichen Referenten Pétains. Der erste Beitrag dieser Nummer 5 ist nichts anderes als der Tagesbefehl, den der Marschall am 28. November, also am Tag nach der Entwaffnung der Waffenstillstandsarmee, an Luftwaffe und Marine ausgegeben hat. Der zweite ist ein Interview mit dem Marschall. Der dritte, mit der Überschrift *Le Complot contre la France et contre la paix*, Das Komplott gegen Frankreich und den Frieden, ist eine heftige Attacke gegen die Kommunisten – verantwortlich zeichnet Paul Creyssel, ein hoher Propagandabeamter der Vichy-Regierung, den Mitterrand im Zusammenhang mit seiner Propagandatätigkeit für das Kommissariat kennt. François Mitterrands Name steht außerdem neben denen von Noël de Tissot, dem Generalsekretär des *Service d'ordre légionnaire*, SOL, und von L. de Gérin-Ricard.

Ersterer erläutert in einem *Nos ennemis*, Unsere Feinde, betitelten Beitrag, Frankreich hätte nach der Landung der Angelsachsen »seine inneren Streitigkeiten beenden und das ganze Land hinter seinem Oberhaupt versammeln [müssen] – in einem gemeinsamen Aufschrei der Entrüstung, in einem gemeinsamen Verlangen nach Rache« und etwas weiter: »Die Juden der Côte d'Azur warten freudig darauf, daß ihre amerikanischen Freunde ihnen würzige Zigaretten bringen, die ihnen der Schwarzmarkt nicht zu ihrer Zufriedenheit in ausreichender Menge liefert. Tief in ihre Sessel zurückgelehnt, begrüßen die bürgerlichen Gaullisten mit einem widerlichen Grinsen den Tod unserer Matrosen.« Gérin-Ricard veröffentlicht in der Rubrik »Vermischtes«, in derselben, in der auch François Mitterrands Text erscheint, einen Artikel mit dem Titel *La Condition des juifs à Rome sous la papauté,* Das Leben der Juden in Rom unter dem Papsttum, der von offen antisemitischer Tonart ist. Seine Schlußfolgerungen sprechen für sich:

»So sahen einige der Schwierigkeiten aus, die die päpstlichen Herrscher im Laufe der Jahrhunderte mit der jüdischen Bevölkerung der Hauptstadt des Katholizismus hatten. Im 18. Jahrhundert verbot Benedikt XIV. den Bewohnern des Ghettos, ihre Toten anders als schweigend zum Friedhof zu tragen, christliche Diener, Wagen und Pferde zu haben, ohne Genehmigung umzuziehen und schließlich ein öffentliches Amt zu bekleiden; er ließ ihre Bücher beschlagnahmen und verbrennen. Solche Maßnahmen waren von Zeit zu Zeit notwendig, um die ›jüdische Flut‹ einzudämmen. Eine bedenkenswerte Lehre …«

Seinen Artikel *Wallfahrt nach Thüringen*[4] schreibt Mitterrand im Rahmen seiner Tätigkeit für das *Commissariat au reclassement des prisonniers.* Er beschäftigt sich mit seinen Erfahrungen in der Gefangenschaft und entwickelt, darauf aufbauend, Gedanken, die ganz und gar mit der »Gefangenen-Ideologie« von Vichy übereinstimmen. Er verdammt nicht nur die »zusammengebrochene Staatsordnung, die Versager, die ausgehöhlten Institutionen« als Gründe des Debakels, sondern die »hundertfünfzig Jahre Irrtümer« Frankreichs, womit er den Zeitraum vom Fall des Ancien Régime 1789 bis zur Niederlage von 1940 bezeichnet. François Mitterrand nimmt damit eines der klassischen Themen der extremen Rechten auf, die in Vichy an der Macht ist.

Zur selben Zeit taucht er mehrfach in der Marschall-treuen Zeitschrift der Jugendorganisation *Chantiers de jeunesse* auf, dem Organ der von General de La Porte du Theil geleiteten Bewegung. Mitterrands Kontakte mit den *Chantiers* hat sein Freund Jean Delage geknüpft, der Mann, der ihn für das *Écho de Paris* gewonnen hatte und sich jetzt um die Propaganda für die *Chantiers* kümmert.

In der Nummer 64 vom 19. Dezember 1942 knüpft Mitterrand wieder an die Literaturkritik an. Er kommentiert den ersten Band der Memoiren von Joseph Caillaux: »Wenn man auf der letzten Seite angekommen ist, bereut man die Lektüre sicherlich nicht – sie bestätigt unsere Meinung, daß eine von so kleinen Männern bestimmte Zeit zwangsläufig zu all den Erniedrigungen führen mußte.« Hiermit bringt er seine Verachtung für die Dritte Republik zum Ausdruck. In der folgenden Nummer vom 26. Dezember veröffentlicht er einen Text mit dem Titel *Une grande Paix était descendu sur les prisonniers*, Ein tiefer Friede war über die Gefangenen gekommen, der von der Weihnacht des Jahres 1940 handelt, die er im Kommando 1515 in Schaala verbracht hat[5]. Wie den Artikel *Wallfahrt nach Thüringen* schreibt er auch diesen im Rahmen seiner Tätigkeit für das *Commissariat*, das Amt für Wiedereingliederung von Kriegesgefangenen.

Ende November ist er im Auftrag seines Amtes auf Reisen; nachdem er in Limoges war, fährt er am 2. Dezember nach Clermont, am 3. nach Lyon. Nichts in seinem Leben scheint sich geändert zu haben, doch gehört es zu subversiver Tätigkeit, keine Spuren zu hinterlassen ... Er teilt seine Zeit auf zwischen seinen Propaganda-Aufgaben, durch die er viel unterwegs ist, und seiner heimlichen Hilfe für die Geflohenen. Er hat vor, sich mehr im Kampf gegen die Besatzer zu engagieren. Ginette Caillard, zu jener Zeit Sekretärin von André Magne im *Commissariat*, erinnert sich, daß sie in jenem Dezember vertrauliche Papiere für François Mitterrand tippte, die mit den Geflohenen zu tun hatten.

Er fährt nach Grenoble, Châteaurouge, Chambéry, Lyon und trifft Jean Munier am Bahnhof von Dijon. Sein ehemaliger Mitgefangener ist am 16. Dezember aus Deutschland zurückgekehrt. Gleich bei seiner Ankunft in Dijon hat er Geneviève Mitterrand angerufen, damit sie ihren Bruder über seine Rückkehr informiert. Zwei Tage später bekommt er einen Anruf von François, der mit ihm ein Treffen ausmacht. Munier erinnert sich an diese kurze Begegnung.[6] »Ich werde den Kampf gegen die Besatzer wiederaufnehmen«, erklärt ihm François Mitterrand. »Bist du bereit, mit mir zusammenzuarbeiten?« Munier stimmt zu. Er möchte sich nicht nur mit den Nazis schlagen, er würde François Mitterrand bis ans Ende der Welt folgen. Er verabredet mit François, daß dieser ihn benachrichtigt, wenn er gebraucht wird …

Mitterrand verbringt Weihnachten bei seiner Familie in Jarnac und kehrt am 30. Dezember zurück.

Ich habe keine Spuren von seinen Treffen mit seinem Freund François Valentin gefunden, aber es ist mehr als wahrscheinlich, daß die beiden Männer sich in dieser Zeit gesehen haben. Mitterrand hat Vertrauen zu ihm, und beide stehen den Militärs nahe, die die Hände nicht in den Schoß gelegt haben. Am 9. Januar 1943 verteidigt Valentin vor dem *Tribunal d'État* in Lyon General de Lattre de Tassigny, der in Montpellier versucht hat, den Deutschen Widerstand entgegenzusetzen. De Lattre wird wegen »Verlassens seines Postens und versuchten Verrats« zu zehn Jahren Haft verurteilt.

In den Unterlagen Pétains[7] findet sich unter dem Datum 13. Januar 1943 eine Spur von François Mitterrand. Dieser schreibt einen Brief an das Präsidialbüro des Marschall und bittet um eine Kabinettsliste. Major Alart antwortet ihm.

Und Maurice Pinot? Nach der deutschen Invasion in der Südzone hat er den Dienststellen des *Commissariat* und den CEA den Befehl gegeben, alles zu unternehmen, um die Geflohenen in Sicherheit zu bringen. Mitterrand ist an der Ausführung dieser Anweisung beteiligt. Selbstverständlich beginnen die Deutschen nun, das Amt genau zu beobachten. Sie sind nicht die einzigen, die sich über die Haltung des Amtschefs wundern.

Laval, der Nachfolger Valentins bei der *Légion*, und Darnand, der Chef der SOL, fordern die Abberufung Pinots. Die Leute um Laval und die anderen Kollaborateure sind nämlich der Meinung, dieser betreibe eine regelrechte Sabotage der Vichy-Politik. Der Wunsch der Heimgekehrten, sich zusammenzuschließen, wird von den deutschen Agenten oder ihren Propagandisten (vor allem Yves Dautun), der *Légion* im Süden und den kollaborierenden Gruppierungen im Norden genutzt. Sie versuchen, eine große einheitliche Bewegung von Heimgekehrten zu gründen, die unter dem Vorwand, daß die Freilassung der noch in Gefangenschaft verbliebenen Kameraden beschleunigt werden könne, die Politik der Kollaboration unterstützen soll.

Laval seinerseits hofft, im Dezember 1942 eine Einheitspartei zu gründen. Sein Schwiegersohn Chambrun und der Chefredakteur der kollaborationsfreundlichen Gefangenenzeitung *Toute la France*, Hulot, raten ihm, sich bei der Gründung dieser Einheitspartei auf die Gefangenen zu stützen. In einem Bericht an Laval vom 31. Dezember schreibt Hulot:

»Wenn die Repatriierten die Versprechen aus der Gefangenschaft nicht halten, so kann das nur der offiziellen Organisation zuzuschreiben sein, die damit beauftragt ist, die Heimgekehrten in Empfang zu nehmen ... Die Heimgekehrten nehmen nicht an der politischen Tätigkeit der APG teil, weil die offizielle Organisation, die damit beauftragt ist, sie zu lenken, sie verwirrt hat, indem sie ihnen die APG als eine Brutstätte deutscher Propaganda präsentiert hat ...«

In Hulots Augen liegen genügend Zahlen vor, um Pinot der Sabotage zu beschuldigen: 60 % der Gefangenen schließen sich in den Lagern den Pétain-Zirkeln an, während nur 6000 Repatriierte zu der *Association des Prisonniers de Guerre 1939-40* gehören. Als Schlußfolgerung verlangt Hulot die Gründung einer einheitlichen Gruppierung der Repatriierten, der *Légion des Anciens Prisonniers*, die im Süden der Miliz entsprechen würde. Aus diesem und anderen Gründen (dem Kampf gegen die *Relève*[8]) kann Pinot nicht an der Spitze des *Commissariat* bleiben.

Aus seiner Sicht hat Hulot nicht unrecht: Pinot versteht es gut, sich von der Politik der Kollaboration fernzuhalten und sich auf die soziale Arbeit zu beschränken, wobei er sich auf die Protektion des Marschall beruft.

Laval ruft Pinot am 12. Januar 1943 nach Matignon und erklärt ihm liebenswürdig, die Zeiten hätten sich geändert und ein Mann, der gerade erst aus den Lagern gekommen sei, könne die Veränderungen in der Einstellung der Gefangenen besser vermitteln. Er bittet ihn, seinem Nachfolger bei der Erfüllung seiner Aufgabe zu helfen. Pinot schlägt einen hochmütigen Ton an und antwortet Laval, die Regierung könne ihn, wenn sie mit der Arbeit, die er geleistet habe, nicht zufrieden sei, ohne weiteres entlassen. Laval ändert nun seinen Tonfall und gibt sich drohend. Er wirft Pinot vor[9] die *Relève* sabotiert und den Heimgekehrten Instruktionen gegeben zu haben, die im Gegensatz zu seinen Weisungen gestanden hätten:

»›Die Regierung ist in der Lage, alle ihre Funktionäre zum Gehorsam anzuhalten. Ich werde mich von denen trennen, die sich meinen Weisungen nicht unterordnen, und sie werden den Preis für ihren Ungehorsam zahlen …

Ich habe verstanden, daß meine Entlassung bereits vollzogen ist.‹«

Pinot ist überzeugt, daß man ihn verhaften wird, und kehrt nicht in seine Wohnung, sondern ins Amtsgebäude in der Rue Meyerbeer in der Nähe der Oper zurück.

Am folgenden Tag, dem 13. Januar, versammelt er die wichtigsten Angestellten des Amtes, um ihnen zu sagen, daß er, was immer sie darüber hören mögen, weder seine Kündigung eingereicht habe, noch bereit sei, sich für den künftigen Amtchef zu verbürgen. Er betrachte sich vielmehr als entlassen. Alle reagieren spontan und einstimmig: Sie erklären sich solidarisch und reichen ihrerseits die Kündigung ein.

Pinot bittet nun alle Angestellten des Amtes, überall in Frankreich den Leitern der CEA und den *Maisons du prisonnier* die Gründe seiner Entlassung zu erläutern. Dann entschließt er sich, nach Vichy zu fahren, um den Angestellten des für die südliche Zone zuständigen Amtes seine Entlassung mitzuteilen. Am Nachmittag des 13. hat Pinot Kontakt mit Pierre Chigot oder mit Jean Védrine. Um 19 Uhr desselben Tages sind Chigot und Védrine mit Paul Racine im *Secrétariat particulier* des Marschall verabredet. Sie informieren ihn über die Entlassung Pinots. Racine schreibt in seinen Kalender: »Pinot hinüber.«[10]

Am Abend, um 21.59 Uhr, teilt eine Depesche der offziellen Presseagentur OFI mit, die Ablösung Pinots durch André Masson, einen Mitarbeiter der kollaborationsfreundlichen Zeitung *Toute la France*, sei »in voller Übereinstimmung mit Marschall Pétain« erfolgt. Masson werde die begonnene Aufgabe fortführen und zugleich erweitern, erklärt die Depesche. Pinots Anhänger sind aufgebracht: Alle Vorkehrungen, die der seines Amtes enthobene Pinot getroffen hat, um die Heimgekehrten über die wahren Umstände seiner Entlassung in Kenntnis zu setzen, waren umsonst. Diese werden denken, Masson sei aus demselben Holz geschnitzt wie sein Vorgänger und werde dieselbe Politik betreiben. Doch haben schon vor Pinots Ankunft in Vichy Mitterrand, Chigot, Védrine und einige andere beschlossen, mit dem neuen Amtschef nicht zusammenzuarbeiten.

Védrines Gefühle sind widersprüchlich: Er ist empört über die Abschiebung Pinots und zugleich glücklich, weil er am 14. Januar 1943 vom Marschall in öffentlicher Audienz empfangen wird. Es ist richtig, daß Pétain »seinen« Gefangenen besonders zugeneigt ist.

Sein Kabinett unter der Leitung von Dr. Ménétrel hat vier Heimgekehrte – Jean Védrine, Pierre Chigot, André Maders und Hubert Vadon – gebeten, an dieser Audienz teilzunehmen. Im Kabinett beschäftigt sich ein Mann, Paul Racine, ausschließlich mit den Problemen der Gefangenen. Wir haben schon gesehen, daß er vor allem die Verbindung zwischen dem Amt und dem Marschall aufrechterhält.

Racine hat Chigot und Védrine am Abend des 13. Januar im Büro Nr. 128 im *Hôtel du Parc* auf Bitten von Dr. Ménétrel empfangen, um die öffentliche Audienz des nächsten Tages zu besprechen. Die beiden ehemaligen Insassen des Stalag VIII C hatten ihm von ihrer Verbitterung über die Abschiebung Pinots und von ihrer Absicht berichtet, dieses Problem neben anderen vor dem Marschall zur Sprache zu bringen. Racine erinnert sich[11] an einen Teil dieser Unterredung:

»›Wir werden von dem Marschall empfangen werden, wir wollen erfahren, was er denkt‹, sagt einer der beiden ehemaligen ›P.G.‹ – ›Worüber genau?‹«

Sie erklären ihre Verwirrung darüber, daß einige im Namen des Marschall die Gefangenen politisch mißbrauchen wollen, und fragen sich, ob sie bei der Audienz solche Fragen anschneiden können.

»Aber natürlich, man muß die Wahrheit sagen. Er möchte über alles Bescheid wissen. Man muß ihm reinen Wein einschenken«, antwortet ihnen Paul Racine.

Racine ist verärgert über Pinots Weggang und über die Art und Weise, wie er entlassen wurde: »Ich mochte Pinot sehr, er war ein Mann, der den Armen nahestand.«

Es ist wichtig, einen Augenblick bei der Persönlichkeit Paul Racines zu verweilen, denn er wird im Lauf des Jahres 1943 der Verbindungsmann zwischen der Gruppe Pinot-Mitterrand und dem Marschall.

Vor dem Krieg ist Philippe Pétain mehrfach von seiner Familie empfangen worden. Paul Racine pflegte einen regelrechten Kult um den ehemaligen Soldaten. Er studierte an der *École technique de publicité* und wurde an der Front schwer verwundet. Im Frühjahr 1941 beschloß er während des Genesungsurlaubs in Saint-Gervais, nachdem er einen von einem Onkel angebotenen Posten im Grießhandel abgelehnt hatte, in den Dienst des Marschall zu treten und ihm bei der nationalen Erneuerung zur Seite zu stehen. Er fuhr nach Vichy und bekam dank der Empfehlung seiner Tanten ohne Schwierigkeiten am 28. April 1941 einen Termin bei Dr. Ménétrel.

Paul Racine erklärt dem Mediziner, der persönlicher Referent Pétains ist, er habe keinerlei Neigung, mit Grieß zu handeln, und wolle gern im Bereich der Propaganda für den Marschall tätig werden.

»Hören Sie«, erklärt ihm Ménétrel, »ich habe zwei junge Mitarbeiter: Einer ist sehr fähig und zuverlässig, der andere ist ein junger Mann aus gutem Hause, den ich nicht behalten will.«

»Ich möchte niemandem den Arbeitsplatz wegnehmen ...«

»Überhaupt nicht. Ich hatte sowieso vor, mich von ihm zu trennen.

Ich mache Ihnen folgenden Vorschlag: Ich nehme Sie ins Büro des Marschall auf. Ich sage Ihnen gleich, daß der größte Teil der Arbeit nicht besonders interessant sein wird: Familienmüttern antworten, die ihre Kinder nicht ernähren können, die nicht genug Lebensmittelmarken haben, die nichts von ihren Ehemännern gehört haben ... Sie können für einen Monat auf Probe arbeiten. Wenn Sie mir nicht gefallen, werde ich es Ihnen einfach sagen und Ihnen den Weg zu einer Tätigkeit ebnen, die Ihren Neigungen mehr entspricht ...«

»Ich würde alles tun, um dem Marschall zu dienen«, antwortet der junge Mann.

Paul Racine erzählt heute, wie glücklich er war: »Es war, als käme man ins Paradies. Der Marschall hatte eine solche Ausstrahlung!«

Als das Treffen seinem Ende zugeht, bittet der Doktor ihn: »Warten Sie einen Moment auf mich.« Er öffnet eine Tür, verschwindet einen Augenblick, kommt wieder und eröffnet ihm: »Der Marschall bittet Sie, mit ihm zu Mittag zu essen.«

Paul Racine ist noch heute gerührt, wenn er die Geschichte erzählt. Er schüttelte dem Marschall die Hand und tauschte vor dem Essen mit ihm einige Belanglosigkeiten aus. Er war überglücklich.

Dr. Ménétrel bittet er um acht Tage Zeit, um seine Sachen zusammenzusuchen und nach Vichy zurückzukehren. Am 8. Mai 1941 fängt er im Büro des Marschall an. Einige Zeit später fällt ihm der Entwurf eines Schreibens in die Hand, mit dem General Campet, der Chef des Militärkabinetts, einem Gefangenen antworten will, der an den Marschall geschrieben hat. Racine ist entrüstet über den Ton dieses Briefes, der mit einem seiner Ansicht nach absolut unpassenden »Hochachtungsvoll« schließt. Er macht sich daran, einen anderen Brief aufzusetzen, der mit »Mein lieber Kamerad« beginnt, und begibt sich mit beiden Briefen in der Hand in Dr. Ménétrels Büro.

»Doktor, schauen Sie sich den Brief an, den dieser Gefangene bekommen soll. Ich werde Ihnen sagen, was ich täte, wenn man mir einen solchen Brief dorthin schicken würde … Der General, er kann sich seinen Brief sonstwo hinstecken!«

»Popaul, Sie sind heute aber schwer in Form!« ruft Ménétrel.

»Das kann so nicht weitergehen!«

»Ich werde Weisung erteilen, daß die gesamte Gefangenenkorrespondenz an Sie weitergeleitet wird …«

So wird Paul Racine nach und nach beim Marschall ein wichtiger Verbindungsmann für das *Commissariat aux prisonniers* und besonders für Maurice Pinot, der ihn sehr schätzte.

Kommen wir auf den 14. Januar 1943 zurück, zu der öffentlichen Audienz des Marschall um 16.30 Uhr, die im Erdgeschoß im Speisesaal stattfindet. Lassen wir Jean Védrine erzählen:[12]

»Wir saßen in der vorderen Reihe… Neben uns und in den anderen Reihen waren, soweit ich mich erinnere, Arbeiter, darunter ein ›*Meilleur ouvrier de France*‹, *Compagnons du devoir*, Spitzensportler, ein Arzt, Angestellte, Konditoren, Bauernführer, Gewerkschaftler, ein Schriftsteller, ein Fayence-Produzent und so weiter. All diese Leute waren sehr beeindruckt, wir auch. Der Marschall wurde mit großem Pomp angekündigt und betrat den Raum würdevoll, und nachdem er die Anwesenden begrüßt hatte, begann er die Runde durch den Saal zu machen, begleitet von einem kleinen Hofstaat von Mitgliedern seines Büros und ab und zu – gegen seinen Willen – von Leuten aus der Umgebung Lavals. Kurzes Verweilen des Staatschefs vor jeder Gruppe oder jedem einzelnen, Vorstellung durch Dr. Ménétrel oder einen seiner Gehilfen, einige Minuten des Gesprächs zwischen dem Marschall und seinen Gästen, von denen ihm viele Geschenke überreichten, die er mit königlicher Geste entgegennahm …

Als die Reihe an uns kam, schien sich der Marschall zu freuen und rief aus: ›Da sind meine Gefangenen! Haben Sie sehr leiden müssen?‹ Ménétrel und Paul Racine erzählten ihm, was wir in Deutschland gemacht hatten, und er stellte uns einige Fragen über die Ernährung, die hygienischen Verhältnisse, die seelische Verfassung der Leute, die Strenge der deutschen Disziplin … Im Namen unserer Gruppe berichtete André Maders, der als Hauptvertrauensmann[13] integer, mutig und patriotisch gewesen war, von der Situation der Gefangenen im Stalag VIII C. Wir kannten das Problem genau … Wir überbrachten ihm auch eine Nachricht von den Kameraden aus dem Lager und ein symbolisches Geschenk. Es handelte sich um einen Teil der improvisierten französischen Fahne, die am 1. Mai 1942 im Lager gehißt worden war und die elf Meter lang und vier bis fünf Meter breit war. So etwas mag lächerlich und unzeitgemäß erscheinen. Aber zu jener Zeit hatte es eine große Bedeutung für den einzelnen und für die Gemeinschaft.

Diese Herausforderung war nicht ungefährlich. Die Idee, unter der Nase der Deutschen unsere Farben zu hissen, stammte von den französischen Leitern des Lagers, und wir hatten heimlich eine große Zahl von Kameraden einbezogen: Hunderte von Taschentüchern wurden gesammelt, in den Ort gebracht und dort rot oder blau eingefärbt und dann nachts zusammengenäht. Elf mal vier Meter, das muß man erst mal zusammenkriegen! Und diese Fahne, die in den Himmel von Sagan aufstieg, das war etwas für die Moral der Gefangenen, die die Nase voll hatten von der Gefangenschaft, vom Exil, vom Krieg, von den Nazis und überhaupt von allem! Sie hatten freiwillig 90 Prozent der

Vorräte des Lagers für diese patriotische Feier zusammengesammelt.

Die Kameraden hatten mich beauftragt, ein Stück von dieser Fahne dem Marschall zu schenken, und die Tischler im Lager hatten für die Übergabe des Erinnerungsstücks als Behälter eine Schatulle mit Intarsien hergestellt, aus Tannenholzbrettern der Kisten der ›Pétain-Pakete‹. Unser Geschenk wurde seinem Wert entsprechend gewürdigt.

Dieses kleine, bewegende Zwischenspiel hatte mir plötzlich Mut gemacht, mit lauter Stimme an diesem eigens ausgewählten Ort unseren Protest gegen die Ernennung von André Masson vorzutragen ...:

›Monsieur le Maréchal , gestatten Sie mir, Ihnen unsere Überraschung und unsere Betrübtheit darüber auszudrücken, daß Sie Maurice Pinot entlassen haben. Sie hatten ihn selbst ausgewählt, wir vertrauten ihm ganz, und nun wurde er durch André Masson ersetzt, dem wir keinerlei Vertrauen entgegenbringen.‹

Tumult im Saal und in der kleinen Gruppe, die den Staatschef begleitete. Dieser sagte:

›Aber, ich weiß nicht ...‹

Und er wandte sich fragend seinen direkten Mitarbeitern Ménétrel und General Campet zu, die für ihn antworteten:

›Der Marschall weiß nicht Bescheid.‹

Jemand von Lavals Leuten rief:

›Bringen Sie ihn zum Schweigen, das ist unstatthaft!‹

Ménétrel:

›Aber ja, sprechen Sie ganz offen! Wenn man hier nicht offen sprechen kann, wo soll man es sonst tun?‹

Ich: ›Die Entscheidung ist gefallen, sie wurde heute morgen[14] durch die offizielle Nachrichtenagentur als Entscheidung des Marschall bekanntgegeben. Ich lege Wert darauf zu wiederholen, daß Maurice Pinot das volle Vertrauen der Heimgekehrten genießt und daß die Ernennung von André Masson schwerwiegende Folgen haben könnte.‹

Wie meine Kameraden war ich sehr beeindruckt vom Verhalten des großen alten Mannes. Er wirkte unzufrieden, ohnmächtig, nervös, ein wenig verstört ... Man zog ihn weiter zu den anderen Gruppen, und die Zeremonie ging weiter, schneller und mechanischer. Der Marschall war schon dabei, sich zurückzuziehen, als er, entgegen seiner Gewohnheit, zurückkam und darum bat, mit unserer Gruppe fotografiert zu werden, was auch geschah. Er sagte einige Sätze wie:

›Ich kann mich nicht zu Pferde mit Ihnen fotografieren lassen … Ich habe keine Admiräle mehr, aber ich habe noch meine Gefangenen … Unsere einzige Chance besteht darin, bis zum Ende des Krieges zusammenzustehen …‹

Dann nahm er mich bei beiden Händen und wiederholte:

›Ich danke Ihnen, ich danke Ihnen, daß Sie mich informiert haben.‹

Und er ging.

Ich muß sagen, daß ich lange tief beeindruckt war von diesem kleinen historischen Augenblick und meine Kameraden ebenso. Ich war ergriffen beim Anblick des Mannes, der bei der großen Masse der Kriegsgefangenen 1940 als der Mann galt, der ihr Schicksal in Händen hatte und dessen Legitimität und Legalität ich nicht in Abrede stellte. Er war für mich der Repräsentant des Staates und der nationalen Gemeinschaft, wie vor ihm der Präsident der Republik. Während der ganzen Zeit der Gefangenschaft hatten wir unter seiner Schirmherrschaft gestanden, hatten das Lager zu organisieren, unseren Kameraden geholfen, die in Frankreich seit 1940 vorgenommenen Reformen bekanntgemacht, hatten gegen die Deutschen zu kämpfen, die Drohungen der Gruppe *Jeune Europe*[15] und ihre Kollaborationspropaganda gegen uns und unsere Ideen unschädlich zu machen, alle Kameraden in einer beeindruckenden Atmosphäre der Einigkeit zu versammeln …«

Alles, was Védrine offen und ehrlich ausdrückt, entspricht bis auf wenige Details dem, was die Leute aus Pinots Team dachten, einschließlich François Mitterrand. Der Marschall ist in ihren Augen noch immer das Symbol des Kampfes gegen die Besatzer, und Frankreich kann nur wieder auferstehen, wenn die Franzosen vereint hinter ihm stehen. Die Kritik an Masson zielt im Grunde auf Laval, der gegenüber dem »guten« Marschall das Böse verkörpert. Anfang des Jahres 1943 sind Védrine und seine Freunde noch allesamt Marschallisten.

Am Abend dieses 14. Januars treffen sich die Angestellten des *Commissariat* für die Südzone zum Essen. Mitterrand ist dort, ebenso sein Freund Védrine. Ohne zu zögern beschließen sie, gemeinsam die Kündigung einzureichen – eine für diese wirren Zeiten außergewöhnliche Haltung. Ariès, Baud, Chigot, Gipoulon, Guénault, Idrac, Magne, Mitterrand, Marcano, Ruillier, Van Batten und Védrine schließen sich in ihrer Haltung Guérin, Join-Lambert und den drei Gewerkschaftern Cornuau, Amaré und Pernin aus der nördlichen Zone an … Alle verständigen sich dennoch darauf, einige unter ihnen zu bitten, an Ort und Stelle zu bleiben, um eine gewisse Beständigkeit in der sozialen Tätigkeit zu gewährleisten, vor allem aber, um weiterhin auf dem laufenden zu bleiben über das, was im *Commissariat* passiert.

Am nächsten Tag, dem 15. Januar, schreibt Jean Védrine an Paul Racine, um ihm von der Audienz des Vortags und von der Abberufung Pinots zu berichten. Er nutzt die Gelegenheit, ihm seine Pétain-treue Einstellung, aber auch seine Gemütsverfassung mitzuteilen:[16]

»Wir sind noch geblendet von dem, was wir gestern gesehen haben (…). Wir erhoffen nicht mehr viel. Und Monsieur Pinot ist ein zu feiner Herr, um sich zu entrüsten. Die Sorge um unsere gefangenen Kameraden und ihre Familien macht eine Entscheidung zu handeln erforderlich, solange ihr Interesse nicht die Ablehnung unmöglicher Konzessionen und Kompromisse erforderlich macht. Wir werden standhalten, solange wir können!«

Er erläutert die wahrscheinlichen Folgen von Massons Eintreffen an der Spitze des *Commissariat* und sagt eine Zersplitterung der Gefangenenbewegung voraus:

»Ein Teil der Aktiven wird in die Opposition gehen und leichte Beute für die Propaganda von Dissidenten und Kommunisten … In jedem Falle bedeutet das einen Bruch in der Einheit der Gefangenen, die Bestandteil der französischen Einheit ist …«

Racine nimmt diesen Brief sehr wohlwollend auf, denn auch er ist überzeugt, daß der Einsatz von Masson an der Spitze des *Commissariat* eine Katastrophe darstellt.

Am Tag, als Védrine vor Pétain seine Eindrücke mitteilt, kommt Pinot in Vichy an und versammelt die wichtigsten Leute des *Commissariat* im *Hôtel Gallia*. Es handelt sich um etwa sechzig Personen. Es wird Gans serviert. Alles scherzt düster über »das *Commissariat* im Gänsemarsch« … Über dies und vieles andere berichtet ein Mann Lavals, dem es gelungen ist, sich

Zutritt zu dem Saal zu verschaffen. Jedermann wartet auf die Rede Pinots, der, um noch einmal daran zu erinnern, von allen seinen Mitarbeitern bewundert wird. Er erhebt sich und hält folgende Ansprache:[17]

»Ich bin nicht zurückgetreten, sondern aus dem *Commissariat* geworfen worden. Ich habe den Kampf bis heute fortgesetzt, um die Richtung, die ich ihm gegeben habe, zu verteidigen. Man wirft mich hinaus.

Ich glaube nicht, daß ich das Recht habe, unsere noch gefangenen Kameraden auf eine Richtung festzulegen, die wahrscheinlich nicht diejenige ist, die sie sich wünschen, die sie sich erträumt haben. Wir wissen nicht, was die Mehrzahl von ihnen will.

Ich will nicht französische Politik machen, ebensowenig eine Revolution in einem vom Feind besetzten Lande. Jedermann spricht von seiner *Révolution nationale*. Und ist unfähig, sie zu definieren, sie in die Tat umzusetzen. Nur jener große Franzose, der Marschall, weiß, was das ist, weiß, was er will; aber fast alle verraten seine Idee um egoistischer Interessen willen. Will man die Sache der Gefangenen politisch ausrichten, so trennt man, was vereint werden muß, so verrät man die Ideen unserer Kameraden.

Meine engsten Mitarbeiter haben ihre Kündigung eingereicht. Ich will nicht, daß sich diese Bewegung ausweitet. Sie haben nicht das Recht, das *Commissariat* untergehen zu lassen. Denken Sie an unsere Kameraden. Gehen Sie nicht unüberlegt oder einfach, um mir zu folgen. Urteilen Sie ganz bewußt vor sich selbst und sagen Sie sich, daß Frankreich weitermachen muß. Wiederholen Sie alles, was ich Ihnen gesagt habe, allen ihren Mitarbeitern.

Kein Selbst-Versenken[18]. Kein unnötiger Groll. Alle mögen das Interesse unserer Kameraden bedenken und ihre Seele und ihr Gewissen befragen.

Denken wir an Frankreich. Denken wir an sein Oberhaupt, den Marschall, dessen Aufgabe schwer und trügerisch ist. Denken wir an all jene, die wir hier vertreten, an die Million Kameraden, die noch in Gefangenschaft sind, von denen wir einen Auftrag bekommen haben. Erfüllen wir ihn.

Man wird Ihnen sagen, daß sich nichts geändert habe, daß alles genau so weitergehe wie bisher. Ich sage Ihnen, daß etwas anders geworden ist. Sie, nur Sie müssen urteilen, ohne sich dabei von irgend etwas anderem leiten zu lassen als von dem Interesse unserer Kameraden.«

Die unüberlegte Reaktion von Pinots Team zielt nicht darauf ab, alles zerplatzen zu lassen, was im Schatten des Marschall aufgebaut worden ist. Sie bezeichnet hingegen eine gewisse, nicht ohne Wirkung vollzogene Distanzierung von der Politik des Regierungschefs: Pinot und seine Freunde lehnen es ab, daß die Gefangenen im politischen Spiel des Kollaborateurs Laval als Manövriermasse dienen sollen. Aber alle behalten ihr Vertrauen in den Marschall ...

## Anmerkungen:

1 Späterer Bürgermeister von Villeurbanne.
2 Vater Hubert Védrines, des heutigen Generalsekretärs des Élysée.
3 Gespräch mit dem Autor vom 17.November 1993.
4 Wiederveröffentlicht in *Politique 1*, Fayard, Paris 1977. Vgl. auch 9. Kapitel, S. 119.
5 Vgl. 9. Kapitel, S. 131 ff.
6 Gespräche mit dem Autor, März 1994.
7 A.N./2.A.G.
8 Laval hat die Deutschen aufgefordert, die Gefangenen im Austausch gegen die Facharbeiter freizulassen. Dieses Unternehmen endete in einem regelrechten Betrug, denn ausgetauscht wurde jeweils ein Gefangener gegen drei qualifizierte Arbeiter.
9 A.N./3 W 115. Die Gründe, die zu Pinots Freilassung führten, sind zum größten Teil in dieser Akte zu finden.
10 Ein Terminkalender aus dem Jahr 1943, in dem Paul Racine im Telegrammstil seine Termine und Tätigkeiten notiert.
11 Gespräch mit dem Autor vom 16. März 1994.
12 Vgl. *Dossier P.-G. Rapatriés, 1940-45*, während der Amtszeit von Jean Védrine.
13 Von der Genfer Konvention vorgesehener Status: Er vertrat die Gefangenen und hielt die Verbindung zur deutschen Lagerverwaltung.
14 Wie beschrieben war die Depesche am Tag zuvor um 21.59 Uhr über den Fernschreiber gelaufen, aber die breite Öffentlichkeit hatte davon erst am Morgen des 14. Januar erfahren.

15 Gruppierung von Kollaborateuren, die mit Hilfe der Deutschen in den Lagern entstanden war.

16 *Papiers Racine*, A.N./2 AG 89.

17 SHAT.2P 68.

18 Wohl eine Anspielung auf die Tatsache, daß sich die französische Flotte im Zusammenhang mit der Besetzung der südlichen Zone durch die Deutschen vor Toulon selbst versenkt hat. (A. d. Ü.)

# 15. Kapitel
## Das »Double«

Zwölf Tage nach seinem Ausscheiden aus der Kriegsgefangenen-
behörde schreibt François Mitterrand an einen seiner Bekannten
und berichtet über die Ereignisse, die seinem Leben eine neue
Richtung gegeben haben:

»Ich habe zehn aufreibende Tage hinter mir, und der kurze
Urlaub, den ich mir gestatte, wird nützlich sein. Sie müssen
durch die Presse und den Rundfunk von der Ernennung André
Massons als Nachfolger von Maurice Pinot gehört haben. Dieses
Ereignis ist von einiger Bedeutung; Sie können die Gründe sicher mühelos erahnen. Ich für mein Teil habe mich mit Pinot solidarisch erklärt und gekündigt. Ich mache mir keine Sorgen um
die Zukunft, die ich mir nicht allzu unangenehm vorstelle, und
fahre ein wenig ins Grüne. Ich habe eine Menge in Paris zu erledigen, dann fahre ich für zwei oder drei Tage nach Jarnac, aber
ich werde im Laufe der ersten Februarwoche wieder in dieser
Zone sein …«

Mitterrand hat schon Kontakte geknüpft, die ihm die Zukunft
nicht allzu unangenehm erscheinen lassen.[1] In Paris diskutiert er
mit seinem Freund Jacques Bénet darüber, was jetzt zu tun ist,
doch versäumt er nicht, anschließend zur Erholung in die Charente zu fahren.

»… Ich schreibe Ihnen aus dem Redaktionsraum der Wochenzeitschrift *Demain* bei meinem Freund Jean de Fabrègues. Eben
habe ich in Crépieux-la-Pape mit Tournemire, dem Chef der
*Compagnons de France*, gegessen: eine sympathische Umgebung, eine herrliche Lage über der Rhône…«

Diese wenigen Zeilen sind wichtig: Sie bestätigen seine Ver-
trautheit mit Jean de Fabrègues und Guillaume de Tournemire
und zeigen, wenn dies noch nötig war, den ideologischen Zusammenhang von Mitterrands Aktivitäten. Er wendet sich in

eine neue Richtung, ohne daß es zum Bruch kommt. Er denkt mit seinen Marschall-treuen Gefährten über den Weg nach, der nach den jüngsten Ereignissen einzuschlagen ist.

Der einstige Gründer des *Combat*, Jean de Fabrègues, übte bis 1942 zwei Tätigkeiten aus. Im *Centre d'entraide* widmete er sich der Sache der Gefangenen und arbeitete an der Seite von François Mitterrand; durch Gründung des in Lyon erscheinenden *Demain* setzt er die ideologische Richtung der Vorkriegszeit fort und macht sich zum Propagandisten der *Révolution nationale*.

*Demain* widmet eine ganze Seite der »Jugend Frankreichs«, auf der regelmäßig lange Artikel von den *Compagnons de France*, den *Chantiers* und, allgemeiner, allen Jugendbewegungen handeln. Daran ist nichts Besonderes, denn Jean de Fabrègues befindet sich im Einklang mit den Führern dieser Bewegungen, insbesondere mit Tournemire, der in Crépieux-la-Pape, dem Sammelpunkt der *Compagnons*, Gastgeber zahlreicher Versammlungen des Zentrums für gegenseitige Hilfe war.

Anhand einiger Titelseiten kann man sich eine Vorstellung von der Haltung machen, die bei *Demain* vorherrscht: 8. Februar 1942: »Erhalten die Korps-Gedanken die Zustimmung der öffentlichen Meinung?«; 10. Mai 1942: Sondernummer über Jeanne d'Arc; 16. August 1942: die Wallfahrt von Puy-en-Velay ...

Nach der Besetzung der südlichen Zone und der Landung der Alliierten in Nordafrika wird diesen Ereignissen nicht eine Zeile gewidmet. Fabrègues sorgt sich mehr um die »Wiederbewaffnung unserer Kinder«. Mitte September 1943: ein langer Bericht über *Équipes et Cadres*, die Organisation, in der Pol Pilven, ein enger Mitarbeiter François Mitterrands, beschäftigt ist.

Wie dieser steht auch Jean Védrine *Demain* und den Mitarbeitern von Jean de Fabrègues nahe. Vom 14. März 1943 bis Mitte August zeichnet er in dem Blatt für zwölf Artikel verantwortlich. Die beiden letzten berichten von einer umfangreichen Untersuchung über die *Compagnons de France*, die einer der Freunde der Gruppe Pinot-Mitterrand, Guillaume de Tournemire, leitet.

Zu jener Zeit ist die Geisteshaltung des Blattes also unverändert geblieben: Es ist weiterhin der *Révolution nationale* zugetan, attackiert die Freimaurer, möchte die wahren Werte Frankreichs wieder zur Geltung bringen und widmet, um ein gelungenes Beispiel zu nennen, Anfang August die Titelseite [dem portugiesischen Diktator Antonio de Oliveira] Salazar und dem faschistischen Staat ...

Am 26. Januar unterhält sich Mitterrand, nachdem er eine Rundfahrt durch die Hilfszentren und Häuser der Gefangenen unternommen hat, um dort für Pinot zu werben, ausführlich mit zwei Gallionsfiguren des Pétainismus über die Zukunft – dem Herausgeber von *Demain* und dem Chef der *Compagnons de France* ...

Zu jener Zeit hat sich Hauptmann Guillaume de Tournemire bereits mit den ehemaligen Führern der Waffenstillstandsarmee über Möglichkeiten unterhalten, seine Bewegung für die Zurückdrängung der deutschen Besatzer zu nutzen. Er hat bereits zugestimmt, die *Compagnons* der *Résistance* als Reserve zur Verfügung zu stellen. Es ist vorgesehen, Kontakte zu dem »Alliance«-Netz von Marie-Madelaine Fourcade aufzunehmen.

François Mitterrand sagt sich nicht von dem los, was er bisher getan hat, aber er ist froh über den Neuanfang und auch zufrieden mit den Gefahren dieses neuen Weges:

»Diese Woche bin ich viel gereist, Samstag und Sonntag war ich in Toulouse, gestern in Vichy, vorher in Limoges und Clermont. Dieses Umherirren mißfällt mir nicht, aber ich brauche als Hintergrund Ruhe und Frieden im Herzen, den armen Frieden, der noch weiter entfernt ist als jener See in den Pyrenäen ...

Beinahe wäre ich verzweifelt, weil all unsere Arbeit der letzten Monate durch einen einzigen Federstrich zerstört wurde, aber meine Neigung für das Ungewisse trägt den Sieg davon, das Ungewisse, das so voller Triumph ist – dieser Aufbruch bedeutet Entfernung, doch zugleich Annäherung an das, was wahr bleibt. Ich gehe den Weg, wenn auch nicht von Anfang an, und betrachte die Plateaus, die ich alle mit einem weiß Gott kräftigen Schritt bestiegen habe ...«

Im selben Brief schreibt er, er werde über Mâcon und Dijon fahren und versuchen, sich Burgund anzusehen, »das meiner Vorstellungskraft so sehr zusagt, reich, wie es in allen Dingen ist, fett und zart, zivilisiert ... Wann werde ich Vézelay sehen? Mir scheint, ich weiß nichts von der Kunst meines Landes, es bedrückt mich, die siegreiche Madeleine noch nicht zu kennen ...«

Am Samstag zuvor hatte ihn schon Saint-Sernain in Toulouse entzückt. Und er erklärt weiter: »... Die zukünftige Lage, von der ich noch nichts weiß, wird mich in Vichy bleiben lassen oder nach Lyon bringen.«

In diesem Brief hätte er auch berichten können, daß er am 23. Januar 1943 eine Literaturkritik in der Zeitschrift der *Chantiers de jeunesse* seines Freundes Delage veröffentlicht hat. Mit *Dichtung heute und der Fall Aragon* findet er wieder zu dem Schwung, mit dem er sich kürzlich in der *Revue Montalembert* und in *L'Écho de Paris* – unter Mithilfe seines Freundes Jacques Marot – über die Zukunft der Dichtung geäußert hat. Und richtig – in derselben Rubrik, in der François seine Krallen wieder schärft, beschäftigt sich Jacques mit Marcel Carnés Film *Les Visiteurs du soir*, Nacht mit dem Teufel. Lassen wir hier Mitterrand zu Wort kommen; wir werden sehen, daß weder die Zeit noch der Krieg, noch die Gefangenschaft seinen Hang zur Dichtung und seine umfassende Bildung verderben konnten:

»Den Dichtern von heute mangelt es an Zurückhaltung. Die Blättchen, in denen ihre Genialität ihr Herz ausschüttet, vermehren sich so schnell, daß man gar nicht mehr weiß, wohin man schauen soll. Mit Gedichten vollgestopfte Zeitschriften entkräften den Leser mit dem Gerassel von Verwünschungen, Vertraulichkeiten, Tränen, gereimtem Verlangen. Zirkel bilden sich: Man versammelt sich in Lyon, in Marseille, eigentlich überall, um über die Dichtung zu parlieren. Man stiftet Preise, man flicht Kränze, man gibt Sondernummern heraus. Die Kritik ist selbstverständlich dabei. Ob sie nun verdammt oder rühmt – sie dient der Werbung. Doch was wird bei all dem aus der Dichtung?

Der Leser fürchte nichts. Wir werden nicht auch hier eine Definition entwickeln, ebensowenig werden wir uns einer hermetischen, prophetischen Sprache befleißigen, um von sehr einfachen Dingen zu sprechen. Dichtung ist das Einfache. Sei sie nun Frucht langer Arbeit oder spontaner, leichter Eingebung – um mir zu gefallen, muß sie alle Dinge erhellen und nicht verdunkeln, und wenn sie sich in Schatten vorwagt, die mein Blick nicht durchdringen kann, erwarte ich, daß sie mir Licht mitbringt. Ich verschmähe die rhetorische Dichtung, die destillierte Dichtung nicht. Mein Vergnügen ist es, ihre Schlüssel zu entdecken, und ich übe meinen Scharfsinn, wenn ich ihre versteckten Geheimnisse aufspüre. Aber wie naiv, wie oberflächlich, wie ähnlich Kreuzworträtseln, Denksportaufgaben, Gesellschaftsspielen erscheint mir diese Dichtung! Wenn ich sie vor mir habe, denke ich, Manierismus ist eine Form der Ohnmacht. Wer den Stil überlädt, um darin Mysterien unterzubringen, beweist die Unfähigkeit, das gewaltige, einfache und geradlinige Mysterium des Lebens zu begreifen und in Worte zu fassen. Und dann: Warum betrügt man mich um mein Vergnügen? Ich mag es nicht, wenn ein Dichter sich allzuviel vornimmt. Wenn er der *Vates* ist, der Sänger, dazu bestimmt, meinen Geist und meine Seele ins Reich der Schönheit und der Liebe zu führen, so verschmähe er den Finger auf den Lippen, die Maske, die Narreteien ebenso wie das Anpreisen. Alles andere langweilt mich, und ich ziehe zwölf Ausgaben von *Poesie 42* einen Spaziergang am Ufer des Allier vor.

All das muß gesagt werden, denn die Dichter 40–43 tun der Dichtung großes Unrecht.

Ich erinnere mich der großartigen Erleuchtung der *Quête de joie*[2]; ich genieße den seltenen Charme eines Supervielle oder eines Éluard, und ich erkenne an, daß Ganzo oder Emmanuel[3] mit einer Pracht nicht geizen, die unserem Jahrhundert wahrscheinlich einen hervorragenden Platz in der Dichtungsgeschichte verleihen wird. Doch hat mich, muß ich gestehen, keine Sammlung mehr entzückt als *Les Yeux d'Elsa* von Aragon.

Aragon war Surrealist, und zwar militanter Surrealist. Eine Jugendsünde, und keine ärgerliche, denn er hat sich von allen sprachlichen Tricks, von allen gewollten oder mechanischen Spitzfindigkeiten losgesagt … Hingegen ist nicht erkennbar, womit das zelebrierte Unvermögen von André Breton und seinen Kollegen zu entschuldigen wäre.

Der Symbolismus ist tot, und das ist richtig so. Der Surrealismus stirbt, und das ist ausgezeichnet. ›Die menschliche Stimme möge triumphieren‹, sagt Elsa. Zu viele Stürme, zu viel Mystik haben sie zugedeckt, diese Stimme, und zu viele Lehrsätze und zu viel Hexerei. ›Wenn du möchtest, daß ich dir helfe, so bringe mir klares Wasser‹, fügt sie hinzu, und alle Dichtung spricht aus ihrem Munde, die arme, verdorrte Dichtung, die nur der Frische hellen Wassers bedarf…«

Läßt sich dieser Text als ein Augenzwinkern verstehen, eine Art Hinweis auf die neuen Bindungen, die er im Begriff ist einzugehen? Vermutlich, denn Aragon ist ein engagierter Dichter, »der größte Dichter der *Résistance*«, Mitglied der in den Untergrund gegangenen kommunistischen Partei. Seine Gedichte werden heimlich veröffentlicht. Es fällt schwer zu glauben, daß Mitterrand nichts davon wußte ...

Nach dem Krieg versuchten alle, die mehr oder weniger gegen die Besatzer gekämpft haben, eine geradlinige und zusammenhängende Geschichte zu konstruieren, indem sie die Gruppierungen und Bewegungen der Zeit mit Zeichen und Gründungsakten versahen. In der Geschichte der *Résistance* wird immer behauptet, die Sammlungsbewegung für Kriegsgefangene, RNPG, habe damals bereits existiert. Dies ist nicht der Fall. Ende Januar 1943 diskutiert man jedoch bereits viel in den einander benachbarten Milieus (Militärs, ehemalige Gefangene, Jugendbewegungen), die, in Vichy und in Lyon, dieselben Ideen teilen und nach den jüngsten Ereignissen etwas unternehmen wollen. Die von Antoine Mauduit unter Mithilfe von Mitterrand und Montjoie – den drei M – und einigen anderen geleitete *Chaîne* ist die einzige, recht lose Struktur, die zu jener Zeit existiert.

Im Bereich der Gefangenen ragen zwei Persönlichkeiten heraus: Pinot und Mauduit. Pinot ist das Oberhaupt jener informellen Gruppe ehemaliger Mitarbeiter des *Commissariat aux Prisonniers de guerre*. Antoine Mauduit genießt einen besonderen Status, von ihm kommen die Anregungen; zu ihm zieht man sich für einige Zeit zurück, bevor man wieder ins Feld zieht; mit der *Chaîne* hat er etwas Konkretes geschaffen.

Doch erträumt sich François Mitterrand bereits Räume, in denen er freie Hand hat. Er entwickelt seine eigenen Kontakte mit so bedeutenden Leuten wie Tournemire, Fabrègues, den Eliteschülern der *École d'Uriage*. Er gehört dazu, versucht aber bereits in Ansätzen ein eigenes Netz aufzubauen ...

Um in einer so wirren Zeit die Spuren einer Person wie François Mitterrand ausfindig zu machen, ist einiges Durchhaltevermögen notwendig, denn man ist stets versucht, ihn auf einem einzigen Weg gehen zu lassen. Dabei bewegt er sich in alle Richtungen, um seinen eigenen Weg zu finden, und verkehrt dabei mit Leuten, die ganz wie er selbst auf der Suche sind. Durchhaltevermögen auch deshalb, weil die Geschichte dazu neigt, heute diese Zeit in strenge Schemata zu pressen, in deren Rahmen Zögern und Nachdenken nur als Masken und als Feigheit wahrgenommen werden. Hier wie dort wird es fünfzig Jahre später nicht gern gesehen, wenn man davon ausgeht, daß einige der Männer in Vichy etwas anderes gewesen sein könnten als Schweinehunde, Memmen oder Antisemiten, die eine Politik der staatlichen Kollaboration mit den nationalsozialistischen Besatzern und ihrer »Endlösung der Judenfrage« stützten oder duldeten. Zum Glück haben es Robert Paxton und Serge Klarsfeld ermöglicht, jene offizielle Geschichtsschreibung neu zu bewerten, deren Ziel die »nationale Aussöhnung« war. Der Preis dafür war mehr oder weniger absichtliche Blindheit gegenüber dem Umgang des französischen Staates mit den Juden. Doch hatte ihre neue Sichtweise bei einigen Kommentatoren zur Folge, alles zu verteufeln, was näher oder ferner um Vichy kreiste.

Es muß daran erinnert werden, daß im Frankreich der dreißiger Jahre der Antisemitismus bei der Rechten, das heißt jenseits der Grenze zwischen Rechter und Linker, die verbreitetste Haltung war. Man muß betonen, daß der Bruch mit Vichy in London oder Algier nur sekundär mit dem Problem der Juden zu tun hatte. Die Reden von General de Gaulle, Maurice Schumann oder Jean Marin, die Untergrundzeitungen behandeln die antijüdischen Maßnahmen nicht eigens, sondern rechnen sie zu den Reaktionen Vichys auf »antinationale Umtriebe«, das heißt zu den Repressalien, die auf Gaullisten, Kommunisten, Juden und Freimaurer und andere abzielen. Die einzige bedeutende Trennungslinie damals war die zwischen Kollaborateuren und Deutschen-Gegnern.

Die Geschichte, an die wir hier erinnern, spielt zu einem Zeitpunkt, zu dem in Vichy viele – auch Leute aus der näheren Umgebung von Pétain, die ihm mehr oder weniger treu sind und die Besatzung niemals akzeptiert haben – an den Fähigkeiten des Staatsoberhaupts zu zweifeln beginnen. Waren sie bisher überzeugt, daß die Politik des Siegers von Verdun die des kleineren Übels sei, so suchen sie jetzt nach einem anderen Weg für Frankreich. Diese Leute bleiben ideologisch rechts, im Herzen sind sie weiter Pétainisten, und häufig betrachten sie de Gaulle als einen Abenteurer in den Händen der Angelsachsen und der Kommunisten. Aber all diese »Vichy-Leute«, die in Vichy, Lyon, Algier oder Paris heimlich zusammenkommen und zur *Résistance* übergeschwenkt sind oder überschwenken werden, spielen, ob man es will oder nicht, eine entscheidende Rolle bei der Befreiung des Landes. Pinot, Mitterrand, General Revers, Generalstabschef der Waffenstillstandsarmee, die Verantwortlichen der *Chantiers de jeunesse*, der *Compagnons de France*, der *École d'Uriage* und andere, die alle noch für lange Zeit im Büro des Marschall ein- und ausgehen, wirken mit an dieser Bewegung, deren Umrisse noch kaum zu erkennen sind.

Es ist wichtig, im Hinterkopf zu behalten, daß die Ankunft General Girauds in Algier nach der Landung der Alliierten in Nordafrika und die Anerkennung seines zivilen und militärischen Kommandos in diesem bedeutenden Teil des Empire durch die Alliierten, ein Ergebnis der Vichy-Politik sind. Der ehemalige Cagoularde Lemaigre-Dubreuil war maßgeblich daran beteiligt, und er wurde dabei sowohl durch Leute aus dem Umkreis der *Cagoule* als auch durch den Geheimdienst der Waffenstillstandsarmee unterstützt.

An dieser Stelle ist ein Blick nach rückwärts notwendig, um zu verstehen, wie General Giraud Anfang 1943 an die Spitze eines Teils dieser Waffenstillstandsarmee kam und inwiefern diese Verbindung zwischen Algier und den Vichy-Militärs einen entscheidenden Einfluß auf den weiteren Verlauf unserer Geschichte nimmt.

Im Sommer 1940 versuchten einige Armeeführer, das soeben geschlossene Waffenstillstandsabkommen zu unterlaufen, indem sie heimlich Personal rekrutierten und Material versteckten, eine zweifach geheime Aktion des Geheimdienstes, der weiterhin Gegenspionage gegen die Deutschen betrieb und dem englischen Geheimdienst Information zukommen ließ.[4] General de Gaulle bestätigt dies in seinen Kriegserinnerungen:

»Die ersten Widerstandshandlungen kamen von den Militärs. Offiziere, die den Generalstäben der Armee und der Regionen angehörten, unterschlugen bei der Waffenstillstandsvereinbarung Material. Der SR wandte im geheimen weiterhin Maßnahmen der Gegenspionage an und übermittelte den Engländern regelmäßig Informationen. Unter dem Einfluß der Generäle Frère, Delestraint, Verneau, Bloch-Dassault, Durrmeyer, die auch be-

freundete Heereskorps einbezogen, waren Mobilisierungsmaß-
nahmen vorbereitet worden. Unter den Ausbildern der *Chantiers de jeunesse*, von denen viele ehemalige Militärs waren,
schulten viele sich und andere für den bewaffneten Kampf. In
den verbliebenen Einheiten verbargen Offiziere, Unteroffiziere
und Soldaten nicht ihre Hoffnung, den Kampf wiederaufnehmen
zu können. So zeigte sich die Armee trotz Gefangenschaft und
Tod – oftmals ihrer besten Leute – spontan bereit, Kader für den
nationalen Widerstand aufzustellen …«

General Revers, Generalstabchef von Admiral Darlan, und
General Verneau vom Generalstab des Heeres spielen eine ent-
scheidende Rolle bei diesen heimlichen Aktivitäten, auch wenn
der im *Hôtel des Bains* einquartierte Verneau dem im *Hôtel
Thermal* wohnenden Revers lange Zeit nicht traut. Einige Offi-
ziere, die eng mit Verneau zusammenarbeiten, kümmern sich um
die Ausführung der Pläne: darunter Oberst Henri Zeller, der im
*Hôtel des Bains* einquartierte stellvertretende Chef des Ersten
Büros des Generalstabs, der für die allgemeine Organisation der
Waffenstillstandsarmee verantwortlich war; Oberst Pfister, Zel-
lers Adjutant, Major Masson, Hauptmann de La Blanchardière,
Hautpmann Lejeune und Hauptmann du Passage.

Die Offiziere, die die geheime Mobilisierung vorbereiten,
stützen sich in hohem Maße auf die Jugendbewegungen, die alle
pétainistisch geprägt sind. Sie betrachten diese als gewaltiges Reservoir, aus dem sie schöpfen können, wenn die Zeit gekommen
ist. Dazu gehören die *Compagnons de France*, seit 1941 unter der
Leitung von Hauptmann Guillaume de Tournemire, Absolvent
von Saint-Cyr, der maßgeblichen Einfluß auf 32 000 Jungen und
Kader hat, deren Ausbildung auf dem Glauben an einen verantwortlichen Führer, an die Effektivität der Arbeit, an Verpflich-
tung und Risiko beruht; ebenso die *École d'Uriage*, eine weitere Gründung des Jugendsekretariats, die 1940 Hauptmann
Dunoyer de Segonzac ins Leben gerufen hat, ein Freund von
de Tournemire und Schulkamerad von Henri Frenay, dem
Führer der Widerstandsgruppe *Combat*; die dort vorherrschende Geisteshaltung entspricht im großen und ganzen der der
*Compagnons*: Man ist sehr Marschall-treu, patriotisch, elitär im
Sinne Marschall Lyauteys; ebenso die *Chantiers de jeunesse*, die
General Picquendar mit dem Ziel gegründet hatte, den Zugriff

auf die Mobilisierten der Klassen 39/2 und 40/1 zu behalten, sie in straffe Zucht zu nehmen, ihnen den Glauben an Frankreich einzutrichtern, sie für Arbeiten von allgemeinem Interesse einzusetzen; die Armee betrachtet diese hunderttausend von General de la Porte du Theil geführten jungen Leute als ein Reservoir an Männern und Führern; die *Chantiers* beteiligen sich an den Tarnungsaktionen der Armee, beherbergen viele Offiziere, aber auch Geflohene, Leute aus Elsaß-Lothringen und Juden ...

Einige Worte sind auch über die *Groupes d'autodéfense*, GAD, zu sagen, die 1940 gegründet worden sind und den Kern einer Einsatztruppe darstellen, die im Fall eines Rückzuges der Deutschen oder deutscher Maßnahmen gegen die südliche Zone auf den Plan treten soll. »Die Selbstverteidigungsgruppen sollten die Verzögerungstaktik der Einheiten der Waffenstillstandsarmee unterstützen, die im Falle einer Landung der Afrika-Truppen an der Mittelmeerküste für die Einrichtung eines Brückenkopfes Zeit gewinnen sollte«, schreibt Colonel de Dainville. Im Frühjahr 1942 kümmerten sich vor allem zwei Männer um die GAD: Hauptmann Lejeune in der südlichen Zone und Hauptmann du Passage in der besetzten Zone. Die Ergebnisse der Gruppen sind zwar zu dieser Zeit noch eher mager, doch werden sie später den Kern der künftigen ORA, der Widerstandsorganisation der Armee, bilden.

Nach seinem Ausbruch im Frühjahr 1942 traf sich General Giraud mit Major de Beaufort, der ihn über die militärischen Geheimaktionen informierte. Beaufort stellte dem General Hauptmann Lejeune und seine Selbstverteidigungsgruppen zur Verfügung. Giraud ermutigte zu solchen Aktionen und deckte sie.

Auch in den Geheimdiensten gab es subversive Aktivitäten. Dank der Wachsamkeit von General Revers blieb der größte Teil der Strukturen nach Lavals Machtantritt erhalten. Wichtige Kontakte wurden mit dem britischen Geheimdienst, der OSS und dem Intelligence Service, geknüpft.

Giraud konnte die Amerikaner nicht überzeugen, an der französischen Südküste zu landen, trotz der Unterstützung, die sie dabei durch die ehemalige Waffenstillstandsarmee erhalten hätten sowie durch den Aufstand, zu dem es unweigerlich in der Südzone gekommen wäre. Die Amerikaner landeten in Nordafrika, ohne sich um Giraud zu kümmern. Dieser ernannte, bevor er nach Algier ging, Verneau zum heimlichen Militärchef der Metropole.

Nach der Besetzung der südlichen Zone stellte man fest, daß die Waffenstillstandsarmee mit Ausnahme von de Lattre in Montpellier buchstäblich geschlafen hatte. Die Leute des Untergrunds trafen sofort ihre Vorkehrungen, um die Grundlagen für den Aufbau des militärischen Widerstands ORA zu legen, und die wichtigsten Mitglieder der Geheimdienste, Ronin, Rivet, Paillole, de La Chénelière, suchten Giraud in Algier auf. Schon am 9. November 1942 ließ Giraud Hauptmann Lejeune und Major de Beaufort nach Afrika kommen, wobei er das Kommando der GAD Hauptmann du Passage überließ. Er hatte stets vor, mit Hilfe der Armeekader einen schlagfertigen inneren Widerstand aufzubauen als Verstärkung für die Afrika-Armee, die die Deutschen aus Frankreich vertreiben sollte.

Unter Leitung von General Frère hatte sich also die gerade entstehende ORA in den Dienst des Generals gestellt und betrachtete sich als Vorhut der Afrika-Armee. Diese ließ sich politisch nicht festlegen und erkannte ausschließlich Giraud als Führer an. In dessen Namen erhielt Lejeune Ende Februar 1943 den Auftrag, Verbindung zum militärischen Widerstand aufzunehmen. Bevor er mit Zeller und du Passage Kontakt aufnahm, suchte er in London Oberst Buckmaster auf, den Chef der französischen Sektion des SOE[5], der »Aktionsabteilung« des britischen Geheimdienstes, der eine entscheidende Rolle bei Girauds militärischem Widerstand spielen sollte.

Es ist wichtig festzuhalten, daß die Offiziere, die ihren Eid auf Pétain geleistet hatten, durch ihre Gefolgschaft zu Giraud in der Lage waren, ihre Loyalität zum Marschall und ihren Entschluß, den Besatzern Widerstand zu leisten, in Einklang zu bringen. Hatte Giraud nicht nach seinem Ausbruch selbst seine »absolute Loyalität« versichert und sich mit der Politik, die der Staatschef »Deutschland gegenüber zu verfolgen gedenkt«, einverstanden erklärt?

Erst am 14. März 1943 bestritt er die Legitimität der Vichy-Regierung, aber noch bis Anfang September, bis zu dem Moment, in dem er eine klare Weisung gegen das Staatsoberhaupt erhielt, blieb seine Haltung diesem gegenüber zweideutig.

Der Giraudismus ermöglichte gleichzeitig Treue zum Marschall und Kampfbereitschaft gegen die Besatzer und diente so als »Schleuse« für alle diejenigen, die den Weg der *Résistance* beschreiten wollten, ohne den Marschall abzulehnen.

Im Januar und Februar 1943 knüpfen Pinot und Mitterrand Kontakte mit einigen ehemaligen Offizieren, die sich zum Widerstand entschlossen und Giraud Treue geschworen haben. Während seiner Amtszeit als Leiter des *Commissariat* hatte Pinot im Zusammenhang mit Fragen des Status der Gefangenen und ihrer materiellen und moralischen Unterstützung durch die Armee mit General Revers zu tun gehabt.[6] Im Februar treffen sich Pinot und Revers bei gemeinsamen Freunden, wahrscheinlich den Chalvrons. Chalvron, ehemaliger Kamerad im Oflag, ist aktiver Widerstandskämpfer geworden. Pinot bietet Revers an, die Gefangenenbewegungen dem militärischen Widerstand zur Verfügung zu stellen.

»Außerdem … hatte Pinot sich darum gekümmert, in den Gefangenenlagern eine Art Aufstand vorzubereiten, der, wenn es notwendig geworden wäre, das Eindringen alliierter Truppen in Deutschland hätte erleichtern können.

Er hatte also um sich eine Art Generalstab aufgebaut, der von einem meiner Mitarbeiter geleitet wurde, dem kurz zuvor heimgekehrten Oberstleutnant Carollet. In Deutschland wurde diese Aktion von Major de l'Estoile, einem nicht befreiten Gefangenen, der zur Mission Scapini gehörte, betrieben …:«

Ebenfalls Anfang 1943 erklärt sich Pinot bereit, »seine« Leute und seinen Einfluß in den Dienst seines Freundes Bernard de Chalvron zu stellen, ehemals Mitglied im Büro des Marschall, inzwischen Adjutant von Claude Bourdet von der *Résistance*-Bewegung NAP[7], deren Ziel die Unterwanderung der Verwaltung ist. Pinot macht Chalvron mit Mitterrand bekannt:

»Wie ich bereits geahnt hatte, war seine Antwort eindeutig positiv. Zu jener Zeit setzte er Monsieur Mitterrand als Vermittler zwischen sich und mir ein.

Ich stellte ihn Rollin vor, dem Führer von Super-NAP. Rollin sagte de Chalvron, d'Astier werde über all das in Algier sprechen.

Wir beschlossen, Pinot, d'Astier, Copeau und Bourdet zusammenzubringen. Nachdem Pinot seinen Bericht vorgelegt hatte, wurde vereinbart, daß Pinot einen Brief an General de Gaulle schreiben sollte, der diesem durch d'Astier übermittelt werden würde. Nach diesem Brief betrachteten wir Pinot als einen der Unseren ...

Es wurde beschlossen, daß aus naheliegenden politischen Gründen nicht Pinot (er hatte zur Vichy-Regierung gehört) der offizielle Führer sein sollte, sondern Mitterrand.«[8]

Mitterrand hat also zunächst die Rolle eines offiziellen »Doubles« des einstigen Mitglieds der Vichy-Regierung. Er knüpft wichtige Kontakte zum militärischen Widerstand, der inneren *Résistance,* den *Compagnons de France*, den Kadern der *Uriage,* den *Chantiers de jeunesse* (über seinen Freund Jean Delage). Er hat nun erstklassige Karten. Mit seinen Fähigkeiten und seinem Ehrgeiz wird er bald über seine Rolle des Ersatzmanns hinauswachsen. Sorgfältig achtet er darauf, daß er der einzige bleibt, der alle Karten kennt.

Im Februar 1943 finden in den Kreisen der Gefangenen, die noch ihren Weg suchen, zwei entscheidende Zusammenkünfte statt. Das »Double« nimmt daran teil.

Innerhalb der Gruppe derer, die früher mit Pinot zusammengearbeitet haben und mit ihm gegangen sind, »nimmt die Idee Gestalt an, sich geschützt vor neugierigen Ohren in *Chez Livet*, dem Besitz der Familie von Pierre Chigot in Saint-Silvain-Bellegarde im Département Creuse zu treffen ...«[9]. Vom 2. Februar an denken Pierre Chigot, Marcel Guénault, André Magne, Georges Van Batten, Jean Védrine und François Mitterrand darüber nach, wie Maurice Pinots[10] allgemeine Ratschläge umgesetzt werden und wie sie ihre Arbeit mit den ehemaligen Kriegsgefangenen in den Dienst des »Kampfes gegen die Besatzer und ihre Knechte« stellen können. Die sechs kommen überein, das Amt Massons zu unterwandern, einige der Angestellten umzudrehen und die Selbständigkeit der CEA zu verstärken. (Der Plan eines geheimen Zusammenschlusses der verschiedenen CEA wird diskutiert, um die Heimgekehrten vor Rekrutierungsversuchen durch die kollaborationsfreundlichen Parteien und die *Légion* zu schützen.)

Diese Tätigkeit soll in dieser Gruppe von ehemaligen Leuten aus dem Gefangenenkommissariat Priorität haben. François Mitterrand ist dort nicht mehr als ein Mitglied unter anderen.

Auf seine Anregung hin wird auch die Frage erörtert, ob die Heimgekehrten und Geflohenen aktiv im Widerstand mitwirken und ob sie neu organisiert werden sollen. Noch wollen die sechs keine militärischen Schritte unternehmen, die Repressalien zur Folge hätten, deshalb erörtern sie verschiedene Möglichkeiten, Aufklärung und Sabotage zu betreiben.

Mitterrand arbeitet nun in zwei Organisationen gleichzeitig mit: einerseits bei den ehemaligen Mitarbeitern Pinots, die gerade im Département Creuse zusammengetroffen sind, andererseits in der *Chaîne*, deren Kernmitglieder sich am 13. Februar treffen. Aufgrund dieser Ausgangsposition wird er zur wichtigsten »Brücke« zwischen zwei Gruppen, die dieselben Ziele verfolgen, sich im wesentlichen gleichartig entwickeln und einander ideologisch sehr nahestehende Leute vereinen.

Am 13. Februar 1943 steigen Mauduit und Roussel in Saint-Germain-des-Fossés in den Zug und treffen in Lyon François Mitterrand, Cailliau und Montjoie. Sie fahren alle nach Montmaur, wo eine wichtige Zusammenkunft von etwa dreißig Mitgliedern der *Chaîne* stattfinden soll. Die *Chaîne* vereinigt inzwischen die unterschiedlichsten Gruppierungen und auch Einzelpersonen. Darunter sind zurückgetretene Mitglieder des CAP (Montjoie, Haedrich, Gagnaire, Albaran und andere), Mitglieder des CEA des Départements Allier um Barrois, Roussel und Mitterrand, die alle an geheimen Hilfsaktionen für Geflohene beteiligt sind, und auch einige ehemalige Insassen des Stalag XI B um Michel Cailliau.

Cailliau, der Neffe de Gaulles, ist stärker in der *Résistance* engagiert als die anderen. Er ist am 10. November 1942 in Lyon wegen »antinationaler Umtriebe« von der französischen Polizei festgenommen worden und hat acht Tage im Gefängnis in Saint-Paul verbracht, wo möglicherweise die Verbindung zwischen ihm und dem *Résistance*-Kämpfer Jean-Pierre Lévy entstanden ist.[11] Nach seiner Freilassung hat er fieberhaft und ohne große Vorsichtsmaßnahmen zu unterschiedlichen *Résistance*-Kämpfern und -Gruppen Kontakt aufgenommen. Er hat zunächst Michelet, Frenay, Barroz und Claude Bourdet getroffen und ihnen seine Pläne unterbreitet, mit ehemaligen Gefangenen und Geflohenen zu arbeiten. Er hat 20 000 Francs im Monat erhalten, um davon vier oder fünf ständige Mitarbeiter zu bezahlen. Von Dezember

1942 an knüpft er auch zahlreiche Kontakte zu Agenten des *Intelligence Service* (über Oberst Victor, dann über Menesson und Georges Valentin). Etwa um die gleiche Zeit versucht er, mit dem BCRA in Kontakt zu kommen. General de Gaulles Neffe trifft schließlich auch François Mitterrand. Die Zusammenkunft verläuft nicht besonders positiv ...

Wenn Cailliau zugestimmt hat, nach Montmaur zu kommen, so deshalb, weil er gehofft hat, diese Gruppe von einflußreichen Leuten für sich gewinnen und sie in seine Gruppe, zu der vor allem Charles Bonnet, André Ulmann, Pierre Lemoign' und Philippe Duprat-Genneau (der spätere Philippe Dechartre) gehören, aufnehmen zu können. Nach dem Abschied Fabrègues' vom Vorsitz des CAP hat er mit Hilfe von Adressen, die ihm Montjoie beschafft hat, schon versucht, ehemalige Mitglieder des CAP und des *Commissariat* zu rekrutieren – mit mäßigem Erfolg.

Die Diskussionen drehen sich um den Aufbau einer für das gesamte französische Gebiet einheitlichen *Résistance*-Bewegung der Kriegsgefangenen. Aber die Teilnehmer sind sich über Mittel und Ziele einer solchen Bewegung nicht einig. Die Zeugenaussagen über dieses Treffen stimmen zwar nicht überein, es ergibt sich aber in aller Deutlichkeit, daß zwei unterschiedliche Auffassungen darüber, wie die Kriegsgefangenen in die *Résistance* integriert werden sollten, aufeinandertrafen. Die eine Seite, von dem Neffen des Generals mit Leidenschaft vertreten, will rückhaltlosen Einsatz, Aktionen durchführen, London informieren – die andere, von François Mitterrand unterstützt, will die Aktivitäten vorerst auf die Vorbereitung des Tages »X« beschränken, wobei die Einheit der Bewegung gewahrt und Masson durch Unterwanderung seines *Commissariat* bekämpft werden soll. »François Mitterrand wollte den politischen Kampf gegen Masson und lehnte die gaullistische *Résistance* ab; er war gegen Übermittlung geheimer Nachrichten, gegen Sabotage, den Aufbau paramilitärischer Gruppen und gegen die Lenkung des Widerstands in Deutschland von Frankreich aus«, erklärt Cailliau einige Monate später.[12]

Marcel Haedrich, der Cailliau kennt und schon mit ihm gearbeitet hat, trifft am 13. Februar 1943 in Montmaur zum erstenmal mit François Mitterrand zusammen: »Der Mann war sehr sympathisch, sehr brillant; er war ein Schüler von Mauduit, der diesen Orden für die Rettung Frankreichs ins Leben gerufen hat. All das hatte etwas vom Rittertum des Mittelalters, mit einer durchwachten Nacht in einem Waffensaal für die Neulinge und einer Wallfahrt nach Notre-Dame-de-la-Sallette. Mauduit wurde von Vichy finanziert ... Die Diskussionen, die in Montmaur abliefen, interessierten mich nicht. Michel [Cailliau] kümmerte sich um die Aufklärung, er vertrat den aktiven Kern der Gefangenen-Résistance, er wollte die direkten Aktivitäten verstärken. Mitterrand galt als Favorit Pinots. Die beiden verstanden sich gut. Pinot war »der Gute aus Vichy«. Er ging davon aus, daß Frankreich es mit Hilfe des solidarischen Geistes, der unter den Gefangenen herrschte, schaffen könne. Pinot war bekanntlich der Sohn des Gründers des *Comité des forges*, und man darf nicht vergessen, daß in Vichy die Großunternehmer an der Macht waren. François Mitterrand kam von Maurice Pinot her... Es klappte nicht zwischen Cailliau und Mitterrand. François Mitterrand war der Ansicht, daß man mit den offiziellen Institutionen, die für die Gefangenen geschaffen worden waren, wenn man sie intelligent benutzte, mittels einer geeigneten Propaganda die Leute beeinflussen könne ...«[13]

Roussel erklärt, es sei in Montmaur vor allem »über die Möglichkeit einer Verbindung unserer Bewegung zu den Generälen Giraud und de Gaulle nachgedacht worden und über die Frage, wer sich darum kümmern sollte«. Außerdem ging es um die Vervollständigung des Führungsteams der »drei M« (bei der letzten Zusammenkunft in Montmaur im Herbst 1942 war ein Leitungskomitee, bestehend aus Mauduit, Montjoie und Mitterrand, bestimmt worden).

Einem vermittelnden Antrag wird von allen zugestimmt. Bei diesem Treffen in Montmaur entsteht ein neuer Aufbau.[14] Die Versammlung beschließt die Gründung eines *Comité national de lutte par les prisonniers*, bestehend aus Antoine Mauduit, François Mitterrand, Jean Roussel und Michel Cailliau. (Später wird auch Montjoie aufgenommen.) Dieses Komitee wird von einem *Comité des quinze*, Komitee der 15, unterstützt, zu dem auch Haedrich, Gagnaire und Albaran gehören. Die Mehrheit um Mauduit, Mitterrand und Montjoie schließt Michel Cailliau bei der Abfassung eines Manifests aus, das die Ziele der neuen, noch nicht benannten und zu jener Zeit als Fortsetzung der

*Chaîne* auftretenden *Résistance*-Bewegung von Kriegsgefangenen erläutert. Cailliau fordert erneut die Annahme eines »Generalplans der *Résistance*«, François Mitterrand antwortet: »Jetzt ist nicht der richtige Zeitpunkt.« Die Mehrheit läßt sich indes herab, den Neffen General de Gaulles mit der Verbreitung des genannten Manifests zu beauftragen, das seine Thesen keineswegs berücksichtigt! Hauptziel der neuen Gefangenen-Bewegung ist also der Kampf gegen Masson, wobei zugleich Vorbereitungen für andere Ziele getroffen werden sollen.

Der Neffe de Gaulles, von nun an Mitglied der Bewegung, die er »Pin' Mitt'« [Abkürzung für Pinot-Mitterrand (A. d. Ü.)] tauft, verläßt Montmaur mit heimlichem Groll gegen François Mitterrand, weil er trotz des Vorsprungs, den er durch seine zahlreichen Kontakte mit der *Résistance* zu haben glaubte, seine Ziele nicht erreicht hat. Der Motor Mauduit-Pinot-Montjoie-Mitterrand ist stark, doch gibt er die Hoffnung nicht auf, ihn blockieren zu können ... Die Kluft, die sich in Montmaur zwischen Mitterrand und Cailliau aufgetan hat, geht über persönliche Probleme hinaus, auch wenn sie selbst es noch nicht wissen. Die beiden Männer bereiten sich schon auf einen Kampf vor, bei dem dasselbe Terrain zugunsten zweier Herren erobert werden soll – de Gaulle und Giraud –, die sich in den folgenden Monaten auf Leben und Tod gegenüberstehen werden ...

Für die Gruppe der ehemaligen Mitarbeiter des *Commissariat* stellen diese geheimen Zusammenkünfte in keiner Weise die Verbindungen zum Büro des Marschall, genauer zu Dr. Ménétrel, Lavagne, Paul Racine und Gabriel Jeantet, in Frage – diese nehmen die Stellungnahmen gegen Laval und Masson insgesamt sogar positiv auf.[15] Man kann sogar sagen, daß sich während dieser Monate die Bindungen noch festigen. So wird Pierre Chigot, der zu Dr. Ménétrel durch private Verbindungen beste Kontakte hat, auf Weisung Ménétrels im Büro des Marschalls eingestellt. Védrine, bisher nur ein Freund von Chigot (später wird er dessen Schwager), wird ebenfalls ins Büro des Marschall aufgenommen und arbeitet von Anfang 1943 bis zum Frühjahr 1944 im *Hôtel du Parc*; er wird der Dokumentationsabteilung im Untergeschoß zugewiesen. Die beiden Männer dienen als Verbindung zwischen der Regierung Pétain und der Gefangenen-Bewegung. Sie sind über alles auf dem laufenden, was diese Bewegung betrifft, finden Hilfe und Unterstützung im Kampf gegen Masson und arbeiten an einem für das Sammeln von Informationen idealen Ort. Klar ist, daß ihre Verbindungsleute in der Pétain-Regierung wissen, daß sie auch für den Untergrund arbeiten.

François Mitterrand steht weiterhin in engem Kontakt zu Gabriel Jeantet, für den er den Aufsatz mit dem Titel *Der Zimmermann von Orlathal*[16] verfaßt, der in der Nummer 8 von *France, revue de l'État Nouveau* (März 1943) erscheinen soll. Der Artikel berichtet von seinen Gesprächen mit dem Zimmermann, der ihn in Schaala beschäftigt hat, und trägt den Zensurvermerk Nr. 5610[17]. Was seine Äußerungen zur *Révolution nationale* angeht, hat die Zensur nichts zu beanstanden. Er berichtet in diesem zweideutigen Text, was ihn seinem deutschen Arbeitgeber, der wie er in Verdun verwundet wurde, allerdings im Ersten Weltkrieg, nähergebracht habe, »das war nicht die Klage um den verlorenen Frieden oder die Hoffnung auf fröhliche und brüderliche Tage, sondern die Erinnerungen an Kampf und Schlacht. Napoleon und Verdun zogen zwischen uns jene blutige Linie, die die Völker vereint, statt sie zu trennen ...« Seine Zusammenarbeit mit Jeantet ist eine zusätzliche Tarnung für seine Arbeit im Untergrund. Er läßt sich außerdem als Anwalt in Cusset eintragen.[18]

Während dieser ersten Monate des Jahres 1943 trifft Mitterrand mehrfach Offiziere des gerade entstehenden militärischen Widerstands, der ORA – du Passage, Zeller, Pfister. Sie wollen die Modalitäten der Zusammenarbeit festlegen, die sich zwischen der ORA und der Gefangenen-Bewegung entwickeln könnte. Anfang Februar kommt Major Lejeune an Bord einer britischen Lysander nach Frankreich, er überbringt Befehle von Giraud und die ersten finanziellen Mittel für die ORA. Er trifft zunächst du Passage in Paris, dieser nimmt ihn mit nach Vichy, wo er mit Zeller, Pfister und einigen Generälen zusammenkommt, darunter Frère, Verneau und Revers. Die Ankunft Lejeunes hat für François Mitterrand positive Folgen: Die ORA entschließt sich, ihn vollständig zu übernehmen. Die giraudistische Organisation will auch die Überstunden bezahlen, die Ginette Caillard für ihn leistet, ebenso sonstige Kosten.

Diese Entscheidung ist von grundlegender Bedeutung für die Zukunft des jungen François. Bisher war er nur einer unter vielen und galt eher weniger als die »Köpfe« wie Pinot, Mauduit und Montjoie. Mit dem Geld von Lejeune wird Mitterrand der erste feste Mitarbeiter einer im Entstehen begriffenen Bewegung.

Deren Umrisse sind bislang nur in seinem Kopf klar gezogen. Sie vereint die ehemaligen Mitarbeiter des *Commissariat*, die dieses unterwandern wollen, und die in Montmaur gegründete Bewegung, die sich teilweise mit der ersten deckt und ebenfalls enge Kontakte mit der ORA knüpfen will. Um die seinem Ehrgeiz entsprechende Organisation auf die Beine zu bringen, möchte Mitterrand sich mit zuverlässigen Mitarbeitern umgeben, die weder ehemalige Leute des *Commissariat* noch Mitglieder anderer mit Montmaur zusammengewachsener Gruppen sein sollen. Seit mehreren Wochen hält er sich mehrere Kameraden und Freunde »warm«, die diesen Kriterien entsprechen. Er weiß nun, daß er über die Mittel verfügt, die es ihm erlauben, seinen Wirkungskreis auszudehnen. Er setzt sich wieder mit seinen Kameraden vom »104« und einigen Getreuen in Verbindung, die er in der Gefangenschaft kennengelernt hat.

Seit seiner Rückkehr aus Deutschland hat er sich regelmäßig mit Jacques Bénet getroffen; die beiden Männer schätzen sich gegenseitig und haben sich über ihren Werdegang und ihre Vorhaben auf dem laufenden gehalten. Bei diesen Treffen in Paris war häufig Pol Pilven dabei, ein anderer Kamerad aus dem »104«. In Paris hat ihnen Mitterrand im November 1942 nach der Landung der Alliierten in Nordafrika Antoine Mauduit vorgestellt. Dieser hat die beiden fasziniert, und sie halten sich bereit, zu gegebener Zeit Mitterrand bei seiner Untergrundarbeit zur Seite zu stehen. Ende Januar 1943 sieht Mitterrand seine beiden Kameraden wieder und sagt ihnen, sie sollten sich darauf vorbereiten, in die südliche Zone zu kommen. Nachdem ihm die ORA zugesagt hat, die Bewegung zu finanzieren, bittet Mitterrand sie, die Hauptstadt zu verlassen und zu ihm zu stoßen. Bénet und Pilven nehmen, ermutigt von François Dalle, der vorsichtshalber in Paris bleibt, den Zug nach Vichy.

Die drei ehemaligen »104«-Angehörigen bilden den ersten festen Kern der Bewegung, die, ebenso wie die bisherigen, keinen Namen hat, die anderen aber in der Vorstellung François Mitterrands allesamt einschließen soll. Pol Pilven bleibt in Vichy bei François. Er ist mit Bénet übereingekommen, daß dieser in

Lyon Fuß fassen und von dort seine Fühler ausstrecken soll, um in den *Maisons du prisonnier* der südlichen Zone neue Mitglieder für die Bewegung zu werben.

Bis die ORA umfangreichere Mittel zur Verfügung stellt, gehen die beiden ehemaligen »104«-Angehörigen kleinen Beschäftigungen nach, die ihren Lebensunterhalt sicherstellen.

François Mitterrand tritt an Jacques Marot und André Bettencourt heran, um sie als Mitarbeiter zu gewinnen. Marot, der bei den *Compagnons de France* arbeitet und in Lyon wohnt, erklärt sich bereit, Freunden regelmäßig Hilfsdienste zu leisten. Bettencourt meldet seinem Kameraden François: Er wird für die Kontakte mit den Bauernverbänden sorgen und bei einigen Persönlichkeiten als Botschafter fungieren. Seine Erscheinung, seine Bildung und Zuverlässigkeit waren für Mitterrands Wahl ausschlaggebend.

François Mitterrand übernimmt auch Ginette Caillard, die weiterhin beim *Commissariat* arbeitet, als Mitarbeiterin. Sie pendelt zwischen der Rue Hubert-Colombier, dem Sitz des *Commissariat*, der Rue Nationale, in der Mitterrand wohnt, und dem *Hôtel de l'Amirtauté*, in dem sie über ein kleines Zimmer verfügt. Auf ihrer »Underwood« tippt sie die Flugblätter, Berichte und Rundschreiben. Ginette sitzt im Zentrum und kennt alle Geheimnisse.

Marcel Barrois, Präsident des CEA des Départements Allier, gehört ebenfalls zum Kern der Vichy-Gruppe.

Anfang März legen François Mitterrand und Jacques Bénet die Grundlagen für eine Organisation, die die Gruppe der Ehemaligen des *Commissariat* und die *Chaîne* bei weitem übertrifft, sich jedoch auf beide stützt. Die Ehemaligen sind über die Gespräche, die ihr Freund François mit der ORA geführt hat, nicht auf dem laufenden und noch weniger über die Geldzuwendungen, die die Offiziere ihm zugesagt haben. Er hat bereits begonnen, dichte Trennwände zwischen den Mitgliedern oder Gruppen der nebulösen Organisation anzulegen, die er aufbaut und die bisher noch immer keinen Namen trägt. Seine engsten Mitarbeiter, das sei wiederholt, sind Männer, die keinerlei Verbindung mit der Gruppe von Pinot oder der von Montmaur haben: Es handelt sich um Pilven, Bénet, Bettencourt, bald auch Jean Munier und andere. Damit sich die neue Organisation jedoch ausbreiten kann, wird Jacques Bénet bald Pinot, Mauduit und Montjoie für die Ausarbeitung der Ziele der neuen Führung hinzuziehen.

Mitterrand kann sich für einige Tage eine Ruhepause gönnen. Mitte März fährt er nach Jarnac, um sich im Kreis der Familie zu erholen. Er schreibt einem seiner Briefpartner:

»Wen habe ich während der letzten sechs Monate getroffen? Ich erlebe nur noch Tage, an denen die Gegenwart die Vergangenheit leugnet, ich habe nicht einen Brief geschrieben, ich behalte meine Freunde, aber wie soll ich das Zeichen geben, das sie versammelt, wenn ich fliehe?«

Er lebt nun mehrere Leben: das von François Mitterrand, der noch immer Mitglied im Leitungskomitee des CAE des Départements Allier ist; das des Journalisten bei der von der *Révolution nationale* gefärbten Presse; und jene im Untergrund, die er unter verschiedenen Decknamen führt.

Er hat gerade eine Woche in Paris verbracht, wo er seine Schwestern Geneviève, die ihm künftig als »Briefkasten« dienen wird, und Marie-Josèphe wiedergesehen hat. Er ist über Lyon gefahren. Seine neue Existenz gefällt ihm: Sie ist gefährlich und verwickelt:

»Ich führe ein Leben, das mich aufzehrt und mir gefällt, es ist schwierig und vielleicht gefährlich, jedenfalls verwickelt. Wohin es führen wird, ahne ich, und ich fürchte es nicht. Bevor ich damit aufhöre, werde ich einen guten Teil dessen vollenden, was ich vorhabe. Die vor mir liegenden Jahre sind fruchtbar. Für lange Zeit? Spielt keine Rolle. Das Leben zählt nicht nach Jahren, so sehen Sie es ja auch.

Wenn ich Sie wiedersehen würde, könnte ich Ihnen ein wenig von dieser Verschwörung erzählen ...«

Anmerkungen:

1  Von diesen Kontakten ist weiter unten im 18. Kapitel, S. 282 ff., die Rede.
2  Gedicht von Patrice de La Tour du Pin von 1933.
3  Es handelt sich vermutlich um Pierre Emmanuel, der *Jour de colère* (1942) veröffentlicht hat.

4 Diese Beschreibung der heimlichen Aktivitäten der Armee verdanken wir im wesentlichen dem Buch von A. de Dainville mit dem Titel *L'ORA. La Résistance de l'armée (guerre 1939-45)*. Lavauzelle, Paris 1974.

5 *Special Operations Executive.*

6 Die Beziehungen zwischen Revers und Pinot stützen sich auf eine Erklärung von General Revers vom 29. August 1945 im Prozeß Maurice Pinots vor dem Sondergericht (A.N. 3W 115).

7 *Noyautage des Administrations publiques*, Unterwanderung der öffentlichen Verwaltung.

8 Aussage von Bernard de Chalvron beim Prozeß gegen Maurice Pinot vor dem Sondergericht.

9 Zeugenaussage von Jean Védrine.

10 Pinot sollte an der Versammlung teilnehmen, konnte aber Paris nicht verlassen.

11 Notiz des BCRA vom 31. Juli 1943.

12 In London, am 18. August 1943 im BCRA.

13 Gespräch mit dem Autor vom 11. Februar 1994.

14 Nach einer Notiz des BCRA vom 18. August 1943.

15 Siehe 16. Kapitel, S. 263 ff.

16 Siehe 9. Kapitel, S. 127 f.

17 A.N.F⁴¹/208.

18 Aussage von Jean Védrine.

# 16. Kapitel
# Unterwanderung bei den Gefangenen

François Mitterrand, ein junger Mann von sechsundzwanzig, bekämpft André Masson verhältnismäßig offen, denn er wird in Vichy von einer ganzen Gruppe aus der Umgebung des Marschall geschützt, die Laval und seine Helfershelfer verabscheut. Paradoxerweise wird die Unterwanderung des *Commissariat*, die darauf abzielt, den politischen Mißbrauch der Masse der Gefangenen durch Laval zu verhindern, ausgerechnet vom Kabinett des Marschall gedeckt, nämlich von Dr. Ménétrel und Paul Racine, die Pierre Chigot und Jean Védrine bei sich angestellt haben.

Die Unterlagen Racines[1] sind in dieser Hinsicht sehr aussagekräftig. Man wird sich noch an den Versuch Jean Védrines am 14. Januar 1943 erinnern, sich bei Pétain über die Entlassung Pinots zu beschweren, und an den Zorn der Laval-Leute, den dieses zur Folge hatte. In Racines Kalender von 1943 ist mit Datum vom Samstag, dem 16. Januar, ein *Francisque*-Orden gezeichnet, was sich auf die Namen Chigot, Védrine und Maders bezieht. Wahrscheinlich haben Racine und Ménétrel an diesem Tage beschlossen, den Störern der öffentlichen Audienz diese Auszeichnung zu verleihen, um sie zu schützen. Chigot und Védrine haben den Orden tatsächlich erhalten, und beide zählten Jean Racine zu ihren Mentoren. Aus Racines Archiv geht auch hervor, daß dieser sich gleich nach Pinots Entlassung über Massons politische Vergangenheit informiert hatte: Er gehörte zu den *Jeunesses patriotes* und war Sekretär von Taittinger. Wie es scheint, hat Racine Védrine bei seinen Aktivitäten gegen Masson unterstützt, schließlich waren diese zur »guten« pétainistischen Ideologie zu rechnen. Wir erinnern uns, daß Jean Védrine in dem Brief, den er am Tag nach der Audienz beim Marschall an Racine schrieb, die Folgen des Hinauswurfs von Pinot und seiner Ersetzung durch Masson beschworen hat: zunächst die »Zerstreuung« seiner Kameraden, vor allem aber das Überwechseln eines Teils der Aktiven zur Opposition, die »leichte Beute für die Propaganda von Dissidenten und Kommunisten werden. In jedem Falle bedeutet das einen Bruch in der Einheit der Gefangenen, die Bestandteil der französischen Einheit ist ...« Die Notizen Racines für Dr. Ménétrel lassen erkennen, daß er fest zu seinen Überzeugungen stand. Schriftstücke von Masson versieht er mit unwilligen Kommentaren. Die ungünstigen Berichte, die er über Pinot erhält, ändern seine Meinung nicht. Gleiches gilt für einen Brief von Taittinger, der Pinot mit den »Barnaud, Worms und Konsorten« vergleicht. »Ich glaube mehr und mehr, daß die Ernennung von Masson eine Katastrophe für den Marschall ist. Die Desintegration wird jeden Tag stärker«, schreibt er im Februar an Dr. Ménétrel.

Der Kalender Racines aus dem Jahr 1943 ist ebenso aussagekräftig. Im Telegrammstil wird in aller Deutlichkeit erkennbar, daß sich die Gruppe Pinot, Chigot, Védrine, Mitterrand und das Büro des Marschall nahestehen. Der von Laval entlassene Pinot kommt fünfzehnmal ins Büro Nr. 128 des *Hôtel du Parc* und trifft dreimal den Marschall, davon zweimal zum Essen.[2] Auch trifft sich Pinot nachts heimlich mit Dr. Ménétrel, vermutlich, um über eine oder mehrere *Francisque*-Verleihungen zu sprechen. Chigot und Védrine besuchen sehr häufig das Büro Nr. 128, und wenn sie Vichy verlassen, hinterlassen sie eine Adresse, wo sie zu erreichen sind.

Mitterrands Name taucht in dem Kalender zweimal auf: unter dem Datum vom 15. Februar, hinter dem von Jean Védrine mit dessen Lyoner Adresse; am Dienstag, dem 11. Mai, 18 Uhr, wiederum in Verbindung mit dem Namen Védrines.

Am 15. Mai findet in Lyon in der Salle Rameau der Kongreß des von Masson gegründeten *Mouvement Prisonniers*[3] statt. Teilnehmer sind 1200 von den SOP beaufsichtigte Personen. Das politische Abweichlertum des von Masson geleiteten *Commissariat* wird heftig kritisiert: »Alle Welt mißbraucht den Marschall, um sich den Forderungen der Pflicht zu entziehen. Sozial, nur sozial ...!« Der Kommissar wird ausgepfiffen. Für das Konzert sorgen die *Chantiers de jeunesse*. Mitterrand, der als Mitglied des Leitungskomitees CEA im Département Allier an dem Kongreß teilnimmt, gehört zu denen, die am schärfsten protestieren. Racine kommentiert den Aufstand der Gefangenen gegen Masson genüßlich. Durch ein Abhörprotokoll von Reinhardt[4] und zahlreiche Berichte kennt er alle Einzelheiten der »stürmischen Sitzung«. Es freut ihn zu hören, daß die Leitungskomitees der CEA[5] es allesamt ablehnen, sich Massons *Mouvement Prisonniers* anzuschließen, und daß Loubric, Masson und Lecourt sich als »Schweinehunde« und »Verräter« abkanzeln lassen mußten. Ein Helfershelfer Massons, der nicht mehr zu Wort gekommen ist, hat sogar ausgerufen: »Das hier ist keine Demokratie mehr!«

»Das Ergebnis!« lautet Racines trockene Randbemerkung im Bericht von dem Kongreß in Lyon. Und: »Mir scheint, daß die Opposition gegen Masson aus unterschiedlichen Richtungen immer mehr zunimmt«, schreibt er am 20. Mai an Dr. Ménétrel.

Am 27. Mai ist Mitterrand erneut in Lyon und schreibt ganz offiziell an den Direktor des *Maison du prisonnier* in Lons-le-Saunier, um ihn zu bitten, zu der Versammlung zu kommen, die am 30. Mai in der *Central Bar* in der Rue Ferrandière in Lyon stattfinden wird und bei der die zu treffenden Entscheidungen unter allen Vertretern der CEA der Lyoner Region abgestimmt werden sollen. Er schickt diesen Brief in seiner Eigenschaft als Mitglied des Leitungskomitees des CEA des Départements Allier. Diese Versammlung folgt auf den Kongreß in Lyon. Ende Mai 1943 gehört also ein beträchtlicher Teil von Mitterrands Tätigkeit nicht zur Untergrundarbeit und bleibt weiterhin durch die Umgebung des Marschall abgesichert.

Racine erfährt – nicht zu seinem Mißvergnügen, er gibt es mit Freude an Dr. Ménétrel weiter –, daß es Masson am 7. Juni bei einem Besuch in der *Maison du prisonnier* in Bourg verstimmt habe, auf dem Schreibtisch des Direktors ein großes Foto von Pinot vorzufinden …

Im Juli schickt Jean Védrine an Racine einen vertraulichen Bericht über die Aufnahme von Heimgekehrten in Compiègne. In dem Bericht beschreibt er, daß diesen, kaum sind sie aus dem Zug gestiegen, ein Abonnementformular für die kollaborationsfreundliche Zeitung *Toute la France* gereicht wird. »Das schlagende Argument, das die meisten dieser armen Leute veranlaßt zu unterzeichnen, ist folgendes: ›Der Marschall erwartet, daß du dich dem *Mouvement Prisonniers* anschließt, und damit du über alle Neuigkeiten auf dem laufenden bleibst, erwartet er außerdem, daß du das Blatt abonnierst ...‹ Der Marschall hat gesagt ... Der Marschall hat gesagt ... Ich bin der Ansicht, daß hier mit den Gefühlen der Gefangenen Mißbrauch getrieben wird!« Racine ist hocherfreut über diesen Bericht.

Zur gleichen Zeit findet Mitterrands erster öffentlicher Akt für den Widerstand statt, von dem Maurice Schumann einige Monate später der BBC berichten wird; eine mutige Tat, die allerdings häufig bestritten worden ist. Es besteht indes kein Zweifel, daß Mitterrand am 10. Juli 1943 in der Salle Wagram einiges gewagt hat.

Der von Masson ausgerufene Nationaltag des *Mouvement Prisonniers* soll als Hochamt für den neuen Gefangenenkommissar André Masson dienen und die Krönung seiner Anstrengungen in Sachen Politisierung der Gefangenen darstellen. Laval, der ihn voll unterstützt, hat sich entschlossen, zum erstenmal öffentlich das Wort vor den Gefangenen zu ergreifen, die schon seit langer Zeit seine ganze Aufmerksamkeit haben. 3500 Vertreter aus ganz Frankreich strömen seit 10 Uhr morgens herbei, umgeben von zahlreichen Leuten vom Ordnungsdienst. Die nationale Polizeikapelle, dirigiert von Major Collery, dem einstigen Marinekapellmeister, hat sich unter dem Podium aufgestellt und spielt Militärmärsche. Hinter dem Podium hängt vor einer gewaltigen, von Fahnenbündeln eingerahmten Tricolore ein imposantes Porträt von Pétain. In großen Lettern prangt die Devise des *Mouvement*: »Hoffnung ist Kampf.«

Masson tritt auf, begleitet von zahlreichen Persönlichkeiten, die sich auf dem Podium niederlassen. Der Gefangenenkommissar ergreift das Wort und dankt den Vertretern des *Mouvement Prisonniers*, das »einen einzigen Bund im Dienste des Landes« darstelle. Er betont die Notwendigkeit einer »hinter den Vertretern der Ordnung marschierenden Disziplin« und spricht im Namen aller Gefangenen dem Marschall sowie dem Regierungschef, Premierminister Laval, das Vertrauen aus. Er erinnert an die Abwesenden und verlangt von den Gefangenen, sich gegen die Agitatoren zu stellen, »damit sie uns nicht in noch größeres Unglück stürzen, als wir es bereits erleben ...« In dem offiziellen Bericht heißt es, nach Masson solle der Dichter J.-P. Maxence das Wort ergreifen. Die Zeitung *Toute la France*, die von Massons

Freunden beherrscht wird, räumt diesem Tag einen gewaltigen Platz ein; sie berichtet, ein »Alarm« habe die Eröffnung der Versammlung verzögert und Masson gezwungen, die wichtige Rede, die er halten sollte, zu verkürzen. Die Redakteure konnten nicht schreiben, daß dieser Alarm ein junger Mann war, der die morgendliche Versammlung bewußt gestört hat.

In seinem ersten Buch, das er zwei Jahre nach diesen Ereignissen schreibt, erzählt François Mitterrand:[6]

»Die umliegenden Straßen waren voller behelmter Polizei. Man kündigte die Anwesenheit mehrerer Minister an. Der *Service d'Ordre Prisonniers* eilte mit großen Schritten durch die Straßen und bewachte den militärisch in Sektoren aufgeteilten Saal. Die morgendliche Veranstaltung begann ruhig, und Masson atmete schon auf. Um 11 Uhr jedoch, als alle Départements-Präsidenten mit ihren Leuten versammelt waren, hielt ich es für notwendig, öffentlich unseren Abscheu hinauszuschreien. Als Barbedette, der Generalsekretär des *Commissariat*, und Jean-Pierre Maxence an Boden verloren, bemächtigte sich André Masson bleich und wutschnaubend des Mikrophons. Wir hatten ein lebhaftes Gespräch. Vor dem Geschrei der Versammlung mußte Masson ein zweites Mal zum Rückzug blasen. Doch schrie er, vollends die Fassung verlierend, er werde mich von Marschall Pétain und Präsident Laval vorladen lassen, worauf ihm höhnisches Gelächter antwortete. Ich wurde von ›Polypen‹ befragt, die meine Papiere verlangten; ich mußte sie ihnen geben. Dann verließ ich in Begleitung einiger mutiger Kameraden durch zwei Reihen wartender Polizisten hindurch den Saal ...«

Ich habe mehrere Zeugen und Dokumente gefunden, die François Mitterrands Version bestätigen.

Aufgrund seines Amtes beim Marschall konnte Paul Racine es nicht vermeiden, zu dem »Nationaltag«, den der so verachtete André Masson organisiert hatte, nach Paris zu fahren. Er erinnert sich sehr deutlich: »Bevor ich in die Salle Wagram ging, befand ich mich neben François Mitterrand. Ich trug meinen *Francisque*-Orden, und ich hatte einen Regenschirm bei mir. Er sprach mich an: ›Bleiben Sie nicht neben mir, ich werde Sie kompromittieren!‹ Ich lächelte. Mitterrand hat sich sehr lebhaft und sehr couragiert gegen Masson gewandt. Ich machte mir Sorgen um ihn, denn ich fragte mich, ob er nicht Gefahr lief, am Ausgang verhaftet zu werden. Ich glaube, er ist kurz nach seiner Erklärung gegangen.«[7]

Édouard Bougard, der einer Delegation der CEA vom Département Pas-de-Calais angehörte, erzählt: »Wir waren in unserer Eigenschaft als Leiter von *Maisons du prisonnier* und *Centres d'entraide* gekommen, um Weisungen bezüglich des Fortgangs der Arbeit zugunsten der Gefangenen zu hören. Als es soweit war, kam ein Vertreter der Regierung, um uns zu sagen, daß unsere Sozialpolitik interessant sei, daß wir es aber viel besser machen müßten (das heißt: unsere Kameraden heimholen). Um das zu tun, müsse man Arbeiter nach Deutschland schicken, das war die sogenannte *Relève*, die reiner Betrug war. Ich erinnere mich an die ersten Worte Mitterrands, der mit uns im Saal war, den ich aber nicht kannte: ›Monsieur, Sie haben gelogen!‹ Er griff die Politik der Regierung heftig an.«[8]

Die Quelle »Mix-30900«, die von der Bewegung Michel Cailliaus ausging, schickte am 20. Juli 1943 eine Note an das BCRA in London, um von diesem Tag zu berichten, und sie bestätigt Mitterrands Bravourstück voll und ganz:

»… Bei der Versammlung der CEA, die auf die übertriebenen Reden Massons folgte, veränderte sich die Stimmung schlagartig. ›Man‹ war unter Repatriierten, und einige Kameraden stellten Fragen, die schon in Lyon zu hören gewesen waren. Natürlich gab es auf diese Fragen keinerlei präzise Antwort, außer dem üblichen: ›Ich bin hier nach dem Willen des Marschall und des Regierungschefs, Sie müssen gehorchen.‹ Masson richtete sogar drohende Worte an den Präsidenten[9] der *Centres d'entraide* vom Département Allier, der auf seinem Stuhl stehend an Masson gerichtet erklärte, er brauche sich von ihm keine Lektionen in Patriotismus erteilen zu lassen. Masson sagte darauf:

›Monsieur, Sie werden vor den Marschall und vor Laval geladen werden!‹

Masson verließ zur großen Freude der Kongreßteilnehmer ein zweites Mal den Saal.«

Ende September erhielt das BCRA eine weitere Note zu demselben Thema von der Quelle »X 13«, die folgendermaßen endet:

»… Am Morgen hat sich bei einer sogenannten Arbeitsversammlung ein Mitglied erhoben und verlangt, Genaueres über das *Mouvement Prisonniers* zu erfahren: ›Ist das *Mouvement*

nun politisch oder nicht? Was verstehen Sie unter staatsbürgerlich handeln? Wo beginnt *staatsbürgerlich*, wo hört es auf? ...‹

Masson ist nicht beliebt. Er ist hart, grob, kann Opposition
nicht ausstehen ...«

London weiß die Provokation ihrem Wert entsprechend zu
schätzen und entschließt sich sechs Monate nach dem Ereignis,
sie als vorbildlich hinzustellen. Am 12. Januar 1944 verliest Maurice Schumann, die »Stimme der Franzosen«, über die BBC folgenden Text:

»Was der *Esprit Prisonniers* ist? Fragen Sie doch Monsieur André
Masson danach, den Abschaum der Stalags und Vichy-Minister.
Fragen Sie ihn, was am 10. Juli 1943 mitten in Paris in der Salle
Wagram passiert ist. An diesem Tag hatte André Masson in
Gegenwart des inzwischen verstorbenen Max Bonnafous, der
als Landwirtschaftsminister die Beschlagnahmungen durch die
Deutschen in die Tat umsetzte, und von Monsieur Pierre Cathala,
der als Finanzminister bis heute oberster Schatzmeister und
Auszahler der Entschädigung für die Besatzung ist, dreitausend
Stellvertreter der ehemaligen Gefangenen aus Oflags und Stalags
zusammengerufen. Den Vertretern der *Centres d'entraide* hatte
Masson einige hundert seiner eigenen Leute zugesellt. Einige
hundert nur, da er mehr nicht finden konnte.

Vor diesem Auditorium, das er nicht sorgfältig genug hatte
auswählen können, versuchte André Masson beflissen, das Vertrauen zu rechtfertigen, das der Feind und das Anti-Frankreich
in ihn gesetzt hatten, indem er ›den Verrat de Gaulles und den
Treuebruch Girauds‹ anprangerte. Kaum hatte er diese Worte
ausgesprochen, als sich ein Zuhörer mitten im Saal erhob und
ausrief: ›Wenn es irgend jemanden gäbe, dem wir eine solche
Sprache zugestehen würden, dann wären das sicherlich nicht
Sie, Monsieur André Masson, der Sie unter Bedingungen aus
Deutschland zurückgekommen sind, die wir nicht hinnehmen.
Aber ich will noch weitergehen: Eine solche Sprache gestehen
wir niemandem zu! Wie wir auch nicht den schändlichen Markt
akzeptieren, den Sie *Relève* nennen und der sich unserer dort gebliebenen Kameraden als eines Mittels der Erpressung bedient,
um die Deportation von Franzosen zu rechtfertigen!‹ Bei diesen
Worten beginnt Masson, fahl vor Wut, den Unterbrecher übel zu

beschimpfen und ihn, übrigens völlig zu Recht, zu beschuldigen, er stelle sich der Politik des Marschall entgegen. Aber die überwältigende Mehrheit der dreitausend anwesenden Franzosen hielt dem beherzten Patrioten die Stange gegen den Anti-Frankreich-Minister und zwang den bestürzten und fassungslosen Masson, ihn ausreden zu lassen. Anschließend verließ er, umgeben von einer begeisterten und hingerissenen Menge, die Salle Wagram.«

Auf diese Weise hat London François Mitterrand ein patriotisches Zeugnis ausgestellt.

Diese Geschichte erhellt und bestätigt die Widersprüche Vichys. Sie ist das Beispiel einer Tat, die von London geschätzt und von dem Büro des Marschall in seinem Kampf gegen Laval genutzt wurde. Es ist sogar legitim, sich zu fragen, ob Dr. Ménétrel und Paul Racine nicht über François Mitterrands Vorhaben informiert waren. Belegt ist jedenfalls, daß Jean Védrine sich am Tag vor dem Zwischenfall in der Salle Wagram mit Paul Racine getroffen hat. Wie dem auch sei, Racine nutzt den Krawall um Masson zugunsten des Marschall. Er präsentiert Dr. Ménétrel den Vorfall in der Salle Wagram als natürliche Folge des Protests seitens der Gefangenen gegen die Ernennung von Masson. Mit Hilfe seines Kalenders läßt sich rekonstruieren, wie François Mitterrands Bravourstück »eingeschlagen« hat.

Am 12. Juli speist Racine mit Villar aus Lavals Kabinett und legt ihm dar, wie »die Konferenz am Samstag um 11 Uhr wirklich ausgesehen hat«; er spricht von einer »offenen Krise«. Zwei Tage später, am Nationalfeiertag, speist Racine mit dem Marschall und erläutert ihm »sehr deutlich die Situation des *Commissariat général aux Prisonniers* von André Masson«. Am Nachmittag findet eine zweistündige Versammlung von Mitgliedern des Kabinetts von Laval und des Büros des Marschall statt, um einen Weg aus der Krise zu finden. Dr. Ménétrel erscheint nur zweimal kurz. Man spricht von einer »durchzuführenden Reform«. Ein Vorschlag Chigots wird diskutiert: Den *Centres d'entraide* im Verhältnis zum *Commissariat* mehr Eigenständigkeit zu gewähren – so könnten die CEA ausschließlich ihre »soziale Arbeit« weiterführen, unberührt von der politischen Nutzung, die Masson und Laval anstreben. Am Abend des 14. Juli trifft sich Racine mit Védrine, Chigot und einigen anderen bei dem Fleischer Pierre Coursol zum Abendessen, um über die Krise zu sprechen. Racine notiert in seinem Kalender: »Was für ein Essen!« Am nächsten Tag sucht Masson Racine auf und legt ihm sein Kündigungsschreiben vor. Am 16. Juli ist die Reihe an Maurice Pinot; mittags kommt er in das Büro Nr. 128, um die von François Mitterrand geschaffene Situation zu besprechen. Die Bewegung ist also auf dem besten Wege, mit dem Segen des Büros des Marschall ihr wichtigstes Ziel zu erreichen.

Wahrscheinlich ist in diesen Tagen bei Dr. Ménétrel und/oder Racine der Gedanke aufgekeimt, François Mitterrand den Posten André Massons anzubieten, da es diesem nicht gelungen ist, in der Gemeinschaft der Gefangenen Fuß zu fassen. Einer der Freunde François Mitterrands – der in diesem Zusammenhang nicht namentlich genannt werden möchte – bekräftigt nachdrücklich, dieser Vorschlag sei Mitterrand gemacht worden, als er sich nach dem Vorfall in der Salle Wagram noch in Paris aufhielt, und das Angebot sei ihm verlockend erschienen. Schließlich begriff er, so dieser Zeuge, nach einer Diskussion, daß es zu spät war, einen solchen Posten anzunehmen ...

Védrine weiß es nicht mehr genau, doch als er sich ein Gespräch mit Pinot in Erinnerung ruft, schließt er nicht aus, »daß es einen Plan gegeben hat, Masson zu ersetzen«. Mitterrand leugnet mit aller Kraft, räumt aber nach einiger Überlegung ein, daß diese Idee in den Köpfen einiger Mitarbeiter Pétains hätte entstehen können. Jedenfalls war der von seinen Freunden im Büro des Marschall geschützte Mitterrand trotz der Drohungen in der Salle Wagram in keiner Weise beunruhigt ...

Auch in der zweiten Hälfte des Jahres 1942 lockern sich die Verbindungen zwischen einigen aus der Gruppe der ehemaligen Mitarbeiter des *Commissariats* und dem *Hôtel du Parc* nicht. Eine Nachricht von Jean Védrine vom 29. Oktober 1943, überschrieben mit »Marschall Pétain, Staatschef, Präsidialbüro«, die in den Unterlagen Paul Racines gefunden wurde, zeigt, daß er noch immer Marschall-Anhänger ist und an den Jugendbewegungen mindestens ebenso interessiert ist wie an den Gefangenen: »Ich bin eine Art Handlungsreisender für den Marschall bei der Jugend. Manchmal ernte ich sehr schöne Dinge. Heute ist es weniger lustig, aber ich denke, es ist sehr nützlich ...«

Bis zum Ende des Jahres 1943 finden sich weiterhin die Namen Védrine, Chigot, Coursol und Pinot in Racines Kalender.


## Anmerkungen:

1 A.N./2 AG 89 und persönliches Archiv Jean Racines.
2 Anfang Oktober 1943 wurde Pétain in Begleitung von René Bousquet, d'Esteva und Lagrange angetroffen.
3 Bewegung, die gegründet wurde, um heimgekehrte Gefangene für die Regierungspolitik einzunehmen. Nach Massons Plänen sollte sie an die Stelle der CEA treten. Der SOP stellte die Aktivistenabteilung dar.
4 AN.N./2 AG/89.
5 Perrin und Augis aus dem CEA von Lyon sandten ein Protestschreiben an die anderen Zentren der Südzone, das von der im Entstehen begriffenen autonomen Abteilung der CEA auf Betreiben Jean Védrines heimlich verteilt wurde.
6 *Prisonniers de guerre devant la politique*, Editions du Rond-Point, Paris 1945.
7 Gespräch mit dem Autor vom 16. März 1994.
8 Gespräch mit dem Autor, Mitte März 1994.
9 Mitterrand war nur Mitglied des Leitungskomitees des CEA des Départements Allier, aber natürlich wird hier auf ihn angespielt.

# 17. Kapitel
## Der *Francisque*-Orden

Über ihn ist viel geschrieben worden…

Der Orden der gallischen *Francisque* wird am 16. Oktober 1941 ins Leben gerufen. Diese Auszeichnung des Marschall de France, Chef des französischen Staates, wird von einem zwölfköpfigen Gremium verliehen, dessen Statuten ein Dekret vom 31. Juli 1942 festlegt. Jeder Träger des *Francisque*-Ordens hat folgenden Eid zu leisten: »Ich mache meine Person Marschall Pétain zum Geschenk, wie er die seine Frankreich geschenkt hat. Ich verpflichte mich, ihm Folge zu leisten und seiner Person und seinem Werk treu zu bleiben.«

Jeder Anwärter auf die *Francisque* muß ein Zeugnis seiner Unbescholtenheit vorlegen und folgende Bedingungen erfüllen: »a) vor dem Krieg eine den Prinzipien der *Révolution nationale* gemäße nationale und soziale politische Aktion durchgeführt haben;

b) seit dem Krieg Werk und Person des Marschall tatkräftig unterstützt haben;

c) hervorragende Leistungen im Militärdienst oder Zivilleben vorweisen.«

Jeder Antrag auf Verleihung muß vom Anwärter unterschrieben und von zwei Paten vorgelegt werden. Diese formalen Regeln sind häufig umgangen worden. Unzählige haben den Antrag gestellt, haben den Eid geleistet und feierlich den Orden in Empfang genommen. Alle, die ihn empfingen, waren, wenigstens in der Zeit vor der Verleihung, Anhänger des Marschall.

Am Kriegsende war es üblich, daß die Franzosen, die mehr oder minder mit Vichy zu tun hatten, diese Vergangenheit vergaßen. Die Memoiren und die kleinen bibliographischen Notizen im Who's who überspringen die undurchsichtige Zeitspanne. Antoine Pinay hat nie erwähnt, daß er Mitglied im *Conseil national* war; Michel Debré verschwieg, daß er am 13. November 1941 einen Eid auf den Marschall geleistet hat; von Alexandre Parodi, dem *délégué général* des besetzten Frankreich, erfuhr niemand, daß auch er am 19. August desselben Jahres den Eid leistete; und Raymond Marcellin behielt für sich, daß er mit dem *Francisque*-Orden dekoriert wurde. François Mitterrand, der öfter und länger als die anderen im Rampenlicht des Tagesgeschehens stand, konnte seinen *Francisque*-Orden nicht ganz aus dem Spiel lassen, hat aber seine Bedeutung heruntergespielt und behauptet, er sei damit ausgezeichnet worden, als er sich in England oder in Algier befand, das heißt zu einer Zeit, wo er bereits mit aller Kraft in der Résistance engagiert war:

»Ich fand mich als Träger des *Francisque*-Ordens wieder wie etliche andere wichtige Mitglieder der *Résistance,* zum Beispiel mein Freund, der spätere Marschall de Lattre de Tassigny. Als er mir 1943 verliehen wurde, war ich in England. Dies war bei meiner Rückkehr sehr praktisch, ein gutes Alibi.«[1]

Obwohl nahezu das gesamte Archiv des *Conseil de l'ordre,* des Gremiums, das über die Ordensverleihung entschied, abhanden gekommen ist, namentlich die Karteikarte von François Mitterrand im Archiv des Innenministeriums, ist erwiesen, daß dieser im Orden der *Francisque* die Akte Nr. 2202 hatte und daß seine Paten Simon Arbellot und Gabriel Jeantet waren.

Simon Arbellot, ehemaliger Journalist bei *Temps* und *Le Figaro,* war auf Ersuchen Dr. Ménétrels im Oktober 1941 Leiter des Pressedienstes der Vichy-Regierung geworden. Er ließ die »gute Nachricht« bei den in Vichy akkreditierten Journalisten durchsickern. In der kleinen Presse- und Propagandawelt, die sich in dem Badeort tummelte und sich vornehmlich in der Bar *Cintra* traf, war es nur natürlich, daß Arbellot und Mitterrand einander begegneten:

»Im *Cintra,* wo uns wie einst bei *Fouquet's* der leutselige Inhaber, M. Fougny, empfängt, treffe ich abends meine Freunde aus der Bewegung *Prisonniers*: André Magne, Pierre Chigot und François Mitterrand (heute Minister und der Mann der Zukunft). Diese wirken wie artige junge Leute, sind aber gerissene Burschen, und ihr Netz ist das umtriebigste von Vichy. Sie sprechen freimütig in meiner Anwesenheit; ich tue so, als bekäme ich nichts mit, und konzentriere mich auf das Würfelpoker.«[2]

Nach der Präsidentschaftskampagne von 1965, in deren Verlauf viel von François Mitterrands *Francisque*-Orden die Rede war, beschloß Simon Arbellot, über diese Affäre in der rechtsextremen Zeitschrift *Les Écrits de Paris* Zeugnis abzulegen:

»Während dieser Wahl- und Präsidentschaftskampagne war etliche Male in der Presse und im Parlament von François Mitterrands *Francisque* die Rede. Als persönlich Betroffenem wurde mir von verschiedenen Seiten angetragen, mich öffentlich darüber zu erklären. Ich habe dies abgelehnt, weil ich den Kampf, den der Abgeordnete der Nièvre gegen die Mächtigen von heute führt, in keiner Weise beeinträchtigen wollte. François Mitterrand ist, das weiß ich, zu klug, um der Geschichte der *Francisque* mehr Bedeutung beizumessen, als sie hatte; er ist überdies viel zu geschickt, um Offenbarungen zu fürchten, die längst keine mehr sind und seine Überzeugungen in keiner Weise kompromittieren könnten. Ihm sind im Lauf seiner Karriere andere Bananenschalen in den Weg gelegt worden, und sicherlich rutschigere als das kleine Metallabzeichen des Marschall mit der Trikolore. Aber es gibt dieses Abzeichen, und François Mitterrand hat es gemeinsam mit einigen tausend Franzosen stolz im Knopfloch getragen, wie andere übrigens das Lothringer Kreuz, das für sie Wahrzeichen des Vertrauens und der Hoffnung in die Geschicke ihres Vaterlands war. Der *Francisque*-Orden des Marschall, man muß es wieder und wieder sagen, stellte nichts anderes dar. Er war der Widerstand, der seinen Namen zu nennen wagte in dem Frankreich, das man das freie nannte…

Der *Conseil de l'ordre* setzte sich folgendermaßen zusammen: Vorsitzender: General Bricard; die Mitglieder im Militärkabinett des Marschall waren General Campet, Admiral Platon, Oberst Bonhomme; die Mitglieder des Zivilkabinetts: Jean Jardel, Bernard Ménétrel, Roger de Saivre, André Lavagne; für die Industrieproduktion war M. de Bailliencourt; für die *Anciens Combattants* war Maurice Pinot und für die Jugend war Gabriel Jeantet zuständig. Ich hatte die Ehre, die Presse und meine Journalistenfreunde zu vertreten.

Wir versammelten uns einmal monatlich um einen grünen Tisch im *Hôtel du Parc*, in einem an das Arbeitszimmer des Marschall angrenzenden Büro. General Bricard wachte über die

Geschäftsordnung mit der ein wenig pedantischen Autorität eines ehemaligen Kavalleristen. Zu Beginn wurden die Anträge geprüft. Und es waren weiß Gott genug! Dr. Ménétrel gab die Liste bekannt, und bei jedem Namen entspann sich eine Diskussion...

So unglaublich es scheinen mag, das Tragen des *Francisque*-Ordens kam in Vichy einer Art Widerstandsurkunde gleich...

Im Frühjahr 1942 kam ich durch meine Tätigkeit als Presseleiter mit dem *Mouvement Prisonniers* in Kontakt. Als ich ein Jahr zuvor mein Oflag verließ, hatte ich meinen Kameraden versprochen, alles zu tun, um ihr Los zu lindern und in der Presse für ihre Sache einzutreten. Deshalb freute ich mich sehr, als ich im *Cintra* der kleinen Gefangenengruppe wiederbegegnete, die sich in den Schutz von Vichy begeben hatte und so zur offiziellen Organisation Verbindung hielt, deren Sitz in Paris war.

Unter diesen jungen Männern fiel mir einer durch seine Tatkraft auf. Es war François Mitterrand, dessen Familie in der Charente mir nicht unbekannt war. Ich stellte bald fest, daß François Mitterrand und seine Freunde, namentlich André Magne und Pierre Chigot, gewisse Spielchen betrieben, von denen ein Vichy-Beamter nichts wissen durfte. Ihre Gruppe war die erste, die ich näher kennenlernte. Die jungen geflohenen Kriegsgefangenen faßten schnell Vertrauen zu mir. Wenn sie in meiner Anwesenheit im *Cintra* heiße Themen anschnitten und Akten öffneten, baten sie mich, nicht so genau hinzusehen. Im Lauf der fünfzehn Monate, die ich am Ufer des Allier verbrachte, bekam ich noch eine ganze Reihe anderer Gesichter zu sehen.

François Mitterrand, den es nach Taten dürstete, fand in der Folge dank seinen Ämtern im *Comité des prisonniers* Gelegenheit, den Kampf, den er unablässig gegen die Besatzer führte, im Untergrund fortzusetzen. Er kannte den bis zur Selbstaufopferung reichenden Patriotismus des Marschall und seiner Freunde, wußte, welches Drama sich täglich bei Pierre Laval abspielte, kannte den so unterschiedlichen, aber so beharrlichen Widerstand dieser beiden Männer. Eines Tages bat er mich und Gabriel Jeantet, die treibende Kraft der *Mouvements de jeunesse*, seine Bewerbung um den *Francisque*-Orden vorzutragen. Der *Conseil de l'ordre* nahm ihn einstimmig an, unter dem beifälligen Blitzen des Monokels von Admiral Platon...«

Leider schreibt Arbellot nicht, wann François Mitterrand seine Bitte äußerte, auch nicht, wann die Versammlung stattfand, in der der *Conseil de l'Ordre* ihm den *Francisque*-Orden zugestand. Dennoch ist es möglich, annähernd zu ermitteln, wann das Gremium zusammentrat. François Mitterrand hatte laut Listen der *Franciscains* das Amt eines *délegué national du Service national des étudiants* inne. Er erhielt es einige Zeit, nachdem er aus dem *Commissariat* ausgeschieden war, wahrscheinlich im Laufe des Februars 1943. Da zum anderen Arbellot persönlich zugegen war, als der Beschluß gefaßt wurde, muß die Versammlung vor seiner Abreise nach Málaga stattgefunden haben, wo er auf Verfügung des Marschall vom 17. April 1943 zum Konsul ernannt wurde. Demnach ist der Beschluß, François Mitterrand den *Francisque*-Orden zu verleihen, zwischen Februar und Mitte April 1943 erfolgt.

Während dieser Zeit stand François Mitterrand, wie wir schon wissen, in enger Beziehung zu seinem zweiten Paten, Gabriel Jeantet, der in seiner Zeitschrift *France, revue de l'État nouveau*, im Dezember 1942 seinen ersten Artikel von ihm veröffentlicht hat *(Wallfahrt nach Thüringen)* und im März 1943 einen zweiten publizieren sollte: *Der Zimmermann vom Orlathal*. Mitterrand stand sich nicht nur gut mit Jeantet, der zur engeren Umgebung von Dr. Ménétrel gehörte, sondern auch mit den anderen Angehörigen des Beraterstabs des Marschall, die sein Engagement gegen Masson befürworteten.

Paul Racine erinnert sich noch gut an die Schritte, die zur Verleihung des *Francisque*-Ordens an Mitterrand unternommenen wurden[3]:

»Eines schönen Tages kommt Jean Védrine zu mir und setzt ein verschmitztes Lächeln auf: ›Racine, wir müssen uns darum kümmern, daß François den Orden kriegt‹, sagt er. Ich breche in schallendes Gelächter aus, denn ich weiß doch von der Untergrundarbeit, der François Mitterrand nachging. ›Warum nicht?‹ sage ich und denke dabei, daß ihm diese Auszeichnung mit dem Orden als Tarnung gegenüber manchen Besatzerpersönlichkeiten dienen könnte.

Ich vermute, daß Védrine aus demselben Grund wünscht, daß Mitterrand die Auszeichnung erhält.

Jean Védrine nannte mir dann die beiden Personen, die sich bereit erklärt hatten, für ihn Pate zu stehen, Gabriel Jeantet und Simon Arbellot de Vacqueur. Ich wußte, daß François Mitterrand die wesentlichen Grundlinien der *Rénovation* billigte. Persönlich sah ich keinerlei Widerspruch zwischen dem Dienst am Marschall und der Arbeit für den Widerstand. Als Beleg dafür kann gelten, daß im *Hôtel du Parc* der *Service central photographique* amtierte, der dem Informationsministerium unterstand, dessen Daseinsberechtigung und Aufgabe es jedoch war, ein von der ORA auf die Beine gestelltes Widerstandszentrum zu decken…

Ich glaubte, daß Jean Védrine mich auf diese Sache angesprochen hatte, weil er wußte, daß François Mitterrand, wäre ich dagegen gewesen, den Orden nicht bekommen hätte. Ich erinnere mich nicht an den genauen Zeitpunkt, an dem sich diese Szene zutrug, glaube aber, es war im Frühjahr 1943.«

Halten wir fest, daß Jean Védrine selbst keinerlei Erinnerung an diese Szene hat und Jean Racines Erinnerung anzweifelt.

Andere Zeugenaussagen und Dokumente stützen jedoch die Annahme, daß Mitterrand den *Francisque*-Orden lange vor seiner Abreise nach London erhalten hat.

Jean Munier und Ginette Caillard waren beide gleichermaßen überrascht, als sie François mit dem Orden sahen. Jean Munier: »Ich war erstaunt, und angesichts meines Erstaunens sagte mir François: ›Das wird uns dienlich sein‹«;[4] Ginette Caillard: »Ich erinnere mich noch genau, daß er mich im *Hôtel de l'Amirauté* besuchte. ›Sie tragen ja die *Francisque!*‹, sagte ich verblüfft. ›Das kann uns nützen‹, gab François Mitterrand gelassen zurück.« Laut Ginette trug sich diese Szene im Juli 1943 zu.

Ginette und Jean dachten auf Anhieb, daß François sich hier vorübergehend eine exzellente Tarnung zugelegt hatte. Dem Feind Sand in die Augen zu streuen, war oft notwendig, um zu überleben. »Ich saß an der richtigen Stelle, um zu wissen, daß dieses ›Schattengefecht‹ nicht mit Samthandschuhen geführt wurde«, stellt Munier fest. »Der Kampf gegen den Nazismus war gnadenlos. Wir hatten uns auf das Schlimmste eingelassen. François Mitterrand wie wir alle. Er selbst war darin als Verantwortlicher für unser Netz besonders engagiert.«

»Dazu, wenn ich so sagen darf, eine köstliche kleine Anmerkung«, setzt Jean Munier hinzu. »Die Wirkung des *Francisque*-Ordens tat sich auf unerwartete Weise kund: Wir wurden in den Restaurants sehr viel zuvorkommender behandelt als früher, was in dieser Zeit des Mangels nicht unerheblich war!«

Pol Pilven, auch er war im Jahre 1943 ein enger Mitarbeiter François Mitterrands, erinnert sich noch gut[5], eines Tages gesehen zu haben, wie François mit dem Orden herumlief, als er aus dem *Cintra* kam, »einem Vipernnest von Kollaborateuren und Gestapo-Leuten«, wie Pol Pilven sagt. Höchst überrascht stellte er ihn zur Rede: »Er ulkte ... Es war ein bißchen überraschend. Er ging schrecklich gern an Orte, wo der Sumpf tagte ... Er trug sie aus Provokation«, erklärt Pilven heute.

»Wann fand diese Szene statt?«

»Ich erinnere mich nicht genau, aber es muß vor meiner Verhaftung in Vichy am 11. November 1943 in der Unterkunft von François Mitterrand, also vor seiner Abreise nach London gewesen sein.«

Pierre Coursol, ein weiterer Mann aus Mitterrands Umgebung, dem gleichfalls im Oktober 1943 der Orden verliehen wurde, äußert sich unzweideutig:[6] Auch er hat François Mitterrand den verfluchten Orden tragen sehen.

Um das Datum der Verleihung etwas genauer festzulegen, habe ich nach Namen von Dekorierten gesucht, deren Aktennummer nicht weit von der François Mitterrands entfernt ist. Der bekannte Schriftsteller Paul Morand bildete mit der Nummer 2203 den idealen Anhaltspunkt.

Paul Morand, ein Freund von Laval, der in der Filmzensur beschäftigt war, ehe er im Frühsommer 1943 als Botschafter nach Rumänien ging, bekam den Orden, bevor er seine Stelle im Ausland antrat. Es besteht daher für mich kein Zweifel, daß François Mitterrand im Spätfrühjahr oder Frühsommer 1943 mit der *Francisque* ausgezeichnet worden ist.

Die Verleihung dieser Dekoration läuft im übrigen in keiner Weise seinem Handeln und seiner Gesinnung im ersten Halbjahr 1943 zuwider. Es ist auch interessant hervorzuheben, daß fast alle seine Kameraden vom *Commissariat* ebenfalls die *Francisque* erhalten haben. Auch sie waren Marschallisten. Als ich bei François Mitterrand dieses heikle Thema anschnitt, antwortete er mir ohne jede Verlegenheit, so als hätte ich ihn auf das Kreuz der Ehrenlegion angesprochen ... Nachdem ich ihm meine Schlußfolgerungen unterbreitet hatte, räumte er umstandslos ein, daß er den *Francisque*-Orden um diese Zeit erhalten haben mußte:

»Aber man wollte ihn mir offiziell und feierlich überreichen, als ich [bereits] in London war. Ich gehörte zu einer ganzen Ladung. Vichy rührte die Werbetrommel bei den sozialen Bewegungen – den *Centres d'entraide,* und ich glaube, auch beim Roten Kreuz. Ich habe die *Francisque* getragen, das stimmt. Das war ein Witz. Dieses Abzeichen verhalf mir dazu, ohne Schwierigkeiten zu reisen. Schließlich habe ich bei meinem ersten Ausbruch sogar das NSDAP-Abzeichen getragen...«[7]

Anhang

Die François Mitterrand nahestehenden »*Franciscains*« (mit Aktennummern):

| | |
|---|---|
| 513 | Étienne Ader |
| 661 | Bernard Ariès |
| 684 | Georges Baud |
| 685 | Louis Devaux |
| 1411 | Maurice Pinot |
| 1470 | Pierre Join-Lambert |
| 1505 | Pierre Arnal |
| 1661 | Roger-Victor Ruillier |
| 1689 | Jean-L. Cornuau |
| 1761 | Henri Guérin |
| 1797 | Henri Guitton |
| 2079 | Pierre Chigot |
| 2172 | Jean Védrine (Paten: Pinot, Racine) |
| 2262 | Jean-René Boulard |
| 2277 | André Magne (Paten: Chigot, Védrine) |
| 2307 | Pierre Coursol (Paten: Védrine, Chigot) |

# Anmerkungen:

1 Pierre Jouve, Ali Magoudi: *Mitterrand. Portrait total.* Paris 1986. Tatsächlich hat de Lattre den *Francisque*-Orden nie bekommen.
2 Simon Arbellot: *J'ai vu mourir le Boulevard.* Éditions du Conquistador, Paris 1950.
3 Gespräch mit dem Autor vom 25. Februar 1994.
4 Gespräch mit dem Autor vom 11. März 1994.
5 Gespräch mit dem Autor vom 19. Januar 1994.
6 Gespräch mit dem Sohn des Autors, Mitte Februar 1994.
7 Gespräch mit dem Autor vom 26. Mai 1994.

# 18. Kapitel
# Monsieur Morland, Mann im Untergrund

Seit Februar–März 1943 heißt François Mitterrand, in Vichy unter seinem Namen gut bekannt, auch Morland, Purgon, Monier (oder Monnier), Laroche, Capitaine François, Arnaud, Albret ... Unauffindbar ist er für die Gestapo und die Miliz, wenn auch auf andere Weise als für diejenigen, die seine Freunde zu sein glauben. Unter dem Deckmantel des in Vichy geachteten Ehrenmannes betreibt er ein Doppel- oder sogar Dreifachspiel, dessen Sinn nur er allein kennt. Er mag diese Arabesken, die es ihm erlauben zu fliehen, auch vor sich selbst. Er liebt es, sich zu verbergen, und er haßt es, erkannt, also festgelegt zu werden. Er weiß, daß es ihm, und daher den anderen erst recht, unmöglich ist, den wahren François Mitterrand zu erkennen.

Nie hat dieser Mann des Schattens ein so erhebendes Gefühl verspürt. Er schätzt den komplizierten und gefährlichen Einsatz. Er ist nicht mehr von der Langeweile bedroht, vor der er sich so fürchtet. Er gibt nichts darum zu sterben, aber er weiß, daß ihm, wenn er dem entkommt, eine wirkliche Bestimmung zuteil werden kann.

Um einen Überblick über die Tätigkeit von »M. Morland« zu gewinnen – diesen Decknamen benutzt Mitterrand ab Frühjahr 1943 meistens –, beschreibt man sie am besten »sternförmig«, nimmt sich also einige der Linien vor, die von ihm ausgehen und in ihm ihre Logik haben. Wir haben bereits die Linie von Mitterrand im Kampf gegen Masson nachgezeichnet, bei dem er noch dem Marschall nahestand.

Jacques Bénet und Pol Pilven leisten entscheidende Arbeit beim Aufbau der neuen Bewegung, die sich auf die ehemaligen Mitarbeiter der Gefangenenorganisation und die *Chaîne* stützt. Jacques Bénet rekrutiert im Namen von Pinot und Mitterrand neue Mitglieder. Er durchforstet den gesamten Verband der

Kriegsgefangenen in der Südzone und organisiert Verbindungen. Vorerst stützt er sich auf die ehemaligen Angehörigen des CAP in Lyon und auf die ehemaligen Mitglieder der *Chaîne*, die bei der Versammlung von Montmaur dabei gewesen sind. Er, der später hinzugekommen ist, ist auf ihre Anerkennung angewiesen. Er unternimmt große Anstrengungen, um den Segen der wichtigen Leute zu erhalten, und das sind nach wie vor Pinot, Mauduit und Montjoie. Ohne offiziellen Auftrag sorgt er für die Durchführung der in *Chez Livet* und Montmaur getroffenen Grundsatzentscheidungen. Einige Monate lang – ungefähr bis Sommer 1943 – bestehen noch zwei einander weitgehend überschneidende Strukturen: die am 13. Februar von der Versammlung in Montmaur beschlossene mit ihrem *Comité national de lutte* und ihrem *Comité des Quinze*, zum anderen die in Vichy sitzende Gruppe um Mitterrand, mit Bénet, Pilven und anderen.

Um niemanden vor den Kopf zu stoßen, müssen Bénet und Pilven diplomatisch vorgehen. Ersterer weitet sein Tätigkeitsfeld schrittweise aus. Er zieht keine zentralisierte Bewegung auf, sondern koordiniert und bündelt die Bereitschaft von einzelnen und Gruppen, bei Widerstandsaktivitäten mitzuwirken, politische Arbeit zu leisten, Fluchthilfeorganisationen zu unterstützen oder falsche Papiere herzustellen.

Bei aller Bemühung um die Schaffung von Strukturen bleibt also Montmaur, der Mannschaft um Montjoie in Lyon, aber auch der Gruppierung von Dr. Fric in Clermont und anderen gegenüber der Führung in Vichy durchaus Autonomie. Pilven, der diskrete Bretone, spielt in Vichy die Rolle des Sekretärs der Bewegung. Er hat keine speziellen Aufgaben, sondern kümmert sich um alles. Marcel Barrois, Präsident des CEA vom Département Allier, widmet seine Zeit immer mehr und schließlich ganz der Bewegung. Ebenso ergeht es Jean Bertin, Anwalt in Nancy, der durch den Vertreter der Bewegung in Lothringen empfohlen und von François Valentin unterstützt wurde und im August zum Kern der Gruppe in Vichy stößt.

Nach der Versammlung von Montmaur und bevor die Verbindungen der Bewegung zur ORA erheblich verstärkt werden, gehen Charette und Morland in der aus der Versammlung vom 13. Februar 1943 entstandenen Organisation ein Stück des Weges gemeinsam. Charette hat vor, die vielfältigen Beziehungen zu nutzen, die er für seine Bewegung geknüpft hat, aber Mitterrand und die Leute von der Pinot-Mehrheit heften sich ihm an die Fersen. So hatte Montjoie Kontakt zu einem BCRA-Agenten in Nizza, »Judith«, bekommen; Mauduit wurde dazu ausersehen, ihn dort zu treffen, behauptete aber, nicht anreisen zu können, und Charette erbot sich, den Auftrag an seiner Stelle zu erledigen. Da er ihn lieber nicht allein lassen wollte, machte sich Mauduit schließlich doch frei und begleitete ihn mit Roussel, einem Getreuen Morlands. »Judith« übergab 10 000 Franc, die ausschließlich für Montmaur verwendet wurden. Auch bekam die Bewegung auf Charettes Vermittlung hin 40 000 Francs von *Combat*, aber dieser Betrag wurde sofort für die Finanzierung der Aktivitäten von Montmaur eingestrichen, ohne daß Charette gefragt worden wäre…[1]

Zwischen dem Neffen General de Gaulles und François Mitterrand bahnt sich ein Konflikt an. Sobald das Geld in genügender Menge fließt und Charette/Cailliau weniger nützlich wird, hagelt es Schikanen und Schäbigkeiten: Montjoie entzieht ihm Raum, Schreibkraft und Schreibmaschine. Ende April ist der Bruch vollzogen. Cailliau schreibt Mitterrand einen Brief, in dem er sich sowohl über ihn als auch über die anderen Leitfiguren der Bewegung beschwert. Er versichert, er komme nur wieder, falls der Stab Pinot-Mitterrand sich in einen »echten Widerstand« begebe[2]. Wie viele andere, versteht er rein gar nichts von Mitterrands Spiel …

Dennoch sind zwischen beiden Bewegungen nicht alle Brücken abgebrochen. Beweis: die Begegnung mit Philippe Dechartre, einem der Hauptmitarbeiter von Charette, die Pierre Lemoign', ein ehemaliger Kriegsgefangener organisiert hat, der sowohl Cailliau als auch Mitterrand nahestand. Erteilen wir Dechartre das Wort[3], der sich an diese Unterredung Ende Mai 1943 auf einem Bahnsteig im Bahnhof von Lyon erinnert (Morland befand sich am Sonntag, dem 30. Mai, in Lyon wegen einer Versammlung in der *Central Bar*, die die Arbeit der verschiedenen CEA koordinieren sollte):

»Diese Erinnerung ist mir sehr gegenwärtig. Ich traf um sechs Uhr morgens bei Nebel und Kälte einen Mann in Golfhosen, der einen breiten Schal, ein Barett und einen kleinen Schnurrbart trug … Wir haben uns ausführlich unterhalten, und es klappte, trotz der Vorbehalte, die ich ihm gegenüber hatte. Er war ursprünglich ein Mann der extremen Rechten, dann der Rechten, all dies freilich gemildert durch seinen Katholizismus, während ich selbst aus einer republikanischen, voltairianischen und radikalen Familie stamme. Wir verspürten Sympathie füreinander. Dort im Nebel ist unsere Freundschaft entstanden. Es war sehr romantisch… Ich war beeindruckt von seinen politischen Analysen. Er hatte eine Vision von der Zeit nach der Befreiung und malte sich das Frankreich von morgen aus: ›Wenn man die Macht ergreifen will‹, sagte er, ›wird man die Kommunisten in Kauf nehmen müssen. Sie sind, wie sie sind. Es gibt eine kommunistische Arithmetik. Man kommt nicht daran vorbei…‹ Morland war auch Legitimist und Anhänger des Marschall, aber wir waren uns einig, weil der Patriotismus über alles andere die Oberhand gewann. Er war ein Antideutscher und ein echter Widerstandskämpfer.«

Im Lauf desselben Frühjahrs 1943 verstärken sich die Verbindungen der »Gruppe Mitterrand« zu Gruppen mit gleicher ideologischer Marschrichtung: *Compagnons de France* und Ehemalige der *École d'Uriage*. Der engste Mitarbeiter des obersten *Compagnon*, Georges Lamarque, hat innerhalb der Bewegung das Netz *S.R. Druides* ins Leben gerufen, das mit dem Netz *Alliance* in Verbindung steht, welches wiederum mit dem *Intelligence Service* verbunden ist. Bei einer x-ten Versammlung Ende April in Crépieux-la-Pape, dem Sitz der *Compagnons de France*, beschließen die Verantwortlichen der Gefangenen-Bewegung, der *Compagnons* (mit Guillaume de Tournemire an der Spitze) und der *École d'Uriage* (mit P. de La Taille), in ständigem Kontakt zu bleiben, um gegen die Besatzer zu kämpfen. Dieser geheimen Planungstagung wohnen Mitterrand, Mauduit, Jallade, Haedrich, Védrine, Marot, Munier und Pierre Merli[4] bei.

Munier, der frühere Mitgefangene, erinnert sich noch gut daran:[5] Seit Ende Dezember 1942 wartet er auf ein Zeichen seines Freundes François, um mit ihm zu arbeiten. Dieser verfügt jetzt über Gelder, um ihn zu entlohnen. Er hat sich mit ihm in Crépieux verabredet. Im Verlauf des Treffens macht Munier Bekanntschaft mit dem Anführer der *Compagnons*, Tournemire, mit Jean Védrine, Montjoie und etlichen anderen. Bei ihrem Meinungsaustausch geht es darum, geeignete Maßnahmen für den Widerstand zu treffen. Munier erinnert sich insbesondere an das Referat Védrines über die Aussichten der Mitglieder der Gruppe, die sich zum bewaffneten Kampf entschlossen haben.

Auch Pierre Merli erinnert sich an diese Versammlung, denn dort hat er François Mitterrand zum ersten Mal gesehen, konnte jedoch keine nähere Bekanntschaft mit ihm schließen, weil er erkrankte und ins Lyoner Hospital eingeliefert wurde. Etwa zehn Tage später erhielt er einen Brief von François, der ihm mitteilte, er würde ihn gerne treffen. Ein zweiter Brief kündigte seine Ankunft an. Damit Merli ihn beim Ausstieg aus dem Zug in Nizza erkennen konnte, erläuterte er ihm, er werde eine Golfhose und weiße Strümpfe tragen. Zwei Tage sollte er bleiben, reiste aber erst nach acht Tagen wieder ab. François taufte seinen Briefpartner Nikli (Ni wie Nizza, Li wie die letzte Silbe seines Namens). Beide erörterten den Aufbau der Bewegung im Südosten und bauten ein geheimes Kommunikationssystem auf.

Zu Beginn des Frühjahrs 1943 knüpft François Mitterrand immer engere Beziehungen zur ORA. Die Führer der Giraudisten sind bereit, seine Bewegung zu finanzieren, da sie ihnen geeignet scheint, der *Résistance* Kader zu liefern. Ziemlich rasch entwickeln die ORA und die Bewegung eine weitreichende Zusammenarbeit, und zahlreiche Mitglieder der ORA werden als Angehörige der Gefangenen-Bewegung angesehen. So stellen sie sich dem militärischen Gebietschefs zur Verfügung und werden in gefährliche Einsätze einbezogen, die von den Militärs und einigen Mitgliedern der nationalen Leitung der Bewegung gemeinsam geplant werden.

Die Symbiose zwischen der ORA und der Widerstandsbewegung der Gefangenen geht schließlich so weit, daß der Einsatzdienst der ORA, der dem giraudistischen Geheimdienst unterstellt ist, Morland immer mehr als einen der Seinen ansieht. Und Morland selbst wird sich, wie wir bei seiner Englandreise noch sehen werden, als der giraudistischen Organisation zugehörig betrachten.

In diesem Bereich teilt er seine Verantwortung mit niemandem. Er wacht sogar eifersüchtig darüber, daß man ihm nicht in die Quere kommt. Montjoie, der nicht auf dem laufenden ist, hat sich mit einem aus London angereisten Offizier der *Armée secrète*[6] auf der Place Bellecour in Lyon zu einer Unterredung getroffen. Das Gespräch gedeiht immerhin so weit, daß die beiden Männer den Eintritt des Netzes Pinot-Mitterrand in die *Armée secrète* ins Auge fassen. Bevor er weitere Schritte unternimmt, muß Montjoie Mitterrand unterrichten. Ein paar Tage später trifft er ihn in Lyon. Dieser stellt sich gegen das Projekt und führt dabei folgenden Grund an: »Die A.S. ist gaullistisch und erhält ihre Anweisungen aus London. Der RNPG muß unabhängig bleiben und ist eher giraudistisch.«[7]

Das erste offizielle Schriftstück[8], das bescheinigt, daß François Mitterrands Bewegung an der Seite der ORA engagiert ist, datiert vom August 1943 und trägt den Titel *Situation de l'organisation de résistance de l'armée française et des groupement civils similaires*, Die Lage der Widerstandsorganisation der französischen Armee und gleichartiger ziviler Gruppierungen:

»In der Südzone wurden die Widerstandsgruppen der Armee ursprünglich von Berufssoldaten gebildet, die nach der Demobilisierung der Armee in ihrer Garnison blieben.

Diesen Einheiten haben sich mitunter einige zivile Gruppierungen angeschlossen. Darunter sind vor allem wichtige Gefangenengruppen zu vermerken, die eine Bewegung ohne jegliche Verbindung zu dem offiziellen *Mouvement Prisonniers* bilden, das unter der Schirmherrschaft der Regierung Laval steht; diese Gruppen bestehen im allgemeinen aus sehr gesunden Elementen, darunter zahlreiche Flüchtlinge ...«

Ich habe verhältnismäßig wenige Einzelheiten über die Begegnungen zwischen Morland und Pfister, Zeller, du Passage und Chézelles in Erfahrung bringen können. Eine Vorstellung von François Mitterrands Aktivitäten läßt sich dennoch gewinnen, dank der Zeugnisse seiner Hauptmitarbeiter in diesem Bereich, Jean Munier und Jacques Pâris, sowie seiner Sekretärin, Ginette Caillard, die »über alles auf dem laufenden« war. Oder fast...

Ginette Caillard erinnert sich, wiederholt Kontakte zu Mitgliedern der ORA geknüpft zu haben, namentlich zu Oberst Pfister (Marius), seiner Frau (Fanny) und Oberst Henri Zeller. Sie hat nicht vergessen, daß Fanny ihr eines Tages, eingewickelt in Zeitungspapier, zweihunderttausend Franc aushändigte. Ein andermal war sie in Vichy mit Zeller im Keller eines Gebäudes verabredet; nachdem sie ihm das Kennwort »Salut la compagnie« zugerufen und Zeller ein »Salut mon vieux« zurückgegeben hatte, übergab ihr dieser »Geld von der ORA, die die Bewegung finanzierte. Das Geld war in einem nahegelegenen Haus versteckt, der Villa *Pierrette*, die eine Art Treffpunkt für den Bedarfsfall war…«[9]

Nach der Versammlung von Crépieux-la-Pape läßt sich Jean Munier in Vichy nieder. Er lernt François Mitterrands Mitarbeiter kennen. Er hält ganz und gar nichts davon, daß sein Freund ein sechzehnjähriges Mädchen zu seiner wichtigsten Mitarbeiterin erkoren hat. Seiner Ansicht nach bleibt man in diesem Alter bei seinen Eltern… Aber er macht gute Miene zum bösen Spiel. Ginette wiederum hält auch nicht viel von diesem harten und unangenehmen Mann. Aber eines haben sie gemeinsam: Sie mögen Mitterrand. Dieser legt Munier gleich eingangs dar, daß er ihn zu seinem »Mann der Tat« zu machen beabsichtigt. Muniers erster Deckname lautet Martet, und seine ersten Bezüge belaufen sich auf 3 000 Franc im Monat.

Sein erster Auftrag besteht darin, drei österreichische Deserteure von La Voulte-sur-Rhône über den Vercors nach Voiron zu begleiten. Danach erhält er den Auftrag, die rund um Neussargues, im Cantal angesiedelten Mitglieder der Bewegung mit Fahrzeugen auszustatten. Gemeinsam mit Maurice Derocker entwendet er in Bellerive einen Autobus der deutschen Wehrmacht und führt die gleiche Operation dann noch einmal mit einem von den Deutschen requirierten P 45 Citroën und zwei Motorrädern durch.

Anschließend kontaktiert »Martet« Descours, den *Délégué Militaire Régional*, DMR, in Lyon, um Waffen zu bekommen. Dieser stimmt unter der Bedingung zu, daß »Martet« im Gegenzug Fallschirmlandeplätze ausfindig macht. Der erste von Munier angegebene Platz liegt in Saint-Laurent-du-Pont, im Département Isère; Roger Pelat, einem ehemaligen Mitgefangenen im Stalag, überträgt er die Verantwortung dafür. Das Losungswort des BBC, das die Fallschirmabwürfe auf diesem Terrain ankündigt, lautet: »Ich bin ein Flüchtling«. Einen weiteren Platz macht Munier in Bourg ausfindig. Auf diese Weise wird er zum Gebietsleiter der Luftoperationen für die Region Lyon und Alpen. Von seinen Missionen erstattet er François Mitterrand, Descours und Colonel du Passage Bericht, der Muniers Informationen an Capitaine Lejeune in London weiterleitet.

Im August wird Munier beauftragt, mit dem DMR von Clermont-Ferrand, Alain de Beaufort, genannt »Jean-René«, Kontakt aufzunehmen, der vor kurzem aus London eingeflogen wurde und mit dem Fallschirm gelandet ist. Einmal mehr soll Munier sich in der Region nach geeigneten Absprungplätzen umsehen. Zwei findet er: einen in Maringues, im Département Allier – auf dem ein Fallschirmabwurf stattfand, nachdem Radio London den Satz »Mitten ins Schwarze, Achtung, wir werden schießen« in den Äther geschickt hatte – und einen weiteren in Neussargues. Als Dank bekommt Munier von Jean-Renés Adjutant Mourier, Bibliothekar der Universität von Clermont-Ferrand, Koffer mit Waffen für die Bewegung und eine mit Schalldämpfer versehene 7,65er zum persönlichen Gebrauch.

Zu dem Zeitpunkt, als Munier seine erste Mission vorbereitete, wurde in einem von François Mitterrands Büros ein junger Mann vorstellig, der ganz Feuer und Flamme war. Er gehörte keinem der Netze an: Er kam weder aus der »104« noch von Schaala, noch aus dem IX B… Bei Unterzeichnung des Waffenstillstands war Jacques Pâris Student in Lyon. Er wollte Verwaltungsbeamter bei der Handelsmarine werden. Anfang 1943 wurde er zum STO abkommandiert. Es kommt für ihn nicht in Frage, nach Deutschland aufzubrechen. Überdies will er in die *Résistance* eintreten. Er hört sich in seiner Umgebung um und lernt einen sympathischen Mann kennen: Louis Augis, einen geflohenen Kriegsgefangenen, der zur Gruppe »Pin' Mitt'« gehört. Pâris teilt ihm seine Absichten mit. »Ich werde dich Montjoie vorstellen«, antwortet Augis. Pâris trifft Montjoie, und der schickt ihn nach Vichy ins *Bureau de la main d'oeuvre des prisonniers rapatriés*, in der Avenue Gambetta 22. So macht Jacques Pâris am 20. April 1943 die Bekanntschaft François Mitterrands, der noch für denselben Abend eine Zusammenkunft anberaumt.

Die beiden Männer treffen sich in einer dunklen Nacht in den Straßen von Vichy. Mitterrand redet Jacques Pâris ungezwungen mit Du an, und dieser erkennt in ihm sofort einen Chef. »Du willst zur anderen Seite aufbrechen? Das ist gut«, sagt Mitterrand. »Unsere Bewegung ist aufgebaut und läuft gut, seit General Giraud uns aufgefordert hat, uns zusammenzuschließen. Wir sind organisiert. Wir haben den Verstand und die Leute. Wir brauchen eine Verbindung. Wir betrachten uns als die direkten und persönlichen Untergebenen des Generals und werden Befehle nur von ihm entgegennehmen. Wir haben bereits versucht, eine Verbindung herzustellen; zwei Agenten sind vor einem Monat bzw. zwei Wochen aufgebrochen; wir haben keine Nachricht von ihnen … Wir wissen, daß du die Absicht hattest, früher oder später deine Eltern in Madrid zu besuchen. Du hast erleichterte Reisebedingungen: Geh und tue dein Möglichstes, um eine Verbindung zwischen der Bewegung und dem General herzustellen. Wir brauchen Befehle, Ermutigung, Geld, Waffen. Hier die Personen, an die du dich bei deiner Ankunft in Afrika wenden mußt, falls du den General nicht persönlich sehen kannst, was natürlich ideal wäre: Oberst de Linarès; Fregattenkapitän Jozan, Oberst Billotte, Hauptmann der Spahis Henri Giraud, Hauptmann Le Corbeiller. Sag ihnen, daß wir aktiv sind, und falls du nach Frankreich zurückkehren kannst, um so besser.«[10]

Dieses Gespräch, so wie Jacques Pâris es etwa zehn Tage später dem Chef des Stützpunkts der DSR-SM in Casablanca berichtete, ist wichtig: Es bestätigt, daß François Mitterrands Untergrundarbeit ganz und gar Giraud verpflichtet ist. Zudem sind sämtliche Offiziere, die er Pâris empfohlen hatte, direkt oder indirekt mit Giraud verbunden. Linarès gehört zu den Gründern der *Chaîne*; Henri Giraud, der Sohn des Generals, ist befreundet mit Pierre Landry und seiner Frau, Colette Mitterrand, François' Schwester; Le Corbeiller, der ihn in die *Légion* brachte, ist ein Jahrgangsgenosse Pierre Landrys. Der Marschall-Anhänger ist dem Giraudisten gewichen, was heute vielleicht schwer zu begreifen, aber ideologisch schlüssig ist, weil es zwischen diesen beiden Gefolgschaften keine Kluft gab. General Giraud, Oberbefehlshaber der französischen Streitkräfte, unterstellte seine Arbeit zunächst der Treue zum Marschall und hat diese Verbindung selbst erst im Frühherbst 1943 gekappt.

Nach Beendigung seiner Unterredung mit Pâris bringt François Mitterrand ihn mit »jemandem« in Kontakt, der ihn vor seiner Abreise »auf der anderen Seite« zu sehen wünscht. Dieser »jemand« ist kein anderer als General Frère, der Chef der ORA. Dies wirft ein Licht sowohl auf die Verzahnung zwischen der Gefangenen-Bewegung und der ORA als auch auf die Ebene von Mitterrands Beziehungen zu den noch in Vichy oder in der Umgegend sitzenden giraudistischen Offizieren.

Dank zahlreicher Helfer gelangt Pâris ohne Schwierigkeiten über Madrid, Lissabon und Casablanca nach Algier. Am 3. Mai wird er durch einen Agenten von Oberst Paillole in Casablanca begrüßt. Er sagt, daß er in Vichy durch Morland und General Cahier[11] mit einer Mission betraut worden sei und erklärt statt einer Einleitung: »General Giraud ist in Frankreich der Freund der Kriegsgefangenen. Als Masson in Vichy ins *Commissariat* berufen wurde, haben die Gefangenen und die Flüchtlinge sofort eine durch die Ratschläge des Generals angeregte Bewegung gegen die Kollaboration gebildet...«[12] Dann berichtet er im einzelnen von dem Gespräch, das er einige Tage zuvor mit François Mitterrand geführt hat. Dazu muß man sagen, daß Pâris gegenüber Pailloles Stellvertreter in Madrid bereits dieselben Angaben gemacht hatte. Der Agent der DSR-SM in Marokko sendet die oben zitierte Note an Paillole, und der gibt grünes Licht für die Ankunft von Morlands Gesandtem in Algier.

Die Stadt ist Schauplatz zahlreicher Aktivitäten. Zwischen den Emissären der beiden Generäle, die die *Résistance* und Frankreich zu verkörpern trachten, sind langwierige Verhandlungen im Gange. Am 30. Mai 1943 trifft de Gaulle ein, um zu versuchen, eine Verständigungsebene mit Giraud zu finden. Am 3. Juni wird in Algier das *Comité français de libération nationale*, CFLN, das Komitee für die nationale Befreiung, ins Leben gerufen, dem beide Generäle gemeinsam vorsitzen.

Die Giraudisten teilen Pâris dem Ersten *Bataillon de choc* zu. Zwei Monate lang wird der Gesandte Morlands in der Handhabung von Sprengstoffen, im Fallschirmspringen bei Tag und Nacht ausgebildet. Im August wird er nach London geschickt, wo ihn der britische Geheimdienst übernimmt. Die erste Zeit verbringt er in einer Art Hausarrest, wird vielfachen Verhören in einer abgelegenen Villa unterzogen und dann Kommandant Lejeune zugeführt, dem Anführer des Aktionsdienstes der ORA, der wiederum der giraudistischen Leitung des Geheimdienstes DSS untersteht. Lejeune schickt ihn auf eine in einem Londoner Vorort gelegene Schule des SOE; dort macht er sich mit allen Schlichen der Gegenspionage vertraut, »wiederholt« Sabotagetechniken, führt geheime Landungen durch. Er teilt die Stube mit dem Vorkriegs-Automobilchampion Robert Benoît. Sein Codename für die Briten ist »Bellringer«[13].

Während die Bewegung »Pin'Mitt'« ihre Bande zu den Giraudisten knüpft, geht Morland neue Verbindungen ein. Seit Anfang März 1943 verkehrt er mit den wichtigsten Chefs der inneren *Résistance*. Die drei großen Widerstandsbewegungen der Südzone – *Combat*, *Libération* und *Franc-Tireur* – haben soeben General de Gaulle als Chef anerkannt und haben sich in den MUR, den *Mouvements unis de résistance*, den vereinigten Widerstandsbewegungen, zusammengeschlossen, und die Militäreinheiten dieser Bewegungen sind in die AS, *Armée secrète*, die geheime Armee, eingetreten. Henri Frenay, der Anführer von *Combat*, leitet die MUR.

»Bernard«, eine Jüdin, die als Verbindungsagentin zwischen Mitterrand und Frenay dienen wird, übermittelt Morland ein Treffen im Bahnhof von Perrache, das von aufwendigen Vorsichtsmaßnahmen begleitet wird. Auf dem Bahnsteig findet Morland sich Auge in Auge mit »Lahire« wieder, der kein anderer ist als sein alter Kumpan Bénouville. »Wie, du bist es!«[14] Das Geheimnis ist gelüftet... Begleitet von Jacques Baumel (alias Rossini) bringt Bénouville Mitterrand an ein unbekanntes Ziel. Morland findet sich schließlich im Hinterzimmer eines Bistros in Charnay-lès-Mâcon in Anwesenheit des MUR-Chefs Henri Frenay und seiner Mitarbeiterin Bertie Albrecht wieder.

»Frenay ist der bedeutendste Résistancechef, dem ich begegnet bin.«[15] Wenn François Mitterrand von dieser Persönlichkeit spricht, kommt er nicht umhin, auch von dem außergewöhnlichen Gefecht mit Jean Moulin und dem Konflikt zwischen innerer *Résistance* und äußerer *Résistance* zu erzählen. Er glaubt, daß dieses Thema nie richtig dargestellt worden ist. »De Gaulle war von Anfang an auf Eroberung der Macht aus. Er hat alle großen Chefs, die einen Schatten auf ihn hätten werfen können, in Algier festgehalten. Die Gaullisten waren geradezu versessen darauf, alle Widerständler im Inneren auszuschalten, die politisch nicht zuverlässig waren...«[16] Bei allen unseren Begegnungen kam dieses Thema wieder zur Sprache. In dieser Hinsicht teilt er ganz die Ansichten, die Frenay am 8. April 1943 in einem Brief an Jean Moulin[17] äußerte:

»... Jeder weiß, daß General de Gaulle und die FFC ihre Hauptkraft aus dem französischen Widerstand, organisiert oder nicht, beziehen. Die Widerstandsbewegungen haben sich spontan dem General angeschlossen, und es ist die Spontaneität ihres Beitritts, die seine ganze Bedeutung ausmacht...

Nun erleben wir gerade in diesem Augenblick, und zwar ein bißchen wegen der Londoner Agenten, einen Versuch zur Verbeamtung der *Résistance* ... Wenn wir in der einen oder anderen Sache Meinungen äußern, die nicht genau denen entsprechen, die uns aus London errreichen, regen Sie sich auf und bezichtigen uns des Treuebruchs. Sie scheinen zu verkennen, wer wir wirklich sind, nämlich eine Streitkraft und eine Vereinigung revolutionärer Kräfte... Wir betrachten uns, wenn Sie so wollen, ein wenig wie eine Partei, die eine Regierung unterstützt, aber deshalb nicht ihrem Befehl untersteht.«

Das Treffen zwischen Frenay und Mitterrand verläuft positiv. Frenay hat keine Probleme mit Mitterrands vermeintlichem Vichysmus, da er in diesem Punkt die Voreingenommenheiten der Gaullisten nicht teilt. Er hält den jungen Mann für ehrgeizig und unerschrocken, für kampfbereit und fähig, die offizielle Gefangenen-Organisation der Vichy-Regierung zu unterwandern, also der *Résistance* große Dienste zu erweisen. Mitterrand erläutert ihm die Untergrundarbeit, die er zwecks Unterwanderung der von Vichy aufgebauten Strukturen für die aus Deutschland repatriierten oder geflüchteten Gefangenen durchführt, und bittet um die Hilfe von *Combat*. Frenay kennt die Bewegung *Prisonniers* bereits durch Michel Cailliau: *Combat* hat ihr ja bereits einige bescheidene Finanzmittel zukommen lassen. Er weiß von den Unstimmigkeiten zwischen Cailliau und Mitterrand; letzterer erscheint ihm »als ein intelligenter und kultivierter Mann. Schlank, elegant gekleidet, mit wachem Auge« und mit einem Lächeln, das Frenay beunruhigt, weil es ihn doch an »das von d'Astier«[18] erinnert.

Diese lange nach den Ereignissen geschriebenen Zeilen scheinen nicht ganz wirklichkeitsgemäß. Frenay war gleich beim ersten Treffen von Mitterrand überzeugt und ergreift fortan im Kampf gegen den Neffen des General de Gaulle seine Partei. So setzt er sich im Koordinationsausschuß der MUR für dessen Sache ein und erreicht, daß er sich seinem Wunsch, der Bewegung Morlands zu helfen, anschließt.

Aus den Reihen der MUR wird Claudius-Petit beauftragt, mit Morland Kontakt zu halten und zu versuchen, die Aktivität der beiden in die gleiche Richtung arbeitenden Bewegungen zu koordinieren. Das erste Treffen zwischen Morland und Claudius-Petit im Juni 1943 verläuft nicht ohne Probleme: Morland versagt es sich nicht, ihm zu erklären, daß an der *Révolution nationale* nicht alles zu verwerfen sei, zum Beispiel die korporativen Berufsverbände...[19]

Frenay beschließt dennoch, Morland zu übernehmen und gleichzeitig zu versuchen, ihn mit Cailliau/Charette zu versöhnen. Ende Juni lädt er die beiden Männer vor das Leitungskomitee der MUR, ohne daß der eine vom anderen weiß. Auch hat er, um jeglichen Zwischenfall zu vermeiden, Claudius-Petit zuvor nicht in Kenntnis gesetzt. Die Versammlung findet am Morgen in Lyon statt. Frenay führt den Vorsitz, Beisitzer sind Claude Bourdet, Jacques Baumel und Pascal Copeau. Charette kommt als erster. Er ist schwer gekränkt, als er erfährt, daß auch Mitterrand geladen ist, und wirft sich in eine heftige Schmährede über dessen Beziehungen zu Vichy, seine Gesinnung usw. Wie es seine Gepflogenheit ist, kommt Morland zu spät.[20] Frenay versucht, das Verhältnis zwischen den beiden feindlichen Brüdern zu bessern, »vergißt« aber, sehr zu Charettes Verdruß, über den Gaullismus zu sprechen. Auch ist Charette ungehalten, daß Frenay Morland nicht auffordert, seinem Antikommunismus einen Dämpfer aufzusetzen. Der Anführer der MUR hat bereits zwischen den zwei Männern gewählt, verlangt ihnen aber dennoch ab, sich zu einigen.

Am Nachmittag hält Morland in Lyon eine Sitzung des Leitungskomitees seiner Bewegung ab. Er hat Frenay eingeladen, daran teilzunehmen. Dieser schickt Claude Bourdet, der nicht lange bleibt, aber ein Gespräch unter vier Augen mit Jacques Bénet führt und ihm eine einmonatige Schulung in der Isère, im Belledonne-Massiv vorschlägt.

Etwa zwanzig Personen wohnen dieser Versammlung bei, darunter Morland, Pinot, Bénet, Montjoie und einige Leiter von *Maisons du prisonnier*. Am selben Abend finden sich ein paar wichtige Mitglieder der Bewegung Cailliau zu einem Abendessen zusammen, zu dem sie jemanden hinzugeladen haben... Morland! Trotz aller Gegensätze wird beschlossen, die Verbindung zwischen den beiden Bewegungen zu halten: Einmal monatlich sollen zwei oder drei Angehörige der jeweiligen Bewegungen zu einem Essen zusammenkommen und versuchen, eine gemeinsame Front zu bilden. Aber seit dem Morgen hat Charette begriffen, daß seine Zukunft bei der inneren *Résistance* kompromittiert ist: auf Betreiben Fernays hat sich das Leitungskomitee der MUR im Konflikt zwischen den beiden Männern für Morland entschieden. Daraufhin beschließt der Neffe de Gaulles, nur noch die gaullistische Karte zu spielen, in das BCRA einzutreten und sich dem Urteil seines Onkels in Algier zu überantworten (bei dem er nach einem Abstecher über London Ende Juli eintreffen wird).

Seit Februar 1943 unterhält Morland auch Beziehungen mit den Freunden von Bernard de Chalvron, den Widerstandskämpfern Emmanuel d'Astier, Nègre und Rollin vom NAP und vom Super-NAP.

Bildet die Verbindung zwischen Morland und Jean-Paul Martin eine eigene Linie des »Sterns«? Wahrscheinlich. Martin ist ein wichtiger Informant Morlands im Innenministerium, wo René Bousquet das Amt des Generalsekretärs der Polizei innehat. Jean Martin, großgewachsen, blond, helläugig und mit einem etwas geheimnisvollen Anstrich, wurde am 31. Dezember 1913 geboren; er ist Science-Polytechnique-Absolvent und Jurist. 1943 bekleidet er das Amt des Büroleiters beim Generaldirektor der *Police nationale,* Henri Cado, und hat in dieser Eigenschaft seinen Anteil an der antijüdischen Politik, bei voller Kenntnis dessen, was die Polizei in Vichy tat.[21] Cado und Martin sind eng befreundet. Cado ist der wichtigste Mitarbeiter von Bousquet. Morland hat Martin auf Vermittlung von André Magne kennengelernt. Ist es die gemeinsame Vorliebe für die Kultur, die die beiden Männer zusammenbringt? Sie ist sicherlich ein wichtiger Aspekt ihrer Beziehungen.

Martin gilt bei der Bande, die sich um Morland tummelt, bei Bénet, Chigot, Magne, Pilven, Munier und Ginette Caillard, als zuverlässiger Freund. Er ißt häufig mit Pierre Chigot im *Hôtel de Tours* zu Mittag. Für die Untergrundaktivitäten der Bewegung leistet er wertvolle Hilfe. Er liefert amtliche Stempel, echte falsche Ausweispapiere für bedrohte oder geflohene Kameraden. Aber er übermittelt auch Auskünfte über die Gefahren, die über diesem oder jenem schweben... Hat dieser »Maulwurf« Morland im Einvernehmen mit Cado und Bousquet unterrichtet? Es ist schwer vorstellbar, daß es hätte anders sein können.

»Zwei Männer haben in meinem Leben gezählt: René Bousquet und François Mitterrand«, sagte Jean-Paul Martin am Ende seines Lebens. Gehen die Gerüchte über die Beziehungen, die François Mitterrand in der Vichy-Zeit zu René Bousquet unterhalten haben soll, auf seine Verbindung mit Martin zurück?

François Mitterrand spricht ohne jede Verlegenheit von seinem Freund Martin und von Bousquet und weicht den Fragen nicht aus[22]. Er erwähnt zunächst Martin, »sein goldenes Herz«[23], die vielfältigen und großen Dienste, die er der Bewegung der ORA erwiesen hat, und sein mehrjähriges Exil in Schweden[24] nach der Befreiung. »Martin hatte die Säuberung sehr zu schaffen gemacht. Er war ein integrer Beamter, der dem französischen Staat gedient hat.«[25] Er präzisiert, daß er ihn in seinen Arbeitsstab aufnahm, als er unter der IV. Republik zum Innenminister ernannt wurde: »Die SFIO hat mich deswegen stark kritisiert.« Bousquet habe er, nachdem dieser 1949 vom Sondergericht freigesprochen worden war, über Martin kennengelernt. François Mitterrand unterstreicht, daß alle Taten, die Bousquet heute vorgeworfen werden, durch die nach der *Libération* eigens zur Urteilsfindung über die Vichy-Verantwortlichen geschaffene Sondergerichtsbarkeit untersucht worden seien und daß er damals freigesprochen wurde.[26] Er bezieht sich, ohne es ausdrücklich zu sagen, auf die Rechtskräftigkeit des ergangenen Urteils.

Es ist offenkundig, daß François Mitterrand die Eröffnung eines neuen Prozesses gegen René Bousquet wegen Verbrechens wider die Menschlichkeit ablehnte…[27] Hat er in den Prozeß von 1949 eingegriffen? Nicht direkt, doch er stellt klar: »Martin konnte sagen, daß Bousquet der *Résistance* große Dienste erwiesen hatte, und sich dabei auf mich stützen.« Er gibt zu verstehen, daß Martin bei seinen Untergrundaktivitäten wahrscheinlich »gedeckt« worden war.

François Mitterrand spricht ohne Widerwillen von René Bousquet: »Er war nicht der fanatische Vichy-Anhänger, als den man ihn hingestellt hat… Er war ein Mann von außergewöhnlichem Format. Ich fand ihn eher sympathisch, direkt, fast derb. Ich traf ihn gern. Er hatte mit dem, was man ihm nachsagte, nichts zu tun. Er vermochte um sich herum einen wahren Freundschaftskult aufzubauen. Bousquet hatte großen Einfluß auf die Präfekturbehörde.« Er nennt mir Namen enger Bekannter von Martin und von Bousquet, als wünsche er, daß andere als er mir weitere Auskünfte über Bousquet erteilen. Er gibt mir insbesondere die Adresse von Yves Cazaux, der ihm nach der Ermordung Bousquets einen sehr traurigen Brief geschrieben hat. Als ich ihn telefonisch erreiche, steht Cazaux der Sinn tatsächlich nach nichts anderem, als von seinen beiden Freunden zu sprechen.

Die Äußerungen des Präsidenten, die ich ihm übermittle, überraschen ihn kaum: »François Mitterrand ist ein treuer Freund, und sein Urteil über die Menschen wandelt sich nicht nach den Umständen.« Er selbst hat Bousquets Tod als Trauerfall erlebt, der ihm sehr naheging. Er war auch befreundet mit Jean-Paul Martin, durch den er François Mitterrand kennenlernte. Cazaux, ehemaliger Präfekt der Nièvre und heute Schriftsteller, ist zweifellos der am besten geeignete Mann, um über die Beziehungen zwischen Martin, Bousquet und Mitterrand zu sprechen.[28]

Bousquet hat er 1934 im Innenministerium kennengelernt, als dieser die Zentralkartei aufbaute und er selbst der Direktion der Ausländerbehörde zugeteilt war. »Wir begegneten uns und waren uns auf Anhieb sympathisch. René war sehr direkt, sehr offen, sehr kameradschaftlich, aber nicht mit jedermann…« Cazaux nahm danach Jean-Paul Martin ins Innenministerium auf. Trotz dessen verschwiegenen Charakters schlossen auch diese beiden Männer eine solide Freundschaft, die auf der gemeinsamen Vorliebe für Kultur und Dichtung fußte: »Martin war sehr gebildet.« Zu Bousquet, Martin und Cazaux kommen dann noch Henri Cado und Jacques Saunier. Diese Männer bleiben für immer Freunde, und die vier letztgenannten werden Bousquet jenen »Freundschaftskult« erweisen, von dem François Mitterrand spricht.

Der überzeugte Republikaner Cazaux, dessen Vater, ein Gaullist der ersten Stunde, in Vals-les-Bains verhaftet und interniert worden war, traf seine Freunde in Vichy wieder. Diese ließen nichts unversucht, um seinem Vater zu Hilfe zu kommen. Er selbst trat in Pailloles *Travaux ruraux* ein, fand aber weiter die Unterstützung seiner Freunde. Er ist der Ansicht, daß Bousquet in dieser Zeit getan hat, was er konnte: »René wußte, daß das, was er machte, sehr gefährlich war. Eines Tages sagte er mir, daß keiner seinem Schicksal entkomme, und seines sei es, das zu tun, was er für seine Pflicht halte: dort zu bleiben, wo er war, und seine Arbeit so gut wie möglich zu erledigen. Er sagte, wenn er seinen Platz räume, werde er einen Nachfolger haben, der ein grausamer Mann sei… Das traf auf Darnand zu, den Chef der Miliz. René offenbarte mir, daß Jean-Paul Martin als Mittler zwischen ihm und der *Résistance* diene. Er sagte mir, man habe ihm die Frage der Hinrichtung einiger wichtiger Deutscher, namentlich Olbergs, angetragen. Er hatte geantwortet: ›Das ist Wahnsinn! Ich kenne seine Schwächen, ich kann ihn weitgehend manipulieren. Wenn er umgebracht wird, wird man mir einen Kerl hinsetzen, den ich nicht kenne…‹ Ich bin davon überzeugt, daß René um die Beziehungen wußte, die zwischen Martin und Mitterrand bestanden. Es gab zumindest indirekte Beziehungen zwischen Bousquet und Mitterrand.«

Trotz der großen Freundschaft, die er für Martin hegte, war Cazaux höchst verwundert, als er erfuhr, daß Jean-Paul sich bereit erklärt hatte, seit Anfang 1944 im Büro von Lejeune, dem Staatssekretär im Innenministerium, zu arbeiten. Er hielt ihm damals vor, wie gefährlich das war: »›Ich bin ins Kabinett Lejeune eingetreten, um einem jungen Mann den Rücken zu decken, den ich besonders schätze und der eine große Karriere machen wird. Er hat mich gebeten, diesen Posten anzunehmen‹, entgegnete mir Martin. Dieser Mann war Mitterrand.« François Mitterrand für seinen Teil weist diese Behauptung zurück.

Ebenso habe Martin ihm während der Okkupation von der Hilfe erzählt, die er für Mitterrand und dessen Bewegung leistete: Er half ihm bei der Aufnahme der geflüchteten Gefangenen, lieferte ihm Lebensmittelscheine, echte falsche Papiere, Auskünfte. »Martin hat Mitterrand wirklich sehr geholfen«, schließt Cazaux, ehe er hinzufügt: »Nach dem Freispruch für Bosquet und seiner Entlassung – in der Urteilsbegründung des Sondergerichts[29] wurde gesagt, daß Bousquet auf aktive und nachhaltige Weise am Widerstand gegen die Besatzer teilgenommen hatte – hat Martin Bousquet und Mitterrand miteinander in Kontakt gebracht. Die beiden Männer schätzten einander und haben sich später wiedergesehen. Doch diese Wertschätzung kam durch

Martin, den Mitterrand sehr mochte. Martin gehörte im übrigen François' Arbeitsstab an, als dieser Innenminister war. Auch ich gehörte ihm an... Es war Martins freundschaftliche Zuneigung zu Bousquet, die zu der besagten Begegnung und Wertschätzung geführt hat... Ich habe an einem Privatdiner bei den Mitterrands teilgenommen, zu dem auch Martin und Bousquet eingeladen waren.«

Um die Intensität der Beziehungen zwischen Mitterrand und Martin zu veranschaulichen, berichtet Cazaux von dessen letzten Tagen und seinem Tod am 12. Dezember 1986:

»Mit Jean-Paul ging es zu Ende. Er war wahrscheinlich von der Alzheimerschen Krankheit befallen und war blind. Danielle Mitterrand gelang es, ihm ein Zimmer in einem Altersheim zu besorgen... Martin stirbt. René ruft mich an und teilt mir Jean-Pauls letzten Willen mit: Er wolle in einem Massengrab beerdigt und von niemandem zum Friedhof geleitet werden. ›François Mitterrand hat mir soeben ausrichten lassen, er habe doch einige Freunde bei seiner Beisetzung dabei haben wollen: vor allem dich, mich, Georgette Elgey, Huguette Dangelzer‹, sagte mir Bousquet. René und ich trafen uns auf der Avenue Mirabeau. Ich frage ihn, ob François kommen werde. René sagt mir, er glaube nicht, da Mitterrand an diesem Tag sehr ausgelastet sei, vor allem, da er Besuch von zwei Staats- oder Regierungschefs habe. Um 10 Uhr 20 betreten wir die Leichenhalle. Der Sarg ist mit einem schwarzen Tuch bedeckt. Ein paar Freunde von Jean-Paul sind versammelt.

Um Punkt 10.30 Uhr trifft Danielle ein, gefolgt von François. Sie schließen sich uns an und teilen an alle eine rote Rose aus. Der Präsident bittet darum, den Sarg zu öffnen. Er beugt sich hinab. Er betet, so scheint mir. Er ist in einem Zustand tiefer Bewegung. Er legt eine Rose nieder und lädt jeden ein, es ihm nachzutun. Er bittet darum, den Sarg zu schließen. Die Leichenträger wollen wieder das schwarze Tuch auflegen. ›Nehmen Sie das weg und holen Sie eine Trikolore‹, murmelt der Präsident. Die Leichenträger finden eine Trikolore und bedecken den Sarg damit. Sie schieben den Sarg in den Leichenwagen, der sich ohne uns auf den Weg zum Friedhof macht. Der Präsident hat, wie man mir sagte, das Nötige veranlaßt, damit Jean-Paul an einer gesonderten Stelle am Rand des Massengrabs beerdigt wurde...«

Dem Präsidenten lag daran, mir am 1. Juli 1994 ein weiteres Mal von Jean-Paul Martin zu erzählen: »Er hat seine Todesanzeige für *Le Monde* aufgesetzt. Er entlehnte einen Satz von Rostand: ›Nichts, es gibt nichts danach...‹ Er war vollkommen allein. Er hatte seine Mutter verloren... Er war ein treuer Freund. Liebesaffairen hatte er nie. Er flüchtete sich in die Kultur. Am Ende seines Lebens war er von hoffnungsloser Traurigkeit. Er las Partituren und hörte die Musik... Ein liebenswerter Freund.«

Martins Todesanzeige wurde am 20. Dezember 1986 in *Le Monde* veröffentlicht: »Keine Feierlichkeiten haben die Beisetzung begleitet. Beileid ist nicht zu bekunden. So war es sein Wille. ›Ein Leben nach dem Tod zu behaupten heißt, gegen die Vergänglichkeit des Menschen zu lästern.‹ Jean Rostand.«

Noch ein Name, den François Mitterrand äußerte, als er mir von René Bousquet erzählte: Jacques Saunier, *Inspecteur général* der Verwaltung. Ich treffe ihn.[30] Nachdem er den Verlauf seiner Karriere im Innenministerium geschildert hat, bekräftigt er: »Zwei Männer haben in meinem Leben gezählt: François Mitterrand und René Bousquet.« Jedesmal wenn ich den Namen des zweiten ausspreche, werden seine Augen feucht. Er erinnert sich, wie er François Mitterrand im Beisein von Cazaux bei Jean-Paul Martin kennenlernte: »François Mitterrand las uns ein paar Seiten von Malraux vor...« Er erzählt auch, wie Jean-Paul ihn eines Tages um drei Uhr morgens anrief, um ihn zu fragen, ob er einverstanden wäre, mit Cazaux und ihm Mitterrands Arbeitsstab im Innenministerium anzugehören. Er sagte gleich, daß dies ein riskanter Posten sei: Mitterrand war damals schon sehr umstritten.

So baute François Mitterrand weitgehend auf die Mannschaft »Bousquet«, als er 1954 ins Innenministerium berufen wurde: Er machte Martin zum stellvertretenden Leiter des Arbeitsstabs, Cazaux zum technischen Berater, Jacques Saunier zum *chargé de mission*.

Bei einem Mittagessen am 14. Juli 1954, bei dem Mitterrand, Bousquet, Martin, Cazaux und Saunier zusammensaßen, traten die vier letzteren für einen ihrer Freunde ein, Jehan Carayon, der aufgrund eines sehr lückenhaften Berichts »gesäubert« worden war. In einem Inspektionsbericht über die Gefangenen hatte dieser geschrieben: »Es war besser, sie sterben zu lassen, als sie in diesem Zustand zu lassen.« Man hatte nur den ersten Teil des Satzes stehenlassen. Er hatte seinen Posten verloren. Mitterrand forderte die vier auf, ehrenwörtlich zu bezeugen, daß es sich hier um ein Unrecht handelte. Sie taten es. Anderntags unterzeichnete François Mitterrand eine ministerielle Verfügung, durch die Carayon wieder in Amt und Rechte eingesetzt wurde.[31]

Sauniers Erzählungen drehen sich alle um die Freundschaft, die ihn mit Bousquet, Mitterrand und Martin verband, »diesem Saint-Just mit dem goldenen Herzen«: »Am Tag von François Mitterrands Amtsantritt sagte mir Jean-Paul: ›Das ist der schönste Tag meines Lebens. Jetzt kann ich sterben‹… Und Martins letzte große Freude – er war bereits sehr krank – war es, zur gleichen Zeit wie ich, am 11. Oktober 1983, die Offiziersrosette der Ehrenlegion aus der Hand von François Mitterrand verliehen zu bekommen…«

So unterhält Morland, der Mann im Untergrund, Mitte 1943 vielfältige Verbindungen sowohl zu Vichy, im Umkreis des Marschall und des Innenministeriums, als auch zu allen Zweigen der *Résistance,* die einen in Algier, die anderen in London, selbst wenn die, die er zur giraudistischen ORA geknüpft hat, in ideologischer und finanzieller Hinsicht sehr viel bedeutsamer sind als die anderen… Er ist sehr umtriebig. In einem Brief an einen seiner Freunde mit Datum vom 8. Mai 1943 spricht er von einem »Zeitplan, der nur geringe Lücken läßt«. Ständig wechselt er die Identität, den Beruf. Einer seiner Freunde aus der Gefangenschaft, Léopold Moreau, erinnert sich, daß er sich sogar als Kunsthändler ausgab und mit Gemälden unter dem Arm umherreiste.[32]

Im Verband der Gefangenen hat er an Bedeutung gewonnen. Zwar sehen die ehemaligen Angehörigen des *Commissariat* immer noch Pinot als ihren unbestrittenen Chef an, aber der Wunsch des früheren Kommissars, im Schatten zu bleiben, räumt das Feld für die Ambitionen François Mitterrands, der sich dank seiner Verbindungen zur ORA und zur *Résistance* nach und nach als ein Anführer – wenn nicht »der« Anführer – durchsetzt, auch wenn innerhalb der Bewegung die Leitung kollegial bleibt. Seine Stärke rührt, wie wir gesehen haben, von seinem Hang zum Geheimen her und von der vielfältigen Unterstützung, die er zu finden versteht. Die Unterwanderung des *Commissariat* ist ein Erfolg. Paramilitärische Einheiten wurden gebildet. Er verfügt über ein kleines Nachrichtennetz. »Bei alledem fährt er fort, Vichy zu respektieren und Pétain zu folgen, unter dem Vorwand der Notwendigkeit von Ordnung und Autorität...«, erläutert Cailliau/Charette in einer Note des BCRA vom 18. August. Für Morland läuft also alles bestens. Das einzige Sandkorn in seinem Getriebe bleibt nun ausgerechnet der Neffe des Generals, der in diesem Sommer 1943 von London bis Algier von Büro zu Büro läuft, um gegen Pinot und Mitterrand zu intrigieren. Über ersteren äußert er neben anderen Freundlichkeiten [33]:

»Seine Bande zu Vichy sind fest. Seine Mannschaft spielt sich als giraudistisch auf... Er gab zu verstehen, daß er ein Anti-Alliierter und sogar Antigaullist sei... In seinem Geist entwickelt sich die Idee eines militärischen Widerstands hinter General Giraud, weiterhin ist er fest entschlossen, jegliche Zusammenarbeit mit den Gaullisten zu verweigern. Für Pinot heißt Giraud zu folgen, weiterhin dem Marschall zu folgen, denn seiner Ansicht nach steht Girauds Gesinnung der des Marschalls am nächsten. Pinot hoffte, nach Algier zu kommen, um die Gefangenen zu vertreten. M.H.[34] sollte als Emissär losfahren...«

Unerfreuliche Worte entsprechend dem damaligen Klima, aber bei weitem nicht falsch. Ebenso unerfreulich, aber weiter von der Wirklichkeit entfernt sind Charettes Äußerungen über François Mitterrand:

»... Äußerst intelligent und ziemlich diplomatisch. Rechtsextremes Milieu. Einer der Gründer der *Union Pétain* in seinem Lager[35]. François Mitterrand gehört zu einer Gruppe von zwanzig jungen Leuten, die von Petitjean[36] angeführt werden. Er macht in der *Légion* mit, in die er repatriierte Gefangenengruppen hineinzuziehen versucht...«

Am 17. Juli 1943, eine Woche, nachdem er in der Versammlung in der Salle Wagram für Unruhe gesorgt hat, läßt François Mitterrand in einem Brief an einen seiner Vertrauten sein Spiel durchblicken, das er im übrigen kühl und scharfsichtig beurteilt. In einem Auszug aus diesem Brief, den er mir freundlicherweise vorlas, zeigt er einen unerschütterlichen Glauben an seine Kraft und sein Schicksal: »Ich könnte ein Chef nur durch List oder durch Schrecken sein oder dank erbarmungsloser Unmenschlichkeit…« Und weiter schreibt er: »Ich stecke voller Ideen und Vermutungen, und ich habe immer dann das Gefühl, richtig zu liegen, wenn ich den Ablauf der Ereignisse betrachte. Ich kann die Menschen nur im ganzen lieben und beeinflussen. Das Wesen des einzelnen ermüdet mich und bedeutet für mich zu viel Freiraum für Irrtümer oder Nutzlosigkeiten, doch hätte ich eine Masse, ein Volk an der Hand, so weiß ich, daß ich seine Wahrheit, seine Geschichte und seine Motive erkennen könnte. So ist es. Ein sehr unvollständiges und gefährliches Spiel übrigens, denn die Größten unter den Menschen haben wohl den einzelnen geliebt und aus dieser Freundschaft die Tauglichkeit zum Vorbild und zum Befehlen gewonnen… Ich könnte kein Chef nur durch List oder durch Schrecken sein oder durch Erbarmungslosigkeit, doch ich habe Kraft, und man möge mir meine Chance lassen, sie ist des Regierens würdig, das spüre ich…

Dies bedeutet nicht, daß sich mein Privatleben nur darauf erstreckt, nein, tausend Widersprüche sind in mir, wie in allen anderen auch…«

Ein Kommentar erübrigt sich. Allerdings ist diese Persönlichkeit in der Lage, ein paar Stunden, nachdem sie diese Zeilen geschrieben hat, tiefste Verachtung für den jungen Mann zu hegen, der imstande war, derartige Übertreibungen zu Papier zu bringen!

Die Heimlichkeit, mit der Morland und seine Freunde operieren, erschwert die kontinuierliche Durchführung ihrer Pläne. Vor allem, da er weiterhin ein »normales« Leben führt: Er sieht regelmäßig seine Verwandten, seine Freunde und Freundinnen und findet immer die Zeit, mit Mädchen, meist hübschen, auszugehen. Eine davon, »Chou«, die den Bruder von Jean Bouvyer heiraten wird, erinnert sich an ihre Begegnungen mit François, wenn er nach Paris kam: »François war sehr geheimnisvoll. Er betrat keine Häuser. Er ging viel in Parks und Gärten spazieren, und er führte mich ins Restaurant aus. Im August war er sehr betroffen von der Verhaftung eines seiner Kameraden im Quartier Latin…«

# Anmerkungen:

1  Archiv des BCRA.
2  »Debriefing« von Michel Cailliau durch den BCRA, am 18. August 1943.
3  Gespräch mit dem Autor vom 18. März 1994.
4  Gegenwärtig Stadtrat und Bürgermeister von Antibes. Gespräch mit dem Autor vom 31. Dezember 1993.
5  Gespräch mit dem Autor vom 11. März 1994.
6  Die *Armée secrète* wurde im September 1942 auf Betreiben von Jean Moulin geschaffen. Sie umfaßte die paramilitärischen Einheiten der drei wichtigsten Widerstandsbewegungen *Combat*, *Libération* und *Franc-Tireur*.
7  Aussage von Montjoie.
8  SHAT 13 P 15.
9  Gespräch mit dem Autor vom 11. März 1994.
10  François Mitterrands Empfehlungen an Jacques Pâris sind der Note DSR-SM no 321 vom 3. Mai 1943 entnommen, aufgesetzt durch den Offizier, der den Gesandten bei seiner Ankunft in Casablanca »debrieft« hat.
11  Der Schwiegervater von Robert Mitterrand und Schwager von Eugène Deloncle.
12  Aus der bereits zitierten Note DSR-SM no 321.
13  Nach einer Notiz des SOE, im Archiv des BCRA.
14  Gespräch von François Mitterrand mit dem Autor vom 26. Mai 1994.
15  Eine Aussage, die er im Verlauf unserer verschiedenen Gespräche mehrmals bekräftigt.
16  Gespräch mit dem Autor vom 12. Oktober 1993.
17  In: Jean Noguères: *Histoire de la Résistance*, Bd.3, Éditions Robert Laffont, Paris o. J.
18  In: Henri Frenay: *La nuit finira*, Éditions Robert Laffont, Paris 1973.
19  Siehe Éric Duhamels Abhandlung über die UDSR.
20  Der Stimmungsbericht über diese Versammlung beruht auf einer Note von Charette an den BCRA mit Datum vom 18. August 1943.
21  Pascale Froment: *René Bousquet*. Éditions Stock, Paris 1994.
22  Gespräch mit dem Autor vom 26. Mai 1994.
23  Martin stand Mitterrand nahe genug, um zu denjenigen zu gehören, die er zur Pfingstbegehung des Roche de Solutré mitnahm.
24  Nach der Befreiung war Jean-Paul Martin keinerlei Strafverfolgung ausgesetzt. Er wurde vor eine Kommission geladen und einige Zeit bei Streichung seiner Bezüge vom Dienst suspendiert. Vgl. Pascale Froment: *René Bousquet*.
25  Gespräch mit dem Autor vom 1. Juli 1994.
26  »Das Sondergericht, in Erwägung, daß (so bedauerlich das Verhalten von BOUSQUET zu verschiedenen Zeitpunkten seiner Tätigkeit als Generalsekretär der Polizei, und namentlich, als er sich bereit erklärte, bei der Ausführung der Mission DESLOGES behilflich zu sein, auch sein mag) nicht ersichtlich ist, daß er wissentlich geeignete Handlungen begangen hat, die Landesverteidigung im Sinne des Artikels 85 des Strafgesetzbuches zu behindern, und daß infolgedessen sein Freispruch zu ergehen hat; in Erwägung andererseits, daß durch die Zustimmung, in dem durch LAVAL im April

1942 gebildeten Ministerium die Stellung des Generalsekretärs der Polizei auszufüllen, mit welchem Tatbestand er der Rechtsprechung des Sondergerichts unterliegt, er sich des Verbrechens der *Indignité Nationale* [Zusammenarbeit mit dem Feind] schuldig gemacht hat; aber in Erwägung, daß aus der Zeugenvernahme und aus der Verhandlung der Beweis hervorgeht, daß BOUSQUET durch seine Handlungen auf aktive und nachhaltige Weise zum Widerstand gegen den Besatzer beigetragen hat; spricht BOUSQUET René AUS DIESEN GRÜNDEN im Punkt der Beeinträchtigung der Belange der Landesverteidigung frei; erklärt ihn des Verbrechens des Landesverrats für überführt, verurteilt ihn aus diesem Grunde zur Strafe der DÉGRADATION NATIONALE FÜR FÜNF JAHRE [Entzug der bürgerlichen Ehrenrechte], enthebt ihn der Strafe in Anwendung des Artikels 3.4 des Erlasses vom 6. Dezember 1944. Ordnet an, daß die Vollstreckung des vorliegenden Urteils ins Benehmen des Herrn Generalstaatsanwalts gestellt werde. Ergangen und verkündet im Justizpalast zu Paris, am Donnerstag dem dreiundzwanzigsten Juni neunzehnhundertneunundvierzig um 20 Uhr in öffentlicher Sitzung des Sondergerichts.«

27 Am 31. März 1991 wird René Bousquet des Verbrechens gegen die Menschlichkeit beschuldigt, »weil er sich wissentlich zum Mittäter der durch die Vertreter und Agenten der deutschen Regierung vorgenommenen Verhaftungen und Freiheitsberaubungen von staatenlosen oder ausländischen Individuen jüdischer Abstammung gemacht haben soll; weil er sich wissentlich zum Mittäter der Verschleppung Minderjähriger mit Gewaltanwendung in der besetzten Zone und in der freien Zone gemacht haben soll, indem er am 18., 20. und 22. August 1942 Telegramme mit dem Ziel aufgegeben haben soll, die geplanten Verhaftungs-, Internierungs- und Auslieferungsmaßnahmen auf die davon ausgenommenen Gruppen in der freien Zone, insbesondere die Kinder, auszuweiten…«

Wie 1949 behauptete Bousquet, das Vichy-Régime habe die französischen Juden gerettet, indem es die ausländischen Juden opferte. Es erging kein Urteil, da das Verfahren nach seiner Ermordung am 8. Juni 1993 eingestellt wurde.

28 Gespräch mit dem Autor vom 31. Mai 1994.

29 Vgl. unten S. 296 f.

30 Anfang Juni 1994.

31 Diese Begebenheit wurde dem Autor von Carayon, Saunier und Cazaux berichtet.

32 In: Jean Védrine: *Dossiers*, a. a. O.

33 BCRA, Notiz vom 18. August 1943.

34 Es handelt sich sehr wahrscheinlich um Marcel Haedrich.

35 Der Präsident versichert, daß er nicht der Gründer einer »Union Pétain« in seinem Lager war. Ich habe nichts gefunden, was die Behauptung von Charette/Cailliau erhärten könnte.

36 Armand Petitjean, kollaborationsfreundlicher Schriftsteller. Der *Conseil national des Écrivains,* der nationale Schriftstellerverband, belegte ihn 1944 mit Verbot. Er schrieb in *Idées,* der Zeitschrift der Nationalen Revolution in *La Gerbe,* der Zeitung der *Compagnons,* und stand Drieu La Rochelle in der *Nouvelle Revue Française* nahe.

# 19. Kapitel
# Der Giraudist

Im Schutz seiner verschiedenen Tarnmäntel bemüht sich Morland, »seiner« Bewegung Gewicht zu verleihen und ihr Anerkennung zu verschaffen. Pinot und er, die beiden Galionsfiguren, verfolgen aufmerksam das Gefecht, das sich zwischen den beiden Generälen des *Comité français de libération nationale* abspielt. Zwar stehen sie eher auf der Seite der Giraudisten, fürchten jedoch, in eine Falle zu geraten. So schreibt Pinot am 18. September 1943 sowohl an de Gaulle als auch an Giraud:

»Ich habe die Ehre, Sie bei dem Werk der Befreiung und der Erneuerung, dessen Last Sie tragen, der uneingeschränkten Mitwirkung meinerseits sowie der Organisationen, die mir Vertrauen schenken, zu versichern. Ich bin sicher, die Auffassung meiner Kriegsgefangenen getreu wiederzugeben. Die Million Menschen, die das harte Gesetz der Gefangenschaft erlebt haben oder noch erleben, sind fest zum Widerstand entschlossen ... Sie sind Ihnen dankbarer als irgendwer sonst, daß Sie niemals aufgehört haben zu kämpfen und zu hoffen. Sie sehnen sich danach, den Kampf unter Ihrem Kommando wieder aufzunehmen bis zum endgültigen Sieg ...«[1]

Daß die Bewegung verschiedene Verbindungen pflegt, hält Morland nicht davon ab, im Sinn der Giraudisten zu arbeiten. Er hat viel mit den ehemaligen Offizieren der Waffenstillstandsarmee zu tun, die sich dem Befehl General Girauds unterstellt haben, und er hat mehr mit der ORA zu tun als mit den anderen Organisationen. So sind die beiden Personen, die er am häufigsten trifft, Colonel Pfister (Marius) und dessen Frau (Fanny). Für Hauptmann Lejeune, den Giraud Mitte 1943 beauftragt, einen der giraudistischen Leitung der Geheimdienste unterstellten Aktionsdienst aufzubauen, gehört Mitterrand diesem Dienst im Rang eines Majors an. Dies ist einem mit Lejeune unterzeichneten Dokument zu entnehmen, das bei François Mitterrand auf einige Verärgerung stößt, und er erklärt, immer nur ein »Ziviler« der *Résistance* gewesen zu sein. Nachdem jedoch die Verärgerung abgeflaut ist, schließt er letztlich nicht aus, daß »diese Leute« ihn aus einem Klassifikationsbedürfnis heraus als ihren Offizier betracht haben.

Eines also ist gewiß: Die ORA und die Gefangenen-Widerstandsbewegung von Pinot-Mitterrand arbeiten eng zusammen. Unternehmungen werden gemeinsam geplant; Verantwortliche der Bewegung unterstellen sich dem Befehl von regionalen Militärführern; in London (von Lejeune) oder in Algier beschlossene Einsätze werden von der Bewegung ausgeführt; der SOE sendet Waffen über die ORA; die beiden Organisationen unterhalten gemeinsame oder sich ergänzende Verbindungen; die von der Bewegung gesammelten Nachrichten werden der ORA übermittelt.

Es ist nicht verwunderlich, daß die Bewegung von Pinot-Mitterrand für die Gaullisten als »giraudistisch« galt, was aus ihrem Mund ein fast so entehrendes Beiwort war wie »vichytreu«. Auch wenn Charette übertrieben hat, so äußern sich doch auch andere, weniger böswillige, im selben Sinne. André Ulmann, Mitglied in Charettes Stab, verfaßt am 16. Juni 1943 einen Bericht an General de Gaulle über die »attentistische und giraudistische Bewegung von Mitterrand«. Picard, genannt »Sultan«, der sich der Bewegung im Laufe des Jahres 1943 anschloß, hat seine Eindrücke nach dem Krieg geschildert: »Er [Picard] hatte Montjoie gesagt, daß er sich als Soldat betrachte, daß er kämpfen und sich dafür de Gaulle anschließen wolle. Nun gab es in der Südzone viele Giraudisten. Er spürte, daß Mitterrand seine Fühler ausstreckte und abwägte, unter welchem Banner er kämpfen sollte. Diese Geisteshaltung gefiel ihm nicht ganz…«[2]

Das Etikett des Giraudisten war so prägend, daß Morlands wichtigster Verbindungsmann, Colonel Pfister, nach dem Krieg folgendes aussagte:

»Wir werden bis zum Ende leiden unter dem Zwist Giraud/de Gaulle, dem Gegensatz Algier/London, unter dem gewollten und unaufhörlich wachsenden Unverständnis zwischen ›innen‹ und ›außen‹, unter dem Einflußduell zwischen den Vereinigten Staaten und England.

›Giraudisten!‹ warf man uns bis nach der Landung vom Juni 44 als Schmähung an den Kopf! Und doch faßte sich unsere einzige Position seit Mai 1943 in der programmatischen Formel zusammen: ›Wir sind niemandes Prätorianer!‹, womit wir zum Ausdruck bringen wollten, daß wir zwar Soldaten, aber an erster Stelle Bürger waren und uns ganz und gar in die Nation eingliederten.«[3]

Was Pfister hier äußert, trifft sich zu einem guten Teil mit der Sichtweise François Mitterrands. Der Argwohn der *Résistance* gegenüber der ORA fiel natürlich auf die Bewegung »Pin' Mitt'« zurück. Colonel Cogny, ehemaliger Adjutant General Verneaus, einer der Anführer der ORA, sprach ebenfalls von den »zahlreichen Mißverständnissen, die die Entstehung unserer Gruppe begleitet und ihre Entfaltung behindert haben. Wir waren 1943 und 44 für die Leute in London und die der Widerstandsgruppen zu spät Gekommene, kaum von Vichy Genesene. Viele akzeptierten uns als einzelne, aber nicht als Gruppierung, weil diese Gruppierung in ihren Augen einen Mittelweg, einen zwielichtigen Kompromiß, auch einen gefährlichen Konkurrenten darstellte.«[4]

Colonel Passy, Anführer der gaullistischen *Services spéciaux*, bestätigt die Geisteshaltung, die in London vorherrschte: »Diese Organisation, die sich General Giraud anschloß, wurde lange von der *Résistance* boykottiert, sowohl infolge des Mißtrauens, das diese gegenüber der Armee und ihren hohen Kadern hegte […], als auch aufgrund des von Giraud deutlich bekundeten Willens, die sogenannte militärische *Résistance* zu monopolisieren, indem er ihr als Kader Leute der Widerstandsarmee aufzudrängen versuchte.«[5]

Dieses Mißtrauen erklärt sich auch daher, daß Giraud seine Haltung zu Vichy lange Zeit im unklaren gelassen hat. Erst am 6. September 1943 trifft er eine deutliche Anweisung über die Ziele der ORA:

»In den Gesprächen über die Zukunft Frankreichs muß auf folgenden Grundlagen Einigung erzielt werden:
– die Verständigung aller Widerstandsbewegungen im gemeinsamen Wunsch, die Besatzer zu verjagen, ist unser erstes Anliegen;
– *der Marschall darf nach dem Krieg auf keinen Fall eine Rolle spielen. Für die Armee ist er im November 1942 gestorben;*[6]

– jegliche Anspielung auf das Bestreben General Girauds, bei seiner Rückkehr nach Frankreich eine auf die Afrika-Armee gestützte diktatorische Herrschaft zu errichten, ist unwahr und kann nur das Werk von *Agents Provocateurs* sein.«[7]

De Gaulle und seine Getreuen hatten Giraud die Mitpräsidentschaft des CFLN nur als Zwischenschritt auf ihrem Weg zu einer umfassenden Machtergreifung eingeräumt. Sie sahen daher in der ORA, die dem Befehl Girauds unterstand, einen Feind in dieser französisch-französischen Auseinandersetzung. Nach dem 3. Oktober 1943, als de Gaulle alleiniger Chef des CFLN wird, dehnt sich der Kampf zwischen Giraudisten und Gaullisten, insbesondere der zwischen den Geheimdiensten, weiter aus. So kann Morland vom harten Kern der Gaullisten nur mit großem Argwohn betrachtet werden.

Zwar ist er immer mehr auf den Widerstand im Untergrund eingeschwenkt, bleibt aber im wesentlichen seinen Ideen und namentlich seiner Aversion gegen die Kommunisten treu. Als er im Mai 1943 durch die Gegend von Lyon fährt, schlägt Bénet ihm vor, Gagnaire als Kopf der Lyoner Bewegung einzusetzen. »Aber das ist ein CGT-Mann, vielleicht ein gefährlicher Kommunist!« wehrt François Mitterrand zunächst ab. Im Herbst zaudert er lange, den ihm immerhin nahestehenden Roger Pelat mit höheren Verantwortungen zu betrauen, weil er Kommunist ist oder wenigstens der KP nahesteht. Schließlich überzeugt ihn Bénet, und Pelat wird für das Dauphiné zum Kopf der Bewegung ernannt. »Vor seiner Reise nach Algier mißtraute er den Roten mächtig«, schließt Bénet.[8]

Folge des Aufstiegs von Morland-Janus: Bei der Bewegung läuft eine Menge Geld ein, die ausreicht, um Begehrlichkeiten zu wecken. Der kleine Schatz wird zum Anlaß für den ersten Verrat im begrenzten Netz der Ehemaligen aus dem Stalag IX A.

Georges Dobrowolsky hatte Mitterrand und Munier in Ziegenhain kennengelernt und sich auf ganz natürliche Weise im Umfeld Mitterrands in dessen Gefangenen-Bewegung wiedergefunden. »Dobro« war eine bunte Figur, ein Großmaul und Aufschneider, der behauptete, von polnischem Hochadel zu sein. Als er befreit worden war und den »Pétain«-Anzug aus grobem grauem Flanell trug, ließ er sich auf der Terrasse des Pariser Cafés

*De Flore* nieder und machte mit seinem Monokel auf Grand Seigneur... In *Doux Séjour* hatte Biget über ihn geschrieben:

> »Er glänzte in den Hauptstädten /
> von Europa, Asien und anderswo
> mit orientalischer Höflichkeit /
> was für ein liebenswürdiger Herr!«[9]

Dobro kannte einige Geheimnisse der Bewegung. Munier nahm ihn manchmal mit, so auch beim Besuch der Torfgrube von Saint-Laurent-du-Pont im Département Isère, wo Roger Pelat etwa sechzig geflohenene Gefangene befehligte. Beim Besuch dieser Stelle nach Einbruch der Dunkelheit hatte Dobro am Rand einer Grube die Bemerkung gemacht: »Das wird das Katyn der Deutschen sein ...« Kurze Zeit später, nach der Verhaftung mehrerer Kameraden, die den Zufluchtsort der *Villa Pierrette*[10] kennen, wird Dobro beauftragt, das dort versteckte Geld der Bewegung in Sicherheit zu bringen. Er verschwindet. Munier, Pilven und Mitterrand glauben zunächst, er sei von den Deutschen festgenommen worden. Daraufhin trifft sich Mitterrand mit Jean-Paul Martin, dem »Maulwurf« im Innenministerium: Dieser kann nur feststellen, daß Dobrowolsky nicht festgenommen worden ist.

Wenig später erfahren Munier und Mitterrand von Féréol de Ferry, einem in die Bewegung eingetretenen Ehemaligen des »104«, daß er in Pau, woher er gerade kommt, Dobro gesehen habe, »reich wie Krösus«. Dieser habe ihm sogar ein Paar teure Schuhe gekauft. Munier beschließt auf der Stelle, mit Féréol nach Pau zu fahren. Am Morgen des nächsten Tages nehmen die beiden Freunde ihre Ermittlungen auf. Sie treffen dort auf einen Fluchthelfer, der einen gewissen Monsieur d'Alégron getroffen hat (Dobro ließ sich Dobrowolsky d'Alégron nennen). Dieser habe gesagt, er sei Beauftragter François Mitterrands und wolle über Spanien nach Algerien reisen. Schließlich habe der Mann aber von seinem Vorhaben abgesehen und habe Pau verlassen.

Munier fällt daraufhin wieder ein[11], daß er vor etwa zehn Tagen in Vichy mit Dobro, als dessen Sekretär er sich ausgab, in Gesellschaft des Milizionärs und Agenten der Gestapo von Aix-les-Bains Levavasseur und einer gewissen Yvette, Tänzerin im

Casino von Vichy, im Restaurant *L'Oasis* zu Mittag gegessen hat. Dobro behauptete, von Levavasseur interessante Auskünfte bekommen zu können. Munier erinnert sich um so deutlicher an diese Mahlzeit, als ihm wegen der Sympathie, die ihm der Kollaborateur bekundete, sehr unwohl war. Dieser hatte ihm am Ende des Essens sogar seine Visitenkarte überreicht. Dobro muß nach Aix-les-Bains gefahren sein, sagt sich Munier daraufhin und nimmt den Nachtzug Bayonne – Saint-Gervais. Féréol de Ferry kehrt unterdessen nach Vichy zurück.

Am frühen Vormittag sucht Munier Levavasseur in seinem Haus auf. Dieser begrüßt ihn freudig. Der Milizionär ist nicht überrascht, ihn zu sehen, denn Munier ist ja vorgeblich Dobros Sekretär. Er bittet ihn herein und sagt: »Ich erwarte d'Alégron jeden Augenblick, denn wir haben zu tun...«

»Ich bin im *Hôtel de la Gare*. Können Sie mir Bescheid geben, wenn er da ist?« Munier läßt sich im Hotel nieder und schickt folgendes Telegramm an François Mitterrand: »Erwarte, in Kürze M. d'Alégron zu treffen. Erwünschte mir Begleitung. Hôtel de la Gare. Aix-les-Bains.«

Am nächsten Morgen findet sich Munier mit Pilven bei Levavasseurs Villa ein. Munier setzt alles auf eine Karte: »D'Alégron und ich gehören einem Widerstandsnetz an ... D'Alégron hat sich mit dem ganzen Geld der Bewegung abgesetzt.« Überraschung des Milizionärs. »Ah, ich verstehe! Wir sind für nächsten Montag mit dem Chef der Gestapo von Lyon verabredet. D'Alégron wollte ein Widerstandsnetz verraten ... Aber Sie sind mir sympathisch. Im übrigen suche ich schon lange Kontakte zur *Résistance* ... Ich halte zu Ihnen: Ich verhafte d'Alégron, und Sie ermöglichen mir eine Begegnung mit dem Chef Ihrer Bewegung.«

Munier geht auf den Vorschlag ein, um Levavasseur bei Laune zu halten. Er kehrt in sein Hotel zurück, um den Anruf des Milizionärs abzuwarten, der ihm Dobros Ankunft melden soll. Levavasseur ruft ihn kurz vor Mittag an und teilt ihm mit, Dobro werde in Begleitung von Yvette mit dem 16-Uhr-Zug eintreffen. Daraufhin beschließt Munier, erneut Levavasseur aufzusuchen, um die Festnahme zu regeln. Munier bitte ihn erstens, ein Taxi zu besorgen, das kurz vor 16 Uhr vor dem Bahnhof parken soll (die Gestapo kann alles); und zweitens, ihm freundlicherweise einen Revolver zur Verfügung zu stellen (Dobro war unter Umständen bewaffnet). Levavasseur stimmt zu, besteht aber darauf, von einem befreundeten Gestapo-Agenten begleitet zu werden.

Dobro, einen schönen Wildlederkoffer in der Hand, und Yvette, die einen prächtigen Pelz zur Schau stellt, steigen aus dem Zug. Sie werden von Levavasseur in Empfang genommen, der Dobro in Muniers Hotel führt. Yvette macht sich diskret mit dem Wildlederkoffer davon. Sobald die beiden Männer im Hotel angelangt sind, treten Munier und Pilven auf den Plan. Dobro hustet, um seine Stimme freizubekommen:

»Ich freue mich, dich zu sehen…«

»Und ich erst! Ich bringe dich zur Torfgrube von Saint-Laurent.«

»Und wenn ich mich weigere?«

»Du hast keine Wahl«, erwidert Munier, den Revolver in der Hand.

Pol Pilven hat unterdessen mit Mitterrand telefoniert, der wünscht, daß Dobro lebend nach Vichy gebracht wird.

Dann steigen Levavasseur, sein Gehilfe, Pol Pilven, Dobro und Munier in das Taxi, das der Chef der Miliz beschlagnahmt hat, und brechen nach Saint-Laurent-du-Pont auf. Sie erreichen die Torfgrube. Niemand ist da: Es ist Samstag. Mit einem Schulterstoß läßt Munier das Vorhängeschloß der Betriebsbaracke aufspringen, in der alle Platz nehmen. Munier überläßt seinen Revolver Pol Pilven und beschließt, sich auf die Suche nach »Patrice« Pelat zu machen und Verpflegung zu besorgen. Er wird begleitet von Levavasseur, der ihm auf Schritt und Tritt folgt. Munier sucht den Eisenhändler des Dorfes auf, der Chef der Fallschirmmannschaft der Bewegung ist. Kaum sind sie in der Eisenhandlung angekommen, da verkündet der Hausherr: »Wir haben den Code für den Fallschirmabwurf empfangen …«

»Halt doch die Klappe! …«

Patrice ist unauffindbar. Der Eisenhändler schafft Nahrung und etwas zum Lichtmachen herbei. Munier und Levavasseur kehren zur Baracke zurück. Munier läßt Dobro heraustreten.

»Dir ist nicht klar, daß du mit gefährlichen Männer zusammen bist«, stößt dieser hervor.

»Du hast Verrat begangen, dafür wirst du bezahlen!« entgegnet Munier. Die beiden Männer steuern auf den Rand der Grube zu. »Erinnerst du dich, was du mir neulich gesagt hast? ... Du hättest nicht gedacht, daß du der erste Einlieger sein würdest!« sagt Munier streng. Dann versetzt er ihm einen Stoß und sagt: »Aber nicht ich bin es, der dich hinrichten wird.«

Dobro stützt sich auf ihn und bricht in Schluchzen aus.

Die Gestapo-Leute sind ganz verwundert, als die beiden Männer zusammen zur Baracke kommen. Dann fahren alle nach Lyon zurück. Bevor er Levavasseur verläßt, bittet Munier ihn, den Revolver behalten zu dürfen. »Bringen Sie ihn mir mit einer guten Nachricht zurück«, sagt der Milizionär.

Bis der Zug nach Vichy eintrifft, gehen Pilven, Dobro und Munier ins Kino.

In Vichy läßt sich Dobro ohne Schwierigkeiten in die Rue Nationale 20 bringen, wo er auf François Mitterrand trifft. Dieser hat ihn in sein Büro eintreten lassen, jedoch Munier gebeten, das Gespräch von einem Nachbarzimmer aus mitzuhören. Nachdem er Dobros Erklärungen angehört hat, teilt er ihm mit, er habe beschlossen, ihn nach Algier zu schicken, wo er in die Legion einzutreten habe. Dobro akzeptiert diese sanfte Strafmaßnahme mit Erleichterung und borgt sich mit außerordentlicher Kaltblütigkeit von Ginette 5000 France, indem er ihr sagt: »François wird sie Ihnen zurückgeben!« Anschließend zieht er André Bettencourt die gleiche Summe aus der Tasche und bringt es überdies fertig, einen François Mitterrand gehörenden Anzug »auszuleihen«, bevor er den Zug nach Spanien nimmt!

An der Grenze wird Dobro von den Deutschen verhaftet. Er verriet seine Freunde aus der Bewegung nicht und wurde erschossen...

Levavasseur stellt eine Gefahr für die Fallschirmmannschaft dar. Dieses Problem regelt Munier in der Woche darauf, als er allein zu ihm fährt, um ihm, wie versprochen, seinen Revolver zurückzubringen ...

Anfang Oktober hat Jacques Pâris, der Mann, den Morland nach Algier geschickt hatte, seine Lehrzeit in Spionage- und Einsatztechniken beendet. »Aimé« wird nun wieder Lejeune überstellt, der beschließt, ihn bei nächster Gelegenheit über Frankreich abzuwerfen. Er legt ihm seine Mission dar, in der sich abermals die giraudistische Tonart des »Systems Mitterrand« bestätigt:

»Sie gehen nach Frankreich, um dort wieder Kontakt zum Verband der befreiten oder geflüchteten ehemaligen Kriegsgefangenen aufzunehmen, der Sie zur AFN abgeordnet hat, insbesondere zu M. Mitterrand, dem Verbandschef der Südzone.

*Diese Organisation hat sich in allem, was den Militäreinsatz gegen den Besatzer angeht, General Giraud zur Verfügung gestellt. Möglicherweise bekommen Sie durch Mitterrand übermittelte Anweisungen von General Giraud.*[12] Ihre Verbindungen mit London werden über eine Funkstelle erfolgen, die Mitterrand von unseren Freunden bezeichnet worden ist.

Sie gehen nach Frankreich, um die Gruppierungen ehemaliger Gefangener auf der Ebene des militärischen Einsatzes zu organisieren.«[13]

»Aimé«[14] wird zusammen mit Bernard Dilon am 8. November 1943 abgeworfen. Gegen null Uhr dreißig landet er zwei Kilometer nördlich von Lectoure in einem Fluß, dem Gers; das Wasser ist eiskalt. Nach zwanzig Minuten erreichen die beiden Männer das Empfangskomitee. »Aimé« hat 1,7 Millionen Franc und Mikroaufnahmen bei sich.

Zunächst soll er Kontakt mit Mitterrand aufnehmen. Anschließend lautet sein Auftrag, die verschiedenen »Regionen« der Bewegung an die Schutzmacht der militärischen Widerstandsorganisationen rückzukoppeln, für Bewaffnung, Instruktion und Einsatz der Bewegung zu sorgen, Ankunft und Einrichtung eines Funkers vorzubereiten. In Vichy angelangt, gelingt es ihm weder Mitterrand noch einen seiner nahen Mitstreiter zu treffen.

Er begibt sich sofort nach Lyon und setzt sich mit dem Départementchef der Bewegung in Verbindung. Er erfährt, daß François Mitterrand nach der Verhaftung des Generalsekretärs Pol Pilven, der in seinem Domizil in der Rue Nationale wohnte, die Gegend verlassen hat und im Begriff ist, nach London aufzubrechen. Schließlich gelingt es ihm, Morlands Stellvertreter Marcel Barrois, genannt »Bertrand«, zu erreichen…

Noch vor »Aimés« Ankunft hat François Mitterrand beschlossen, daß er unbedingt nach Algier und nach London reisen muß, die Zentren, in denen über die Zukunft entschieden wird, um dort bei den einflußreichen Personen zu antichambrieren. Er fürchtet, daß sonst alle seine Bemühungen umsonst waren.

Wie wir sahen, wurde Anfang Oktober General Giraud, auf den er am meisten gesetzt hatte, bei Wahrung seiner militärischen Befugnisse von der Mitpräsidentschaft des CFLN ausgeschlossen. De Gaulle hat den Kampf gewonnen: Er ist jetzt einziger Chef der *Résistance*. Die Informationen, die Morland über Michel Cailliau zusammengetragen hat, sind unter diesen neuen Voraussetzungen beunruhigend. Charette war am 24. Juli nach London gereist, hatte sich anschließend nach Algier begeben und war erst am 27. Oktober nach Frankreich zurückgekehrt – »Auftrag erledigt«. Gleich bei seiner Ankunft in London Ende Juli trat Cailliau – »rückwirkend« – dem BCRA bei und baute ein Netz auf, das den Namen »Netz Charette« bekam.

In Algier, wo er bei seinem Onkel wohnte, konnte er de Gaulle in aller Ruhe von der Bedeutsamkeit seines Netzes, von seiner wesentlichen Rolle für die Gefangenen und der Schädlichkeit der an Vichy orientierten Bewegung von Pinot und Mitterrand überzeugen. So erwirkte Cailliau vom General die Anerkennung seiner Sammlungsbewegung der Kriegsgefangenen und Deportierten, MRPGD, *Mouvement de Réunion des Prisonniers de guerre et des Déportes*, die sich im vorausgegangenen Frühjahr, nach den »Niederträchtigkeiten«, die ihr Montjoie und Mitterrand zugefügt hatten, vom Verband »Pin'Mitt'« unabhängig gemacht hatte.

Charette hat die grundsätzliche Zusage bekommen, daß seine Bewegung in der *Assemblée Consultative* vertreten sein wird, daß sie als einzige von Algier anerkannt wird und Waffen und Geld erhält. Bei seiner Rückkehr nach Frankreich am 27. Oktober hat Charette einen bequemen Vorsprung gegenüber Morland und seinen Freunden erreicht.

Hat François Mitterrand daraufhin den Rat von Pinot, dem Berater der Bewegung, eingeholt? Gelegenheit dazu hatte er, denn an Allerheiligen findet er sich mit dem *Brain-trust* der ehemaligen Angehörigen des *Commissariat* zusammen, im Haus *Chez Livet* in der Creuse. Pierre Chigot, Jean Védrine, Maurice Pinot sind dort. Man sammelt seine Kräfte; man debattiert endlos über die bereits zur Unterwanderung des *Commissariat* unternommenen Aktionen und die noch durchzuführenden Projekte. Es wird beschlossen, die *Fédération autonome des Centres d'entraide*, FACEA, eine Vereinigung der *Centres*, zu schaffen.

Diese soll für geheime Verbindungen mit den CEA sorgen, die Heimkehrer aus der Kriegsgefangenschaft dazu anhalten, in den *Centres* zu bleiben oder in sie einzutreten, und Kontakte zwischen den Leuten herstellen, die Untergrundaktionen durchführen.

Védrine übernimmt die Verantwortung über die FACEA, die versuchen wird, die Einheit zwischen allen Flüchtlingen, Heimkehrern und Kriegsgefangenenfamilien aufrechtzuerhalten und gegen den Einfluß oder die Übergriffe der Deutschen und Lavals zu kämpfen. Mitterrand regt an, eine Untergrundzeitung zu gründen, die *L'Homme libre* heißen soll. Diese Aktivitäten erweitern die »Unterwanderungstätigkeit« der ehemaligen Angehörigen des *Commissariat*, überlassen es jedoch Mitterrand und dessen eigenen Netzen, die eigentlichen »Widerstands«-Einsätze zu führen.

Bei dieser Versammlung in kleiner Runde spricht Mitterrand nicht von seinen Beziehungen zur ORA und sagt auch nicht, daß er nach London und Algier reisen will. Dabei handelt es sich um einen entscheidenden Beschluß, nicht nur für ihn persönlich, sondern für alle, die mit ihm zusammen den Gefangenen-Verband gegen Laval und die Besatzer verteidigen. Weiß er, daß Pinot, die Galionsfigur der Bewegung, beschlossen hat, Marcel Haedrich nach London zu entsenden?

An Allerheiligen gibt er im Schutz seines Zimmers im *Chez Livet* einem seiner engsten Bekannten sein Geheimnis preis. Er läßt seine Entscheidung anklingen, demnächst nach London abzureisen:

»Ich lauere auf die Zukunft und bereite mich mit Leib und Seele darauf vor, das Jahrhundert mitzugestalten.

*Ich bin hier mit drei Freunden, um eine Pause einzulegen. Seit Monaten hetze ich durch Frankreich. Wir spielen Versteck ...* Irgendwann muß man aus dem Schatten treten, um dorthin zu gehen, wo alle Wege hinführen. *Selbstverständlich gibt es bei den Spielen, die ich betreibe, Gefahren.* Menschen glauben an mich, und ich habe Angst um sie. Ich glaube an niemanden, und das läßt mich Angst um mich haben, aber die Fährte ist aufregend, *die Fortschritte beträchtlich, und über meine Suche hinaus gibt es das, was man taktische Politik und Strategie nennt, ein Menschenspiel und eine Einsicht in die Dinge, die mich in ihren Bann schlagen und entzücken*[15]... Meine Existenz ist eine doppelte oder dreifache ...«

Mit dort, »wo alle Wege hinführen«, ist Algier gemeint, wo de Gaulle und Giraud sitzen. Mit Unterstützung der ORA, insbesondere durch Oberst du Passage und General Revers höchstpersönlich, hat Mitterrand sich nach der Verhaftung von General Verneau selbst zum Chef der ORA bestimmt.

Während die vier ehemaligen Mitarbeiter des *Commissariat* in der Creuse diskutieren, entdeckt die Gestapo Roussels Abteilung für falsche Papiere und verhaftet Pierre Duntz[16], Robert Vanhaeghe[17] und zwei weitere Kämpfer[18]. Die Festnahmen erfolgen, nachdem in Paris Serge Miller[19], ein weiterer Angehöriger der Dokumentenfälschungswerkstatt, verhaftet worden war. Diese erste Verhaftungswelle in der Gruppe Mauduit-Pinot-Mitterrand spricht dafür, daß sie seit einigen Monaten höchste Aktivität entfaltet haben muß.

Die muskulösen Gestapo-Ermittler brauchen nicht lange, um auf die Existenz des Schlupfwinkels in der Rue Nationale und auf den Namen François Mitterrands zu stoßen. Besorgt wegen der jüngsten Festnahmen, fragt Pol Pilven am Abend des 10. November 1943 bei Jean-Paul Martin, dem Informanten der Bewegung im Staatssekretariat des Innenministeriums nach, ob das Versteck in der Rue Nationale »aufgeflogen« sei. »Alles ist friedlich«, versichert Martin.

Nach der Versammlung in der Creuse ist François Mitterrand nach Paris gefahren, um seine Abreise vorzubereiten. Dort trifft er Bénet, der seit ein paar Monaten an der Ausdehnung der Bewegung auf die Nordzone arbeitet. Zunächst stützt er sich dabei auf seinen Freund Robert Antelme, dessen Frau Marguerite (die spätere Marguerite Duras) und dessen Schwester Marie-Louise. Etwas später stößt Georges Beauchamp zu der Gruppe in der Rue Dupin ... Mitterrand gibt Bénet letzte Anweisungen und nennt ihm seine Kontakte in Paris: Pascal Copeau, Verdier und Pierre Hervé. Er teilt ihm mit, daß Marcel Barrois ihn in der Südzone vertrete. Überzeugt von der Bedeutung dieser Reise, erklärt François Mitterrand seinem Ex-Kameraden aus dem »104«: »Sollten wir es nach dem Krieg zu etwas bringen, so merke dir von jetzt an: Man muß sich ein Profil geben. Auch Lenin und Trotzki haben für ihre Ausstaffierung gesorgt.«[20]

Während seines Parisaufenthalts trifft Morland auch André Bettencourt, den er ausführlich über seine bevorstehende Abreise nach London ins Bild setzt. Er bittet ihn, der die Londonreise wahrscheinlich veranlaßt hat, um Schutz für seine Zusammenkünfte mit General Revers, den Anführer der ORA ... Bettencourt folgt den beiden Männern im Abstand von zwanzig Metern.

Bettencourt[21] erinnert sich auch an ein Abendessen mit Pinot, Mitterrand und François Valentin in Paris, in einem kleinen Restaurant unweit des Invalidendoms: »Ich hatte einen Riesenbammel, weil in dem Raum Deutsche waren und nach mir gefahndet wurde. Mitterrand war sehr ruhig und sagte mir, es sei nichts zu befürchten... Wir übermittelten Texte von Valentin nach London...«

François Valentin ist mit Mitterrand seit Juli 1942 in ständiger Verbindung geblieben. Beide haben sich immer enger an die ORA angeschlossen und ähnliche Entwicklungen durchgemacht. Für den dritten Jahrestag der *Légion* im August 1943 hatte Valentin eine Erklärung aufgenommen, die vom BBC ausgestrahlt wurde:

»... Bis zu Pierre Lavals Rückkehr an die Macht war ich der Generaldirektor der *Légion*. In dieser Eigenschaft, und was auch immer meine Absichten waren, habe ich vielleicht dazu beigetragen, gute Franzosen, Legionäre oder keine, über ihre Pflicht zu täuschen. An sie möchte ich diesen Aufruf richten, um endlich mein Gewissen zu erleichtern ... Ein Schrei des Zorns erhebt sich aus unseren Herzen, wenn wir einen Blick auf den seit drei Jahren zurückgelegten Weg werfen, uns an unsere damaligen Hoffnungen erinnern und feststellen, wohin wir von Absturz zu Absturz, von Maßnahme zu Maßnahme, von Lüge zu Lüge, von Feigheit zu Feigheit geführt worden sind. Und doch konnte es nicht anders sein: *Unser Irrtum war zu glauben, daß man ein Land wieder aufrichten könne, bevor man es befreit. Man baut kein Haus wieder auf, während es noch in Flammen steht...«[22]

Im zweiten Halbjahr 1943 hätte François Mitterrand wahrscheinlich die gleichen Sätze aussprechen können...

Am 11. November um sieben Uhr morgens durchsuchen Gestapo-Leute unter dem Befehl von Geissler in der Rue Nationale 20

François Mitterrands Wohnung und Büro in Vichy. Pol Pilven schläft in seinem Bett. Er wird festgenommen, ebenso Renaud, der Hausbesitzer. Die Gestapo versäumt, einen kleinen Verschlag zu öffnen, in dem Ginette Caillard schläft. Jean Munier, gleichfalls in der Wohnung, entkommt durch einen Fenstersprung aus dem zweiten Stock in einen Nachbarhof. Die Gestapo war gekommen, um François Mitterrand zu holen.

Als die Nazi-Polizisten gegangen sind, halten Ginette Caillard und Jean Munier Wache, um zu verhindern, daß Kameraden bei Mitterrand anklopfen. Sie sind äußerst besorgt um ihn, der im Laufe des Tages nach Vichy zurückkehren wollte. Sie müssen ihn auf jeden Fall davon abhalten, seine Wohnung aufzusuchen. Zu diesem Zweck mobilisieren sie Fanny, die Frau Pfisters – eines der Verbindungsmänner Mitterrands in der ORA – und ihre beiden Töchter. Pfister selbst, Ginette und Munier begeben sich zum Bahnhof. In einem Waggon sehen sie Mitterrand in Begleitung von André Bettencourt, beide im Begriff auszusteigen. Ginette und Jean stürzen in den Waggon. Die vier fahren bis Clermont-Ferrand. In Clermont begeben sie sich sofort zu Madame Bouilleur, einer betagten Freundin von Bettencourt, die sehr nett, aber über diesen einigermaßen ungelegenen Besuch erschrocken ist. François Mitterrand, noch immer damit beschäftigt, seine Abreise nach London und Algier vorzubereiten, schreibt körbeweise Briefe, die Ginette nach und nach tippt…

Unterdessen wird Pol Pilven von der Gestapo verhört, die den Namen »Morland« kennt. Die zwei Verhöre, denen er unterzogen wird, beziehen sich ausschließlich auf den letzteren. Pilven wird in Moulins verhaftet, von wo er nach Compiègne, dann nach Buchenwald und Dora verbracht wird. Auch Renaud wird deportiert und kehrt nicht zurück.

Besorgt über das Los von Pilven und Renaud, beschließen Morland, Bettencourt und Munier, ihren Schlupfwinkel in Clermont zu verlassen. Zielort: Vichy. Sie möchten versuchen, ihre beiden Kameraden zu retten. Auch müssen sie in der Rue Nationale einen kleinen Holzkasten bergen, in dem Mitterrand Privatkorrespondenz und verschiedene kompromittierende Papiere versteckt hat. Während François an der Straßenecke Wache schiebt, gelingt es Munier, den kostbaren Kasten, den die Gestapo-Leute nicht gefunden hatten, an sich zu nehmen. Jean-Paul

Martin, von Ginette alarmiert, trifft sich mit Mitterrand und informiert ihn über alles, was er weiß. Für die von der Gestapo abgeführten Kameraden Pol Pilven und Renaud können sie nichts tun. Martin teilt seinem Freund mit, daß er jetzt in Vichy »aufgeflogen« ist: Das Leben Morlands ist in Gefahr.

Mitterrand und seine Freunde reisen zurück nach Clermont-Ferrand. Die letzten Leitungen zu Vichy sind gekappt. Seit dem Vorfall in der Salle Wagram waren François Mitterrands »offene« Aktivitäten geschrumpft, während die Untergrundarbeit von »Morland« sich immer mehr ausdehnte.


## Anmerkungen:

1 Archiv des BCRA.
2 A.N. 72/AJ 66.
3 In: Colonel A. de Dainville: L'ORA. Paris 1974.
4 Ebd.
5 In: *Missions secrètes en France*, op. cit.
6 Hervorhebung vom Autor.
7 Der CFLN hat Giraud durch eine einfache Anordnung von der Mitpräsidentschaft ausgeschlossen.
8 Gespräch mit dem Autor vom 12. November 1993.
9 De Sic und Jacques Biget: *Ziegenhain*, Éd. Éphémère, Stalag IX-A.Impressum vom 22. Oktober 1941.
10 Siehe 18. Kapitel, S. 288
11 Gespräch mit dem Autor vom 11. März 1994.
12 Hervorhebung vom Autor.
13 Archiv des BCRA.
14 Die Beschreibung von »Aimés« Mission beruht auf seinem Einsatzbericht, den er im November 1945 an Lejeune schickte (A.N.72/AJ 64), und einem Dokument des BCRA.
15 Hervorhebung vom Autor.
16 Interniert, dann deportiert. In der Deportation gestorben.
17 Interniert, dann deportiert. In der Deportation gestorben.
18 Beide interniert, dann deportiert.
19 Interniert, dann deportiert.
20 Gespräch mit dem Autor vom 12. November 1993.
21 Gespräch mit dem Autor vom 12. März 1994.
22 Hervorhebung vom Autor.

## 20. Kapitel
## Der große Sprung

Am 12. November 1943 sendet Hauptmann Lejeune, wahrscheinlich durch den im Madeleine-Gebirge im Zentralmassiv sitzenden Kommandoposten der *Résistance* der Armee benachrichtigt, eine Nachricht an Capitaine Godden vom SOE, um ihm die Ankunft Mitterrands mitzuteilen:

»Mitterrand ist Chef des Verbandes der ehemaligen Kriegsgefangenen und Flüchtlinge für die Südzone und ist insbesondere zuständig für Einsätze. Er untersteht dem Befehl von Pinot, Chef des Verbandes und ehemaliger Kommissar für Kriegsgefangene, der im November 1942 entlassen wurde.«[1]

André Bettencourt und François Mitterrand fahren zurück nach Paris und nehmen nach einem kurzen Zwischenaufenthalt den Zug an der Gare de Montparnasse. Gegen alle Sicherheitsregeln diskutieren die beiden Männer während der ganzen Fahrt nach Angers. An der Gare Saint-Laud trennen sich die beiden Freunde vom »104«. François folgt zwei Männern, die ihn zu einer in der Gemeinde Seiches-sur-Loire, zwischen Angers und La Flèche gelegenen Wiese bringen sollen.

Zu dieser umstrittenen Episode befragt, räumt François Mitterrand unumwunden ein, daß die Geschichte seiner Londonreise, so wie sie aus den verschiedenen englischen Dokumenten hervorgeht, ganz und gar nicht seinen Erinnerungen entspricht. Lediglich Datum und Ort der Abfahrt stimmen überein.

»Es ist Nacht. Ich bin an Ort und Stelle. Zu dritt – darunter der Sohn von Admiral Muselier – warten wir auf das Flugzeug. Ein Motorengeräusch. Wir sollen unsere Lampen gen Himmel richten und so ein T bilden. Das Flugzeug setzt auf. Reisende steigen aus. Wir besteigen das Flugzeug, eine einmotorige Lysander; wir sind zu dritt, dazu der Pilot. Beim Abheben stecken wir den Kopf zwischen die Beine. Wir streifen die Pappeln … Später stellt der Pilot sich uns vor: ›Ich heiße Déricourt…‹ Ich sage zu den beiden anderen Passagieren: ›Was für ein großartiger Pilot!…‹ Wie hätte ich das alles erfinden können, wo sich doch alle einig sind, daß ich in dieser Nacht ein Flugzeug nach London genommen habe?«

Die offizielle Geschichtsschreibung behauptet, er sei an Bord einer von Commandant Hodges gesteuerten zweimotorigen Hudson geflogen … Er hat Nachforschungen anstellen lassen[2], um der Diskrepanz zwischen seiner Erinnerung und der »historischen Wahrheit« auf den Grund zu gehen, einer Diskrepanz, die um so verstörender ist, als eine Hudson schwerlich mit einer Lysander verwechselt werden kann: Erstere ist ein zweimotoriges amerikanisches Flugzeug von etwa zwanzig Meter Länge, das ungefähr zehn Passagiere transportieren kann, zweitere eine einmotorige Maschine von weniger als zehn Meter Länge, die auf zweihundert Metern landen kann und zwei oder allenfalls, unter sehr unbequemen Verhältnissen, drei Passagiere aufnimmt.

Prüfen wir diese »historische Wahrheit«, wie sie der offizielle Historiker des SOE[3] und die ehemaligen Angehörigen dieses Dienstes darlegen:

Die Operation in der Nacht vom 15. auf den 16. November trug den Codenamen *Conjurer* und wurde von Henri Déricourt organisiert, einem speziell mit Geheimlandungen und *Pick-ups* beauftragten *Air-Movement Officer*. Déricourt gehörte der von Colonel Buckmaster geleiteten französischen Abteilung des britischen Sonderdienstes SOE an. Heute weiß man, daß das Gebüsch um den Behelfslandeplatz von Soucelles keineswegs menschenleer war. Der vierunddreißigjährige Pilot Déricourt war nämlich vor einigen Monaten von der Gestapo eingeschleust worden und arbeitete ihr zu. Er stand in engem Kontakt mit dem Leiter der Sektion IV, Karl Boemelburg, dann, nach dessen Versetzung nach Vichy im Oktober 1943, mit dessen Adjutanten Kieffer, der Déricourts Aufrichtigkeit nur bedingt traute und daher verlangt hatte, detaillierte Informationen darüber zu bekommen, wer in England landete und von dort abreiste. Er hatte seine Forderung durchgesetzt, persönlich bei der Operation dabei zu sein, und zwar in Begleitung von Gestapo-Agenten, die mit Nachtsichtferngläsern ausgerüstet waren und sich rund um das Flugfeld aufstellten, auf dem die Hudson landen sollte.

Die Gestapo wußte also, daß François Mitterrand (unter seinem wirklichen oder unter seinem Decknamen?) nach England abfliegen würde. Führte dieser Verrat dazu, daß ein paar Tage zuvor Gestapo-Agenten in seinem Domizil in Vichy aufgetaucht waren, um ihn festzunehmen?

Immer noch nach offizieller Version der SOE-Angehörigen beobachtet die Gestapo die Landung von fünf bis sechs Personen. Einer der Passagiere, Fille-Lambie (Nachrichtenoffizier im Generalstab der ORA für die Nordzone), umarmt Mitterrand, den er aus Vichy kennt. Déricourt bringt drei Personen mit Fahrrädern zum Bahnhof von Tiercé. Die übrigen werden zum Bahnhof von Étriché verfrachtet. Alle nehmen den Zug, der über Sablé und Le Mans nach Paris fährt. Déricourt bemerkt beim Einsteigen in den Zug, daß Gestapo-Leute an Bord sind. Er weist alle auf diesen Umstand hin. Fille-Lambie und noch jemand steigen in Le Mans in den Zug nach Rennes um. An der Gare Montparnasse werden Mennesson, Maugenet und Pardi von der Gestapo festgenommen.

François Mitterrand ist tatsächlich an diesem Abend in eine Maschine nach London gestiegen. Seine Reisegefährten heißen nach den offiziellen Listen des SOE Cammaerts, Chartrand, Mulsant, Barrett und Rechenmann, die Namen Muselier, du Passage und François Mitterrand selbst sind darin nicht verzeichnet!

Nach dem Krieg wird Déricourt von der DST verhaftet, die von seinem Verrat überzeugt ist; sie macht ihn für eine Vielzahl von Verhaftungen verantwortlich, die meist mit dem Tod des Betroffenen endeten. Er sitzt achtzehn Monate im Gefängnis von Fresnes in Untersuchungshaft und wird im Juni 1948 vom Militärgericht von Reuilly freigesprochen. Vierzig hochrangige Zeugen sagen zu seinen Gunsten aus, darunter die Generäle Zeller und Ély, Colonel Fille-Lambie, der Anführer des Einsatzdienstes der *Piscine* geworden ist, seine Vorgesetzten vom SOE, die versichern, daß Déricourt sie über seine Beziehungen zur Gestapo informiert hat, und … der damalige Minister für die *Anciens Combattants*, François Mitterrand. Aus »Termingründen« kommt der Minister nicht selbst zur Gerichtsverhandlung, schreibt aber einen Brief, in dem er erklärt, er sei froh über die Dienste der von Déricourt geleiteten Mannschaft, die für seinen Flug nach London gesorgt habe.

Nach zahlreichen Nachforschungen habe ich ein dem Hauptmann Lejeune zugesandtes Dokument des SOE mit dem Titel *Movement of Bodies* gefunden, das die Bewegungen der ORA-Offiziere zwischen Frankreich und Großbritannien festhält. Ihm ist zu entnehmen, daß Fille-Lambie und Courson am 15. November 1943 an Bord einer Lysander nach Frankreich abgeflogen sind und daß François Mitterrand und du Passage am 16. November »auf dem Luftweg« ankamen. Da durch zahlreiche Dokumente erwiesen ist[4], daß du Passage und Mitterrand tatsächlich zusammen reisten, und da sie wirklich am 16. in England eintrafen, scheint mir eindeutig, daß François Mitterrand in der Tat an Bord der Lysander gegangen ist, die Fille-Lambie abgesetzt hatte. Die Verwechslung rührt daher, daß am selben Abend in Soucelles eine weitere *Pick-up*-Operation mit einer Hudson stattgefunden hat. Hingegen entspricht die Erinnerung des Präsidenten an den Piloten nicht dem wirklichen Hergang. Wohl war Déricourt am Abend des 15. November in Soucelles, wohl hat er Morland und du Passage an Bord gebracht – das SOE-Dokument *Movement of Bodies* enthält keinen Hinweis auf den Sohn von Muselier –, aber er blieb am Boden.

Trotz einiger weiterhin bestehender Unklarheiten ist es sicher, daß Mitterrands Reise nach London mit seinen engen Beziehungen zur ORA und damit zum SOE zu tun hat, die dank Hauptmann Lejeune die Organisation von General Revers und auf diesem Wege auch seine eigene materiell versorgt. Von Anfang an ist seine Bewegung aus englischen Geldern finanziert worden.

Mitterrand wird von Lejeune empfangen. Dieser ist, wie wir gesehen haben, eine wichtige Figur in der ORA und leitet deren Einsatzdienst beim SOE, der ihn finanziert. Wenn man den vertraulichen Mitteilungen glauben darf, die er heute durchsickern läßt, hat sich Lejeune gefreut, seinen Kameraden du Passage wiederzusehen, der mit ihm unter dem Befehl von Henri Zeller in Vichy war. Hingegen scheint die erste Begegnung mit Mitterrand nicht sehr positiv verlaufen zu sein. Lejeune fand diesen jungen Mann eher »unangenehm«: »Ich sah ihn ziemlich häufig. Er interessierte sich recht wenig für militärische Fragen und sagte gern: Wenn ich Minister bin…«[5] Dennoch beherbergte der Leiter des Einsatzdienstes ihn in dem kleinen Gebäude in Devonshire Close, das ihm als Büro und Gästehaus diente.

Sehr an den beiden Neuankömmlingen interessiert, lädt der SOE du Passage und Mitterrand am 17. November vor, damit sie mit Hauptmann Mott die Ankunftsformalitäten für Großbritannien erledigen.

Danach ist ein eingehenderes *briefing* für den 20. November vorgesehen. Die beiden Männer sollen sich ab 10 Uhr bereithalten. Zur genannten Stunde ruft Hauptmann Mott in Devonshire Close an und holt einige Minuten später die Majore Mitterrand und du Passage mit dem Auto ab. Er fährt sie in einen Londoner Außenbezirk, zu einem ehemaligen Waisenhaus, einst erbaut für die Kinder, deren Eltern während des Krimkrieges ums Leben gekommen waren. In dem häßlichen alten Gebäude sitzt nunmehr der M.I.5, der britische Spionageabwehrdienst. Mitterrand erzählt seine Geschichte. Er ist jetzt nachrichtendienstlich erfaßt.

Mitterrand-Morland-Monier kommt rechtzeitig nach Devonshire Close zurück, um zu der von Oberst Passy, dem Chef des gaullistischen Geheimdienstes *Services spéciaux*, BCRA, anberaumten Verabredung zu gehen.[6]

Am Dienstag, dem 23. November, führt Colonel Buckmaster, Anführer der »Sektion F« des SOE, ein langes Gespräch mit den beiden Männern.

Das Dokument, das dieses Verhör wiedergibt, hat lange im *Foreign and Commonwealth Office* geschlummert. Es ist von Interesse, denn es ordnet François Mitterrands Einsatz einer »giraudistischen Organisation« zu. Der Mann, der die Notiz abgefaßt hat – Buckmaster oder einer seiner Mitarbeiter –, vermerkt, daß Mitterrand nicht sehr redselig gewesen sei und meist du Passage auf die ihnen gestellten Fragen geantwortet habe. Hier einige Auszüge aus diesem Verhör:


Quellen

Dies ist das Verhör zweier Männer, die zuletzt in einer giraudistischen Organisation in Frankreich zusammengearbeitet haben. Sie wurden gemeinsam verhört; es sind:
– Commandant DU PASSAGE Pierre, alias PÉPÉ, DU TERTRE Pierre-François, LESAGE Pierre, LAURENT und

– François MITTERRAND, alias MONIER François-Jacques, MORLAND François, LAROCHE Jaques-André.

## Mission

PÉPÉ war Verbindungsoffizier zwischen der Nordzone und der Südzone. Als solcher hatte er viele Kontakte. Er arbeitete in Paris, Clermont-Ferrand und Vichy und war häufig zwischen diesen Städten unterwegs. Er hatte einen als SERGE bekannten Funker. Er rechnet damit, bald einen anderen Funker zu haben, der in Frankreich ausgebildet und von London akzeptiert ist, kennt aber seinen Namen noch nicht. Bislang hatte er folgende Funker: MERINOS/ROBERT in Clermont-Ferrand, BORIS in Lyon und BARMAN in Toulouse.

MONIER sorgte für die militärische Seite der Organisation und auch für die Kriegsgefangene betreffenden Angelegenheiten. Während des Verhörs war er recht wortkarg, da PÉPÉ die meisten Fragen beantwortete, ganz gleich, ob sie an ihn oder seinen Gefährten gerichtet waren. Im Zusammenhang mit seiner Arbeit reiste er jedoch ausgiebig sowohl in der Nordzone als auch in der Südzone, wobei er zwischendurch immer wieder in Vichy lebte. Er wechselte häufig die Anschrift und blieb an einem Ort meist nur einen Tag, niemals länger als eine Woche. Auf diese Weise hatte er das Gefühl, daß ihn die Deutschen nie erwischen würden. Vor einer Woche kam die Gestapo in die Wohnung, die er gerade verlassen hatte. Er weiß, daß er verdächtigt wird, weiß aber nicht, welcher Tat. Er weiß, daß es viele Kleinigkeiten gibt, die ihm zur Last gelegt werden könnten, sollten die Behörden seiner habhaft werden. Die Gestapo kennt seinen wirklichen Namen, er hofft jedoch, daß sie keine Beschreibung von ihm hat. Er erklärt, daß die Giraudisten im Gegensatz zu anderen Organisationen keine geflüchteten Kriegsgefangenen in den Maquis schicken; vielmehr versuchen sie, für diese eine Tätigkeit zu finden, die ihnen zugleich Deckung und bezahlte Arbeit verschafft. Alle regulären Offiziere und Unteroffiziere stehen der Untergrundarmee zur Verfügung und können jederzeit jeder Gruppe, die sie anfordert, überstellt werden.

# Struktur der giraudistischen Widerstandsarbeit

(...) Viele Franzosen wollten sich anfänglich keiner Widerstandsbewegung anschließen, weil sie dachten, es sei nicht der geeignete Augenblick, das eine oder andere politische Lager zu unterstützen. Sie wollten gegen die Deutschen kämpfen, befürchteten jedoch, im Falle eines erklärten Engagements für das eine oder andere Lager sich im Kampf gegen Franzosen wiederzufinden.

Die Giraudisten stehen loyal zur französischen Armee und ihrem derzeitigen Oberbefehlshaber General Giraud, aber sie stützen die Armee und nicht ihren Oberbefehlshaber persönlich, so daß im Falle, daß de Gaulle morgen ihr Oberbefehlshaber würde, sie diesem Gefolgschaft leisten würden.

## Kontakte zu anderen Organisationen

Über ihre Kontakte zu den Gaullisten befragt, antwortete die Quelle[7], ihnen sei klargeworden, daß sie ihre Kräfte für den Tag X, wenn nicht schon vorher, vereinigen müßten. Derzeit gibt es in der Südzone keine Verbindungen zwischen Giraudisten und Gaullisten, obwohl viele sich persönlich kennen und gut miteinander stehen. Sie alle wollen den kleinen Vorrat an Waffen und Sprengstoff, über den sie verfügen, bestmöglich nutzen, und das ist nur durch die Zusammenarbeit beider Lager möglich.

In der Nordzone hatten VICTOR und COGNY vor ihrer Verhaftung in Kontakt mit Militäreinheiten der gaullistischen Bewegung gestanden. Es bestand keine politische Verbindung, und wegen zahlreicher Mißverständnisse wäre dies wohl auch ein lauer Job.

Die Quelle hält nicht viel von der gaullistischen Abwehr, aber die Gruppen sind bekanntlich vermischt. Die Gaullisten haben mehr mit Sabotage zu tun als die Giraudisten.

## Die Maquis

Die Quelle räumt ein, daß die Maquis zum größten Teil gaullistisch sind (das Wort hat hierzulande eine andere Bedeutung,
aber in Frankreich sind die Unterschiede undeutlich). Allerdings
gibt es einige vorwiegend giraudistische Maquis. Sie befinden
sich in den Départements Haute-Savoie, Basses-Alpes und in der
Gegend von Toulouse. (…) Es gibt keine Rekrutierung für den
Maquis. Es sei denn, jemand geht in den Maquis, weil er von der
Polizei gesucht wird oder weil er aktive Widerstandsarbeit leisten will, etwa Sabotage. Die Quelle spricht sich entschieden gegen die Entsendung von Männern in Ausbildungslager aus. Die
Giraudisten halten es für sinnlos, im Maquis zu leben.

## Deckung für die Widerstandskämpfer

Die Giraudisten haben mehrere Zweige der offiziellen Admini-
stration unterwandert, z.B. EAUX ET FORETS, und ein Großteil davon hat unter stillschweigender Mitwirkung einiger Beamter jedenfalls nominell eine Stellung inne, so daß sie ihr Leben
nicht völlig im Untergrund zu führen brauchen, eine Form von
Arbeit und Einkommen haben und nicht darauf angewiesen
sind, auf Bauernhöfen zu stehlen usw. Die Quelle glaubt nicht,
daß die Maquis den Alliierten am Tag X eine große Hilfe sein
werden. Ihnen fehlt es vor allem an Waffen, Unterweisung in
ihrem Gebrauch, Essen, Geld und Kleidung, ebenso wie an Sinn
für Disziplin. Es sei denn, sie leisten Widerstandsarbeit gegen die
Deutschen im engen Umkreis ihrer Lager. Der Transport von,
sagen wir, 2000 Mann wäre ihnen so unmöglich, daß sie außer-
stande wären, Sabotage oder jede aktive Form von Widerstand
überhaupt zu leisten. (…)«

Drei Tage später versichert François Mitterrand in einem Gespräch mit Warisse, dem Vertreter Frenays in London, daß
Buckmaster ihm sechzig Behälter mit Waffen und Munition zum
ausschließlichen Gebrauch seiner Bewegung versprochen habe,
die bald über Saint-Laurent-du-Pont (dem von Pelat gehaltenen
Gebiet[8]) mit dem Fallschirm abgeworfen würden. Nachdem sich

François Mitterrand bei den Briten sehr diskret gezeigt hatte, ist er bei den Franzosen weitaus gesprächiger. Er spricht nicht mehr von einer »giraudistischen Organisation«, sondern ausschließlich von seiner Gefangenen-Bewegung. Am 26. November verfaßt er ein langes Schreiben an Major Revez[9], in dem er die Geschichte der Bewegung darstellt, deren Kürzel MRPG[10] hier erstmals aktenkundig wird.

Mitterrand gibt an, die Bewegung sei im Oktober 1942 mit Unterstützung von Kommissar Pinot aus dem Bündnis mehrerer kleiner Einheiten entstanden, die von Dr. Fric, Montjoie, Louis Augis, Antoine Mauduit, René Poirier und ihm selbst (in Paris?) geleitet wurden. Die Ziele der Bewegung definiert er wie folgt:

1. sich gegen die Fahndungen der deutschen Polizei verteidigen; 2. sich gegenseitig helfen, wieder Arbeit zu finden; 3. den in Gefangenschaft verbliebenen Kameraden die Flucht erleichtern; 4. mit aller Kraft am Kampf gegen den Besatzer mitwirken.

In diesem zur Vorbereitung seiner Reise nach Algier geschriebenen Brief erklärt er sich bereit, alle ergänzenden Einzelheiten zu liefern, und betont, daß die Bewegung bereits organisiert war, als Charette im Februar 1943 nach Montmaur kam. Wir haben gesehen, daß François Mitterrand sich hier einige Freiheiten gegenüber den tatsächlichen Ereignissen herausnimmt. Er reist nicht nach Algier, um Geschichte zu machen, sondern um zu zeigen, daß seine Bewegung wichtiger ist als die von Charette und daß sie in keiner Weise das darstellt, was de Gaulles Neffe über sie behauptet.

Am 29. November trifft sich François Mitterrand mit Jean Warisse, Frenays Vertreter in London, der auch mit den Verbindungen zum BCRA betraut ist. Diese Unterredung ist wichtig, denn Frenay ist am vorausgegangenen 10. November zum *Commissaire aux Prisonniers, Déportés et Réfugiés des Comités français de libération nationale*, zum Gefangenenminister in Algier gewissermaßen, ernannt worden. Der Empfang kann nicht herzlich ausfallen, denn Jean Warisse ist ein Freund von Michel Cailliau.

Er hört ihn an, schreibt mit und verfaßt sofort eine Note zu Händen von Oberst Passy. Der Text ist interessant, denn er läßt erkennen, wie François Mitterrand damals sich selbst und seine Bewegung dargestellt hat:[11]

»Ich habe die Ehre, Ihnen zu allen zweckdienlichen Belangen die Zusammenfassung des Gesprächs zu übermitteln, das ich am Samstag, dem 27. November 1943, mit Monsieur Mitterrand, genannt Morland, geführt habe:

Monsieur Mitterrand ist als Vertreter des *Comité des Cinq* in der Absicht nach London gekommen, in London und in Algier die Sache einer Bewegung zu vertreten, die sich ausschließlich an die in Frankreich befindlichen repatriierten oder geflüchteten Kriegsgefangenen wendet.

Laut Mitterrand verfügt diese Bewegung über Einheiten in 52 Départements und unterhält Verbindungen mit 20 Gefangenenlagern in Deutschland. Diese Bewegung hatte bis jetzt keinerlei Verbindung zum BCRA, da die einzigen Verbindungen, die sie je mit den Londoner Organisationen hatte, durch Vermittlung der Widerstandsbewegungen erfolgt waren. Mitterrand nannte den Namen d'Astier, der ihm zufolge Geldzahlungen vorgenommen und Waffen geliefert habe.

Aktivitäten dieser Bewegung in Frankreich:

Diese Bewegung unterhält Widerstandszentren und *Centres d'entraide* in den Kreisen ehemaliger Kriegsgefangener. Als Beispiel zitiert M. Mitterrand Clermont-Ferrand mit 350 Mitgliedern, Guéret mit 45 Mitgliedern, Nizza mit 300, das Département Ardèche mit 75. Zum anderen verfügt diese Bewegung in verschiedenen Städten über *Maisons du prisonnier*, wie die *Maison Jolly* in Albi, die Maison Grenet in Guéret. M. Mitterrand nimmt für sich in Anspruch, innerhalb des *Comité des Cinq* eine *Féderation autonome des Centres d'entraide* organisiert zu haben, die zur Zeit alle Départementszentren der Südzone bis auf sechs – 42 Départements demnach – unter sich vereinigt, deren Vorsitzende sich auf folgendes Minimalprogramm geeinigt haben:

1. Kampf gegen die Bewegung Masson und Sabotage ihrer Zeitung;
2. Kampf gegen die Politik der ›Vichyer Gefangenen-Gesinnung‹.

Zum Beweis spricht Mitterrand von seinem persönlichen Eingreifen beim Masson-Kongreß der Südzone in Lyon und beim Kongreß der Nordzone in Paris, wobei diese beiden Interventionen zum völligen Scheitern dieser Kongresse geführt hätten.

Ich mache Sie darauf aufmerksam, daß nach den Ausführungen von Mitterrand die Bewegung Masson zur Stunde über sage und schreibe 35 eventuelle Mitgliedschaften verfügt.

Die vom *Comité des Cinq* geführte Bewegung verfügt über keine Zeitung, gibt aber in den betreffenden Départements ein maschinengeschriebenes und vervielfältigtes Wochenblatt heraus, das allgemeine Instruktionen für die Gefangenen in Frankreich und Berichte über das tägliche Leben der Verbände enthält. Laut den Erklärungen von M. Mitterrand wird dieses Blatt lediglich in den Mitgliedskreisen seiner Bewegung verteilt.

Im Bereich der Familien der Kriegsgefangenen, wie Mitterrand mir bestätigt hat, habe seine Bewegung noch nichts getan, sondern unterhalte lediglich freundschaftliche Beziehungen mit Madama Aulas (?), der Vorsitzenden der *Féderation des femmes de prisonniers*. Mitterrand verfügt über persönliche und freundschaftliche Beziehungen in den Kreisen des *Commissariat national aux prisonniers* in Vichy und gelangt wöchentlich in den Besitz der Gesamtaufstellung aus diesem *Commissariat*.

Was direkte Einsätze betrifft, so versichert M. Mitterrand, daß die Mitglieder seiner Bewegung in verschiedenen Städten der *Résistance* zur Verfügung gestellt werden.

Aktivitäten dieser Bewegung in den Gefangenenlagern in Deutschland:

1. Aufklärung: nichts. Kein Formular wurde je in die Lager geschickt, aber die Bewegung unterhält, über den *Commandant de l'Étoile*, regelmäßige Beziehungen mit der Mission Scapini in Berlin.

2. Flucht: Die Bewegung Mitterrand hat beschlossen, nicht mehr für die Flucht der Gefangenen einzutreten, da der Ertrag, wie er sagt, in keinem Verhältnis zum Aufwand steht.

3. Funkausrüstung: die Bewegung Mitterrand hat keine Funkstationen nach Deutschland geschickt, außer, über freundschaftliche Beziehungen, in die Lager 8 C, 9 A, 11 B, 17 A, 2 D.

4. Bewaffnung und Sabotagematerial: M. Mitterrand spricht sich ausdrücklich gegen solche Sendungen aus.

Schlußfolgerung: M. Mitterrand behauptet, die Bewegung Charette gründe nur auf blühender Phantasie und existiere nicht. Er verdeutlicht, daß sein Besuch in Algier das Ziel hat, M. Frenay alle Kontrollmöglichkeiten zu liefern und das Problem der Bewegung Charette zu regeln, um klarzustellen, daß es in Frankreich keine zwei Widerstandsbewegungen geben könne, zumal es nur eine gebe, die wirklich existiert, nämlich die durch das *Comité des Cinq* geführte.

Hier die Namen der Anführer des *Comité des Cinq*:

1. M. Mitterrand kümmert sich um den Einsatz in Frankreich.
2. Jacques Bénet, bekannt unter dem Namen Séguin oder Turgis, Flüchtling aus dem Stalag 6-D. Er kümmert sich um die Propagandafragen in der Nordzone.
3. Marcel Barrois. Deutschlandheimkehrer aus dem Oflag 3 C.
4. Maurice Pinot, der, nachdem er alle Verbindungen mit Vichy abgebrochen hat, zur Stunde versteckt in Paris leben soll.
5. Jean Munier, Flüchtling, der sich um alle technischen Fragen der Bewaffnung und des Fallschirmabwurfs kümmert (?).

Mitterrand sagt, er sei in London von Colonel Buckmaster, dem Chef der französischen Sektion, empfangen worden, der ihm versprochen habe, im nächsten Monat einen Fallschirmabwurf von 60 Behältern mit Waffen und Munition zum ausschließlichen Gebrauch seiner Bewegung durchführen zu lassen. Dieser Fallschirmabwurf soll in Saint-Laurent-du-Pont stattfinden.

Auf meine ausdrücklichen Fragen, ob die Bewegung General de Gaulle anerkenne, antwortete mir M. Mitterrand, daß man im Einvernehmen mit dem *Comité des Cinq* beschlossen habe, sich in die französische *Résistance* einzugliedern, ungeachtet dessen, ob diese *Résistance* General de Gaulle, Giraud oder irgendeinem anderen Oberhaupt untersteht. Nach seinen Ausführungen kann es für sie nicht darum gehen, eine politische Bewegung zu werden.«

Diese Erklärung bekräftigt das Ziel François Mitterrands, die Bewegung Charette endgültig auszustechen, ohne deshalb General de Gaulle Gefolgschaft zu bekunden. Es ist interessant hervorzuheben, daß er sich hier an die Spitze der Bewegung gesetzt und Pinot auf den vierten Platz verwiesen hat. Das *Comité des Cinq* war bei keinem Mitglied der Bewegung bekannt, entsprach aber wahrscheinlich der Rangordnung, die Mitterrand Ende November 1943 vorschwebte.

Während Morland sich in London aufhält, tobt der Kampf zwischen den giraudistischen und den gaullistischen *Services spéciaux*, den Geheimdiensten. Am 27. November werden die verschiedenen Dienste durch einen Erlaß des CFLN in der *Direction générale des services spéciaux* zusammengeschlossen, als deren Verantwortlicher Jacques Soustelle eingesetzt wird. General Giraud, bereits aus der Mitpräsidentenschaft des CFLN ausgeschlossen, versucht, die Befehlsgewalt über seine *Services spéciaux* zu behalten.[12] Das CFLN sperrt daraufhin den giraudistischen Diensten die Kredite...

Mitterrand, der General de Gaulle immer noch keine Gefolgschaft leistet, wechselt satzungsmäßig vom Aktionsdienst der (giraudistischen) DSS zu dem Aktionsdienst des gaullistischen, von Passy geführten BRAL, dem *Bureau de renseignement et d'action de Londres*. Diese Versetzung erfolgt wahrscheinlich kraft des Erlasses vom 27. November, ohne daß man ihn um seine Meinung gefragt hätte. In den giraudistischen Diensten war er Major Morland, in den gaullistischen Diensten, wo er mit Wirkung vom 1. Dezember als Beauftragter erster Stufe geführt wird, ist er Hauptmann Monier.

Am 29. November unterzeichnet Colonel Passy eine Auftragsorder, in der er Capitaine Monier »befiehlt«, einer Mission in Algier nachzugehen, »wo ihn der Vorsitzende des *Comité français de libération nationale* anfordert«.

François Mitterrands Absicht war es gewesen, nach Algier zu reisen, um seine Bewegung ins rechte Licht zu rücken, und jetzt ist es General de Gaulle, der ihn einberuft. Nicht ganz: In Wirklichkeit ist es Frenay, der *Commissaire aux Prisonniers,* der Gefangenenkommissar, der von seinem Auftauchen in London erfahren hat und das Nötige veranlaßt, um ihn so schnell wie möglich kommen zu lassen. »Bei seiner Ankunft stellt er sich Pélabon, dem kommandierenden Ingenieur des Pionierkorps der Marine, zur Verfügung«, spezifiziert die von Passy unterzeichnete Auftragsorder. Pélabon ist in Algier der Leiter der gaullistischen *Services spéciaux.*

Mitterrand kam als Giraudist nach London; gegen seine Absicht ist er bereits auf die gaullistische Logistik eingeschwenkt. Die Algierreise ist für den 3. Dezember 1943 geplant. An diesem Tag steuert Capitaine Monier einen Flughafen in Wales an ...

# Anmerkungen:

1 Archiv des BCRA.
2 Gespräch mit François Mitterrand, 12. Oktober 1993.
3 Vgl. M.R.D. Foot: *SOE in France*, University Publications of America Inc., 1984.
4 Der Autor besitzt eine Fotokopie der Aussage von General du Passage.
5 Gespräche mit dem Autor vom Oktober 1993.
6 Die Beschreibung von François Mitterrands Routen bei seiner Ankunft in London beruhen auf Lejeune zugesandten und im Archiv des BCRA aufbewahrten Notizen.
7 Der Ausdruck »die Quelle« bezeichnet unterschiedslos du Passage oder Mitterrand.
8 Vgl. 18. Kapitel, S. 288
9 Archiv des BCRA.
10 Die Kürzel für die Bewegung »Pin' Mitt'« haben sich im Lauf der Zeit verändert. Das einzige, das sich letztlich historisch erhalten hat, ist RNPG.
11 A.N.F9/3255.
12 Zu diesem Thema lese man Paul Paillole: *Services spéciaux*, Éditions R. Laffont, Paris 1975.

## 21. Kapitel
## Begegnung mit General de Gaulle

Monier findet sich auf dem Flugplatz von de Cornouailles ein. Eine *Douglas*-Maschine soll ihn nach Algier bringen. Er ist nicht der einzige. Außer ihm sind noch ein General, ein Bischof und einige Franzosen dort, die unter falschem Namen reisen (wie Jean-Pierre Fischoff, Büroleiter von René Massigli, der unter dem Namen Lafoux unterwegs ist), sowie Alastair Forbes, ein englischer Journalist des *Daily Mail*, der sich ungezwungen gibt wie ein Student auf Ferienreise. Die kleine Gesellschaft muß wegen eines Motorschadens in dem Badeort warten. Schwestern und livrierte Bedienstete haben den Ort verlassen, nur noch die rauhbeinigen Flieger der US-Air Force sind da. Monier freundet sich mit dem englischen Journalisten an. Die beiden gehen zusammen spazieren und sprechen über Frankreich.

»Frankreich ist ein Land, das ich liebe. Es ist zivilisiert und doch rebellisch. Warum aber hat es die Vorstellung von der Welt, die es selbst geschaffen hat, aufgegeben und gefällt sich in sinnlosen Streitereien um eine veraltete Politik?« fragt Alastair Forbes.

»Frankreich vergeudet seine Kräfte und genießt dabei das heimliche Vergnügen, seine Grenzen auszuprobieren. Das Besondere seiner jahrhundertealten Jugend besteht gerade in dieser einzigartigen Neigung zu sinnlosen Gesten, die Geschichte machen sollen und die dann tatsächlich Geschichte werden…«, antwortet der ehemalige Insasse des »104«.

Das Thema beflügelt ihn. Er wird poetisch, zeichnet das doppelte Bild von einem Frankreich, das scheinbar besiegt, erdrückt, am Ende ist, das jedoch ein einzelner mittelloser Mann in einem Londoner Hotelzimmer festhält.[1] Dies ist das erste Mal, daß François Mitterrand sich zum Gaullismus bekennt…

Die beiden Männer haben nebeneinander an Bord der Douglas Platz genommen. In dreitausend Meter Höhe dringt

Luft durch die wärmenden Decken. Es ist sehr kalt. Um so mehr wissen die Passagiere die Schale Kakao zu schätzen, die ihnen in Gibraltar feierlich ein Stewart serviert. Es wird neu aufgetankt, dann steigt das Flugzeug wieder auf. Alastair Forbes vertraut seinem Nachbarn den Namen seines »Kontaktes« in Algier an. Im Flughafen von Maison-Blanche wird Hauptmann Monier vom militärischen Sicherheitsdienst befragt. Man schreibt den 3. Dezember 1943.

In Algier begegnet er seinem Bruder Jacques wieder, der in Marokko stationiert ist und am Italienfeldzug teilnehmen soll. Mitterrand versucht, seinen Freund Georges Dayan zu treffen, den er seit Anfang 1940 nicht mehr gesehen hat und der sich, wie er vermutet, in Oran aufhält. Er ruft bei ihm an, und Irène sagt ihm, Georges sei in Algier, in der *Caserne d'Orléans*. Eine herzliche Begegnung: Nun treffen sich die beiden Freunde jeden Tag… »An das Algier von damals, das Algier, ›das nach Ziegen und Jasmin riecht‹, erinnere ich mich als an eine Stadt, die es eilig hat, in der Zeit kostbar ist. Lauter Bilder einer rückschrittlichen Stadt, der geeignete Ort für Soldaten auf Urlaub«, erinnert sich François Mitterrand.[2] Er hat es in der Tat eilig.

Sucht er Pélabon auf, den Vertreter der gaullistischen Dienste in Algier, wie Passy ihm aufgetragen hat? Versucht er, seine Freunde vom giraudistischen Geheimdienst wiederzusehen? Gleich nach seiner Ankunft trifft er in jedem Fall Henri Frenay, der seit drei Wochen den Posten des *Commissaire aux Prisonniers* innehat. Dieser Mann ist für das Gelingen seiner Mission am wichtigsten. In den Stunden nach seiner Ankunft organisiert Frenay ein Treffen mit General de Gaulle in der *Villa des Glycines*.[3]

François Mitterrand hat über diese wichtige Begegnung mit dem Chef der *France libre* und dem selbsternannten Verantwortlichen einer der Gefangenen-Organisationen der *Résistance* nicht immer in derselben Weise berichtet. Für seinen weiteren Weg und sein politisches Schicksal ist sie ganz entscheidend.

Erinnern wir uns, daß Michel Cailliau, der Neffe des Generals, seinem Onkel eine Note nach der anderen schickte, um die Organisation »Pin'Mitt'« in Mißkredit zu bringen. Von Algier aus gesehen hat diese Organisation keine besonders rühmliche Vergangenheit: Sie hat *Franciscains* als Mitglieder, bis Januar 1943 gehörte sie zu Vichy, stand unter dem Schutz der giraudistischen ORA, hatte Kontakte zu den *Compagnons de France* und den früheren Leitern der *École d'Uriage*...

1945 schrieb François Mitterrand, daß die Begegnung mit dem General äußerst positiv verlaufen sei:

»Ich brachte ihm gegenüber die Dankbarkeit vieler zehntausend Menschen zum Ausdruck, deren Hoffnung er verkörperte. Am Ende unseres Gesprächs hatte ich die Gewißheit erlangt, daß er unser Anliegen verstanden hatte.«[4]

1971 berichtete er anders darüber:

»General de Gaulle empfing mich im Beisein Henri Frenays, des *Commissaire aux Prisonniers de guerre.* Ich war über die Straßen Deutschlands, Frankreichs und Englands gereist, bevor ich in die *Villa des Glycines* kam, und nun sah ich ihn vor mir, mit seinem seltsamen Kopf, zu klein für den großen Körper, seinem bei den Patres erzogenen Condottiere-Gesicht und seinen unter dem Tisch übereinandergeschlagenen Beinen, den Mann, den ich mir so oft vorgestellt hatte. Ich dachte an Stendhal, und das machte mir Mut.

Kein Zweifel, das war de Gaulle. Er war liebenswürdig, und das erste, was er sagte, in eher gleichgültigem Ton, war der überflüssige Satz: ›Ich habe gehört, daß Sie mit einem englischen Flugzeug hergekommen sind.‹ Während er sprach, bewegte sich seine schöne, ein wenig weiche Hand zum Rhythmus irgendeines Wiegenlieds. Er fragte mich nach dem Zustand der *Résistance,* nach ihren Methoden und dem Klima, das dort herrschte. Seine Stimme war gelassen, aber sein Ton wurde härter, als er auf das eigentliche Thema zu sprechen kam. Die Propaganda in den Gefangenenlagern und die Aktionen der nach Frankreich Entkommenen hielt er für sehr wichtig. Die Rückkehr von anderthalb Millionen Gefangenen würde zu Problemen führen, um die man sich sogleich kümmern müsse. Er sagte, ab sofort müsse mit der Neugründung miteinander konkurrierender Netze Schluß sein. Nach ihrer Vereinigung, die unter Führung eines gewissen Michel Charette vollzogen werden sollte, seinem Neffen, würden sie Waffen und Geld erhalten. Vorher nicht.

Was sollte ich den Regeln nationaler Disziplin entgegenhalten? Ich sagte, diese Disziplin sei sehr nützlich, die innere

*Résistance* habe jedoch ihre eigenen Gesetze, die sich nicht allein darauf beschränken könnten, Befehle von außen auszuführen. In den verschiedenen Netzen könnten seine Anweisungen nicht umgesetzt werden. Das Gespräch war zu Ende. Er stand auf und drückte mir die Hand.«[5]

In sechsundzwanzig Jahren hat sich eine vorher positiv darge-stellte Unterredung in einen Akt der Rebellion gegen den Chef des CFLN verwandelt. Seit 1945 ist François Mitterrand zu ei-nem Politiker geworden, für den eine radikale Opposition gegen die gaullistische Bewegung in der IV. Republik und gegen Gene-ral de Gaulle selbst in der V. Republik ganz wesentlich ist.

Seit 1971 wurde diese Version noch erweitert. In Védrines *Dossier*[6] behauptet Mitterrand, er habe sich an jenem Tag für eine Vereinigung der Kriegsgefangenen-Organisationen einge-setzt, habe aber darauf bestanden, daß deren Vertreter selbst ihre Chefs bestimmen sollten.

Mitterrand hat mir von diesem Gespräch berichtet[7], aber we-der in den Memoiren de Gaulles noch in denen von Frenay ist davon die Rede.

Zunächst spielt er darauf an, daß es »in Algier einflußreiche Stimmen gab, die sich gegen mich und meine Bewegung stell-ten«. Dann bestätigt er den Einleitungssatz: »Sie sind in einem englischen Flugzeug gereist«, sagte de Gaulle am Beginn des Ge-sprächs zu ihm. Im Mund des Generals bedeutete dies: Sie sind ein Mann des englischen Geheimdienstes. Dann hebt der Chef des CFLN die Vorteile einer einheitlichen Organisation hervor. »Ich lehnte dies im Namen der Sicherheit ab, da es in der Orga-nisation von Cailliau ungeeignete Leute gab«, erklärt François Mitterrand. Er behauptet außerdem, de Gaulle habe ihn gebeten, die kommunistische Gefangenen-Bewegung in eine einheitliche *Résistance*-Bewegung zu integrieren. In der Diskussion sprach der General die »Dritte Organisation« an.

»Welche dritte?«

»Den kommunistischen *Front national*…«

»Ich kenne diese Organisation nicht…«

Ich mache Mitterrand darauf aufmerksam, daß Frenay in sei-nen Memoiren behauptet, daß er, Mitterrand, Initiator dieser In-tegration gewesen sei.

»Frenay war ein toller Kerl, aber er war in seiner Arbeit nicht besonders differenziert und vom Kommunismus geradezu besessen...« Dann korrigiert er sich und sagt: »Er war der größte Widerstandskämpfer...«

Dann kommt er wieder auf die Begegnung mit de Gaulle zu sprechen:

»›Die Vereinigung soll unter Leitung Charettes vollzogen werden‹, sagte mir der General.

›Wollen Sie sagen, durch Ihren Neffen?‹

›Ja, genau das will ich sagen.‹«

Dann spricht Mitterrand eines seiner Lieblingsthemen an: die Vereinnahmung der *Résistance* durch de Gaulle. »Alle wichtigen Leute der inneren *Résistance* waren außerhalb des Mutterlands blockiert. Die Geschichte dieser Zeit muß noch geschrieben werden, besonders die große Rivalität zwischen den beiden *Résistancen*...«

Pierre Merli, Abgeordneter und Bürgermeister von Antibes, hat sich gerühmt[8], von François Mitterrand nach dessen Rückkehr aus Algier als erster in die Geschehnisse eingeweiht worden zu sein. Letzterer berichtete ihm von seinem Gespräch mit General de Gaulle: »Es ist viel weniger positiv verlaufen, als behauptet wurde. Der General hat ihm beinahe die Tür gewiesen. Er wollte Charette an der Spitze der Bewegung sehen. Er wollte die Kommunisten...«

Merli behauptet, damals die Mitteilungen Mitterrands schriftlich festgehalten zu haben. Zu Beginn der ersten sieben Jahre der Präsidentschaft habe er den Bericht dem neuen Präsidenten der Republik gezeigt. Dieser habe den Inhalt bestätigt, Merlin jedoch gebeten, die Papiere nicht zu veröffentlichen, solange er an der Spitze des Staates stehe. Merlin behauptet außerdem: »... de Gaulle war bereit, Mitterrand durch Sondereinheiten umbringen zu lassen. Schließlich ließ er ihn an die italienische Front schicken. Aber Mitterrand gelang es, aus Algier zu entkommen...«

Der Bericht über das Treffen hat sich entsprechend der persönlichen politischen Strategie des Betroffenen gewandelt. Gleich nach dem Krieg hielt er sich an General de Gaulle, denn dieser hatte ihn bei der *Libération* in die Widerstandsregierung Alexandre Parodis berufen. Nachdem er glaubte, sich von dem

General und dem Gaullismus abgrenzen zu können, gab er nur die »unangenehme« Seite der Begegnung wieder.

Ich habe den einzigen schriftlichen, kurz nach dem Treffen von dem einzigen Zeugen, Henri Frenay, verfaßten Bericht wiedergefunden. Die Begegnung war zweifellos ziemlich rauh, aber François Mitterrand hatte Gelegenheit, seinen Standpunkt offen darzustellen, und am Ende hat de Gaulle den jungen impertinenten Besucher von seinem »Vichysmus reingewaschen«. Der General stellte sich sogar seinem Neffen gegenüber auf die Seite Mitterrands. Dies kommt in Frenays Brief an Charette vom 18. März 1944 zum Ausdruck, in dem er die zugunsten Morlands getroffenen Entscheidungen des *Comité d'action* in Frankreich, dessen Vorsitzender der General war, bestreitet:

»… Ich teile Ihren Standpunkt über die Einstellung Morlands gegenüber der Vichy-Politik keineswegs. Im übrigen hat er mit General de Gaulle in meiner Gegenwart lange und in aller Offenheit gesprochen. Dieser war, noch bevor er die Entscheidung traf, ein Dreierkomitee[9] zu bilden, bestens informiert über Denken und Handeln Morlands, über den Sie selbst mit ihm gesprochen hatten. Man kann deshalb nicht behaupten, die Entscheidung sei nicht in voller Kenntnis der Lage getroffen worden. Dies ist im übrigen ein allgemeines politisches Problem, über das ich mich persönlich mit Morland unterhalten habe, und ich will kurz seine Haltung wiedergeben, die auch die meine ist.

Die Tragödie Frankreichs bestand darin, daß ehrenwerte und uneigennützige Leute eine Zeitlang an Marschall Pétain geglaubt und ihm vertraut haben. Sie haben sich geirrt, aber Sie haben dies im guten Glauben getan, und deshalb kann man ihnen diesen Irrtum nicht wie ein Verbrechen anlasten. Außerdem wissen Sie, wie ich selbst auch, daß die große Mehrheit des französischen Volkes mehr oder weniger lange Pétain vertraut hat. Wollte man sich grundsätzlich weigern, mit ihnen gemeinsame Sache zu machen, würde schließlich nur noch eine Handvoll Menschen unseres Landes übrig sein. Deshalb müssen wir auf eine Politik der Vereinigung zusteuern. Anders zu handeln würde bedeuten, eine furchtbare Verantwortung gegenüber dem Land auf sich zu nehmen, was, ich wiederhole es, dem Willen General de Gaulles entgegenstünde, der es selbst in 48 Stunden äußern wird.

Sie und ich sind uns einig, daß eine Person wie 312[10] viel zu sehr durch die entscheidende Rolle, die sie in Vichy gespielt hat, geprägt ist. Für unseren Freund Morland gilt dies nicht. Ich garantiere persönlich für seine Haltung.«

Was für Schutzpatrone! De Gaulle und Frenay stehen beide für die Haltung Mitterrands ein! Bessere würde man schwerlich finden... Man kann sich vorstellen, daß sich Frenay gegenüber de Gaulle brillant für den jungen Mitterrand einsetzte, der eine Zeitlang an den Marschall geglaubt und sein ganzes Vertrauen in ihn gesetzt hatte. Er gibt zu, sich »in gutem Glauben« geirrt zu haben... Und ist es ein Verbrechen, wenn man sich irrt und dabei aufrichtig ist?

Die letzten Spuren des Marschall-Verehrers Mitterrand wurden in Algier in der *Villa des Glycines* endgültig getilgt. Er hat sein Ziel erreicht, aber der Besuch läßt eine Narbe zurück. Seine hohe Sensibilität und sein Selbstwertgefühl lassen ihn die Grobheit des Generals nur schwer ertragen. Louquette, eine lebhafte junge Krankenschwester, an der Hauptmann Moniers großen Gefallen fand (und umgekehrt) und die ihn während seines Algier-Aufenthalts oft getroffen hat, erinnert sich an seine Worte. »De Gaulle hat ihn sehr kalt empfangen.«[11]

Ein paar Monate später, nachdem ich seine Mitteilungen über das Gespräch mit General de Gaulle aufgeschrieben hatte, ließ ich François Mitterrand den Brief lesen, in dem Frenay ganz anders über das Gespräch berichtet. Er las ihn und gab ihn mir kommentarlos zurück.

Nach seiner schwierigen Begegnung mit de Gaulle begann Mitterrand eine Reihe fruchtbarer Gespräche mit Henri Frenay und dem Direktor seines Kabinetts, Olivier d'André. Es ist kaum vorstellbar, daß Frenay den jungen Mann, dessen Intelligenz ihn faszinierte, so sehr unterstützt hätte, wenn der General nicht einverstanden gewesen wäre. Cailliau hatte verloren. Sein Gegner erhielt die Oberaufsicht über die beiden Organisationen (die von Charette und die von »Pin' Mitt'«) und sollte künftig ihre Aktionen koordinieren. Mitterrand wurde so zu einem wichtigen Element in der Strategie des *Commissaire aux Prisonniers*...

Während Mitterrand alle notwendigen Kontakte aufnimmt, um die Anerkennung seiner Organisation und damit auch die seiner Person zu erreichen, fährt Charette fort, ihm Steine in den Weg zu legen. Zum Beweis dieser Brief, den er noch am 8. Dezember 1943 an seinen Onkel sandte:

»Trotz größter Schwierigkeiten, entstanden durch die Verhaftung zahlreicher Mitglieder meiner Organisation und meine zu Anfang schwache Gesundheit, ist unsere Arbeit fast ideal verlaufen und wurde mit schönen Erfolgen gekrönt. Die Post, die ich nach London geschickt habe, ist der Beweis dafür. Meine ganze Organisation funktioniert jetzt hervorragend. Ich habe Maurice Pinot, den früheren Gefangenenminister von Vichy, nach Paris kommen lassen. Wir haben lange und herzliche Gespräche geführt. Ich habe den Eindruck, daß uns jetzt keine Äußerlichkeiten mehr trennen. Man muß jedoch äußerst vorsichtig sein. Pinot gibt zu, weiterhin persönliche Beziehungen zu Pétain zu haben. Ménétrel behauptet, er leite unter der Hand die Organisation von Pinot-Mitterrand.

Der *Service des prisonniers de guerre et des déportés* in London hat mir geschrieben, bei Ankunft der Deutschen in der ZNO seien in einem Schreiben von Pinot alle Beamten des *Commissariat aux Prisonniers* aufgefordert worden, die Flucht von Kriegsgefangenen nicht zu fördern und sich in keiner Form in die Arbeit der Organisationen einzumischen, die darauf spezialisiert sind.[12]

Pinot und Mitterrand haben erklärt, sie seien radikale, vom Giraudismus überzeugte Widerstandskämpfer.

Ihre Anweisungen und Ressourcen haben sie über Giraud erhalten, im Gegenzug geben sie ihre Informationen weiter. Die Gefangenenorganisation Pinot-Mitterrand hat, nachdem sie uns abwechselnd des Terrorismus und der Kinderei geziehen hat, begonnen, parallel zu uns zu arbeiten, an manchen Stellen auch unsere Arbeit gestört.

Die Organisation Pinot-Mitterrand hat, obwohl sie das Gegenteil behauptet, nur wenig Einfluß, außer im sozialen Bereich und in der Gegnerschaft zu Masson, dem Feind und Stellvertreter von Pinot. Unnötig zu sagen, daß sie geschickte Heuchler und Lügner sind. Ich habe dennoch meinen Kameraden einen Zusammenschluß nahegelegt. Man würde uns den größten Dienst erweisen, wenn man Mitterrand, der vor zwei Wochen nach London und vielleicht nach Algier geflogen ist, dort in der Armee unterbrächte, aber nicht auf einem Posten, der mit Kriegsgefangenen oder Deportierten zu tun hat.

Mitterrand, der bei Lavals Rückkehr nach zwei Monaten gemeinsam mit Pinot sein Amt niedergelegt hat, arbeitete eine Weile mit uns, beschimpfte jedoch die Nachrichtendienstleute als Idioten und überflüssig und die ganze *Résistance* als Kinderei. Daher die Spaltung. Mitterrand entwickelt sich allmählich; er übernimmt zunehmend alle unsere Ideen oder fast, jedenfalls tut er so. Er versucht mit Pinot, sie in die Tat umzusetzen. Ich frage mich, wer ihn nach London gelassen hat…«

Nach diesen »Freundlichkeiten« bittet Charette seinen Onkel ohne Umschweife, Mitterrand an einer Rückkehr nach Frankreich zu hindern – und ihn in die Armee zu schicken. Diese Bitte wird in Erwägung gezogen, vielleicht nicht vom General selbst, aber vom gaullistischen Geheimdienst, der Anweisung gibt, François Mitterrand zurückzuhalten.

Dieser erfährt nicht sogleich von den Machenschaften der gaullistischen Dienste. Er verkehrt in der besseren Gesellschaft von Algier. Louquette, die Tochter eines hochrangigen Offiziers, führt ihn in die Salons ein und macht ihn mit Saint-Cyr-Leuten bekannt. Hauptmann Monier sympathisiert mit Marie-Louise Mamy, der Sekretärin von Frenay, deren Mann, André Mamy, Adjutant Hauptmann Passys ist, des Beauftragten der Abteilung *Études* und *Coordination*. Solche Begegnungen werden ihm später äußerst nützlich sein… Er steht inzwischen nicht mehr allein. Seine Intelligenz, seine Brillanz, seine scharfsinnigen Analysen, sein gutes Aussehen erregen Bewunderung.

Daß er abends oft ausgeht, bedeutet nicht, daß er sonst nur Daumen dreht. Vielmehr trägt er sein Anliegen vielen Mitgliedern von de Gaulles Exilregierung CFLN und der *Assemblée consultative provisoire*, dem in Algier gegründeten »Exilparlament« vor (deren erste Sitzung am vergangenen 3. November stattgefunden hat).

So begegnet er auch dem Kommunisten Grenier. Er stellt fest, in welchem Maß die Probleme der Kriegsgefangenen weiterhin ignoriert werden, wie sehr diese »das eingemauerte, das abgetrennte Frankreich sind, das doppelt gefangene Frankreich, und daß dieses Frankreich allein eine Kriegsfront [bildet], die sich von den anderen unterscheidet...[13]«. Er findet nur schwer Gehör. Im Dezember 1943 wird in der *Assemblée consultative* heftig über die ersten Wahlen diskutiert, die der Nation ihre wahre Freiheit wiedergeben können. Es wird über einen Plan gesprochen, der eine Urabstimmung vorsieht, sobald drei Fünftel des Landes befreit sind. Mitterrand erklärt, dieser Plan laufe darauf hinaus, die Kriegsgefangenen von den Beratungen auszuschließen.

Er trifft auch zwei der Passagiere wieder, die er auf dem Flug von Bristol nach Algier kennenlernte: Alastair Forbes und Jean-Pierre Fischoff. In dem winzigen Restaurant *Les Hurlevents* mit seiner berühmten Küche trifft er den Journalisten der *Daily Mail*. Nach dieser Begegnung werden zum ersten Mal Gedanken François Mitterrands in der internationalen Presse veröffentlicht:[14]

»M..., der gerade als Delegierter der *Résistance* aus Frankreich gekommen war, sagte mir, die idiotische Ketzerjagd und das Sektierertum widerten ihn an und er werde sobald wie möglich nach Frankreich zurückkehren, um diese weit hinter sich zu lassen.

In Frankreich gibt es in der *Résistance* offenbar eine wahre ›heilige Union‹, die alle möglichen Reinlichkeitstests verlangt und das Wort ›Gaullist‹ nicht als positive Wertung verwendet, sondern als Synonym von ›guter Franzose‹.«

Diese wenigen Zeilen geben die Einstellung François Mitterrands in Algier genau wieder.

Er trifft sich oft mit Jean-Pierre Fischoff, der ihm sogar anbietet, eine Woche lang sein Zimmer im *Hôtel des Galles* zu teilen.

Er lernt auch Pierre Mendès France kennen, der großen Eindruck auf ihn macht. »Er war begeistert von Mendès France«, erinnert sich Louquette, die bei dem ersten Mittagessen der beiden anwesend war.

Während sich Mitterrand in London und Algier aufhält, setzt die Organisation »Pin'Mitt'« ihre Arbeit fort. Marcel Barrois, der ihn vertritt, Jacques Bénet, Jean Bertin, Maurice Pinot sind daran maßgeblich beteiligt. Jean Védrine und andere versuchen weiter, Einfluß auf die Gefangenen zu nehmen. Munier und Pâris, die beiden Aktivisten, setzen ihre Arbeit fort ...

Nach der Verhaftung von Pol Pilven und Renaud möchte Jean Munier endlich eingreifen. Ende November 1943 hat Jean René, der *délégué militaire régional*, von Monsec, dem Sekretär der LVF von Clermont, erfahren, daß Henri Marlin, der Kommandant der francistischen Legion von Bucard und Chef der französischen Gestapo in den Départements Allier und Puy-de-Dôme, den Plan hat, eine größere Operation gegen den Widerstand in der Auvergne durchzuführen, mit Hilfe Hauptmann Geisslers, des Gestapo-Chefs von Vichy, und gemeinsam mit der deutschen Armee. Dr. Fric, verantwortlich für die Organisation in Clermont-Ferrand, hat dieselbe Information erhalten. Jetzt muß Jean Munier handeln, und das bedeutet, daß er Marlin ausschalten muß.

Munier ist der Meinung[15], die Sicherheit verlange es, daß keine neuen Einzelpersonen ins Vertrauen gezogen werden. Deshalb beschließt er, allein zu handeln. Das Unternehmen ist riskant, denn Marlin, der nach Aussagen Dr. Frics schon einem Anschlag der *Résistance* entgangen ist, wird stets von vier Leibwächtern begleitet, die ständig auf der Hut sind.

Munier hat erfahren, daß Marlin täglich eine Tankstelle aufsucht. Am Nachmittag gelingt es ihm, dort Arbeit zu finden, und so kann er sich leichter mit den Örtlichkeiten vertraut machen. Am nächsten Morgen erscheint er früh, ohne Waffe, und trinkt vor Öffnung der Tankstelle in einem benachbarten Bistro einen Kaffee – oder besser gesagt, gebranntes Malz mit Süßstoff. Kurz nach ihm tauchen dort fünf Männer auf. Einer von ihnen, offensichtlich der Anführer, trägt eine Baskenmütze und ist nach den Beschreibungen niemand anderer als Marlin. Munier hat starkes Herzklopfen, besonders, als Marlin sich neben ihn an die Theke setzt. »Seltsam, neben jemandem zu sitzen, den man gezwungen ist umzubringen«, sagt er heute. »Ich hatte das Bedürfnis, seine Stimme zu hören….«

Munier spricht ihn an: »Sie haben Glück, daß Sie noch Benzin kriegen.«

»Woher wissen Sie das?«

»Ich arbeite in der Tankstelle…«

Der Ton des Mannes wird freundlicher. Munier geht zur Tankstelle zurück. Der Tag kommt ihm sehr lang vor. Die Aktion ist für den nächsten Tag, den 2. Dezember 1943, vorgesehen.

Vom frühen Morgen an fühlt sich Munier wie außerhalb seiner selbst. So sehr er von der Notwendigkeit seiner Mission überzeugt ist, um die Maquis zu schützen, so sicher ist er, daß er die Sache nicht überleben wird. Paradoxerweise hat dieses Gefühl etwas Befreiendes: »Ich handelte nicht wie ein Lebender und hatte keinerlei Angst mehr.« Er erscheint früh in der Tankstelle und trifft auf zwei junge Kollegen, unterhält sich mit ihnen und bietet ihnen englische Zigaretten an, die »La Crapote« (Suzy Borel, die spätere Frau von Georges Bidault) ihm geschenkt hat. Die jungen Männer sind erschrocken: Englische Zigaretten zu rauchen bedeutet eine Provokation, man drückt damit seine Anhängerschaft zu de Gaulle aus …

Munier beginnt seine Arbeit zusammen mit den beiden Kollegen und schafft einige Fahrzeuge nach draußen, die im Weg stehen. Da sieht er einen wütenden Marlin näherkommen. Er ist allein und geht mit schnellen Schritten auf das Büro zu. Munier trägt den hellen Regenmantel von Pol Pilven. Er fährt mit der rechten Hand durch den Seitenschlitz, um den Revolver in seiner Hosentasche zu ergreifen. Mit der Waffe in der Hand öffnet er die Bürotür. Marlin dreht sich um, Munier schießt den Mann nieder, bevor dieser Zeit hat, auch nur ein Wort zu sagen. Dann rennt er fort. Mitten auf der Straße fällt ihm beim Laufen der Revolver aus der Hand, einem Mann direkt vor die Füße. Munier hebt ihn wieder auf, der Mann sieht ihn entsetzt an. Hundertfünfzig Meter weiter hört er bereits Leute hinter sich herlaufen: Er läuft nach rechts, nach links, sieht ein Café, betritt es schnell, hängt seinen Regenmantel auf, verläßt es wieder langsamen Schrittes und geht unweit der Tankstelle vorbei. Ohne Mantel sieht er aus wie ein Milizionär. Er besteigt eine Straßenbahn und verläßt sie in der Nähe des Hotels, in dem Ginette voller Angst auf ihn wartet. Beide nehmen den Vorortzug nach Vichy. Gleich nach seiner Ankunft dort geht Munier auf die Post und ruft Dr. Fric an: »Ich danke Ihnen, ich habe es geschafft, die Medizin zu bekommen. Der Kranke ruht in Frieden…«

Munier beschließt, sich eine Woche in Jarnac bei François Mitterrands Vater zu verstecken. François hatte ihm gesagt, wenn es Probleme gebe, könne er dort immer unterkommen. Muniers Gastgeber ärgert sich, als er erfährt, daß die Gendarmen von Jarnac es gewagt haben, den Flüchtling ohne Motiv nach seinen Papieren zu fragen. Munier erinnert sich an einen äußerst zuvorkommenden, hochkultivierten Mann, der sich dafür entschuldigte, daß es bei ihm so bescheiden zu essen gebe. »Hier werden keine fetten Kälber geschlachtet, wir ernähren uns nur mit Lebensmittelkarten.« Oder er sagt: »Es gibt Rüben. Enten gibt's erst wieder nach dem Krieg. Wenn alle es machen würden wie ich, gäbe es für alle genug zu essen…«

»Aimé« (Jacques Pâris), dessen erste Aufgabe nach seiner Ankunft aus London darin bestand, Kontakt mit Mitterrand aufzunehmen, konnte die Fäden dank Marcel Barrois, dem Nachfolger Morlands, knüpfen.

Er sucht Landeorte für Fallschirmspringer und bildet neue Widerstandsgruppen. In Clermont führt ihn Dr. Fric ins Cantal, wo sich eines der wichtigsten Zentren befindet, das schon für ORA gearbeitet hat. Er nimmt Kontakt zu Decours vom AS auf, dem Dachverband verschiedener Widerstandsorganisationen, und verübt Sabotage an einem Lokomotivendepot in der Ardèche. Jacques Pâris stützt sich auf das Zentrum in Montmaur und sein Maquis von sechzig Mann. Er knüpft enge Verbindungen zu »Pyramide«, dem Chef der 13. Region, danach mit »Circonférence« (der Gegend von Lyon), »Polygone« (Toulouse), »Carré« (Marseille).

Inzwischen merkt François Mitterrand in Algier, daß die Gaullisten seine Rückkehr nach Frankreich nicht wünschen. Es gelingt ihm nicht, einen Platz für einen Flug nach London zu bekommen. Warum?

»Nach dem Krieg erzählte mir Pierre Bloch, de Gaulle habe ihm gesagt: ›Schicken Sie ihn irgendwo aufs Land [Italien]…‹, da beschloß ich, auf eigene Faust zurückzukehren. La Chénilière aus dem Büro von Giraud, ein Freund des Mannes meiner Schwester Colette, war bereit, mir zu helfen, und besorgte mir einen Platz in einem Flugzeug, das Waren nach Marrakesch transportierte…«[16]

Erinnern wir uns, daß Major de La Chénilière ein wichtiges Mitglied des giraudistischen Geheimdienstes war und damals in der Umgebung des Generals lebte. Er wurde im Frühjahr 1943 Adjutant General Ronins, des Chefs der Sondereinheiten von Giraud, und richtete sich in der kleinen Koubba des Sommerpalasts ein.

In einem späteren Gespräch ergänzte der Präsident diese Information:[17] »Ich traf General Giraud durch Vermittlung von La Chénilière, einem Freund meiner Mutter. Meine Mutter hatte ihn bei meiner Schwester Colette im Fort von Trarit im Süden Marokkos kennengelernt.

›Da ist ein junger Mann, der mich um Hilfe bittet‹, sagte La Chénilière zu General Giraud, als dieser durch das Büro ging, in dem wir uns unterhielten.

›Helfen Sie ihm‹, sagte der General.

Und so gelangte ich in das Flugzeug nach Marrakesch, inmitten von lauter Waren.«

So begegnete der Giraudist François Mitterrand General Giraud. In einem Zeitraum von vierzehn Monaten traf der Siebenundzwanzigjährige nacheinander den Marschall, General de Gaulle und General Giraud. Wohl eine einzigartige Leistung…

Sein Bericht über die Begegnung mit General Giraud ist wahrscheinlich stark verkürzt. Sie war die logische Folge seines Anfang 1943 begonnenen politischen Wegs. Sie ist keineswegs durch Zufall oder durch familiäre Beziehungen zu erklären. Wahrscheinlich war das Hauptziel von Mitterrands Reise nach Algier ein Treffen mit Giraud. Wir erinnern uns, daß sie von General Revers und dem Generalstab der ORA beschlossen wurde, der direkt General Giraud unterstand. Wir erinnern uns ebenfalls an die Empfehlungen, die François Mitterrand »Aimé« vor seiner Abreise nach Algier gab[18]: Wenn möglich, General Giraud zu treffen, in jedem Fall aber Major de La Chénilière und einige andere… Aber seit einigen Wochen hat sich die politische Situation weiterentwickelt: General Giraud hat die Schlacht gegen de Gaulle verloren und ist nur noch Chef der Armee.

Nach seiner Ankunft in Algier hat François Mitterrand mit Sicherheit Mitglieder aus Girauds Umgebung getroffen. Die gaullistischen Geheimdienste, die damals heftig gegen die giraudistischen Parallelorganisationen kämpften – La Chénilière spielte dabei eine wichtige Rolle – haben dies erfahren und de Gaulle berichtet. Daher ist es unmöglich für Hauptmann Monier, Algier auf dem »normalen«, durch die Gaullisten kontrollierten Wege zu verlassen. Nur die giraudistischen Geheimdienste konnten ihn mit dem Segen General Girauds selbst aus dieser Falle befreien.

Jacques Mitterrand bestätigt diese Erklärung[19]:

»François' Stütze in Algier war General Giraud. Darüber darf man sich nicht täuschen. Vor allem in dem Moment, als de Gaulle ihm deutlich seine Grenzen gewiesen hatte. Für die besseren Kreise Algiers war François ein Giraudist. Ihm war nicht gleich klar, was er für einen Schnitzer gemacht hatte… Ich glaube, er hatte General de Gaulle wegen seines Giraudismus gegen sich.«

»Che« besorgt Mitterrand den Platz im Flugzeug nach Marokko und stellt einige Kontakte aus dem Bereich der Geheimdienste her, damit er bei ihnen wohnen und ein Flugzeug nach London finden kann.

Achtundvierzig Stunden vor seiner Abreise trifft Mitterrand Frenay zum letzten Mal, und dieser vertraut ihm einen Brief für Maurice Pinot[20] an. Dieser Brief beweist Mitterrand, daß er weit mehr erreicht hat, als er gehofft hatte. Frenay vertraut ihm vollkommen und beschließt, mit ihm zusammenzuarbeiten. Er gibt ihm bestimmte Anweisungen und räumt ihm den Vorrang vor den anderen Führern, insbesondere Pinot selbst ein. Niemand kann ihn mehr daran hindern, das Schicksal der Kriegsgefangenen-*Résistance* in die Hände zu nehmen. Auf seiner Reise hat Mitterrand außerdem Beziehungen zu einigen Schlüsselfiguren des Frankreich von morgen aufgenommen.

Mitterrand tritt zufrieden die Rückreise nach Europa an, nur eines bedauert er, nämlich »Louquette« zurückzulassen, der er zu schreiben verspricht.

»Er schickte mir sehr schöne Briefe aus London. Mit einer Art Vermächtnis. Man konnte sehen, daß er hohe Ideale hatte«, sagt die frühere Krankenschwester nicht ohne Rührung. Diese Briefe nehmen dank Bénouville und Frenay sehr offizielle Wege… Hauptmann Monier verläßt seinen Freund Dayan und seinen Bruder Jacques, der ihn ins Weiße Haus begleitet, nicht ohne Bedauern.

»Am Flughafen von Marrakesch wartete eine hübsche kleine ›Afat‹, Mademoiselle de Geoffre, auf mich«, erinnert sich François Mitterrand.[21] Hauptmann Monier erklärt ihr seine Situation. Sie arbeitet für die Agenten Major Pailloles. Er braucht der »hübschen kleinen Afat« nichts zu erklären, da alles bereits geplant ist. Sie bringt Hauptmann Monier bei Joséphine Baker unter, die mit einem Hauptmann des SR, Abtey, in der prachtvollen

Residenz seiner Exzellenz Si Mohammed ben Mennebi, des zweiten Sohns des Großwesirs, in der Medina von Marrakesch zusammenlebt. An diesem idyllischen Ort lebt die berühmte Joséphine, die seit September 1939 zwei Berufe ausübt: den der Variétékünstlerin und den der Agentin des *Deuxième Bureau*. Sie wurde durch »Fox«, den Hauptmann Jacques Abtey, rekrutiert, der auch immer noch ihr Führungsoffizier ist.

Das »Paar« hat in Marokko die Aufgabe, die Verbindung zwischen der französischen Gegenspionage und dem Posten des Geheimdienstes in Lissabon aufrechtzuerhalten. Diese Rolle hat sich schnell durch verschiedene Verbindungen zu den Amerikanern erweitert, und sie führen alle möglichen Aufgaben für General de Gaulle aus. Joséphine Baker ist in die Kampfgruppen integriert, obwohl sie sich weigert, den ihrem Grad entsprechenden Sold zu beziehen. Sie und ihr Liebhaber arbeiten auf Anweisung Paillols, der auch »Che« protegiert.

Hauptmann Monier richtet sich in ihrem Tausend-und-eine-Nacht-Schloß ein, in dem sich alle möglichen geheimnisvollen Spione aufhalten.

»Ein paar Tage später nahm die kleine Geoffre Verbindung zu mir auf und sagte: ›Beeilen Sie sich, Sie haben einen Platz in einem Flugzeug nach London…‹ Es war die Maschine von Montgomery, dem Rommel-Besieger, der aus El Alamein zurückkam. An Bord befanden sich zahlreiche englische Offiziere, zwei Franzosen (Camille Paris, der Schwager von Claudel, und Oberst Chevigné) und … ein deutscher Soldat! Es war eine beschwerliche Reise. Kurz vor der Landung ließ mich Montgomery rufen und sagte: ›Ich weiß weder, wer Sie sind, noch, wie Sie in dieses Flugzeug gelangt sind. Es ist besser, daß Sie nicht in London aussteigen, sondern in Preswick; danach müssen Sie selbst weitersehen…‹«

Ganz offensichtlich steht Moniers Leben unter einem günstigen Stern. Er hat die Gabe, zufällig Leuten zu begegnen, die ihm gerne Gefallen tun. Daß er aber ein britisches Flugzeug besteigen konnte, ist kein Zufall. Den komplizierten Weg von Algier nach London haben ihm die giraudistischen Geheimdienste und die Engländer geebnet.

Sobald er in England ist, besteigt Mitterrand ohne Fahrkarte einen Zug nach London, wo er seine Freunde von der ORA um

Hauptmann Lejeune wiedertrifft: du Passage, Courson, Aubinière, Lepron und Marcilly. Einige Tage übernachtet er in *Covenshire Close*. Er teilt sogar das Bett mit dem späteren General Ely, und das Zimmer mit Courson (»Pyramide«). Er lernt auch Médéric kennen. Aus einem mir unbekannten Grund gibt die SOE am 7. Januar 1944 Mitterrand einen Tarnnamen, »Merchant«. Major du Passage erhält den Namen »Adventurer«. Am 25. Januar schickt Hauptmann Godden durch den SOE. FX, F. R./204 Leujeune sechs Automatik 32-Pistolen für die sechs Gäste in *Covenshire Close*. Eine ist für François Mitterrand bestimmt. Godden schlägt den sechs Offizieren, die nach Frankreich geschickt werden sollen, vor, mit ihren neuen Waffen am Schießstand in der Baker Street zu trainieren, in einem der Gebäude des SOE: Hauptmann Godden hält es für besser, daß sie rechtzeitig lernen, richtig damit umzugehen.[22]

Mitterrand wird ungeduldig. Er ist schon zu lange in London. Liegt es nur am schlechten Wetter, daß sich seine Abreise verzögert? Er verläßt die kleine »Kaserne« der ORA und zieht ins *Mount Royal* Hotel. Die Untätigkeit macht ihm schwer zu schaffen, weil er weiß, daß sein Platz in Frankreich ist, wo er die Leitung der Organisationen übernehmen soll.

Schließlich hat er den Segen dafür erhalten. Er vermutet, daß Michel Cailliau nicht untätig geblieben ist, weiß aber kaum, was an Ort und Stelle geschieht …

In Frankreich hat sich inzwischen viel ereignet. Zu den erfreulichen Dingen gehört die Ablösung des Kollaborateurs Masson an der Spitze des *Commissariat au reclassement des prisonniers de guerre* durch einen gewissen Moreau, der sich wesentlich weniger auf das Regime eingelassen hat… Eine Katastrophe ist die Verhaftung Antoine Mauduits[23] in Montmaur am 29. Januar 1944, der als wichtigster Gründer der Bewegung gelten kann. Dies ist ein harter Schlag, denn Montmaur war ein wichtiger Rückzugsort der Bewegung, zugleich ein Treffpunkt und Zentrum des Widerstands.

In einem Brief[24] an Dayan vom 17. Februar 1944, den er über Olivier André, den Büroleiter von Frenay, weitergibt, beklagt sich François Mitterrand über seine erzwungene Untätigkeit. Er sieht Frenay jeden Tag[25] und nutzt dies, um Dayan zum Mitglied des *Commissariat* zu machen. Er spricht von Madame

Mamy, der Sekretärin Frenays, »einer Freundin mit hervorragenden Eigenschaften«, mit der er dauernd in Verbindung steht. »Ich habe eine wichtige Aufgabe zu erfüllen und werde sie mutig vollenden. Es gilt, ein Land neu aufzubauen...«, schreibt er. Ein bedeutsamer Satz. Sein Ehrgeiz beschränkt sich nicht auf sein eigenes Schicksal, auch nicht auf das der Bewegung, sondern erstreckt sich schon auf das ganze Land.

»Sobald ich in London war«, erzählt Mitterrand heute, »klingelte ich bei den Pâris', bei denen sich einige Freunde befanden, besonders André Mamy. Dort wurde gern Bridge gespielt, und sie baten mich oft, als vierter Mann mitzuspielen. Zu den Eingeladenen gehörte auch Passy[26], mit dem ich mich anfreundete...«

»Ich will zurück nach Frankreich«, erklärt Mitterrand dem Chef des BCRA.

»Ich kümmere mich darum«, antwortet der Oberst.

In der Erinnerung vereinfachen sich die Dinge. François Mitterrand hatte große Schwierigkeiten, nach Frankreich zurückzukehren, trotz der Unterstützung Frenays und Passys, die alles andere als gering war. Vermutlich gehen diese Schwierigkeiten auf Charette zurück, der weiterhin versuchte, seinen Rivalen auszuschalten.

Er kämpft gegen Windmühlen, weiß es aber noch nicht. Wenn Mitterrand seinen Kampf trotz der heftigen Angriffe, denen er ausgesetzt war, gewonnen hat, dann wegen der Unterstützung durch Frenay, der nach London gekommen war, um mit ihm die verschiedenen Gruppen der Kriegsgefangenen-Bewegung zusammenzulegen und Charette auszuschalten.[27] Frenay ist jetzt überzeugt, daß das Gelingen seiner Mission an die von Mitterrand gebunden ist. Am 16. Februar 1944 schreibt er Georges Boris[28], daß sein »Kamerad Monier seit Anfang Januar auf seine Rückkehr nach Frankreich wartet«:

»Er konnte an den Januar- und Februaroperationen nicht teilnehmen. Sicher haben atmosphärische Bedingungen mit seiner verspäteten Abreise zu tun. Da jedoch vom Aktionskomitee in Frankreich neue Vorkehrungen getroffen worden sind und eine Zusammenlegung der Organisationen der Gefangenen und Deportierten vorgesehen ist, da außerdem die Mission, die ich Monier im Namen meines *Commissariat* übergeben habe und ohne die die Aufgabe, die mir das *Comité de libération nationale* übertragen hat, nicht erfüllt werden kann, bitte ich Sie, alles mögliche zu tun, damit die Abreise Moniers wegen der Operationen im März Vorrang erhält.«[29]

Derselbe Brief enthält einen Hinweis darauf, daß Monier Fallschirmspringen lerne, um seine Chancen einer Abreise zu vergrößern. Frenay erklärt, er schreibe ebenfalls Oberst Passy, um diesen zu fragen, ob eine Rückkehr über Algier mehr Chancen habe als eine direkte Fahrt von London aus.

Während seines Zwangsaufenthalts in der britischen Hauptstadt, der ihm viel Freizeit läßt, lernt Mitterrand den Kommunisten Waldeck Rochet kennen und freundet sich mit ihm an. Er ist beeindruckt von seiner Art, über das einfache Leben auf dem Land zu sprechen, und ergreift Partei für ihn. Es ist wahrscheinlich das erste Mal, daß Mitterrand sich mit einem Kommunisten zusammentut. Waldeck Rochet ist seinerseits angetan von dem *Résistance*-Kämpfer aus dem Bürgertum und vertraut ihm einen Brief an seine Mutter an....

Er trifft viele in London lebende Franzosen. Beweis seines Vertrauens in sein späteres Schicksal: Er sendet ein Telegramm an Félix Gouin, den Präsidenten der *Assemblée consultative d'Alger*, um gegen »jeden Versuch« zu protestieren, »die Kriegsgefangenen, die noch in Gewahrsam sind, aus den ersten Beratungen auszuschließen«. Er fühlt sich, er weiß sich bereits als Chef der Gefangenen-Organisation.

Aber immer noch läuft er durch London, dabei ist er ungeduldig darauf bedacht, seine neue Position in Frankreich selbst, dort wo sich die Dinge ereignen, zu behaupten... In der Nacht vom 26. auf den 27. Februar gelingt ihm mit Hilfe der Engländer die Abreise. An Bord des Schnellboots MTB der *Royal Navy* verläßt er Dartmouth in Devon. Major des Schiffes ist niemand anderer als der Kapitänleutnant David Birkin, Vater der späteren Schauspielerin Jane Birkin.

François Mitterrand war unter dem Namen Morland nach London gekommen, hatte seine Reise als Monier fortgesetzt und beendet sie mit dem Pseudonym M. Jacques. Vor der Küste von Beg ar Fray zwischen dem Kap Primel und Locquirec, besteigen M. Jacques und zwei englische Agenten ein Schlauchboot. Louis-Joseph Mercier, der Seefischgroßhändler aus Guimaec, sieht mit Angst, wie sie näher kommen und blickt immer wieder hinauf

auf die Klippe, um festzustellen, ob die Deutschen nicht auch die drei Schatten im Dunkeln gesehen haben. Wortlos reicht er den Männern die Hand und führt sie im Gänsemarsch bis zu einem weißen Haus mit Namen *Le Rosen*. Dort kocht Philomène, die Frau von Louis-Joseph, ein Essen für sie. Man redet nur wenig, aber M. Jacques zeigt seinen Revolver vor. Seltsames Verhalten, denn François Mitterrand haßt Waffen. Er weiß mit der Pistole nichts anzufangen und gibt sie nach seiner Ankunft in Paris Jean Munier. Munier und Aimé wollen sie ausprobieren, und zu ihrer großen Überraschung stellen sie fest, daß der erste Schuß nicht geladen war. Wenn sich M. Jacques der Waffe hätte bedienen müssen, wäre er ein toter Mann gewesen. Munier und Aimé ziehen daraus ihre ganz persönlichen Schlüsse…

M. Jacques ruht sich einige Stunden aus, dann bringt Louis-Joseph, dem sein deutscher Ausweis ermöglicht, Leute zu schmuggeln, M. Jacques und die beiden Engländer nach Morlaix. Ein paar Sekunden Aufregung, als der kleine Lieferwagen auf den Hügel von Biseon gelangt ist. Ein Motorrad mit Beiwagen mit zwei Feldgendarmen kommt ihnen entgegen. Aber es passiert nichts, und M. Jacques kann den Zug nach Paris nehmen.[30]

Im Bahnhof Montparnasse geht François Mitterrand gerade auf den Ausgang zu, als ihn ein Mann fragt, was er im Koffer habe. »Nichts Wichtiges«, antwortet der Reisende und denkt an den Revolver, an den Brief von Frenay und ein paar andere wichtige Papiere. Der Mann besteht darauf, daß Mitterrand den Koffer öffnet. Er gehorcht langsam und sieht sich dabei nach einem Fluchtweg um. Der Revolver kommt zum Vorschein, der Mann sagt: »Ist gut, gehen Sie schon, wir suchen nach Lebensmitteln!«[31]

François Morland ist in Paris, er ist ein freier Mann. Jetzt gilt es, die neue Führungsaufgabe wahrzunehmen.

# Anmerkungen:

1  Diese Szene orientiert sich an einem Artikel von François Morland in *Libres* vom 4. Oktober 1944.
2  Vgl. François Mitterrand: *La Paille et le Grain*. Flammarion, Paris 1975.
3  »Ein Gespräch, das wahrscheinlich am 5. Dezember stattfand«, erinnert sich François Mitterrand im Gespräch mit dem Autor, 3. August 1994.
4  Vgl. *Les Prisonniers de guerre devant la politique*, von François Mitterrand.
5  Vgl. *Ma part de vérité*, von François Mitterrand.
6  *Dossiers P.G.-Rapatriés*, 1940-1945, von Jean Védrine.
7  Gespräch mit dem Autor vom 12. Oktober 1993.
8  Gespräch mit dem Autor vom 31. Dezember 1993.
9  Mitterrand, Cailliau, Bénet.
10 Es handelt sich um Maurice Pinot.
11 Gespräch mit dem Autor vom 9. Februar 1994.
12 Diese Behauptung ist falsch.
13 Vgl. Anm. 4.
14 Veröffentlicht am 24. Januar 1944 bei Rückkehr des englischen Journalisten nach London.
15 Gespräch mit dem Autor vom 11. März 1994.
16 Gespräch mit dem Autor vom 12. Oktober 1993.
17 Am 1. Juli 1994.
18 Vgl. 18. Kapitel, S. 289 f.
19 Vgl. Franz-Olivier Giesbert: *François Mitterrand ou la tentation de l'Histoire*. Ponts Actuels, Paris 1977.
20 Vgl. 23. Kapitel, S. 359 f.
21 Gespräch mit dem Autor vom 12. Oktober 1993.
22 Mitteilung des SOE an Lejeune; Archiv des BCRA.
23 Mauduit wurde deportiert und kam nicht zurück.
24 Irène Dayan gewährte mir Einsicht in den Brief.
25 Frenay hält sich zwar in Algier auf, verbrachte aber Mitte Februar ein paar Tage in London, vor allem, um Mitterrand zu treffen.
26 Passy, der Chef des BCRA, wurde am 27. November Jacques Soustelle unterstellt, der neuen Dachorganisation DGSS.
27 Siehe 23. Kapitel über die Fusion der drei Gruppierungen, S. 259 ff.
28 Delegierter des *Commissaire à l'Intérieur* in London.
29 A.N./F9/3254.
30 Die Ankunft François Mitterrands ließ sich mit Hilfe eines Artikels von Henri de Grandmaison rekonstruieren, der am 14./15.November 1981 in *Ouest-France* erschien.
31 Vgl. *Frère de quelqu'un* von Robert Mitterrand.

## 22. Kapitel
## Lasten (4)

Während Jean Bouvier seinen chaotischen und zweideutigen Kurs an der Seite Marie-Josèphe Mitterrands fortsetzt, nähern sich andere Mitterrands Leuten wie ... Deloncle! Wie wir gesehen haben, hatten sich Henriette Cahier und ihr Gatte wegen des unerträglichen Aktivismus dieser Leute von ihnen distanziert. Im Oktober findet ein Ereignis statt, das beiden Familien Gelegenheit gibt, ihre Verbindungen neu zu knüpfen, die Taufe Olivier Mitterrands, des zweiten Sohnes von Robert und Edith Mitterrand. Daß Eugène Deloncle seit einigen Monaten seine Aktivitäten als Kollaborateur stark eingeschränkt hat, mag mit dieser Einladung zu tun haben. Deloncle ist durch Filliol, den früheren Auftragsmörder der *Cagoule*, aus dem MSR ausgeschlossen worden. Zwar hat er immer noch enge Verbindung zu den Leuten der Gestapo und der Abwehr, versucht jedoch, sich den Alliierten und General Giraud anzunähern, den er vor dem Krieg in Metz kennengelernt hat. Er bewegt sich in beide Richtungen und ist dabei so geschickt, daß er im August 1943 sogar von der Gestapo verhaftet, aber wenig später wieder freigelassen wird...

Um die Wiege des kleinen Olivier Mitterrand versammeln sich also Eugène Deloncle, seine Frau und Kinder, die Cahiers und einige Mitterrands. »Chou«, eine Freundin der Familie aus der Charente, die später Henri Bouvyer heiraten wird, erinnert sich an die Feier, in deren Verlauf der Sohn Eugène Deloncles »großes Interesse an ihr zeigte«.[1]

Ende November 1943 ruft Eugène Deloncle Robert Mitterrand an und bittet ihn, sogleich zu ihm zu kommen. Robert begibt sich unverzüglich zum Haus des früheren Chefs der *Cagoule* in der Rue Lesueur. Deloncle erzählt ihm, François sei nach seiner Rückkehr aus London in Toulouse verhaftet worden. »Wegen unserer familiären Beziehungen werde ich mein möglichstes tun, um sein Schicksal zu erleichtern. Es wird schwierig sein, ich glaube aber, daß ich Ihnen bald den Ort nennen kann, an dem er inhaftiert ist. Ich rufe Sie dann sogleich an«, sagt er.

Als Robert, erschüttert durch diese Nachricht, die Rue Lesueur verläßt, trifft er zufällig Maurice Pinot, der ihn beruhigt. Die Information ist falsch. Daß Deloncle sie weitergegeben hat, bestätigt einerseits die enge Verbindung des früheren Chefs der *Cagoule* zur Gestapo, andererseits zeigt es, daß jedermann über die familiären Beziehungen zwischen den Mitterrands und den Deloncles Bescheid wissen konnte.

Nach diesem Ereignis setzt Deloncle seine gefährlichen Schachzüge fort und fährt nach Spanien, um mit den Alliierten und Algier ins Gespräch zu kommen. Er beschwört die Freunde von früher, die zur Umgebung Girauds gehören, sich mit ihm zu treffen. Er hat ein ganzes Sortiment von Pässen und anderen Papieren herstellen lassen, wahrscheinlich für den General und seine Umgebung. Er verfolgt das Ziel, nach der Vernichtung Hitlers einen Separatfrieden zwischen Deutschland und den Vereinigten Staaten zu fördern, um einen Sieg de Gaulles zu verhindern, und glaubt, daß die Abwehr dieses Unternehmen billigt.

Ein paar Tage vor Weihnachten veranstalten Robert und Edith anläßlich ihres vierten Hochzeitstags ein kleines Fest. Sie haben ihre Cousine Claude eingeladen, die Tochter Eugène Deloncles. Gegen Ende des Abendessens erscheint er und erzählt Robert von seiner Mission in Spanien.

»Ich komme gerade aus England zurück, wo ich mich mit den Abgesandten General Girauds getroffen habe. Ich freue mich, an der Versöhnung der Franzosen mitzuwirken. Die Deutschen sind verloren, und unser Land muß versuchen, so gut wie möglich aus der Situation herauszukommen.«[2]

Deloncle fürchtet, daß die Deutschen sich über den Sinn seiner Aktion täuschen. Er begibt sich zum Boulevard Flandrin, um den SD zu bitten, in dieser Angelegenheit neutral zu bleiben. Danach übergibt er den Verschwörern der Abwehr ein ausführliches Memorandum über den Stand seiner Gespräche mit den Alliierten und Algier.

Am frühen Morgen des 7. Januar 1944 wird der ehemalige Chef der *Cagoule* von Gestapo-Leuten in seinem Haus in der

Rue Lesueur umgebracht, sein Sohn wird schwer verletzt, und Jacques Corrèze, ein Freund der Familie und früherer Angehöriger der *Cagoule*, der mit Eugène Deloncle und seiner Frau Mercedes eng befreundet ist, entgeht dem Anschlag nur knapp. Henriette Cahier vergißt ihre Vorbehalte und nimmt Claude, Deloncles Tochter, bei sich auf, die von einem soeben verhafteten Mitarbeiter ihres Vaters schwanger ist.

## Anmerkungen:

1 Gespräch mit dem Autor vom Juli 1994.
2 Vgl. *Frère de quelqu'un*, von Robert Mitterrand.

# 23. Kapitel
# Gemeinsam mit den Roten

Nach seiner Rückkehr nach Paris versucht Morland, Verbindung zu seiner Organisation aufzunehmen, um die Anweisungen von de Gaulle und Frenay, die letzterer in London bestätigt und präzisiert hat, in die Tat umzusetzen. Er soll die Vereinigung der Gefangenen-Organisationen durchführen. Dieser Auftrag ist deshalb so wichtig, weil er damit die Leitung der gesamten »Gefangenen«-*Résistance* erhält.

Die Geschichte dieser Fusion bedarf besonderer Aufmerksamkeit, da sie sich wesentlich von der heute üblichen offiziellen Version unterscheidet. Der Leser wird sich erinnern, daß François Mitterrand behauptete, General de Gaulle habe ihm von der Existenz einer kommunistischen Bewegung berichtet, die aus dem *Front national* hervorgegangen sei, und habe ihn deshalb gebeten, drei Bewegungen zusammenzulegen, die seine, die von Michel Cailliau und die kommunistische…

Hier scheint ein schneller Blick nach rückwärts notwendig, der sich auf nicht veröffentliche Dokumente stützt. Nach seinem Treffen mit dem General führt Mitterrand zahlreiche Gespräche mit Kommissar Frenay und dessen Kabinettsleiter Olivier d'André. Zwei Tage vor seiner Abreise aus Algier vertraut Frenay ihm einen Brief an, den er Maurice Pinot übergeben soll, der wichtigsten Führungsperson in der Bewegung »Pin'Mitt'« vor Mitterrands Abreise nach London:

»Unser gemeinsamer Kamerad M[1] überbringt Ihnen diesen Brief. Er wird Ihnen ausführlich von unseren Gesprächen und deren Ergebnissen berichten. Das erste und wichtigste von allen ist, daß wir im Interesse unseres Landes in völliger Übereinstimmung arbeiten müssen, damit wir im Augenblick der *Libération* nicht von den Ereignissen überrascht werden. Deshalb brauchen mein *Commissariat* und ich Ihre Hilfe. Ich weiß, nach dem was M mir sagte, daß wir auf Sie zählen können. M bringt genaue Anweisungen mit, die er Ihnen übergibt, sowie einen Organisationsplan, dem, wie ich hoffe, alle zustimmen werden, insbesondere C², mit dem Sie ja bis heute Schwierigkeiten hatten. Dieser Plan, der letzten Endes das Gewicht eines Befehls hat, scheint mir für Ihre Beziehungen zu C, aber auch zum *Mouvement Résistance* bestens geeignet.

In Ihrem besonderen Fall werden Sie – obwohl wir für Ihre Sache eingetreten sind und das, ohne Sie zu kennen – nicht überrascht sein, daß wir Ihnen gegenüber gewisse Vorbehalte hegen und es vorgezogen haben, Ihnen keine Hauptrolle zu übertragen. Dies hat selbstverständlich mit den Funktionen zu tun, die Sie bis vor kurzem ausgeübt haben. Es steht indessen außer Zweifel, daß die Aktivitäten, die Sie inzwischen für unsere gemeinsame Sache, das heißt für die Befreiung unseres Landes unternommen haben, schon jetzt und noch viel mehr in der Zukunft das wiedergutmachen, was manche an Ihrer früheren Betätigung noch immer bedauerlich finden. Die *Résistance* und der Krieg werden dies alles ungeschehen machen, und ich bin sicher, daß, wenn wir uns morgen alle für eine Aufgabe zusammentun, nämlich für den Wiederaufbau unseres Vaterlandes, keine Mißverständnisse mehr bestehen, sondern nur ein und derselbe Enthusiasmus herrschen wird.«[3]

Dieser Brief stellt Maurice Pinot ins Abseits. Er hat Befehlscharakter. Ebenso verhält es sich mit den »genauen Anweisungen«, die Mitterrand mitbringt und die die Mißverständnisse mit Michel Cailliau und dem *Mouvement Résistance* ausräumen sollen. Dieser Brief erwähnt die Gefangenen-Bewegung nicht, die sich an den Kommunisten orientiert, es sei denn, man wäre der Meinung, sie verberge sich hinter dem *Mouvement Résistance*. So sehen es jedenfalls bis heute die Leute, die die Dinge im Sinne Mitterrands interpretieren…

Diese Anweisung war bereits überholt, bevor Mitterrand sie Maurice Pinot übergab, vor allem in Folge des heftigen Protests von Cailliau/Charette, der, nachdem er vom Sieg seines Gegners erfahren hatte, nicht darauf verzichten wollte, selbst die Führung der Gefangenenbewegung zu übernehmen. Der Leser wird sich an seinen Brief[4] an General de Gaulle vom 8. Dezember 1943 erinnern. Er muß im Lauf des Januar 1944 in Algier eingetroffen und auch zu Frenay gelangt sein. Dieselbe Feindseligkeit drückt sich in einem Brief Charettes an Pinot vom 18. Januar aus:

»Wir bitten Sie, unsere Agenten aufzufordern, im Rahmen des Möglichen nicht zu sagen, ›daß man dem *Mouvement Charette* nicht trauen könne, weil dieser ein Emporkömmling sei und man ihm ohnehin auch in Algier nicht traue‹, daß sie im Dezember Anweisung von ihren Führern erhalten hätten, den Zusammenschluß mit uns abzulehnen und unsere eigenen Agenten uns verlassen müßten, um sich Ihrer Organisation anzuschließen. Es gibt hierfür keinen Beweis von seiten Ihrer Agenten. Erpressung! Ich habe den Bericht über das erwähnte Vorgehen in Händen. Achten Sie darauf, daß solche Dinge nicht mehr gesagt werden... Wenn ich für die Einheit und Schlagkräftigkeit der Organisation ein Störfaktor wäre, würde ich nicht zögern, diese zu verlassen und eine andere Aufgabe im Untergrund zu übernehmen. Ich habe nie daran gedacht, bis zum Sieg in einer Gefangenen-Organisation zu bleiben, besonders nicht in einer Vereinigung von Kriegsgefangenen nach dem Krieg oder in der Politik... Mein Geschmack und mein Charakter vertragen sich damit nicht...«[5]

Am 26. Januar schreibt Morland aus London an »Chambre« (anderer Deckname für den Neffen des Generals) und streut weiter Salz in die Wunde. Er beruft sich auf de Gaulle und fordert ihn auf, sich ihm innerhalb eines Leitungskomitees, in dem er den Vorsitz hat, unterzuordnen und sich um Deutschland zu kümmern, ihm aber Frankreich zu überlassen!

»Ich komme bald mit einem Arbeitsplan zurück, den ich Ihnen zur Beurteilung vorlege. Wir verfolgen zu viele gemeinsame Ziele, um uns länger zu bekämpfen.... Sie wissen die Details über die hier gefaßten Beschlüsse. Ein Leitungskomitee, das aus Ihnen, mir und einem Dritten bestehen soll (vermutlich Turgis[6]), soll sich gemeinsam um die Probleme der Gefangenen und Deportierten kümmern. Unsere jeweiligen Kompetenzen sind klar definiert. Wegen der Bedeutung, die unsere Gruppierungen in den verschiedenen Bereichen erlangt haben, steht fest, daß Ihre Aktivitäten sich auf Probleme Deutschlands und meine sich auf die Frankreichs konzentrieren. Dabei soll nicht der eine den anderen ausschalten...

Ihr Onkel, den zu treffen ich die Ehre hatte, zählt auf uns alle...«

Charette reagiert so heftig, daß Frenay vermitteln muß. Er fliegt von Algier nach London, um das Problem mit Mitterrand zu regeln, der in der britischen Hauptstadt festhängt und nicht nach Frankreich reisen kann. Die »detaillierten Anweisungen« werden zum Gegenstand verschiedener Telegramme[7] vom 16. Februar 1944, die an Marcel Barrois, Jacques Bénet und vor allem an de Gaulles Neffen geschickt werden.

Der Inhalt der Telegramme bestätigt den Brief, den Mitterrand Cailliau geschrieben hat. Das Leitungskomitee, das aus den drei Mitgliedern Charette, Morland und Turgis – mit anderen Namen Cailliau, Mitterrand und Jacques Bénet – besteht, wird von Morland geleitet; dieser kann auf zwei von drei Stimmen rechnen. Diese Entscheidung stützt sich auf de Gaulle, und bei der Verteilung der Rollen soll Charette den anderen in Frankreich freie Hand lassen und sich um Deutschland kümmern. Von einer kommunistischen Gruppierung ist im Zusammenhang mit der Vereinigung nicht die Rede.

Telegramm vom 16. Februar 1944: »*Commissariat aux Prisonniers, Déportés et Réfugiés*. Von Frenay an Vergennes (Michel Cailliau):

Aktionskomitee unter Leitung General de Gaulles hat Vereinigung Ihrer Organisation mit der von Morland beschlossen. Folgende Voraussetzungen: Stop. Bildung von Leitungskomitee, das aus Morland, Turgis und Ihnen besteht und sich um alle Probleme kümmern soll. Stop. Sie sind in erster Linie für in Deutschland gefangene Deportierte und den Kampf gegen die Deportation in Frankreich verantwortlich. Stop. Morland für Geflüchtete, die wieder in Frankreich sind. Stop. Turgis für Propaganda in den *Centres d'entraide* und bei den Gefangenen. Stop. Wir bitten Cléante, Repräsentanten der neuen Gruppierung in die technischen Kommissionen der *Résistance*, die sie betreffen, zu entsenden. Stop. Freundliche Grüße. Frenay.«

Am selben Tag schickt Morland ein Telegramm an seinen lieben Freund Charette und verhält sich bereits, als sei er der einzige Chef:

»Hoffe, daß Frenays Telegramm Rückkehr zur Arbeit an gemeinsamer Aufgabe bewirkt. Stop. Während meiner Abwesenheit vertritt mich Bertrand [Marcel Barrois]. Stop. Bertrand und Maurice [Pinot] sollen alle Dokumente über offizielle Gruppen von Gefangenen und Deportierten zur Verfügung stellen. Stop. Geben Sie bitte die Telegramme an Turgis weiter. Grüße an alle.«

Am selben Tag sendet Frenay Briefe an Oberst Passy und Georges Brois, um ihnen die neuen Anweisungen zu übermitteln. Er betont die vorrangige Rolle Morlands für das Gelingen seiner Mission.[8] Am 8. März schickt Warisse ein Telegramm an Morland, um ihm mitzuteilen, daß de Gaulle sein Einverständnis gegeben habe, die Organisation, die aus der Fusion der MRPGD von Charette und der RNPG von Morland hervorgeht, RPGF[9] zu nennen. Er erwarte außerdem, daß die beiden Männer sich auf eine Rufnummer einigen, über die er in Zukunft seine Botschaften senden kann.

Als Morland wieder in Paris ist, besucht er nacheinander alle seine Freunde. Er trifft auch Bénet und Pinot. Dem zweiten übergibt er den Brief von Frenet und teilt ihm mit, daß er ins Abseits gestellt werden soll. Bénet erinnert sich:[10]

»Als er Ende Februar 1944 nach London zurückkehrte, sagte François bei einem Mittagessen, an dem Pinot, Voltaire Ponchel, Mitterrand und ich selbst teilnahmen, in unverzeihlichem Ton zu Pinot, die Regierung in Algier verlange von ihm, sich zurückzuziehen. Er sagte dies ohne weiteren Kommentar und milderte seine Äußerung nicht einmal dadurch, daß er ihm sagte, er selber sei empört über diese Entscheidung. ›Sehr wohl, sehr wohl‹, antwortete Pinot leise, zu Tode getroffen.«

Das »zu Tode« ist sicher übertrieben. Pinot blieb auch weiterhin eine wichtige Figur innerhalb der Bewegung. Selbst wenn er keine Hauptrolle mehr spielte, so blieb er doch eine prägende Persönlichkeit der Gefangenen-Organisation.

François Mitterrand hat erfahren, daß Antoine Mauduit im Januar verhaftet worden ist. Er ist entsetzt. Er will, daß die Bewegung etwas zur Rettung seines Freundes unternimmt, der in Marseille im Gefängnis sitzt…

Bénet und Morland müssen in Zukunft sehr vorsichtig sein. Sie verstecken sich über einen Monat bei den Antelmes (Robert und Marguerite[11]), in der Rue Dupin 5 oder Rue Saint-Benoît (bei Marie-Louise Antelme, der Schwester von Robert).

Von Zeit zu Zeit wohnen sie auch bei Marie-Josée de Corlieu, die alle »La Marquise« nennen. Sie wohnt in der Rue Cretet mit Jean Bouvyer, dem früheren Anhänger der *Cagoule*, der inzwischen im Generalkommissariat für jüdische Fragen arbeitet...

Mitterrand versteckt sich nun hinter verschiedenen Pseudonymen: Lucien, Commandant François, Laroche, Munier, Purgon... Er läßt keine kleinen Kiesel mehr fallen, mit denen man seinen Aufenthaltsort erraten könnte. Die wenigen Briefe aus dieser Zeit, von denen ich erfahren habe, sind sehr verschlüsselt. Er spricht zum Beispiel von »Freunden, die die Poliomyelitis bekommen haben«, was bedeutet, daß sie verhaftet und nach Deutschland deportiert worden sind. Er sagt von sich selbst, er sei »gesund genug, um sie nicht zu kriegen«.

Zeugenaussagen zufolge geht er gerne Risiken ein; am Rand des Abgrunds zu stehen habe ihn immer fasziniert...

François Dalle erinnert sich, wie er mit seiner Frau in Begleitung Mitterrands nach dessen Rückkehr aus London die Champs-Élysées hinuntergegangen ist: »Er trug einen englischen Anzug und eine Aktentasche mit wichtigen Papieren. Plötzlich sahen wir eine deutsche Absperrung. François regte sich nicht weiter auf, und meine Frau trug die Aktentasche.«

Morland trifft auch die beiden »harten Männer« der Bewegung, Munier und Pâris, die ihm ihre jüngsten Heldentaten und die neuesten Geschichten erzählen. Er ist traurig, als er erfährt, daß Jean Munier und Ginette Caillard geheiratet haben (am 26. Februar 1944), ohne auf ihn zu warten. Drei Tage nach seiner Hochzeit ist das Paar nach Paris gekommen. Jean kümmert sich um das Waffendepot der Organisation in den Vororten. Hubert Revenaz, einer seiner mit dem Marquis von Burgund befreundeten Freunde, hat ihm zahlreiche Waffen verschafft, die er im Büro der Wäscherei seiner Eltern in Dijon versteckt hat, bevor er sie in die Hauptstadt lotst. Munier hat durch Zufall André Bettencourt in einem Café nahe der Metro-Station La Motte-Picquet wiedergetroffen:

»Weißt du, daß François aus London zurück ist?«

»Nein«, antwortet Munier.

»Ich warte jede Minute auf ihn.«

So knüpfen die Muniers wieder Verbindung mit ihrem Chef und beschließen, in ein kleines Hotelzimmer in Paris zu ziehen.

Von ihnen hört er die letzten Neuigkeiten über Roger – »Patrice« – Pelat, seinen Kameraden aus der Gefangenschaft. Dieser hat sich wahnsinnig verliebt, Jean und Ginette erzählen, er sei ihr Trauzeuge gewesen, habe aber das Fest dauernd verlassen, um ein Mädchen anzurufen, in das er sich Hals über Kopf verliebt habe: Madeleine Gouze. »Ich habe ein tolles Mädchen getroffen, einen echten Oberst!« sagte er aufgeregt. Madeleine[12] war an jenem Tag bei ihren Eltern in Cluny. Patrice verabredete sich mit ihr auf dem Bahnsteig in Dijon, damit die beiden Verliebten zusammen nach Paris reisen konnten...

Madeleine und Roger Pelat haben sich ein paar Tage früher kennengelernt. Nach der großen Verhaftungswelle vom 14. Februar 1944 verließ Madeleine/Christine Cluny, um ihre Filmkurse in der IDHEC fortzusetzen. In ihrem Abteil befindet sich ein Mann. Dieser hat sich gerade fünf Stunden vorher in Lyon von Étienne Gagnaire verabschiedet. Es ist »Colonel Patrice«.

»Erschöpft sackt Christine in sich zusammen, ohne ihn anzusehen. Dies gefällt ihrem Nachbarn überhaupt nicht. Aber der gute Engel des Schlafs wacht über Patrice. Der Wagen schaukelt so, daß Christines Kopf auf seine Schultern gleitet. Daraufhin fährt die junge Frau hoch.

›Aber Mademoiselle‹, sagt er charmant, ›Sie können da bleiben.‹

›Hören Sie, Monsieur, wenn man von da kommt, wo ich herkomme, ich schwöre Ihnen, dann hat man keine Lust zu flirten.‹

Dann steht Christine brüsk auf und geht auf den Flur.

Patrice gibt sich noch nicht geschlagen.

›Haben Sie etwas Schlimmes erlebt?‹

Und schon sind sie mitten im Gespräch...«[13]

Was danach kommt, kann man sich unschwer vorstellen. Patrice ist verliebt. Vier Tage später erscheinen zwei *Résistance*-Leute beim *Office du cinéma* in der Rue de Penthièvre 6 und fragen nach Mademoiselle Gouze... In Gegenwart seines Freundes Finifter will Patrice dem Fräulen eine feurige Liebeserklärung machen. Auf den ersten Blick sehen die beiden Männer, die auf dem Flur warten, nicht wie Polizisten aus. Christine erkennt ihren Reisegefährten in Begleitung eines jungen Unbekannten. Nach seiner Erklärung verabredet sich Patrice auf sechs Uhr abends mit ihr im *Weber*, Place de la Madeleine, wo er sie mit einem kleinen Veilchenstrauß begrüßt.

Durch Vermittlung der Muniers sieht »Colonel Patrice« bald seinen Freund Mitterrand wieder. Er erzählt ihm, er habe sich Hals über Kopf verliebt habe und stellt ihm wenig später Madeleine/Christine im *Petit Duc*, Rue de la Convention, vor. Christine wird von Morland engagiert und »Saint-Point« genannt. Ihre Wohnung in der Rue Champagne-Première wird von nun an ein Treffpunkt der Organisation.

Sie findet eine Wohnung für Morland im Boulevard Saint-Germain 106 bei ihrer Cousine Blanche, deren Eltern nach Burgund gefahren sind. Viele Leute aus dem Untergrund machen dort Station und entnehmen ein paar Schreiben aus einer Schuhschachtel. Mittwochs kommt immer ein Bote und besorgt die Post.

Morland sieht auch Jacques Pâris wieder, der ihm von den Anschuldigungen berichtet, die Charette gegen ihn erhebt:

»Charette hatte einen Bericht nach London geschickt, in dem es hieß, ich hätte drei Millionen für den MNPGD zur Verfügung, ich wolle die Mitglieder der *Assemblée consultative* (!) vertreten, sei aber ein eher zweifelhafter Agent, und man müsse sofort Erkundigungen über mich einziehen. Ich habe M. Charette inzwischen getroffen, und er scheint seinen Irrtum eingesehen zu haben. Er erzählte mir, er habe mehrmals nach London telegraphiert, um zu erfahren, ob es mich wirklich gäbe, London habe aber nie geantwortet...«[14]

Mitterrand beauftragt seine beiden Aktivisten Pâris und Munier, nach Marseille zu fahren und zu versuchen, Mauduit aus den Fängen der Gestapo zu befreien. Nachts stehen sie vor der Mauer des Gefängnisses *Les Baumettes*. Sie suchen das Fenster der Zelle, in der der Gründer der *Chaîne* eingesperrt ist. Hunde bellen. Man hat sie entdeckt, und sie müssen sich zurückziehen. Ihre Aufgabe scheint undurchführbar zu sein. Sie fahren nach Paris zurück und berichten, daß ihre Aktion fehlgeschlagen ist. Daraufhin beauftragt Mitterrand sie, einen Versammlungsort zu finden, an dem der Zusammenschluß der verschiedenen Gefangenenorganisationen vollzogen werden soll, und außerdem für die Sicherheit zu sorgen.

Einige Tage nach seiner Rückkehr nach Paris findet François Mitterrand heraus, daß Charette längere Zeit über Gespräche mit den Kommunisten geführt hat. Er hat sogar zweimal den für die Gefangenen zuständigen Kommunisten Robert Paumier getroffen. Auch über einen Zusammenschluß haben sie bereits gesprochen. So schreibt Cailliau:

»Schon im November 1943 symapthisierten der DNPG und unsere Bewegung miteinander, die Verbindungen dauerten an, vor allem dank Edgar Nahoum-Morin, einem Mitglied unserer Organisation, das auch unsere Kontakte zur KP und dem *Front national* aufrechterhielt… Wir hatten die Möglichkeit eines Zusammenschlusses schon bei meiner Rückkehr aus Algier und London im Oktober 1943 ins Auge gefaßt.«[15]

Cailliaus Idee war einfach: Gemeinsam mit den Kommunisten hatte er eine stärkere Position gegenüber seinen Konkurrenten Pinot und Mitterrand. »Meine Organisation wollte den Zusammenschluß mit Hilfe des CNPG nur in der Hoffnung akzeptieren, die Bewegung Pinot-Mitterrand der wirklichen *Résistance* zuzuschlagen, und sei es im letzten Augenblick«, sagt er.

Mitterrand muß das beste aus der Situation machen. Er versucht, die Situation zu seinen Gunsten zu verändern.

In der Tat hat niemand, um die vorbereitenden Gespräche für den Zusammenschluß zu führen, auf ihn gewartet. Schon vor seiner Ankunft hatten Pinot und Bénet mit Philippe Dechartre und Charles Bonnet, Vertretern der Organisation von Charette, verhandelt. Diese Organisation wiederum hatte bereits Gespräche mit den Kommunisten geführt. Ein Mann spielte eine wichtige Rolle bei der Manipulation der gaullistischen Bewegung durch die Kommunisten: Edgar Morin.

Der Soziologe hat mir mit sichtlichem Vergnügen erzählt, wie er Einfluß auf die gaullistische Organisation nahm, um Kommunisten in die Einheitsorganisation zu bringen:

»Im Frühjahr 1943 ging ich in den Untergrund, um nicht zur Zwangsarbeit eingezogen zu werden. Als Kommunist sollte ich zu den Freischärlern des Maquis kommen, als André Ulmann, der frühere Angehörige des Stalag XI B, ein U-Boot der KP, mir sagte: ›Ich habe etwas Besseres für Sie. Wir bauen gerade eine Widerstandsbewegung mit früheren Kriegsgefangenen auf und wollen nicht nur die normalen Aktivitäten einer Widerstandsbewegung betreiben, sondern auch Informationsblätter über die *Résistance* nach Deutschland schaffen, Botschaften an unsere Genossen, die diese zur Flucht auffordern und sie bitten, uns Informationen über all jene zu geben, die in Rüstungsfabriken arbeiten...‹ Die Idee eines Austausches zwischen Frankreich und Deutschland war ursprünglich eine Idee der *Résistance*. ›Treten Sie unserer Bewegung bei‹, sagte er, ›ich regele das mit der Partei.‹ Und so trat ich der Organisation Michel Cailliaus bei.

Ich nahm Verbindung zu der Kommission der KP auf, die mich durch Francis Cohen einer strengen Prüfung unterzog, einer ganzen Biographie... Ich war in der gaullistischen Bewegung, was man ein kommunistisches U-Boot nennt. Eine doppelte, zwiespältige Situation natürlich, auch wenn meine engen Freunde meine Ansichten kannten. Ich war damals in Lyon und Grenoble. Dann begann eine Verhaftungswelle. Bevor die Gestapo ihn finden konnte, ging ich zu Roland Caillé und holte den Koffer mit den falschen Papieren, den Stempeln, Waffen und Informationen für London ab. So war ich im Besitz aller Geheimnisse der Organisation, während in Lyon zahlreiche Leute verhaftet wurden, darunter auch Ulmann. Auch ich gehörte zu den Verfolgten und mußte Lyon verlassen. Ich ging nach Toulouse, eine Stadt, die ich gut kannte, und gründete dort eine Ortsgruppe der Bewegung. Ich gewann auch Jean Lallemand, einen früheren Seemann aus Hamburg, der im Spanischen Bürgerkrieg gekämpft hatte. Ich war nicht gegen die Deutschen, sondern gegen die Nazis, und ich mochte die nationale Propaganda der KP nicht besonders. Meine Idee war eher die, die Deutschen zur Desertion aufzufordern. Da ich einer Widerstandsgruppe angehörte und Geld hatte, konnte ich die österreichische KP in der Südzone unterstützen... Ich stand auch in Verbindung mit Georges Maranne vom *Front national*...

In Toulouse begegnete ich Michel Cailliau, einem sehr mutigen und zugleich naiven Mann – eine Art de Gaulle und Cäsar –, immer in Begleitung seines Leibwächters Jules, eines Ungarn, der zu allem bereit war, sehr hart. Ich berichtete ihm, was ich unternommen hatte und wie die Dinge standen… und daß mir in Toulouse die Decke auf den Kopf fiele. Da seit November 1942 der Verkehr zwischen den beiden Zonen viel einfacher geworden war, wollte ich mit einigen Freunden nach Paris zurück. Ich bat Michel, mich zum Chef der Organisation im Pariser Raum zu machen. De Gaulles Neffe war einverstanden… Und in Paris lernte ich andere Leute der Organisation kennen, vor allem Lemoign', einen außergewöhnlichen Menschen.

Die Idee eines Zusammenschlusses der Organisation von Michel Cailliau und der von Pinot-Mitterrand gab es bereits, bevor Mitterrand nach London und Algier reiste. Als er zurückkam, war sie schon weit fortgeschritten. Seit den ersten Kontaktaufnahmen bat mich die Kommunistische Partei über das Zentralkomitee, mit dem ich geheime Verbindungen hatte, eine dritte Organisation in die Vereinigung einzubeziehen, die kommunistische. Es war eine Schattenorganisation. Ich habe die Leute bearbeitet und ihnen Robert Paumier vorgestellt. *Wenn es mich nicht gegeben hätte und ich nicht U-Boot gewesen wäre, hätte es bei dem Zusammenschluß nur zwei Organisationen gegeben, ohne die Kommunisten.*[16] Ich war durch Francis Cohen ›eingestellt‹ worden, den wir ›Guépéou‹ nannten.

In der Kommunistischen Partei war Paumier unter anderem verantwortlich für die Aktivitäten der ›Gefangenen‹; dabei ging es um bestimmte Forderungen, die eher syndikalistisch als widerstandsorientiert waren, wie die Zahlung von Notgroschen.

Nach dem Zusammenschluß machte die Partei Bugeaud zum Chef des Pariser Raumes an der Seite von Georges Beauchamp für die Mitterrand-Anhänger und mich für die Gaullisten! Wir bildeten also ein Triumvirat, eine Hierarchie gab es nicht. Ich kümmerte mich um Propaganda und Untergrundzeitungen. Paumier traf ich nicht mehr, er hatte nur noch mit denen von ganz oben zu tun. Danach stand ich mit Bugeaud in Verbindung.

Ich war sehr froh, in einer Umgebung zu arbeiten, in der nicht die sektiererische Strenge der Partei herrschte, und mir dabei doch meinen kommunistischen Glauben zu behalten. Es gefiel mir wesentlich besser, denn die Partei hatte absolut drakonische Regeln für die Treffen und Berichte… Einige Freunde und ich zogen ein freies, abenteuerliches Leben vor. Diese doppelte Identität war recht angenehm…«

So hatten Charette, Morin und die Kommunisten den Vereinigungsprozeß unter Führung des CNR längst begonnen. Am 12. März 1944, also weniger als zwei Wochen nach Rückkehr François Mitterrands, fand in der Rue Notre-Dame-des-Champs 117 die Versammlung zwischen François Mitterrand und Jacques Bénet für die Organisation »Pin'Mitt'«, Philippe Dechartre, Pierre Lemoign' und Bourgeois für die gaullistische Bewegung und Robert Paumier für die kommunistische statt. Die Animositäten zwischen Cailliau und Mitterrand waren so groß, daß ersterer gar nicht kam. Antoine Avinin, der Vertreter des *Conseil national de la Résistance*, leitete die Versammlung.

Es gibt nur einen Bericht über diese heftig verlaufene Begegnung, den drei Tage später der Kommunist Robert Paumier für den *Front national* verfaßte. Ich halte ihn für glaubwürdig, da er mit allen anderen erhältlichen Dokumenten übereinstimmt. Im Gegensatz zu dem, was er immer behauptet hatte, kam François Mitterrand mit dem Auftrag aus London und Algier, *zwei* Bewegungen zusammenzuschließen. Als er dann eine andere Situation vorfand, stellte er sich den Kommunisten frontal entgegen; schließlich kämpfte er, realistisch, wie er war, um eine starke Position im Leitungskomitee...

»Mitterrand, der aus London zurückgekehrt ist, ergeift als erster das Wort und attackiert den Genossen Delaruey[17] heftig. Er sagt, seine Organisation sei weder in London noch in Algier bekannt, außerdem habe das *Comité national des P.G.* kaum etwas zu vertreten. Dann fragt Mitterrand: ›Wer hat diese Organisation finanziert, auf welche Basis stützt sie sich? Steht sie nicht mit einer politischen Partei in Verbindung?‹ *Sodann erklärt er, er komme mit der Anweisung aus London und Algier zurück, die Organisation von Charette und seine eigene zu vereinigen, von Delarue sei nie die Rede gewesen.*[18] Er teilt uns mit, er kenne uns nicht, und sagt, die Propaganda, die wir in Deutschland gemacht hätten, indem wir den Kriegsgefangenen Zeitungen hätten zukommen lassen, sei gefährlich gewesen. Mitterrand endet mit der Frage, ob die Repräsentanten des *Comité national des P.G.* in Zeiten der Illegalität Sicherheitsgarantien bieten könnten.

Delarue ergreift das Wort und weist die von Mitterrand vorgebrachten Beschuldigungen zurück. Er erklärt, das CNPG habe weder in Algier noch in London großes Aufsehen erregt und die Chefs der Bewegung hätten ihre Zeit nicht damit verbracht, von einer Hauptstadt zur anderen zu reisen, sondern ihre Arbeit vor allem auf Frankreich konzentriert. Delarue nennt die Auflagenziffern der Zeitungen: *Voix des Stalags, L'Ex-K.G., Le Pont, Bonjour Paris, Revoir Paris,* Flugblätter, die das CNPG herausgegeben hat; er nennt zwölftausend Adressen von Befreiten. Er weist auf die im Pariser Raum und der Normandie geleistete Arbeit hin. Er berichtet genauer über die Arbeit mit den Frauen von Kriegsgefangenen, unter anderem die Demonstrationen auf der Place Clichy. Zu den anderen von Mitterrand aufgeworfenen Problemen sagt Delarue: ›Sie behaupten, uns nicht zu kennen, aber wir wußten auch nicht, daß es Sie gab; unter den Bedingungen der Illegalität kann man sich ja nur schwer begegnen. Da Sie eine solche Frage stellen, habe auch ich das Recht zu fragen, wo kommen Sie her, und wer hat Sie bisher finanziert?‹

*Der Delegierte der Organisation Charette und die Vertreter des CNR erklären sich einverstanden, das CNPG in eine Einheitsorganisation für Gefangene aufzunehmen, und sagen ausdrücklich, daß die Beteiligung dieser Elemente der Sache der Gefangenen dient.*[19]

Nach einer kurzen Stellungnahme Mitterrands sprechen sich alle für die Fusion aus, die neue Organisation soll in Zukunft *Mouvement national des prisonniers de guerre et des déportés* heißen. Ein Sekretariat wird auf der Stelle gewählt, ihm gehören folgende Kameraden an: Mitterrand und Seguin[20] (Gruppe Mitterrand), Bourgeois und Bardet[21] (Gruppe Charette), Delarue (Gruppe CNPG). Auch ein Generalsekretär wird gewählt; diese Aufgabe übernimmt Bourgeois. Außerdem werden fünf große Kommissionen gebildet, um die Sektoren abzustecken, innerhalb derer sich die Arbeit des MNPGD abspielen soll. Der Delegierte des CNR erklärt, von nun an finanziere seine Organisation die Gruppe, und ein erster Haushalt wird aufgestellt...«[22]

Das MNPGD ist unter Leitung des *Conseil national de la Résistance* entstanden. Das neue Leitungskomitee setzt sich folgendermaßen zusammen:

für den RNPG: François Mitterrand und Jacques Bénet;
für den MRPGS: Philippe Dechatre;

für den CNPG: Rober Paumier, der bald durch Pierre Bugeaud ersetzt wird.

Vor seiner Abreise nach London teilte sich Mitterrand die Macht in der Bewegung »Pin'Mitt'« mit verschiedenen anderen. Nur Bénet ist noch – jedenfalls auf dem Papier – mit ihm auf einer Ebene. Nun ist er der wichtigste Führer einer offiziell anerkannten Bewegung.

Frenay erfährt von der Fusion durch ein Telegramm[23] von Bingen, der Nr. 93 des SECNOR, datiert vom 15. März 1944. Bingen lobt Charette für sein hervorragendes Verhalten, seine Zurückhaltung »um die Vereinigung zu erleichtern«. Am 18. März hat Frenay diese Nachricht noch nicht erhalten. Er erhält jedoch einen Brief[24] von Michel Cailliau, den Cailliau am 1. Februar seinem Onkel geschrieben und den dieser weitergeleitet hat. Cailliau/Charette versucht immer noch, Pinot und Mitterrand zu stürzen und läßt General de Gaulle über seine Differenzen mit Frenay urteilen:

»Mein lieber Onkel,
Aus der Familie gibt es wenig Neuigkeiten. Mama ist immer noch in Fresnes, es geht ihr körperlich und seelisch gut. Papa scheint Fresnes mit unbekanntem Ziel verlassen zu haben. Mir geht es gesundheitlich besser, seelisch fühle ich mich bestens; von Geneviève weiß ich nichts.

Meine Organisation, das *Mouvement de résistance des prisonniers de guerre et des déportés*, MRPGD, hat sich gut weiterentwickelt und sich in drei Monaten verzehnfacht, trotz der Verhaftungen und des Geldmangels. Ich habe mit Ihrem Delegierten und dem Leitungskomitee der *Mouvements unis de Résistance* vereinbart, beim CNR ein Komitee für Gefangene und Deportierte zu gründen, zu dem ein Vertreter jeder Gefangenenorganisation gehört. Es scheint uns, daß das unsere wesentlich mehr Männer hat und effektiver arbeitet.

Wir sind für eine Koordinierung beziehungsweise Verschmelzung dieser Bewegungen (der Gefangenenbewegung der Kommunistischen Partei, der aus Vichy hervorgegangenen Gefangenenorganisation und unserer). Wir wollen jedoch aus der aus Vichy hervorgegangenen Gefangenenorganisation folgendes entfernen:

1. alles, was vom Geist Vichys übriggeblieben ist;

2. Pinot, den früheren *Commissaire aux Prisonniers* von Vichy, über den wir äußerst belastende Berichte in Händen haben wegen seines Doppelspiels und der Äußerung: ›die Personen, die der Vichy-Regierung angehört haben, stehen außerhalb des Gesetzes‹;

3. die Person Mitterrand, ehemaliger Angehöriger des *Commissariat* von Vichy, früher Gründer von pétainistischen Zirkeln in seinem Stalag, im Herzen Maurras-Verehrer, Anhänger von Armand Petitjean, den ich für noch gefährlicher halte als Pinot, vor allem weil er offiziell weniger kompromittiert ist und es ihm gelungen ist, durch seine giraudistischen Verbindungen nach London und vermutlich auch nach Algier zu gelangen, mit dem Ziel, sich dort (von wem?) Direktiven geben zu lassen, bevor er nach Frankreich zurückkehrte.

Die meisten Dinge, die Mitterrand erzählt, sind vollkommen falsch. Unter dem Vorwand der Diplomatie gestattet er es sich zu lügen. Er gibt sich bedeutender, als er ist, und erklärt die anderen für unwichtig. Er macht glauben, unsere Bewegung sei durch Abtrünnigkeit aus der seinen hervorgegangen, dabei ist genau das Gegenteil der Fall, denn er gehörte noch dem *Commissariat* von Vichy an, als es unsere Organisation schon seit Monaten gab.

Die aus Vichy hervorgegangene Gefangenen-Bewegung und die Bewegung Pinot-Mitterrand sind zwei verschiedene Namen für eine Gruppe von reaktionären Legionären und Bürgern, die weiterhin die Wertschätzung Pétains genießen wollen, sich aber zugleich General Giraud anschließen.

Als ich aus London zurückkam, wegen zahlreicher Verhaftungen unter meinen Chefs, hatten verschiedene meiner Leute versucht, sich der Bewegung Pinot-Mitterrand anzuschließen, weil es zu wenig Verbindungen gab. Wir werden sie in einem Zusammenschluß ohne Pinot und Mitterrand wiederfinden.

Das einfachste Mittel, Pinot und Mitterrand auszuschalten, ist folgendes:

– Mitterrand alias Morland kann in irgendeinem Regiment in Afrika oder England bleiben, zu seiner Sicherheit. Er soll sich nicht mehr um Gefangenen-Probleme kümmern;

– gegen Pinot kann man eine Radiokampagne in London und

Algier starten... Frühere Gefangene, die sich in Vichy zu sehr kompromittiert haben, können keinen Anspruch auf führende Positionen erheben, müssen in den Hintergrund treten und der *Résistance* ihre Kraft im geheimen zur Verfügung stellen.

– Fortsetzung einer Radiokampagne in London und Algier für eine einzige Widerstandsbewegung von Kriegsgefangenen und Deportierten, die offiziell anerkannt ist, nämlich unsere und nicht die von Vichy. Meine Organisation, das MRPDG, ist finanziell und moralisch zu unterstützen.

Mein Komitee weigert sich, der Aufgabenverteilung im Sinne Frenays zu gehorchen, und legt Ihnen die Differenzen vor. Wir sind zu zahlreich, zu gut organisiert, zu effektiv und zu einig, und unserer Aufgabe und Kraft sowie unserer Verantwortung zu sehr bewußt, um die theoretische und praktische Führung unserer Bewegung und des gesamten Bereichs der Gefangenen Leuten zu überlassen, die gestern noch in Vichy ihren Platz hatten. Wir glauben, daß die Kraft der Gefangenen und in gleichem Maße die der Deportierten, wenn sie gut organisiert ist, ein erstklassiges politisches [Element] für die Regierung von morgen ist, genau wie sie jetzt im Krieg ein erstklassiges Instrument ist. Die Regierung von morgen kann sich unschwer auf anderthalb Millionen ehemalige Gefangene und eine Million ehemalige Deportierte stützen, die sich eine grundlegende Reformierung Frankreichs wünschen und dabei eine wichtige Rolle spielen möchten, im Sinn der echten Werte, über die sie in der Gefangenschaft nachgedacht haben.

... Die Berichte über die Aktivitäten des MRPDG, über seine Leute und seine Struktur, sowie umfangreiche Korrespondenz mit militärischen und politischen Informationen beweisen, wie intensiv meine Bewegung arbeitet, trotz der Verhaftung von etwa vierzig Führungspersonen vor fünf Monaten und trotz der finanziellen Ebbe seit drei Monaten und auch trotz des Mangels an Luftverbindungen zu London, der uns zwingt, nur auf uns selbst zu zählen. Diese Berichte und Nachrichten werden jeden Monat per Kurier nach London geschickt.

Ihre Popularität in Frankreich ist, nachdem Sie durch den Aufenthalt von Marty, Cot, Mendès France und Thorez[25] in Algier gewisse Einbußen erlitten hatte, im gesamten französischen

Volk wieder gestiegen, besonders seit dem Treffen von Marrakesch.[26] Ein Teil des französischen Volks hofft wohl, daß es im Komitee von Algier zu neuen wichtigen Veränderungen kommt. Das französische Volk macht einen klaren Unterschied zwischen dem Komitee von Algier und Ihnen. Ich gebe hier nur unparteiisch die Meinung der Leute wieder.

Le Troquer[27] wird hier aus drei Gründen stark kritisiert: dem Tod seiner Frau, die er aus dem Fenster gestürzt haben soll, seinem vor dem Krieg verfaßten Aufruf *Keinen Sou für den Krieg* und seinem Verhalten in Algier gegenüber den Helden der Afrika-Armee.

Die *Résistance* begreift absolut nicht, warum das Komitee in Algier sie seit zweieinhalb Monaten nicht mehr finanziert. Warum hat es nicht seit Monaten geplant, Zahlungen zu überweisen? [...] Ergebnis, die Helden der *Résistance* werden in den Gefängnissen nicht materiell unterstützt; ihre Familien können vor Hunger sterben. Während der Krieg sich zuspitzt, haben die Leute aus den Widerstandsgruppen nichts mehr zu essen, die Gruppen fangen an, auseinanderzufallen. Alle, die ihren Beruf aufgegeben haben, um in der *Résistance* mitzuarbeiten, haben nichts mehr zum Leben.

Die *Résistance* in Frankreich, die das Komitee in Algier immer gebeten hat, ihnen ihre Finanzierung zu garantieren, denkt voll Bitterkeit an das Leben in London und Algier. Sie wird ihre Rechnung präsentieren, aber schon jetzt gibt es Aufrufe zur bewußten und gewollten Sabotage.

Eine gewisse Zahl Ihrer Leute in Frankreich ist gaullistischer als Sie selbst und schadet Ihnen damit beträchtlich. Ich möchte hier keine Namen nennen. Der Nachfolger Ihres früheren Adjutanten in London scheint durch seine Diplomatie auf seinem Delegiertenposten sehr erfolgreich zu sein. Er hat es mit Gruppen zu tun, die nur auf den Augenblick warten, Sie loszuwerden, vor der Landung oder kurz danach, besonders indem Sie Ihnen den Posten des Kriegsministers anbieten.

Um mit einem optimistischen Gedanken zu enden [...] die Geheimarmee wird im letzten Moment eine ernstzunehmende Kraft bei der Landung sein, ebenso die *Résistance*-Gruppen und politischen Parteien, die man durch fähige Militärverwaltungen zu disziplinieren sucht und die ihre Rolle als Aufständische als etwas anderes als eine Bauernrevolte oder eine Kommune begreifen. Bislang haben fünf verschiedene Organisationen jeweils einen besonderen Aufstellungsplan an strategisch wichtigen Stellen von Paris, eine Einigung zwischen ihnen ist nicht möglich. Man brauchte eine Autorität, wie schon gesagt, wie die von Leclerc, der offiziell und heimlich nach Frankreich kam, um rechtzeitig Pläne und Truppen aufeinander abzustimmen, sonst wird in Frankreich ein riesiges Chaos herrschen.

Bitte grüßen Sie Tante Yvonne, meine Vettern, Pierre und meinen Bruder vielmals von mir.

Ich umarme Sie herzlich
Michel Chambre.«

Frenay, der noch nicht weiß, was eine Woche zuvor in Paris geschehen ist – man erkennt, wie die Langsamkeit bei der Vermittlung von Nachrichten in dieser ganzen Angelegenheit zu Problemen führt –, reagiert heftig. Er beruft sich auf de Gaulle, um Charette das Maul zu stopfen, berichtet von dem Gespräch, das Anfang Dezember 1943 in Algier[28] zwischen dem General und Morland stattgefunden hat, und ergreift dabei energisch für Mitterrand Partei.

Zunächst berichtet Frenay von dem Einvernehmen, das zwischen allen Organisationen, die sich um Gefangene und Deportierte kümmern, herbeigeführt werden soll. »Ich erinnere Sie daran, daß die Entscheidung, das Dreierkomitee zu gründen, vom Aktionskomitee in Frankreich gefällt wurde, deren Vorsitzender General de Gaulle selbst ist…« Die Kluft zwischen diesen Äußerungen und dem, was inzwischen geschah, ist immens. Frenay ist noch bei dem Mitte Februar gefällten Beschluß, der aus London berichtet wurde. Danach besteht das Dreierkomitee aus Mitterrand, Bénet und Cailliau. Von den Kommunisten ist noch keine Rede, denn Cailliau hat sich gehütet, seinem Onkel oder Frenay von ihnen zu erzählen.

Dieser betont, die gefällte Entscheidung dürfe »nicht geändert werden«, und versucht, Cailliau die Pille zu versüßen, indem er ihm erklärt, daß die »Aufgabe, die ihm übertragen wurde, von größter Bedeutung sei«, wobei Frenay zugibt, daß diese eine Organisation brauche, die »sehr klein sei und sehr schwierig aufzubauen…« Frenay fügt hinzu:

»Die Schaffung eines Dreierkomitees ermöglicht es Ihnen, mit zwei Kameraden alle allgemeinen Entscheidungen zu fällen, die nicht nur die Deportierten, sondern auch die Aktionen der Kriegsgefangenen in Frankreich betreffen. Dieser Zusammenhang erscheint mir besonders kostbar und wird Sie in die Lage versetzen, die Orientierung all dieser Aktionen an der Linie auszurichten, die Sie wünschen.

Ich appelliere noch einmal an Ihr Verständnis, mein lieber Vergennes, und an Ihre Weisheit und sage Ihnen: Wenn es uns nicht gelingt, die Vereinigung zwischen jenen, die Gefahren auf sich nehmen und morgen schon verhaftet und hingerichtet sein können, zustande zu bringen, dann brauchen wir gar nicht an einen Wiederaufbau Frankreichs zu denken, und die Sache, die wir verteidigen, hätte weder soviel Hingabe noch so viele Opfer verdient.«

Als Frenay diese Zeilen schreibt, hat Michel Cailliau die Organisation bereits überraschend verlassen. Trotz seiner Energie hat er den Kampf gegen Mitterrand verloren, der nun der wichtigste Führer einer Bewegung ist, der der gesamte Widerstand der Gefangenen angehört – auch der kommunistische. Frenay wird über diese Entwicklung nicht erfreut sein und erkennt die Zwiespältigkeit Mitterrands. In seinem Buch *La Nuit finira* schreibt er:

»Zu meinem Bedauern und ohne mein Wissen wurde die Zusammenlegung unter anderen als den festgelegten Bedingungen vollzogen. Nach seiner Rückkehr nach Frankreich erklärte Mitterrand, er habe in Algier Instruktionen erhalten, bei der Vereinigung eine kleine Gruppe miteinzubeziehen, von deren Existenz ich damals nicht wußte und die nichts anderes war als eine Tochter der Kommunistischen Partei Frankreichs. Vor seiner Forderung, die nach seiner Darstellung vom CFLN stammte, beugten sich seine Kameraden.«

Wie erklärt er sich diese Haltung Mitterrands? Frenay denkt an Begegnungen mit kommunistischen Abgeordneten, insbesondere Waldeck Rochet, und den Wunsch, Frenays Pläne zu konterkarieren. Mitterrand wünschte sich die Integration der Kommunisten, wie wir gesehen haben, nicht mehr als Frenay. Aber er blieb seiner Vorstellung von Realpolitik treu und verhielt sich in dieser Sache so, daß er die Oberhand behielt.

# Anmerkungen:

1 Es handelt sich natürlich um François Mitterrand.
2 Es handelt sich um Cailliau.
3 Brief, den Jean Védrine aufbewahrte. Er erhielt ihn von Maurice Pinot.
4 Siehe 21. Kapitel, S. 342f.
5 A.N./F9/3254.
6 Es handelt sich um Jacques Bénet.
7 A.N./F9/3254.
8 Siehe 21. Kapitel, S. 352f.
9 Diese Abkürzung taucht nur in diesem einen Dokument auf.
10 Gespräch mit dem Autor, 10. November 1993.
11 Marguerite Antelme, geb. Donnadieu, später unter dem Namen Marguerite Duras bekannt.
12 Madeleine wird später Christine Gouze-Rénal heißen.
13 Vgl. Michel Picar und Julie Montagard: *Danielle Mitterrand, Portrait*. Editions Ramsay, Paris 1982.
14 A.N./72/AJ/76.
15 Vgl. Michel Cailliau genannt Charette: *Histoire du ›MRGPD‹ ou d'un vrai mouvement de Résistance (1941-1945)*. Saint Brieuc 1987.
16 Hervorhebung vom Autor.
17 Es handelt sich um Robert Paumier.
18 Hervorhebung vom Autor.
19 Hervorhebung vom Autor.
20 Jacques Bénet.
21 Philippe Dechartre.
22 Robert Paumier: *Militant prisonnier de guerre, Pierre Bugeaud*. L'Harmattan, Paris 1990.
23 Archiv des BCRA.
24 Ebd.
25 Bemerkenswert die erstaunliche Mischung: Zwei von ihnen sind Kommunisten.
26 Winston Churchill und General de Gaulle trafen sich am 12. und 13. Januar 1944 in Marrakesch.
27 André Le Troquer, späterer, der SFIO angehörender Präsident der Nationalversammlung in der IV. Republik.
28 Siehe 21. Kapitel, S. 340 f.

# 24. Kapitel
## Die Vorbereitung der *Libération*

Nach Unterzeichnung der Vereinigungsurkunde war Mitterrand gezwungen, neue Mitglieder aufzunehmen, darunter bekannte Kommunisten oder Gaullisten: Edgar Morin, Paumier (Delarue), Bugeaud, Bourgeois, Savy... Er ist und bleibt mißtrauisch gegenüber allen, die nicht zu seiner Gruppe gehören, und berät sich weiterhin bei schwierigen Problemen nur mit seinen nächsten Vertrauten. Er ist der Meinung, daß die Gaullisten – besonders Dechartre, Savy und Bourgeois – nicht vorsichtig genug sind und die Organisation in Gefahr bringen. Er denkt bereits an die Zeit nach der *Libération* und bemüht sich energisch, den Einfluß der Kommunisten gering zu halten, was nicht einfach ist, denn sie sind mächtig und haben eine starke Basis, vor allem im Pariser Raum.

Drei Tage nach der Vereinigung verbreitet das Leitungskomitee des MNPGD ein Manifest[1], in dem zur Einheit aufgerufen wird und die Bewegung der Autorität des CFLN und innerhalb Frankreichs des CNR unterstellt wird:

»Am 12. März 1944 haben sich die Vertreter der drei großen Gefangenen-Bewegungen der französischen *Résistance* getroffen und beschlossen, sich zu einer einzigen Organisation zusammenzuschließen, die künftig *Mouvement national des prisonniers de guerre et des déportés* heißen wird.

Diese Organisation ruft alle Kriegsgefangenen, die befreit oder geflüchtet sind, die Frauen der Kriegsgefangenen, die nach Deutschland Deportierten und alle Opfer von Gefangenschaft ohne Rücksicht auf ihre politische Meinunung oder religiöse Überzeugung dazu auf, sich der Bewegung des nationalen Widerstands der Kriegsgefangenen und Deportierten anzuschließen.

Die Führung des MNPGD erklärt ausdrücklich ihre Feindschaft gegenüber den Vichy-Verrätern, die die Gefangenen verraten und die Deportation begünstigt haben, und teilt mit, daß
die einzige anerkannte Regierung das CFLN ist und in Frankreich der CNR.

Die Führung des MNPGD ist der Meinung, daß die jetzige
Leitung der Gefangenen-Bewegung in Frankreich, die von
Vichy und den Deutschen ernannt wurde, illegal ist und nicht
die wahren Interessen der Gefangenen und ihrer Familien vertritt.

Sie teilt mit, daß das eigentliche Ziel des MNPGD in der Verteidigung der Interessen der Gefangenen und ihrer Familien besteht und darin, alle Kräfte der Gefangenen für den großen
Kampf um die Befreiung Frankreichs und die Rückkehr aller
Exilierten zu sammeln.«

Am selben Tag beschließt der CNR, in dem unter Leitung
Georges Bidaults alle Elemente der inneren *Résistance* vertreten
sind, in einer Vollversammlung eine Charta, ein Regierungspro-
gramm, das dem *Front populaire* alle Ehre gemacht hätte. Der
frühere Mitarbeiter Pinots – nach dem Aufruf »von Vichy und
den Deutschen« ernannt – hat sich nun unter die Autorität des
CNR gestellt: damit hat er einen beachtlichen Weg zurückgelegt!

Er verhandelt nun mit dieser Instanz um jeden Zentimeter, um
dem MNPGD mehr Einfluß zu verschaffen. Er gehört im übrigen zusammen mit Maxime Clocq-Mascart einer Kommission
des CNR an, die für soziale Probleme zuständig ist.

Vor seiner Abreise nach London war die Leitung der Organisation kollegial; seit seiner Rückkehr hat Mitterrand, gestärkt
durch die Unterstützung de Gaulles, an Einfluß gewonnen. Die
Umstände helfen ihm dabei, sich als einzig wahren Führer der
erweiterten Organisation darzustellen. Pinot ist ausgeschaltet
worden, weil er in Vichy mit zu wichtigen Aufgaben betraut
war; Mauduit ist verhaftet worden; Ende April wird Marcel Barrois[2] gefaßt; Jacques Bénet, der letzte aus der Führung, der die
gleiche Stellung hatte wie Mitterrand, reist im April 1944 nach
Algier, um das MNPGD in der *Assemblée consultative* zu repräsentieren und Geld und Waffen zu beschaffen (Jean Bertin vertritt ihn); Philippe Dechartre, ein anderes Mitglied des Direk-

tionskomitees reist ebenfalls nach Algier (ihn vertritt Charles Moulin)... Mitterrand hat die Strukturen meisterhaft genutzt, um die Macht an sich zu ziehen. Bis zur *Libération* setzt er seine ganze Intelligenz dafür ein, um die Organisation zu erweitern und allein seinen Einfluß geltend zu machen.

Mitte Mai 1944 beschließt er, den Generalstab zu spalten. Er übernimmt die Leitung der Nordzone mit dem Chef der Aktionsabteilung, Jean Munier, genannt Rodin. Innerhalb dieser Zone wird der Pariser Raum nach einigem Zögern dem Kommunisten Bugeaud übergeben; ihm assistieren Edgar Morin, der Propagandaspezialist, und Georges Beauchamp, der sich mit Aktionen gegen die Deportation von Arbeitskräften beschäftigt. Oberst Patrice (Pelat) wird mit Militärproblemen betraut. In der Südzone regiert Labasse (Oberst Gagnaire), unter Mitarbeit von »Aimé« (Jacques Pâris), dem Chef der Aktionsabteilung.

Der Widerstandskämpfer Mitterrand hat seine Mitarbeiter ausgewechselt. Weil es die Untergrundarbeit erforderte? Seine Vertrauten sind jetzt Pelat (und Madeleine/Christine), Munier (und seine Frau Ginette) sowie Finifter. Das Trio hat sich im Kommando 1515 kennengelernt.

Ein zweiter Kreis – außerhalb des Mitterrand-Clans – besteht aus der »Antelme-Bande«, zu der Robert, seine Schwester Marie-Louise, Marguerite (später Marguerite Duras), Paul Philippe, Dionys Mascolo, ein Freund von Marguerite, und Georges Beauchamp, ein Freund der Antelmes, gehören.

Georges Beauchamp war mit Robert Antelme gemeinsam in Bayonne aufs Gymnasium gegangen. Sein Vater war *Sous-Préfet*, als die Stavisky-Affäre ausbrach. Danach wurde er Steuerbeamter in Paris. Antelme und Beauchamp begegneten sich an der Juristischen Fakultät wieder. Sie und Jean Legrollat bildeten ein unzertrennliches Trio. Lagrollet war damals der Freund Marguerite Donnadieus; danach trennte sich das Paar, und Marguerite fand sich in den Armen Robert Antelmes wieder. Mit den aus diesem Tausch entstandenen Problemen mußte Lagrollet fertigwerden. Er war so unglücklich, daß er sich das Leben nehmen wollte. Auch Antelme redete dauernd von Selbstmord, weil er sich seinem Freund gegenüber schuldig fühlte. Um Lagrollet von seinen trüben Gedanken abzubringen, unternahm Beauchamp mit ihm eine Reise nach Osteuropa.[3]

Im Lauf des Jahres 1943 lernte Beauchamp über Antelme Bénet kennen. Dieser wiederum stellte Beauchamp Morland vor. »Das Treffen fand in einem Bistrot in der *Convention* statt. Die Begegnung war nicht einfach. Er war gegenüber neuen Gesichtern höchst mißtrauisch. Er war beunruhigt.« Nach dieser Begegnung bildeten Antelme und Beauchamp einen Kern, der der Organisation Morlands in der Nordzone Hilfe leistete.

Um seine neue Aufgabe erfüllen zu können, wurde Beauchamp Büroangestellter bei einer in der Rue Richelieu 100 niedergelassenen Organisation, die junge Franzosen zur Zwangsarbeit einzog. Beauchamp sollte Informationen über die Pläne der Deutschen erkunden, damit die Organisation französische Jugendliche vor dem Arbeitsdienst bewahren konnte. Die Büros wurden von der Miliz streng bewacht. Um an die Dokumente heranzukommen und sie zu fotografieren, kam Beauchamp auf die Idee, mit seiner Freundin, einer Schauspielerin, Komödien aufzuführen: *Marius, Fanny* und *Cyrano de Bergerac* zum Beispiel. Abends während der Proben durchsuchten Georges und ein Komplize die Räume nach Geheimpapieren. *Marius, Fanny* und *Cyrano* trugen dazu bei, daß eine große Menge Informationen zusammenkam, die sogleich an »Napoléon« weitergegeben wurden, der sie nach London schickte...

Edgar Morin stand der Gruppe von Antelme ebenfalls nahe:

»Der erste Mitterrandist, den ich kennenlernte, war Georges Beauchamp, der mich dann Dionys Mascolo vorstellte. Mascolo beeindruckte mich tief. Ich sagte meiner Freundin Violette, sie müsse ihn unbedingt kennenlernen, er sei einfach phantastisch. Ich verbrachte viel Zeit damit, Mascolo zu erklären, es sei eine historische Notwendigkeit, Kommunist zu werden. Schließlich habe ich ihn tatsächlich zum Kommunismus bekehrt ... Zuerst waren sie in der Rue Dupin mir gegenüber alle mißtrauisch. Ich erinnere mich, daß Robert Antelme einmal sagte: ›Paßt auf, was ihr redet, Edmond[4] ist Kommunist...‹«

Im Frühjahr 1944 machten Miliz und Gestapo ständig Jagd auf *Résistance*-Leute. Das MRPGD hatte alles andere als Grund zum Feiern.

»Valentin«[5] war verantwortlich für Druck und Verteilung der Flugblätter. Ihm fehlte ein großes Vervielfältigungsgerät. Major Rodin (Munier), der Chef der Freischärler des MNPGD geworden war, beschloß, mit seinem Bruder Georges, Leutnant Masse (Dionys Mascolo) und einigen anderen in eine deutsche Einrichtung einzubrechen, um dort eine große Maschine zu stehlen. Mascolo behauptet, er habe diesen Auftrag mit Albert Camus und Maria Casarès ausgeführt[6]! Ein junger Unteroffizier sollte sie leiten, Munier beschloß jedoch, von fern ein Auge darauf zu halten. Alles funktionierte bestens, nur wartete der Unteroffizier auf dem Bürgersteig, bis alle wieder herauskamen. Einfach unzulässig! Als sich alle wieder versammelten, machte Munier seiner Unzufriedenheit Luft. »Ich dachte, ich wäre mutig, bin es aber offenbar nicht«, murmelte der junge Mann betreten.

Als François Mitterrand von der Angelegenheit hörte, sagte er: »Na ja, er war wohl nicht ganz auf dem Damm…«

»Valentin« bittet Munier bald um Waffen, um seine Druckerei zu schützen. Major Rodin ist einverstanden. »Valentin« bittet ihn darum, ihn zu Raux zu begleiten, ein Mitglied der Bewegung, das früher der Gruppe Cailliau angehörte und jetzt im Zimmer Nr. 19 eines kleinen Hotels in der Rue Sant-Jacques wohnt. »Valentins« Frau hat bei ihm eine ganze Sammlung falscher Papiere bestellt. Munier geht dem Kameraden durch den engen Flur der dritten Etage voraus, der zum Zimmer Nr. 19 führt. Plötzlich öffnet sich die Tür, und eine Maschinenpistole donnert auf die beiden Männer los. Munier ist unverletzt und spielt den Toten, dann springt er wie ein Hase auf und rennt zum Jardin du Luxembourg. »Valentin« ist von Paul Prévédec, einem Gestapo-Mann der Avenue Foch, tödlich getroffen worden, Raux ist verhaftet worden, Munier kommt mit einer leichten Schürfwunde am kleinen Finger davon[7]…

Der Druck auf Morland und seine Umgebung nimmt stetig zu. Dennoch sind alle offenbar entschlossen, in jenem Frühjahr 1944 eine große Liebe zu erleben. Ginette Caillard und Jean Munier haben Ende Februar geheiratet. Pelat und Madeleine/Christine erleben ein leidenschaftliches Liebesabenteuer, Bernard Finifter knüpft eine Liaison mit einem Mädchen aus Toulouse an…

An einem Märzabend haben sich François und seine Freunde bei Christine und Patrice eingefunden. Christine spielt Klavier, Partrice singt mit seiner prächtigen Stimme *Die Perlenfischer.* Auf dem Klavier sieht François das Foto eines reizenden jungen

Mädchens, Christines Schwester. Er ist ganz hingerissen von der Schönheit der jungen Danielle: »Ich möchte sie kennenlernen, die heirate ich…«[8]

Christine, die einen gewissen Einfluß auf ihre jüngere Schwester hat und gerne Pygmaleon spielt, ist der Meinung, Morland und Danielle paßten recht gut zusammen. Sie ist selbst fasziniert von der Bildung und dem Aussehen des jungen Freundes von Patrice und schreibt ihrer Schwester:

»Ich habe einen Verlobten für Dich! Bis zu den Osterferien ist es nicht mehr lange hin, ich lade Dich ein herzukommen, um ihn kennenzulernen.«[9] Danielle nimmt die Einladung an und kommt für ein paar Tage in die Rue Campagne-Première.

Die erste Begegnung findet im Restaurant *Beulemans* am Boulevard Saint-Germain statt. Aber Danielle verliebt sich nicht Hals über Kopf, wie ihre große Schwester gehofft hatte. François erscheint mit einem großen Hut, Schnurrbart und einem Gummimantel und sieht wie ein argentinischer Tangotänzer aus. Sein ironischer, beißender Ton und sein spritziger Geist gehen ihr auf die Nerven. Morland aber scheint angebissen zu haben. Und da er es nicht mag, wenn man sich ihm widersetzt…

Am 28. Mai unternimmt er eine kleine Reise nach Cluny. Danielle gibt ihren Widerstand auf und verspricht ihm, ihn innerhalb von vier Monaten zu heiraten… François und Danielle, Christine und Patrice, Jean und Ginette fahren nach Toulouse zur Hochzeit von Finifter, wo sie auch André Bettencourt und Jacques Pâris treffen. Für ein paar Stunden ist Toulouse die Stadt der Freundschaft. Dann fahren am 30. Mai alle wieder nach Paris. Morland hat am nächsten Tag ein wichtiges Treffen in der Avenue Charles-Floquet mit Jean Bertin (alias Bérard oder Chaligny), der Bénet im Leitungskomitee der Bewegung ersetzt, Robert Paumier, Savy, einem ehemaligen Mitglied der Gruppe Charette, der zur Führungsgruppe der Bewegung gehört, und ein paar anderen.

François Mitterrand erinnert sich: »Jemand klopft an die Tür. Der Mann fragt nach Jean Bérard (das war der Deckname von Jean Bertin). Ich gehe zu Bertin in eines der hinteren Zimmer: ›Wie konntest Du Dich nur hier mit jemandem verabreden? Was soll ich ihm denn sagen?‹ Ich begleite Bertin bis zur Tür. Da hält der Mann seinen Revolver auf Bertins Brust. Ich laufe in die

Wohnung zu den anderen. ›Jean ist verhaftet worden, beeilt euch!‹ Ich nehme meine Sachen, um durch den Hintereingang zu fliehen. Durch das Fenster sehe ich zwei Männer, die vor dem Gebäude postiert sind. ›Savy kommt zu spät... Sie werden ihn aufhängen!‹ Ich beschließe zu fliehen, springe aus dem Fenster und renne zur Metro La Motte-Piquet. Da sehe ich Savy. Ich sage ihm: ›Geh nicht hin!‹ Savy und ich steigen die Treppe zur Metro hinunter.«[10]

Am Nachmittag findet wieder eine wichtige Zusammenkunft der Organisation statt, diesmal in der Rue Dupin bei den Antelmes. Während sie auf die anderen warten, unterhalten sie sich. Jean Munier hat den sechsten Sinn, er fühlt sich unwohl. In dieser Wohnung finden seiner Meinung nach viel zu viele Treffen statt. Das Gesprächsthema geht ihm auf die Nerven: Was tun, wenn es bei der *Libération* in Paris eine Hungersnot gibt? Er hat genug. Major Rodin beschließt zu gehen. Bevor er die Wohnung verläßt, fällt ihm ein Steuerbescheid auf, der an Charles Diethelm gerichtet ist mit der Adresses des Hauses, in dem Ginettes Zimmer liegt, Rue Croix des Petits-Champs.[11]

Auf der Straße fragt ihn ein Mann mit Goldbrille nach seinen Papieren. Munier tut, als suche er sie, verpaßt dem Mann einen mächtigen Fausthieb und rennt davon, so schnell ihn seine Füße tragen. Zwei Deutsche sind ihm auf den Fersen. Ein paar Meter weiter verschwindet er in einem Hotel, in dem Colonel Patrice wohnt. Seine Verfolger haben nicht gesehen, wie er hineinging. Patrice und Christine sind zu Hause. Munier schildert ihnen seine Lage. Alle drei sind sich einig, daß François keinesfalls dem Löwen in die Fänge geraten darf. Patrice ruft in der Rue Dupin an. Ein Mann, dessen Stimme er nicht kennt, antwortet: »Hier ist Charles...« Der Mann hat offensichtlich den Brief mit dem Namen Charles Diethelm gesehen. Munier zieht einen Anzug von Patrice an und macht sich auf, um den Eingang der Rue Dupin zu beobachten und seine Kameraden zu warnen.

Er verhindert, daß André Bettencourt in die Falle geht. Féréol de Ferry kommt ebenfalls; Munier bittet ihn, seinen Posten zu übernehmen, um die Aufmerksamkeit der Deutschen nicht auf sich zu ziehen. Endlich trifft Munier Mitterrand, der ebenfalls das richtige Gespür hatte. Um 18 Uhr war er mit Beauchamp und Robert Antelme in der *Brasserie Lipp* verabredet. Er war pünktlich da, was eher selten geschieht. Zehn Minuten nach 18 Uhr ist Robert immer noch nicht da, und Beauchamp schlägt vor, in die Rue Dupin zu gehen. »Rühr dich nicht von hier«, sagt Morland, »ich rufe erst an.« Er ruft in der Rue Dupin an, und die unbekannte Stimme sagt: »Hier ist Charles, Ihr Schwager. Kommen Sie, wir erwarten Sie…« Morland begreift. Bei den Antelmes gibt es keinen Charles, und die Gestapo-Leute haben das Versteck in der Rue Dupin ausgehoben. Marie-Louise Antelme[12], Robert Antelme[13], Paul Philippe[14] und Minette de Rocca-Serra[15] sind verhaftet worden.

Jean Munier hat Angst. Die Gestapo-Leute werden sicher Ginettes Zimmer entdecken, in dem es von Waffen und falschen Papieren wimmelt. Am 2. Juni beschließt Munier, gemeinsam mit Michel Grilickès zur Tat zu schreiten, einem ehemaligen Mitglied des FTP, der Toulouse verlassen hat, wo er eingesperrt worden war, und dessen ganze Familie von den Besatzern umgebracht worden ist. Seitdem rächt er sich und tötet viele Deutsche. Er ist tatkräftig und gehört den Freischärlern der Bewegung an. Dank der Kaltblütigkeit Muniers und Grilickès' werden die Waffen und Papiere gerettet – vor der Nase der Gestapo-Leute, die das Versteck tatsächlich entdeckt hatten und nur fortgegangen waren, um einen Schlosser zu holen, und nur einen Aufpasser vor dem Gebäude postiert hatten… Sie bringen alles in eine große Wohnung in der Rue du Cherche-Midi zu Freunden von Féréol, den Retz'…

Mitterrand weiß, daß er nur knapp der Verhaftung entgangen ist. Er möchte gern das Versteck wechseln, wenigstens für eine gewisse Zeit. Die Luft von Saint-Germain-des-Prés ist inzwischen zu ungesund. Nach der Falle der Gestapo von Anfang Juni in der Avenue Charles-Floquet, die eigentlich ihm galt, zieht er sich zu Antoinette Bouvyer in die Rue Gustave-Zédé zurück. Es ist nicht das erste Mal, daß er seine Brieffreundin besucht. Dort begegnet er auch Jean Bouvyer, der seit April seinen Posten als Beauftragter des *Commissariat aux questions juives* aufgegeben hat, den er seit Mai 1941 bekleidete. Nach dem Krieg behauptete Mitterrand, Bouvyer gebeten zu haben, bestimmte Dokumente und Material zur Herstellung falscher Papiere zu verstecken. Bouvyer habe diese benutzt, um falsche Papiere für das MNPGD herzustellen[16]…

Mitterrand ist wütend: Die Gestapo-Leute haben in der Rue Dupin seine Fotos (Porträts von ihm aus den Studios Harcourt und ein Bild von ihm und Danielle Gouze) sowie seine Privatkorrespondenz beschlagnahmt. Ein paar Tage nach der Hausdurchsuchung schreibt er an seine wichtigste Briefpartnerin von damals, deren Briefe in die Rue des Saussaies gebracht worden sind:

»Sie sprechen von unseren Briefen, aus denen die Nachwelt notwendigerweise schöpfen wird. Ich bin überzeugt (...), vorausgesetzt, daß keine indiskreten Lupen sie durchforsten werden, so wie es mit denen passiert ist, die Sie mir in den letzten drei Monaten geschrieben haben. Ich hatte den Eindruck, daß sie keinerlei größere Geheimnisse enthielten, aber unerwünschte Besucher waren anderer Meinung und haben mir Ihre neuesten Geständnisse aus der Hand gerissen; und wenn sie sich damit begnügt hätten...«

Da die Deutschen nicht alles mitgenommen haben, gelingt es Dionys Mascolo, die Archive der Bewegung sicherzustellen, die in der Rue Dupin verborgen waren, und sie bei Gallimard zu verstecken – mit Hilfe Albert Camus', der Schmiere steht.

Die Schlinge um François Mitterrands Hals wird enger; er ist überzeugt, daß es Verräter innerhalb der Bewegung gibt. Er hat sogar Namen im Kopf. Er verdächtigt zwei ehemalige Gefangene, die Charette und Dechartre nahe stehen, sich in der Gefangenschaft eng befreundeten und beide wichtige Funktionen in der Bewegung haben.[17]

Morland macht sich Sorgen um Danielle, deren Foto sich in der Hand der Gestapo-Leute in der Rue des Saussaies befindet. Er schickt seinen Freund vom »104«, Féréol de Ferry, zu ihr. Am Nachmittag des 6. Juni wartet dieser am Ausgang des Gymnasiums von Lyon auf das junge Mädchen, das dort gerade den zweiten Teil des Abiturs ablegt.

»Mademoiselle Gouze? Ich bin ein Freund von François. Ich heiße Féréol de Ferry. Ich soll Sie mitnehmen, François fürchtet um Ihr Leben. Er hat Bilder verloren, und auf einem sind auch Sie abgebildet.«

»Und mein Abitur?«[18]

Féréol und Danielle nehmen einen Umweg über Cluny, um ihre Eltern zu warnen, dann fahren sie nach Paris. François ist in seine Wohnung am Boulevard Saint-Germain zurückgekehrt und verbringt einen Tag mit Danielle, aber er macht sich Sorgen um die Sicherheit seiner Verlobten, wie er sie bereits nennt. Am 8. Juni nehmen beide den Zug nach Burgund. Das Abteil ist voll mit Deutschen. Einer von ihnen überläßt dem jungen Mädchen seinen Platz. Bei einem Halt kauft sich der Deutsche Kirschen, bietet Danielle welche an und gibt die Tüte François, der im Flur steht. Der Zug hält an der Demarkationslinie. Deutsche Kontrolle. Danielle zeigt ihren Ausweis vor. Mitterrand ebenfalls. Der Kontrolleur sucht auf der Liste unter dem Buchstaben M. Danielle und François erkennen den Namen Morland unter den gesuchten Personen. Der kalte Schweiß bricht ihnen aus. Da sagt der Deutsche mit den Kirschen: »Laßt sie, laßt sie, sie reisen mit mir…«

Danielle kehrt zu den *Résistance*-Leuten nach Cluny zurück, Mitterrand fährt wieder nach Paris, aber von Zeit zu Zeit kommt er wieder…

Am 20. Juni wird Pierre Coursol vom CEA des Départements Allier verhaftet und heftig verprügelt. Die Gestapo will wissen, wo sich Mitterrand, Védrine – der vor einigen Wochen beinahe festgenommen worden wäre – und Chigot verstecken. Seit der Landung in der Normandie sind alle nervös. Die Vorbereitungen für den Tag X sind beschleunigt worden; es herrscht wildes Durcheinander; die Verbindungen zwischen Norden und Süden sind schwieriger geworden, Treibjagden werden immer häufiger.

In der von Gagnaire geleiteten Südzone ist »Aimé«, der sich kaum für die Probleme der Gefangenen interessiert, zur Tat geschritten. Mit dem Freikorps der ORA will er im Cantal einen befestigten Unterschlupf errichten, um gegen die Deutschen zu kämpfen. Marcel Haedrich schließt sich ihm am Tag der Normandie-Landung an. Einen Tag nach seiner Ankunft fährt er mit »Aimé« nach Mauriac. Sie besetzen die Druckerei des *Réveil* und versetzen die Einwohner in Angst und Schrecken, da diese die Repressalien der Deutschen fürchten. Der Abgeordnete und Bürgermeister der Stadt kommt zu ihnen, um sie von ihrem Tun abzubringen:

»Wie soll das der Normandie-Schlacht nützen?«

Haedrich bringt am 6. Juni 1944 dennoch die erste Nummer von *L'Homme libre* heraus. Der Untertitel lautet: »Zeitung des

FFI, herausgegeben vom MNPGD«. Es soll das Nachfolgeblatt von *Victoire* sein, dessen erste Nummer im Januar 1944 erschien und auch sein Werk war. Eine Zeitung mit allgemeinen Nachrichten, von der ersten bis zur letzten Zeile von Marcel Haedrich verfaßt. *L'Homme libre* widmet den Gefangenen nur wenige Zeilen, der Organisation noch weniger. Erst in der Nummer 9 erscheint ein Artikel über den MNPGD, in dem steht, daß »im November 1942 zwanzig ehemalige Gefangene sich in Montmaur getroffen und eine Untergrundbewegung gegründet haben, aus der der MNPGD entstand, die einen im Untergrund, die anderen unter dem Deckmantel des Gefangenen-*Commissariat*… Die Gefangenen haben aus den Ereignissen ihre Lehre gezogen. Von der sozialen Lösung der Probleme von morgen hängt die Stabilität in der Zukunft ab. Das MNPGD ist heute ein Machtinstrument im Dienst sozialer Gerechtigkeit und wird es auch morgen sein…«.

Die in *L'Homme libre* entwickelten Ideen entsprechen der Meinung der Führer der Bewegung. Sie erscheint, als am Ausgang des Krieges kein Zweifel mehr besteht, und doch ist sie keineswegs gegen Marschall Pétain gerichtet. Auch *Victoire* hat im Januar 1944 einen Artikel unter der Überschrift »Ein Krisenmonat in Vichy« veröffentlicht, in dem ohne jede Ironie berichtet wird, der Marschall habe »Widerstand geleistet«, indem er die Verfassung geändert habe, um bei seinem Tod der Nationalversammlung die Macht zu übertragen. Die Deutschen hätten sich gehütet, diese Nachricht an die Öffentlichkeit zu bringen, daraufhin sei der Marschall beleidigt gewesen, habe seinen Weggang aus Vichy vorbereitet etc. Die letzte Nummer von *L'Homme libre*, die am 23. August 1944 in Mauriac erscheint, veröffentlicht eine Reihe von Artikeln unter dem Titel »Die Wahrheit über das Ende von Vichy«, die von demselben Geist beseelt ist. »Sie sind ein Lügner!« soll der Marschall Renthe-Fink[19] nach einem dieser Berichte entgegengeschleudert haben. »Die Garde war bereit zu sterben«, heißt es in einem anderen. »Die Deutschen hatten eine ganze Schar von Einbrechern mitgebracht«, behauptet ein dritter…

Für Morland wird das Leben immer schwieriger. Am 24. Juni schreibt er mit seinem typischen Humor einem seiner Korrespondenten:

»Die Züge sind dermaßen den Verrücktheiten der Terroristen ausgesetzt, daß ich nicht mehr den Mut habe, nachts draußen zu kampieren, und da die Autobusse kaum noch fahren, ist es fast unmöglich umherzufahren, ohne den vereinten Kräften der deutschen Polizei, der französischen Polizei, der Miliz und der *Résistance* beweisen zu müssen, daß man ein ehrbarer Bürger ist. Ich wage es nicht mehr, meinen Stammbaum überallhin zu tragen. Gott weiß, daß ich ein gutes Gewissen habe, aber was ist heute gefährlicher und beunruhigender als ein ruhiges Gewissen?

Schicken Sie mir Ihre Briefe zu Geneviève[20], wie Sie es früher auch mit den Briefen für den geheimnisvollen Lucien machten, den ein schöner Tod ereilte…«

In demselben Brief berichtet er von einer Begegnung mit einem »hübschen jungen Mädchen mit Katzenaugen« bei den Gouzes in Cluny. Dieses Treffen hat am 28. Mai stattgefunden, dem Tag, an dem sich François und Danielle ihre Liebe gestanden haben.

Anhand des Briefes vom 30. Juni an Jean Védrine, der in der Südzone die Dachorganisation der Hilfszentren *Fédération clandestine des Centres d'entraide* leitet, kann man sich ein gewisses Bild von Mitterrands politischer Betätigung und seinem anhaltenden Mißtrauen gegenüber den Leuten der *Résistance* machen. Er bittet Védrine zunächst herauszufinden, »woher das Interesse der Gestapo an der Bewegung stammt«. Danach spricht er von der schwierigen Beziehung zu den Kommunisten:

»Im Leitungskomitee ist der Kontakt zu dem kommunistischen Delegierten so gut wie abgebrochen. Sein Beitrag zu der Bewegung ist gleich null. Diese Kälte ist dadurch entstanden, daß ich seinen Vorschlägen und bestimmten Ernennungen den Riegel vorschieben mußte.«

Er spricht auch die »immer noch schwierige« Beziehung zum CNR an, »das immer noch unseren kometenhaften Aufschwung fürchtet«:

»Aber die persönlichen Beziehungen sind ausgezeichnet. Im Moment gebe ich mich eher bedrohlich. Man muß ihnen angst machen. Wir haben viele Mitglieder und sind wirklich stark. Und wir müssen eine ganze Menge unerlaubter Phantasiegebilde bekämpfen.

Der Abgesandte[21] General de Gaulles sollte seinen Befehlsstand in einer unserer Gruppen einrichten, aber leider ist er festgenommen worden. Einer meiner Freunde von hier ist nun mit den Beziehungen zwischen Frankreich und Algier betraut.«

Seit dem 12. März steht das MNPGD in direkter Verbindung zum dem CNR; es gibt inzwischen gute und solide Kontakte, vor allem mit Claude Bourdet, Pascal Copeau und Maxime Blocq-Mascart. »Unser« Mann für die Beziehungen Frankreich-Algier ist André Bettencourt. Dieser ist von der Bewegung beauftragt worden, sie in Genf bei der Delegation des CNR zu vertreten. Er ist besonders für die Beziehungen dieser Delegation und der von Algier verantwortlich, in allen Fragen, die die Netze der Kriegsgefangenen betreffen, die Fallschirmabsprünge in Frankreich, die Verbindungen zu den Delegierten der Bewegung, die in Algier arbeiten, Bénet und Dechartre. Bettencourt, der dank des Netzes von Bénouville in die Schweiz gelangt ist, wird ein wichtiger Botschafter der Bewegung. Er hat in Genf ein Empfehlungsschreiben von Eugène Schueller bei der Schweizer *L'Oréal*-Filiale vorgelegt und pflegt Beziehungen zu wichtigen Persönlichkeiten. Neben denen, die er mit dem CNR unterhält, zu Pierre de Leusse, mit dem er sein Büro bei der Mission der provisorischen Regierung hat und mit deren Mitgliedern er auf gutem Fuß steht, besonders mit Philippe Koenig, Jean-Marie Soutou und Antoine Weill. Bettencourt hält auch Verbindung zu den Amerikanern und Engländern, vor allem zu Allen Dulles vom OSS. Er erinnert[22] sich noch an die Stapel von mit Banknoten vollgestopften Kisten in dessen Büro; mit diesen Schätzen wurden die *Résistance*-Netze in Europa versorgt. Seine Beziehungen zu Dulles waren so gut, daß er in dessen Wagen nach Frankreich zurückkehrte…

In seinem Brief an Védrine spricht Mitterrand auch von seinen guten Beziehungen zu »Maurice«, also Pinot. Er spricht von den Überlegungen der beiden Männer, wie man bei der *Libération* der Organisation Einfluß sichern kann. Die Frage seiner politischen Richtung ist noch nicht geklärt. Mitterrand glaubt nicht, daß er noch lange darauf verzichten kann, deutlich Stellung zu beziehen:

»Ich diskutiere mit ihm über Handlungskonzepte bei der *Libération*. Er ist eher der Auffassung, wir sollten im Bereich der

Gefangenen alle Kommandoposten besetzen, ohne uns politisch offiziell zu erklären, und dies erst zum Zeitpunkt allgemeiner Wahlen tun. Dies scheint mir machbar. Dennoch glaube ich, wir müssen uns bald damit auseinandersetzen, daß unsere Kameraden, die uns im jetzigen Kampf folgen, deutliche Erklärungen von uns fordern. Wir werden die beiden Thesen anschlagen lassen...«

Er bleibt seiner Auffassung treu und bittet Védrine, sich ins Leben der *Résistance* in seiner Region nicht einzumischen:

»Du könntest nichts bewirken und ich auch nicht. Es herrscht dort eine Anarchie, derer wir nicht Herr werden können. Unsere Aufgabe bestand vor allem darin, dort Ordnung zu schaffen, wo wir die Macht besaßen. Was können wir mehr tun?«

Er bittet Védrine, der immer noch mit dem Kabinett des Marschall in Beziehung steht, außerdem um eine ausführliche Notiz über Ménétrel und beschwört ihn, diesem und seiner Umgebung zu mißtrauen: »Jeantet, der vor nichts haltmacht, läßt dich einbuchten, ohne mit der Wimper zu zucken.« Die Zeit, in der er Jeantets Schützling war, scheint weit zurückzuliegen!

Bis zur *Libération* will er in Paris bleiben. Er will aktiv daran teilnehmen und sogleich all seine Möglichkeiten ausschöpfen:

»Es ist wahrscheinlich, daß ich, sobald Paris befreit ist, Verwaltungsorgane und Kampfgruppen bilden muß. Dann mußt Du sofort antanzen. Wir müssen alles im Griff haben und sogleich alle unsere Fangarme ausstrecken. Es kann eine Übergangszeit ohne Regierung geben, und wir müssen es auf uns nehmen, alle schädlichen Männer zu vertreiben, ohne höheren Befehl, dabei müssen die Dienststellen weiter funktionieren, die die Interessen unserer Kameraden verwalten. Du siehst, wieviel Arbeit das bedeutet!«

Während sich Mitterrand in Paris betätigt, setzt Michel Cailliau seine Kampagne gegen den Rivalen fort, dessen blitzartigen Aufstieg er jedoch nicht aufhalten kann. Am 3. Juli 1944 verbreitet er in Algier ein Papier[23] über die »Probleme der Gefangenen und Deportierten«:

»Niemand übersieht:

1. welch bedeutende politische Kraft für die Wahlen und die Regierung die Masse der drei Millionen Gefangenen und Deportierten darstellt...

2. Das MNPGD ist zur Stunde ohne Einschränkung eine der mächtigsten Organisationen der *Résistance*...«

Diese Organisation sei, so schreibt er, hervorragend, wenn Mitterrand ausgeschlossen würde:

»Die politische Kraft des Milieus und der Bewegung ist nur dann etwas wert, wenn sie politisch in sicheren Händen ist und alle wichtigen Posten nicht von früheren Kollaborateuren besetzt sind...«

Der Leser dieses Papiers – Frenay selbst oder ein Mitglied seines Stabes – hat am Rand mit Bleistift vermerkt:

»Von der Säuberung in der Organisation und dem Milieu der Gefangenen und Deportierten hängt die politische Orientierung von Millionen Wählern ab...«

Derselbe Leser schreibt ein wütendes NEIN an den Rand...

Am 14. Juli 1944 verteilt Cailliau, der immer noch in Algier weilt, ein Papier[24] über die »Verbindungen und den Austausch von Diensten zwischen dem MNPGD und der gesamten *Résistance* von März 1942 bis März 1944«: Er fährt fort, Mitterrand anzuprangern:

»Zwischem dem MRPGD und Frenay sind Schwierigkeiten entstanden, weil Frenay aus dem MRPGD eine ›Kampf‹-Einheit machen wollte und ohne die politische Klugheit, die gegenüber Mitterrand angebracht gewesen wäre, diesem bei der Bildung der Gefangenenbewegung geholfen hat.«

Die Treibjagd in Paris ist gefährlicher als der Kampf in den hinteren Linien, den der Neffe General de Gaulles führt. Am 7. Juli wird Henri Guérin, der frühere Chef des *Commissariat aux P.G.* der Nordzone, der auch der »nebulösen Gruppe Pinot-Mitterrand« angehört, von der Gestapo verhaftet. Sein erstes Verhör, das von vier Deutschen geführt wird, findet in der vierten Etage in der Rue des Saussaies statt.

Die Gestapo-Leute zeigen ihm Fotos von Pinot und Mitterrand, die vor dem *Commissariat* von Vichy aufgenommen sind, vermutlich wurden sie aus der Wohnung der Antelmes in der Rue Dupin entwendet. Guérin muß mehrere Verhöre über sich ergehen lassen und wird grausam gefoltert. Zuletzt wird er in eine mit Exkrementen gefüllte Badewanne gesteckt. Alle Fragen drehen sich um Mitterrand und die *Résistance* der Kriegsgefangenen.

Über diese Zeit gibt es nur wenige Dokumente. Eines aber ist sicher: Je näher die *Libération* heranrückt, desto mehr rackern sich die Führer des MNPGD ab.

Am 1. August 1944 gelangt eine ganze Sammlung von Dokumenten[25] in die Londoner Mission, die aus dem *Commissariat aux Prisonniers* in Algier stammen, darunter auch die Instruktionen des Leitungskomitees des MNPGD, die Verteilung der Aufgaben, die Namen der Verantwortlichen, ein Brief von Morland (COPRI 648).

In dieser schwierigen Zeit gibt es große Kommunikationsprobleme zwischen dem MNPGD und London, während die Beziehungen zu Algier recht gut sind. Morland hat erreicht, daß die Direktiven des MNPGD in der BBC gesendet werden. In den ersten Auggusttagen kämpft er darum, daß der internationale Charakter der Gefangenenprobleme immer mitberücksichtigt wird, um Anweisungen für eine Rückführung zu entwickeln (4. August Telegramm COPRI an SAP). Am 8. August schickt das MNPGD ein Telegramm an Frenay, um seine Unterstützung für eine Zeitung zu erbitten, die nach Abrücken der Deutschen erscheinen soll. Am 11. August besteigt Major Rodin, Chef der Freikorps der Bewegung, das Fahrrad von Henri Frenay, das ihm Christine[26] geliehen hat, um seine Eltern in Dijon zu besuchen.

Dorthin hat Ginette sich zurückgezogen. Nachdem er nach 14 Stunden anstrengender Fahrt bei seinen Eltern eintrifft, stößt er auf François Mitterrand. Dieser fürchtet um Danielles Leben, denn er weiß, daß die *Résistance* in der Gegend von Cluny eine große Aktion plant. Er bittet Jean, sie abzuholen. In Begleitung seiner Frau fährt Jean Munier noch 80 weitere Kilometer. Als sie bei den Gouzes eintreffen, ist Danielle nicht mehr da: Sie ist in den Bergen, wegen der Bombardierungen der Deutschen... Bald kommt sie mit Ginette nach Dijon zu den Eltern von Jean Munier.

Von Tag zu Tag wird der Ton der Flugblätter des MNPGD härter; sie richten sich gegen die Kollaborateure und Verräter jeder Art, es werden aber auch ideologische Auseinandersetzungen ausgetragen.

Ein paar Tage vor der Befreiung von Paris verbreitet die Bewegung ihre letzten Anweisungen:[27]

»KAMERADEN, HEIMGEKEHRTE oder GEFLOHENE, bereitet euch auf den letzten Ansturm gegen die Hitleranhänger und Verräter vor, die schon jetzt vor Angst zittern.

Wir geben euch folgende Anweisungen, damit wir mit dem Eindringling so schnell wie möglich fertigwerden:

1. Ihr dürft euch von den *Schleus* auf keinen Fall internieren oder gefangennehmen lassen.
2. Zerstört die Verbindungen des Feindes, sabotiert die Zuglinien. Bringt Züge zum Entgleisen und reißt die Schienen auseinander.
3. Jagt die Mörder der Miliz von Darnand, die im Namen der Deutschen bereit sind, Franzosen umzubringen.
4. Zerstört die Produktion des Feindes und widersetzt euch mit Gewalt der Deportation von Arbeitern nach Deutschland.
5. Verstärkt den bewaffneten Kampf jeglicher Art gegen deutsche Einheiten und verstärkt die Reihen der Heckenschützen und Partisanen.
6. Beamte, befolgt die Anweisungen von Vichy nicht! Polizisten, Soldaten, Gendarmen, schlagt euch mit euren Waffen auf die Seite der Patrioten.
7. Demoralisiert die nichtdeutschen Elemente der Wehrmacht, die zwangsweise eingezogen wurden und die *Boches* hassen.
8. Bereitet euch auf den Generalstreik vor, einen der wesentlichen Faktoren des landesweiten Aufstands.

KEINE GEMEINSAME SACHE MIT DEN MÖRDERN! ... In allen Gruppierungen, den Zentren für gegenseitig Hilfe, den Häusern für Gefangene, den Hilfskomitees, den Vereinigungen für Frauen von Gefangenen, laßt ÜBERALL die Stimme der Rache und der Gerechtigkeit gegen den barbarischen Fremden ertönen, der unser Land unterjochen wollte.

DENKT im Kampf an alles Unglück, das sie euch in der Gefangenschaft angetan haben. Denkt an die freudlosen Tage in weit entfernten Stalags. Denkt an die schlaflosen Nächte auf hartem Boden, in denen ihr unter euren Decken schlottertet. Denkt an die Kameraden, die an Krankheiten zugrunde gingen und an die, welche von feigen und bösartigen Wächtern umgebracht wurden.

Denkt an die Tausende unserer kranken Brüder, die nach Frankreich zurückgekehrt sind, dort aber an der Tuberkulose sterben werden.

Denkt, wenn ihr gegen die *Boches* kämpft, auch daran, daß ihr Eure Kameraden aus den Gefängnissen von Graudenz, Rawa-Ruska, Lemberg und Lübeck befreien müßt.

IHR, DIE IHR ZURÜCKGEKEHRT SEID… Vergeßt nie, die ihr Bescheid wißt, die erschossenen Geiseln, all die jungen Männer und Greise, die unter den Kugeln der *Schleus* gefallen sind.

Denkt an alle diese Märtyrer, die die *Boches* ermordet haben, die Patrioten die im Tod die Marseillaise sangen und ihre Liebe für Frankreich herausschrieen.

NICHTS DARF EUCH IN EUREM DURST NACH RACHE UND FREIHEIT AUFHALTEN!

Die Stunde ist gekommen, den Kampf aufzunehmen und die Barbaren über den Rhein zu jagen.

Wir sind stärker, weil der Feind Angst hat und sich schon zurückzieht.

Verpassen wir ihm den entscheidenden Schlag, vereinigen wir uns zur letzten Schlacht, siegen wir und sterben wir, wenn es sein muß, aber dies ist der Preis des Sieges.

AUF ZUR BEFREIUNG UNSERES VATERLANDS!«

Die abwartende Haltung des Jahres 1943 ist überwunden. Die Mitglieder der Bewegung werden auf die politischen Säuberungen vorbereitet. Im August wird ein weiteres Flugblatt[28] veröffentlicht, sehr revolutionär im Ton… Der Einfluß der Kommunisten in der Organisation wird deutlich:

»Das MNPGD führt wie auch die anderen Teile der *Résistance* eine zweifache Aktion durch:
- organisierten Widerstand gegen den deutschen Unterdrücker;
- Vorbereitung von *revolutionären* Aktionen, die Frankreich die gerechte und freie Regierung verschaffen soll, die es sich wünscht.

Die Befreiung des Landes ist eine Sache, die Errichtung einer *freiheitlichen Regierung* in einem *befreiten Frankreich* eine andere.

– Der zweite Wunsch hat den besten Kräften der *Résistance* immer Mut gemacht.

Diese revolutionäre Notwendigkeit, die Forderung einer neuen Gesellschaft haben die, welche seit Monaten ihr Leben riskieren, um Frankreich zu befreien, nicht einen Moment aus den Augen verloren […]

Es ist notwendig zu überlegen, welche Bedeutung letztlich das ›PHÄNOMEN GEFANGENE‹ hatte.

Es ist mit Sicherheit etwas sehr anderes als das, was die heuchlerische Larmoyanz der Vichy-Propaganda daraus vor den Augen des Landes und der Welt zu machen versucht hat.

Es ist vor allem ein POLITISCHER FAKTOR.

[…] Die LIBÉRATION ist ein sinnloses Unterfangen, wenn sie nicht ebenso wie die Befreiung des Bodens von FRANKREICH auch eine Abschaffung der Unterdrückung der Arbeiterklasse durch das KAPITAL bedeutet, die WIRTSCHAFTLICHE REVOLUTION, die seit der POLITISCHEN REVOLUTION von 1789 noch aussteht […]

Die BEWEGUNG hat ihren ursprünglichen Rahmen verlassen und appelliert an alle Menschen dieses Landes, ganz gleich welcher Gesinnung und welcher Klassenzugehörigkeit, die wissen, daß nur eine TOTALE REVOLUTION der ökonomischen und sozialen Strukturen den französischen Massen endlich die MÖGLICHKEIT GIBT, IN WÜRDE ZU LEBEN, das heißt, an allen Stadien des Wiederaufbaus der NATION teilzunehmen, vor allem aber in ihrer ÖKONOMISCHEN Führung.

Dies bedeutet in Kurzform:

– sofortige Zerstörung aller Konzerne;
– die Freisetzung aller kollektiven Produktionsmittel und ihre Verstaatlichung im Bereich der Unternehmen;
– strengste Kontrolle der Großindustrie, der Dienstleistung, der Banken, der Unternehmen und Versicherungen etc;
– eine Intensivierung der Kooperativen auf dem Land;
– Integration der großen Arbeiterorganisationen wie der CGT in den Staat;
– die Garantie von Grundfreiheiten wie Pressefreiheit, Streikrecht, Steuergleichheit, die bisher nur Fiktion sind und erst Wirklichkeit werden, wenn die Wirtschaft vom Kapital befreit ist.

KAPITALISTEN, Agenten der internationalen Faschisten und versehen mit dem Etikett der REVOLUTIONÄRE in dem Unternehmen, das NATIONALE REVOLUTION genannt wird, haben dieses Unglück ausgenutzt und haben es in dem Maß, in dem es ihre Mittelmäßigkeit zuließ, geschafft, das sterbende FRANKREICH lächerlich zu machen.

Die BÜRGER, die an ihre Privilegien gekettet sind und die sich stur weigern, aus dem Unglück zu lernen, bereiten sich schon darauf vor, die Revolution der Arbeiter zu Grabe zu tragen...«

Selbst wenn man sich vorstellen kann, daß François Mitterrand nicht Mitverfasser dieses Flugblattes ist, so wurde es doch im Namen des Komitees verbreitet, dessen Chef er war, und somit auch in seinem Namen!

## Anmerkungen:

1 Vgl. Védrine: *Dossier.*
2 Er kommt bei der Deportation ums Leben.
3 Dieser Bericht über die Entwicklung von Georges Beauchamp basiert auf einem am 24. Februar 1994 aufgenommenen mündlichen Bericht Beauchamps.
4 Einer der Decknamen Edgar Morins in der *Résistance.*
5 Steverlinck, den man nicht mit François Valentin verwechseln darf.
6 Gespräch mit dem Autor vom 15. März 1994.
7 Bericht von Jean Munier, 11. März 1994.
8 Picar/Montagard: *Danielle Mitterrand, Portrait.*
9 Ebd.
10 Gespräch mit François Mitterrand, 12. Oktober 1993.
11 Jean Munier erklärt sich die Tatsache, daß dieser Brief dort lag, damit, daß Diethelm Mitbesitzer der Wohnung in der Rue Dupin war.
12 Sie wurde deportiert und starb am 10. Mai 1954.
13 Gefangen, deportiert und im Mai 1954 befreit.
14 Gefangen, nach Buchenwald deportiert und im Mai 1954 befreit.
15 Gefangen, deportiert und umgebracht.
16 Nach einer schriftlichen Aussage François Mitterrands vom 2. August 1954, die Bouvyer vor Gericht helfen sollte.
17 Siehe 26. Kapitel, S. 417 ff.
18 Vgl. Picar/Montagard: *Danielle Mitterrand, Portrait.*
19 Deutscher Minister, der den Auftrag hatte, Pétains Taten zu überwachen.
20 Mitterrands Schwester, die damals in der Avenue de Suffren wohnte.

21 Es handelt sich wahrscheinlich um den Präfekten Bollaert, der im Februar mit Brossolette verhaftet wurde. Der dritte Abgesandte, Alexandre Parodi, ging im April 1944 nach Paris.
22 Gespräch mit dem Autor vom 28. März 1994.
23 A.N./72 A.J.64.
24 Archiv des BCRA.
25 A.N./F9/3254.3255.
26 Bevor er nach Algier ging, hatte Henri Frenay sein Hauptquartier bei den Eltern von Christine und Danielle Gouze eingerichtet.
27 Von Dionys Mascolo übermitteltes Dokument.
28 Von Dionys Mascolo übermittelt.

## 25. Kapitel
## Die *Libération*

Maurice Pinot und François Mitterrand hatten die Taktik, die bei der *Libération* angewandt werden sollte, genau abgesprochen. Ihr erstes Ziel bestand darin, alle Gefangenen-Organisationen von Vichy in die Hände zu bekommen. Die provisorische Regierung hatte im Mai 1944 beschlossen, daß in einer Übergangszeit zwischen der Ankunft der Alliierten und ihrer eigenen Rückkehr aus Algier jeder Ressortbereich von einem Generalsekretär übernommen werden sollte. Frenay, der Vorsitzende des *Commissariat aux Prisonniers*, hatte erreicht, daß sein Freund François Mitterrand für den Posten des Generalsekretärs nominiert wurde, unter Führung von Alexandre Parodi, dem Beauftragten für die Verwaltung der besetzten Territorien.

Eine solche Ernennung bedeutet für einen Siebenundzwanzigjährigen einen Riesenerfolg. Inmitten einer Gegen-Regierung, an der Seite einer ganzen Reihe hochgestellter Persönlichkeiten[1] wurde Mitterrand zum großen Widerstandskämpfer geweiht, obwohl sein Werdegang untypisch war und er bis zum Herbst 1943 enge Verbindungen zum Vichy-Regime hatte. Niemand außer ihm ist wie er in den schwierigen Zeiten nacheinander Marschall Pétain, General Giraud und General de Gaulle begegnet.

Mitterrand ist sich mit Pinot darüber einig, daß die Gefangenen ein ziemlich schlechtes Image haben. Deshalb ist es wichtig, daß die Gefangenen-Bewegung aktiv – das heißt bewaffnet – an der Befreiung der Hauptstadt teilnimmt. Dies wird ihm helfen, sich zu legitimieren.

Zwei Männer spielen eine Schlüsselrolle bei der Ernennung Mitterrands an die Spitze der Gefangenen-Bewegung und bei der Teilnahme der Bewegung an der Befreiung von Paris: Oberst Patrice und Major Rodin, mit anderen Namen Roger Pelat und

Jean Munier. Sie beide sind für die Aktionen der Bewegung verantwortlich. Sie haben die Aufgabe, die Orte mit Waffen zu bestücken, an denen François Mitterrand seine Macht installieren will. Außerdem wirken sie auch als FFI (die Widerstandsbewegung MNPGD hat sich der von General Koenig befehligten FFI angeschlossen) außerhalb des Machtbereichs ihres Chefs an der Befreiung der Hauptstadt mit.

Oberst Patrice hat sein Hauptquartier an den Champs-Élysées eingerichtet, in den Räumlichkeiten des Pariser Radios (*Radio Paris ment, Radio Paris ment, Radio Paris est allemand...*«, Radio Paris lügt, Radio Paris lügt, Radio Paris ist deutsch...[2]). Major Rodin hat François Mitterrand um ein Hauptquartier für seine Freischärler gebeten und dies auch erhalten. Morland hat ihm das Gebäude in der Chaussée d'Antin[3] zuerkannt, das wegen eines Innenhofs, in dem man Autos und Lastwagen unbemerkt abstellen kann, große Vorteile bietet. Er verfügt über einen Waffenvorrat, der in der Rue Richelieu 100 gelagert ist, im Kellergeschoß des Gebäudes des *Journal*. Am 19. und 20. August 1944 vefügt Rodin über acht bewaffnete Gruppen. Der Bruder von Rodin/Munier befehligt eine der Gruppen, die in Levallois-Peret stationiert ist. Oberst Hernández ist Chef einer weiteren, aus Spaniern bestehenden Einheit.

Am Nachmittag des 18. August ruft Parodi plötzlich die Generalsekretäre zusammen, um ihnen letzte Anweisungen zu geben. François Mitterrand berichtet:

»Am Samstag, den 19. August, befand ich mich gerade an der Place de la Madeleine, als die ersten Maschinengewehrschüsse krachten. Ich hatte diese Schüsse mit Ungeduld erwartet. Der Befehl zum Aufstand war ergangen, aber Alexandre Parodi, der Generalbevollmächtigte der Regierung, hatte mich aufgefordert, die Gebäude meines Ministeriums erst dann besetzen zu lassen, wenn die Operationen in der Stadtmitte begonnen hatten.«[4]

Sechs- bis siebenhundert Patrioten hatten die Polizeipräfektur besetzt, ohne den Befehl zum allgemeinen Aufstand abzuwarten. Ein riesenhaftes Durcheinander herrschte. Die Deutschen reagierten darauf mit Brutalität.

»Ich rief sogleich die Kameraden von den Freischärlergruppen zusammen. Kommandant Rodin [Munier] und Leutnant Muller setzten sich an ihre Spitze...«

Am 19. August geraten Mitterrand und sein Freund Munier und ein paar andere Männer in eine gewaltsame Auseinandersetzung an der Kreuzung von Boulevard Saint-Michel und Boulevard Saint-Germain. Deutsche Lastwagen, die mit Soldaten vollgestopft sind, versuchen, eine Absperrung zu durchbrechen, um die ein paar hundert Meter weiter entfernte Polizeipräfektur zu verteidigen. Morland und seine Freunde werden von Maschinengewehren beschossen.

Am selben Tag besetzen die Freischärler der Organisation die Rathäuser von Asnières, Colombes und Bois-Colombes. Gegen 17 Uhr 30 kommt es am Boulevard Barbès zu einem heftigen Scharmützel zwischen einer Gruppe von vier »Gefangenen« und der Feldgendarmerie.

Nach einer Stunde Kampf Mann gegen Mann werden die vier gefangengenommen und zur Gare du Nord gebracht, um dort erschossen zu werden. Als das Erschießungskommando gerade die Gewehre anlegt, fährt ein deutscher Lastwagen ein falsches Manöver, die Männer zögern einen Moment. Die vier versuchen zu entkommen; einer von ihnen, Emile Boussaud, wird am Hals von einer Kugel getroffen und stirbt wenig später.

François Mitterrand erzählt folgendermaßen weiter:[5]

»Am selben Abend zogen die Leute der Organisation aus der Pariser Umgebung in die *Maison du prisonnier* an der Place Clichy. Am nächsten Morgen, einem Sonntag, zog das *Commissariat à l'action sociale* in den Boulevard Sébastopol; Die Ambassade Scapini in die Rue Cortambert; die Leitung der *Centres d'entraide,* das Gebäude der *Secrétaires des camps* in der Chaussée-d'Antin und das *Commissariat général* in der Rue Meyerbeer waren besetzt...«

Das Filetstück bei der Befreiung der öffentlichen Gebäude ist das in der Rue Meyerbeer, nahe der Oper gelegen. Hier ist das *Commissariat aux Prisonniers de guerre* untergebracht. Und hier lag das Büro des Kommissars Moreau, der am 30. April die Nachfolge des Kollaborateurs Masson angetreten hatte. Am 20. August um 11 Uhr morgens dringt Morland in Begleitung von zwei anderen Mitgliedern der Organisation (Voltaire Ponchel und André Perchin) mit gezückter Waffe in das Büro des Kommissars ein.

Dieser erhebt sich und fragt Morland ruhig und gelassen, was er von ihm wolle:

»Daß Sie gehen!« antwortet Mitterrand in einem Ton, der keine Fragen mehr zuläßt.

Mireau zeigt sich unbeeindruckt. Er argumentiert ruhig und protestiert gegen diese »illegale Aktion von Leuten ohne Mandat«.

»Monsieur, es gibt nichts zu diskutieren. Es ist Revolution! Sie müssen Ihren Platz räumen!«[6]

Eine Gruppe bewaffneter Männer nimmt Aufstellung im Flur des Erdgeschosses, um eventuelle Besucher aufzuhalten. Es kommen kaum welche, weil überall geschossen wird. Panzer vom Typ »Tiger« fahren um die nahe gelegene Kommandantur herum, während Patrouillen der Wehrmacht die wenigen Passanten anhalten und durchsuchen, unter den Fenstern des Büros in der ersten Etage, in dem der Generalsekretär und einige seiner Mitarbeiter sich an zwei Kästen mit je zwölf Molotow-Cocktails zu schaffen machen, man weiß ja nie…

Mittags wird die Direktion der *Centres d'entraide* in der Chaussée-d'Antin 62 erobert. Am Abend befinden sich alle Gebäude wie geplant in der Hand des MNPGD.

Nach einem arbeitsreichen Vormittag fährt Generalsekretär François Mitterrand mit dem Fahrrad in die Rue Gustave-Zédé, um bei Antoinette Bouvyer zu Mittag zu essen.

Um 16 Uhr wird das Gebäude der Tageszeitung *Le Journal* in der Rue de Richelieu 100 von Oberst Patrice besetzt. Dieser beschlagnahmt außerdem eine Druckerei in der Rue du Croissant mitsamt den Arbeitern, um die Zeitung der Organisation, *L'Homme libre*, zu drucken. Er hat auch noch ein paar Journalisten vorgefunden, die, ebenso wie die technischen Kräfte, kurz vorher noch für die Kollaborationspresse gearbeitet haben. Pelat hat Leutnant Masse-Mascolo zum Herausgeber der Zeitung ernannt. Zunächst erscheinen vier Nummern im Untergrund. Erst die fünfte, die Ausgabe vom 22. August 1944, wird öffentlich verkauft. In einem mit François Morland unterzeichneten Leitartikel auf der ersten Seite werden die Absichten des Chefs der Bewegung kundgetan. Er hat vor, den Gefangenen ihre Würde zurückzugeben und die Meinung durchzusetzen, daß auch sie mitgekämpft haben:

»Seit drei Tagen kämpft Paris; seit drei Tagen vertreibt eine in jedem Viertel, in jeder Straße ausgehobene Armee den Eindringling und erobert das Lebensrecht zurück. In den befreiten Provinzen wurde der Beweis schon erbracht: Der Sieg der Alliierten ist auch der Sieg Frankreichs. Denn er gehört all jenen, die für ihn mit ihren Kräften und ihrem Blut teuer bezahlen. In einem Augenblick, in dem wir öffentlich unsere Freude und Hoffnung bekunden, halte ich es für notwendig, an alle im geheimen geführten Kämpfe, an alle geschlossenen und verlorenen Freundschaften zu erinnern, an alle Begegnungen zwischen Menschen, die mit äußerst schmerzlichen Erinnerungen verbunden sind.

In Deutschland wie in Frankreich haben die Kriegsgefangenen einen gnadenlosen Kampf geführt. Dadurch daß sie hinter doppeltem Stacheldraht ihre Runden drehten oder sich nach gelungener Flucht einer Widerstandsgruppe anschlossen, haben sie das Wort »Gefangene« geadelt, das heute nicht mehr einfach Ende des Kampfes bedeutet. Dies muß man laut sagen. Die Gefangenen von 1940 haben eine zweite Front gebildet: die in Deutschland. An der vierten Front, der in Frankreich, stehen sie noch in den vordersten Linien. Gestern in Courbevoie, Colombes, Saint-Maur, Clichy, Levallois. Gestern in ganz Paris. Heute noch in Savoyen, der Auvergne, in Lothringen, heute in ganz Frankreich: Die Kriegsgefangenen haben sich zu einer Vereinigung zusammengeschlossen, haben dem nahen Sieg einen Sinn verliehen. Die gefangenen Söhne eines gefangenen Landes, Hunde, die man glaubte brutal zum Gehorsam zwingen zu können, haben bewiesen, daß die Freiheit, die man sich gegen alle Widerstände im Innern bewahrt, ein unveräußerliches Privileg ist, das alle Siege in sich trägt.«

Mitterrand propagiert unermüdlich die Sache der Gefangenen, die auch für ihn wichtigster Antrieb ist. Er hat nicht die Absicht, den Diskussionen über die Regierung des neuen Frankreich fernzubleiben, die von den Befreiern des Landes ausgeübt werden wird. Die gesamte Ausgabe der Zeitung, geschrieben, während die Alliierten noch sechs Kilometer von Paris entfernt sind, ist höchst politisch. Auf einer Drittelseite wird die Resolution des MNPGD abgedruckt, die ein ganzes Programm darstellt.

Da die Weitergabe von Informationen ebenso schwer wiegt wie Geschicklichkeit im Handeln, veröffentlicht Oberst Patrice den »Rapport Nr. 1, der dem FFI vom MNPGD zugeschickt wird« und in dem die durch die Freischärler der Bewegung durchgeführten Aktionen im einzelnen geschildert werden. Man erfährt, daß diese die meisten von der Leitung des FFI vorgesehenen Ziele erreicht haben:

Zerstörung der deutschen Telefonzentralen; Zerschlagung von verschiedenen Abteilungen der Gestapo, bei denen hundert ihrer Agenten ums Leben gekommen sind; Gefangennahme von hundert deutschen Soldaten; Beschlagnahmung von Waffen; Zerstörung zahlreicher deutscher Kampfstellungen, von Material und Lastwagen; Besetzung aller beschlagnahmten Gebäude; Besetzung von deutschen Tankstellen...

Um den Bedürfnissen einiger hundert Männer, die sich um das MNPGD scharen, zu genügen, braucht man Lebensmittel. Am Montag, den 21. August, beschlagnahmen die Freischärler in der Rue Vivienne große Mengen Vorräte und ein Restaurant... Am selben Tag besetzt das MNPGD das Rathaus von Courbevoie. Wir werden später sehen, daß die Freischärler auch an den politischen Säuberungen teilnehmen. Sie beschlagnahmen sogar ein Hotel in der Rue Beaubourg, das als Gefängnis und für Verhöre und damit auch der Folter dienen wird. Sie urteilen schnell und zügig...

Morland befindet sich indessen in der Rue Meyerbeer zusammen mit ein paar Leuten aus seiner Umgebung, darunter François Dalle und Bettencourt. Sie setzen Beschlüsse in die Tat um, die mit Pinot erarbeitet und vom CNR und Kommissar Henri Frenay gebilligt wurden.

Am Dienstag, den 22. – Paris ist noch nicht befreit –, ruft er die Vertreter des MNPGD (seinen Freund Oberst Patrice, Bugeaud und Lemoign') und die *Centres d'entraide* zusammen (Amaré, Cornuau und Devaux) und erreicht es, daß sie den Grundlagen ihres Zusammenschlusses zustimmen. Dies ist eine seltsame und einzigartige Entscheidung, denn nun werden in einer einzigen Organisation eine Gruppe der *Résistance* und eine Sozialeinrichtung, die vom Vichy-Regime gegründet worden war, zusammengelegt!...

Mitterrand beschließt auch, daß die CEA ihre Selbständigkeit zurückerhalten und deshalb nicht mehr dem Ministerium unterstehen sollen. Bei dem Treffen beherrscht er die Szene vollkommen. Er hat nicht nur Ministerrang, sondern auch die Mitglieder des CEA und Oberst Patrice auf seiner Seite. Nur Bugeaud greift ihn an. Die gesamte Strategie, die Mitterrand im Einvernehmen mit seinen früheren Freunden vom *Commissariat*, insbesondere mit Pinot, der sich immer noch im Hintergrund hält, verfolgt, zielt darauf ab, die Gemeinschaft der Gefangenen und Deportierten zu beherrschen, denn diese stellt mit den beinahe zwei Millionen Franzosen im besten Alter ein wichtiges politisches Potential dar.

Mitterrand, Pinot und ihre Freunde möchten auch den steigenden Einfluß der Kommunisten bannen. Außerdem wissen sie, daß der Zusammenschluß es ihnen ermöglicht, den CEA den Geruch des Pétainismus zu nehmen. Darüber hinaus können sie sich die Vermögen der CEA aneignen, die mit ihren ca. 12 000 Niederlassungen in ganz Frankreich über ein Budget verfügen, mit dem sich das des MNPGD nicht messen kann.

In der Nummer 7 der Zeitung *L'Homme libre* vom 24. August 1944 veröffentlicht François Morland eine Reportage über alles, was er sah, als er am Vortag und dem Tag davor »die Champs-Élysées hinaufging«. Er gibt sich immer noch distanziert gegenüber den Ereignissen, vor allem wenn diese wild und geräuschvoll sind. Poetisch wird er nur, wenn ihm Worte wie Gerechtigkeit und Freiheit aus der Feder fließen. Der junge Mann, der sich wie ein Flaneur gibt, kommt vermutlich gerade aus dem Büro von Oberst Patrice, in dem er in jenen Tagen übernachtete.


»Ich gehe an jenem Augustmorgen die prächtige Avenue hinauf, hier haben Geschmack, Mode und Öffentlichkeit das einzigartige Gesicht der großen Dinge geprägt. Von der Place de la Concorde an erhebt sich der Dialog der Waffen: Maschinenpistolen mit kurzen, gedämpften Detonationen, Maschinengewehre mit einem Knall, der noch als Echo nachhallt. Die Passanten drängen sich an die Häuserwände und warten, daß der Kampf zu Ende geht. Feindliche Panzer haben den Rond Point eingekreist. Man hört kehlige Befehle hin und her gehen, und plötzlich sehe ich, daß das Grand Palais brennt. Schwere Rauchwolken dringen aus dem geborstenen Dach und wirbeln in einen noch schwereren Himmel. Die in Feldgrau gekleideten Touristen haben wohl gedacht, daß Paris, das sie nur auf Fotos mit nach Hause nehmen konnten, noch ihre besondere Prägung fehlt und haben deshalb Brandgeschosse hineingeworfen. Das arme Dach, dessen Wölbung der feinen Umgebung des Gebäudes das Gepräge einer Epoche gab, in der die Kunst bürgerlich und traurig war; aber jetzt habe ich Mitleid mit ihm. Man gewöhnt sich schnell an die Falten und Unvollkommenheiten derer, die man liebt. Ich entdecke Paris, während es sich auflöst. Verjagen wir die Erinnerungen.

Die Männer, die zwischen den Schüssen der Feinde und dem Feuer sind, setzen ihre Verteidigung fort. Aber plötzlich geht eine Erschütterung durch den Konvoi. Man muß in dieser teuflischen Stadt, in der jede verlorene Stunde hundert neue Barrikaden bedeutet, sparsam mit der Munition umgehen. Rue Marbeuf, Rue Colisée, das Marignan: Auf den Bürgersteigen liegen von den Besatzungstruppen hinterlassene Trümmer. Neulich nacht haben sie das Lichtspielhaus geräumt, das sie zum »Soldaten-Kino« gemacht hatten. Der Spaß ist bald vorbei, und sie werden sich nicht mehr am täglich wiederholten flüchtigen Bild von zerstörten englischen und russischen Panzern und erschossenen Partisanen erfreuen.

Eine seltsame Szene in diesem Luxusviertel, in dem alles Komfort ausstrahlt: Ein paar Gestalten sind in ein verlassenes Gebäude eingedrungen, und als sie wieder herauskommen, werden sie von dem Gewicht eines Tisches fast erdrückt oder wirken ganz aufgeplustert vor lauter Matratzen und Wäsche. Es wird geplündert, aber da kommt aus dem Nachbarhaus brüllend ein Mann heraus, der mit Händen und Füßen alle verjagt und außerdem die Möbel wieder zusammenholt. Hinter ihm versperren vier Jungen mit Armbinden mit der Trikolore den Eingang. Das Volk von Paris kämpft nicht, damit Unbeteiligte und Feiglinge sich das Recht anmaßen, kleine Eroberungen zu machen.

Jetzt ist wieder Stille eingekehrt, die sanfte Luft dieses Sommermorgens erfüllt die Lungen. Fahrräder fahren ohne Eile vorbei, als wollten sie noch einen Moment die Stunde genießen, die ihrem Tagwerk vorausgeht. Dennoch hört man in der Ferne

Knallen. Es ist Krieg. Und wenn die Freiheit nichts wäre als das Zeichen dieser willensstarken Männer und wenn soziale Gerechtigkeit nichts anderes wäre als als der große Aufruf, den die ganze schlaflose Stadt gehört zu haben scheint?

Gehen wir wieder die Champs-Élysées hinauf. Das Leben hat das Blatt gewendet. Der Unbekannte, der dort ruht und den Schrei des Sieges seines Volkes nicht mehr hört, wartet darauf, daß wir die Flamme bald wiederbeleben.«

Der neue und junge »Minister« versäumt es nicht, für seine Karriere zu sorgen. Am 24. August erscheint in *L'Homme libre* sein erstes Interview als Politiker. Der Journalist und der Generalsekretär verlassen das Hauptquartier des MNPGD in der Rue de Tilsitt mit dem Fahrrad und fahren in die Rue Meyerbeer, den Sitz seines »Ministeriums«. Bevor sie auf das eigentliche Thema zu sprechen kommen, richtet der Journalist eine Lobrede an seinen Gesprächspartner, die an Poesie kaum zu übertreffen ist.

»François Mitterrand, wir haben dich erwählt, weil du zu den besten unter uns gehörst, weil wir wollten, daß du es bist, der im Innern und außerhalb unserer Organisation unseren Brüdern und Frankreich sagt: ›Sie werden zurückkehren, und zwar schnell. Wir schwören es! Arbeiten wir zusammen. Ihr habt mir euer Vertrauen geschenkt, ich gebe euch das Beste von mir, ohne Vorbehalte…‹«

Danach beschreibt er den Menschen:

»Der Mann, der mir gegenübersitzt, mein Bruder aus der Gefangenschaft, ist der Typus des soliden jungen Mannes, der in der Begegnung von Mann zu Mann durch grundlegende Qualitäten des Verstandes und durch intelligente Weisheit Eindruck zu machen versteht.

Er ist Doktor der Rechte, ein ehemaliger Schüler von *Science-Po*, er hat die Bildung eines ›freien Mannes‹, seine Rede und seine ganze Haltung zeugen von einer solchen Sicherheit in Ansicht und Urteil, er ist von jener ruhigen Entschiedenheit, die den Chef ausmacht…«

Danach kann endlich das Interview beginnen:

»… In diesen Tagen des Aufstands, die wir jetzt erleben, befinden wir uns noch mitten im Kampf. Unsere Truppen kämpfen an der Pariser Front. Wir haben Aurillac befreit und Ploermel…

Abgesehen von dem Problem der Rückkehr, das wir, wie ich hoffe, zur Zufriedenheit aller lösen werden, haben wir es mit einer Erneuerung der Beziehungen und des Austausches zwischen Menschen zu tun, die auf dem Prinzip der Einheit und der Brüderlichkeit basiert, das auch in den Lagern eine zentrale Rolle spielte.«

»Wollen Sie damit einen neuen Humanismus begründen?«

»Unbedingt. Wir werden soziale Grenzen überschreiten. Tausend Menschen werden erkennen, daß sie dieselbe Seele haben, danach zehntausend und hunderttausend. Sie werden ein neues, gesundes junges Denken begründen, den Geist des neuen Frankreich.«

Während sich unsere Blicke noch einmal in brüderlichem Einvernehmen begegnen, sagt François Mitterrand zum Abschluß:

»Unser gemeinsames Leid hat aus uns Waffen- und Kampfbrüder gemacht. Dort zählen sie auf uns. Sagt ihnen, daß wir auch auf sie zählen…«

Am 25. August ist Paris befreit. Es herrscht allgemeine Freude. General de Gaulle wird im Rathaus von den Führern der inneren *Résistance* empfangen. In Begleitung von zwei anderen Leitfiguren der Bewegung (Charles Moulin und Lemoign') befindet sich Morland in dem kleinen Raum, in dem Georges Bidault, der Vorsitzende des CNR den Chef der *France libre* empfängt. Nachdem in einem unbeschreiblichen Lärm Reden gehalten worden sind, tritt der General auf den Balkon hinaus, um die wartende Menge zu begrüßen.

Er ruft: »Paris ist frei, der Krieg geht weiter!« Er beugt sich nach vorn und wäre beinahe ins Leere gestürzt. Morland und Oberst de Chevigné – der mit ihm Anfang 1944 von Marrakesch nach Bristol flog – halten ihn fest. Mitterrand als Retter des Generals…[7]

Achtundvierzig Stunden später begegnet Morland im Kriegsministerium dem General zum dritten Mal. Die erste Zusammenkunft der Regierung des teilweise befreiten Frankreich. De Gaulle begrüßt ihn als letzten und sagt: »Sie schon wieder!« Dann wendet er sich ab, um die Versammlung zu leiten. François Mitterrand erzählte Jahre später von diesem feierlichen Augenblick:[8]

»Ich habe den Monolog, den er an diesem Tag hielt, noch in den Ohren. Ich horchte, beobachtete, war voller Bewunderung. Ich habe viele historische Augenblicke erlebt, an die ich mich nicht mehr erinnere, ich gehe mit dieser Art von Emotionen sparsam um. Aber damals war ich siebenundzwanzig, begeisterungsfähig und neigte dazu, die Begebenheit zu überschätzen. Ich hatte auch einigen Grund, die Augen weit aufzureißen: Es war der Beginn einer Epoche, und da war General de Gaulle. Ich frage mich manchmal, warum mich diese Stunde nicht enger mit dem Mann verbunden hat, von dem ich eine solche Lektion erhielt...«

Im Vergleich zu Robert Schumann oder Pierre Mendès France sprach de Gaulle in seinen Augen wie kein anderer die Sprache des Staates:

»De Gaulle [...] existierte. Seine Taten schufen ihn und seine Überzeugung, Frankreich zu sein, die Wahrheit auszudrücken, den Augenblick einer ewigen Bestimmung zu inkarnieren, der unabänderlich ist, all dies bewegte mich mehr, als daß es mich störte. Ich fand diesen Anspruch niemals lächerlich [...] Das Vaterland war mystischer Boden, von der Hand Gottes gezeichnet und bewohnt von einem Volk von Landarbeitern und Soldaten. In der Stunde der größten Gefahr brachte das für dieses Volk geschaffene Land den notwendigen Helden hervor. Diesmal war er der Held. Sein Temperament und seine Herkunft brachten ihn dazu, die Ereignisse zur persönlichen Aventure einer kleinen Zahl Erwählter zu machen, die im Namen aller handeln, reden und entscheiden sollten...«

Er lehnt es ab, den von London und Algier aus geführten Kampf als *Résistance* zu bezeichnen. Wenn er die wenigen Männer um de Gaulle bewundert, die »die Gegenwart Frankreichs an allen Fronten« bekräftigten, so fühlt François Mitterrand sich doch selbst als ein anderer, genährt »durch den Stolz auf einen Kampf, dessen Ruhm dem Volk, zu dem ich gehörte, weggenommen worden war«.

»De Gaulle war ein nachdenklicher Soldat, ein unnachgiebiger Patriot, und er hat es gewagt, durch einen ersten Schritt des Ungehorsams seine Klasse zu verleugnen, die in der Peinlichkeit der Niederlage wie schon oft Partei für ihre Interessen ergriffen hatte und mit dem Sieger verhandelte – und was für einem Sieger!

Wenn aber die Söhne der Bourgeoisie Stolz besitzen, dann bindet die Offizierslaufbahn sie an die Gesetze ihres Milieus...«

Diese Zeilen schrieb François Mitterrand einunddreißig Jahre nach seiner erneuten historischen Begegnung mit dem General, und sie geben sicher nicht genau den Gefühlszustand des jungen Mannes von damals wieder. Aber es beruht sicher nicht auf Zufall, daß sie auf die Zusammenkunft des Regierungsrats Bezug nehmen.

Dieser Tag bedeutete einen entscheidenden Wendepunkt im Leben des späteren Präsidenten, ganz wie die erste Begegnung mit de Gaulle in Algier. Welche Vorbehalte er auch gegen diesen außergewöhnlichen Mann hatte, der allen seinen unvergleichlichen Ehrgeiz für ein Land, mit dem er sich identifizierte, aufzwang, François Mitterrand war doch fasziniert von diesem Mann, dessen Gestalt und Schicksal dem entsprachen, was er teilweise schon selbst zu sein glaubte und was er eines Tages mit Sicherheit werden würde, davon war er überzeugt. Ebenso wie er einmal scherzhaft sagte: »Wie konnte Gott die Welt erschaffen, ohne mich zu beteiligen?« hätte er auch schreiben können: »Wie konnte General de Gaulle Frankreich ohne mich befreien?«

Er konnte künftig nur existieren, wenn er einen tiefen Graben zwischen sich und dem Mann zog, dem er einen Rang zuerkannte, von dem er glaubte, ihn früher oder später selbst zu erringen. General de Gaulle war sein Held, auch wenn er dies kaum zugab, aber je mehr sein eigener Ehrgeiz erwachte, desto mehr änderte sich seine Erinnerung an ihre erste Begegnung. Das für sein Volk geschaffene Land würde sicher eines Tages einen anderen Helden hevorbringen, der auch überzeugt sein würde, Frankreich zu sein...

In den letzten Augusttagen 1944 genoß François Mitterrand sein Glück, auch wenn er es nur von kurzer Dauer wußte. Ein paar Tage noch würde er Generalsekretär sein, die unumstrittene Nummer eins der Gefangenen, auch wenn Pinot nicht sehr weit entfernt war. Dieser hatte eine große Zukunft, war aber mit Blindheit geschlagen...

Seine Zeitung war nicht die einzige, die seine Verdienste pries. Am 30. August sprach *Libération* in höchst lobenden Worten von ihm:

»Es war an einem Morgen vor einigen Monaten:
›François ist verhaftet worden.‹
›Wo denn?‹
›In Bordeaux...‹«

In Bordeaux, in Nantes, man wußte es nicht genau. Aber die Neuigkeit sprach sich herum, trocken, hart, schmerzlich für jene, die den Mann kannten und auch für die, welche ihm nie direkt begegnet waren. Sie wußten aber, wie entscheidend sein Einfluß war und wie wichtig seine Taten für die zurückgekehrten Kriegsgefangenen waren, die mit der *Résistance* in Verbindung standen.

Auf die Freude folgt Verwirrung: François war gar nicht verhaftet worden. Er war frei, alllerdings wurde er weiterhin gesucht, und er setzte sein Werk fort. Man sah seine schlanke Gestalt, sein ernstes Studentengesicht.

Eine Gestalt und ein Gesicht, die heute Monsieur Mitterrand, dem Generalsekretär der Kriegsgefangenen und Deportierten gehören, mit seinen achtundzwanzig Jahren sicher der Benjamin der amtierenden Generalsekretäre.

›Im Komitee des MNPGD sind wir vier‹, sagt er. ›Meine Kameraden haben mich dazu bestimmt, in der provisorischen Regierung Vertreter der gefangenen Franzosen zu sein...‹«

Am glorreichen Himmel seines Schicksals werden bereits Wolken sichtbar. Jacques Bénet und Philippe Dechartre, zwei Mitglieder des Leitungskomitees der Organisation, die seit Mitte April in Algier sind, kehren nach Paris zurück und sind nicht bereit, ihm allein die Macht zu überlassen. Henri Frenay und die Mitglieder seines Arbeitsstabs nähern sich ebenfalls der französischen Küste, und es ist klar, daß Mitterrand ihm einen Teil seiner Macht verdankt. Am 1. September 1944 landet er mit allen Mitgliedern der provisorischen Regierung in Cherbourg. Am nächsten Tag ist er in Paris und begibt sich in die Rue Meyerbeer. Frenay erinnert sich[9]:

»Ich freue mich, ihn wiederzusehen, aber er scheint meine Freude nicht zu teilen. Er hatte gehofft, man würde mich mit anderen Regierungsaufgaben betrauen und er könne Minister der Gefangenen, Deportierten und Flüchtlinge werden. Dies hatte er gehofft und war natürlich enttäuscht.«

Frenay will jedoch mit ihm zusammenarbeiten. Er weiß, daß Mitterrand einen guten Arbeitsstab besitzt und unter den Gefangenen großen Einfluß hat:

»Ich schlug ihm vor, als Generalsekretär mit mir zusammenzuarbeiten, auf einem verantwortungsvollen Posten, zu dem nicht nur die Verwaltung gehörte, sondern auch die Koordinierung der Arbeit der sechs Abteilungen. Dies hieß, daß er ganz oben in der Hierarchie stand. Ein solches Angebot sei reizvoll und unverhofft für einen jungen Mann seines Alters und seiner Ausbildung. Aber er lehnte es ab, denn die Ambitionen François Mitterrands lagen woanders, sie waren höher. Er benutzte die Gefangenen und ihre Verbündeten als Sprungbrett für eine politische Karriere, brannte darauf, sie nach eigenen Maßen zu gestalten…«[10]

Der Traum geht zu Ende. François Mitterrand verläßt mit Bedauern das Gold der republikanischen Paläste und zieht in die immer noch prächtigen und wohlsituierten Büros des MNPGD in der Rue de Tilsitt ein. Er hat tatsächlich hohe Ambitionen und den Kopf voller Ideen, aber Minister ist er nicht mehr.

Ende August 1944 wird die Organisation vor ein schwieriges Problem gestellt: Viele Widerstandskämpfer sind nach Paris zurückgekehrt, haben weder Arbeit noch Geld. Sie haben sich um das MNPGD geschart, eine gut funktionierende Organisation. François Morland und Oberst Patrice haben beschlossen, Strukturen zu schaffen, die sie aufnehmen sollen, wodurch auch der Einfluß der Organisation gestärkt werden kann. Major Rodin hat den Auftrag erhalten, eine Kaserne zu finden. Er hat zunächst die Mortier-Kaserne besichtigt – den Sitz der DGSE –, sich danach aber für das *Château de Madrid* im Bois de Boulogne entschieden, das vorher von der Miliz besetzt war.

Die Waffen, die während der Befreiung von Paris von den Deutschen erbeutet und die, die während der Vorbereitung des Aufstands gehortet wurden, reichen aus, um ein Bataillon auszustatten. Jetzt fehlt nur noch das Geld, um mehr als 500 Mann zu ernähren, zu transportieren und so weiter. Major Rodin erfährt von einem Diener, in einer Wohnung in Neuilly liege ein von einem Gestapo-Mann versteckter Schatz im Kopfteil eines Bettes. Rodin/Munier beschließt, einen Einbruch zu wohltätigen Zwecken zu unternehmen. Sein Bruder Georges und ein anderer

Mann werden beauftragt, das Unternehmen durchzuführen. Munier, der seit der »Dobro«-Affäre größtes Mißtrauen gegenüber Geld hegt, weigert sich, die Münzen zu zählen und übergibt sie André Magne im Büro der Organisation in den Champs-Élysées, damit dieser die Beute in Geldscheine umtauscht. So geschieht es auch.

Mit Hilfe dieser Geldquelle werden den Soldaten des »Liberté« getauften Bataillons Anleihen gewährt. Benzin wird gekauft. »Jeder Schritt wurde durch den Buchhalter des Bataillons, Hauptmann Victor, festgehalten«, unterstreicht Jean Munier.

Als Munier wieder nach Dijon zurückkehrt, weil der Krieg für ihn zu Ende ist, wird er von zwei Gendarmen aufgesucht, die ihn wegen des Diebstahls von Neuilly befragen. So erfährt er, daß die drei Einbrecher seit vierzehn Tagen im Gefängnis von *Cherche-Midi* sitzen. Er erklärt die Motive des Einbruchs und erreicht die Freilassung seiner drei Waffenbrüder, die sich schon Sorgen machten und erklärt hatten, sie allein seien für die Tat verantwortlich.

Munier und seine Freunde waren nicht die einzigen, die nach den Ereignissen um das Bataillon »Liberté« beunruhigt waren. Oberst Patrice wurde ins *Hôtel des Invalides,* in das Hauptquartier von Koenigs, bestellt und mußte sich für den Tod eines italienischen Gestapo-Mannes in der Chaussée-d'Antin verantworten, mit dem er gar nichts zu tun hatte. Noch heute bedauert Munier, diese Hinrichtung nicht verhindert zu haben, als Kommandant der Aktionsgruppen übernimmt er aber bis heute die Verantwortung dafür…

Bevor er ins *Hôtel des Invalides* fuhr, hatte Oberst Patrice Munier gebeten, das Bataillon zu seiner Befreiung bereitzustellen, falls ihn die Militärs nicht freilassen sollten…. Ein Scherz, der typisch ist für diesen Mann, der sich im übrigen nicht scheute, seine Ankläger zu bedrohen. Oberst Patrice wurde tatsächlich eingesperrt, aber das Bataillon »Liberté« rührte sich nicht. Oberst Patrice verließ sein Gefängnis wieder, weil François Mitterrand und Philippe Dechartre ihren Einfluß geltend machten. Sicher eine diskretere und wirkungsvollere Intervention…[11]

# Anmerkungen:

1 Inneres: Laffon; Außen: Bastid; Justiz: Willard; Finanzen: Monik; Wirtschaft: Courtin; Industrie: Lacoste; Kommunikation: Lecompte-Boisnet; Information: Guignebert; Gesundheit: Pasteur Vallery-Radot; Arbeit: Samson; Erziehung: Wallon; Landwirtschaft: Lefèvre; Post: Guesnot; Ernährung: Miné; Kolonien: Mutter; Krieg: General Fortin; Luft: Martial Vallin; Marine: Debû-Bridel, provisorisch bis zur Rückkehr von Thierry d'Argenlieu.

2 Der Refrain stammte von Pierre Dac und wurde über Radio London gesendet.

3 Sitz der *Sécrétaires des Camps.*

4 In: Mitterrand: *Les Prisonniers de guerre devant la politique.*

5 Ebd.

6 Darstellung beruht auf einem Bericht von André Permin. Vgl. Jean Védrine: *Dossiers.*

7 Nach Charles Moulin: *Mitterrand Intime*, Albin Michel, Paris 1982.

8 Vgl. Mitterrand: *La Paille et le Grain.*

9 Vgl. Frenay: *La Nuit finira.*

10 Ebd.

11 Alle diese Ereignisse wurden von Jean Munier am 11. März 1994 ausführlich geschildert.

# 26. Kapitel
# Marguerite, Edgar, François und die anderen

Es gab eine Zeit, in der das MNPGD mit Argwohn und Zweifeln betrachtet wurde, aber so erging es auch den anderen Organisationen. Bei der *Libération* wurde abgerechnet, und das blieb auch ihm nicht erspart. An dieser Stelle ist ein kurzer Rückblick unvermeidlich, um die Zeit der politischen Säuberungen zu begreifen.

Das Empfangskomitee der Gestapo, das »Valentin« und Rodin in dem kleinen Hotel der Rue Saint-Jacques empfing, eine Begegnung, die den Tod »Valentins« Mitte April 1944 zur Folge hatte, sowie die Verhaftung von Marcel Barrois Ende April haben gewisse Fragen aufgeworfen. Die drei Morde der Gestapo Anfang Juni in der Avenue Charles-Floquet, der Rue Dupin und der Rue Croix-des-Petits-Champs haben zu Panikreaktionen geführt und die Organisation destabilisiert. Im Handumdrehen wurden drei der wichtigsten Verstecke entdeckt, fünf Mitglieder des MNPGD verhaftet. Morland und einige andere wollten nicht glauben, daß dies auf Zufall beruhe. Sie vermuteten, daß es in der Organisation einen oder mehrere Verräter gab. Die schwarze Serie war damit übrigens noch nicht beendet. Mitterrand erfuhr zum Beispiel, daß Coursol am 20. Juni in Vichy verhaftet worden war und die Gestapo ihn heftig geschlagen hatte, um Informationen über Mitterrand zu erhalten. Wir erinnern uns, daß Mitterrand Savy[1] verdächtigte. Heute erinnert er sich:

»Cailliau vernachlässigte die einfachsten Sicherheitsmaßnahmen. Ich hatte besonders vor zwei Leuten aus seiner Umgebung Angst. Savy, dem Adjutanten von Barrois, und einem anderen Verräter, der Leute festnahm und folterte.

Nach jedem heimlichen Treffen verhielt Savy sich seltsam: Er telefonierte. Barrois wurde verhaftet [Ende April 1944], während er mit ihm zusammen war. Savy beanspruchte hinterher seinen Posten. Ich gab ihn ihm nicht, denn sonst hätte er über die Adressen sämtlicher Mitglieder der Organisation verfügt. Am 1. Juni war Savy seltsamerweise nicht in der Wohnung in der Avenue Charles-Floquet, und ich traf ihn, als ich fortging...«[2]

In Lauf des Juni erhärtete sich der Verdacht gegen Savy[3] und Bourgeois[4]. Die beiden Männer lebten gemeinsam in der Rue Ordener. Manche Kameraden behaupteten, sie seien ein Paar. Grilickès, der Adjutant von Jean Munier, erhielt den Auftrag, Savy zu folgen. Dies führte zu keinem Ergebnis, der Verdacht blieb jedoch weiter bestehen.

Am 30. Juni schrieb Mitterrand an Jean Védrine, um ihn zu bitten, in Vichy nachzuforschen, »woher das Interesse der Gestapo an unserer Organisation rührt«. Am 7. Juli geschah es erneut: Diesmal traf es Henri Guérin. Er wurde in die Rue des Saussaies in die vierte Etage gebracht, wo ihn vier Deutsche verhörten, die erstaunlich viel über die Organisation wußten.[5]

Anfang Juli geschah etwas Seltsames. Dionys Mascolo, der Freund von Marguerite Antelme, erzählte seinen Freunden, diese habe, um ihren Mann Robert freizubekommen, etwas recht Fragwürdiges unternommen. Folgendes war geschehen: Da sie wußte, daß sich ihr Mann in Fresnes befand, ging sie in die Rue de Saussaies und bat um Erlaubnis, ihm ein Paket zu schicken. Sie mußte lange warten und traf auf dem Flur einen Mann, der sich als Franzose entpuppte. Sie fragte ihn, ob er ihr irgendwelche Informationen über ihren Mann geben könne. Sie zeigte ihm ein Formular, das man ihr am Eingang gegeben hatte. Der Mann las ihren Namen und sagte, er wisse über ihre Angelegenheit gut Bescheid, er habe ihren Mann selbst verhaftet und auch das erste Verhör durchgeführt. Der für die Sache zuständige Mann, ein gewisser Hermann, befinde sich im Büro 415 EC in der vierten Etage des Altbaus in der Rue de Saussaies. Der Franzose fragte Marguerite, ob ihr Mann zur *Résistance* gehöre. Sie antwortete mit nein. Nun sagte er ihr, er sei leider nicht in der Lage, ihr den Paketschein zu geben, und schickte sie zu Hermann. Als sie zu ihm kam, war er äußerst liebenswürdig und gestattete ihr, ihrem Mann ein Paket vorbeizubringen, wenn das nächste Verhör stattfinde...

Ein paar Wochen sah Marguerite den Franzosen aus der Rue des Saussaies nicht wieder.

Am ersten Montag im Juli sollte sie zwei Mitglieder der Organisation, Godard und Duponceau zusammenbringen; das Treffen sollte um elf Uhr 30 am Boulevard Saint-Germain in der Nähe des Abgeordnetenhauses stattfinden. Duponceau erschien als erster. Danach kam Godard. Die drei waren gerade mitten im Gespräch, als der Mann aus der Rue de Saussaies, der ein Fahrrad bei sich hatte, ihr zuwinkte. Marguerite raunte Duponceau zu: »Das ist ein Gestapo-Mann, wir sind verloren.« Sie ging auf den Mann zu, Duponceau folgte ihr in einigem Abstand. Er sprach in rauhem Ton zu ihr, aber nachdem Marguerite ihm gesagt hatte, sie freue sich, ihn zu sehen, da er sicher Neuigkeiten von ihrem Mann habe, wurde er freundlicher. Das Gespräch dauerte zwanzig Minuten. Marguerite bat um ein Treffen vor dem *Café Marigny* am selben Tag um 17 Uhr 30.

Tatsächlich traf sie den Mann am Abend. Er erklärte ihr, er habe die Akten noch nicht lesen können, werde es aber am nächsten Morgen tun.[6]

Morland beschloß, daß Marguerite den französischen Gestapo-Mann weiterhin treffen sollte, um so vielleicht Robert Antelme zu retten und zu erfahren, was die Gestapo über die Organisation wußte und woher sie ihre Informationen hatte. Marguerite mußte sich nun von den anderen Mitgliedern fernhalten. Nur Mascolo hatte noch Verbindung zu ihr. Dessen Chef, Major Rodin, hatte natürlich an den Diskussionen teilgenommen, die zu dieser Entscheidung geführt hatten. Er erhielt den Auftrag, Marguerite zu beschützen.

Nach ihrem Treffen vor dem *Café Marigny* sahen sich Marguerite und der französische Gestapo-Mann häufiger. Er rief sie oft an, verabredete sich häufig mit ihr. Er erzählte ihr spontan von der Verhaftung Bertins, die er vorgenommen habe, als er zufällig allein und unbewaffnet in die Avenue Charles-Floquet gekommen sei:[7]

»Eines Tages kam ich wie jeden Tag durch die Rue Charles-Floquet, auf dem Weg zu meiner Wohnung im Zentrum von Paris in der Rue du Docteur-Jacquemaire-Clemenceau Nr. 9. Ich begegnete Hermann, der mich ansprach. Nachdem er mich gefragt hatte, was ich in diesem Viertel mache, sagte er: ›Da Sie immer hier vorbeikommen, tun Sie mir einen Gefallen und gehen Sie zu M. Bérard [Deckname von Bertin] und bringen Sie ihn zu mir.‹ Er gab mir Bérards Adresse und zeigte mir das Haus in der Avenue Charles-Floquet 42 oder 44. An jenem Tag war niemand da, die Läden waren geschlossen. Das war wohl auch der Grund, warum Hermann mich aufforderte, ihn zu suchen. Ein paar Tage später, am 1. Juni 1944, sah ich, daß die Läden offenstanden, als ich auf dem Fahrrad vorbeifuhr. Ich blieb stehen und klingelte in der Wohnung von Bérard. Ein Mann öffnete, und ich sagte, ich wolle Bérard sprechen. Da kam dieser an die Tür und sagte, er sei Bérard.

Ich bat ihn, mich zu begleiten. Dann forderte ich ihn auf, bis zu einem in der Nähe gelegenen Vermittlungsbüro mitzukommen, weil ich nicht wußte, was ich mit ihm anfangen sollte. Von dort aus rief ich Hermann an, der mich aufforderte, ich solle einen der Deutschen, die auch in dem Büro seien, an den Apparat holen. Hermann forderte die Deutschen auf, Bérard festzuhalten, bis er komme. Danach kam Hermann und nahm seinen Gefangenen mit. Ich nahm mein Fahrrad und setzte meinen Weg fort. Ich habe, glaube ich, Bérard in der Rue des Saussaies noch einmal gesehen.«

Danach erzählte der Mann, was er über die Festnahmen in der Rue Dupin wußte:

»Hermann und Dups nahmen mich an einem der ersten Junitage zu einer Verhaftung mit. Sie sagten mir nicht, wohin wir gingen. Wir waren in der Rue Dupin, zu etwa sechs oder sieben Leuten, mit einem Wagen aus der Avenue Foch und einem anderen aus der Rue des Saussaies.

Zwei Deutsche, darunter auch Dups, und ich stiegen aus. Da sagte mir einer der Deutschen, ich solle einen Mann, der aus dem Haus Nr. 5 trat, da nämlich wollten wir hin, nach seinen Papieren fragen. Ich sprach ihn an, zwanzig Meter von dem Haus entfernt. Er versetzte mir einen Stoß und lief fort. Ich folgte ihm; hinter einer Straßenecke blieb ich stehen. Dann ging ich zu den Deutschen zurück und sagte, der Mann sei entkommen. Dann fuhren wir mit dem Auto die benachbarten Straßen ab, fanden ihn jedoch nicht.

Danach ging ich hinauf in die Wohnung, in der die Deutschen schon waren, und prüfte einige Papiere. Mitgenommen habe ich keine. Danach bin ich mit Dups und einem anderen Deutschen weggegangen.«

Bei einem Essen im Restaurant *Henri IV* in der Rue Saint-Georges erfuhr Marguerite, wie der Gestapo-Mann hieß, als dieser ans Telefon gerufen wurde.

Zwischen Marguerite und Delval entstand eine fragwürdige Verbindung. Der Mann sei, wie sie sagte, von ihr fasziniert und mache ihr den Hof. Sie aßen zusammen in feinen Restaurants, in denen Deutsche verkehrten und keine Rüben serviert wurden. Im *Marius* in der Rue Jean-Mermoz, in *Les Capitales*, Rue de Rome, im *Cardinal*, Rue Richelieu…

Inzwischen sahen sie sich jeden Tag. Delval redete ununterbrochen. Er wußte bestens über den Mord an Steverlinck, genannt »Valentino«, in dem kleinen Hotel in der Rue Saint-Jacques Bescheid. Er behauptete, ihn selbst erschossen zu haben und dabei an der linken Wade verletzt worden zu sein. »Valentinos« Frau habe sogar versucht, ihn mit einem Holzscheit zu erschlagen. Ein anderesmal behauptete er, nicht selbst der Mörder gewesen zu sein, einer seiner Kollegen habe es getan. Marguerite erfuhr, daß er in enger Verbindung zu einem gewissen Monsieur Michel stand, dem Inspecteur der Polizeipräfektur. Er habe auch an einer Spionageaktion teilgenommen. Delval behauptete weiter, in der Rue des Saussaies sei er nur ein kleines Licht und nur für Verhaftungen zuständig, in erster Linie interessiere er sich für Malerei und Kunstbücher. Er träume davon, eine Kunstbuchhandlung zu eröffnen, Gutachter für Bilder und Kunstgegenstände vor Gericht zu werden. Delval sagte, er sei bei der Zeitung *Des Débats* Kunstkritiker gewesen, Konservator des Schlosses Roquebrune und Gutachter der Gesellschaft PLM.[8] Es war nicht einfach, sich in den Erzählungen Delvals zurechtzufinden, so viele verschiedene Versionen gab er zum besten. Marguerite war überzeugt, daß er sehr viel wußte, zugleich aber einiges dazu erfand, um sie leichter zu erobern. Delval hatte stets einen Revolver und Handschellen bei sich. Marguerite bot ihm Geld und Schmuck an, um ihren Mann zu retten. Er wollte aber von ihr nichts annehmen. Trotzdem behauptete er, alles zu tun, um Robert Antelme zu helfen.

Delval schien fasziniert von der Welt der Schriftsteller und Künstler. Aber bei jedem Treffen versuchte er, an Morland heranzukommen. »Wenn Sie seine Adresse kennen, geben Sie sie mir, oder gehen Sie damit zu Hermann, und Ihr Mann ist frei.«[9]

In *Der Schmerz* erzählt Marguerite Duras von dem Interesse des französischen Gestapo-Mannes an Morland; diese Version ist freilich literarischer als die, welche damals die Wände des Justizpalasts zu hören bekamen. Delval nennt sie Rabier. Die Szene spielt im *Café de Flore*, vierzehn Tage vor der Befreiung von Paris. Delval/Rabier hat seine Aktentasche auf den Tisch gestellt, hat den Revolver hervorgezogen und ihn auf die Tasche gelegt; er zeigt Marguerite die Kette eines Paars Handschellen und zieht sie aus der Aktentasche. Danach holt er ein Päckchen mit Fotos heraus, sucht eines aus und legt es vor sie hin:

»›Sehen Sie das Foto an‹, sagt er.
Ich schaue es an. Es ist Morland. Es ist sehr groß, fast lebensgroß. François Morland und ich sehen uns in die Augen, er lächelt. Ich sage:
›Kenne ich nicht, wer ist das denn?‹ Rabier läßt nicht locker. Dann unterbreitet er mir sein Angebot:
›Ich bin sicher, ich schwöre es Ihnen, Ihr Mann käme noch heute nacht aus Fresnes frei.‹
›Selbst wenn ich ihn kennen würde, sagte ich es Ihnen nicht.‹
Ich sehe mich nach den anderen Leuten im Café um. Niemand scheint die Handschellen und den Revolver auf dem Tisch gesehen zu haben.
›Sie kennen ihn aber nicht.‹
›Ja, so ist es, ich kenne ihn nicht.‹
Rabier legt die Fotos wieder in die Aktentasche. Er zittert noch ein wenig, ohne zu lächeln. In seinem Blick ein Schatten von Traurigkeit, nur kurz und gleich wieder zerstört.«

Marguerite berichtete Dionys täglich über ihre Treffen, dieser gab alles an seinen Chef Rodin weiter. Sie diskutierten über die Frage, ob es Sinn habe, Delval umzubringen, damit er keinen weiteren Schaden anrichten konnte…
Delval erklärte Marguerite, es gebe einen Verräter in der Organisation. Diese Person habe unter der Androhung der Deportation gestanden. »Es war einfach, er hat uns nur gesagt, wo es war, in welchem Zimmer, welchem Büro, welchem Flur…«[10] Zu einem anderen Zeitpunkt sagte er, die Deutschen wüßten alles über die Organisation, weil sie »Listen in einem Gebäude der

Rue Ordener« gefunden hätten, »das zwei ihm unbekannte Deutsche durchsucht« hätten. »Er hatte auch erfahren, daß die Wohnung, in der die Listen gefunden worden waren, von zwei Leuten mit Namen Bourgeois und Savy gemietet worden war, die der Gefangenenorganisation angehörten.«[11]

Die Diskussion zwischen denen, die nicht nur Delval, sondern auch Savy und Bourgeois, die beiden Verräter, umbringen wollten, und denen, die dagegen waren, wurden immer heftiger. Über Mascolo hatte Marguerite Morland einen Brief geschickt, in dem sie versprach, alles zu tun, damit die Organisation Delval umbringen konnte, »bevor die Polizei ihn schnappt, und sobald ihr Mann und ihre Schwägerin nicht mehr in ihrer Gewalt seien«.[12]

Edgar Morin kann heute nicht mit aller Genauigkeit sagen,[13] wann sich die folgende Geschichte ereignete, aber es ist mehr als wahrscheinlich, daß dies Ende Juli oder Anfang August 1944 war:

»Ich begegnete Mitterrand in de Rue Dupin während der offiziellen Treffen, aber persönlichen Kontakt hatte ich nicht zu ihm. Ich wollte ihn allein treffen – daran erinnert er sich –, um über meinen Verdacht gegen zwei Mitglieder der Organisation zu sprechen, die, wie ich glaubte, von der Gestapo verhaftet und umgedreht worden waren und nun als Spitzel arbeiteten.«

»Waren das Savy und Bourgeois?«

»Ja. Ihre richtigen Namen will ich nicht erwähnen, weil wir nichts Sicheres über sie wissen. Damals sagte ich mir, durchdrungen von bolschewistischer Ethik, daß ihre Unvorsichtigkeit, auch wenn sie nicht bewußt umgedrehte Agenten seien, zu gefährlich für die Bewegung sei, und immer noch der bolschewistische Ethik folgend, sagte ich mir, wir müßten sie uns vom Hals schaffen, also liquidieren... Ich wollte darüber mit Mitterrand sprechen, denn die Freischärler von Oberst Patrice unterstanden ihm... Ich erinnere mich, daß François Mitterrand der gleichen Meinung war, aber ihre Exekution wurde durch den Aufstand in Paris verhindert.«

Stellen wir uns die beiden Männer vor, François Mitterrand und Edgar Morin, wie sie um das Panthón herumgehen und die Entscheidung treffen, Savy (und vielleicht auch Bourgeois) zu liquidieren... Eine alltägliche Entscheidung in diesen Schrekkenszeiten. Die letzte Entscheidung wird Major Rodin überlassen; dieser beauftragt Michel Grilickès, seinen Handlanger, zur Tat zu schreiten. Die Exekution soll im Wald von Verrières stattfinden.

Nachdem Robert Antelme einige Tage vor der Befreiung von Paris nach Deutschland deportiert worden ist, wird beschlossen, auch Delval umzubringen, auf einer verkehrsreichen Straße des 6. Arrondissements, auf dem Boulevard Saint-Germain oder in der Nähe. Major Rodin und Leutnant Masse organisieren das Attentat gegen Delval. Zuerst müssen sie ihn ausfindig machen. Delval hat sich mit Marguerite im Restaurant *Henri IV* in der Rue Saint-Georges verabredet. Sie informiert Mascolo, der wiederum sagt Rodin Bescheid. Mascolo soll gemeinsam mit einem jungen Mädchen aus der Organisation im selben Restaurant essen. Das Paar setzt sich zwei Tische hinter Marguerite und Delval. Das Essen dauert lange, es wird viel getrunken, Marguerite und der französische Gestapo-Mann fahren per Fahrrad nach Hause. Delval/Rabier sagt leise zu ihr:

»›Kommen Sie mit mir mit, ich habe einen Freund, der ganz in der Nähe ein Appartement hat. Wir könnten dort noch etwas trinken‹[…] ›Eine Minute nur‹, bittet Rabier, ›kommen Sie nur auf eine Minute.‹ Ich sage: ›Nein, ein anderes Mal.‹«[14]

War es nach diesem Erlebnis, daß Marguerite Major Rodin sagte: »Beinahe hätte ich den Rubikon überschritten«?[15] Die vielen früheren Mitglieder der Organisation, mit denen ich sprechen konnte, beurteilen das Verhalten Marguerites zu jener Zeit mit wenig Nachsicht. Edgar Morin nennt ihre Beziehung zu Delval »gefährlich und zweideutig«.

Delval und Marguerite sehen sich bis zu seinem Prozeß nicht wieder. Offenbar hat es verschiedene Versuche gegeben, Delval umzubringen. Zwei Mitglieder der Organisation, darunter Masse, erscheinen eines Abends spät in der Wohnung des Ehepaars Delval, aber der Mann aus der Rue des Saussaies ist nicht zu Hause. Sie fahren im Auto durch das Viertel bei der Place Wagram, finden ihn aber nicht. Ein anderes Mal ist Delval in Begleitung seines Sohnes; das »Kommando« wagt es nicht, zur Tat zu schreiten... Nach der Befreiung von Paris ging die Treibjagd weiter.[16] Sie wird auch gegen Savy und Bourgeois fortgesetzt, aber ersterer verläßt Paris, als der Aufstand ausbricht.

Mit der Befreiung der Hauptstadt schlug die Stunde der Selbstjustiz. Soweit ich weiß, ist das MNPGD in Paris nur für eine Hinrichtung verantwortlich, wegen derer Oberst Patrice, wie wir gesehen haben, vor Gericht gestellt wurde.[17] Im Lauf meiner Recherchen habe ich per Post den handgeschriebenen Bericht eines Zeugen erhalten, in dem die Exekution beschrieben wird. Ich habe sogleich größte Zweifel an der Echtheit dieser Aussage gehabt. Dennoch will ich sie vollständig abdrucken. Er soll von der Sekretärin von Jacques Laurent-Plesse stammen, einem früheren Angehörigen von Stalag XI B, der das Sekretariat des Lagers in der Chaussée-d'Antin 68 gleich nach der Befreiung von Paris leitete:

»Gegen Ende August 1944 haben sich FFI-Leute in unseren Büros im Erdgeschoß niedergelassen… Ihr Chef war F. Mitterrand. In den ersten Septembertagen haben uns diese *Résistance*-Leute gesagt: ›Heute nachmittag geht ihr besser nicht ans Fenster. Im kleinen hinteren Garten werden wir einen Mann umbringen.‹ Wir fragten Gauthier und Ponchel: ›Warum tötet ihr ihn?‹

›Auf Befehl von Mitterrand. Wir wissen nicht, was er getan hat.‹

Am Nachmittag schoß Ponchel dem Mann zwei Kugeln in den Kopf, obwohl dieser ihn angefleht und gesagt hatte:

›Das ist ein Irrtum, fragen Sie die Leute, ich bin unschuldig!‹

Als Mitterrand am Abend kam, fragten wir ihn, warum er den Mann habe umbringen lassen. Er warf sich in die Brust und sagte voll Arroganz:

›Ich bin Ihnen keine Rechenschaft schuldig.‹«

Ich rufe Voltaire Ponchel[18] an und pirsche mich umständlich an die Frage heran, die mir zu stellen nicht leichtfällt. Ponchel bestätigt ohne Umschweife, er habe »ein Schwein liquidiert, das für dreißig Menschenleben verantwortlich sei, nachdem der Mann seine Schuld eingestanden habe. Er habe sich in das *Centre d'entraide* in der Chaussée-d'Antin 69 eingeschlichen, das Vertrauen der Ehefrauen gewonnen, die aus den Lagern Entkommenen gejagt und an die Deutschen verraten. Ich füge hinzu, daß ich dies tat, ohne Mitterrand zu fragen.« Morland habe nur im nachhinein eine Aktion gebilligt, die im Namen der Organisation durchgeführt worden sei.

Jean Munier erinnert sich auch daran[19], aber im Unterschied zu Ponchel ist ihm allein die Erwähnung des Ereignisses unangenehm. Er sagt, die Aktion habe ihm zutiefst mißfallen. Er glaubt sich zu erinnern, daß der hingerichtete Italiener von seiner Nachbarin, einer Blumenverkäuferin, denunziert worden war. Er erinnert sich weiter, daß seine Männer nicht wußten, wohin sie die Leiche bringen sollten und sie schließlich vor einem Krankenhaus abluden. Munier erinnert sich ebenfalls, daß ein Junge in die Chaussée-d'Antin kam, um seinem Vater eine Decke zu bringen. Dionys Mascolo[20] hat selbst schlechte Erinnerungen an diese Episode. »Ich sah, wie ein armer Kerl abgeknallt wurde, nur weil eine Blumenhändlerin geredet hatte. Es war ekelhaft, abscheulich!«

Die Freischärler des MNPGD beschlagnahmen ein Hotel in der Rue Beaubourg und wandeln es in ein Gefängnis um, in dem zahlreiche »Verräter« und »Kollaborateure« inhaftiert werden. Die Organisatoren der Treibjagd erfahren, daß Savy sich in der I. Armee verdingt hat. Leutnant Masse und Georges Beauchamp machen seinen Freund Bourgeois ausfindig und sperren ihn ein. Lassen wir Edgar Morin zu Wort kommen:
»Ich erinnere mich noch genau, daß ich mit Dionys Bourgeois aufsuchen wollte, vielleicht war auch Marguerite dabei. Wir hatten ein Hotel in der Rue Beaubourg als Gefängnis beschlagnahmt. Ich erinnere mich, daß mir ziemlich übel wurde, als ich die Männer sah, die dort in den zu Zellen umgewandelten Zimmern saßen und heftige Prügel bekommen hatten. Es waren auch Nordafrikaner darunter… Wir wollten Bourgeois treffen, um ihn zum Sprechen zu bringen. Er sagte uns, er habe mit den Verhaftungen nichts zu tun… Er beklagte sich über Savy, der einfach fortgegangen sei und ihn verlassen habe. Ich dachte und sagte: ›Für mich ist es jetzt vorbei, wir fangen jetzt nicht an, Gericht zu spielen. Mir ist das wurscht.‹ Zu meinen ethischen Prinzipien gehört, daß in Kriegszeiten getötet werden darf, aber wenn die Gefahr vorbei ist, verschont man die Leute.«[21]
Mascolo hat auch keine guten Erinnerungen an die Rue Beaubourg: »Ich sehe noch drei Jungs vom FFI vor mir, die eine Frau entkleidet hatten und ihren Kopf in das Waschbecken halten wollten… Ich konne sie nur mühsam davon abhalten. Einer sag-

te: ›Als wir in Lyon verhaftet wurden, haben sie das mit uns auch gemacht…‹«[22]

Als Dechartre Anfang September mit Jean Bénet aus Algier nach Paris kommt, erfährt er, daß Bourgeois, den er gut kannte, im Gefängnis sitzt. Er fährt in die Rue Beaubourg und verhört ihn. Er ist sogleich von seiner und Savys Unschuld überzeugt: »Es gab keine Beweise gegen sie. Außer, daß man sie in einem Soldatenheim hatte essen sehen… Ich ließ Bourgeois frei. Sie hatten ihre Arbeit getan, ohne Exzesse, ohne Verrat. Es gab viel Haß in der Organisation… Alles, was Marguerite Duras erzählt, ist falsch.«[23]

Georges Beauchamp[24] teilt die Meinung Dechartres über Marguerite. Auch er ist überzeugt, daß sie die ganze Geschichte angezettelt hat. Er findet ihren Bericht über jene Zeit anstößig. »Mitterrand hatte sie nicht beauftragt, sich Delval zu nähern. Sie selbst hat beschlossen, sich an den Gestapo-Mann heranzumachen, der ihren Mann hatte verhaften lassen. Sie hat uns über ihre Kontakte zu Delval berichtet. ›Rodin‹ hat für ihren Schutz gesorgt. Marguerite hat von Savy und Bourgeois erzählt….«

Auch Mascolo erinnert sich: »Bénouville hatte verlangt, daß die Organisation Bourgeois liquidiert. Beauchamp und ich haben ihn aber nur eingesperrt. Bourgeois hatte vielleicht seine Aufgaben vernachlässigt, aber mehr nicht. Er war ein Waschlappen…«

Voltaire Ponchel ist bis heute vom Verrat der beiden Männer überzeugt. Er gibt auch zu, den Plan zur Liquidierung von Savy und Bourgeois gefaßt zu haben, weil er glaubte, genügend Beweise für ihren Verrat gesammelt zu haben. Er behauptet auch, er habe Belege für ihre Verbindungen zur Abwehr III F gehabt. »Oscar Reile[25] hatte es mir gesagt.« François Mitterrand scheint diese Einstellung zu teilen.[26]

Ich habe die beiden Männer ausfindig gemacht. Bourgeois ist heute zu alt, um sich zu erinnern, aber Savy hat einiges zu sagen.[27] Er ist klein, vierschrötig und kahlköpfig. Zuerst hat er einige Mühe, sich an die Vergangenheit zu erinnern, dann aber kommen ihm die Ereignisse nach und nach wieder in den Sinn. Er fühlt sich zunehmend unwohl. Warum? Ich begreife es nicht ganz, denn seine Worte scheinen mir eher überzeugend. Er hat offensichtlich Angst. Zu erfahren, daß er beinahe von Voltaire

Ponchel liquidiert worden wäre, ist in der Tat nicht besonders erfreulich... Ich berichte ihm von den Anschuldigungen, die einige ehemalige Mitglieder aus Mitterrands Organisation noch heute gegen ihn vorbringen. Er hat Mühe zu sprechen:

»Kurz vor der Vereinigung der drei Gruppierungen hatte mir Biran, eine ›Taube‹ des CNR, den ich mit Bourgeois getroffen hatte, gesagt: ›Die beiden Organisationen, die von Pinot-Mitterrand und das RPDG müssen vereinigt werden.‹

Ich organisierte ein Treffen in der Rue de Cléry, an dem Mitterrand, Lemoign’, Dechartre und ein oder zwei andere teilnahmen. Ich ließ sie unter sich...

Meine Arbeit in der Organisation Charette bestand darin, falsche Papiere für geflohene Gefangene zu besorgen und für die Jungen, die in Gefahr waren, zum Arbeitsdienst einkassiert zu werden. Ich kümmerte mich außerdem um die *Organisation régionale centrale* und um Kontakte mit den *Maisons du prisonnier* in der Provinz.

Der Zusammenschluß der beiden Organisationen war rein formal. Zwischen den beiden Gruppen herrschte starkes Mißtrauen...«

Plötzlich wechselt M, genannt »Savy«, das Thema, als sei ihm jetzt die Antwort auf meine Fragen eingefallen:

»Meinen ersten Ausbruch – bis zu meiner Befreiung waren es vier – unternahm ich in einem Lager bei Leipzig mit Roger Compagnon, dem Sohn ›meines‹ Hauptmanns im 46.R.I...Eines Tages Anfang 1944 erzählten mir Regimentskameraden, Compagnon habe sich bei der LVF engagiert und wolle mich gerne treffen. Wir verabredeten uns an der Place Clichy, in der Nähe des *Rex*, das die Deutschen beschlagnahmt und in ein Soldatenheim umgewandelt hatten. Ich ging dorthin, habe aber nicht lange mit Compagnon gesprochen. Er erklärte mir, er sei in die Liga eingetreten, weil er kampflustig sei. Vor dem *Rex* hielten uns Deutsche an. Compagnon zeigte ihnen eine Karte, und sie ließen uns laufen...«

Savy erzählt mir diese Geschichte, weil ich ihm berichtet habe, Philippe Dechartre habe mir gesagt, bei seiner Rückkehr aus Algier habe er, nachdem er erfahren hatte, daß Bourgeois und Savy Probleme hätten, den für Delval zuständigen Polizeikommissar gefragt, was man seinen beiden Kameraden vorwerfe. »Es lag nichts gegen sie vor. Man hatte nur gesehen, wie sie ein Soldatenheim betraten...«

Im Lauf unseres Gesprächs in einem Café an der Avenue Friedland erwähnte Savy sehr oft den Namen Mitterrand:

»Ich werde verdächtigt, weil ich auf dem Weg zu dem Treffen in der Avenue Charles-Floquet telefonieren mußte... Als ich zurückkam, sah ich, wie François Mitterrand davonlief.«

Danach erzählt Savy von der Wohnungsdurchsuchung in der Rue Ordener 171, in der er mit Bourgeois lebte. Sie ereignete sich am 1. Juni 1944:

»Ich telefonierte mit unserer Vermieterin und spürte, daß etwas Ungewöhnliches im Gange war. Sie sagte:

›Ich übergebe den Hörer.‹

›Wollen Sie mich besuchen kommen? Ich habe Nachrichten von Onkel Charles.‹

Ich begriff, daß die Gestapo die Wohnung durchsucht hatte. Sie haben mir Bilder gestohlen. Mit größter Vorsicht besuchte ich ein paar Tage später die Vermieterin und beschimpfte sie, weil sie den Riegel aufgebrochen hatte, um mir eine Lederweste wegzunehmen.«

Mehrmals frage ich ihn, ob er sich erinnern könne, von Leuten der Gruppe Mitterrand festgenommen worden zu sein[28]. Mehrmals antwortet er mit nein, dann aber wird seine Erinnerung wach.

»Bei der *Libération* forderte mich André Certes, ein Freund vom Theater, auf, mich gemeinsam mit ihm einer *Résistance*-Gruppe in Pontarlier anzuschließen. Ich war einverstanden. Ich erhielt dort durch meinen Bruder Nachricht von der Festnahme Bourgeois' durch das FFI. Später erfuhr ich, daß Dechartre für seine Freilassung gesorgt hatte.

1952 wartete jemand am Ausgang des *Théâtre de l'Oeuvre* auf mich, in dem ich gerade spielte, und sagte: ›Mitterrand wollte dich umbringen lassen. Wenn er Rodin damit beauftragt hätte, wärst du liquidiert worden, aber ich wollte es nicht tun.‹

Ich war so entsetzt, daß ich ihm etwas sagte, was in der Organisation niemand sonst wußte:

»Weißt du, daß ich Jude bin und viele Mitglieder meiner Familie deportiert worden sind? Der Deutsche [Charles Delval] hat mich denunziert, weil ich Jude bin...«

Savy fühlt sich immer unwohler, setzt seinen Bericht aber dennoch fort:

»Ich brauche diese Leute nicht zu schonen. Wir waren jung und unternehmungslustig. Für mich hatte die *Résistance* die ganze Zeit über nichts mit Politik zu tun. Ich erinnere mich, daß Labasse [Gagnaire] mich vor der *Libération* fragte, ob ich vorhätte, in die Politik zu gehen; ich habe nein gesagt. Ich habe mich nie dafür interessiert. Ich wollte nur eines, wieder Theater spielen. Die Leute um Mitterrand aber wollten ihre politische Zukunft sichern...«

Savy scheinen wichtige Dinge durch den Kopf zu gehen. Er spricht weiter:

»Mitterrand ist ein falscher Fuffziger. Ich weiß noch, wie wir Arm in Arm über den Boulevard Malesherbes spazierten. Plötzlich machte er sich frei, gab jemandem die Hand und sagte hinterher: ›Man muß sich immer mit den Leuten gutstellen...‹«

Danach denkt Savy wieder an die Beschuldigungen, die nach meinem Bericht gegen ihn vorgebracht wurden, und an die Zweifel, die man gegen seine Person hegte:

»Warum ist er [Mitterrand] nicht gekommen, um mit mir zu reden? Warum hat man mich nicht vor der *Libération* verhaften oder liquidieren lassen?«

Als wir uns verabschieden, äußert er den Wunsch, mit Marguerite Duras zu sprechen, die seiner Meinung nach maßgeblich dafür verantwortlich ist, daß so ein schwerer Vedacht auf ihm lastet.

Savy geht die Avenue Friedland herunter. Er sieht sich nicht mehr um und betritt die Saint-Sacrément-Kirche...

Und Delval? Anfang September erfährt Leutnant Masse (Mascolo) zufällig, daß Delval in Drancy inhaftiert ist. Nachbarn haben ihn als Kollaborateur denunziert. Masse läßt ihn ins Gefängnis der Organisation in der Rue Beaubourg bringen und verhört ihn mit verschiedenen anderen. In den Stunden danach durchsuchen Masse und seine Leute – sie »plündern«, wie Madame Delval sagt[29] – die Wohnung der Delvals in der Rue des Renaudes und bringen spät abends die Ehefrau ins Gefängnishotel der Rue Beaubourg. Masse ist fasziniert von der blonden Schönheit Paulette Delvals.

Es gibt einen Augenzeugenbericht über das Verhör von Paulette Delval, der am Abend des 10. September 1944 aufgeschrieben wurde, im Anschluß an ein Mittagessen bei *Lipp*, das François Mitterrand veranstaltet, um Colonel Patrice Marcel Haedrich vorzustellen. Dieser ist gerade nach Paris gekommen, um die Chefredaktion von *Libres* zu übernehmen. Für ihr regelmäßiges Erscheinen in der Südzone hat er gesorgt. Während des Aufstands in der Hauptstadt erscheinen die ersten Nummern dank der Mithilfe von Oberst Patrice, der zu diesem Zweck eine kleine Druckerei in der Rue du Croissant beschlagnahmt hat. Haedrich ist überrascht von der Redseligkeit und Selbstsicherheit des Oberst. Mitterrand ist von Oberst Pelat zugleich amüsiert und fasziniert. Haedrich erfährt, daß die beiden Männer im selben Gebäude in Auteuil wohnen, zusammen mit zwei Schwestern. Der Oberst erzählt, er habe ein Regiment im *Château de Madrid* untergebracht, das jeden Morgen mit einer Fanfare geweckt werde, und er unternehme lange Ausritte in den Bois de Boulogne. Der Journalist erfährt außerdem, daß der Oberst einige Auseinandersetzungen mit echten Militärs hatte…

Nun erzählt François Mitterrand, wie Leute seiner Organisation Charles Delval verhaftet haben, einen französischen Gestapo-Mann, der die Verhaftungen vom 1. Juni 1944 veranlaßt habe:

»Er verriet Leute aus Vergnügen. Ich habe ihn in dem Keller, in dem er inhaftiert war, selbst verhört. Ich habe auch mit seiner Frau gesprochen, die ihn vehement verteidigte. Als ich ihr sagte, ihr Mann arbeite für die Gestapo, fragte sie: ›Meinen Sie die Deutschen, die die schwarzen Uniformen trugen?‹ Sie hielt bis zu dem Augenblick durch, in dem ich ihr Löcher in Delvals Terminkalender zeigte und ihr zu verstehen gab, daß er sie betrogen hatte. Daraufhin erzählte sie alles, aus Rache. Sie liebte ihn leidenschaftlich. Wenn er erschossen wird, wird sie glauben, daß er es verdient hat.«[30]

Die »Löcher« im Terminkalender von Charles Delval konnten durch die Berichte von Marguerite ausgemacht werden.

François Mitterrand zieht Marcel Haedrichs Bericht in Zweifel.

Ich habe Paulette Delval ausfindig gemacht.[31] Sie erinnert sich noch lebhaft an diese Zeit und ist noch immer voll Zorn auf Marguerite Duras, die sie mit den heftigsten Worten beschimpft.

Zwei Wochen lang war Paulette in dem berühmten Hotel in der Rue Beaubourg eingesperrt. Sie wurde von Marguerite, von Masse, von Oberst Rodin und auch von François Mitterrand verhört. »Mitterrand war nett zu mir, er achtete mich. Wir sprachen von der Bombardierung unseres Hauses. Sehr persönliche Fragen hat er mir nicht gestellt. Über meinen Mann habe ich nichts verraten«, sagt sie. Ich lese ihr die Aufzeichnungen von Haedrich vor, in denen dieser berichtet, was Mitterrand während des Essens bei *Lipp* sagte. Paulette Delval bestätigt einen Teil des Berichts, besonders die Stelle von den »Deutschen mit den schwarzen Uniformen«. Den Gedanken, sie sei wegen der Löcher im Terminkalender ihres Mannes zusammengebrochen, weist sie weit von sich. Über Marguerite Duras äußert sie Dinge, die hier nicht wiedergegeben werden können. Diese gibt es ihr zurück, denn in ihrem Buch *Der Schmerz* wird die Frau von »Rabier« durch einen Zeugen als »unbedeutend und schön« bezeichnet. Paulette war sehr in ihren Mann verliebt, den sie noch heute als »außergewöhnlichen Mann« charakterisiert; ihrer Meinung nach hat er nie etwas für Marguerite empfunden, wie »Marguerite Duras behauptet«. Er war ein »zärtlicher Mann«, und sie denkt »jeden Tag an ihn«.

Sie weiß noch, wie Marguerite und Dionys Mascolo sie gemeinsam im Hotel in der Rue Beaubourg verhörten. »So gemein Marguerite war, so entgegenkommend war Dionys. Eines Tages brachte mich Marguerite in die Rue Richelieu 100 und verhörte mich mit verbundenen Augen in dem großen Redaktionsraum. Sie stellte mir viele Fragen über meinen Mann. »Warum strengen Sie sich so an? Sie kennen ihn doch so gut«, meint sie geantwortet zu haben.

Sie erinnert sich daran, daß in der Rue Beaubourg »jemand sagte: ›Die müssen wir fertigmachen; am besten wir schneiden ihr die schönen Haare ab…‹ – ›Das kommt gar nicht in Frage‹, antwortete Mascolo in schneidendem Ton«.

Der verführerische Mascolo scheint kurz davor, dem verführerischen Mädchen auf den Leim zu gehen, die recht keck ist und sich von Marguerite nichts gefallen läßt. Diese hat bald begriffen, daß die Frau des Gestapo-Mannes Delval sie in Schwierigkeiten bringen kann. Schließlich hatte sie mit ihm über zwei Monate lang eine recht seltsame Beziehung gepflegt…

Als sie Jahre später über diese Zeit berichtet, nimmt Marguerite Duras kein Blatt vor den Mund. Sie erzählt, sie habe gefoltert, ohne Mitleid verspürt zu haben, »wie eine Arbeit, eine Pflicht...« Sie »befiehlt Prügel...«. »An diese Prügel muß man sich erinnern, weil es zu keinem Prozeß kommt...«

Am 21. September 1944 überstellt Leutnant Masse Charles Delval der *Police judiciaire* – den Kommissaren Clot und Levitre – und läßt Paulette Delval frei. Die Untersuchungen beginnen sofort, und vom ersten Tag an sagen Marguerite und Mascolo als Zeugen aus. Delval ist dreiundvierzig, seit 1939 verheiratet und erzählt, wie es soweit gekommen ist:

»Ich wurde zuerst im August 1943 verhaftet durch einen gewissen Berger, einen deutschen Inspektor, dessen Büro in der Rue de la Pompe lag. Man beschuldigte mich, gaullistischer Verbindungsagent zu sein, was jedoch falsch war. Am Abend meiner Verhaftung brachten sie mich in die Rue des Saussaies und von dort in die Rue du Cherche-Midi. Nach vierzehn Tagen verhörten sie mich und ließen mich unter der Bedingung frei, daß ich mich jeden Tag um zehn in der Rue des Saussaies meldete, später dann nur noch alle zwei Tage. Dabei lernte ich Steulet kennen, der der deutschen Armee angehörte und in der Rue des Saussaies die politische Abteilung leitete. In diesem Büro begegnete ich Hermann, der für Verhaftungen zuständig war. Er war Polizist. Im bürgerlichen Leben war Steulet, wie er erzählte, Antiquitäten- und Kunsthändler. Wir sprachen oft über diese Dinge, denn ich interessierte mich dafür; und bald übernahm ich Aufträge für ihn, zum Beispiel Einrahmungen von Bildern. Da wurde ich in Courbevoie ausgebombt. Danach zog ich mit Erlaubnis der Deutschen aufs Land.

Als ich Ende Januar [1944] zurückkam, fand ich mich wieder in der Rue des Saussaies bei Steulet und Hermann ein. Ich kannte noch einen anderen Deutschen dort, einen gewissen Dups, der für Archive und Verhaftungen verantwortlich war...«

Nach seiner Meinung über die Deutschen befragt, antwortet er:

»Ich bewunderte dieses Volk wegen seiner Disziplin, seiner Institutionen, seines Glaubens und Mutes. Aber ich liebe Frankreich und wünschte, es ginge ihm so gut wie Deutschland...«

Nachdem er erklärt hat, was für eine unbedeutende Rolle er bei den Verhaftungen vom 1. Juni 1944 gespielt hat – als Dolmetscher und bei der Kontrolle von Papieren –, sagt er:

»Ich habe mich nie um andere Verhaftungen als um solche gekümmert, die mit der Gefangenen-Organisation zu tun hatten. Ich versichere, daß ich niemanden bei den deutschen Stellen in der Rue des Saussaies denunziert habe, im Gegenteil, ich habe Leute gerettet, deren Namen ich aber aus persönlichen Gründen erst später nennen kann.«

Die Untersuchungskommission erfährt, daß am 10. Juni 1944 ein französischer Polizeiinspektor in der Wohnung Delvals vorstellig wurde, um ihn im Zusammenhang mit Beschattungen in einer gewissen Affäre Mordrelle festzunehmen. Delval erklärt, er gehöre zur deutschen Polizei und zeigt einen Ausweis vor, der dies bestätigt. Er wird in die Polizeipräfektur gebracht und verlangt, seinen Chef in der Rue des Saussaies, Zimmer 422, zu sprechen. Polizeikommissar David, Chef der Sonderbrigade 1, übergibt ihn dem deutschen Verbindungsoffizier, der ihn wieder freiläßt.

Nach dieser langen Befragung wird Delval Marguerite und Mascolo gegenübergestellt. Er wiederholt, was er in der Rue Beaubourg ausgesagt hat, und spielt seine Funktion in der Rue des Saussaies herunter. Die schöne Paulette belastet Charles nicht und behauptet, »nichts über die Aktivitäten ihres Mannes zu wissen und nie davon gehört« zu haben, daß er »mit der Rue des Saussaies oder mit den Deutschen zu tun habe«.

September, Oktober, November… Paulette und Mascolo sind inzwischen miteinander liiert. »Sie liebte mich leidenschaftlich«, erinnert sich Mascolo[32]. »Ich habe mit ihm geschlafen, um meinen Mann zu retten«, sagt Paulette.[33]

Die Untersuchungen sind abgeschlossen. Aus unerfindlichen Gründen wird der Fall Delval mit dem Prozeß gegen Bony und Lafont zusammen verhandelt, die französischen Gestapo-Leute aus der Rue Lauriston. Dabei hat Delval nie mit ihnen zusammengearbeitet, und seine Akte gibt wenig her, verglichen mit denen der elf anderen, die mit ihm am 2. Dezember 1944 um 13.30 Uhr im Justizpalast auf der Anklagebank sitzen.

Für die Gefangenenbewegung ist es der entscheidende, langerwartete Prozeß. André Marianne berichtet darüber in der Zeitung *Libres*. François Mitterrand hat ihn genau instruiert, damit er keine politischen Fehler gegenüber den Gefangenen macht. In dem ersten Artikel heißt es:

»Vorgestern hörte ich in einem Büro der Rue de Tilsitt, wie unser Freund Mitterrand mit seiner intelligenten und ruhigen Stimme erzählte, wie sie den Kampf gegen die Gestapo führten. Er berichtete vom 1. Juni, dem Tag der Treibjagden, der Schüsse und der Angst. Ich erlebte mit ihm den Kampf der Männer des Untergrunds, die allein gegen den Apparat des deutschen und französischen Pöbels kämpften.«

Nach der ersten Verhandlung muß er zugeben, daß »Delval im Moment nur als Komparse angesehen werden kann«. Sein Fall wird in der Tat schnell abgefertigt. Der Vorsitzende verbirgt nicht sein Erstaunen, als er mit der Befragung beginnt: »Ihre Akte enthält nur wenig Informationen über Sie. Nichts findet sich über die Verurteilung von 1943 wegen Veruntreuung.«

Delval verwendet eine subtile Sprache, die den Richter irritiert. Er räsoniert, redet um die Sache herum, scheint zuzustimmen, behauptet hinterher, er habe gar nicht gesagt, was der Richter als seine Aussage zusammengefaßt habe. Während alle anderen Angeklagten zusammenbrechen und Weinkrämpfe bekommen, scheint er seine Selbstsicherheit nicht zu verlieren. »Er ist groß, blond, trägt eine Schildpattbrille, redet in getragenem Ton, sein Zynismus und seine Selbstbeherrschung sind beachtlich«, schreibt André Marianne.

Er behauptet, nicht er habe die Mitglieder der Organisation verraten. »Es gab da einen Verräter.« Diese Behauptung nimmt Mascolo auf und erweitert sie, indem er erklärt, Delval habe ihm die Namen zweier Verräter anvertraut, »die ich in Verdacht hatte, die wir in Verdacht hatten. Ich war nicht der einzige, der sie verdächtigte«. Delval behauptet, einen »Koffer mit kompromittierenden Papieren genommen und in die Rue des Saussaies gebracht« zu haben. Dort habe er ihn versteckt, damit die Deutschen ihn nicht finden. Er behauptet außerdem, in der Rue Boissy d'Anglas[34] verhindert zu haben, daß Robert Antelme zum Tode verurteilt wurde.

Marguerite Antelme erreicht eine Wendung im Prozeß gegen Delval. Die Dame tritt auf wie ein Oberstaatsanwalt. Sie hat ihn bereits zum Tod verurteilt; er muß sterben. Sie hat alles getan, damit er hingerichtet wird, bevor er überhaupt vor Gericht gestellt wurde. Aber das ist ihr nicht gelungen. Er darf ihr nicht entkommen. »Durch mich wird er sterben«, schreibt sie in *Der Schmerz*. In tragischem Tonfall erklärt sie: »Er hat versucht, den Kopf des Chefs der Organisation zu bekommen, François Morland…«

André Marianne schreibt: »Dieses zynische Großmaul wird der Aussage von Madame A. nicht standhalten…«

Paulette, die damals Mascolos enge Freundin geworden war, bringt noch fünfzig Jahre später den Haß von früher gegen Marguerite Duras zum Ausdruck, die ihrer Meinung nach für den Tod ihres Mannes verantwortlich ist. »Die Duras war wild hinter Dionys her und wollte mich treffen, indem sie Delval zu Fall brachte.« Dann fährt Paulette, die vermutlich durch Mascolo von Marguerites Seelenzustand erfahren hat, fort: »In der Nacht bekam sie Gewissensbisse.« Offenbar hat Mascolo dazu beigetragen, daß sie ihre Meinung änderte.

Marguerite bittet das Gericht um eine zweite Zeugenvernehmung, nachdem der Staatsanwalt den Kopf von Delval gefordert hat: Zur Begründung sagt sie, sie habe vergessen, einige wichtige Dinge vorzubringen, die zur Wahrheitsfindung beitragen könnten.

*Marguerite Antelme:* »Ich bot Delval Geld an, mehrmals bot ich ihm viel Geld an, das mir die Organisation gegeben hatte, um meinen Mann freizubekommen…«

*Der Vorsitzende:* »Aber er hat es nicht angenommen.«

*Marguerite Antelme:* Ich habe ihm sogar meinen Verlobungsring angeboten, einen Diamanten, nur damit ich meinen Mann sehen und mit ihm sprechen konnte. Das war nicht viel, aber er weigerte sich und sagte, er habe nicht die Möglichkeit dazu…

Eines Tages erzählte er mir, er wolle einen Juden verhaften… Der Jude sei nicht dagewesen, aber er habe die Tür mit ein paar anderen Polizisten eingetreten. Die Leute waren nicht da, sie versteckten sich auch nicht, in der Wohnung war niemand. Auf dem Tisch im Eßzimmer lag eine Kinderzeichnung, darunter stand ›Für den lieben Papa‹ oder etwas ähnliches. Delval sagte: ›Ich bin fortgegangen, ich hatte nicht den Mut, den Vater dieses Kindes zu verhaften.‹«

*Der Vorsitzende:* »Aber leider hat er dafür viele andere verhaftet!«

*Marguerite Antelme:* »Vielleicht... Aber wissen Sie, Herr Vorsitzender, ich will nicht Delval entlasten, sondern mein Gewissen. Sie wissen ja, daß mein Mann in Deutschland ist, ich weiß nicht, ob er noch lebt. Trotzdem war ich der Meinung, Ihnen die ganze Wahrheit sagen zu müssen...«

*Der Vorsitzende:* »Ihre Skrupel ehren Sie...«[35]

Dieses zweideutige Unternehmen ändert nichts am Ausgang des Prozesses. Der Anwalt von Delval, Maître Floriot, weiß nicht, wie er einen Klienten verteidigen soll, der während der Verhandlung die reinste Selbstmordattitüde an den Tag legt. »Er brüstet sich, er diskutiert, er spottet...«

Floriot hatte Delval schon vor dem Krieg verteidigt und kennt ihn gut: »Er ist ein Angeber, er ist, harmlos ausgedrückt, nicht besonders intelligent... Ich hätte ihn psychiatrisch untersuchen lassen sollen.« Delval wurde im Krieg verletzt und erhielt eine Auszeichnung. Aber das ändert nichts. Er wird zum Tod verurteilt.

Wenn man heute das gesamte Protokoll der gerichtlichen Untersuchung liest, kommt man zu dem Schluß, daß die gegen Delval erhobenen Vorwürfe in keinem Verhältnis zu der Todesstrafe stehen. Im übrigen waren keineswegs alle Taten bewiesen. Hätte man nicht im Zusammenhang mit dem Prozeß gegen Bony-Lafont gegen ihn verhandelt und sein Urteil einige Monate später gesprochen, wäre er zweifellos nicht zum Tod verurteilt worden und nach ein paar Monaten oder Jahren Gefängnis freigekommen. Ich teile in diesem Fall die Ansicht Edgar Morins:

»Delval hat, wie mir scheint, nur eine zweitrangige Rolle gespielt.«

Paulette erhielt einen Brief von ihrem Mann, als dieser auf seine Hinrichtung wartete. Es heißt darin über Mascolo: »Wenn Du wüßtest, wer er ist, wärest Du sehr erstaunt.«

Charles Delval wurde im Gefängnishof von Fresnes Anfang 1945 erschossen. Paulette und Dionys waren das perfekte Liebespaar...

Die Beziehung zwischen Dionys und Marguerite ist sehr getrübt. Mascolo trifft Paulette regelmäßig. Ein paar Jahre lang ist er hin- und hergerissen zwischen den beiden Frauen. Diese führen einen unerbittlichen Kampf. Im Juni 1946 bringt Paulette ein Kind zur Welt, im Jahr darauf Marguerite...

Als wolle man die Geschichte noch schwieriger machen, entsteht im Lauf des Delval-Prozesses ein Gerücht über die Identität des Angeklagten. Mascolo behauptet, er habe die Information vom Angeklagten selbst; er hat Marguerite und Edgar erzählt, Delval sei nicht sein richtiger Name. In Wirklichkeit sei der Mann ein Deutscher, der nach dem Ersten Weltkrieg die Identität eines in Deutschland umgekommenen Franzosen angenommen und später als Maulwurf für den deutschen Geheimdienst gearbeitet habe. Nur wenige Eingeweihte wissen dieses »Geheimnis«.

In *Der Schmerz* gibt Marguerite Duras es weiter. Offenbar haben nicht alle früheren Mitglieder der Organisation ihr Buch gelesen – oder sie lasen zu schnell –, denn Edgar Morin und Mascolo gaben sich eine Aura das Geheimnisvollen, wenn sie über dieses Thema sprachen.

»Es gibt im Zusammenhang mit Delval ein Geheimnis, über das ich nicht sprechen kann«, sagte mir Edgar Morin. Er war jedoch bereit zu reden, wenn sich zuerst Mascolo bereit erklärte, es mir zu verraten. Mascolo weigerte sich zunächst, auch nur ein Wort darüber zu verlieren, bis ich ihm die Stelle in *Der Schmerz* zeigte, an der Marguerite Duras von der falschen Identität Rabiers spricht. Da fiel ihm noch etwas ein, das die These von der deutschen Herkunft Delvals stützt. Dieser soll ihm auf einem Flur in der Polizeipräfektur gesagt haben:

»Monsieur Masse, wenn sie mich da herausholen, kann ich Ihnen jede Menge Leute anzeigen, ganze Listen von Namen in Deutschland...«

Ich befragte Paulette, die dieses Gerücht eindeutig zurückwies. Sie sagte, sie kenne Charles Delvals Familie sehr genau. »Auch das ist eine Geschichte wie ein Roman, wahrscheinlich in der Rue Saint-Benoît enstanden, als es zwischen Marguerite und Dionys Probleme gab.« Dann schloß sie mit ein paar wenig freundlichen Bemerkungen über die Autorin von *Der Liebhaber*.

# Anmerkungen

1 Siehe 24. Kapitel, S. 379.

2 Gespräch mit dem Autor, 12. Oktober 1993.

3 Savy war der Adjutant von Jacques Bourgeois.

4 Jacques Bourgeois war Nachfolger von Philippe Dechartre als Leiter des MRPGD von Cailliau in der Nordzone. Er wurde nach dem Zusammenschluß Generalsekretär der Bewegung.

5 Nach Aussage Henri Guérins, vgl. Jean Védrine: *Dossiers.*

6 Die Geschichte der Beziehungen zwischen dem französischen Gestapo-Mann und Marguerite orientiert sich an den Akten zum Prozeß gegen den Gestapo-Mann nach der *Libération.* A.N./3W 315.

7 Ebd.

8 Diese Einzelheiten kommen in dem Roman *Der Schmerz* von Marguerite Duras vor. Das Buch ist Nicolas Reginier und Frédéric Antelme gewidmet. Im Vorwort erklärt Madame Duras, sie habe dieses »Tagebuch« in Form zweier Hefte wiedergefunden: »Ich weiß, daß ich es geschrieben habe, ich erkenne meine Schrift und die erzählten Details wieder. Dann schreibt sie, sie habe keine Erinnerung, es geschrieben zu haben und erklärt angesichts dieser wiedergefundenen Seiten: »Ich sah mich vor einer phänomenalen Unordnung des Fühlens und Denkens wieder, an die ich nicht zu rühren wagte und angesichts derer ich mich vor der Literatur schämte.«
Die an Delval erinnernde Figur des »Tagebuchs« heißt Rabier.

9 Im stenographischen Bericht über den Bonny-Lafont-Prozeß.

10 Vgl. Marguerite Duras: *Der Schmerz*, München 1986.

11 Untersuchungen zum Delval-Prozeß.

12 Siehe Anm. 10.

13 Im Gespräch mit dem Autor vom 15. März 1994.

14 Siehe Anm. 10.

15 Hinweis von Major Rodin, April 1994.

16 Aussage von Dionys Mascolo beim Prozeß gegen Delval.

17 Vgl. 25. Kapitel, S. 414.

18 Am 22. Februar 1994.

19 Gespräch mit dem Autor vom 11. März 1994.

20 Gespräch mit dem Autor vom 16. März 1994.

21 Gespräch mit dem Autor vom 15. März 1994.

22 Gespräch mit dem Autor vom 16. März 1994.

23 Gespräch mit dem Autor vom 18. März 1994.

24 Gespräch mit dem Autor vom 24. Februar 1994.

25 Nummer zwei der Abwehr in Frankreich.

26 Gespräch mit dem Autor vom 12. Oktober 1993.

27 Treffen mit dem Autor vom 25. Februar 1994.

28 Dies glaubte ich noch am 25. Februar 1994.

29 A.N./3 W 315.

30 Die Darstellung beruht auf einem Bericht Marcel Haedrichs anhand der Notizen, die er sich beim Gespräch in der *Brasserie Lipp* gemacht hatte.

31 Am 29. März 1994 führte ich ein langes Telefongespräch mit ihr.

32  Bericht vom 16. März 1994.
33  Bericht vom 30. März 1994.
34  Sitz des deutschen Militärgerichts.
35  Stenographisches Protokoll Bluet.

## 27. Kapitel
## Ein neuer Mann

Welche Veränderungen in nur neun Monaten! Als François Mitterrand sich entschloß, nach London und Algier zu reisen, traf er eine wichtige Entscheidung für seine politische Zukunft. Er vereinigte drei Bewegungen der Kriegsgefangenen um sich und dämmmte dabei die Bedeutung der Kommunisten, aber auch die der Gaullisten ein; das war keineswegs selbstverständlich, wenn man die Gewandtheit eines Michel Cailliau bedenkt. Mitterrand hat sich als eine Persönlichkeit durchgesetzt, mit der im Kern der inneren *Résistance* zu rechnen ist. Siebenundzwanzigjährig fand er sich als »Minister« in der aufständischen Regierung wieder. Seinen Ehrgeiz kann man an seiner Weigerung erkennen, den Posten des Generalsekretärs des Kriegsgefangenenministeriums anzunehmen, den Henri Frenay, der selbst den Ministersessel wiederbesetzte, ihm nach seiner Rückkehr aus Algier angeboten hatte. »Die ehrgeizigen Wünsche von François Mitterrand gehen in eine andere Richtung und sind noch größer«, schreibt Frenay Jahre später.[1]

Dieser Aufstieg im neuen Frankreich ist einfach verblüffend. Ist er nicht im vergangenen Jahr mit dem *Francisque*-Orden ausgezeichnet worden? Schrieb er nicht noch im Frühjahr 1943 in den Zeitungen des Vichy-Regimes? Vor neun Monaten, bevor er nach London reiste, erklärte er da nicht noch dem verblüfften Claudius-Petit, daß nicht alles an der *Révolution nationale* zu verwerfen sei, und zitierte ihm als Beispiel die korporativen Organisationen?[2] War er nicht sogar acht bis neun Monate vor der *Libération* noch immer Giraudist gewesen?

François Mitterrands Ideen haben sich während dieser neun Monate geändert. Aus Opportunismus? Angesichts seiner berechnenden Art kann man diese Hypothese nicht völlig ausschließen. Aber trotz seines starken Ehrgeizes und des enormen

Vertrauens in sein Schicksal hat er sich doch seit Beginn des Krieges, besonders seit seiner Gefangenschaft, langsam verändert. Seine stetige Sorge um das »Soziale«, die vor dem Krieg auf dem Banner einer christlichen Ideologie der Rechten geschrieben stand, hat sich unmerklich in eine Sorge um die »soziale Gerechtigkeit« geändert, die zu den allgemeinen Grundsätzen der *Résistance* gehört. Als ich Danielle Mitterrand fragte, was ihr Verlobter damals dachte, antwortete sie: »Er war Widerstandskämpfer.«

Während dieser neun Monate hat Morland sich Leuten genähert, die weit außerhalb seiner früheren Welt standen, er hat ihre Bekanntschaft gesucht und sie geschätzt. Unter anderen waren Mendès France, Fernand Grenier, Waldeck Rochet, Edgar Morin, Georges Beauchamp regelmäßig bei jeder Demonstration dabei, die von der Place de la Bastille zur Place de la Nation zog. Eine Person, die auch eine wichtige Rolle bei seiner (ideologischen) Entwicklung gespielt hat, ist Danielle. Ohne zu zögern hat Mitterrand seine Bewegung die Charta des CNR übernehmen lassen, ein Programm, das er vor dem Krieg sofort der Ultra-Linken zugeordnet hätte. Aber obgleich die Grenze zwischen seiner neuen Ideologie und der alten noch fließend ist, unterscheidet sie sich von der Linken deutlich durch ihren Antikommunismus. Soweit, daß er selbst innerhalb des MN-PGD ein kompliziertes Spiel mit den Kommunisten spielen mußte, um die Gaullisten kaltzustellen, um dann wieder den Kommunisten bei der Eroberung der Pfründe »Kriegsgefangene und Zwangsverschleppte« gegenüberzustehen.

Die Lektüre der Zeitung des MNPGD, *L'homme libre* (die in der Folge *Libres* heißen wird), ergänzt durch die seines im Herbst 1945 erschienenen Buches *Les Prisonniers de guerre devant la politique*, ermöglicht es, der Entwicklung seiner Gedanken zu den großen aktuellen Themen zu folgen, denn »François Morland« ist der Leitartikler. In seinem ersten öffentlich verbreiteten Leitartikel, in der Nummer 5 vom 22. August 1944, als Paris noch nicht befreit war (die ersten vier Nummern wurden heimlich verlegt), tritt er für die Rehabilitierung der Kriegsgefangenen ein. Die Meinung der Öffentlichkeit über sie ist alles andere als gut, weil sie in ihren Augen einen Teil der Verantwortung für die Niederlage von 1940 tragen. Die Verteidigung der Gefangenen bildet den Schwerpunkt seiner Artikel:

»Nein, in Paris weiß man nichts von der Macht, die wir sind. Nein, die Behörden, vom Rest Frankreichs abgeschnitten, wissen nichts von der gewaltigen Anzahl, die wir sind. Wir fordern mit gutem Recht einen wichtigen Platz unter denen, die im Namen des Landes Entscheidungen treffen.«

Es erscheint notwendig, bei der Frage der Kriegsgefangenen im Frankreich von 1944–45 ein wenig zu verweilen, denn sie werden François Mitterrands politisches »Geschäftskapital« darstellen. Die Geschichte hat sie vernachlässigt. Sie hat die Taten der Widerstandskämpfer analysiert und hat ein Epos daraus gemacht. Sie hat vom Holocaust berichtet. Sie hat vor zwanzig Jahren endlich damit begonnen, sich umfassend mit dem Phänomen Vichy zu beschäftigen. Sie hat zwar die Kollaborateure aller Art verfolgt. Aber sie hat das Leiden der etwa zwei Millionen Männer im besten Alter fast vergessen, die einige der schönsten Jahre ihres Lebens hinter deutschem Stacheldraht verbracht haben. Dieses Vergessen ist nicht vom Zufall abhängig. Das befreite Frankreich selbst hat sie weitgehend vergessen und schämte sich ihrer fast, da es durch sie immer wieder an seine Schwächen und Feigheiten erinnert wurde. Es war bequemer zu meinen, auch unbewußt, daß sie für die Niederlage und folglich auch für das beschämende Vichy-Regime verantwortlich waren, das Frankreich vier Jahre lang regierte, als der Wahrheit über die Gründe und Folgen der Katastrophe ins Auge zu sehen…

Während Frankreich ohne sie weitermacht und sich an ihre Abwesenheit gewöhnt, haben die Kriegsgefangenen in den Gefangenenlagern die moralischen Prinzipien und lange vergessenen sozialen Werte wiederentdeckt. Einer von ihnen hat mit einfachen Worten die Zerrissenheit, die er bei seiner Rückkehr empfunden hat, beschrieben, die für die im Lande gebliebenen unverständlich ist. Er hat sich gerade von seinen Kriegsgefangenenkameraden getrennt und fährt seinem Dorf entgegen.

»Ich habe über diese Vergangenheit geweint, ich habe bei dem Gedanken an jene Kameraden geweint, von denen ich mich gerade getrennt habe und mit denen ich gelernt habe, das Leben kennenzulernen, das wahre, das große Leben, frei von Vorurteilen, Hierarchie, Klassen- und Meinungsunterschieden, das nackte Leben mit seinen Fehlern, seinen Unberechenbarkeiten, seinen Nöten, gewiß auch seinen Freuden, aber ohne Hinterlist, Blendwerk, Kniefälle und unnötige Worte. Unsere Worte, so derb sie auch waren, waren immer aufrichtig, direkt, vielleicht brutal, aber auch ehrlich wie unsere Taten. Wir haben uns prächtig verstanden. Obwohl wir verschiedene Meinungen über die Zukunft hatten und ungleichen Alters waren, hatten wir oft Gelegenheit, uns unser Einvernehmen zu beweisen, uns gegenseitig zu helfen, zusammen zu verzweifeln und zu hoffen!

Über all das weinte ich. Das erlittene Elend, die traurigen Tage im Lager und während der Kommandos, all diese Gedanken waren in weite Ferne gerückt.«[3]

Sie sind in alle Ecken Deutschlands zerstreut, aber sie empfinden gleich. Die Kriegsgefangenen haben über die Gründe der Niederlage nachgedacht und weisen die Vorstellung von sich, daß ihre Leiden nichts genützt haben. Sie träumen von einem Frankreich von morgen, gestärkt durch die in der Gefangenschaft wiedergefundenen Werte. Freundschaft, Solidarität, Brüderlichkeit, das Bedürfnis nach Gerechtigkeit, einem neuen *Contrat social*, nur diese Ideale haben sie im Mund und tief im Herzen. Solche Schätze sollen nicht verlorengehen.

Die Politik der ehemaligen Kriegsgefangenen ist von »diesen einfachen Wahrheiten«, die sie aus Deutschland mitgebracht haben, durchdrungen. Gabriel Chapotat, ein Kamerad François Mitterrands, hat es während eines Kongresses der Kriegsgefangenen auf ganz einfache Weise ausgedrückt:[4]

»Ich weise mit großem Respekt auf diese heiligen Wahrheiten hin, über deren Einfachheit mehr als ein Außenstehender lächeln wird… Man findet kaum noch politische Glaubensbekenntnisse… aber überall, bis hin zu den bescheidenen Zeugen dieses heiligen Elendslebens, entdeckt man geistige Schätze. Unschätzbare Reichtümer, die nur der erlangen kann, der bis auf die letzte Stufe physischen und moralischen Elends hinabgestiegen ist und der viel erlitten und viel nachgedacht hat.

Es ist die Liebe zum Guten, zum Schönen, die das Individuum läutert; es ist die grenzenlose Liebe für die Familie, die Ehefrau, die treu ihr Heim hütet, das Kind, das heranwächst, die Mutter mit vorzeitig ergrautem Haar; die spontane Nächstenliebe; die Liebe zur Freiheit und zur Gerechtigkeit; die Verehrung des Vaterlandes; ein einfühlsames Verständnis für andere Menschen und der Wunsch nach Frieden in der Welt.

Diese Erfahrung ist nicht die Sache einer geistigen Elite. Im Elend gibt es keine intellektuelle Elite mehr. Es gibt die Elite des Herzens, und die zeigt sich in allen sozialen Schichten.«

Als die Kriegsgefangenen heimkehrten, wurden sie erneut schwer enttäuscht. Zu dem Alleinsein, das sie hinter den Stacheldrahtzäunen erfahren haben, kommt Verbitterung hinzu. Die Kriegsgefangenen haben das Gefühl, nicht verstanden zu werden. Sie stellen die Allgegenwart der *Résistance* fest; die besten Positionen haben ihre gefeierten, umschmeichelten Helden eingenommen. Sie aber sind nur die Besiegten. Sie waren einige Jahre von ihrem Land getrennt. Es wird ihnen bewußt, daß diese Trennung andauert.

François Mitterrand hat die Zeit, die er in den Lagern verbrachte, nicht vergessen. Er fragt sich, ob es noch möglich ist, die dort erworbenen Werte politisch in die Nation einzubringen.[5] Aber er hat auch in der *Résistance* Erfahrungen gesammelt. Bis auf einige seltene Ausnahmen haben die Widerstandskämpfer meist nur Verachtung für die ehemaligen Kriegsgefangenen übrig. François Mitterrand will versuchen, die schwierige Synthese zwischen den beiden Gruppen zustande zu bringen, er, der nach der *Libération* zu den Symbolfiguren der Gefangenen-*Résistance* gehört. Bei diesem Unterfangen unterstützen ihn seine beiden »Paten« Maurice Pinot und Henri Frenay. Ersterer hilft ihm, wie immer im Verborgenen, durch sein Ansehen, das er in der Bewegung der Kriegsgefangenen genießt und schwächt die Ängste ab, die er in konservativen Kreisen auslöst. Letzterer bildet das Bindeglied zur Macht des Widerstands und schützt ihn vor den Angriffen, die daher rühren könnten, daß er mit Personen, die als vichytreu galten, Verbindung hatte.

Frenay, der seit November 1943 für die Probleme der Kriegsgefangenen zuständig ist, teilt die Ansichten seines Freundes Mitterrand: Er ist sehr angetan von einer Zusammenfügung von *Résistance* und den Kriegsgefangenen. François Mitterrand ist sich des politischen Gewichts, das diese etwa zwei Millionen enttäuschter und verbitterter Männer darstellen, bewußt, aber er ist nicht der einzige. Seine politischen Ambitionen stehen außer Zweifel – er möchte der »Patron« der Kriegsgefangenen werden – was aber sind seine politischen Ziele? Sie werden sich im Laufe der Zeit entwickeln. Als Gewerkschaft, als Interessengruppe, als

Partei? Die Idee, eine Partei der Kriegsgefangenen zu gründen, läßt er bald fallen. Wie nah er seinem Ziel kommt, wird von seinen komplizierten Beziehungen zu den Kommunisten abhängen, die ebenfalls beabsichtigen, die Bewegung »Kriegsgefangene« »zu unterwandern«, und von seinem Verhältnis zu Henri Frenay.

Wie alle Leitartikler der Zeit stellt sich Mitterrand dem Hauptproblem der Säuberungen. Er sieht sich angesichts seiner eigenen Vichy-Vergangenheit und seiner Stellung an der Seite des Marschalls bis ins Jahr 1943 hinein einem heiklen Problem gegenüber.

Am 6. September 1944 empfiehlt er in der Zeitung *Libres*, man solle sich vor bloßen Worten und Abstraktionen hüten. Diese Vorsicht ist nicht neu, denn schon während seiner Gefangenschaft hat er mehrmals seine Abneigung gegen Wörter, die auf »mus« enden, bekundet. Statt dessen greift er auf Wörter von starker symbolischer Bedeutung zurück, die von allen geschätzt werden, und stellt sie in neue Zusammenhänge. Über die Freiheit, die Justiz schreibt er:

»Die Worte des Volkes kommen aus dem Bauch. Wenn es seine Balkone mit Blumen schmückt, so erwartet das französische Volk von der Freiheit auch das Recht, seine Zukunft zu wählen. Und das verlangt sofortige, praktische, konkrete Maßnahmen. Wenn die Justiz den Weg der Vergeltung eingeschlagen hat, so erwartet das französische Volk auch, daß sie ihr Schwert erhebt und zuschlägt. Und das erzwingt eine wirkungsvolle Säuberungsaktion. *Es müssen Köpfe rollen.*«[6]

Er fordert also eine Säuberung, definiert aber sofort ihre Grenzen:

»Man schlage Köpfe ab, aber nur, wenn man in der Lage ist, jene auszuwählen, in denen der Gedanke des Verrats entstanden ist. Und die anderen sollten von der latenten Bedrohung, vor Gericht gestellt zu werden, befreit werden. Revolutionen sind Menschenfresser, und sie bewegen sich nicht so schnell vorwärts wie die Zeit.«

Nachdem die Deutschen aus Paris verjagt worden sind, verwendet er zwar weiterhin beißende Worte, aber er definiert die Säuberung, die in der Satzung der MNPGD festgelegt ist (an ihrer Ausarbeitung war er beteiligt), jetzt in einschränkender Weise:

»Das MNPGD fordert die Bestrafung der Verräter.

Verräter sind jene Minister, Diplomaten, Generäle, Vorstände von Großunternehmen, die forderten, Frankreichs Armee solle vor Hitler zurückweichen, die es versäumten, die französischen Streitkräfte neu zu organisieren, und die die Verantwortung für unser Unglück tragen.

Verräter sind jene, die einen Waffenstillstand der Unterjochung unterschrieben, die der Auslieferung von Elsaß und Lothringen, der Internierung von zwei Millionen Gefangenen, der Deportation von einer Million Franzosen aufgrund der Lüge der *Relève*, der Arbeit der Gefangenen in der Rüstungsindustrie, zugestimmt haben.

Verräter waren die Mitglieder einer sogenannten Regierung, die sich anmaßte, den Befehlen des Feindes gehorchend, ein neutraler Staat mit der Rolle der Schutzmacht zu sein, und so die Gefangenen der Willkür ihrer Wärter schutzlos auslieferte.

Verräter sind die französischen Verbindungsmänner der Gestapo, die Polizisten oder die Angehörigen der Miliz, die die Patrioten verfolgten, verhafteten, folterten und dem Feind auslieferten. Die Justiz muß mitleidslos über sie richten.«

Die beiden Definitionen sind nicht widersprüchlich, aber Mitterrand betont mehr den Vorsatz, Verrat zu begehen, als die Umstände und Handlungen. Es ist auch offenkundig, daß er sofort nach Kriegsende zur nationalen Versöhnung aufruft und dieser Idee treu bleibt. In seinen Augen dürfen nur diejenigen, die »den Verrat ausgedacht« haben, vor Gericht gestellt und verurteilt werden. Als er 1990, 1991 und 1993 »das Vergessen« der Kollaboration predigte, sagte er auch nichts anderes, denn »man kann nicht immer von Erinnerungen und Groll leben«. Er löste sogar einen Meinungsstreit aus, als er durchblicken ließ, daß er über den Verlauf des neuen Prozesses gegen Touvier verstimmt sei.

Zahlreiche Stellungnahmen in den Wochen und Monaten, die der *Libération* folgten, zeigen, daß diese Einstellung auf reiflicher Überlegung beruht. In seinen Augen darf die bloße Zugehörigkeit zum Räderwerk der Vichy-Regierung nicht schon zu einer Verurteilung führen. Man muß den »Verrat ausgedacht« haben. Er schätzt, daß dies weder auf seine ehemaligen Kameraden zutrifft, noch auf jene Leute, die er in Vichy kannte und die sich schlimmstenfalls geirrt haben. Er muß es wissen, da er selbst im Jahre 1942 bei der Wahl, welchen Weg er einschlagen sollte, gezögert hat. Er weiß, daß er dann die richtige Wahl getroffen hat, aber deshalb will er nicht den ersten Stein werfen auf die, die nicht so gehandelt haben wie er. Würfe er den ersten Stein, so wäre das gleichbedeutend damit, seine eigene Zeit, in der er Anhänger Pétains war, zu verurteilen. Darauf hat er sich nie eingelassen.

Die anderen Leitartikler der Zeit denken auch über die Säuberung nach. François Mauriac polemisiert in *Le Figaro*, im Meinungsstreit mit Albert Camus vom *Combat*, er wirft ihm heftig seine »Verachtung der Barmherzigkeit« vor. Camus antwortet:[7]

»Ich möchte ihm nur entgegnen, daß ich zwei tödliche Wege für unser Land sehe (und daß es Art und Weisen zu überleben gibt, die nicht besser als der Tod sind). Diese beiden Wege sind die des Hasses und der Vergebung. Einer wie der andere scheinen mir gleich unheilvoll.«

Der Journalist François Mitterrand nutzt geschickt jedes passende Ereignis. Nachdem Häftlinge aus dem Gefängnis von Gap entführt und am Straßenrand getötet worden sind, brandmarkt er die »Betrüger der *Résistance*«[8]:

»Die Männer, die man so ohne Urteil tötet, glaubt ihr, daß nicht wir dadurch verurteilt werden? Und seien es auch Verräter, glaubt ihr denn, daß sie uns nicht anklagen werden? Unsere Taten zeigen, daß wir unfähig sind, die republikanische Ordnung, die wir fordern, in die Tat umzusetzen. Klagt die fünfte Kolonne an, die Vorgänge verschwinden läßt und die Einstellung von Verfahren erpreßt; aber es gibt eine sechste Kolonne, deren Gefahr ihr nicht erkennt und die die Franzosen am Ende überzeugen wird, daß der Widerstand ein Entschuldigungsgrund für Verbrechen ist.

Darüber ist die Presse einer Meinung. Sie verurteilt das Unternehmen Gap und ist aufgebracht über die Drohungen, die über unserem inneren Gleichgewicht schweben. Aber wagt sie es, die Gründe des Übels aufzudecken und Mittel zur Abhilfe zu suchen? Wir meinen, es würde genügen, die wirklichen Kämpfer der wahren *Résistance* zu rufen. Daß so viele naive, sogar unschuldige Opfer der Vergeltungspolitik, des Portiergeschwätzes

oder wegen ihrer eigenen Dummheit in den Gefängissen vermodern, das können wir nicht akzeptieren, wenn andererseits Verräter, Denunzianten und Geschäftemacher von der Nachsicht und dem Vergessen profitieren. *Zu groß ist die Zahl der Betrüger, die sich der Résistance erst anschlossen, als sie siegreich war, aber in ihrem Namen sprechen und handeln.*[9]
Eine schlechte Rechtsprechung, die dem Zufall überlassene Säuberung, das sind direkte Folgen dieses grundlegenden Irrtums, der uns unsere schlimmsten Feinde in die eigenen Reihen aufnehmen läßt: jene, die mit unserer Zustimmung unsere Leiden und unsere Ehre stehlen.«

Am Montag, dem 28. Mai, wütet er wie ein Fouquier-Tinville, indem er sie »Blutsauger des Volkes« nennt und sie so der gerichtlichen Verfolgung aussetzt:

»…Die Regierung leidet nicht an Schwäche, jedenfalls in vielen Bereichen. Sie besteht aus Männern, die zu ihrer Zeit große Verantwortung getragen haben. Aber es ist beängstigend zu sehen, wie dieselben Männer, die stark und unerbittlich gegen den äußeren Feind gekämpft haben, sich nun so ängstlich in dem Kampf gegen den Gegner, der sich Schwarzmarkt nennt, verhalten.

Man hat Journalisten erschossen, man hat gestern einen General von fünfundsiebzig Jahren zum Tode verurteilt, aber man könnte glauben, daß die Haut der Schieber zu kostbar ist, um von zwölf Gewehrkugeln durchlöchert zu werden. Merkt euch dennoch diesen Rat: Laßt fünfzehn von ihnen, und die sind leicht zu finden, öffentlich erschießen und ihr habt ein Problem, mit dem sich zu viele Experten, aber nicht genügend aufrichtige Leute befassen, weitgehend gelöst.«

Einige Tage später wird Mitterrand von der Zeitung *L'Humanité* angegriffen, die von »Provokation« spricht. Er hält durch…

Der Prozeß des Marschall, der vom 23. Juli bis zum 15. August 1945 stattfindet, gibt dem Leitartikelschreiber der *Libres* Gelegenheit, an seinem Urteil über Vichy, Pétain und demzufolge an seiner eigenen Rolle während dieser Zeit zu feilen.

François Mitterrand wohnt dem Prozeß bei, widmet ihm aber nur drei Leitartikel. Zu jener Zeit war er mehr mit dem Schicksal der Kriegsgefangenen als mit der Innen- oder auch Außenpolitik beschäftigt. Er legt sich eher mit denen an, die dem Marschall Frankreich überlassen haben, als mit dem Marschall selbst, über den er kein unangenehmes Wort verlauten läßt. Er steckt Angeklagte und ihre Ankläger in denselben Sack, Daladier, Herriot, Lebrun und andere Würdenträger der Dritten Republik, die vor Gericht aufmarschieren, und mit besonders wilder Genugtuung Edouard Daladier.

Wie alle Kommentatoren der Zeit erwähnt er den Antisemitismus von Vichy nicht. Wie hätte es auch anders sein können, da das Wort nicht ein einziges Mal während dieses langen Prozesses ausgesprochen wurde! Pastor Boegner, der am meisten über dieses Thema und seine Vorsprachen beim General in Vichy ausgesagt hat, sprach schamhaft von der »Verfolgung der Nichtarier«. Andere haben, wie im Vorbeigehen, die »Rassenpolitik« von Vichy gebrandmarkt. Monsieur Roussel, ehemaliger Abteilungsleiter des Staatsrats, der der Kommission für die Wiederaufnahmeverfahren zur Einbürgerung vorstand, konnte in aller Ruhe seine Arbeit, die von der Gesamtheit des Staatsrates gebilligt war, beschreiben, ohne vom Gerichtspräsidenten oder vom Staatsanwalt unterbrochen zu werden. Dieser Beamte gab sich wie das gute Gewissen nach einer bestens erledigten Arbeit:

»Wir erwarteten eine massive Ausbürgerungswelle. Aber da unsere Rechtsprechung wohlwollend war, sehr human, ohne rassische oder politische Vorurteile und nur die höchsten Interessen Frankreichs im Auge hatte, kamen wir zu einem wirklich seltsamen Ergebnis. Tatsächlich erreichten wir nur drei Prozent aller eingebürgerten Leute…«[10]

Alle Prozesse der Nachkriegszeit sind schnell über das Thema hinweggegangen. Auch die Zeitungen. Albert Camus befaßt sich erst 1948 näher damit, im Vorwort eines Buches von Jacques Méry, betitelt *Laisser passer mon Peuple*.

Am 11. Juli 1945, im Zuge der Berichterstattung über den Prozeß Pétain, erwähnt Mitterrand den Marschall mit keinem Wort, sondern benutzt seinen Leitartikel dazu, Daladier anzugreifen:

»Legen wir noch einmal Aufsässigkeit an den Tag? Aber wir müssen eingestehen: Daladier als Zeuge im Prozeß Pétain, das scheint uns ein Scherz zu sein. Was sagt denn Daladier? Daß Pétain ein Verräter, ein Defätist, ein vermummter Bandit sei.

Aber was uns interessiert, ist folgendes: Er hat etwas hinzugefügt wie: ›Ich habe es seit langem gewußt, ich habe niemals Vertrauen gehabt, ich habe es immer vorausgesagt.‹ Nach all den so
lange heruntergeschluckten Tränen kommt uns jetzt die große
Lust an zu lachen. Nun, Monsieur Daladier wußte es. Also wußten es alle: nicht nur Daladier, sondern auch die ehrenwerten
Staatsräte, Präfekten und andere angesehene Persönlichkeiten,
die heute am Untersuchungsrichter vorbeimarschieren. Man hat
nicht wenig Lust, sich zu fragen, warum das oberste Kriegs-
gericht niemals durch die zuständigen Minister gesäubert wurde,
warum Monsieur Daladier ausgerechnet diesen alten, achtzig-
jährigen Herrn, dessen Schrullen und Fehler er so gut kannte, als
Botschafter nach Madrid gesandt hat.

In Wahrheit waren unsere weitgeöffneten Augen auf diesen
großartigen Kuchen gerichtet, den man Demokratie nannte und
den man uns nun auf die Art von 1875 gierig hinunterschlingen
sehen will. Wie denn! In einem System, in dem jeder Allerwelts-
redner des Landwirtschaftsverbandes sich an den schönsten
Worten der französischen Sprache labte und der Illusion anhing,
daß die Freiheit ihm ebenso gehöre wie die Hammelkeule und
der ihm vor einer halben Stunde von einem schönen Mädchen
des Landes kredenzte Chambertin, in einem Regime, in dem
man die seltsame Einrichtung eines Informationsministeriums
ignorierte, weil nichts vor dem einfachsten Bürger verborgen
werden konnte, da sollen die Staatsräte, die Präfekten, die gewählten Vertreter des Volkes, die von den Vorbereitungen zum
Verrat wußten, hartnäckig geschwiegen haben können?

Das werden sie uns schwerlich weismachen. Entweder wußte
Monsieur Daladier, daß Pétain Sabotage verübte und Verrat beging, dann hätte er nicht warten dürfen, bis soviele Katastrophen
geschehen, um es uns zu sagen, oder er wußte nichts und lügt.
Jedenfalls, soweit es ihm noch möglich wäre, dadurch erhöht er
sein Ansehen durchaus nicht. Als er in Bourrassol war[11], hatten
wir Mitleid mit ihm. Wir brauchten keinen Hitler und keinen
Generalstaatsanwalt Cassagnau[12], die sich in unsere Angelegenheiten mischten. Das war wirklich nur unsere Sache. Aber heute,
da Hitler tot ist, und der Generalstaatsanwalt Cassagnau sich eines angenehmen Pensionärsdaseins erfreut, geht es uns wieder
an. Und es gefällt uns nicht zu sehen, wie Daladier, zusammen

mit anderen, sein eigenes Schuldbekenntnis auf andere überträgt. In meiner Straße gibt es drei Frauen, die abends vor der Tür sitzen und stricken. Es kommt vor, daß sie über ihr Unglück sprechen. Der Mann der einen ist am 15. Mai in Sedan gefallen, der Mann der anderen ist von der Miliz erschossen worden, der Mann der dritten hat fünf Jahre in einem Kommando in Hannover verbracht.

Die zweite sagte neulich: ›Darnand ist im Gefängnis und darüber bin ich sehr froh. Aber zwölf Gewehrkugeln, das ist dennoch wenig. In Cusset hat man Senati – das war unser Denunziant – an den Füßen aufgehängt. Sie können sich denken, wie ich Beifall geklatscht habe!‹ Die erste antwortete darauf: ›Ich verlange nicht soviel von der Justiz. Es mußte nicht sein, daß die, die meinem Mann ein altes Gewehr in die Hand gedrückt haben, um gegen Panzer zu kämpfen, ins Gefängnis kamen. Aber ich finde, daß die Zeitungen immer noch zu nachsichtig sind, wenn über sie geschrieben wird.‹ Die dritte hat nichts gesagt. Sie dachte zweifellos, daß fünf Jahre Gefängnis für 1,8 Millionen Menschen diejenigen, die dafür verantwortlich waren, wenigstens schamhaftes Schweigen hätte lehren können.«

Für François Mitterrand gilt der Prozeß gegen den Marschall eher denen, die für die Niederlage gegenüber der deutschen Armee die Verantwortung tragen. Und so greift er auch Edouard Herriot heftig an:

»…Aus Geschichtsbüchern haben wir gelernt, daß Frankreich ein großes Land war. Groß, ein mißliches Adjektiv. Wie soll das gehen, daß Monsieur Herriot sich in einer Zeit behaglich fühlt, in der man nur von Größe spricht? Das ist aber geschehen. Durch ein Leben in biederer Mittelmäßigkeit sind die Franzosen mit dem anderen Edouard, dem Kleinen, nach München gegangen. Indem wir die genaue Mitte im Visier hatten, haben wir am Ende zu tief geschossen. Und Vichy war die bittere Belohnung all derer, die der Größe entsagt haben und deshalb die ersten Opfer der übermäßigen, niederträchtigen Forderungen wurden. Zur Zeit des Münchener Abkommens waren wir zwanzig Jahre alt. Und viele, wie auch wir, haben als Geschenk zur Volljährigkeit nur Demütigung, den Tod und die Gefangenschaft erhalten.

Das gibt uns ein Recht mitzuurteilen und gestattet uns, strenge Maßstäbe anzulegen. Fünf Jahre haben wir gekämpft, und unsere Reihen haben sich unerbittlich gelichtet. Wenn wir in Momenten der Verzweiflung unsere Traditionen geliebt haben, so mußten wir ziemlich weit zurückgehen, um ihre Großartigkeit zu erkennen: der Durchschnittsfranzose des Monsieur Herriot versteht unter Zivilisation seit fünfundzwanzig Jahren das Paar Pantoffeln und das Beefsteak mit Pommes frites. Wer hätte aus den offiziellen Reden der Zeit die heldenhafte Kraft der Kämpfer von 1914–18, der Eroberer Senegals, Marokkos und Indochinas heraushören können? Armes Heldengedicht, das gezwungen ist, seinen Weg durch die weisen Münder unserer Politiker zu nehmen!

Und endlich erreichten uns wieder Worte der Größe, nach so vielen mittelmäßigen Dummheiten, Ursprung von so vielen großen Katastrophen. De Gaulle und dann Péri, Bertie Albrecht, Narbonne, Médéric, dazu all die anderen, die es verstanden haben, auch in den Gefängnissen, in den Lagern ihre Seele wiederzuerwecken, und damit auch die unseres Volkes, sind unsere einzigen Freunde und einzigen Lehrmeister geworden. Die anderen? Wir haben sie einfach vergessen...«

Man begegnet in diesem epischen Text der Stimme des jungen Mannes, der sich für Geschichte begeistert, genährt durch die Heldentaten der »Frontsoldaten von 1914-18«, mitgerissen von den Erzählungen der Kolonialzeit, die nach Größe strebte und sich an der politischen Mittelmäßigkeit der faulen Politiker der Landwirtschaftsverbände stieß. In seinen Augen war Vichy nur das Nebenprodukt.

Von diesen jämmerlichen Verantwortlichen verlangt er nur Schweigen, um das Vergessen eines schmutzigen Zeitabschnittes zu erleichtern, in dem er zwanzig Jahre alt war. Hier ist François Mitterrand nur der Widerstandskämpfer, der sich zuerst und überhaupt in de Gaulle wiedererkennt, der als erster wieder Worte von Größe auszusprechen wußte. Der Atem der Geschichte ist über die Streitigkeiten mit seinem politischen Nachkommen hinweggegangen...

Nach seinen Betrachtungen über die Männer der Dritten Republik widmet er am 27. Juli dem Prozeß selbst einen Artikel:

»In diesem kleinen Saal findet ein großer Prozeß statt. Aber dieser große Prozeß vereinigt sehr unbedeutende Männer, und so paßt der kleine Saal nicht ganz. Jeder heißt hier Präsident. Jeder dieser Präsidenten ist geistvoll und plustert sich auf. Angefangen beim Präsidenten des Sondergerichts, der keine Gelegenheit verliert, einen Witz anzubringen, bis hin zu jenen Präsidenten des Ministerrates, die vor der Geschichte versagt haben und sich mit Geschichtenerzählen hervortun. Der Angeklagte aber, er schweigt. Trotz seiner Taubheit könnte man glauben, er höre und höre auch zu. Er spielt mit seiner Mütze oder seinen Handschuhen. Von Zeit zu Zeit errötet er, lächelt oder wird nervös. Und er besteht hartnäckig auf einem ›dauernden Nein‹. Er hat auch auf diesen Tag gewartet, um nein sagen zu lernen.

Jeder der Zeugen legt Zeugnis für sich selbst ab. Monsieur Daladier erzählt von seiner Verteidigung beim Prozeß von Riom. Monsieur Lebrun, ein sehr ehrbarer Mann, befragt sich und kommt zu keinem Schluß. Er wundert sich überdies darüber, daß er, der immer so höflich war, so unhöflich behandelt worden ist.

Und die Geschworenen, von der Krankheit der Zeit befallen, fragen sich andauernd, was die großen Vorfahren im Nationalkonvent an ihrer Stelle gemacht hätten. Einer von ihnen sagte es mir gestern: ›Nun ja, ich habe gute Aussichten ein Marschall-Vernichter zu werden!‹ Das ist auch eine Art, in die Nachwelt einzugehen. Und sie schämen sich nicht. Ich stelle mir vor, daß sie jeden Abend von den ruhmreichen Erinnerungen an die Königsmörder des vergangenen Jahrhunderts heimgesucht werden. Man fühlt, daß sie sich nur einmischen, wenn es darum geht, ihren jeweiligen Parteien Argumente für die Wahlen zu verschaffen. Die Fragen, die sie den Zeugen stellen, sind völlig nutzlos. Abgesehen von der starken Beteiligung Monsieur Pierre Stibbes sowie Monsieur Tony Révillons[13], war alles andere Unsinn und Geschwätz.

Und wer ist der Gewinner dabei? Es ist von geringer Bedeutung, daß Rechtsanwalt Isorni wortgewandter ist als der Generalstaatsanwalt Mornet, oder daß der Präsident Mongibaux Treppenwitze erzählt. Es ist auch kaum wichtig, daß Monsieur Pierre Bloch an seine Wähler von Laon denkt oder daß Monsieur Jammy Schmidt sich bei seinen Erklärungen verhaspelt.

Durch ein hohes Fenster erkennt man den Turm der Sainte Chapelle. Er zeichnet sich zart und klar am Julihimmel ab. Wirklich, man sollte versuchen, außerhalb dieses vergoldeten und geistlosen Saals durchzuatmen.

In diesem Prozeß, bei dem es um Verrat geht, kommen so viele kleine Verrätereien zum Vorschein, daß das Herz davon müde wird. Armes Regime, das als letzte Verteidiger nur Männer hat, die über ihre Fehler reden können. Ein französischer Marschall hat die Republik in seine Tasche gesteckt. Einen Präsidenten der Republik beunruhigten des Nachts die Gesichter Fochs, Poincarés, Clemenceaus. Aber er verbeugte sich ›verfassungsgemäß‹ vor einer Wahl, die von einem durchtriebenen Mann der Auvergne in Vichy erzwungen wurde. Ein Staatsrat, Kriegsminister, beschimpft fünf Jahre später die verräterischen Generäle, die er damals durchaus hätte absetzen können.

Welcher Franzose fühlt sich da insgeheim von dieser Rückschau nicht irritiert? Die großen Überschriften in den Zeitungen verblüffen ihn: ›Sieh an, da sind sie wieder!‹ Und er wartet ungeduldig auf die einzigen Zeugenaussagen, die zählen: jene der Soldaten von 1940, die vergeblich die Flugzeuge der Freunde über ihren Köpfen suchten; jene der Vogelfreien, die von einer angeblich französischen Polizei, die mit der Gestapo unter einer Decke steckte, verfolgt wurden; jene der Deportierten, die eine schändliche Regierung ihren Folterknechten auslieferte. Was die anderen betrifft, Angeklagte oder Ankläger, Komplizen des Verrats oder der Feigheit, Komplizen unseres Unglücks, die würde er mit großem Vergnügen in einen Topf werfen.«

Die Nachsicht, die François Mitterrand gegenüber Vichyanhängern übt, hält ihn nicht davon ab, jene, die »fünf nach zwölf«, so schrieb er am 8. September 1945, bettelnd an seine Tür klopfen, mit Verachtung zu strafen. Er findet also zur Härte des im Untergrund Agierenden wieder, der es gewohnt war, selbst öfter vor verschlossener Tür zu stehen, als herzlich empfangen zu werden. Und er stellt nicht ohne eine gewisse Bitterkeit fest, daß diejenigen, die auf der richtigen Seite waren, eher in Courbevoie, Pantin, Bobigny oder Montrouge wohnten, und daß »die anderen – oder um genauer zu sein – das Bürgertum – bis fünf nach zwölf wartete…« Diesen Bürgern, die jetzt kommen, um gute Plätze zu ergattern und die er verachtet, zieht er doch »jenen schwierigen Freund vor, der mit seiner ganzen Seele an das Ehrgefühl eines alten Mannes geglaubt hat, und der noch einer Stunde länger seiner Illusion treu bleibt«. So grenzt er ein wenig besser den Bereich ab, innerhalb dessen er verzeiht. Ausgeschlossen davon sind nur diejenigen, die den »Verrat erdacht« haben, wie er es in seinem vorausgehenden Text gesagt hat, oder, wie heute, die, welche ihr Land »verhöhnt und verleugnet haben«. Dieser Text ist wichtig, denn er läßt das Ausmaß seiner Entwicklung erkennen, die Abkehr von gewissen Freunden und gleichzeitig Treuebezeugung gegenüber denen, die sich guten Glaubens geirrt haben.

»Diese Woche hat man oft an meine Tür geklopft. Alte Freunde, die ich damals an der Universität, im Regiment oder im Kommando gekannt habe: Sie haben meinen Namen zwischen vielen anderen in den Zeitungen gelesen und haben mir, mit ihren gealterten Gesichtern, eine Handvoll Erinnerungen dargeboten, die man sich erlaubt, ausgezeichnet zu finden, da sie fern sind. Aber liebe Freunde, denen ich während dieser schrecklichen Monate begegnet bin, die brauchen keine Zeitungen, um mich zu erreichen; und sogar dieser Name, den ich jetzt führe, mein richtiger Name, der ist ihnen entstellt, seltsam vorgekommen, so sehr waren sie an andere Namen gewöhnt, die ich willkürlich nach jedem Besuch bei ihnen wechselte. Unbekannte sind auch gekommen, die hofften, von ihren Ängsten um das Schicksal geliebter Menschen, Opfer des Feindes, erlöst zu werden.

All jene haben nichts von mir gefordert, oder wenig: ein Abendessen, einen Aperitif oder fünf Minuten zwischen Tür und Angel, oder noch besser, die Freude der Freundschaft oder ein wenig Hoffnung. Aber wenn man diese Woche viel an meine Tür geklopft hat, dann waren es jene, die zu lange gewartet haben und sich nun beeilen, einen Platz abzubekommen und die so viele Forderungen haben.

Wie schade, daß man es nicht früher gewußt hat! Wer hat keinen amerikanischen Piloten aufgenommen? Wer hat keinen Fluchtweg nach Spanien organisiert? Wer hat keine falschen Papiere für Geflohene hergestellt? Wer hat keinen entfernten Großcousin, der in der FFI eine Rolle spielte? Mein Gedächtnis läßt mich im Stich, dabei fühlte es sich so wohl mit den fünf oder sechs Adressen, bei denen man Unterschlupf finden konnte. Ich messe meine Dummheit daran, daß ich öfter, als es nach meinem Geschmack war, im Freien nächtigte. Ich werfe mir vor, den Concierge verdächtigt zu haben, der meinen Mittelsmann ermutigte, dort hinaufzugehen, wo seit dem Vorabend die Gestapo Posten bezogen hatte. Ich klage mich des Mißtrauens an, das mich aus jenem Café weggehen ließ, in dem ein allzu höflicher Kellner unauffällig mit Kunden telefonierte, die goldene Brillen und grünliche Hüte trugen.[14] Ich bekenne, daß es von schlechtem Geschmack zeugt, wenn ich uralte Beziehungen abgebrochen habe, weil an dem Abend, als die Verfolger dicht auf meinen Fersen waren und ich um Hilfe rief, gerade das letzte Zimmer vergeben war. Es gibt eine Manie der Heimlichkeiten. Ich habe darunter gelitten, ohne daß ich mir dessen bewußt wurde. Aber damals hingen eben nicht so viele Fahnen an unseren Fenstern, und wie konnte ich das ahnen?

Man wird sagen, daß ich spaße oder übertreibe, weil es so aussieht, als ob ich den Glauben an unser Schicksal für mich in Anspruch nehme. Aber nein, ich scherze nicht! Da gibt es Punkte in dieser dunklen Geschichte, die für die Geschichte festgehalten werden müssen. Diejenigen unter uns, die als Geächtete gelebt haben, wissen, in welchen Gegenden Frankreich voller Hoffnung war… Und dort war das Leiden schon immer der Begleiter der Menschen. Am letzten Tag des Aufstandes haben wir einige unserer Partisanengruppen inspiziert. Obwohl sie schlecht gekleidet, miserabel ausgestattet und schmutzig waren, besaßen sie eine erstaunliche Würde. Aber sie wohnten in Courbevoie, Pantin, Bobigny oder Montrouge. Die anderen, oder sagen wir, um gerechter zu sein, das Bürgertum, wartete auf die Stunde danach.

Wenn man diese Woche oft an meine Tür geklopft hat, dann deshalb, weil die Flüchtigen von Belfort und Baden-Baden einige Plätze leer gelassen haben. Und dafür tauchen jetzt diese Bürger auf, die gewartet haben, bis alles vorbei war, beladen mit Diplomen und Aktenbündeln, die ihre Verdienste bestätigen. Als treffender Werbespruch drängt sich da auf: ›Die *Résistance* hat ihre Rolle gespielt; verleiht den Kämpfern Medaillen, aber reserviert die Posten den Meistern der Gaunerei, der Tricks, den Seiltänzern der Politik und Verwaltung.‹ Nein! Denn unsere Soldaten des Untergrunds zeigten eher Zivilcourage als militärischen Mut. Und gute Politik, eine ehrliche und fähige Verwaltung verlangen Zivilcourage, die auch im Krieg über die bloße Technik triumphiert hat. Diejenigen, die zu lange gewartet haben, können nun auch noch ein wenig warten. Wenn alles wieder in Ordnung ist, dürfen sie erneut an unsere Tür klopfen. Wir werden sie dann aufs beste empfangen. Wir werden sie in unsere Mitte aufnehmen, denn die Nation läßt nur die im Stich, die sie mit Füßen getreten oder verleugnet haben. Aber dennoch, jenen Leuten, deren Methode darin besteht, zu spät zur verabredeten Stunde zu kommen, ziehe ich jene schwierigen Freunde vor, die mit ihrer ganzen Seele an die Ehrenhaftigkeit eines alten Mannes glaubten und die ihrer Illusion eine Stunde länger treublieben.«

Der Schreiber des Leitartikels hatte persönlich mit Problemen der Säuberung zu tun. In seiner Widerstandsbewegung gab es Verräter; er selbst wurde denunziert. Er hatte Freunde oder Bekannte, die mit dem Gesetz in Konflikt geraten waren. Er selbst und seine Freunde wurden sogar in der *Résistance* wegen ihrer Beziehung zum Vichy-Regime angegriffen. Wir werden in den folgenden Kapiteln sehen, wie er darauf reagiert hat…

Aber, wie François Mitterrand selber sagen würde, das alles sind ja nur Worte, was wirklich zählt, sind Taten.

In seinen Kreisen »sprach man am Tisch nicht von Geld«, und es ist unstreitig, daß er, selbst als er sich weit von der Mitte entfernte, nie auf der Seite der Geld-Bourgeoisie war. Er stand eher auf Seiten der Essigfabrikanten als auf jener der Cognac-Hersteller, selbst wenn seine Verachtung der Konzerne und der internationalen Finanz mehr nach Maurras als nach Blum roch. Diese Geringschätzung ist ihm geblieben, aber er drückt sie jetzt viel schärfer aus, in einer Sprache, die der der Zeitung *L'Humanité* ziemlich nahe kommt. So schreibt er in *Libres* vom 26. Oktober 1944:

»Liebe große Vorfahren (sie sind alle ziemlich jung gestorben), Ihr hättet nicht glauben dürfen, daß die Revolution beendet sei, weil Ihr ein paar Hälse durchschnitten habt.[15] Um seine Freiheit zu erobern, muß man wachsamer als der sein, der Euch in der Hand hat. Ihr habt die Monarchen verjagt, von denen einige gutmütig waren, aber Ihr habt nicht verstanden, daß der mächtigste von ihnen fortfährt, Euch etwas vorzumachen. Das Geld! Das königliche Geld! Es hat genug Burgen, Zugbrücken und Paläste gebaut! Aber niemand sah es, denn alle dachten, sie könnten davon profitieren. Und allmählich zog sich das Netz aus Gold und Blut Masche für Masche zusammen, und ich glaube, daß Bloy wohl recht hatte, als er in diesem Netz Millionen zappelnder Menschen sah.

Nach diesen kurzen Informationen, die nur Ziffern enthalten, hinter denen sich aber so viele zerstörte Herzen verbergen, konnte ich nicht verhindern, an die Ironie der Worte zu denken. Wir haben die Freiheit nicht erobert. Wir können wohl über Demokratie und Toleranz, Solidarität und Brüderlichkeit schreiben, aber das alles wird zu Staub, wenn wir unter der Bedeutung dieser Worte nicht den Feind erkennen, der uns bedroht. Der Internationalen des Geldes entspricht unsere Internationale. Auch ich war ein Sklave in den Lagern. Und ich bin mir nicht einmal sicher, es nicht mehr zu sein. Der Internationalen des Geldes entspricht die Internationale der Menschen, zu denen ich gehöre, die Millionen Unterdrückter vereinigt. Es ist an uns zu beweisen, daß wir wachsamer sind als unser Bewacher…«

Mitterrand zitiert sogar Lenin und spricht von der »großen Stimme Jaurès'«…, die noch schmerzhaft im Grunde des Herzens jener, die an eine friedliche Zukunft der Menschen glauben, nachhallt«. Diese neuen Appelle an die Männer der Linken und Ultra-Linken drücken offensichtlich eine Veränderung seines Denkens aus. In seinem ersten Buch, *Les Prisonniers de guerre devant la politique*, das im Herbst 1945 erschienen ist, definiert er, wie Politik seiner Ansicht nach sein müßte:

»Was man gewöhnlich Politik nennt, ist nur Berechnung und Täuschungsmanöver. Frankreich, das die Folgen einer solchen Politik getragen hat, weiß, woran es sich zu halten hat. Aber die wahre, glaubwürdige Politik, wenn sie Geschicklichkeit, Nachgiebigkeit, Wahrnehmung des richtigen Augenblicks zur Verwirklichung großer Pläne verlangt und diese nicht ausschließt, kann immer in einigen ganz einfachen Themen zusammengefaßt werden. Seit 1789 haben sich Bürger der Demokratien an den alten Wahlspruch der Freiheit und der Gleichheit gewöhnt. Aber sie erkannten nicht, daß in dem Augenblick, in dem sie ihre Freiheit, ihre politische Gleichheit eroberten, das Maschinenzeitalter geboren wurde.

Und so hat sich im Industriezeitalter, unter dem Mantel eines hochgeschätzten Liberalismus, ein ungeheuerliches Sklavensystem entwickeln können. Zweifellos hatte Lamartine eine gewisse Redegabe, als er die Trikolore pries. Sicherlich, denn man applaudierte. Aber es war falsch, sich auf die Freiheit des Menschen nur zu berufen, die gewohnheitsmäßig von einer sozialen Ordnung verleugnet und schikaniert wurde. Und 1848 fügte man unseren Fahnen das Wort Brüderlichkeit hinzu. Aber gleichzeitig arbeiteten Kinder unter zwölf Jahren vierzehn Stunden täglich in Kohlenbergwerken oder an einem Webstuhl. Wir brauchen also nicht zu sagen, daß, wenn wir von Freiheit sprechen, es sich hier nicht um die Freiheit eines ehrbaren Bürgers handelt, die Zeitung seiner Wahl lesen zu können. Oder sagen wir eher, daß es auch um diese Freiheit geht, aber erst nach vielen anderen Dingen. Die erste Freiheit ist die, genug zu essen zu haben...«

Was für ein energisches Plädoyer gegen den ungezähmten Liberalismus!

Ende November 1944 tritt er nachdrücklich gegen den »Parteiengeist« an, der »unsere Einheit zerstört und das Fundament unseres Unglücks ist«. Mitte März 1945 jedoch ändert er seine Meinung grundsätzlich:

»Wir haben den Geist, der den Parteien inne ist, beschrieben. Unter Parteiengeist verstehen wir den treu zur Partei stehenden Geist. Wir haben die Franzosen dazu eingeladen, Themen zu finden, die eher vereinigen als trennen. Und gewiß haben wir damit einerseits recht. Aber welcher Friede ist wahrhaftig, wenn es nicht der des Herzens ist?«

Von jetzt an sieht er für sich keine andere Lösung, keine andere Zukunft, als sich seinerseits in das politische Leben als Politiker einzubringen...

# Anmerkungen:

1 In Frenay: *La Nuit finira*.
2 Vgl. Éric Duhamel: *Thèse sur l'UDSR*, 18 bis, rue de la Sorbonne, Côte B.U.T. 2513.
3 Aus dem ausgezeichneten Buch von Christophe Lewin: *Die Rückkehr der französischen Kriegsgefangenen*, Veröffentlichungen der Sorbonne, Paris 1986.
4 Ebd.
5 Die Frage stellt er in seinem ersten Buch *Le Prisonniers de guerre*, a.a.O.
6 Hervorhebung vom Autor.
7 *Combat* vom 11.1.1945.
8 *Libres* vom 10.2.1945.
9 Hervorhebung vom Autor.
10 *Le Procès du Marschall Pétain*, Stenographischer Bericht, Albin Michel, Paris 1945.
11 Haftort von Daladier bis zu seinem Abtransport nach Deutschland am 30. März 1943.
12 Beim Prozeß von Riom, der im Frühjahr 1942 stattfand, um die sechs Männer, die verantwortlich für die Niederlage waren, abzuurteilen, verlas Cassagnau eine Anklageschrift von 164 Seiten gegen Daladier.
13 Senator für das Département Ain, Radikalsozialist.
14 Anspielung auf Charles Delval. Vgl. 26. Kapitel, S. 430.
15 Das ist das erste Mal, jedenfalls nach unserer Kenntnis, daß er mit einer solchen Wärme von den Revolutionären der Schreckensherrschaft spricht.

## 28. Kapitel
## Erste Versuche

Die Wochen, die auf die *Libération* folgen, reißen François Mitterrand in einem wahren Taumel mit. Obwohl er auf seinen Ministerposten verzichtet hat, hofft er dennoch, seine Ambitionen, ein Hauptakteur der französischen Politik zu werden, zu verwirklichen; dazu stützt er sich auf die Gemeinschaft der Kriegsgefangenen. Er hat den Posten des Generalsekretärs des Ministeriums der Kriegsgefangenen, Deportierten und Flüchtlinge nicht angenommen; einige Wochen später verzichtet er darauf, Abgeordneter der *Assemblée consultative*, der beratenden Versammlung, zu werden: wohl, weil er überzeugt ist, mehr politisches Gewicht zu haben, wenn er im Inneren der Gemeinschaft der Kriegsgefangenen bleibt.

Offiziell ist er nur noch die Galionsfigur des MNPGD und der Leitartikelschreiber von *Libres*. Er richtet sich in prachtvollen beschlagnahmten Räumlichkeiten in der Tilsittstraße nahe der Place de l'Étoile ein. Der Handlungsspielraum, den er in den Wochen vor der *Libération* und in den Tagen als Generalsekretär in der aufständischen Regierung zur Verfügung hatte, ist geringer geworden. Er hat es nun mit zahlreichen anderen Kräften zu tun: zuerst mit Frenay, auch wenn er sein Freund ist; dann mit Philippe Dechartre und Jacques Bénet, die aus Algier zurückgekehrt sind und nicht daran denken, ihm freie Hand zu lassen; schließlich mit den Kommunisten, die sich um Bugeaud geschart haben und die Unterwanderung der Bewegung der Kriegsgefangenen keineswegs aufgegeben haben.

François Mitterrand ist immer von Oberst Patrice, Munier und Finifter, einer Art Leibwache umgeben. Aber Danielle fehlt ihm. Sie befindet sich noch immer mit Ginette Munier »am sicheren Ort« bei Jeans Eltern. Am Tag der *Libération* von Dijon, als sie und Ginette sich unter die jubelnde Volksmenge mischen, bemerken sie ein Auto, das vor dem Haus der Muniers hält. François Mitterrand und Jean Munier springen heraus und eilen ihnen entgegen. Die beiden Paare warten einige Tage, bevor sie nach Paris zurückfahren. Danielle und François beschließen auf dieser Reise, am 28. Oktober zu heiraten. Das Paar richtet sich in der Allee Marschall-Lyautey ein, in demselben Haus, in dem auch das Paar Pelat-Gouze wohnt.

Mitte September, nach dem Ausflug nach Burgund, nimmt Mitterrand wieder den Kampf im MNPGD auf. Die Verhandlungen über die Bedingungen der Vereinigung zwischen der Bewegung der Kriegsgefangenen und den Zentren für gegenseitige Hilfe, den CEA, gehen gut voran. Ihre Prinzipien wurden von Parodi, dem Generalsekretär der Regierung, gebilligt. Kommunisten und konservative Führer der CEA aber stehen einander gegenüber wie Hund und Katze. Jede Seite verdächtigt die andere der schlimmsten Niederträchtigkeiten, der schamlosesten Verrätereien. Bénet wirft Mitterrand vor, zuviel Rücksicht auf die Kommunisten zu nehmen. Dechartre hat sich den Kommunisten so sehr genähert, daß er sogar eine Zeitlang ihrer Partei angehörte. Mitterrand treibt ein Spiel mit ihnen, dessen Ziel ihm jedoch klar vor den Augen steht: Es geht darum, den Einfluß der Kommunisten zu begrenzen und sich ihrer zugleich dabei zu bedienen, den Einfluß ehemals vichytreuer Leiter der Zentren für gegenseitige Hilfe einzuschränken.

Er erinnert sich noch genau: »Ich habe mich mit vielen Kommunisten gut verstanden. Persönlich stand alles zum Besten, was ich nicht mochte, war ihre Neigung zur Unterwanderung. Diese war die große Kunst der Kommunisten jener Zeit... Ich habe immer darüber gewacht, daß die Kommunisten nicht marginalisiert wurden, aber auch darauf geachtet, daß sie nicht ans Ruder kamen. Man mußte sie ständig in Schach halten...«[1] Er erwähnt bei dieser Gelegenheit die Namen von Pierre Bugeaud, Robert Paumier und Pierre Verrier, der erst später der KPF angehörte...

Um mit Zustimmung der Kommunisten das Gleichgewicht in der Führung der MNPGD wiederherzustellen und ihr Mißtrauen gegenüber den vichynahen »Bourgois« der CEA zu überwinden, unterbreitet Mitterrand ihnen diese Maßnahme wie ein Unternehmen der Unterwanderung dieser Zentren. Diese Pille zu schlucken ist mehr als bitter für die Vertreter der »Partei der Erschossenen«. Die Kriegsgefangenen-Bewegung wird bei dieser »großen Wäsche« weitgehend verschont.

Die Ausarbeitung dieser Strategie nimmt mehrere Monate in Anspruch und führt zu sehr harten Kämpfen, vor allem zwischen den Hautptverteidigern der beiden Lager, Mitterrand und Bugeaud. Henri Frenay wirft sein ganzes Gewicht als Minister der Kriegsgefangenen, Deportierten und Heimkehrer zugunsten seines Freundes Mitterrand in die Waagschale. Er beauftragt Jean Védrine, einen Freund von François, in ganz Frankreich alle Einrichtungen der CEA wieder in Gang zu bringen. Er sollte ihre Leiter auf die Vereinigung mit der MNPGD vorbereiten und sie, wenn nötig, auswechseln. Als mit dem *Francisque*-Orden dekorierter Widerstandskämpfer hat er die gleichen Vorstellungen über das Ausmaß dieser Säuberungsaktion wie François Mitterrand.

Mit der Ehrlichkeit, die Védrine auszeichnet, schreibt er in seinem Augenzeugenbericht:

»Ich muß auch erklären, daß mir eine gewisse Form der solidarischen Mitwisserschaft zwischen ehemaligen Kriegsgefangenen bei dieser Gelegenheit geholfen hat, diese schwierige Mission ohne Zwischenfall und erfolgreich zu erfüllen. Obwohl ich fest entschlossen war, keine Säuberung wegen gegensätzlicher Meinungen vorzunehmen, mußte ich dennoch Beauftragte der Aufsichtsbüros, Direktoren und Angestellte der *Maisons du prisonnier* und einige Führungskräfte der Zentren gegenseitiger Hilfe ihres Amtes entheben, wenn ihre Meinungen oder Handlungen zum Verlust ihrer Glaubwürdigkeit bei den ehemaligen Kriegsgefangenen und ihren Familien geführt hatten. Dazu gehörten auch jene, deren Vertretungsanspruch durch die neuen Autoritäten nicht anerkannt wurde; diese waren sowohl aus der gaullistischen als auch aus der inneren *Résistance* hervorgegangen.

Unter den Geflüchteten und Heimkehrern gab es sehr wenige ›Dreckskerle‹. Ich hatte nur sechs oder sieben Führungskräfte kaltzustellen, von denen einer der Justiz übergeben und die anderen einfach ersetzt worden sind.

Die geringe Zahl dieser Säuberungsmaßnahmen, angesichts von Hunderten verantwortlicher Mitarbeiter, zeugt gleichzeitig von den hervorragenden Eigenschaften der Männer und der völlig undogmatischen Einstellung der ehemaligen Kriegsgefangenen. Tatsächlich beriet ich mich, bevor ich eine Entscheidung fällte, lange mit den Führungskräften, ansässigen Aktivisten der Zentren gegenseitiger Hilfe, dem MNPGD und den Dienststellen. Und ich glaube, daß ich niemals eine Entscheidung getroffen habe, die nicht ihren Wünschen entsprach, Wünsche, die mir im allgemeinen vernünftig erschienen. Ich hatte darüber hinaus den offiziellen Auftrag, die Vereinigung aller ehemaligen Kriegsgefangenen und die Vorbereitung der Wahlen in den CEA in ein gutes Licht zu rücken.«²

François Mitterrand hat seit dem Monat August eines seiner Machtmittel verloren: Unter dem Druck General Koenigs und »richtiger« Soldaten, mußte Oberst Patrice, nachdem er mit dem Militärgericht in Konflikt geraten war, Abschied von seinem Bataillon *Liberté* bei der ersten Armee nehmen.

Man trifft François Mitterrand oft in der Rue de Croissant, im Gebäude von *Libres*, deren neuer Chefredakteur Marcel Haedrich entschlossen gegen die Kommunisten vorgeht. Zu dieser Zeit finden überall im Land Tagungen statt, und die Ministerien werden aufgefordert, den Kriegsgefangenen zu helfen. Aber für Mitterrand und auch für Pelat ist es eine idyllische Zeit. Die beiden unzertrennlichen Freunde, ganz im Glanze ihrer Heldentaten in der *Résistance*, bereiten ihre Hochzeit mit den Schwestern Gouze vor.

Mitterrand schlägt sich an allen Fronten. Er kritisiert in *Libres* den »Geschäftssinn« der Zentren gegenseitiger Hilfe, deren konservative Haltung, durch welche die Vorbereitungen der Vereinigung mit den Roten des MNPGD nur schleppend vorangehen. Er kämpft gegen die Kommunisten, die mit schwindelerregender Schnelligkeit die Bewegung »unterwandern«. Überlassen wir es ihm, zu berichten, was er 1945 tat:

»Innerhalb der MNPGD hatte die kommunistische Gruppe (…) praktisch nie die Vereinigung verwirklicht. Wir kannten nur einige ihrer Führungskräfte (…). Ihre mutigen, erfahrenen Anführer waren in erster Linie Mitglieder ihrer Partei; die MNPGD betrachteten sie eher als einen Zuwachs an Einfluß, den man ausnutzen konnte, nicht als eine neue Bewegung, die absolute Unabhängigkeit brauchte, um im harmonischen Zusammenspiel aller politischen Richtungen Frankreichs, die sich durch die Gefangenschaft nähergekommen waren, mitwirken zu können.

Deshalb sah man seit der *Libération* einige Dutzend bisher unbekannter Aktivisten, die sich in den Provinzen, in denen wir keine Zeit hatten, uns abzustimmen, ohne Mandat mit dem Titel eines Beauftragten des MNPGD schmückten. Das war insofern einfach, als die Verbindungen fast einen Monat lang wegen der militärischen Ereignisse blockiert waren. Diese Beauftragten hätten der Bewegung nützlich sein können. Aber ihr politisches Temperament riß sie mit. Mehrere unter ihnen holten sich ihre Anweisungen vom örtlichen Parteibüro. Dies konnte die Kriegsgefangenen nur aufbringen. So wurden zahlreiche Konflikte aus den von ihnen unterwanderten Provinzen gemeldet, im Gegensatz zu den Provinzen, in denen sich die Bewegung während der *Résistance* ein festes Haus gezimmert hatte, und man sich schnell einigte.

Wir konnten es nicht zulassen, daß die Bewegung eine bestimmte politische Richtung einschlug, waren aber der Meinung, daß ein Bruch mit den Kommunisten ungeschickt gewesen wäre, weil wir uns dann von brauchbaren Männern, die wie wir das Exil gekannt hatten und einen lebendigen Teil der Nation verkörperten, hätten trennen müssen. Die Disziplinlosigkeit einiger sollte nicht zu einer Spaltung führen, solange wir etwas Nützliches zu tun hatten. Wir mußten also versuchen, die Kameraden von ihrem Irrtum zu überzeugen. Wir hatten nur halbwegs Erfolg damit. Andererseits wollten wir erreichen, daß die Kriegsgefangenen die Avantgarde der moralischen und materiellen Revolution Frankreichs bildeten. Der Antikommunismus, oft übrigens durch die Übertreibungen der kommunistischen Partei provoziert, war unserem Ideal ebenfalls abträglich; denn die Einheit der Kriegsgefangenen mußte aufrechterhalten werden, sollte aber keine Heucheleien verbergen.«[3]

Im Laufe des letzten Quartals des Jahres 1944 konkretisieren sich die Pläne der Gruppe Pinot-Mitterrand ohne größere Zwischenfälle. Eine Nationalkonferenz des MNPGD findet vom 6. bis 8. Oktober in der *Salle des Horticulteurs* statt; sie bestätigt den Entschluß, die Bewegung mit den CEA zu vereinigen. Jedermann kann bei dieser Gelegenheit feststellen, daß es zwischen Mitterrand und zwei wichtigen Mitgliedern der Bewegung, Bénet und Dechartre, die in Algier waren und gerade in die *Assemblée consultative* berufen worden sind, zu Reibungen kommt.

Die beiden Männer haben große Schwierigkeiten, die Führungsrolle zu akzeptieren, die Mitterrand innerhalb der Bewegung zu spielen vorgibt – und auch spielt. Ebensowenig stimmt Bénet der Schaukelpolitik zu, zu der sich sein ehemaliger Kamerad vom »104« hergibt. Die zehnjährige Freundschaft der beiden wird nun von der Logik der Machtkämpfe bestimmt. Der Abgeordnete Bénet beginnt zur gleichen Zeit, im Geheimen zu arbeiten: Er gründet das CLD, das *Centre de liaison et de documentation*, auf der Basis eines Datennetzes, das in den Lagern jenseits des Rheins von Pinot, Ponchel, Devaux und L'Estoile aufgebaut wurde und von der Hauptverwaltung der Geheimdienste sowie von Frenays Ministerium abhängig ist. Aber die Macht innerhalb der Kriegsgefangenen-Bewegung hat ihren Sitz weder in der *Assemblée nationale* noch in den Geheimdienststellen, sondern befindet sich – das hat François Mitterrand sofort begriffen – in den Organisationen, die die Rechte der Kriegsgefangenen verteidigen.

In der durch die Vereinigung entstandenen Organisation, die sich darauf vorbereitet, Hunderttausende von Kriegsgefangenen aufzunehmen – das war das entscheidende Anliegen der unmittelbaren Nachkriegszeit –, wohnt man nun einem stillen Kampf der Anführer bei. Jeder von ihnen bemüht sich, außer den Kommunisten, Pinot auf seine Seite zu ziehen.

Am 28. Oktober 1944 heiratet François Mitterrand in der Kirche des Heiligen Severin Danielle Gouze. Er ist von seinen treuesten Freunden umgeben. Die beiden Trauzeugen sind der Oberst Patrice, am Arm von Danielles Schwester Madeleine Gouze, der engsten Mitarbeiterin des Ministers Henri Frenay, und Frenay selbst. (Henri und Chilina Frenay werden die Paten von Gilbert, dem zweiten Sohn des Paares Mitterrand.) In der Wohnung der Mitterrands, Avenue du Maréchal-Lyautey, hat André Bettencourt François geholfen, sich für die Hochzeit umzukleiden, und ihn dann in die Rue Campagne-Première begleitet. Jean Munier und Ginette sind da, ebenso Bernard Finifter und François Dalle. Alle finden, daß Danielle »blendend« aussieht und rührend ist, als sie singt: »Mein kleiner Korb, Korb hat ein Loch...« und plötzlich in Tränen ausbricht. Sie ist verliebt. Sie hat sich niemals vorgestellt, wie wichtig die Aktivitäten ihres schönen Widerstandskämpfers waren. Er ist so oft abwesend... Heute gibt sie zu: »Er hatte schlechte Gewohnheiten angenommen...«

Im November 1944, mit einigem Zähneknirschen, haben die Repräsentanten der CEA in ganz Frankreich der Vereinigung mit der MNPGD zugestimmt. Aber den Konservativen gelingt es im Gegenzug, die Selbstauflösung des MNPGD zu provozieren. So gehen die CEA nicht in der *Résistance*-Organisation auf, sondern beide Bewegungen verschmelzen miteinander zu einer neuen Einheit. Um dies zu realisieren, ist ein Ausschuß von Repräsentanten beider Seiten gegründet worden. Der Hauptinitiator ist Jean Védrine, gleichzeitig Freund von Pinot und Mitterrand. Er ist immer auf der Hut vor Böen, vor Windstößen, die meistens von kommunistischer Seite kommen...

Ende 1944 hat Mitterrand finanzielle Probleme. Er ist jetzt verheiratet und seine Frau ist schwanger. Da vertrauen Beaumont und Lefort, die Direktoren der Frauenzeitschrift *Votre Beauté*, aus Freundschaft Mitterrand die Chefredaktion ihrer Zeitschrift an. Mitterrand hat vor, ein klassisches Verlagshaus aus der *Société* zu machen und die Zeitschrift in ein Literaturblatt umzuwandeln, obwohl Beaumont und Lefort sie als Frauenzeitschrift erhalten wollen. Die Stelle bietet François Mitterrand ein gutes Gehalt, ein Büro und eine Sekretärin.

Im Februar 1945 wird Marcel Haedrich, der die Schnellgerichte kritisiert hat und nun als zu tolerant gegenüber dem Vichy-Regime gilt, nach einem heftigen Angriff der Kommunisten von Leuten seiner Zunft »verurteilt«. Er wird aus der Chefredaktion der Zeitung *Libres* entfernt. Pelat ist sogleich zum Bruch mit den Roten in der Druckerei bereit. Von der Haltung Mitterrands ist Haedrich enttäuscht. Er hat noch am Abend seiner Entlassung mit ihm telefoniert: »Ich habe die Zeitung gerettet... Und ich übernehme die Leitung...« Die Geschäftsleitung übernimmt jedoch ein guter Kommunist, Hentgès. Bis zum Ende des Jahres 1946 wird deshalb ein erbitterter Kampf zwischen dem Clan ausgefochten, der sich um Mitterrand versammelt und dem Lager der Kommunisten, deren Bannerträger Pierre Bugeaud bleibt.

Dieser Kampf zieht eigenartigerweise einen anderen frontalen Zusammenstoß mit sich, bei dem sich die kommunistische Partei und Henri Frenay gegenüberstehen. Frenay, legendäre Figur der inneren *Résistance*, träumt davon, eine große Arbeiterpartei zu gründen, die aus dem *Mouvement de libération nationale*, MLN, der Bewegung der nationalen Befreiung hervorgehen soll, eine Partei, die links verankert ist, ganz besonders bei der SFIO. Die Wühlmäuse der KP führen innerhalb des MLN im Namen der Einheit und Vereinigung einen wahren Feldzug für die Vereinigung mit dem kommunistisch gesteuerten *Front national*. Ende Januar 1945 gelingt es Frenay, die Offensive der KP abzuwehren: Die Mehrheit akzeptiert diese Vereinigung nicht, was für Frenay aber keine vollständige Genugtuung bedeutet, da die zukünftige Politik der MLN nicht festgelegt wird.

Von diesem Tage an ist Frenay Zielscheibe der Kommunisten. Sie versuchen mit allen Mitteln, ihr Ziel zu erreichen. In der *Assemblée consultative* lösen Philippe Dechartre, der Kommunist geworden ist, und Raymond Guyot den Angriff gegen Frenay aus, der sich heftig verteidigt. Seitdem wütet die Polemik, und zwar monatelang. Eine systematische Pressekampagne gegen Frenay wird von der Zeitung *L'Humanité* ausgelöst, der sich alle kommunistischen Blätter anschließen. Die KP beginnt damit, Frenay Unfähigkeit bei der Leitung seines Ministeriums und beim Empfang der Heimkehrer vorzuwerfen, und behauptet, Frenay wolle, daß die Kriegsgefangenen noch sechs bis acht Monate in Deutschland festgehalten werden. Eine Anklage, die völlig unbegründet ist.

Seit den ersten Angriffen der Kommunisten auf Frenay versucht Mitterrand, den sie ebenfalls im Visier haben, seinem Freund zu Hilfe zu eilen, aber sein Handlungsspielraum ist gering: Steht Frenay, der wilde Antikommunist, nicht im Verdacht, Mitterrand in seinem Kampf gegen die Roten innerhalb der Kriegsgefangenen-Bewegung zu helfen? In einem Leitartikel, erschienen am 12. Februar 1945 in *Libres*, setzt sich Mitterrand für Frenay ein, obwohl er ihn zuerst wohlwollend kritisiert hat:

»Wir wissen, daß unsere gemeinsamen Feinde schon an der Arbeit sind: Es sind die ewigen Parteigänger, es sind die ewigen Unterdrücker. Die einen wollen uns bevormunden, die anderen wollen uns trennen. Bilden wir einen Block gegen sie! Die Bewegung ist nicht das Ministerium und umgekehrt. Aber die Gemeinschaft der Kriegsgefangenen ist unteilbar. Wir stellen uns Ihre Einsamkeit vor, Henri Frenay: Diejenigen, die im Namen der Anwesenden sprechen, sind schrecklich allein. Aber Ihre aufrichtige Sprache wird immer von denen, die kämpfen und die die Treue lieben, verstanden werden.«

Am 26. März reagiert François Mitterrand erneut auf die giftigen Kampagnen der Kommunisten. Er erklärt, Frenay habe nach seiner Rückkehr aus Algier die unabhängigen, konzeptlosen Verwaltungen umgruppieren müssen… »Der Minister und seine Mitarbeiter haben gekämpft und sich durch nichts abschrecken lassen, und wenn wir ihnen heute waghalsige Ideen vorwerfen, so kann niemand ihnen das Verdienst nehmen, das sie dadurch erworben haben, daß sie eine gewaltige Menge an Aufräum- und Wiederaufbauarbeit geleistet haben…«

In solch unerfreulicher Atmosphäre findet vom 5. bis 8. April in der *Salle des Ingénieurs civils* der erste Kongreß des nationalen Kriegsgefangenenverbandes, FNPG, statt; er hat die Aufgabe, alle ehemaligen französischen Kriegsgefangenen zu repräsentieren, sie alle für den Empfang der Kriegsgefangenen und Deportierten zu mobilisieren. Obwohl der Kongreß bestens von Védrine organisiert ist, geht es stürmisch zu: Es gibt zahlreiche Meinungsverschiedenheiten. Die Differenzen, die die »konservativen« Elemente der CEA von den Wiederstandskämpfern trennen, werden noch lange nicht verschwinden. Erstere haben auch immer Angst vor den zweiten. Sie fürchten die Unterwanderung durch die Kommunisten. Bugeaud spielt die Rolle des Prügelknaben und wird nicht in den Vorstand gewählt.

Selbst unter den Widerstandskämpfern kommt es zu Spaltungen. Kommunisten und Mitterrandisten gehen hart gegeneinander vor. Auf der einen Seite wird eine Kampagne gegen Bugeaud geführt, um ihn auszuschalten, auf der anderen Seite bläst Pierre Verrier, Verantwortlicher für das Département Seine-et-Oise, zu einem heftigen Angriff auf Mitterrand, indem er das Problem des *Francisque*-Ordens aufs Tapet bringt und verlangt, daß sein Fall nebst dem »zahlreicher Mitglieder des *Commissariat* von Pinot« einer Säuberungskommission unterbreitet werde.

François Mitterrand, der die Lage im Saal im Griff hat, bereitet es keine Mühe, die lästigen Angriffe hinwegzufegen. Dennoch ist die Situation durch die entschiedene Frenay-feindliche Haltung eines großen Teils des Kongresses heikel. Man wirft dem Minister in wirrem Durcheinander Fehler beim Empfang der Heimkehrer, Unzulänglichkeiten dramatischen Ausmaßes bei den Kleiderhilfen vor, und, wer ihm böse gesonnen ist, auch noch, daß er die Kriegsgefangenenvereine nicht ausreichend an diesem Empfang beteiligt. Die Kommunisten stehen an der Spitze dieses Kampfes. Nun, jeder kennt die Bande, die Frenay und Mitterrand verbinden.

Trotz der unerfreulichen Atmosphäre setzt sich die Gruppe Pinot-Mitterrand auf dem Kongreß durch. Pinot, der damit seine Aufgabe als erfüllt ansieht, zieht sich aus dem Verband zurück. Er ist der Mann im Schatten gewesen, der hinter zahlreichen Entscheidungen, auch bei der Wahl der Führungspersonen, stand. Sein Ansehen war ebenso groß wie seine Verbindungen stark waren, die er mit all denen geknüpft hatte, die an seiner Seite im *Commissariat* oder im Untergrund gearbeitet hatten. Die Einheit der Kriegsgefangenen, ihre soziale und berufliche Wiedereingliederung waren sein beständiges Ziel, damit sie die Erfahrungen, die sie in den Lagern gesammelt haben, in den Dienst der Nation stellen können. In seinen Augen besteht eine Kontinuität zwischen seiner Tätigkeit im *Commissariat* in Vichy, in der Kriegssgefangenen-*Résistance* und der Vereinigung der CEA – seiner Geschöpfe aus der Vichy-Zeit – und mit dem MNPGD, an dessen Gründung er ebenfalls beteiligt war. Wegen seines Temperamentes und aus Notwendigkeit – er galt wegen seines Postens als Kommissar als Vichy-Anhänger – hatte er es vorgezogen, in den Kulissen zu bleiben und seinen jungen ehrgeizigen Zögling bald bewundernd, bald überrascht dabei zu beobachten, wie er mit Meisterschaft, aber auch mit einer Härte, die er selbst nicht besaß, die Führung der Gemeinschaft der Kriegsgefangenen übernahm. Der erste politische Pate François Mitterrands verläßt die Bühne des politischen Geschehens.[4]

François Mitterrand hat an seinem Aufstieg weitergearbeitet. Dank seiner intellektuellen Fähigkeiten und seiner Meisterschaft im Umgang mit politischen Organisationen hat er sich durchgesetzt. »Während sich die Kameraden hauptsächlich für das tägliche Leben der Vereinigung interessierten, kümmerte er sich in erster Linie um wichtige Entscheidungen, Orientierungen und

Programme, das heißt um die Zukunft und die Rolle, die die ehemaligen Kriegsgefangenen in der Nation spielten, um die Macht, die sie darstellten«, erklärt Jean Védrine. Er ist übrigens für Mitterrand derjenige, der die Vereinigung fest in der Hand hat. Aber sein Ehrgeiz, sein Machtstreben, sein politisches Interesse, seine Kälte, seine Ungeniertheit bringen ihm auch viel Kritik ein, sogar wilden Haß. Derselbe Jean Védrine, François' treuer Freund, läßt einige heimliche Vorwürfe über ihn durchsickern:

»Er hatte zuviel Selbstvertrauen, zuviel Humor und in gewissen Fällen zuviel Ungeniertheit, er war zu ›politisch‹, um nicht hier und da kritisiert zu werden. Er wurde manchmal als Individualist und als kalt verurteilt. Was einige seiner Freunde aber besonders störte und beunruhigte, waren seine häufigen Verspätungen bei Verabredungen und Versammlungen, die seine Gegner in die Irre führten, denn nichts von dem, was er für wichtig hielt, entging ihm. Mit seinem zähen Willen setzte er seine Überzeugungen durch und ging einen klugen realistischen Weg. Er pflegte und vergrößerte seinen Freundeskreis in den Départements, der sich im Moment wichtiger Entscheidungen als solider und wirksamer erwies als die Instanzenwege der Parteien...«[5]

Hier wird deutlich, daß François Mitterrand ein Mann der Verbindungen, der Cliquen war, die er so weit wie möglich für die Befriedigung seines Ehrgeizes nutzte, sich dabei aber gegenüber allen Leuten, die zu diesen Gruppen gehörten, als zuverlässiger Freund oder Kamerad erwies.

Die Führungskräfte, hervorgegangen aus dem RNPG, und jene CEA, die dem *Commissariat* von Vichy angehört hat, finden sich also an der Spitze der Vereinigung wieder, die, gemessen an der Mitgliederzahl, hinter der CGT den zweiten Platz einnimmt. Die Zusammensetzung des Vorstandes[6] sagt mehr als eine lange Rede:

| | |
|---|---|
| Präsident: | L. Devaux |
| Vize-Präsidenten: | G. Deboeuf |
| | J. Cornuau |
| | F. Mitterrand |
| Sekretär: | J. Védrine |
| Stellvertretender Sekretär: | P. Bugeaud |
| Kassenführer: | B. Aries |

Stellvertretender Kassenführer:   J. Potié
Berater:                          Ph. Amaré
                                  É. Gagnaire
Ehrenmitglied:                    J. Bénet

Die ehemaligen Gaullisten des MRPGD sind verschwunden. Der Kommunist Bugeaud, der von den gewählten Mitgliedern aus der Versenkung geholt wurde, um einen Frontalangriff der KPF zu vermeiden, muß sich recht einsam zwischen all den Ehemaligen des *Commissariat* fühlen, davon fünf Träger des *Francisque*-Ordens, die alle François Mitterrand nahestehen! Aber die Kommunisten haben noch gute Karten in den Händen und hoffen weiterhin, die Vereinigung endlich erfolgreich zu unterwandern. Schließlich kontrollieren sie bereits den allmächtigen Verband des Départements Seine. Bei Beendigung des Kongresses bedauert Devaux die Atmosphäre, die dort geherrscht hat:

»Gewiß ist es schwierig, die Standfestigkeit und das Gleichgewicht sofort nach einer so furchtbaren Krise, wie Frankreich sie erlebt hat, wiederzufinden. Ich hatte dennoch gehofft, daß wir Frankreich ein Beispiel geben könnten, und muß feststellen, daß dieses Beispiel nicht gegeben worden ist...«[7]

Die Machtkämpfe gehen weiter. Die Kommunisten heizen weiter der Bewegung der Kriegsgefangenen ein, indem sie die Angriffe gegen Frenay verstärken. Jeden Morgen nimmt sich der Minister fast eine Stunde Zeit, um die Artikel, die ihn oder sein Ministerium angreifen, zu überfliegen. Diese Angriffe werden schließlich persönlich: Er wird angeklagt, ehemalige Anhänger des Vichy-Regimes und Cagoularden einzustellen, den Kriegsgefangenen die gesammelten Reden Philippe Herriots gesandt zu haben, sich unter einem falschen Namen zu verstecken und in Wirklichkeit »de Clermont-Tonnerre« zu heißen, die spanischen Deportierten an Franco ausgeliefert zu haben, »Pucheu verpflichtet« zu sein, seine Unterschrift verweigert zu haben, um tausend ausländische jüdische Kinder aufzunehmen... Die Hauswände von Paris sind mit Plakaten bedeckt, die ihn beleidigen und verleumden. Er, der die Unterwanderung des MLN verhindert hat und auf seinem Posten die große Menge der Kriegsgefangenen auf einer anderen Ebene als der kommunistischen zu einen versucht, ist für die KP der Gegner Nummer eins.

Frenay ist verzweifelt, er fühlt sich von all seinen Freunden verlassen. Er findet Mitterrand und seine Kameraden im Verband zu nachgiebig, was durch ein Protokoll des Verbandskomitees bestätigt wird: »Die Gesamtheit des Komitees stellt fest, daß das Ministeriums bei der Versorgung der Heimkehrer mit Bekleidung versagt hat, und tadelt es entsprechend. Monsieur Devaux zieht daraus den Schluß, General de Gaulle um eine Audienz zu bitten, um ihm die Beschwerden des Verbandes gegen den Minister zu unterbreiten…«

Aber diese Vorwürfe haben ihren Grund auch darin, daß im Innern des Verbandes äußerste Spannung herrscht: Die Verleumdungen öffentlich zurückzuweisen könnte die internen Kämpfe neu entfachen und gleichzeitig die Basis, die von den angerichteten Schäden oder dem Versagen des Ministeriums überzeugt ist, vor den Kopf stoßen.[8]

Frenay schickt Protestbriefe an die Zeitung *L'Humanité*. Sie werden in den Papierkorb geworfen. Ende Mai 1945 beschließt er, das Organ der KP wegen Verleumdung anzuzeigen. Trotz aller Klagen, aller Bitternis wird am 31. Mai der millionste Heimkehrer feierlich empfangen, während es kaum mehr als zwei Monate her ist, daß die ersten Heimkehrer eintrafen…

Unter diesen Umständen schlägt Pierre Verrier – derselbe, der François Mitterrand wegen seiner Auszeichnung angegriffen hatte – vor, eine große Demonstration in Paris zu organisieren, damit sich die Stimmen der Heimkehrer gegen Frenay und die Regierung erheben. Die Idee wird sofort von dem Verband des Départements Seine aufgegriffen. Das Vorstandsbüro, das von Mitterrands Gruppe kontrolliert wird, zögert, dieser Initiative zuzustimmen: Es fürchtet eine politische Ausbeutung durch die Kommunisten. Aber die Unzufriedenheit scheint so groß zu sein – die Kommunisten haben durch ihre Übertreibung ihren Anteil daran –, daß Mitterrand aus Angst, im Innern des Vorstandes überrumpelt zu werden, dieser Demonstration zustimmt. In Begleitung von Jean Bertin will er den Verband repräsentieren. Devaux verlangt nun von Frenay, zu erscheinen und Rechenschaft abzulegen. Der Minister weigert sich. Aber als er den Erfolg der Demonstration sieht, schickt er schnell ein Mitglied seines Stabes los, um zu den ehemaligen Kriegsgefangenen zu sprechen. Doch dieses Mal weigert sich der Saal, ihm zuzuhören…

Nach Beendigung der Versammlung ziehen die Demonstranten zum Arc de Triomphe. Bertin – der Mann, der am 1. Juni 1944 in der Avenue Charles-Floquet verhaftet wurde –, Cornuau und Mitterrand legen einen Blumenstrauß nieder. Als sie sich umdrehen, können sie sehen, daß die Demonstration sich bis zur Place de la Concorde hinzieht. Das ist ein riesiger Erfolg. Alle, mit Mitterrand an der Spitze, gehen jetzt in Richtung Avenue Foch, wo sich Frenays Ministerium befindet. Im Moment der Auflösung dringen erregte Demonstranten in das Ministerium ein. Die Demonstration artet aus… Der Polizeipräfekt Luizet reicht Cornuau ein Mikrofon, um anzukündigen, daß General de Gaulle eine Abordnung von Kriegsgefangenen empfangen wird. Diese Ankündigung beruhigt die Demonstranten. Sie erfahren erst später, daß ihre Anführer nicht von dem Chef der Provisorischen Regierung empfangen worden sind. Immerhin wurde ihnen das Versprechen gegeben, daß der General sie zu Beginn der nächsten Woche empfangen würde.

Dieses Treffen wird schließlich für Dienstag, den 5. Juni, vereinbart. Am nächsten Morgen begrüßt François Mitterrand in der Zeitung *Libres* den Erfolg der Demonstration und mildert die Kritik der Demonstranten am Ministerium Frenay keineswegs. Frenay, zutiefst enttäuscht, schließt daraus, daß Mitterrand das Spiel der Kommunisten betreibt.

Die Abordnung, die de Gaulle empfängt, besteht aus François Mitterrand, Jean Cornuau, dem Vorsitzenden des Verbandes für das Département Seine, und Georges Thévenin, dem Generalsekretär desselben Verbandes. Das Wiedersehen Mitterrands mit de Gaulle verläuft wenig erfreulich. Die beiden Protagonisten sind sich in nur einem Punkt einig: Für beide hat die Unterredung in keiner angenehmen Atmosphäre stattgefunden.

Lassen wir zuerst den General von der Begegnung berichten, die die Meinung der beiden Männer übereinander stark prägen wird. Im dritten Band seiner Kriegserinnerungen berichtet er kurz von der Zusammenkunft:

»Ich erkläre ihnen: ›Die öffentliche Ordnung muß aufrechterhalten werden. Entweder sind Sie machtlos gegenüber Ihren eigenen Leuten, dann müssen Sie mir sofort schriftlich Ihre Demission einreichen, oder Sie sind wirkliche Chefs, dann werden Sie sich feierlich verpflichten, daß jegliche Agitation noch heute beendet wird. Es ist deshalb unumgänglich, daß Sie, bevor Sie diesen Raum verlassen, mir entweder das Rücktrittsgesuch oder das Versprechen geben, sofern Sie nicht im Vorzimmer verhaftet werden wollen. Ich kann Ihnen nur drei Minuten für diese Entscheidung gewähren.‹ Sie beraten sich untereinander in einer Fensternische und kommen gleich zurück: ›Wir haben begriffen. Einverstanden! Wir können Ihnen garantieren, daß die Demonstrationen aufhören werden.‹ So geschieht es noch am selben Tag.«

Während des Wahlkampfes zum Staatspräsidenten kommt der General am 10. Dezember 1965 im Beisein Michel Droits auf diese »Anekdote« zurück:

»Ich mache keine Umstände, ich lade den bewußten Mitterrand in die Rue Saint-Dominique, wo er mit zwei Gefährten erscheint, und sage zu ihm: ›Was soll denn das? Radau auf den Straßen in Kriegszeiten...‹ (Mitterrand entschuldigt sich.) Ich sage ihm: ›Also, wenn Sie sich nicht solidarisch mit ihnen erklären, dann geben Sie mir das schriftlich. Hier ist ein Stück Papier, eine Tischecke, eine Feder. Beeilen Sie sich!‹ Er antwortet: ›Mein General, das verlangt Überlegung.‹ Ich erwidere: ›Ganz richtig. Wenn Sie in drei Minuten nichts geschrieben, nichts unterschrieben haben, dann werden Sie beim Verlassen dieses Raumes sofort verhaftet.‹

Er erhebt sich also mit seinen beiden Gefährten, geht zu einer Fensternische, sagt ein paar Worte zu ihnen und kommt zu mir zurück: ›Mein General, wir haben verstanden. Ich unterzeichne.‹«[9]

Es ist ziemlich sicher, daß de Gaulle hier sehr frei mit der geschichtlichen Wahrheit umgegangen ist. In einer wissenschaftlichen Arbeit gibt Christophe Lewin[10] die Darstellung von Jean Cornuau wieder:

»Was er mit ein paar Sätzen erzählt, entspricht in keiner Weise, das versichere ich, den Tatsachen – ausgenommen seine zürnende und arrogante Haltung sowie die angespannte Atmosphäre, die während der halbstündigen Unterhaltung herrschte.

Von Anfang an warf er François Mitterrand die in der Zeitung des MNPGD, *Libres*, erschienenen Artikel vor, in denen F. Mitterrand, so sagt er, gegenüber dem Minister ›zu harte Kritik üb-

te‹, was dieser nicht verdient habe. Ohne unsere Gründe anzuhören, kritisierte er heftig die Tatsache, daß wir ihm in der
*Mutualité* das Wort verweigert haben, sagte aber nichts, als einer
von uns die Bemerkung fallenließ, daß er Henri Frenay nicht
eingeladen habe, was wir hingegen getan hätten…

Ich kann mein Erstaunen über das von de Gaulle gezeigte Unverständnis gegenüber den Problemen der Kriegsgefangenen
nicht verbergen. Ich selbst habe mich bei zwei Hauptpunkten,
über die übrigens noch mehr zu sagen wäre, in die Unterredung
eingeschaltet:

Ich fragte, ob er nicht 1914–18 selbst Kriegsgefangener gewesen sei. Diese Frage hatte noch gefehlt, um seinen Zorn ganz zu
entfesseln.

Dann wies ich ihn auf seine fehlende Objektivität und seine
Unkenntnis der Meinung der Franzosen über die nächste Zukunft hin.

Diese peinliche und schwierige Zusammenkunft blieb nicht
ohne Wirkung; ich verließ, persönlich zutiefst betroffen, sein
Büro.

Im November 1942 sind mir meine Illusionen über Pétain verlorengegangen. Am 5. Juni 1945 haben sich meine Bewunderung
für de Gaulle und mein Vertrauen in ihn auf Nimmerwiederse-
hen verflüchtigt…«

François Mitterrand hat fast dieselben Eindrücke von jener
»peinlichen und schwierigen Unterredung« wiedergegeben. Es
ist mehr als wahrscheinlich, daß das Zusammentreffen Mitterrands Zorn neu geschürt hat, der ihn seit Beginn ihrer Zusammenkunft in Algier im Dezember 1943 und de Gaulles Versuchen, ihn an der Rückkehr nach Frankreich zu hindern, beherrschte.

Nach der eindrucksvollen Demonstration am 2. Juni 1945 und
jener Wiederbegegnung mit General de Gaulle kommentiert die
Presse ausführlich den Erfolg der großen »Demo«, aber schreibt
auch viel von »politischer Manipulation«, besonders der kommunistischen. Daraufhin greift François Mitterrand zur Feder,
um diese Interpretationen in *Libres*[11] zu widerlegen:

»Daß man uns jederzeit politische Verwandtschaften andich-
ten will, das gehört zum Spiel. Die Laien-Intriganten wären enttäuscht, wenn sie keine bei uns entdecken könnten, und würden

notfalls welche erfinden. Wir sind, scheint es, der kommunistischen Partei einverleibt, vielleicht auch der sozialistischen Partei, und wer weiß, vielleicht auch der Partei der Radikalen. Obwohl doch jedermann klar ist, daß die Kriegsgefangenen natürlich alle Vichy-Anhänger waren, obendrein noch Giraudisten. Zum Teufel! Und wo Katholiken sind, ist auch das MRP nicht mehr weit...«

Dann versucht er, den Dialog mit seinem Freund Frenay wiederaufzunehmen, indem er Argumente aufgreift, die er schon mehrfach benutzt hat:

»Seine Aufgabe ist immens. Er hat sich nicht geschont, wenn es darum ging, zu arbeiten oder seinem Land zu dienen. Aber der Hauptvorwurf, den man ihm machen kann, machen muß, liegt darin, daß er zu oft die Verbände, die bereit waren, Verantwortung zu übernehmen, zurückgewiesen hat. Jedesmal, wenn er uns gerufen hat, war sein Werk ein Erfolg... Man verstehe uns nicht falsch: Wir wollen nicht an die Stelle des Ministers treten, sondern ihm helfen. Ihm stand es zu, das Klima des Vertrauens zu schaffen. Er konnte und kann es noch immer schaffen, aber wenn er sich nicht beeilt, wird es zu spät sein...

Wir haben kein gestörtes Verhältnis zur Justiz. Die Aufgaben des Ministeriums der Kriegsgefangenen, Deportierten und Flüchtlinge werden manchmal allzu sehr übertrieben. Geschäfte zu plündern, die öffentliche Ordnung zu stören, all das ist niemals zu rechtfertigen.

Unsere Stimme muß eins sein mit der der Nation. Sie muß ehrlich und rein bleiben. Behandeln wir unsere Gegner mit Respekt: Warum sollte man ihnen nicht, wie wir es auch für uns verlangen, zugute halten, in bester Absicht gehandelt zu haben? Niemand wird wegen unserer Heftigkeit empfindlich reagieren, wenn wir unnachgiebig bei dem Prinzip bleiben, das wir aus unseren Lagern mitgebracht haben: dabei, der Gerechtigkeit uneingeschränkt zu dienen, jener Gerechtigkeit, die in Gedanken und Taten die Grundlage jeder menschlichen Gesellschaft ist. François Mauriac hat recht, wenn er schreibt: ›Alle Rechte, die ihr glaubt, über Frankreich zu haben, verschwinden vor dem unantastbaren Recht, das Frankreich über euch hat.‹«

Mitterrand, der versucht, sich aus der Umklammerung der beiden Kräfte zu lösen, die mit ihm in seinem Kampf um den politischen Einfluß auf die Masse der Kriegsgefangenen konkurrieren, hält das Gleichgewicht – auf der einen Seite die Kommunisten, auf der anderen Henri Frenay. Frenay, dessen tiefsitzender Antikommunismus die Klarheit seiner Gedanken trübt, beurteilt Mitterrands Haltung als heimliches Einverständnis mit seinen unerbittlichen Feinden. Das ist falsch. Aber im Gegensatz dazu ist klar, daß Mitterrand politische Ambitionen hat, die ihn wenigstens teilweise von seinem ehemaligen Beschützer trennen.

Frenay hat die Gründung einer neuen politischen Partei initiiert, die UDSR, *Union démocratique et socialiste de la Résistance*, die demokratische und sozialistische Union des Widerstands. Die Gründung wurde vollzogen, nachdem Claudius-Petit vom Vorstandskomitee des MLN einen Antrag hatte annehmen lassen, der gemeinsames Handeln mit der SFIO und der *Jeune République*[12] versprach, was das Ausscheiden der Kommunisten und ihrer Freunde zur Folge hatte. Frenay und Léo Hamon verfassen ein erstes Manifest. François Mitterrand reagiert mit äußerster Vorsicht auf die Spaltung der Bewegung in zwei entgegengesetzte Strömungen. In einem Leitartikel vom 20. Juni 1945 fragt er sich:

»Was werden die Heimkehrer nun machen? Sie können noch nicht klar erkennen, wohin die Umgruppierungen, von denen wir am Anfang dieses Artikels sprachen, führen werden; jedenfalls sind sie erstaunt darüber, daß so wenig berücksichtigt wird, was sie selbst einbringen… Es scheint uns dennoch offensichtlich, daß dieser Verband keinen Beschützer mehr braucht und deshalb nur dorthin geht, wo man ihn als jemanden, der mündig ist, behandelt, und er wird diejenigen, die in Versuchung geraten, das zu vergessen, bekämpfen…«

Als Frenay Mitterrand einlädt, ihn auf einer Reise nach Toulouse zu begleiten, scheint Mitterrand bei einem aufrichtigen, klärenden Gespräch das Kriegsbeil zu begraben. Seine Position im Innern der Organisation ist nicht einfach: Der Verband des Départements Seine macht ihm das Leben bei zahlreichen Anlässen schwer. Die Kommunisten hören nicht auf, die Vergangenheit seiner Mitstreiter in Frage zu stellen. In diesem Sommer 1945 nehmen sie sich die Pétain-Vergangenheit von Louis Devaux vor, dem Ehrenvorsitzenden des Verbandes und späteren Chef der Firma *Cartier*. Sie legen Mitterrand Steine in den Weg, dessen Ehrgeiz es ist, *Libres* in ein allgemeines Nachrichtenblatt umzuwandeln. Noch allgemeiner gesagt, sie stören ihn bei allen Propagandafeldzügen, die er im Verband gemeinsam mit Patrice Pelat unternimmt.

Die Kriegsgefangenen sind jetzt alle heimgekehrt. Der Verband muß sich über seine politische Richtung einigen, denn wichtige Entscheidungen stehen bevor: Das Land soll zu einer neuen Verfassung befragt werden, und auch die Parlamentswahlen stehen bevor. Die Diskussionen drehen sich um drei Möglichkeiten:

– Gründung einer Partei »Kriegsgefangene«;
– Bildung eines Verbandes »Kriegsgefangene« auf gewerkschaftlicher Basis, der zu den großen Problemen der Zeit Stellung nehmen würde;
– Auflösung der Bewegung, wenn sie ihre konkreten Ziele erreicht hat.

François Mitterrand drängt zur zweiten Lösung, die dem Komitee des Verbandes am 4., 5. und 6. August 1945 vorgeschlagen wird. Sie wird auch akzeptiert. Auf Vorschlag Jean Védrines schafft das Komitee mit Mitterrands Einverständnis den Posten ab, den Pierre Bugeaud bekleidet hat, und begründet die Maßnahme mit nötigen Einsparungen. Der Kampf geht weiter: Es geht offensichtlich darum, den Mann vom Zentralkomitee der KP aus dem Vorstand des Verbandes zu verdrängen, und zwar noch vor dem ersten Kongreß, der gemäß den Statuten im nächsten November stattfinden soll.[13]

Im September entschließt sich Mitterrand, der über die wiederholte Ablehnung seiner Pläne im Bereich der Propaganda verärgert ist, diese viel Zeit in Anspruch nehmende Tätigkeit aufzugeben. Im folgenden Monat verläßt er seinen Posten bei der Zeitung *Libres* zu einem Zeitpunkt, als der Kampf zwischen den beiden Cliquen seinen Höhepunkt erreicht; daher sind alle Ehemaligen der CEA und Mitterrands Freunde beim Kongreß des Verbandes des Seine-Départements im Oktober nicht eingeladen...

Bei der Eröffnung des ersten satzungsgemäßen Kongresses des Verbandes (vom 15. bis 18. November 1945) ist die politische

Situation gespannt. In der verfassunggebenden Versammlung haben die Kommunisten mehr Sitze als die Sozialisten und das MRP. Sie möchten zusammen mit den Sozialisten regieren – aber diese weigern sich. Sozialisten und MRP schlagen deshalb General de Gaulle vor, selbst eine Regierung zu bilden. Die Versammlung nimmt den Vorschlag einstimmig an. Die Beratungen sind in vollem Gange. In einer der großen Debatten geht es um den Platz der Kommunisten in der Regierung Nachkriegsfrankreichs.

Während des Kongresses werden erneut in beleidigender Form die Gründe für die Niederlage und Vichy vorgetragen. Einmal mehr wird Frenay angegriffen. Den Höhepunkt aber bildet der Bericht über den einzuschlagenden politischen Kurs, der von François Mitterrand vorgetragen wird. Es gelingt ihm, den Kongreß dahin zu bringen, sich den Standpunkt des Verbandsvorstandes zu eigen zu machen; darüber hinaus verlangt er die Annahme der Charta des CNR: »Die Kriegsgefangenen müssen den nötigen Mut haben, sich zu verbünden, aber nicht mit den großen Parteien, die diese Charta angenommen haben, sondern mit Männern, die gesunden Menschenverstand haben, mit Arbeitern, mit Männern des guten Willens, die erkannt haben, daß die moderne Gesellschaft ihre Rechte verspielt hat und es nötig ist, der Welt Hoffnung zu geben.«[14] Die Mehrheit stimmt lautstark dieser politischen Orientierung des Verbandes nach links zu. Mitterrand erinnert daran, er sei der erste Kriegsgefangene gewesen, der in General de Gaulles Kabinett offiziell zu der Charta des CNR Stellung genommen habe. Er schlägt dem Kongreß vor, die Charta »ohne Vorbehalte und eindeutig« anzunehmen. Der Vorschlag wird durch Handabstimmung angenommen.

Mitterrand fährt mit seiner Arbeit als Gleichgewichtskünstler fort und bestätigt dabei gleichzeitig seine eigene Linkswendung... Es war nicht leicht, den Kongreß dazu zu bringen, Bugeauds Verdrängung aus dem Generalsekretariat zu billigen. Damit ist aber wenig gewonnen, denn die Macht der Kommunisten ist weiterhin groß. In den folgenden Wochen verschwindet Frenay, der zweite politische Pate François Mitterrands, aus seinem näheren Umkreis, da er selbst die Auflösung des Ministeriums der PDR verlangt hat. Nach General de Gaulles Rücktritt am 20. Januar 1946 wird ein Ministerium für Veteranen und

Kriegsopfer gegründet: ein Kommunist, Laurent Casanova, wird zum Minister gewählt.

Seit Juli 1945 stellt sich François Mitterrand viele Fragen. Der frühe Tod seines Sohnes Pascal am 10. Juli 1945 hat ihn schwer gezeichnet. Danielle fällt es noch schwerer, sich von dem Schlag zu erholen. In einem Brief an seinen Freund Georges Dayan fragt er sich: »Was nutzt es zu arbeiten?« Er wirft sich vor, sein Privatleben zu sehr vernachlässigt zu haben. Seine Kämpfe im Innern der Kriegsgefangenenbewegung haben ihn zu stark in Anspruch genommen. Die Schar treuer Freunde ist nicht mehr bei ihm. Der aufbrausende Patrice hat es vorgezogen, sich etwas von dem Paar Mitterrand-Gouze zu distanzieren: Drei Tage vor der großen kirchlichen Hochzeit machte die Verlobte dem Oberst seine Beziehung zu der bekannten Tänzerin Lycette Darsonval zum Vorwurf… Jean Munier und Ginette haben Paris verlassen, und Bernard Finifter lebt jetzt in Toulouse. Georges Dayan ist in Algerien. Danielle verbringt ihre Abende allein und wartet darauf, daß François heimkommt…

Im Sommer 1945 kommt es zu Schwierigkeiten in der *Société d'éditions modernes parisiennes* in der Rue Jean Mermoz. Die Mißverständnisse zwischen der Mannschaft Schueller-Beaumont-Lefort und ihm werden immer offenkundiger. Er beklagt sich über den »Geist des Hauses« und sagt: »Niemand ist meiner Meinung«.[15] Die Geschäftsleitung wirft ihm vor, sich zu sehr um die Kriegsgefangenen, aber nicht genug um die Zeitschrift zu kümmern.

Dennoch versucht François Mitterrand weiterhin »sein« Verlagshaus aufzubauen. Sein gespanntes Verhältnis zu Beaumont und Lefort haben seine Beziehungen zu François Dalle und André Bettencourt nicht getrübt. Letzterer macht ihn sogar im Juni 1945 zu einem der Mitbegründer der Zeitschrift *La France agricole*.

Mitterrand veröffentlicht im Herbst 1945 sein erstes Buch, *Les Prisonniers de guerre devant la politique*, Die Kriegsgefangenen und die Politik, und gibt wenig später zwei Gedichtsammlungen heraus. »Ich sah mich schon als Chef eines großen Verlagshauses, das Gallimard Konkurrenz machen würde«, erinnert er sich.[16]

Aber der Traum François Mitterrands, sich einen Platz in der Welt der Verleger zu erobern, zerbricht. Die Krise zwischen ihm und den Verantwortlichen der *L'Oréal*-Gruppe verschärft sich Ende 1945. So schreibt er einen langen Brief an Beaumont, dem er alle seine Beschwerden unterbreitet.[17] Er erwähnt sein Ausscheiden aus der Geschäftsleitung von *Votre Beauté*, deren Ausrichtung »nicht meinen literarischen Ansichten entspricht«. Er behauptet, bei seinem Eintritt in den Verlag »Opfer gebracht« und keinen Dank dafür bekommen zu haben. Er schreibt, wahrscheinlich nach einem Vorwurf seiner Chefs, daß er »hier nicht wie in ein Kloster eingetreten« sei. Er hofft, Beaumont noch einmal überzeugen zu können, ihn zu behalten, denn er unterrichtet ihn von seinen Plänen, *Sept Chants royaux*, Sieben königliche Gesänge, von Louis Emié, und *La Caravelle et les corbeaux*, Die Karavelle und die Raben, von Suzanne Chantal zu veröffentlichen und *Buchenwald* wieder aufzulegen. Am Briefende bittet er den Empfänger, »seiner Erfahrung zu vertrauen«.

Die Beschwerden auf beiden Seiten häufen sich. Seine Gegenüber finden, daß sie wegen Mitterrand Geld verlieren, weil er sich zu sehr mit Politik beschäftigt. Mitterrand ist tief verärgert: »Was soll ich denn dort?« vertraut er allabendlich Danielle an. Sie erzählt: »François versuchte dem Magazin eine andere Orientierung zu geben, er wollte eine literarische Zeitschrift machen. Immer öfter gab es Zusammenstöße mit der Geschäftsleitung...«[18]

Beim Lesen von *Votre Beauté* konnte man hier und da Mitterrands Einfluß erraten, obwohl sein Name nie darin erschien. In der ersten Nummer des Jahres 1946 roch der Leitartikel mehr nach Politik als nach Parfum:

»Ein gutes Neues Jahr, ein schönes Neues Jahr!!! Das ist abgedroschen, höre ich Sie sagen, und ich wäre Ihrer Meinung, wenn 1946 allen vorangegangenen Jahren gleichen würde. Aber ganz im Gegenteil, es ist anders. Zunächst bringt es uns eine neue, mutigere, jüngere Republik – die andere war schon einundsiebzig Jahre alt. Es bringt uns eine neue Verfassung. Es bringt uns das Ende der Kämpfe, die zahlreiche Leben gekostet haben. Es bringt uns das Versprechen einer Weltorganisation. Es erhält uns den ruhmbedeckten Mann, dessen Vergangenheit eine Garantie für die Zukunft ist. Das Jahr 46 wird also mit ›Neuem‹ und ›Vernünftigem‹ beginnen...«

Die folgende Überleitung scheint etwas gewagt:

»Scheint es Ihnen nicht auch so, werte Leserinnen, daß wir uns, wie das neue Jahr, auf eine Zeit des Neuen und Vernünftigen einlassen könnten und den Entschluß fassen sollten, die Unversehrtheit unserer Gesundheit und unseres Körpers zu erhalten?...«

In derselben Nummer schreibt eine gewisse Frédérique Marnais, offenbar ist dieser Name das letzte Pseudonym François Mitterrands. Der Artikel trägt die Überschrift: »Das schönste Halsband einer Frau sind die Arme eines kleinen Kindes.« Der Autor möchte »Girlanden von kleinen Kindern« entstehen sehen, damit Frankreich eine große Nation werde:

»Würden die Geburten bei uns nicht zunehmen, blieben sie so wie bis zum Jahre 1940, dann gäbe es in hundert Jahren kein Frankreich mehr. Man behandelt uns schon wie eine Nation von Alten, und das wird leider Wirklichkeit werden!

Also, es ist an der Zeit, daß in jedes Heim Leben kommt, eine Wiege darin steht. Das Leben der Kleinen bestimmt das Leben des Landes. Das Leben der Kinder macht das wahre, solide, beständige Glück der Eltern aus...

Ein junges Paar, das keine Kinder hat, das ist zwei, drei Jahre lang entzückend und dann... Man wird der Vergnügen, des abendlichen Ausgehens, der Einladungen müde und langweilt sich schließlich über alles, weil es in der Natur des Menschen liegt, einer Sache schnell überdrüssig zu werden...

Vergessen Sie nicht, daß die Mutterschaft die Frau voll erblühen läßt. Eine Frau, die keine Kinder geboren hat, erreicht nicht die Höchstform...«

Dieser Artikel erscheint, als seine eigene Ehe nach dem Tod des dreimonatigen Pascal in einer Krise steckt. Danielle ist krank geworden, sie ist niedergeschlagen und wendet sich der Buchbinderei zu. François Mitterrand hofft, daß ein anderes Kind bald die große Leere ausfüllen wird...

Schließlich trennt er sich in gutem Einvernehmen von *Votre Beauté*, verliert aber damit sein gutes Gehalt. Diese zeitweilige Anstellung in dem Konzern *L'Oréal* hat dazu beigetragen, daß das Gerücht, Mitterrand habe zur *Cagoule* gehört, neue Nahrung erhielt. Einmal wegen der Vergangenheit des Konzernleiters, zum andern weil dieser im Laufe der Jahre außer Deloncles

Sohn in Spanien einige der großen Cagoularden aufnimmt, die im Exil leben oder ihre Strafe verbüßt haben, darunter Jacques Corrèze, der die Leitung der amerikanischen Filiale übernimmt, Piquet, ein ehemaliges MSR-Mitglied, steigt in den USA in das Unternehmen ein, Azema macht die Werbung in Argentinien...

François Mitterrand ist mehr und mehr davon überzeugt, daß er über den Kreis der Kriegsgefangenen hinauswachsen muß, wobei er nicht vergißt, daß er bei ihnen eine starke Lobby hat. So muß er weiter daran arbeiten, die Blockierung und Unterwanderung durch die immer noch aktiven Kommunisten im Innern des Verbandes auszuschalten.

Anfang Juni 1946 finden Parlamentswahlen statt. Es ist teuer, als Kandidat nominiert zu werden. Patrice Pelat taucht wieder auf: der »Oberst« setzt sich für seinen Freund ein.[19] Schließlich läßt Mitterrand sich im Namen des *Rassemblement des gauches républicaines,* RGR, der Vereinigung linker Republikaner, (zu denen unter anderem die Radikalen und die UDSR zählen), im fünften Wahlbezirk der Seine (Boulogne, Neuilly...) als Kandidat aufstellen. Diese Entscheidung ist erstaunlich, denn die RGR wird von dem radikalen Daladier geleitet, der in Mitterrands Augen immer noch für die Niederlage verantwortlich ist und somit Pétain den Weg zur Machtergreifung geebnet hat. Obwohl das Wort »links« im Namen dieser Vereinigung alter schlauer Füchse aus der Dritten Republik vorkommt, befindet sich das RGR auf dem rechten Flügel und steht in Konkurrenz zur republikanischen Freiheitspartei, PRL, die in diesem Wahlkreis durch Edmond Barrachin, einem ehemaligen Mitglied des PSF des Oberst de La Rocque, vertreten wird.

»Ich bin geschlagen worden, was vorauszusehen war. Ich bringe das im Oktober wieder in Ordnung«, schreibt Mitterrand gelassen an Georges Dayan. Er erreicht einen guten fünften Platz hinter der KP, dem MRP, der SFIO und dem PRL Barrachins, der wütend über den jungen Kerl von der Rechten ist, dessen Kandidatur ihn seines Sitzes beraubt hat... Es ist offenbar, daß es Mitterrand hauptsächlich darum geht, gewählt zu werden: unter welchem Parteietikett, ist zweitrangig.

Im August 1946 unternimmt er eine große Reise über Montréal, Rio de Janeiro nach Sao Paulo zu seinem Schwager Roger Gouze, die ihn auf seiner Hin- und Rückreise über New York führt. Dort trifft er sich mit seinem Freund Louis Devaux. In einem langen Brief erzählt er Dayan von diesem »so fabelhaften Amerika«. Er übt auch Kritik, indem er die Gefahren einer Hungersnot, die hohen Lebenshaltungskosten, das niedere kulturelle Niveau anführt...

Nach seiner Rückkehr aus Amerika beginnt er mit den Vorbereitungen für die nächsten Wahlen. Er bittet Edmond Barrachin um ein Zusammentreffen, was dieser akzeptiert. Allerdings lädt er auch seinen Neffen, Pierre de Ségur, zu dem Treffen ein. Ségur erinnert sich:[20]

»Mein Onkel wohnte bei meiner Mutter in der Rue du Cirque. Während der vorausgegangenen Wahlen im Juni war er wegen Mitterrand nicht durchgekommen... Ich wohne also der Unterhaltung bei und serviere den beiden Männen die Getränke. ›Monsieur Mitterrand, welches Ziel verfolgen Sie? Mich in Schwierigkeiten zu bringen oder Abgeordneter zu werden? Wenn Sie in Paris bleiben, haben Sie keine Chance, gewählt zu werden... und verhindern damit, daß ich durchkomme.‹

Mitterrand verteidigt sich und sagt, daß er meinem Onkel nicht schaden wolle, läßt jedoch erkennen, daß es sein Wunsch ist, Abgeordneter zu werden.

›Wenn Sie in den Wahlkreis der Nièvre gehen wollen, dann kann ich Ihnen helfen. Ich werde Sie ehemaligen Führungskräften des PSF empfehlen...‹

Alle beide sind gewählt worden...«

Diesem Zeugnis, das ich auf direktem Weg erhielt, füge ich jenes hinzu, das mir von dem ältesten und unerbittlichsten Feind Mitterrands gegeben wurde. Es handelt sich, nach Michel Cailliau, um das Zeugnis Barrachins persönlich, das von einem gemeinsamen Freund, René Bouvray, während eines Abendessens festgehalten wurde. Es widerspricht dem seines Neffen nicht, aber muß dennoch mit Zurückhaltung aufgenommen werden. Edmond Barrachin habe in beiden Fällen François Mitterrand vorgeschlagen, sich im Wahlkreis des Départements Nièvre aufstellen zu lassen, wo er ihm Hilfe leisten würde.

»François Mitterrand, sagt er, hat mich im Laufe des Jahres 1946 nach vorheriger Terminvereinbarung aufgesucht. Er schien sich sehr unwohl zu fühlen. Er wand sich und sagte mir wörtlich:

›Herr Präsident, ich bitte um Entschuldigung, aber bei den nächsten Parlamentswahlen werde ich gegen Sie kandidieren. Ich wollte so taktvoll sein, Sie davon in Kenntnis zu setzen.‹ Da habe ich ihm auf der Stelle geantwortet: ›Das ist nicht nötig. Sie wissen sehr wohl, daß Sie absolut keine Chance haben, an meiner Stelle gewählt zu werden. Schauen Sie sich doch selbst in die Augen, wenn Sie das können. Und seien Sie einmal in Ihrem Leben offen und aufrichtig. Sie sind doch nicht gekommen, um mir das zu sagen, und Sie wissen ebensogut wie alle anderen, daß ich seit zwei Jahren von meiner Partei, die rechts steht, damit beauftragt bin, alle politischen Wahlen vorzubereiten und die Kandidaten auszuwählen, was die Voraussetzung für die Wahl der zukünftigen Abgeordneten ist. Es ist Ihnen völlig klar, aber Sie sprechen es nicht aus, daß Sie, wenn Sie sich in meinem Sektor aufstellen lassen, nur geschlagen werden können, weil Sie nicht viel darstellen. Bitten Sie mich ehrlich darum, Ihnen einen Wahlbezirk anzuvertrauen, in dem Sie mit Sicherheit gewählt werden.‹

Mitterrand antwortete schließlich: ›Ja, Herr Präsident.‹ Also habe ich ihm gesagt: ›Ich entsende Sie in den Wahlkreis vom Département Nièvre.‹ Er sagte daraufhin: ›Dort habe ich keine Chance. Niemand kennt mich.‹ Da habe ich erwidert: ›Gerade weil niemand Sie dort kennt, haben Sie die größten Chancen, denn so haben Sie noch keine persönlichen Feinde.‹ Und ich habe hinzugefügt: ›In jenem Département gilt es, einen sozialistischen Kommunisten zu schlagen. Sie gehören zur Rechten, nicht wahr?‹ Darauf hat er mir mit ja geantwortet. Ich habe ihm gesagt: ›Ich gebe Ihnen alle Stimmen der Rechten in diesem Département. Es ist an Ihnen, die Stimmen der Mitte zu gewinnen, zu der Sie offiziell gehören.‹

Den beiden Strömungen war es bis damals nicht gelungen, sich zu verständigen. Aber das war nur ein Zahlenspiel, denn der Anteil meiner Partei allein belief sich auf 70 % der Stimmen, die man brauchte, um gewählt zu werden.

Im Beisein Mitterrands habe ich mit den wichtigen Wählern vom Département Nièvre telefoniert, die mir ihr Einverständnis gaben, einen sozialistischen Kommunisten zu schlagen. Und so wurde Mitterrand Abgeordneter und Politiker…

Aber als er Minister war und ich mich für einen tüchtigen Bauern einsetzte, dem der *Poireau* (die Verdienstmedaille der

Landwirtschaft) verliehen werden sollte, hat Mitterrand mich wie einen alten Socken fallenlassen...«

Jacques Bénet, Marcel Haedrich und andere haben mir erklärt, Montjoie habe François Mitterrand geholfen. Das ehemalige Mitglied des CAP hatte seine Freunde von der Rechten überredet, seinem jungen Freund Mitterrand, der die »richtige Einstellung« habe, dabei zu helfen, im Wahlkreis des Départements Nièvre Fuß zu fassen. Der Marquis von Champeaux – ehemaliges CAP-Mitglied – und zwei seiner Neffen, die in der Gegend auf dem Schloß von Palisse wohnten, haben auf Montjoies Aufforderung hin besonders zum Erfolg beigetragen. »Die Marquis haben die Schlösser und Klöster besucht, um Mitterrands Wahlsieg vorzubereiten«, behauptet Bénet, der diese Information von Montjoie selbst bekommen hat.[21]

Barrachin hat Wort gehalten. Er hat seine Freunde überredet, Mitterrand zu helfen, im Département Nièvre Wurzeln zu schlagen. So hat der reiche Marquis de Roualle, Generaldirektor der Konservenfabrik *Olida*, der den Vertretern des Dreiparteiensystems – aber ganz besonders den Kommunisten – Widerstand bieten wollte, den jungen Mann mit der richtigen Einstellung großzügig unter seine Fittiche genommen, der ihm ja wärmstens von seinem Freund Barrachin empfohlen wurde.[22]

Das Sammeln dieser Schirmherrschaften hat offenbar Zeit in Anspruch genommen und viele Verhandlungen erforderlich gemacht, denn François Mitterrand erscheint erst etwa zehn Tage vor der Wahl in Nevers. Aber der Weg ist geebnet.

Die Flugblätter und lokalen Zeitungen lassen zu diesem Zeitpunkt keinen Zweifel: François Mitterrand hat sich als Kandidat der Rechten präsentiert, unterstützt von der klassischen Rechten, der Zentrumspartei, die das Dreiparteiensystem ablehnt, und sich der äußersten Rechten des Départements mit einem Programm der Rechten vorgestellt. Er wird offiziell vom PRL, der UDSR, der gaullistischen Union, der Bauernpartei, der radikalen und radikal-sozialistischen Partei unterstützt.[23] In einem Artikel, der am Vorabend der Wahl im *Journal du Centre* veröffentlicht wird, erklärt der Kandidat der republikanischen Aktionseinheit ein letztes Mal, warum die Einwohner des Départements Nièvre Mitterrand wählen sollen:

»...Unsere Liste, die nichts zu verbergen hat, sondern im Gegenteil mit gutem Recht verkünden kann, daß sie im Wahlbezirk Nièvre jede Oppositionspartei vertritt, wird überall herzlich angenommen. Die Bewohner und Bewohnerinnen des Départements Nièvre wissen wohl, daß es nötig war, einen Block gegen die kommunistische Gefahr zu bilden, die durch die Schwäche der Sozialisten und die Verleugnungen des MRP an die Macht gelangen konnten...

Es geht jetzt darum, daß alle Bürger, denen Grundfreiheiten etwas bedeuten, eines begreifen: Wenn sich die drei Regierungsparteien während der kurzen Zeit des Wahlkampfes gegenüberstehen, so sind sie sich doch immer darin einig gewesen, einen ökonomischen und politischen Dirigismus einzuführen, den Vorläufer einer Diktatur.

Was wird aus der Unterrichtsfreiheit?... Wir bleiben bei der Überzeugung, daß das höchste Gut des Menschen die Gedankenfreiheit ist, und damit auch die des Unterrichtens und Lehrens...

Wir sind die Sammlungsbewegung des Nein: Wir sagen nein zu den Staatstrusts, nein zur Verschwendung und nein zum Bankrott...«

Mitterrands Absichtserklärung ist ultraliberal: »Nein zur Verstaatlichung! Nein zu gesetzlichen Regelungen, die die Freiheit der Landwirtschaft und des Handels unterdrücken! Nein zur Bürokratie!« Er ist erst kürzlich zum Anhänger der Charta des CNR geworden und behauptet, er kämpfe von nun an gegen die »Bolschewisierung des Landes«![24]

François Mitterrand wird am 10. November 1946 zum Abgeordneten des Départements Nièvre gewählt, was er vor allem den 16 285 durch den Marquis de Champeaux besorgten Stimmen zu verdanken hat...

In der Nationalversammlung nähert sich der neue Abgeordnete der UDSR-Gruppe. Ob die Anekdote, die Pierre Merli mir und allen anderen Biographen François Mitterrands erzählt hat, in diese Zeit paßt, sei dahingestellt, da ich sie datenmäßig nicht genau einordnen konnte. Wie auch immer, seit Mitte 1945 hat Mitterrand die Bemühungen seiner Freunde, die die UDSR ins Leben gerufen haben, nicht aus den Augen verloren und immer ein wenig an ihren Aktivitäten teilgenommen. Er war jedoch noch nicht bereit, sich auf das große Abenteuer einzulassen. Dann kam der Moment, in dem er fühlte, nun sei es für ihn an der Zeit, seinen politischen Dämon durch ein konkretes Engagement zu vertreiben. Aber wohin soll man sich wenden, wenn einen der eigene Ehrgeiz so weit treibt, die geringste Chance nutzen zu wollen, um nach oben zu kommen? Er diskutiert mit seinen Freunden darüber. Beauchamp erinnert sich an diese Gespräche. Pierre Merli, Abgeordneter und Bürgermeister von Antibes, ebenfalls:[25]

»Wir gingen eine Nacht auf der Croisette auf und ab und beschlossen, in die UDSR einzutreten. Gleichzeitig mit Pierre Bourdan. Wir waren uns einig, daß wir für die Politik gemacht waren, aber nicht wußten, in welcher Partei. Ich war eher für die Partei der Radikalen, aber diese war damals in Auflösung begriffen. François dachte an die sozialistische Partei, dann haben wir uns schließlich für die UDSR entschieden. Ich sagte ihm, das wichtigste sei, gewählt zu werden, danach würde man weitersehen… Mitterrand war schon ziemlich links und war kein Antikommunist. Die Kommunisten haben ihm oft geholfen…«

Am 3. August 1994 habe ich meine letzte Zusammenkunft mit dem Präsidenten. Er ist sehr müde, aber noch einmal bereit, auf das Fragenspiel einzugehen. Die Hinweise seiner Anhängerschaft an die UDSR sind wenig ergiebig; ich bitte ihn, sich zu erinnern:

»Nach dem Krieg wußte ein Mann meines Alters nicht, wohin er sich wenden sollte. Ich fühlte mich nicht als ein Mann der Rechten, da ich in manchen Punkten mit ihnen nicht übereinstimmte, vor allem in Fragen sozialer Gerechtigkeit. Aus Sorge um soziale Probleme verließ ich mein Milieu. Meine religiöse Erziehung hatte mich zu sehr vereinnahmt. Ich hatte viel Zeit benötigt, um mich von den Vorstellungen und Werten zu befreien, die mir vermittelt worden waren, zumal ich mich von einigen angesprochen fühlte…«

François Mitterrand versucht mir zu vermitteln, was für ihn heute wichtig ist, wenn er seine Jugend in Gedanken an sich vorüberziehen läßt. Er sucht einen anderen Ausdruck, spricht von »einem heftigen Gefühl der sozialen Gerechtigkeit«, das zu dieser Zeit seine Entwicklung vorangetrieben habe. Er erwähnt seine »rebellische« Seite gegenüber »seiner Herkunft und Ausbildung«; »ich war in der *Résistance* wegen Menschen, die ich kannte, und wegen Dingen, die ich gesehen habe...« Dennoch ist es ihm wichtig, laut und stark seinem »Abscheu vor dem Sektierertum« Ausdruck zu verleihen und mir Kriterien zur Beurteilung seiner Handlungen zu nennen: »Ich habe oft impulsiv gehandelt.«

François Mitterrand, der den Eindruck erweckt, mit einem einzigen Blick sein gesamtes Leben wegzufegen, nimmt das Gespräch wieder auf: »Es ging nicht um die Frage, ob ich mich der SFIO oder der MRP anschließen würde. Ich fühlte mich zum Sozialismus hingezogen, nicht zu den Parteien, die ihn vertraten. In dieser Situation war es bequem, der UDSR anzugehören.« Ich erwähne sein Flugblatt, das während der Wahlkampagne im Département Nièvre verteilt wurde, und die Stimmen der äußersten Rechten, die ihm den Abgeordnetensitz eingebracht haben. Er leugnet es nicht, betont jedoch, daß er in erster Linie gegen das Dreiparteiensystem gewesen sei und sich um die Stimmen der äußersten Rechten nicht bemüht habe... Zu jener Zeit redete er mit seinen Vertrauten von »taktischen Zugeständnissen«; bezüglich der Leute, die für ihn gestimmt hatten und sich betrogen fühlen würden, weil er gar nicht zur Rechten gehörte, sagte er: »Ich werde sie langsam umkrempeln...« Er beendet die Unterredung, indem er noch einmal seine »Besessenheit« für die soziale Gerechtigkeit unterstreicht: »Von 1947 bis 1981 habe ich immer für soziale Gesetze gestimmt, und niemals habe ich mit der Rechten gegen den Ausbau des Sozialwesens gestimmt. Eine Studie meines Abstimmungsverhaltens würde unschwer beweisen, was ich Ihnen gerade versichere...«

Als ganz junger Volksvertreter begibt sich François Mitterrand zum Kongreß der UDSR, der vom 14. bis zum 17. November 1946 stattfindet und in gespannter Atmosphäre in Clermond-Ferrand eröffnet wird. Wieder einmal, am 28. November, ist die Regierung (die von Georges Bidault) zurückgetreten. Gegen die Opposition General de Gaulles wird die Verfassung am 13. Oktober mit großer Mehrheit angenommen. Aus den Parlamentswahlen sind die Kommunisten gestärkt hervorgegangen. Die grundlegende Debatte des Kongresses dreht sich um das ewig gleiche Thema: die Haltung der Kriegsgefangenen gegenüber der Politik. Dahinter zeichnen sich die gleichen Kämpfe um die Führung des Verbandes ab. Drei Positionen stehen sich gegenüber:

1. Die Ex-CEA und die MRP unterstützen eine neutrale Haltung;
2. Mitterrand und seine Freunde setzen sich für »staatsbürgerliches Handeln« ein, das heißt, für eine Auseinandersetzung mit den großen Problemen der Nation;
3. die Kommunisten sind »gegen jedes Abenteuer«: Der Verband soll sozial bleiben, »wie eine Gewerkschaft, die sich für die Kriegsgefangenen und ihre Familien einsetzt«, und »für Ehre und Recht« kämpfen.

In den Wochen, die der Ausarbeitung dieser Positionen vorausgegangen sind, ist das Engagement François Mitterrands heftig vom Verbandsvorsitzenden Jean Bertin kritisiert worden. Mitterrand wird vorgeworfen, die Einheit der Bewegung durch Unterwanderung der verschiedenen Gruppierungen zu gefährden. Bertin verdächtigt ihn, einen Wechsel des Vorstandes zu planen und »eine Atmosphäre des Kampfes zu verbreiten, die zur Teilung und Abspaltung führen kann«.

Der neue, der UDSR nahestehende Abgeordnete setzt sich gegen den Vorwurf der Unterwanderung des Verbands entschieden zur Wehr und setzt zum Gegenangriff an. Unterwanderung betreiben seiner Meinung nach die Kommunisten. Um das Problem aus der Welt zu schaffen, schlägt er ein Verbot der Ämterhäufung (Posten im Vorstand des Verbandes, Amt im Ministerium der ehemaligen Kämpfer oder Wahlmandat) vor. Würde diese Maßnahme angenommen, träfe sie vor allem den Kommunisten im Vorstand des Verbandes, Pierre Bugeaud, aber sie würde tückischerweise auch François Mitterrand selbst sowie seinen neuen Gegner im Innern des Verbandes, den MRP-Abgeordneten Lionel de Tinguy du Pouet, ins Visier nehmen.

»... Wie kann man behaupten, daß keine politische Partei an einer Gruppe wie der unseren interessiert ist? Wer unter uns, ganz gleich welcher Couleur, kann sich, wenn er einen gesunden Menschenverstand besitzt, nicht mit Leichtigkeit vorstellen, daß eine Vereinigung von einer Million Männer eine gute Beute für Männer, Parteien oder Gruppierungen aller Art ist?... Ich sage, im Gegensatz zu Jean Bertin, daß es eine politische Unterwanderung in dem Verband gibt... Über die Unterwanderung an sich rege ich mich nicht auf; was mich dagegen empört, ist, daß man sie nicht unterbindet... Es ist unbedingt nötig, daß unsere Vereinigung sich wehrt; wenn man zum Beispiel Politiker an der Spitze des Verbandes läßt, die auch noch politische Mandate bekleiden, dann kann man nicht verhindern, daß Verwirrung in den Köpfen entsteht, und man kann ebensowenig verhindern, daß diese Männer ein Ansehen und eine Autorität genießen, die für den Verband schädlich ist. Das gilt heute für mich wie für die anderen, für die anderen wie für mich!«[26]

Der Kongreß spendet tosenden Beifall. Mitterrand ist ein gewandter Redner... Sein Auftritt war ein glänzender Erfolg, denn er verbündet sich heimlich mit Tinguy du Pouet, um gegen den von den Kommunisten unterstützten Antrag zu kämpfen. Mit der Annahme des Verbots, gleichzeitig mehrere Ämter zu bekleiden, mit dem François Mitterrand sich selbst aus dem Vorstand des Verbandes ausschließt, ist es ihm gelungen, den Verband gegen die Leute vom Département Seine abzuriegeln, die nun isoliert dastehen und an deren Spitze er zwei seiner Männer, Georges Lepeltier und Joseph Perrin, bringt... Mit anderen Worten, er hat es geschafft, die Unterwanderung des Verbandes durch die Kommunisten einzugrenzen. Zu seinem Vorteil, denn er selbst hat ihn ja weitgehend unterwandert! Nun braucht er keine Rücksicht mehr auf seine beiden Paten zu nehmen, die ihn auf den Weg gebracht haben. Jetzt, als Abgeordneter, ist sein Geist frei, um Politik zu machen.


Danielle Mitterrand bringt am 19. Dezember 1946 Jean-Christophe zur Welt. François Mitterrand ruht sich einige Wochen aus und genießt die Freude über die Geburt. Als Paten wählen Danielle und François Jean Munier, den treuen Freund von François, der auch Danielles Freund geworden ist. Danielle schlägt als Patin Antoinette Bouvyer vor, die während der langen Zeiten, in denen François abwesend war, wie eine Mutter zu ihr war. Zwischen den beiden Frauen ist eine aufrichtige Zuneigung entstanden.

So wird Jean-Christophe von einer leidenschaftlichen Monarchistin und einem echten Widerstandskämpfer beschützt...

Mitte Januar 1947 spielen zwei Personen eine wichtige Rolle für die Zukunft François Mitterrands: Claudius-Petit und

Georges Beauchamp. Der ersten Premierminister der IV. Republik, Paul Ramadier, hat Claudius-Petit für das Amt des Ministers für ehemalige Kriegsteilnehmer vorgesehen. Nach Aussage seines Sohnes[27] lehnt dieser mit der Begründung ab, daß er sich nicht dazu »berufen fühle, Totenblumen zu weihen«, er empfiehlt ihm aber den Namen Mitterrand, den er in der *Résistance* gekannt hat: »Das ist ein junger Mann, der sich viel im Milieu der ehemaligen Kriegsgefangenen bewegt. Nehmen Sie ihn, wenn Sie Ihre Ruhe haben wollen.«

Georges Beauchamp beansprucht ebenfalls für seinen Freund einen Anteil bei der Vergabe der Ministerposten.[28] Als Verantwortlicher der sozialistischen Jugend stand er unlängst in Verbindung mit Paul Ramadier, und er hat angeblich »den Namen Mitterrand« für das Ministerium ehemaliger Kriegsteilnehmer »vorgeschlagen«. Die beiden Zeugenaussagen sind im übrigen nicht widersprüchlich.

Das Kind aus Jarnac wird am 22. Januar 1947 zum Minister ernannt. Er ist dreißig Jahre alt. Sein Bruder Robert wird Direktor des Kabinetts, Jean Védrine sein Stellvertreter und Georges Beauchamp wird Kabinettschef.

Anmerkungen:

1 Gespräch vom 1. Juli 1994.
2 Vgl. Védrine: *Dossiers,* a.a.O.
3 Vgl. Mitterrand: *Les prisonniers,* a.a.O.
4 Dieser Abschnitt über Maurice Pinot wurde weitgehend von dem inspiriert, was Jean Védrine über ihn geschrieben hat, in *Dossiers,* a.a.O.
5 Ebd.
6 Diese Informationen über die Vereinigung sind der Dissertation von Lewin: *Le Retour des prisonniers de guerre français* entnommen, a.a.O.
7 In *P.G.,* dem Vereinsblatt der nationalen Vereinigung der Kriegsgefangenen.
8 Siehe die Dissertation von Christophe Lewin: *Le Retour des prisonniers,* a.a.O.
9 Ebd.
10 Ebd.
11 Ausgabe vom 8. Juni 1945.
12 Kleine Bewegung der Linkskatholiken in der Tradition von *Sillon.*
13 Vgl. Lewin: *Le Retour des prisonniers de guerre français,* a.a.O.
14 Vgl. *Libres* vom 20. November 1945.

15 Am Ende eines Briefs von François Mitterrand an Monsieur de Beaumont, Ende 1945 geschrieben, der die Bilanz ihrer Beziehungen zieht. Der Brief wurde dem Autor von Madame de Beaumont, Schwiegertochter des ehemaligen Chefs von *Votre Beauté*, vorgelesen.

16 Gespräch mit dem Autor vom 26. Mai 1994.

17 Brief, der dem Autor von Madame de Beaumont vorgelesen wurde.

18 Vgl. Picar/Montagard: *Danielle Mitterrand*, a.a.O.

19 Philippe Dechartre erzählt (Gespräch mit dem Autor vom 23. Februar 1994), Pelat habe nach der Episode Lycette Darsonval durch Vermittlung von André Malraux die Bekanntschaft mit Lartigue, dem Kassenführer der gaullistischen Partei, gemacht. Lartigue war sehr reich und hatte Anteile in der Filmindustrie. Pelat heiratete die Tochter Lartigues und fing an, dank des Geldes seines Schwiegervaters, Geschäfte zu machen, insbesondere mit Robert Mitterrand.

20 Gespräch mit dem Autor von Mitte Februar 1994.

21 Gespräch mit dem Autor vom 12. November 1993.

22 Vgl. Catherine Nay: *Le Noir et le Rouge*. Grasset, Paris 1984.

23 François Mitterrand erkennt heute nur noch die Patenschaft des Radikalen Henri Queuille für diese erste Wahl im Département Nièvre an.

24 Flugblatt, das sich in den Archiven des Autors befindet.

25 Gespräch mit dem Autor vom 31. Dezember 1993.

26 In *Le »P.G.« entre nous*, Sonntag, den 17. November 1946.

27 Gespräch mit dem Autor vom 19. Juli 1994.

28 Gespräch mit dem Autor vom 24. Februar 1994.

# 29. Kapitel
## Lasten (5)

Während der Widerstandskämpfer Morland sich im Verborgenen weiterentwickelte, hielten sich die ehemaligen Cagoularden weiterhin im Umkreis und sogar innerhalb des Mitterrand-Clans auf. Trotz der starken Vorbehalte, die François gegenüber Jean Bouvyer hegte, hätte seine Schwester »Jo« gern ihr Verhältnis zu ihm normalisiert. Seit Anfang 1943 bedrängte sie ihn, sie zu heiraten, doch er weigerte sich – und das aus zwei Gründen: Er fürchtete, seine Mutter Antoinette zu betrüben, da »Jo« geschieden und eine kirchliche Trauung somit unmöglich war. Andererseits glaubte er, er müsse nach der *Libération* wieder ins Gefängnis, da sein Verfahren wegen seiner für die *Cagoule* verübten Verbrechen noch nicht eingestellt war.

François Mitterrand, der sich heute das Mißtrauen vergegenwärtigt, das er sowohl gegenüber Jean Bouvyer als auch hinsichtlich dessen Beziehungen zu seiner Schwester hegte, ist mit ihm zusammengetroffen. Nach seinem eigenen, schriftlich niedergelegten Zeugnis bat er ihn, bei seinem Ausscheiden aus dem *Commissariat aux questions juives,* Hauptamt für jüdische Fragen, Unterlagen und Material aufzubewahren, um falsche Papiere für die Bewegung herstellen zu können. Man hätte sich also Bouvyers bedient, um gefälschte Papiere für die MNPGD anzufertigen.[1]

Wußte François Mitterrand zu jener Zeit, welche Tätigkeit Jean Bouvyer im *Commissariat aux questions juives* ausübte? Er behauptet: Nein.[2] Ist das möglich?

Am 18. April 1944 waren die Zuständigkeiten von Bouvyer erweitert worden. Er wurde Leiter der Ermittlungsabteilung. Diese hatte die Aufgabe, »alle Nachfragen zu bündeln, die aus den verschiedenen Abteilungen des Amtes, von den deutschen Behörden oder verschiedenen anderen Stellen kamen, und sie an die Direktion der SEC weiterzuleiten – zwecks Bearbeitung und Verbindung mit dieser Abteilung«. Bouvyer übte diese Aufgaben nicht lange aus: Schon in den folgenden Tagen wurde er durch Antignac verdrängt.

Was tat Bouvyer ab April 1944? Am 12. Juni 1945, anläßlich einer Vernehmung durch den Kriminalpolizeiinspektor Pierre Martin, behauptet er, er habe sich nahe Châteauroux dem Maquis von Brenne angeschlossen. François Mitterrand seinerseits bescheinigt ihm, wie bereits erwähnt, daß er dem MNPGD Unterstützung geleistet hat. Den Ermittlungsakten zufolge erklärte einer der Anführer der Widerstandsgruppe mit den Decknamen »Hector« und »Jade« Monsieur Pompon: Bouvyer habe ihm »sehr gute Dienste geleistet, als es darum ging, Juden zu helfen, die von der Polizei behelligt wurden«. Das irritiert ein wenig, wenn man bedenkt, daß Jean Bouvyer kurz vorher beim Amt für jüdische Fragen gearbeitet hat. Aber Monsieur Pompon ist ein alter politischer Freund von Jean.

Eine gewisse Madame Testelin bezeugt gleichermaßen, sie habe »während der Besatzungszeit für ihre Widerstandsgruppe in ständiger Verbindung mit Monsieur Jean Bouvyer gestanden. Er kam zu mir nach Hause, wo ich ihn mit Verfolgten aller möglichen Rassen und politischen Ansichten, die ich in der Rue de Montpensier Nr. 28 in einem Zimmer im 4. Stock untergebracht hatte, zusammenbrachte. Von dort führte er sie zur Rue de la Paix Nr. 17,³ wo er sie mit Lebensmitteln, Kleidung und den notwendigen Papieren versorgte, um sie vor der Gestapo zu retten.«

Ein Hauptmann der FFI, Maubois, der den Befehl im Unterbezirk von Douadic hatte, bestätigte ebenfalls, daß »Jean Bouvyer sich ihm zur Verfügung gestellt habe, um folgende Aufgaben zu erfüllen: Fallschirmeinsätze, Sabotageakte und Arbeit als Verbindungsagent bis zum 1. September 1944. Er hat all diese ihm anvertrauten Aufgaben gewissenhaft und aufopferungsvoll erledigt…«

Nach der *Libération* wird Jean Bouvyer nicht wegen Kollaboration strafrechtlich verfolgt. Er lebt noch immer mit »Jo« zusammen, die nun in der Rue Cretet wohnt. Er findet, dank der Familie Mitterrand, eine bescheidene Arbeit: Er ist Handelsvertreter für die Bierbrauerei *La Meuse* in Sèvres und für das Haus

Ivaldi, Cognac-Fabrikanten in Jarnac. Ivaldi ist der Ehemann von François' Schwester Antoinette. In den Beziehungen zwischen den Bouvyers und den Mitterrands scheinen keine Spannungen aufgetreten zu sein.

Auf die gleiche Weise haben die Météniers, die den Bouvyers nahestehen, ihre Beziehungen zu den Mitterrands gepflegt. Offensichtlich zu »Jo«, aber auch zu ihrer Schwester Colette, die immer voll Bewunderung für ihren »Retter« war.

Anfang September 1944 speist François Mitterrand im Hotel Claridge mit Henri Frenay. Beim Hinausgehen stößt er zufällig im Flur auf François Méténier: »Sie sind verrückt. Sie werden noch verhaftet werden!«[4]

Etwa zur gleichen Zeit gibt Colette ein Abendessen, weil François Méténier ihr das Leben gerettet hatte und sie ihn überhaupt sehr sympathisch findet. Eingeladen sind ihr Bruder François, Danielle, die Météniers und der Jacques Le Corbeiller, der François in Vichy protegiert hatte. »Seit jener Begegnung freundeten Danielle und François sich mit dem Ehepaar Méténier an«, erinnert sich Colette.[5]

Die Mitterrands haben im übrigen die Bouvyers und die Météniers ein paarmal zusammen eingeladen.

Aber im Juni 1945 hat die Justiz die beiden »Helden« der zwei Familien, Jean und François, eingeholt. Wegen der *Cagoule*-Geschichte werden Jean und François erneut im *Santé*-Gefängnis inhaftiert.

Danielle Mitterrand war bereit, über die ersten Monate Auskunft zu geben,[6] in deren Verlauf François ihr nacheinander seine Freunde vorstellt, die Widerstandskämpfer wie auch die anderen... Unsere Unterhaltung findet in ihrem Büro bei *France-Liberté* statt. Sie sieht wie eine schüchterne Oberschülerin aus, immer bereit, sich für eine gute Sache zu begeistern. Aus dem Durcheinander von Kleinkram, Gemälden und Erinnerungsstücken aller Art, die alle irgendein Ereignis aus der Entstehungszeit von *France-Liberté* symbolisieren, stechen zwei große Fotos von Pierre Bérégovoy hervor. Als ich sie bitte, mir mit wenigen Strichen ein politisches Porträt von François im Jahre 1944 zu entwerfen, antwortet sie mir spontan und mit leuchtenden Augen: »Er war ein Widerstandskämpfer... ich liebte ihn... er faszinierte mich...« Eine Minute später, als sie sich der zahlreichen Angriffe erinnert, die dem Präsidenten widerfahren sind, zeigen sich Schatten auf ihrem Gesicht: »Warum erregt er nur so viele Haßgefühle?«

Trotz des Umgangs mit der Welt der Politik hat sie offensichtlich deren Sprache nicht einmal ansatzweise übernommen. Es ist ihr überhaupt nicht peinlich, die Namen Bouvyer und Méténier zu hören. Sie lächelt bei der Erinnerung an ihre erste Begegnung mit Antoinette Bouvyer und deren Ehemann:

»François hatte mich gebeten, die Bouvyers einzuladen. Wir wohnten damals in einer Einzimmerwohnung in der Avenue du Marschall-Lyautey, ich war schwanger und sehr müde. Als es gegen halb acht Uhr abends klopfte, hatte ich mich schon hingelegt.

›Erwartest du jemanden?‹

›Nein!‹ antwortet François.

Ich öffne. Es sind die Bouvyers. Ich hatte ganz einfach vergessen, daß ich sie auf Wunsch von François eingeladen hatte.

Ich habe Antoinette oft wiedergesehen, die eine richtige Familienmutter war, eine echte Großmutter: Wenn ich ein Problem hatte, rief ich sie an. Es war ganz natürlich, daß ich sie bat, Christophes Patin zu werden. Sie zögerte, bevor sie zustimmte, weil sie sich für zu alt hielt...«

Für Danielle ist der Name »Bouvyer« natürlich verbunden mit dem von François Méténier, denn Antoinette war eine gute Freundin von »Mimi«, dessen Frau. Als sie den Namen »Mimi« ausspricht, lächelt sie sanft bei der Erinnerung an jene Frau, die verrückt war vor Liebe zu ihrem Teufelskerl von Mann. Danielle ist verliebt in die Liebe. Sie weiß nicht mehr sehr genau, wie sie Mimis Bekanntschaft machte. Ich erzähle ihr, was mir ihre Schwägerin Colette darüber berichtet hat.

Nach ihrer Internierung im *Santé*-Gefängnis läßt François Mitterrand Jean Bouvyer und François Méténier nicht im Stich. Auf Bögen mit dem Briefkopf »Comité national de coordination MNPGD« schickt er am 2. August 1945 eine Bescheinigung, die einem Zeugnis über geleisteten Widerstandskampf gleichkommt. Sie läßt, um das mindeste zu sagen, dem Mißbrauch Tür und Tor offen, weil darin von einer »untadeligen Haltung« während der Besetzung die Rede ist. Bouvyers Widerstandstätigkeit – soweit sie nicht überhaupt erfunden oder für die Zwecke seiner Verteidigung aufgebauscht ist – zählt ziemlich wenig, verglichen mit den gegen die Juden gerichteten Aktivitäten, die er drei Jahre lang im *Commissariat aux questions juives* entfaltet hatte. Aber von hier aus kommt man immer wieder zur gleichen Frage: Wußte François Mitterrand von den antijüdischen Aktivitäten Jean Bouvyers? Wir wissen, daß er diese Frage verneint hat. Hier seine Bescheinigung aus jener Zeit:

»Ich, der Unterzeicher, François Mitterrand, ehemaliger *Secrétaire général aux Prisonniers de guerre et déportés* der provisorischen Regierung der Französischen Republik, Präsident des *Comité national de coordination* MNPGD, bescheinige hiermit, verschiedene Male bei Monsieur und Madame Louis Bouvyer, Rue Chernovics Nr. 7, Paris 16. Bezirk, Unterschlupf gefunden zu haben, als ich von der deutschen Polizei gesucht wurde. Durch die vorbehaltlose Gastfreundschaft, die sie mir in diesen Augenblicken gewährten, in denen Mut nicht selbstverständlich war, haben sie sich, ohne schwach zu werden, als gute Franzosen erwiesen.

Als ich bei ihnen war, habe ich ihren Sohn, Jean Bouvyer, gebeten, eigenverantwortlich die Dokumente und das Material für gefälschte Papiere in Verwahrung zu nehmen, die für unsere Widerstandsorganisationen notwendig waren. Jean Bouvyer akzeptierte meinen Vorschlag und übernahm dann die Anfertigung von gefälschten Papieren, die von den Ausbrechern, den Leuten im passiven Widerstand und den Kameraden benutzt wurden, die im Untergrund lebten.

Aufgrund dieser Tatsache weiß ich und bleibe davon überzeugt, daß Jean Bouvyer während der Besatzungszeit eine untadelige Haltung bewiesen hat.«

»Als François Méténier verhaftet wurde, habe ich Mimi oft gesehen«, erinnert sich Danielle Mitterrand. »Sie war wahnsinnig in ihren Mann verliebt und verbrachte jeden Nachmittag lange Stunden vor dem Gefängnis, damit ihr Mann sie durch die Gitter erblicken konnte. Mit meinen zwanzig Jahren fand ich das wunderbar. Mimi mußte viele Dinge verkaufen und in eine ganz kleine Wohnung am Square Dancourt, im 18. Bezirk, umziehen, aber sie beklagte sich nie. Sie lebte mit einer treuen Hausangestellten, die ihnen mit vierzehn Jahren gefolgt war, in dieser winzigen Zweizimmerwohnung. Die beiden Frauen brachten dem

Pascha, François Méténier, die gleiche Bewunderung entgegen. Mimi verzieh ihrem Mann alles: ›Das ist ein ganz Verrückter‹, erklärte sie mit großer Zärtlichkeit. Ich versuchte nicht, mehr über ihren Mann zu erfahren, der, wie ich wußte, schlimme Dinge getan hatte...«

Im Laufe dieser nostalgischen Rückschau bittet sie mich um einige Aufklärungen über die Vergangenheit François Météniers. Sie weiß offensichtlich nicht genau, was die *Cagoule* war und erklärt: »Ich bemühte mich nicht darum, es zu wissen.« Dann erzählt sie wieder von Mimi: »Sie liebte mich wie ihre Tochter und mochte auch meine Mutter sehr.« Dann kommt sie gleich wieder auf Antoinette Bouvyer zu sprechen, so sehr sind die beiden Frauen in ihren Gedanken miteinander verbunden. Madame Mitterrand wußte nicht, daß François Méténier und Jean Bouvyer sich aus der Zeit der *Cagoule* kannten und daß ihre Ehefrauen seit dem Ende der dreißiger Jahre miteinander bekannt waren, als sie ihre beiden Cagoularden in der *Santé* besuchten... Nun gehen sie wieder zum Gefängnis, und noch einmal werden sie für die Freilassung ihres Mannes und Sohnes kämpfen, begleitet von der wohlwollenden und manchmal aktiven Sympathie der Mitterrands, wie vor dem Krieg...

In ihren Briefen an Jean berichtet Antoinette regelmäßig von dem neuesten Klatsch über Danielle und François. Beim Lesen der Briefe, die Jean Bouvyer Ende 1945 geschrieben hat, wird deutlich, daß die Beziehungen zwischen Antoinette und dem Ehepaar Mitterrand sich plötzlich abkühlten. Wie es Antoinettes Gewohnheit war, hat sie wahrscheinlich alle schulmeistern wollen und meinte, daß ›ihr‹ François sich nicht so verhielt, wie sie es wünschte. Außerdem war Danielle ihrer Ansicht nach zu »extravagant«.

Jean Bouvyer und Antoinette sind beide ebenso leidenschaftlich wie unvernünftig und vergessen schnell ihre verletzenden Urteile über ein Paar, das ihnen dennoch treu geblieben ist.

Aber Danielles Erscheinen in »ihrer« Welt ist traumatisch. Sie hat nicht die gleiche Erziehung, nicht die gleichen Wertvorstellungen, die gleichen Empfehlungen. Alles trennt Danielle von dem Milieu, in dem François aufgewachsen ist. Sie selbst kommt aus einem Milieu der Linken, der Freimaurer, des Laientums. Und wenn sie sich keine Fragen über die politische Einstellung von François stellt, so wohl deshalb, weil sie ihn zu einem Zeitpunkt kennengelernt hat, als er sich in der *Résistance* engagiert hatte, also notwendigerweise wie das CNR und somit links dachte.

Als François Mitterrand von der Regierung Ramadier zum Minister ernannt wird, schöpfen die Bouvyers ein wenig Hoffnung. Jean ist seit mehr als anderthalb Jahren in Untersuchungshaft und fühlt sich vergessen. Er sieht sich als Opfer der Geschichte. In den Wochen, die auf Mitterrands Ernennung folgen, nimmt der Briefverkehr zwischen Antoinette und Jean stark zu und erlaubt ihnen, ihre Strategie zu verfolgen, die zum Ziel hat, ihren Freund François für die Vertretung ihrer Interessen zu gewinnen.

Am 31. Januar 1947 bittet Jean seine Mutter, François seine Glückwünsche zu überbringen:

»Ich hoffe sehr, daß er demnächst zum Minister der Justiz ernannt wird… Es ist [dennoch] sehr gut, in seinem Alter bei der ersten Regierung der IV. Republik dabeizusein…«

Einige Tage später verschickt er einen sehr interessanten Brief, der die Hypothese untermauert, daß die wahren Chefs der *Cagoule* niemals entlarvt werden würden und hohe Generalstabsoffiziere sowie Persönlichkeiten aus dem Bürgertum seien. Dieser Brief bringt Licht in die Angelegenheit, wie das Gerücht von Mitterrands Zugehörigkeit zur *Cagoule* entstehen konnte. In Übereinstimmung mit Jacques Corrèze, der ebenfalls inhaftiert ist, schlägt Bouvyer Mitterrand vor, ihm alle Geheimnisse der *Cagoule* zu offenbaren: Diese Enthüllungen würden zahlreiche Militärpersonen bloßstellen. Es ist klar, daß Bouvyer dabei insbesondere an General Giraud denkt – und an Politiker, die im Vordergrund stehen und noch kürzlich zu dem Kreis um de Gaulle gehörten.

Bevor wir diesen erstaunlichen Vorschlag kommentieren, ist es angebracht, sich etwas mit der Person Corrèze zu befassen, der ebenfalls der »Clique« Mitterrands nicht allzu fern ist.

Corrèze war der engste Mitarbeiter Deloncles, insbesondere im Innern des MSR. Er lebte in der Wohnung der Deloncles und nahm an ihrem Familienleben teil. Nach der Ermordung von Eugène Deloncle durch die Gestapo blieb Corrèze bei Mercedes Deloncle, der Schwester General Cahiers, welcher der Schwiegervater Robert Mitterrands ist. Die Cahiers haben alles getan, um Mercedes und Deloncles Kindern zu helfen. Als Sprecher der »Prügelknaben« oder der zweitklassigen Angehörigen der *Cagoule* entwirft Jean Bouvyer einen beachtlichen Plan, der es François Mitterrand ermöglicht, einen Angriff »von links« gegen die Großen der *Cagoule* zu führen. So würde er keine Gefahr laufen, als Komplize der Cagoularden betrachtet zu werden, wenn er einige von ihnen, die Kleinen, die für die anderen die Rechnung bezahlen, verteidigte…

Zu Anfang des Jahres 1947 scheint Bouvyer ganz von seiner bisherigen Ideologie abgekommen zu sein: Seine wahren Feinde sind seine ehemaligen Vorgesetzten, er ist sogar bereit, sich der äußersten Linken anzuschließen, um aus dem Gefängnis herauszukommen, und das, obwohl die Bolschewisten in jener Zeit für ihn und seine Freunde das absolute Übel verkörpern.

»Wenn ich bis zum heutigen Tag geduldig gewesen bin, wenn ich beim Untersuchungsrichter meinen Mund gehalten habe, wenn ich den einlullenden Lügen der Cagoularden, ohne mit der Wimper zu zucken, zugehört habe, so habe ich keinesfalls die Absicht, langsam im Gefängnis zu verrecken, um den wahren Verantwortlichen der grotesken Verschwörung einen gefährlichen Prozeß zu ersparen (…) *Ich muß unbedingt, mit Deiner Unterstützung, mit Mitterrand in Verbindung treten.*[7] Es darf keine Zeit mehr mit leeren Worten verloren werden. Die Generäle und die Großen des Bürgertums machen sich seit neun Jahren über uns lustig, und das ist ein bißchen zu lange. Meine Kameraden sind der gleichen Ansicht wie ich, ausgenommen Méténier, dem ich überhaupt nichts gesagt habe, denn er verharrt weiterhin in seiner Dummheit. Er wartet auf ein Wunder und glaubt an die Ehrenhaftigkeit seiner Vorgesetzten. Übrigens wird ihm seine Gefängniszeit reichlich mit einigen guten, einträglichen Pöstchen vergolten werden, die bei seiner Entlassung schon auf ihn warten. Für uns sieht das nicht so aus. Folglich haben wir nichts zu verlieren, wenn wir den Prozeß fordern, im Gegenteil, wir könnten eher gewinnen. Wenn eines Tages eine Verordnung oder ein Gesetz erlassen wird, das die Strafen für politische Häftlinge verkürzt, dann profitieren wir tatsächlich nicht davon, wenn wir immer noch in Untersuchungshaft sitzen. Selbst wenn wir zu langen Haftstrafen verurteilt werden, sind wir immer noch besser dran als jetzt, da wir wenigstens ein Gnadengesuch einreichen können angesichts der Tatsache, daß wir einschließlich der Einzelhaft schon fünf Jahre im Gefängnis sitzen.

Du bist der einzige Mensch, der etwas bei François erreichen kann, so habe ich Josette um nichts gebeten. Für den Fall, daß Josette bei ihm vorgesprochen haben sollte, kannst du ihm sagen, daß ich Jo gegenüber absolut nichts erwähnt habe. Du allein bist fähig, etwas zu bewegen. Meiner Ansicht nach sollte man gleichzeitig mit äußerster Vorsicht, aber auch energisch vorgehen, was nicht leicht ist. Zuerst muß François bereit sein, sich mit dieser Angelegenheit zu befassen. Dann muß er ein politisches Interesse daran finden. Schließlich darf es nicht soweit kommen, daß er plötzlich als Komplize der *Cagoule* dasteht. Um das zu verhindern, müßte er energisch handeln, aber in den Kulissen. Dann sollte der Antragsteller, wenn Einspruch bei der Kammer erhoben wird, die Angelegenheit wohlweislich als anticagoulardisch darstellen. Folgende Fragen sollten gestellt werden:

Was ist das für eine Verschwörung, bei der die kleinen Leute im Gefängnis und die Generäle und Politiker in Freiheit sind?

Warum kommt es, seit bald zehn Jahren, zu keiner Verurteilung?

Wer hat ein Interesse daran, daß es zu keiner Verurteilung kommt, wenn nicht die wahren Verantwortlichen, die Anstifter der Verbrechen, die Organisatoren der Bewegung?

Was ist aus diesen Leuten geworden?… Sie bereiten eine neue Verschwörung mit de Gaulle oder Giraud vor.

Was geklärt werden muß, bevor die Pressekampagne und der parlamentarische Kampf ausgelöst werden, ist, ob wir, die kleinen Leute, nicht anstelle der Großen im Falle eines Prozesses die Zeche bezahlen müssen. Aber dazu dürfen nicht die Letzteren gehört und befragt werden, denn wir kennen ihre Antwort: ›Kein Prozeß. Verreckt in den Gefängnissen, da ihr zur Unterschicht gehört. Wir, die Chefs, wir machen weiter politische oder militärische Karriere. Ruhe!‹ Man muß wissen, ob der Prozeß sorgfältig oder in aller Eile geführt wird, um die öffentliche Meinung zu befriedigen. In letzterem Fall werden die Cagoularden, die sich heute als Widerstandskämpfer ausgeben, nicht einmal vor dem Schwurgericht erscheinen oder noch besser, sie werden sich gar als Ankläger hinstellen und uns von den Geschworenen, die ihnen gehorchen, hinrichten lassen. Man muß alles abwägen.

Eine andere Lösung bestünde darin, wie im Jahre 1940, vom Justizminister die Angelegenheit zu den Akten legen zu lassen, aber ich glaube nicht, daß dieses Kunststück möglich ist. Also müssen wir unsere letzte Karte ausspielen, indem wir den Prozeß unter den bestmöglichen Bedingungen fordern, das heißt, daß wir den Zorn der Linken und äußersten Linken gegen die großen, wahren Verantwortlichen auslösen. So werden wir wieder unseren richtigen Platz bei dem Zusammenspiel finden, den der idiotischen Roboter. Tatsächlich waren die paar Gefangenen, ausgenommen dieser große Einfaltspinsel von Méténier, zum Zeitpunkt der Affäre zwischen neunzehn und fünfundzwanzig Jahren alt und hatten alle untergeordnete Posten in der Hierarchie der paramilitärischen Organisation. Bevor irgend etwas unternommen wird, müssen ich und Corrèze, der genauso denkt wie ich, im Besitz ernstzunehmender politischer Fakten sein, damit wir losstürmen können, aber nicht ins Ungewisse wie vor zehn Jahren.

Wir können François hieb- und stichfeste Unterlagen zur Verfügung stellen, um die Angelegenheit zu stützen und in Schwung zu bringen. Dazu müssen wir aber mit ihm korrespondieren können, ohne uns in Gefahr zu bringen. Das ist nur durch Deine Vermittlung möglich, denn ich mißtraue der Post und möchte weder François noch mich selbst belasten. Um keinen Preis dürfen die mit Eichenlaub dekorierten Schufte und die dicken Geldsäcke ahnen, daß wir, die seit zehn Jahren Betrogenen, hinter der Sache stehen. Du verstehst: Da meine Verbindung zu François bekannt ist, muß er mit äußerster Vorsicht vorgehen und darf in dieser heiklen Angelegenheit nicht im Vordergrund stehen. Aber er findet fast hundertprozentig unter seinen Freunden einen, der die Informationen, die er überbringt, verwerten wird. Wenn Du andererseits bei ihm erreichen könntest, daß er bei seinem Kollegen von der Place Vendôme vorspricht, so bin ich sicher, daß mir das keineswegs schaden würde, im Gegenteil. Wenn er dabei von den freundschaftlichen Beziehungen ausgeht, die ihn mit meiner Familie verbinden, ohne in dieser Angelegenheit allzu ins Detail zu gehen, was ganz unnötig wäre, da die dem

Minister unterstellten Justizbeamten François genauere Einzelheiten geben könnten als er selbst, der nichts von dieser Affäre weiß. Das ist alles.

Wenn François den Innenminister der Regierung von Algier und Organisator der Landung im Mittelmeerraum, Jean Rigaud[8], treffen möchte, so könnte dieser ihm genaue Angaben über unsere Affäre machen und würde nicht die ›Verbrecher‹ zweiter Klasse zugunsten der ›großen Franzosen‹, wie der Generäle und der Großbürger der *Cagoule,* untergehen lassen. Jean Rigaud ist der Freund eines meiner Kameraden. Ich werde bald wissen, ob er einer Begegnung mit François zustimmt. Wenn ja, würdest Du dann die Vermittlung übernehmen? (…)

Ich bin nicht in mein Schicksal ergeben; ich will nicht weiter den stummen Einfaltspinsel spielen. Corrèze, der einzige intelligente Mann in der Gruppe Ausgestoßener, stimmt in allem mit mir überein.

Solange es keine stabile Regierung gab und unsere ›cagoulardischen‹ Ex-Chefs mit de Gaulle an der Macht waren, konnten wir nichts sagen und nichts tun. Heute sieht alles anders aus…«[9]

Dieser Brief bestätigt, im Gegensatz zu dem, was viele unvorsichtigerweise vorgebracht oder angedeutet haben, daß François Mitterrand niemals der *Cagoule* angehörte. Wäre dies der Fall gewesen, so hätte sein Freund Jean Bouvyer nicht in dieser Weise an seine Mutter geschrieben und klar ausgedrückt: »François, der nichts von dieser Affäre weiß…« Aber der Brief macht verständlich, wie es möglich war, daß einige Cagoularden der »Basis« auf die Idee kamen, ihm die Geheimnisse der Geheimorganisation anzuvertrauen, als er Minister wurde.

François Mitterrand hat die Frage, die ich ihm aufgrund des Briefes stellte, mit einer Handbewegung hinweggefegt und darin nur einen zusätzlichen Beweis der Geistesgestörtheit dieser »Typen« gesehen: »Ich bin hinsichtlich dieser Typen in höchstem Maße mißtrauisch geworden; sie erfinden Geschichten und Helden. Das ist ein Menschentyp, dem man nichts glauben kann, ebensowenig wie den Aufzeichnungen der Nachrichtendienste, an die ich auch nie glauben werde. Das sind immer nur Geschichten. Was die Geheimdienste angeht, bin ich restlos mißtrauisch…«[10]

Wie dem auch sei, bis zum 10. Februar 1947 hat Jean Bouvyer weiterhin an François geglaubt, aber an diesem Tag ist er gereizt: »Es ist sicher, daß ich es allein nicht schaffe, hier herauszukommen. Ich brauche dazu die wirksame Unterstützung von François oder einer anderen Person, deshalb möchte ich umgehend wissen, ob François fest entschlossen ist, etwas zu tun. Wenn er sagt, daß der Moment noch nicht gekommen sei, daß wir warten müßten und mehr dieser Art, dann hat es keinen Zweck, weiter darauf zu beharren, und wir müssen eine andere Möglichkeit suchen. Wenn François behauptet, daß er zum jetzigen Zeitpunkt keine Entscheidung vom Minister erhalten kann, sondern später... dann ist mir auch alles klar. Wenn die Regierung uns nach zehnjährigem Durcheinander nicht verurteilen oder freilassen will, so gibt es keinen Grund anzunehmen, daß sie in zwei oder drei Jahren mehr Bereitschaft dazu zeigen wird. Nun, ich ziehe es vor, das Risiko einzugehen, von den Geschworenen zu zehn Jahren Zuchthaus verurteilt zu werden, als noch drei oder vier Jahre im Untersuchungsgefängnis zu sitzen. Diese Situation ist unerträglich, und ich bin zu allem entschlossen, um hier herauszukommen. Niemand soll mehr versuchen, mich einzulullen, weder meine ›Freunde‹ noch die Rechtsanwälte, ich habe schon zu viel Zeit verschlafen...«

Getreu der Strategie, die Jean Bouvyer beschrieben hat, droht er, solange an die Zeitungen *L'Humanité* und *Populaire* zu schreiben, bis diese reagieren. Er ist sich bewußt, daß das gefährlich ist, aber er hat nichts mehr zu verlieren, auch nicht von der Seite der »rechten Halunken«: »Da kann ich nur lachen, weil ich sie kenne und lieber einen fragwürdigen Kopfschuß riskiere, als mich x Monate ins Gefängnis zu schicken.« Er bittet seine Mutter, »die Pompons und ihre Konsorten« von seiner geistigen Verfassung in Kenntnis zu setzen.

»Wenn Mitterrand in einigen Wochen nichts erreicht, wenn ich die Gewißheit habe, daß er nicht will oder kann, dann verteidige ich mich allein... auf meine Weise. Wenigstens habe ich dann die Befriedigung, ein wenig bei dem Gedanken zu lachen, daß manche, wie Martin[11] zum Beispiel, sich in die Uniformhosen der ›Widerstands-Cagoulards‹ machen werden. Was hat mir die Resignation gebracht? Nichts. So wechsele ich das System, um zu sehen, was das einbringt. Denn Du weißt wohl, daß ich mich nicht mehr vor dem schlimmsten fürchte, denn das schlimmste für mich ist das Untersuchungsgefängnis ohne Ende… Wenn Du mir nichts sagst, dann weiß ich, daß François und die anderen nichts tun.«

Am Montag, den 10. Februar 1947, ist Jean Bouvyer niedergeschlagen und erzählt, der einzige, der ihm bisher wirklich geholfen habe, sei Xavier Vallat. Über seine Familie und Freunde äußert er sich mit harten Worten:

»Es ist wahr, daß alle, Verwandte und Freunde, Du allein ausgenommen, sich daran gewöhnt haben, daß ich hinter Gittern sitze, und alles, was ich sage, wie eine Stimme klingt, die aus dem Jenseits spricht. Ich habe mich damit abgefunden und pfeife darauf, denn niemand bedeutet mir noch etwas, so daß ich nur daran denke, dieses Land zu verlassen. Nur Dich werde ich vermissen. Ich weiß, daß ich auf die Freunde ebenso leicht verzichten kann wie diese auf mich. In meinen Worten ist nicht die kleinste Bitternis; das ist nur eine vom Verstand diktierte Feststellung… Abgesehen von einer oder zwei tiefen seelischen Regungen während eines Lebens hat alles so wenig Bedeutung. Alles andere muß man als mehr oder weniger oberflächliche Beziehungen betrachten…«

Der Rest des Briefes ist im gleichen Stil geschrieben. Er spricht von der sterbenden westlichen Zivilisation. »Aber man muß mit seiner Zeit leben.«

Am nächsten Tag, am 11. Februar, scheint es ihm ein bißchen besser zu gehen. Er hat die Pakete erhalten, die seine Mutter und Josette Mitterrand ihm geschickt haben. Xavier Vallat, der ehemalige *Commissaire général aux questions juives*, hat ihn besucht und ihm versichert, daß er schlimmstenfalls zu nicht mehr als fünf Jahren Zwangsarbeit verurteilt würde. Er hat also nichts von einer Verurteilung durch das Geschworenengericht zu befürchten, denn, wenn auch alles sich gegen ihn wenden würde, so hätte er die Strafe, zu der er verurteilt würde, vollauf verbüßt. Er kommt auf seine seit langem erörterte Strategie zurück, spricht aber diesmal mit François Méténier darüber, der François Mitterrand einen richtigen Handel vorschlägt: Wenn er ihm hilft, aus dem Gefängnis herauszukommen, dann wird er ihm bei seiner politischen Karriere große Dienste leisten können. Ein seltsamer Brief: Um die beiden François (Méténier und Mitterrand) voneinander zu unterscheiden, nennt Jean Bouvyer sie François-Christophe (das ist Jean-Christophes Vater) und François-Fresnes (das ist der ehemalige Cagoulard im Gefängnis).

»Ich habe lange mit François Méténier gesprochen. Er denkt wie ich. Er ist nicht zufrieden, gewiß... Aber er glaubt immer noch daran, daß seine militärischen Vorgesetzten (sic) ihn hier herausholen. Wie dem auch sei, der Prozeß wird nicht im Frühling stattfinden, wie gewisse Leute im *Palais de Justice* verlauten lassen. Die Posse geht weiter. Natürlich glaubt er nicht, daß die großen Cagoulards den Prozeß verschleppen, um zu verhindern, daß Rechenschaft von ihnen verlangt wird... Ich lasse ihn reden.

Er hat mich gebeten, Dich zu fragen, ob Du François – Christophes Vater – aushorchen könntest, um zu erfahren, was er über ihn denkt. Er möchte, daß Du darüber nicht mit seiner Frau sprichst. Du sollst François-Christophe wissen lassen, daß François-Fresnes vom Gerichtshof (Art.75) offiziell von der Anklage freigesprochen wurde und er immer noch, bei seinen mit Eichenlaub ausgezeichneten Vorgesetzten, die heute natürlich ›Widerstandskämpfer‹ sind, gut angesehen ist und von ihnen unterstützt wird.

Wenn François-Christophe findet, daß seiner Ansicht nach François-Fresnes ein schmutziger ›Kollaborateur‹ ist, dann ist es unnötig, ihn weiter zu bedrängen. Wenn er aber seine ehrenwerte Haltung und... seine politischen Talente schätzen sollte, dann gib François-Christophe zu verstehen, daß François-Fresnes ihm jetzt und in der Zukunft gewisse Dienste erweisen könnte, wenn er ihm helfen würde, ihn aus seiner Zurückgezogenheit herauszuholen. Denke darüber nach, ich habe Vertrauen (wie François-Fresnes) in Deine diplomatischen Fähigkeiten.

Ich meine, daß er François-Christophe wirklich nützlich sein kann, und wenn er auch Fehler (wie alle) hat, so ist er doch nicht undankbar (was selten ist), und ich habe nie gesehen, daß er jemanden hat fallenlassen, der ihm einen Freundschaftsbeweis erbracht hat. Er hat übrigens Verbindungen, die François-Christophe für seine politische Karriere nicht geringschätzen sollte... Das Rad der Geschichte dreht sich heute so schnell, und François-Christophe ist noch so jung in seinem neuen Beruf!

Nun, ziehe alles in Betracht, sprich mit niemandem darüber und tue Dein Bestes. Wenn François-Ch. bereit ist, das Terrain zugunsten Fr.-Fresnes abzutasten, so bin ich mir absolut sicher, daß das in keiner Weise schaden kann. Außerdem habe ich mich niemals über Fr.-Fresnes' Verhalten beklagen können, der immer sehr korrekt und oft sogar sehr freundlich mit mir umgegangen ist. Man sollte nie vergessen, daß seine Freunde und Vorgesetzten ihn, trotz all seiner Unvorsichtigkeiten, nie völlig im Stich ließen und ihm, letzten Endes, aus der Klemme geholfen haben, ihn sogar aus den Fängen der Deutschen befreit haben. Diese Frage verdient also mit Vorsicht, aber auch mit Aufmerksamkeit untersucht zu werden. Sag nichts davon, daß François-Fresnes' Akte Art. 75 geschlossen ist, er möchte nicht, daß man darüber spricht, aus Gründen, die ich verstehe und die ich Dir erkläre, wenn Du willst. Erzähle das nur François-Ch., damit er nicht denkt, daß Fr.-Fresnes ein ›Verräter‹ sei… Der Arme ist weit davon entfernt, seine stramme Haltung vor seinen großen (!) Chefs(!) aufzugeben.«

Der Brief vom 14. Februar ist der bitterste. Er dreht sich ausschließlich um Josette Mitterrand, die »nach zwanzigmonatiger Zurückhaltung erwacht«. Sie hat bei der Verwaltung vorgesprochen, um ihn am 1. März zu besuchen. Er möchte nicht, daß sie kommt, denn er weiß, daß die Unterhaltung für beide sehr quälend sein wird. Er hatte ihr Anfang Januar geschrieben, daß er gut verstünde, daß sie nicht auf ihn warten könne – er hatte diese Möglichkeit seit Januar 1946 in Betracht gezogen – aber er ertrüge nicht, daß sie ihm weiterhin schriebe, sinnlose Worte, nur um ihr Gewissen zu beruhigen und sich in der Illusion zu wiegen, daß sie ihre Pflicht ihm gegenüber erfülle, der für sie am Tag seiner Verhaftung, am 11. Juni 1945, zu einer schweren Last geworden sei. Das heißt, er hätte ein einfaches, klares und aufrichtiges Schreiben natürlicher gefunden, das ihn davon in Kenntnis gesetzt hätte, daß sie aus materiellen Gründen und wegen ihrer Gefühle nicht ewig auf seine Rückkehr warten könne und mit einem in ihrer Gunst stehenden Widerstandskämpfer eine neue Ehe schließen wolle, als die guten, christlichen, frömmelnden und trostreichen Worte aus ihrer Feder, die ihn seit einigen Wochen unangenehm berührten.

»Das beste wäre, sie würde jetzt nicht ins Gefängnis kommen, wenn sie nicht tief in ihrem Selbstgefühl verletzt werden möchte, die einzige Verletzung übrigens, die eine echte Mitterrand wie sie schmerzlich treffen würde.«

Aus dem Brief vom 18. Februar, den Jean Bouvyer an seine Mutter schickte, kann man herauslesen, daß sich Antoinette wegen des von François Méténier vorgeschlagenen Handels mit François Mitterrand in Verbindung gesetzt hat. Die Äußerungen des Ministers über »François-Fresnes« können positiv gesehen werden:

»Was François-Fresnes betrifft, da hast du recht, wir werden später weitersehen. Im Moment sage ich ihm, was François über ihn denkt (mit Recht übrigens), und er wird sehr zufrieden sein. Ansonsten lasse ich ihn sich in Geduld üben... Jeder ist sich selbst der nächste...«

Noch am selben Tag bittet er seine Mutter in einem anderen Brief, François »seine ganze Dankbarkeit für seine Bemühungen« auszudrücken. Aus einem neuen Schreiben vom 22. geht hervor, daß François Mitterrand der Mutter Bouvyers versprochen haben soll, beim Justizminister vorzusprechen.

»Ich habe Deinen Brief vom 18. erhalten und glaube, daß mir Jacques Guilhot[12] am Sonntag Einzelheiten über François' Vorsprache beim Justizminister, Place Vendôme, berichten wird.«

Jean Bouvyer liefert die Informationen über den Stand des Gerichtsverfahrens gegen die inhaftierten Mitglieder der *Cagoule*, die an François weiterzuleiten sind. Er spricht erneut von dem Handel, den »François-Fresnes« vorgeschlagen hat:

»Du weißt, daß ich absolutes Vertrauen in Dich habe. Alles was Du getan hast, alles was Du tun wirst, ist gut. Dennoch müssen wir uns einig sein, ganz besonders an dem Tag, an dem wir François oder einen anderen einschalten müssen... François weiß nichts über diese Affäre. Seine Intervention kann sich gegen uns kehren. Wir sollten die Argumente unserer Verteidigung so auswählen, daß die Verteidigung eher einem Angriff gleicht...

Ich habe François-Fr. noch nicht gesehen, seitdem Du mir über ihn geschrieben hast, aber ich bin sicher, daß er morgen sehr zufrieden sein wird, wenn er hört, welche Meinung François-Christophe von ihm hat. Ich bin überzeugt, daß er ihm sehr gute und genaue Informationen geben wird für den Fall, daß wir den Prozeß anstrengen müssen, um eine Situation zu beenden, die nicht mehr zu ertragen ist. Wenn der Moment gekommen ist, werden Corrèze und ich François-Fr. dazu bringen auszupacken. Er kann die ehemals Verantwortlichen der *Cagoule* das Zittern lehren. Denn nun steht es ihm bis oben wie uns auch, trotzdem hat er noch Skrupel, die jedoch leicht zu überwinden sein werden, weil er Freundschaft für François-Christophe empfindet und Vertrauen in ihn hat, seine Intelligenz und Diskretion schätzt. François-Ch. würde so aus sicherer Quelle allerlei sehr interessante Geschichten erfahren, über die François-Fresnes aus Loyalität bisher geschwiegen hat.«

Jean Bouvyer spricht nicht nur von seinem Prozeß. Er hat sich sehr verändert. Er liest viel, hat eine umfassende Bildung erworben und bewundert seine Mutter außerordentlich. Aber der Ton seiner Briefe schwankt und ist abhängig von seiner moralischen Verfassung. In jedem Brief legt er Wert darauf, François-Christophe seine Dankbarkeit und sein Vertrauen auszudrücken, da er davon überzeugt ist, daß dieser alles tut, um ihn da herauszuholen.

Am 4. März 1947 bestätigt er, im Gegensatz zu allem, was er davor gesagt hat, daß der Besuch von »Jo« ihm große Freude bereitet habe, selbst wenn damit auch keines der Probleme gelöst worden sei. »Jo« wollte, daß Jean ihr hilft, eine Entscheidung zu treffen, die sie seit einem Jahr hinausschiebt: Es geht darum, zwischen einer »sozial und materiell abgesicherten Existenz« und einer »Existenz, die sie, wie ich, in leuchtender Erinnerung behalten hat«, zu wählen. Jean glaubt, er habe nicht das Recht, an ihrer Stelle zu entscheiden, auch wenn er immer noch in sie verliebt ist.

»Ich weiß aus Erfahrung, daß »Jo« vom Gefühl, vom Intellekt (und das ist der wichtigste Punkt für mich), vom gesellschaftlichen Stand her unumstritten die Frau ist, die am besten zu mir paßt... Du sollst wissen, für mich ist sie das einzige Wesen – Dich ausgenommen (und ich sage das völlig offen) –, bei dem ich keine Sekunde Langeweile empfunden habe – Frucht der dumpfen Trägheit, wie der Dichter sagen würde...«

Jean kann nur passiver Zeuge des Geschehens sein. Er kann verstehen, daß »Jo« ihre Zukunft und die ihrer Tochter sichern möchte, denn er kann ihr natürlich nichts versprechen. Aber wenn sie sich dafür entscheidet auf ihn zu warten – was er hofft –, dann würde er sie heiraten, auch wenn er damit seiner

Mutter weh tun würde. Dieser Brief vom 4. März, in dem er von seiner inneren Entwicklung und seiner Suche nach der Wahrheit berichtet, seit er im Gefängnis sitzt, ist großartig.

Am 14. März 1947 schreibt er:

»Soeben ist Méténier, nachdem die Anklage wegen Verstoßes gegen Art. 75[13] fallengelassen wurde, der ›normalen Gerichtsbarkeit‹ überstellt worden. Er ist sehr zufrieden, wie Du Dir vorstellen kannst. Er hat in diesen Tagen an François [Mitterrand] geschrieben. Es geht nun darum zu wissen, ob dieser Prozeß ein Schwindel ist…«

Diese Überstellung an die »normale Gerichtsbarkeit« bedeutet, daß die Anschuldigung, die Sicherheit des Staates gefährdet zu haben, zu den Akten gelegt wurde. In demselben Brief erwähnt Jean das Gespräch mit seinem Rechtsanwalt, der ihm von der Unterredung des Ministers der ehemaligen Kriegsteilnehmer mit dem Justizminister erzählt, die damit schloß, wie François Mitterrand von André Marie bestätigt wurde, daß die Zeit noch nicht reif sei, den Prozeß gegen die Cagoularden zu führen. Jean übermittelt Neuigkeiten von seinen Freunden Corrèze und Méténier. Letzterer teilt jetzt die Zelle mit dem ehemaligen Staatssekretär des kommunistischen Ministers Marcel Paul, der der Preistreiberei angeklagt ist: »Du kannst Dir vorstellen, was für ein Kampf da geführt wird, wenn dieser Rote oder Halbrote rund um die Uhr mit Méténier eingesperrt ist!«

Am 22. März lehnt er einen Rechtsanwalt ab, der »mich unter großem Werberummel verteidigen und aus mir einen Helden machen will«: »Nun liegt es mir aber nicht, den Helden zu spielen, auch nicht vor dem Schwurgericht (…). 1937 war ich ein junger, ahnungsloser Mensch. Seither habe ich meine Meinung völlig geändert. Ich sehe nicht ein, warum ein Rechtsanwalt, weil es in seine Verteidigung paßt, mich eine Rolle spielen lassen will, die mich anwidert und die ich, nach zehn Jahren, in denen ich nachgedacht und Erfahrungen gesammelt habe, einfach lächerlich finde. Er würde den Kampf suchen, um vor dem Gericht zu glänzen – er ist ein Aktivist, ein Fanatiker, einer der Männer der äußersten Rechten. Ich kenne seine Bedeutungslosigkeit … und seine Großmäuligkeit. Genug des Theaters! Ich will meine Ahnungslosigkeit geltend machen, was der reinen Wahrheit entspricht. Ich verleugne nichts von dem, was ich getan habe, wie der arme Brasillach sagte, aber ich will mich nicht damit rühmen, im Irrtum gewesen zu sein. Ich klage niemanden an, nur meine jugendliche Begeisterung und Dummheit...«

Dieser Brief ist wichtig, denn er ist um so ehrlicher, als er nicht an eine Geschworenenbank, sondern an seine Mutter gerichtet ist. Er hat seine Meinung vollkommen geändert, aber will seine jugendliche Ahnungslosigkeit nicht verleugnen. So verteidigt François einen Freund, der die Vorstellungen, die er in der Vergangenheit hatte, ganz abgelegt hat, und das kann François verstehen: Beide haben sich sehr verändert...

Vermutlich Ende März 1947 schickt Antoinette einen Brief an François Mitterrand, in dem sie ihn um eine kurze Unterredung bittet, damit er das Gesuch auf einstweilige Freilassung ihres Sohnes unterstütze:

»Mein lieber François,

Sie werden mir nicht glauben können, wie schwer es mir fällt, Sie um eine Unterredung von einigen Minuten zu bitten.

Wir haben gerade ein Gesuch auf einstweilige Freilassung Jeans eingereicht. Es wurde am Samstag bei der Generalstaatsanwaltschaft abgegeben. Wäre es Ihnen möglich, beim Minister etwas für ihn zu tun? Könnten Sie um einen Gnadenakt für diesen unglücklichen Jungen ersuchen, der seit neun Jahren unter Anklage steht, davon vier im Gefängnis verbracht hat, und dem, im Hinblick auf Kollaboration, absolut nichts vorzuwerfen ist? Vom Gerichtshof ist das Verfahren gegen ihn ganz eingestellt worden. Man hält ihn nur weiterhin wegen dieser alten Geschichte der *Cagoule* fest, die, wenn sie es nicht schon ist, zu einer närrischen Posse werden wird.

Könnten Sie im Ministerrat jene unterstützen, die das beiliegende Vorhaben unterbreiten, damit es in das Amnestiegesetz aufgenommen wird? So würde die IV. Republik sich im eigenen Interesse und in aller Stille eines lächerlichen und dramatischen Prozesses entledigen – die beiden Ausdrücke passen zueinander, glauben Sie mir.

Mein lieber François, haben Sie Mitleid, haben Sie Mitleid mit mir. Wir sind beide am Ende unserer Nerven, sind müde und entmutigt. Lange Zeit habe ich ihm Kraft gegeben. Aber jetzt spüre ich, wie seine Niedergeschlagenheit immer größer, daß er immer unglücklicher wird und wie er mit letzter Energie an den

Gittern rüttelt. Den Stacheldrahtverhauen konnte man entkommen, aber Fresnes nicht. François, helfen Sie mir!«

»Gefühle spielen eine große Rolle...«, hat mir François Mitterrand mehrmals gesagt. Am 31. März 1947 schreibt er an Jean Bouvyers Vater auf einem Briefbogen des Ministeriums einen Brief, in dem er an die Worte seines Schreibens vom 2. August 1945 erinnert, an eine »Bestätigung meiner Wertschätzung für Ihren Sohn«.

Am folgenden Tag, am 1. April, schreibt Jean Bouvyers Rechtsanwalt an den Oberstaatsanwalt. Er bezieht sich auf den Brief von François Mitterrand und bittet ihn, das Schreiben dem Vorgang hinzuzufügen, der das Gesuch auf einstweilige Freilassung enthält.

An jenem 1. April 1947 schreibt Antoinette mit Bleistift eine Botschaft auf ein Blatt Papier, das sie an François Mitterrand adressiert. Ist es eine Kopie? Hat er es jemals erhalten?

»An François Mitterrand

Auf daß an dem Tage, an dem er Frankreich regieren wird, kein einziger politischer Häftling sich im Gefängnis befinde, gleich welcher Partei er angehöre, auf daß nie mehr von einem Franzosen verlangt werde, in einem Erschießungskommando auf einen anderen Franzosen, seinen Bruder, zu schießen.

Paris, den 1. April 1947, während eines Tages voller Angst.

Antoinette Bouvyer.«

Rührende Antoinette, die alles tut, um ihren Sohn zu retten, und die an die Zukunft »ihres« François glaubt!

Aufgrund eines Briefes, den Jean am 22. Mai geschrieben hat, hört man, daß ein anderer Schützling François Mitterrands, François Moreau aus Rouillac, der der Kollaboration angeklagt war, aus dem Gefängnis entlassen worden ist:

»Sag dem Betroffenen und seinen Eltern, daß ich an ihrer Freude teilhabe. François und Robert haben sich sehr fein verhalten, und man erzählt sich, daß letzterer, der sich während des Ereignisses in Angoulême befand, fast so gerührt war wie der Oberst Scrogneugneu [Oberst Moreau].«

François Moreaus Schwester ist die Gattin von Pierre Sarrazin, einem Vetter François Mitterrands. Moreau wurde nach der *Libération* denunziert, verhaftet und verurteilt. Er kümmerte sich um ein Jugendzentrum des Vichy-Regimes. »Man hat mich wegen meiner Uniform als einen Soldaten der Miliz angesehen«,[14] behauptet er heute. François Mitterrand ist für ihn eingetreten und hat eine Strafverkürzung erwirkt. Sechs Monate nach seiner Freilassung ist er nach Paris gefahren, um seinem Wohltäter zu danken.

Endlich wird Jean Bouvyer am 1. Juni 1947 aus Fresnes entlassen, François Méténier elf Tage später. Sie sind nur bis zum Beginn des Prozesses gegen die *Cagoule* in Freiheit.

Unter Umständen, die ich nicht habe erhellen können, begegnen sich Jean Bouvyer und Charlotte Mayaud, eine ehemalige Agentin aus dem Maquis von Vercors, die nach Ravensbrück deportiert wurde und nach ihrer Rückkehr in einem Schwimmbad beschäftigt wurde. Man erzählt sich – was ich nicht nachprüfen konnte –, Jean Bouvyer habe ihr das Leben gerettet. Sie leben bald zusammen und heiraten am 7. Februar 1948. Zum Ende des Sommers hin überzeugt Charlotte ihren Mann, nicht auf seinen Prozeß zu warten; besteht doch die Gefahr, zu einer langen Haftstrafe verurteilt zu werden. Sie überzeugt ihn, ihr nach Paraguay zu folgen, wohin sie im Auftrag des Geheimdienstes reisen muß. Im September fahren Jean und Charlotte über Italien nach Südamerika, auf einem Weg, den Charlotte durch ihre Freunde vom Boulevard Mortier gefunden hat.

Offensichtlich ist Jean Bouvyer der geborene Verlierer. Er hatte nie eine Chance. Wäre er bei dem Prozeß gewesen, so hätte man ihn am Ende der Verhandlung freigelassen, denn er war nur ein Statist, wie er selbst sagte. So wurde Robert Puireux, der Fahrer des »Mörders« Filliol, zu fünf Jahren verurteilt, die durch die Untersuchungshaft verbüßt sind. Bouvyer wurde in Abwesenheit am 27. November 1948 zum Tode verurteilt.

Puireux sowie seine Kameraden sind inzwischen begnadigt worden. François Méténier, dessen Tätigkeiten in der *Cagoule* bedeutend wichtiger waren als die von Bouvyer, ist ins Gefängnis zurückgekehrt, aber dank der Vermittlung seines Freundes François Mitterrand 1951 aus Gesundheitsgründen entlassen worden. Jean Bouvyer hat sein Leben als Geächteter, als Verbannter verbracht, trotz der Anstrengungen »François-Christophes«, die auch nach Bouvyers Abreise ins Exil nicht nachgelassen haben.

Von Paraguay aus ist das Ehepaar Bouvyer nach Sao Paulo in Brasilien gegangen, wo er, dank der Freundschaften, die er vor dem Krieg angeknüpft hatte, eine Anstellung bei der *Vidrobras*, einer Filiale der Gruppe Saint-Gobain aus Pont-à-Mousson, finden konnte.

Ein Brief Jean Bouvyers vom 13. Oktober 1956 zeigt, daß er die Beziehungen zu den Météniers und den Mitterrands aufrechterhalten hat. Er war sehr betrübt über den Tod Météniers und dem Justizminister, François Mitterrand, sehr dankbar, daß er dem Begräbnis beigewohnt hat:

»...Seit März stand ich im Schriftwechsel mit Xavier Vallat, Robert Castille[15] sowie dem armen François, der mir kurze Zeit vor seinem Tod geschrieben hat; ich wollte von ihnen wissen, ob es günstig wäre, nach Frankreich zurückzukommen, um mich der Gerichtsbarkeit zu stellen und meine Angelegenheiten zu erledigen. Sie haben mir davon abgeraten, meinten aber, daß mir niemand in Brasilien Unannehmlichkeiten bereiten würde. Castille hat die Absicht, Mitterrand in den nächsten Tagen in meiner Angelegenheit aufzusuchen und will mir dann genau über den Stand der Dinge berichten... Ich war tief ergriffen von François' Tod; Madame Méténier hatte mich freundlicherweise benachrichtigt...

Ich bitte Dich, Xavier Vallat, Jacques Guilhot und Mitterrand für die Aufmerksamkeit, dir sie mir trotz der Entfernung und der inzwischen vergangenen Zeit entgegenbringen, zu danken. Ich habe große Achtung dafür, daß François an Météniers Begräbnis teilgenommen hat; das ist eine feine Geste, und Leute, die solcher Gesten fähig sind, sind heute so selten zu finden.«

Diese Geste hat viel dazu beigetragen, das Gerücht zu festigen, daß François Mitterrand der *Cagoule* angehörte. Wie konnte ein Justizminister der Republik es wagen, an der Beisetzung einer so teuflischen Person teilzunehmen? Diese Geste war nur ein Zeichen der guten Freundschaft, die er ihm in den letzten Jahren seines Lebens bewiesen hatte und die allen bekannt war.

Danielle Mitterrand spricht ganz ungezwungen über ihre Beziehungen zu den Météniers:

»Eines Tages, im Jahre 1951, wurde Méténier freigelassen. Wir haben seine Rückkehr gefeiert. Was für ein Fest, wir waren verrückt vor Freude... Er war ein Abenteurer, aber ein guter Kerl, sehr warmherzig, sehr sympathisch. Ich erinnere mich, wie François zu ihm sagte: ›Hören Sie, François, das genügt jetzt, Sie sind immer auf der falschen Seite, also bitte ich Sie inständig, machen Sie keine Politik mehr! Das ist vorbei!‹ Méténier versprach es... Wir haben sie oft wiedergesehen, und wenn er zufälligerweise eine politische Meinung äußerte, bat Mitterrand ihn, sich zurückzuhalten. Méténier war voller Ideen, sehr kultiviert, Musikliebhaber... Stundenlang beschäftigte er sich mit dem Dartspiel. Nach seiner Entlassung aus dem Gefängnis interessierte er sich für die Neustrukturierung der Textilindustrie in den Vogesen bei der Firma *Boussac*. Er war immer erfinderisch. Wir haben François und ›Mimi‹ bis zu ihrem Tode begleitet. François ist an Krebs gestorben... François Mitterrand, der damals Justizminister war, nahm an seiner Beerdigung teil. ›Mimi‹ war eine jener alten Damen, die gut riechen, die wissen, wie man Tee zubereitet, die hübsche Deckchen auflegen und köstliche kleine Kuchen anbieten...«[16]

François Mitterrand verleugnet nicht länger seine Beziehungen zu Méténier:

»Méténier hat Colette einen großen Dienst erwiesen. Méténier mochte mich. Nach dem Krieg wurde er verhaftet und verurteilt. Seine Frau hing sehr an Colette. Madame Méténier war zu großen Opfern bereit und liebte ihren Mann sehr, sie ist eine Freundin der Familie geworden. Sie ging nach Melun und verbrachte ihre Nachmittage vor dem Gefängnis, so daß ihr Mann sie sehen konnte... Méténier hat mir viel geholfen und viel geschadet...Er war ein Mann der Tat...«[17]

Einem Brief Jean Bouvyers vom 28. Januar 1957 kann man entnehmen, daß Antoinette François Mitterrand aufgesucht hat, um mit ihm zu besprechen, wie man ihrem Sohn aus einer Situation heraushelfen könnte, die die Moral seiner ganzen Familie untergrub:

»Deine Unterhaltung mit François hat mich sehr interessiert. Ich hoffe, daß es in fünf Jahren Veränderungen gibt, die erlauben, daß man diese Affäre begräbt... Castille hat mir nichts über sein Zusammentreffen mit François erzählt, aber ich verspreche mir mehr von Deiner Vermittlung bei ihm und von seiner Hilfe, wenn der Moment gekommen ist, als von den Unternehmungen der Rechtsanwälte...«

Die Beziehungen Mitterrands zu Antoinette und der ganzen Familie Bouvyer lockern sich nicht. Jean-Christophe besucht weiterhin seine Patin. François Mitterrand sagt von Antoinette: »Sie war leidenschaftlich. Sie hat eine große Zuneigung zu mir gefaßt.«[18] Er hat sie regelmäßig bis zu ihrem Tod, am 28. August 1978, besucht; jedesmal erzählte sie ihm von ihren politischen Vorlieben, von allem, was ihr nicht paßte, sagte ihm offen, wenn sie von ihm enttäuscht war. Sie schickte ihm auch kleine Briefe. Einen schrieb sie im Mai 1968, nachdem sie »ihren« François auf Europe 1 gehört hatte; sie konnte ihren Zorn nicht für sich behalten; sie versuchte zuerst mit ihm zu telefonieren, vergeblich; dann rief sie Danielle an und überschüttete sie mit ihren Klagen, aber den Brief schrieb sie trotzdem:

»Wie können Sie es zulassen, daß die Gewerkschaften, nur weil sie über eine tyrannische Regierung klagen, durch ihre Streiks ein ganzes Volk darum bringen, sich auszudrücken, sich mitzuteilen, sich frei zu bewegen? Objektivität, sagt ihr, dafür kämpft ihr, aber jeder hat seine Objektivität! Das ist nur ein Wort!«

Im selben Brief schreibt sie von einer »Welt, die ein Turm zu Babel wird… Frankreich ist nicht mehr Frankreich, es wird bald Europa sein. Eine ganze Welt, eine ganze Gesellschaft liegt im Sterben, wie man an Altersschwäche stirbt…«

Wie sie François Méténier und »Mimi« begleitet haben, so stehen François und Danielle auch Antoinette bis zu ihrem Tode zur Seite.

Mitterrand hat auch seinen Freund Gabriel Jeantet seit dem *Cagoule*-Prozeß nicht vergessen. Maître Naud, der Rechtsanwalt Jeantets, hat sich auf François Mitterrand berufen und erklärt, daß sein Klient Widerstandskämpfer gewesen sei. Aus dieser Perspektive habe er die Zeitschrift *France* gegründet, nachdem Pucheu, der Innenminister, die *Amicales de France* aufgelöst habe:

»Jeantet gründete die Zeitschrift *France*, um seine Anwesenheit in Vichy zu verlängern und um einen Vorwand zu haben, in den Räumen der Rue Alquier zu bleiben. Was er dort mit den Widerstandskämpfern machte, die seither wunderbare Helden sind, sage ich Ihnen am Schluß meines Plädoyers. Er gründete also diese Zeitschrift und ist dafür gewiß auch verurteilt worden.

Es wird genügen, wenn ich erwähne, daß in dieser Zeitung Personen wie Monsieur Mitterrand schrieben, der derzeitige Unterstaatssekretär im Informationsministerium…«[19]

Maître Naud hat der Akte Jeantet einen Brief François Mitterrands beigefügt, der diesen reinwäscht, indem er bestätigt, daß die Zeitschrift *France* Jeantet wirklich als Vorwand diente, in Vichy zu bleiben.

François Mitterrand zögerte auch nicht, zugunsten Jacques Laurent-Celys, einem Freund von Gabriel Jeantet, auszusagen, den er ebenfalls in Vichy kennengelernt hatte und der auch der *Cagoule* nahestand. 1965, mitten im Präsidentschaftswahlkampf, wird der Schriftsteller Jacques Laurent[20] aufgrund seines Buches *Mauriac sous de Gaulle* wegen Beleidigung des Staatschefs, angeklagt. In seinem Brief schreibt Mitterrand: »Monsieur Jacques Laurent ist kein persönlicher Freund von mir und findet sich, glaube ich, wohl in der Reihe meiner politischen Gegner wieder…« Jacques Laurent zitiert diesen Brief in seiner *Histoire égoïste* und schreibt in einem Zusatz unten auf der Seite:

»Freunde sind wir zweifellos nicht, aber wir kennen uns seit langem und hatten, wie mir scheint, angenehme Beziehungen zueinander. Noch vor einem Jahr hatte ich das Vergnügen, mich mit ihm zu unterhalten, als ich ihn darum bat, in mein Buch eine lange Passage aus *Coup d'État permanent* aufnehmen zu dürfen. Ein wunderbares Buch. Giscard d'Estaing träumt davon, Schriftsteller zu sein. Mitterrand hat bewiesen, daß er es war.«

Man erinnert sich vielleicht, daß er eine »Tante Pauline« besaß. Die hatte einen Enkel, der Yves Dautun hieß und Jarnac nicht besonders mochte. François Mitterrand und Yves Dautun haben vor dem Krieg miteinander in Verbindung gestanden: François' Mutter war Yves Patin. Als Reporter der Zeitschrift *Le Petit Parisien* war Dautun für die Berichterstattung des Spanischen Bürgerkriegs verantwortlich und fand sich vor einem Revolutionsgericht wieder. Als er aufbrach, schlug sein Herz für die Republik, zurück kam er als wilder Antikommunist. Seit Anfang 1937 war er Anhänger der faschistischen Splitterpartei PPF von Jacques Doriot. Er hatte sich 1939 als Freiwilliger gemeldet, war in Gefangenschaft geraten und wurde als Vater von vier Kindern 1941 freigelassen. Nach seiner Rückkehr aus der Gefangenschaft schloß er sich Doriot an und wurde an seiner Seite zum Kollaborateur. Im Juli 1942 wird er damit beauftragt, ein Zentrum der Kriegsgefangenen des PPF zu organisieren. Auf Verlangen von Beugras stellte er, zum Zeitpunkt der Landung der alliierten Streitkräfte, einen Gegenspionagedienst von zweihundertfünfzig Agenten auf, von dem ein Drittel Frauen waren, um den englischen und amerikanischen Agenten Fallen zu stellen.

Nachdem er zweimal zu zwanzig Jahren Zwangsarbeit verurteilt worden war, wandte sich Andrée, Dautuns Frau, in einem Hilfeschrei an Geneviève Mitterrand und an eine ihrer Schwestern, um darzulegen, in welchen Schwierigkeiten sie mit ihren vier Kindern steckte. Die Mitterrands halfen der Familie Dautun. François ging zweimal in die Rue de Sèvres in das kleine Zimmer, in dem Andrée versuchte, mehr schlecht als recht ihre Kinder großzuziehen. Sie erhielt Kleidung und etwas Geld. Auf die Bittschrift Genevièves und den Antrag von Rechtsanwalt Isorni hin setzte sich François Mitterrand, inzwischen *Ministre de la France d'Outre-mer*, Minister für Frankreich in Übersee, dafür ein, daß die beiden Verurteilungen zu je zwanzig Jahren Zwangsarbeit in eine Haftstrafe von zwanzig Jahren zusammengefaßt wurden. Er verwandte sich noch einmal im Jahre 1955 bei Edgar Faure, dem Premierminister, für ihn, damit Dautun aufgrund guter Führung vorzeitig entlassen wurde.

Bérengère Dautun, die erste Frau von Gilles Dautun, Yves' Sohn, bezeugt:[21]

»François Mitterrand hat der Familie Dautun sehr geholfen, hauptsächlich wegen der Persönlichkeit Andrées, die eine außergewöhnliche Frau war. In der Familie sprach man immer von François, der sie auf unaufdringliche und wunderbare Weise beschützt hat...« François Mitterrand ist weiterhin mit der Familie Dautun in Kontakt geblieben. Bei Yves' Tod im September 1973 hat er aus Toulouse ein Telegramm geschickt und Robert und Geneviève beauftragt, an den Beisetzungsfeierlichkeiten in der Kirche Saint-Roch teilzunehmen. 1986 hat er anläßlich der Taufe von Yves' Enkelkindern, François-Marie und Marie-Margeride, einen Tag in Lozère verbracht...

François Mitterrand hat auch Jean Delage nicht im Stich gelassen, der sein »Pate« beim *Écho de Paris* gewesen war, bevor er ihm in Vichy wiederbegegnete. In seinem Buch, das nach dem

Krieg veröffentlicht wurde, *Ma Vie à cœur ouvert*, rechtfertigt Delage sich verbittert und weist das Etikett des »Verräters«, das man allen Vichy-Leuten verpassen wolle, zurück. Er erzählt, wie er nach der Libération ohne Dach über dem Kopf und ohne Einkommen war und als Vichy-Anhänger gebrandmarkt und gehetzt wurde:

»Beim Herumtrödeln in der Rue de l'Université, in Gedanken mit meinen Sorgen beschäftigt, spüre ich, wie eine Hand meine Schulter berührt. Es ist die von F.M. Treu, wie er zu seinen Freundschaften steht, verspricht er, mir zu helfen, und hält sein Versprechen. Der Verband der Kriegsgefangenen, dessen Chef er ist, zieht aus seinem Büro in der Rue La Croix-Nivert aus, einer Villa am Ende eines Gartens, in der vorher die Gestapo hauste. Er begleitet mich zum Besitzer und bezeichnet mich als seinen Freund und Nachmieter. In meiner Brieftasche stecken wieder ein paar Geldscheine. Meine Komödie kann weitergehen. Meine Frau kommt nach Paris zurück, und wir richten uns mit den Möbeln, die die Plünderer uns übriggelassen haben, ein. Ich habe für F.M. immer Dankbarkeit, Hochachtung und Vertrauen bewahrt...«

Als Präsident der Republik verleiht François Mitterrand ihm im Alter von zweiundneunzig Jahren den Orden des Commandeur der Ehrenlegion und übergibt ihm selbst die Auszeichnung in Marokko, wohin Delage sich zurückgezogen hat.

Man könnte noch viele Beispiele anführen. Als junger Minister der Regierung Ramadier setzte er sich, ebenfalls bei Justizminister André Marie, für Cantau ein, der in Angoulême inhaftiert ist, außerdem für Soutoul und Payot, die ebenfalls wegen Kollaboration in Haft sind.[22] Er half auch Jean Paul Martin und vielen anderen...

Auf seiner Reise, die den Staatspräsidenten im Oktober 1985 nach Brasilien führte, hätte er gern Jean Bouvyer wiedergesehen, aber der ehemalige Mann der *Cagoule* wollte ihn lieber nicht treffen, um ihm keine Unannehmlichkeiten zu bereiten. François Mitterrand ist es nicht gelungen, die der Familie Bouvyer geschlagene Wunde zu heilen, die er zweifellos nie vergessen wird.

Bouvyer, Méténier, Jeantet, Dautun, Martin und so weiter: »Lasten«, an denen er schwer zu tragen hat und die noch immer alle möglichen Deutungen offenlassen. Es scheint ihm wenig auszumachen. Wenn er gelegentlich seine Biographie überprüft und korrigiert hat, dann niemals in dem Kapitel, das von Treue und Freundschaft handelte.


Anmerkungen:

1 Nach einer Aussage François Mitterrands, niedergeschrieben am 2. August 1945, in der Absicht, Jean Bouvyer in seinem Konflikt mit der Justiz zu helfen. Siehe unten Seite 498

2 Gespräch mit dem Autor vom 26. Mai 1994.

3 In der Wohnung der »Marquise«, der Schwester von François Mitterrand.

4 Gespräch François Mitterrands mit dem Autor vom 1. Juli 1994.

5 Gespräch mit dem Autor vom 4. November 1993.

6 Gespräch mit dem Autor vom 22. November 1993.

7 Hervorhebungen durch den Autor.

8 Freund und Mitarbeiter von Lemaigre-Dubreuil.

9 Brief vom 31. Januar 1947.

10 Gespräch vom 26. Mai 1994.

11 Es handelt sich um den Dr. Martin, einen der Gründer der *Cagoule*. Vgl. Péan: *Le Mystérieux Docteur Martin*, a.a.O.

12 Einer der Anwälte von Jean Bouvyer.

13 Der Artikel 75 des Strafgesetzbuches definiert das Verbrechen gegen die Sicherheit des Staates.

14 Gespräch mit dem Autor vom 10. Mai 1994.

15 Robert Castille war der königstreue »Patron« der Fakultät für Rechtswissenschaften von 1934 bis 37 und war dann während der Besatzung der »Kollege« von Jean Bouvyer im *Commissariat général aux questions juives*.

16 Gespräch mit dem Autor vom 22. November 1993.

17 Gespräch mit dem Autor vom 12. Oktober 1993.

18 Gespräch mit dem Autor vom 21. März 1994.

19 A.N. 334 A.P. Archives Bluet.

20 Er erhielt den Prix Goncourt und ist Mitglied der Académie française; auch bekannt unter dem Pseudonym Cécil Saint-Laurent als Autor von *Caroline Chérie*.

21 Gespräche mit dem Autor vom Juli 1994.

22 A.N. BB 30.

# »Schlüsse zu ziehen ist Dummheit«

Ich habe mich nicht entschieden, einen Schlußpunkt unter das letzte Kapitel des Buches zu setzen, und das aus verschiedenen Gründen:

Nachdem ich beschlossen habe, dieser Biographie einen mehr oder weniger chronologischen Ablauf zu geben, mußte ich diese Untersuchung mit den Bemühungen François Mitterrands abschließen, dem ehemaligen Cagoularden Jean Bouvyer und einigen anderen dem Clan nahestehenden Personen, die während des Krieges die falsche Wahl getroffen hatten, zu helfen. Bei diesem Thema bin ich über das Jahr 1947 hinausgegangen, da ich der Meinung war, daß diese Handlungen François Mitterrands in direktem Zusammenhang mit der hier behandelten Zeitspanne stehen. Nachdem der Leser das letzte Teilstück des Puzzles kennt, könnte er versucht sein, wenn er dieses Buch schließt, ihm einen übertriebenen Platz einzuräumen und zu glauben, daß François Mitterrand immer noch der äußersten Rechten, also den früheren Kollaborateuren verbunden war. Er würde sich irren: In derselben Zeit, in der er einigen Freunden half, traf er zahlreiche Entscheidungen und beging Handlungen, für die die Rechten ihn verwünschten. Niemals hat man einen Politiker dermaßen angegriffen wie ihn in den 50er Jahren. Der Mann, der die Kampagne vorläufig beendete, war ein früherer Vichy-Anhänger gewesen, Träger des *Francisque*-Ordens. Er schrieb am Ende des Jahrzehnts ein bösartiges Pamphlet mit dem Titel: *Dieser Mann ist gefährlich...*

Mir ist gleichermaßen bewußt, daß es nicht leicht ist, eine Persönlichkeit mit einem so vielschichtigen und gegensätzlichen Charakter zu ergründen, und daß das Ergebnis weitgehend vom Zeitaufwand der Untersuchung abhängig ist. Wenn ich sie einen Monat früher oder später beendet hätte, würde der Leser vielleicht von dem einen oder anderem Thema einen anderen Eindruck gewinnen, denn ständig kommen neue Unterlagen hinzu und überlagern sich. Anders ausgedrückt, andere werden nach mir diese Untersuchung wieder aufnehmen und Tatsachen finden, die mir entgangen sind: Das Kaleidoskop Mitterrand wird dadurch zweifellos wieder verändert werden.

Es wäre sehr anmaßend, wollte ich die Handlungen eines jungen Mannes in einer so bewegten Zeit richten. Wie auch immer meine persönlichen Schlußfolgerungen aussehen, hier wird jeder Stoff finden, um sich eine eigene Meinung über eine Persönlichkeit zu bilden, die nicht aufgehört hat, ebensoviel Ablehnung wie Zustimmung auszulösen. Man kann sogar Stoff finden, um die schwelende Polemik neu zu entfachen, die seine Haltung gegenüber Pétain, Bousquet und, allgemeiner ausgedrückt, dem Vichy-Regime hervorgerufen hat.

Kann man François Mitterrand vorwerfen, daß er den jungen Mann nicht vergessen hat, der die »falsche Wahl« hätte treffen können, wie die aus seinem Milieu, die im großen und ganzen die gleiche Erziehung genossen haben? Er hätte ein Bouvyer, ein Dautun oder ein Méténier werden können. Im Jahre 1942 zögerte er, weil er nicht genau wußte, welchen Weg er einschlagen sollte und weil er lange glaubte, daß das gemeinsame Auftreten des Marschalls im Land und des Generals außerhalb des Landes das kleinere Übel für Frankreich wäre. Er kann immer noch nicht glauben, daß der Marschall so gewesen ist, wie ihn die moderne Geschichtsschreibung darstellt. Darf man dem Staatspräsidenten vorwerfen, daß er diesbezüglich dieselbe Meinung wie François Mitterrand beibehält?

Es ist seine Sache, die Antworten auf diese Fragen zu geben … und die des Lesers.

Ich möchte mir meine Nicht-Schlußfolgerung von Flaubert entlehnen: »Schlüsse zu ziehen ist Dummheit« und mit jenen Worten François Mitterrands aufhören, geschrieben 1937, in denen er seinen von mir geteilten Zweifel über die Möglichkeiten ausdrückt, »die innere Entwicklung einer Persönlichkeit, ihrer Gefühle und Ideen einzukreisen… Das Geheimnis des Menschen scheint mir wie eine Torte aus vielen Schichten zu bestehen!«

# Literaturauswahl

Arbellot, Simon: *J'ai vu mourir le Boulevard.* Éditions du Conquistador, Paris 1950.

Billig, Joseph: *Le Commissariat général aux questions juives.* Éditions du Centre, Paris 1955.

Cailliau, Michel: *Histoire du ›MRGPD‹ ou d'un vrai mouvement de Résistance (1941–1945).* Saint Brieuc 1987.

Claudel, Paul: *Der seidene Schuh,* Luzern 1944.

Dainville, A. de: *L'ORA. La Résisance de l'Armée (guerre 1939–45).* Lauzelle, Paris 1974.

Delage, Jean: *Ma Vie à coeur ouvert.* Édition Pneumathèque 1981.

Duhamel, Eric: *Thèse sur l'UDSR.* 18 bis, rue de la Sorbonne, Cote B. U. T. 2513.

Duras, Marguerite: *Der Liebhaber.* Frankfurt 1985.

Duras, Marguerite: *Der Schmerz.* München 1986.

Emmanuel, Pierre: *Jour de Colère.* Paris 1942.

Foot, M. R. D.: *SOE in France.* University Publications of America Inc., 1984.

Frenay, Henri: *La nuit finira.* R. Laffont, Paris 1973.

Froment, Pascale: *René Bousquet.* Éd. Stock, Paris 1994.

Gaillard, Robert: *Mes Evasions.* Paris 1942.

Giesbert, Franz-Olivier: *François Mitterrand ou la tentation de l'Histoire.* Ponts Actuels, Paris 1977.

Jouve, Pierre u. Ali Magoudi: *Mitterrand. Portrait total.* Éd. Carrère, Paris 1986.

Kempen, Thomas von: *Christus Tag für Tag. Gedanken zur Nachfolge.* Moers 1992.

Lewin, Christophe: *Le retour des prisonniers de guerre français.* Veröffentlichungen der Sorbonne, Paris 1986.

Mitterrand, François: *Les Prisonniers de guerre devant la politique.* Éd. du Rond-Point, Paris 1945.

Mitterrand, François: *Ma Part de vérité.* Fayard, Paris 1969.

Mitterrand, François: *La Paille et le Grain.* Flammarion, Paris 1975.

Mitterrand, François: *Le Coup d'état permanent.* Paris o. J.

Mitterrand, François: *Le Pèlerinage à Thuringe.* 1942. In: Politique I. Fayard, Paris 1977.

Mitterrand, François: *Le Charpentier de l'Orlathal.* In: Politique I. Fayard, Paris 1977.

Mitterrand, François: *Jusqu'ici et pas plus loin.* 1938. In: Politique I. Fayard, Paris 1977.

Mitterrand, Robert: *Frère de quelqu'un.* R. Laffont, Paris 1988.

Moulin, Charles: *Mitterrand Intime.* Albin Michel, Paris 1982.

Nay, Chathérine: *Le Noir et le Rouge.* Grasset, Paris 1984.

Noguères, Jean: *Histoire de la Résistance.* Bd. 3. R. Laffont, Paris o. J.

Paillole, Paul: *Service spéciaux.* R. Laffont, Paris 1975.

Pascal: *Die Gedanken. Pensées.* Frankfurt 1987.

Paumier, Robert: *Militant Prisonnier de guerre, Pierre Bugeaud.* L'Harmattan, Paris 1990.

Péan, Pierre: *Le Mysterieux Docteur Martin.* Fayard, Paris 1993.

Picar, Michel und Julie Montagard: *Danielle Mitterrand. Portrait.* Éd. Ramsay, Paris 1982.

*Le Procès du Marschall Pétain. Stenographischer Bericht.* Albin Michel, Paris 1945.

Saint-Exupéry, Antonie de: *Wind, Sand und Sterne.* Düsseldorf 1988.

Saint-Laurent, Cécil (eigtl.: Jacques Laurent): *Caroline Chérie – Dunkelrot leuchtet der Venusstern.* Berlin 1991.

Tournoux, J. R.: *L'Histoire secrète.* Plon, Paris 1962.

Valéry, Paul: *Eupalinos oder Der Architekt.* Frankfurt 1991.

Védrine, Jean: *Dossier P. G. Rapatriés, 1940–45.*

Waugh, Evelyn: *Schwarzes Unheil. Diableries.* Zürich 1986.

# Glossar

Die französischen Abkürzungen, im Original uneinheitlich, auch mit und ohne Punkte, z.B. an einer Stelle MNPG, an anderer MNPGD, sind hier vereinheitlicht zu MNPG(D). Angesichts der im kurzen Berichtszeitraum des Buches oft sehr kurzlebigen, sich auch rasch verändernden Gruppierungen können die Hinweise auf Standorte im politischen Spektrum nur grobe Orientierungshilfen sein, die sich zudem bei Personen und Gruppen rasch ändern. ›Faschistisch‹ bedeutet hier, daß wesentliche Bestandteile zumindest aus der Ideologie italienischer Faschisten oder deutscher Nationalsozialisten übernommen wurden.

AF (Action française) = 1899 gegr. patriotische Bewegung zur Wiederherstellung einer ultra-konservativen Monarchie, mit ausgeprägter Feindschaft gegenüber Liberalismus, Sozialismus u. der Demokratie, vor 1914 nur geringe Bedeutung; wichtigster Ideologe Charles Maurras, der regelmäßig in gleichnamiger Zeitschrift schrieb; Febr. 1936 wurde zwar die Bewegung als »bewaffneter Bund« verboten, nicht aber die Zeitschrift, deren hohe Auflage weiterhin Millionen Leser erreichte.

AFN (Afrique française du nord) = wichtigster Teil des französischen Empire mit Algerien (Teil Frankreichs), Marokko u. Tunesien.

AFP (Agence France Press) = als Nachfolgerin der Agence Havas (1832–1940) Sept. 1944 gegr. Presseagentur, heute neben UPI, TASS, Reuter, API eine der größten der Welt; bes. in den frankophonen Staaten monopolartige Stellung im Nachrichtenwesen.

Amicale de France, la = 1940 in Vichy gegr. Vereinigung zur Verbreitung der Ideen der Nationalen Front.

APG (1939-40) (Association des prisonniers de guerre 1939-40) = nach dem Waffenstillstand vom Juli 1940 im besetzten Frankreich mit deutscher Hilfe gegr. kollaborationswillige Organisation.

A(R)D (Alliance [républicaine] démocratique) = starke konservative Partei, gemäßigt republikanisch, patriotisch u. antiklerikal eingestellt, gegen extremen Nationalismus, Finanzkreisen nahestehend, nach 1930 stärker nach rechts tendierend, nach 1940 Auflösung wegen Zerfalls in Anhänger und Gegner von Vichy.

AS (Armée secrète) = seit Anfang 1943 Dachverband größerer Widerstandsorganisationen (Combat, Libération, Franc-Tireurs) in Südfrankreich.

Assemblée consultative (provisoire) = beratende provisorische Versammlung, seit Sept. 1943 im befreiten Algier als eine Art Exilparlament, auch verfassungsberatend.

BCRA (Bureau central de renseignements et d'action) = gaullistischer Geheimdienst, Hauptsitz in London.

Bloc national = vor den ersten Nachkriegswahlen von 1919 gebildetes Bündnis der Rechts- und Mitteparteien gegen Liberale, Radikale u. Sozialisten; führte nach Wahlsieg die im Krieg praktizierte »union sacrée« (vergleichbar der »Burgfriedenspolitik« im deutschen Reichstag) fort, die aber zur »union conservatrice« absank; 1923 abgewählt.

BRAL (Bureau central de renseignements et d'action de Londres) = vgl. BCRA.

Bureau de reclassement des rapatriés = Behörde des Arbeitsministeriums in Vichy zur Wiedereingliederung geflohener oder entlassener Kriegsgefangener.

Cagoule, la = in Militärkreisen Anfang der 1930er entstandener Geheimbund, ursprünglich »Comité secret d'action révolutionnaire« (CSAR), stark antiparlamentarisch und gegen die 3. Republik eingestellt; führende Organisatoren: der Ingenieur Deloncle, der Ex-General Dusseigneur; führte mehrere Morde u. Anschläge aus, plante einen Putsch, um eine Militärdiktatur zu errichten; vom sozialistischen Innenminister M. Dormoy im November 1937 aufgedeckt, der zahlreiche Beteiligte verhaften ließ.

Camelots du Roi = ironische Selbstbenennung militanter Verfechter einer Wiederherstellung der Monarchie, sehr national und katholisch, gegen 1908 als Art Jugendbewegung der Action française organisiert, nach dem 1. Weltkrieg zunehmend rechter eingestellt, Febr. 1936 verboten.

Candide = rechtsradikale Wochenzeitschrift, zur Action française u. zum Monarchismus tendierend, verfocht auch eine Annäherung an Nazi-Deutschland.

CAP (Centre d'action des prisonniers) = 1942 in Vichy gegr. Sammelstelle für Zeugnisse französischer Kriegsgefangenschaft.

CDJC (Centre de documentation juive contemporaine) = 1943 von Isaac Schneerssohn u. Vertretern jüdischer Organisationen illegal in Grenoble gegr., um Zeugnisse über das Schicksal der Juden unter deutscher Besatzung zu sichern; heute großes Archiv u. Forschungsstätte.

CEA (Centre d'entraide) = im besetzten u. unbesetzten Frankreich gegr. Zentren gegenseitiger Hilfe zur Wiedereingliederung und nationalen Beeinflussung von Heimkehrern, Verschleppten, Zwangsarbeitern u. deren Familien.

CED (Comité européen de defense) = Plan einer europäischen Verteidigungsgemeinschaft, der wegen der darin vorgesehenen Wiederbewaffnung der BRD 1954 vom französischen Parlament verworfen wird.

C(F)LN (Comité [français] de libération nationale) = frei-französische Regierungsorganisation unter de Gaulle u. Giraud seit Juni 1943 in Algerien.

CFTC (Confédération française des travailleurs chrétiens) = christlicher Gewerkschaftsbund, der eine friedliche Zusammenarbeit zwischen Unternehmern und Arbeitern propagierte, Anfang der 1920er mit ca. 150000 Mitgliedern wesentlich schwächer als CGT oder CGTU.

CGPF (Confédération générale de la production française) = 1919 gegr. allgemeiner Unternehmerverband, der besonders Chemie- u. Schwerindustriebetriebe vereinigte, aber trotz des Namens keinen Gesamtverband bildete.

CGT (Confédération générale de travail) = 1895/1902 gegr. Allgemeiner Gewerkschaftsbund, der SFIO nahestehend, nach Vereinigung z.Zt. der Volksfront mit der CGTU Anstieg auf ca. 5 Mio. Mitglieder; Nov. 1940 wie alle Gewerkschaften in Vichy-Frankreich aufgelöst.

CGTU (Confédération générale du travail unitaire«) = 1921/22 von der CGT abgespaltene »Revolutionäre Gewerkschaftskomitees«, die sich Juni 1922 vereinigten und trotz starker anarchistisch-syndikalistischer Gruppen seit 1923 immer kommunistischer wurden, 1936 Wiedervereinigung mit der älteren Gewerkschaft.

Chantiers de la jeunesse = 1940 in Vichy-Frankreich gegr. Einrichtung, die Jugendliche im Wehrdienstalter zu einem neunmonatigen Arbeitsdienst, meist auf dem Lande, organisierte und eine Schulung im Sinne der Nationalen Revolution anstrebte.

CIE (Centre d'information et d'études) = politische Polizei des Vichy-Regimes.

CJP (Centre des jeunes patrons) = Verband für Unternehmer aus Handel u. Industrie als Antwort auf die Volksfront.

CLD (Centre de liaison et de documentation) = Zentrum der Verbindungen und des urkundlichen Beweismaterials.

CNPG (Comité national des prisonniers de guerre) = kommunistische Widerstandsorganisation für die Kriegsgefangenen, hervorgegangen aus dem Front national.

CNR (Conseil national de la Résistance) = Mai 1943 gegr. Dachorganisation aller größeren Widerstandsorganisationen innerhalb Frankreichs einschl. Delegierter der Untergrundkomitees politischer Parteien u. Gewerkschaften.

Comité des forges = einflußreiches Kartell von Konzernen der Schwerindustrie.

Comité national français = politische Vertretung von France libre seit Sept. 1941 in London.

Commissariat (générale) au questions juives = März 1941 von der Vichy-Regierung eingerichtetes »Amt für Judenfragen«, das u. a. die Enteignung französischer Juden betrieb (Arisierungsgesetz von 1941); deren Besitz wollte sein Leiter Vallat in Frankreich halten, mußte aber Mai 1942 gehen; sein Nachfolger L. Darquier de Pellepoix betrieb mittels der von ihm gegr. parapolizeilichen SEC die Verschärfung anti-jüdischer Maßnahmen.

Commissariat au reclassement vgl. Bureau de reclassement.

Compagnons de France = Jugendorganisation Vichy-Frankreichs, die Heranwachsende im Geiste der Nationalen Revolution erziehen sollte; viele Mitglieder waren später in der Résistance.

Conseil national = Anfang 1941 in Vichy gegr. Staatsrat aus Angehörigen der wirtschaftlichen, intellektuellen u. militärischen Eliten zur allgemeinen u. verfassunggebenden Beratung.

Conseil de l'ordre = ehrenamtliches Gremium in Vichy zur Auswahl der Francisques-Träger.

CPDR (Commissariat aux prisonniers, deportés et réfugiés) = Amt der Vichy-Regierung zur Betreuung Kriegsgefangener, Deportierter u. Vertriebener.

Croix-de-Feux = Verband französischer Weltkriegsteilnehmer, seit Ende der 1920er von C. de La Rocque geführt, sehr national und patriotisch eingestellt, aber nicht anti-jüdisch, Anfang der 1930er ca. 80 000 Frontkämpfer als Mitglieder, während der Weltwirtschaftskrise (in Frankreich erst seit 1932 gravierend) zur Massenbewegung mit angeblich über 2 Mio. Mitgliedern geworden, 1936 durch die Volksfrontregierung Léon Blums verboten.

CSAR s. Cagoule.

D(A)SS (Directoire [d'action] de services spéciaux) = Direktorat (zur Ausführung) der Maßnahmen verschiedener Abteilungen der Geheim- u. Sonderdienste.

Deuxième bureau = geheimdienstlicher Nachrichten- u. Abwehrdienst.

D(G)ER (Direction générale des études et recherches) = aus den gaullistischen Geheimdiensten hervorgegangene (Auslands-)Aufklärung, 1946 umorganisiert als SDECE (Service de documentation extérieure et contre-espionage).

DGSS (Direction générale des services spéciaux) = Dachorganisation aller gaullistischen und giraudistischen Geheim- und Sonderdienste.

doriotistisch vgl. PPF (Jacques Doriot).

Drôle de guerre = der »lachhafte Krieg«, den Frankreich bis zur deutschen Offensive Anfang Mai 1940 führte – trotz Kriegserklärung vom 2.9.1939 blieben Heer und Marine weitgehend passiv, während Polen und Skandinavien erobert wurden.

DST (Direction de la surveillance du territoire) = besondere Polizeieinheit zum Schutz des Staats gegen alle Arten von Verrat und Spionage, vergleichbar dem bundesdeutschen Verfassungsschutz.

École (des cadres) d'Uriage = Eliteschule zur Ausbildung höherer Stelleninhaber in Vichy-Frankreich.

État français = mit überwältigender Mehrheit überträgt die französische Nationalversammlung am 10.7.1940 dem 84jährigen Marschall Pétain alle Gewalt, um eine neue Staatsverfassung zu erlassen; diese soll »außenpolitisch national« sein, »innenpolitisch hierarchisch, wirtschaftlich koordiniert und kontrolliert und vor allem sozial in der Haltung«. Trotz zahlreicher Ansätze, auch zu korporativen Berufsorganisationen, scheitert dieser Versuch einer Neuordnung durch intrasigentes Verhalten der deutschen Besatzer; ab Ende 1942 zunehmende Verweigerung in der Bevölkerung u. Verstärkung des Widerstandes.

FFI (Forces françaises de l'intérieur) = Zusammenschluß der größeren Widerstandsorganisationen (ORA, FTP, AS) verschiedenster Richtungen innerhalb Frankreichs; im Frühjahr 1944 durch das GPRF zu Bestandteilen der regulären Streitkräfte erklärt, was die letzteren in der Praxis nicht akzeptierten.

Forces français libres = die bis Ende 1942 sehr geringen französischen Streitkräfte außerhalb Frankreichs unter de Gaulle, erst nach Übergang der (Nord-)Afrika-Armee unter Darlan u. Giraud im Nov. 1942 militärisch bedeutende Streitmacht.

France libre = seit 18.6.1940 Beginn der Résistance extérieure durch de Gaulle in London, der sich als Vertreter Frankreichs betrachtet, das auch nach dem Waffenstillstand Vichys den Krieg gegen Deutschland fortführt; bis Nov. 1942 zählen nur Teile des französischen Kolonialreiches (meist mit britischer Hilfe erobert) dazu; daher seit Frühjahr 1941 Bemühungen de Gaulles um den Widerstand innerhalb Frankreichs.

Francisme, le = faschistische Splittergruppe um Marcel Bucard, seit 1933 aktiv.

Francisque = hohe Auszeichnung der Vichy-Regierung.

Front commun s. Volksfront.

Front national (Nationale Front) = 1.) in den 30er Jahren rechte Sammelbewegung in der Nachfolge des Bloc national; 2.) 1941 gegr. volksfrontähnliche Sammelbewegung des Widerstandes unter kommunistischer Führung.

Front populaire s. Volksfront.

FTP(F) (Franc-tireurs et partisans [français]) = (kommunistisch geführte) Freischärler des Maquis.

GAD (Groupes d'autodéfence) = 1940 nach dem Waffenstillstand gegr. Widerstandsgruppen innerhalb der Armee Vichy-Frankreichs, die ggf. (bei Wiedereröffnung von Feindseligkeiten zwischen Vichy u. Deutschland) aktiv werden wollten – vgl. ORA.

giraudistisch s. ORA.

GPRF (Gouvernement provisoire de la République française) = ab Juli 1944 vorläufige französische Regierung unter de Gaulle u. Giraud.

Gringoire = rechtsradikale Wochenzeitschrift mit hoher Auflage, herausgegeben von dem Schriftsteller de Carbuccia (Schwiegersohn des Pariser Polizeipräsidenten Chiappe), Mitarbeiter u.a. Louis F. Céline u. Darquier de Pellepoix (beide mit extrem antisemitischen Beiträgen).

Gueuse = verächtliche Bezeichnung monarchistisch Gesinnter für die parlamentarische Parteienherrschaft der 3. Republik.

IDHEC (Institut des hautes études cinématographiques) = 1943 gegründete Filmhochschule.

Intelligence Service = Britischer Geheimdienst.

›Je suis partout‹ = 1930 gegr. Wochenzeitschrift um den Schriftsteller Robert Brasillach, mit monarchistischer, seit etwa 1934 faschistischer Tendenz.

JEC (Jeunesse étudiant chrétienne) = 1929 gegr. katholische Oberschüler- u. Studentenvereinigung.

JP (Jeunesses patriotes) = 1924 von Pierre Taittinger gegründete autoritär-antiparlamentarische Bewegung mit der Zeitschrift ›La Liberté‹, stützt sich vor allem auf ehemalige Frontkämpfer und Royalisten, durch die Volksfrontregierung Léon Blums verboten.

JR (Jeune République) = wenig einflußreiche Gruppierung, 1912 von Marc Sangnier gegr., linkskatholisch u. pazifistisch.

LFC (Légion française des Combattants) = in Vichy durch frühere Cagoularden aufgestellte Organisation ehemaliger Kriegsteilnehmer, die für die Nationale Revolution eintrat, sich zeitweilig Exekutivrechte anmaßt u. ein weitverzweigtes Spitzel- u. Überwachungssystem aufbaut; aus ihren Reihen gingen die SOL u. die Milice hervor.

Libération, la = Befreiung Frankreichs von deutscher Besatzungsherrschaft durch die innere und äußere Widerstandsbewegung; im engeren Sinne in den Monaten nach der anglo-amerikanischen Landung (6.6.1944), im weiteren seit der Etablierung von France libre in Nordafrika (Algerien war offiziell Teil Frankreichs); dabei erfolgte eine politische Säuberung durch Hinrichtung und Einkerkerung von Vichy-Anhängern und Helfern der Besatzungsmacht, oft als Lynchjustiz (nach heutigen, vorsichtigen Schätzungen etwa 10 000 bis 12 000 »éxecutions sommaires«, nach älteren ein mehrfaches davon), während die ordentlichen Gerichte diesbezüglich knapp 800 Todesurteile fällten.

Lilie = monarchistisches Abzeichen, seit dem 13. Jh. im Banner der französischen Könige enthalten.

LVF (Légion des volontaires français) = 1941 in der deutsch besetzten Zone Frankreichs durch Doriot, Deloncle u.a. gegründete Hilfstruppe zum Kampf gegen Sowjetrußland.

Maisons du Prisonnier = Häuser zur ersten Unterbringung der Heimkehrer.

Maquis = allgemeiner Begriff für Teilnahme am Widerstand gegen die deutsche Besatzung 1940-1944, auch engerer Begriff für bewaffneten Widerstand.

Maristen = Mönche der Société de Marie, die sich besonders um eine katholische Erziehung bemühten.

Milice française = Januar/Februar 1943 gegründete Sicherheitstruppe der Vichy-Regierung Laval, die mit großer Brutalität gegen den Widerstand vorgeht.

MLN (Mouvement de libération nationale) = Zusammenschluß nicht- u. antikommunistischer Widerstandsorganisationen.

MNPG(D) (Mouvement national des prisonniers de guerre et des déportés) = März 1944 gegr. Dachverband unter der Ägide der CFLN.

Mouvement jeunesse vgl. Politique de la jeunesse.

MRP (Mouvement républicain populaire) = neue katholische Partei, zur Zeit der Befreiung 1944 von Bidault, Teitgen u.a. gegr., damals der linken Mitte zuzurechnen.

MRPGD (Mouvement de résistance pour les prisonniers de guerre et les déportés) = Widerstandsbewegung Kriegsgefangener unter Cailliau seit 1942.

MSR (Mouvement social révolutionnaire) = im besetzten Teil Frankreichs durch frühere Cagoularden 1940 gegr. Parteiorganisation.

MUR (Mouvements unis de la Résistance) = Zusammenschluß größerer Widerstandsorganisationen in der Südzone Februar 1943.

NAP (Noyautage des Administrations publiques) = Widerstandsorganisation zur Unterwanderung des öffentlichen Dienstes im besetzten Frankreich.

NDLA = Abkürzung für die Rechte Volksfront.

OFI (Office français d'information) = 1940 in Nachfolge der Agence Havas gegr., des ersten Nachrichtenbüros der Welt, als offizielle Nachrichtenagentur des État français.

Oflag (Offizierslager) = von deutschen Behörden eingerichtete Lager für kriegsgefangene Offiziere.

ORA (Organisation de résistance de l'armée) = 1942 aus den GADs hervorgegangene Widerstandsbewegung, sog. Giraudisten, innerhalb der Militärorganisation Vichy-Frankreichs; sie lanciert den 1942 aus deutscher Kriegsgefangenschaft entflohenen General Giraud auf den Posten des Oberkommandierenden in Algier, das sich nach Landung der Anglo-Amerikaner in Nordafrika im November 1942 zu France libre zählt.

OSS (Office of Strategic Services) = Abteilung des amerikanischen Geheimdienstes.

PDR (Prisonniers, Déportés, Rapatriés) = Kurzform für das Ministerium für Kriegsgefangene, Deportierte und Flüchtlinge, vgl. CPDR u. Bureau de reclassement.

PG (Prisonniers de guerre) = Kriegsgefangene, auch Name der Zeitschrift ›Le P.G.‹.

Police judiciaire = Bezeichnung für die französische Kriminalpolizei, deren »officiers« allein Verhöre, Verhaftungen, Durchsuchungen, Beschlagnahmungen vornehmen dürfen; geringere Eingriffe in die Persönlichkeitsrechte können von jedem einfachen Polizisten oder Gendarmen vorgenommen werden.

Politique de la jeunesse vgl. Chantiers, École, Compagnons.

PPF (Parti populaire français) = 1936 von Jacques Doriot gegründete faschistische Splitterpartei, Parteiblatt ›L'Émancipation Nationale‹ mit recht hoher Auflage; nach 1940 verstärkt sich die Partei in ganz Frankreich.

PRN (Parti républicain national) vgl. Républicains nationaux.

PSF (Parti social français) = 1936 nach Verbot der Feuerkreuzler und der VN als Partei gegründet; da die Parlamentswahlen bereits vorbei waren, gewann sie nur ein Dutzend Abgeordnete, was ihre tatsächliche Stärke sicher unterrepräsentierte; eine der großen Parteien Vichy-Frankreichs.

PSN (Parti social national) = faschistische Splittergruppe während der Weltwirtschaftskrise (in Frankreich erst seit 1932 gravierend).

Radicaux socialistes = Radikalsozialisten (und Radikale), 1901 gegründete Partei der linken Mitte, in Bildungs- und (außen)politischen Fragen eher progressiv, für strikte Trennung von Kirche und Staat, in wirtschaftlichen und sozialen Bereichen eher konservativ, gegen Sozialismus; sehr einflußreich, in den meisten Regierungen nach dem 1. Weltkrieg vertreten, auch in den Koalitionen der Volksfront, bis ihr damaliger Parteivorsitzender Daladier 1938 die Partei nach rechts führte.

Relève = zwischen der Laval-Regierung von Vichy und den Deutschen vereinbarte »Auslösung« französischer Kriegsgefangener durch Entsendung französischer Facharbeiter nach Deutschland.

Rénovation = seit dem Ende der 3. Republik allgemein erwünschte Erneuerung von Gesellschaft u. Staat, die in Vichy durch die Betonung moralisch-patriotischer Werte (vgl. politique de la jeunesse) angestrebt wurde.

Républicains nationaux = 1937 von Henri de Kerillis, Zeitungsherausgeber und Abgeordneter der Rechten, organisiertes Propagandazentrum, das eine Einheitsfront der Rechten und der Mitte gegen die linken Parteien anstrebte; Name der gleichgerichteten Splitterpartei mit P. Taittinger.

Résistance = allgemeine Bezeichnung für den französischen Widerstand gegen die deutsche Besatzung 1940-1944.

Révolution nationale = in Vichy verkündete Erneuerung Frankreichs, die durch »Arbeit, Familie, Vaterland«, mit »Disziplin« und »Staatstreue« erreicht werden soll; Verherrlichung des bäuerlichen Lebens und der Frau als Hausfrau und Mutter. Diese Werte sollen der Jugend durch Erziehung nahegebracht werden (vgl. École und Politique de la jeunesse), der ganzen Bevölkerung durch Organisationen wie der LFC.

RG (Renseignements généraux) = Einsatzabteilung der französischen Polizei zur Beobachtung von Parteien, Gewerkschaften, Verbänden, gemäß Plan von 1937 in Vichy-Frankreich gegründet.

RGR (Rassemblement de gauches républicains) = Wahlbündnis der ehemaligen Radikalsozialisten und der UDSR in den ersten Nachkriegswahlen.

RNP (Rassemblement national populaire) = Januar/Februar 1941 durch Déat und Deloncle gegründete kollaborationswillige Bewegung, seit Oktober 1941 zunehmend faschistischer, Anfang 1943 kaum mehr als 15 000 Mitglieder, Übertritt zur Miliz SOL.

RNPG (Rassemblement des prisonniers de guerre) = Sammlungsbewegung der Kriegsgefangenen unter Mitterrand u. Pinot.

RPGF = de Gaulles Namensvorschlag, der nicht aufgegriffen wird, für die vereinigte Kriegsgefangenenorganisation 1944.

Schleus = Name für die Deutschen.

SD (Sicherheitsdienst) = 1931 als Überwachungsorgan der NSDAP gegr., 1934 zum allgemeinen Nachrichten- und Abwehrdienst der Partei erweitert,

1939 mit der SiPo (bestand damals aus 1. Gestapo, 2. Kripo, 3. Grenzpolizei) im Reichssicherheitshauptamt zusammengefaßt.

SEC (Section d'enquête et de contrôle) = dem Hauptamt für jüdische Fragen (Commissariat général aux Questions juives) unterstellte Behörde, die sich offiziell mit wirtschaftlichen Angelegenheiten, faktisch mit Verfolgungsmaßnahmen gegen Juden befaßt.

Services de spéciaux = unterschiedliche Zweige der Geheimdienste für besondere Aufgaben in den verschiedensten Bereichen (Informationen, Abwehr, Sabotage usw.).

SFIO (Section française de l'Internationale ouvrière) = 1905 durch Vereinigung verschiedener sozialistischer Gruppierungen entstandene sozialdemokratische Partei Frankreichs, Mitglied der 2. (sozialdemokratischen) Internationale, 1920 durch Abspaltung des Teils, aus dem die KPF hervorgeht, annähernd halbiert.

›Sillon‹, le = Zeitschrift seit 1894, gleichnamige linkskatholische Jugendbewegung 1898 durch Marc Sangnier gegründet, 1910 von Papst Pius X. verboten.

SOE (Special operations executive) = Abteilung des britischen Geheimdienstes für die Ausführung von Sonderaufträgen.

SOL (Service d'ordre légionnaire) = 1941/42 in Vichy-Frankreich gegr. halbmilitärischer Ordnungsdienst (vgl. LVF), aus dem Anfang 1943 die umfassende Vichy-Miliz hervorgeht.

Solidarité française = faschistische Splittergruppe um Jean-Pierre Maxence und Jean Renaud, besonders 1933-36 aktiv.

SOP (Service d'ordre »Prisonniers«) = Schutztruppe der frühen Kriegsgefangenenbewegung in Vichy unter Masson.

SPF (Syndicats professionels français) = 1936 gegr. rechte Splittergewerkschaft, der PPF u. PSF nahestehend.

SPGD (Service des prisonniers de guerre et des déportés) = Dienststelle für Kriegsgefangene und Deportierte.

Stalag (Stammlager) = von deutschen Behörden eingerichtete längerfristige Lager für Kriegsgefangene, Verschleppte, Deportierte und Verhaftete im besetzten Europa und in »Großdeutschland«.

STO (Service du travail obligatoire) = Vichy-Behörde für die Erfassung und Einziehung zum (Zwangs-)Arbeitsdienst, die ab Ende 1942 ca. 700 000 Arbeiter ins Großdeutsche Reich deportierte; erregte großen Unmut und verstärkte den Zulauf zum Widerstand.

Sûreté (générale) = Polizeibehörde, die Aufgaben der Fremden-, Kriminal- u. Politischen Polizei wahrnimmt.

Travaux ruraux = Widerstandsgruppe innerhalb der Armee Vichy-Frankreichs.

UDSR (Union démocratique et socialiste de la Résistance) = z.Zt. der Befreiung gegründete, sehr heterogene Partei, insgesamt eher der Mitte zuzuordnen, was im unmittelbaren Nachkriegsfrankreich relativ rechts war.

URD (Union républicaine démocratique) = nach dem 1. Weltkrieg stärkste Fraktion der Rechten, ultra-patriotisch; einer ihrer Führer, Louis Marin, stimmt gegen Friedensvertrag von Versailles, weil dieser zu milde für die Deutschen sei.

Vichy = Regierungssitz des angesichts der Niederlage gegen Deutschland zum

Regierungschef bestallten Marschall Pétain, der am 22.6.1940 den Waffenstillstand gegen Deutschland schließt und Anfang Juli 1940 von beiden Parlamentskammern den Auftrag erhält, eine neue Verfassungsordnung herbeizuführen; offiziell Repräsentant ganz Frankreichs, faktische Herrschaft nur in der Südzone (vgl. France libre); ernennt Regierungen Laval und Darlan, strebt moralische Erneuerung Frankreichs an durch Révolution nationale; der autoritäre »État français« (anstelle der 3. »République française«) von Vichy wird seit 1942 zunehmend faschistischer.

VN (Volontaires nationaux) = Jugendorganisation der Croix-de-Feux, Anfang der 1930er ca. 40 000 Mitglieder, während der Weltwirtschaftskrise (in Frankreich erst seit 1932 gravierend) stark zunehmend, unter der Volksfrontregierung Léon Blums verboten.

Volksfront = Sammlungsbewegung der französischen Linken ab 1934; nach dem Wahlsieg der linken Parteien in den Parlamentswahlen von April/Mai 1936 die Koalitionsregierungen (unter Léon Blum u.a.) aus Sozialdemokraten (SFIO), Radikalsozialisten, Kommunisten und kleineren sozialistischen Gruppen bis April 1938 (nominell bis Herbst).

Z(O)NO (Zone non occupée) = der nach dem Waffenstillstand vom Juli 1940 bis November 1942 nicht von deutschen Truppen besetzte Teil Frankreichs, auch Südzone genannt.

# Personenregister

Um möglichst viele Namen aufnehmen zu können, wurde ein reines Personenregister erstellt, das der Erschließung des Textes dient. Erfaßt wurden sämtliche Namen, die mehrfach, in längerer Passage oder als gewichtige Argumente genannt wurden. Öfter genannte Pseudonyme, Spitznamen u. ä. stehen in Anführungszeichen, und es wird von ihnen auf den Hauptnamen verwiesen. Literarische Gestalten sind nicht aufgenommen.

# Taschen-
bücher
zum
Dritte Reich

## SACHBUCH

Robert Antelme:
**Das Menschen-
geschlecht**
Als Deportierter
in Deutschland
dtv 11279

Alicia Appelman:
**Alicia**
Überleben, um
Zeugnis zu geben
dtv 30350

Lothar-Günther
Buchheim:
**Mein Paris**
Eine Stadt im Krieg
dtv 11354

Inge Deutschkron:
**Ich trug den gelben
Stern**
dtv 30000

Helen Epstein:
**Die Kinder des
Holocaust**
Gespräche mit Söh-
nen und Töchtern
von Überlebenden
dtv 11276

Jean-Claude Favez:
**Warum schwieg das
Rote Kreuz?**
Eine internationale
Organisation und
das Dritte Reich
dtv 30396

Gundolf S.
Freyermuth:
**Reise in die Ver-
lorengegangenheit**
Auf den Spuren
deutscher Emigran-
ten (1933 – 1940)
dtv 30345

Erika Mann:
**Zehn Millionen
Kinder**
Die Erziehung
der Jugend im
Dritten Reich
dtv 11125

Danièle Philippe:
**Es begann in der
Normandie**
Eine französische
Kindheit im Zweiten
Weltkrieg
dtv 10634

Lea Rosh/
Eberhard Jäckel:
**»Der Tod ist
ein Meister aus
Deutschland«**
Deportation und
Ermordung der
Juden, Kollaboration
und Verweigerung in
Europa
dtv 30306

Marion York von
Wartenburg:
**Die Stärke der
Stille**
Erzählung eines
Lebens aus dem
deutschen
Widerstand
dtv 10772

## WISSENSCHAFT

**Hitlers Macht-
ergreifung 1933**
Herausgegeben
von Josef
und Ruth Becker
dtv 2938

Rudolf Höß:
**Kommandant in
Auschwitz**
Autobiographische
Aufzeichnungen
dtv 2908

Ian Kershaw:
**Hitlers Macht**
Das Profil der
NS-Herrschaft
dtv 4582

**Legenden, Lügen,
Vorurteile**
Ein Wörterbuch
zur Zeitgeschichte
dtv 3295

Kurt Meier:
**Kreuz und
Hakenkreuz**
Die evangelische
Kirche im
Dritten Reich
dtv 4590

# Gegen das Vergessen – Taschenbücher über das Dritte Reich

Hans Buchheim/
Martin Broszat/Hans-
Adolf Jacobsen/
Helmut Krausnick:
**Anatomie des
SS-Staates**
dtv 4637

Martin Broszat:
**Der Staat Hitlers**
dtv 4009
**Nach Hitler**
dtv 4474

Karl Dietrich
Erdmann:
**Deutschland unter
der Herrschaft des
Nationalsozialismus**
dtv 4220
**Der Zweite
Weltkrieg**
dtv 4221
**Das Ende des
Reiches und die
Entstehung der
Republik Öster-
reich, der Bundes-
republik Deutsch-
land und der DDR**
dtv 4222

Lothar Gruchmann:
**Der Zweite
Weltkrieg**
dtv 4010

**Hitlers Macht-
ergreifung 1933**
Hrsg. v. Josef und
Ruth Becker
dtv 2938

Rudolf Höß:
**Kommandant in
Auschwitz**
Autobiographische
Aufzeichnungen
dtv 2908

Ian Kershaw:
**Hitlers Macht**
dtv 4582

Kurt Meier:
**Kreuz und
Hakenkreuz**
Die evangelische
Kirche im Dritten
Reich
dtv 4590

**Die Rückseite des
Hakenkreuzes**
Absonderliches aus
den Akten des
Dritten Reiches
Hrsg. v. Beatrice und
Helmut Heiber
dtv 2967

Bernd Rüthers:
**Entartetes Recht**
dtv 4630

**Legenden, Lügen,
Vorurteile**
Ein Wörterbuch
zur Zeitgeschichte
Hrsg. v. Wolfgang
Benz
dtv 3295

**Die Dachauer Hefte**

Heft 1: **Die
Befreiung**
dtv 4606
Heft 2: **Sklaven-
arbeit im KZ**
dtv 4607
Heft 3: **Frauen.
Verfolgung und
Widerstand**
dtv 4608
Heft 4: **Medizin im
NS-Staat**
dtv 4609
Heft 5: **Die verges-
senen Lager**
dtv 4634
Heft 6: **Erinnern
oder Verweigern**
dtv 4635

# Geschichte des 20. Jahrhunderts

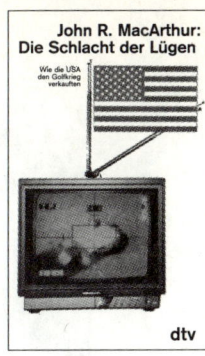

**John R. MacArthur:
Die Schlacht der Lügen**
Wie die USA
den Golfkrieg
verkauften

dtv

**Alltag in der
Weimarer Republik**

Kindheit und Jugend
in unruhiger Zeit

Herausgegeben von
Rudolf Pörtner

dtv

Schalom
Ben-Chorin:
**Jugend an der Isar**
dtv 10937

**Ich lebe in
Jerusalem**
Ein Bekenntnis
zu Geschichte und
Gegenwart
dtv 10938

Lew Kopelew:
**Aufbewahren für
alle Zeit!**
dtv 30024

Hans Graf von
Lehndorff:
**Menschen, Pferde,
weites Land**
Kindheits und
Jugenderinnerungen
dtv 30074

**Ostpreußisches
Tagebuch**
Aufzeichnungen
eines Arztes
1945 – 1947
dtv2923

Wilfried Loth:
**Ost-West Konflikt
und deutsche Frage**
dtv 11074

John R. MacArthur:
**Die Schlacht der
Lügen**
Wie die USA den
Golfkrieg verkauften
Vorwort von
Dagobert Lindlau
dtv 30352

Rudolf Pörtner
(Hrsg.):
**Alltag in der
Weimarer Republik**
Kindheit und Jugend
in unruhiger Zeit
Mit Fotos
dtv 30365

Conor Cruise
O'Brien:
**Belagerungszustand**
Die Geschichte des
Zionismus und des
Staates Israel
dtv 11424

**dtv-Weltgeschichte
des
20. Jahrhunderts**

Gerhard Schulz:
**Revolution und
Friedensschlüsse
1917-1920**
dtv 4002

Helmut Heiber:
**Die Republik von
Weimar**
dtv 4003

Erich Angermann:
**Die Vereinigten
Staaten von
Amerika seit 1917**
dtv 4007

Martin Broszat:
**Der Staat Hitlers**
dtv 4009

Lothar Gruchmann:
**Der Zweite
Weltkrieg**
dtv 4010

# Schalom Ben-Chorin im dtv

**Die Heimkehr**
Jesus, Paulus und Maria
in jüdischer Sicht
Mit dieser Triologie will Schalom
Ben-Chorin die tragenden Gestal-
ten des neuen Testaments sozusagen
ins Judentum heimholen und damit
einen Beitrag zum »Abbau der
Fremdheit zwischen Juden und
Christen durch den lebendigen
Dialog« leisten.
Kassettenausgabe in drei Bänden
dtv 5996

Auch einzeln lieferbar:

**Bruder Jesus**
Der Nazarener in jüdischer Sicht
dtv 30036

**Paulus**
Der Völkerapostel in jüdischer Sicht
dtv 30011

**Mutter Mirjam**
Maria in jüdischer Sicht
dtv 1784

**Jugend an der Isar**
Ben-Chorins Schulzeit in München,
das Engagement in der jüdischen
Jugendbewegung, die Begegnung
und Auseinandersetzung mit
Martin Buber und dessen Werk,
und seine Liebe zur Dichtung
seiner Zeit.
dtv 10937

**Ich lebe in Jerusalem**
Ben-Chorin, 1935 von München
nach Jerusalem emigriert, schildert
in seinen Erinnerungen das Wachsen und Werden dieser berühmten
Stadt.
dtv 10938